Alfred von Reumont

Die Medici im Verhältnis zu Literatur und Kunst

Alfred von Reumont

Die Medici im Verhältnis zu Literatur und Kunst

ISBN/EAN: 9783742815767

Hergestellt in Europa, USA, Kanada, Australien, Japan

Cover: Foto ©ninafisch / pixelio.de

Manufactured and distributed by brebook publishing software (www.brebook.com)

Alfred von Reumont

Die Medici im Verhältnis zu Literatur und Kunst

Lorenzo de' Medici
il Magnifico.

Von

Alfred von Reumont.

Zweiter Band.

Lorenzo de' Medici.

Fuit Laurentius famae atque ipsius gloriae admodum appetens, pro qua multos labores, indures, vigiliasque insumavit, nulla litterarum studia, nulla negotiis publicis, nulla privatis occupatibus ille ictu animus ac tanto intentus, ut dirimum esse suspicium velut tanden ignis semper arderet.

Nic. Valori.

Inhalt.

Viertes Buch.
Die Medici im Verhältniß zu Literatur und Kunst.
Zweiter Abschnitt.
Die Zeit Lorenzo's il Magnifico.

I. Lorenzo be' Medici als Dichter.

	Seite
Lorenzo's be' Medici Schreiben an Don Federigo d'Aragona in Veranlassung einer Sammlung älterer italienischer Gedichte	3
Urtheile über die italienische Poesie. Die Dichter des 13. Jahrhunderts	5
Dante und die Späteren	6
Die italienische Vulgarsprache	7
Lorenzo's Stellung in der Literatur	9
Einwirkung des Alterthums und der Dante'schen Zeit	10
Das Naturgefühl in Lorenzo's Dichtungen	11
Die Liebesgedichte. Lucrezia Donati	12
Das Wesen der Liebe	13
Lorenzo's Sonette	14
Idylle. Corinto, La Nencia da Barberino, Ambra	18
Die Falkenjagd und die Beoni	20
Ueberwiegen des Burlesken	21
Tanz- und Faschingslieder	22
Carnevalistische Volksbelustigungen	23
Mysterienspiel von St. Johannes und Paulus	24
Geistliche Gesänge	26

II. Marsilio Ficino und Cristoforo Landino.

Der Platonismus. Marsilio Ficino's Anschauung von Religion und Philosophie	27
Verhältniß des Platonismus zum Christenthum	29

Inhalt.

	Seite
Speculation und Wirklichkeit	30
Marsilio Ficino und Dante	31
Marsilio Ficino's Werke. Buch über die christliche Lehre. Uebersetzung von Platons Werken. Theologia platonica	32
Uebersetzungen des Plotinus und Dionysius' des Areopagiten	33
Ficino's Briefsammlung und persönliche Verhältnisse	34
Beziehungen zu auswärtigen Gelehrten	35
Ficino's Lebensweise	36
Worte an Lorenzo be' Medici und Card. Rafael Riario	37
Marsilio Ficino Bild eines wahren Weltweisen	38
Lorenzo's Verhältniß zu Ficino	39
Cristoforo Landino's Stellung und Thätigkeit	40
Die Camaldulensischen Disputationen. Leon Batista Alberti mit den Brüdern Medici und deren Freunden in der Abtei Camaldoli	41
Verschiedene Phasen des Dante-Studiums	46
Dante und das 15. Jahrhundert	47
Dante's Biographen. Erste Drucke der Göttlichen Comödie	48
Landino's Ausgabe mit Commentar	49
Dante-Studien in Landino's Zeit	51

III. Luigi Pulci und Angelo Poliziano.

Matteo Palmieri und die Città di vita	52
Burchiello und die Burleske	
Das romantische Epos. Bernardo und Luca Pulci	
Der Cristo Calvaneo und die Giostra. Luigi Pulci und der Morgante maggiore	55
Die Epopöe und die Höfe	57
Luigi Pulci's Verhältniß zu Lorenzo be' Medici	58
Angelo Poliziano's Familie und Jugend	60
Poliziano's homerische Studien. Uebersetzung der Ilias. Widmungen an Lorenzo. Urtheil Cardinal Ammannati's	61
Unterbrechung der Arbeit	65
Das dramatische Spiel Orfeo	66
Turnier Giuliano's be' Medici. Die Stanzen	67
Kleine lateinische Gedichte. Polizian als lateinischer Dichter	69
Die Sylvae	71
Schilderung Lorenzo's als Dichter	72
Schilderung von Fiesole	73
Die Widmungen der Sylvae. Lorenzo Pier Francesco's be' Medici Sohn, Lorenzo Tornabuoni, Antonio Pallavicino Gentile	74
Die Feste im akademischen Vortrag	75
Polizian als Volksdichter. Die Rispetti	77
Polizian als Uebersetzer und Epistolograph	79

Inhalt. VII

IV. Polizian im Mediceischen Hause. Scala und Rucellai.

	Seite
Polizian als Poet und Hofmeister bei den Medici	80
Polizian und Madonna Clarice	82
Winter-Villeggiatur in Cafaggiuolo	83
Ode an Messer Gentile Becchi	84
Polizians Schreiben an Madonna Lucrezia	85
Entzweiung zwischen Madonna Clarice und Polizian	86
Polizian in Fiesole	87
Polizian und Andere als Lehrer Piero's de' Medici. Giorgio Benigno. Giovanni von Prato. Antonio Barberini	89
Piero de' Medici in seiner Jugend	90
Bartolommeo Scala	91
Benedetto Accolti. Scala und Lorenzo de' Medici	92
Hader Scala's und Polizians	93
Alessandra Scala	94
Polizians Streit mit Marullus	95
Alamanno Rinuccini	96
Bernardo Rucellai und die platonische Akademie	97

V. Ermolao Barbaro und Pico von Mirandola.

Bernardo Bembo	99
Ermolao Barbaro	100
Barbaro's Besuch in Florenz und bei Lorenzo de' Medici im Bade	102
Lorenzo's Bemühungen zu Gunsten Barbaro's	104
Giovanni Pico von Mirandola	105
Pico in Florenz und im Mediceischen Kreise. Die Cabbalah	106
Pico's aretinisches Liebesabenteuer	109
Römische Disputation und Opposition. Anklage und Apologie	110
Lorenzo's Verwendung für Pico	112
Pico's Landleben und Studien	113
Lorenzo für Pico gegen dessen römische Gegner	114
Später Austrag der Differenzen	116
Pico's poetische und philosophische Arbeiten	117
Pico's Gesammt-Erscheinung	118
Stefano Dovaro und Pandolfo Collenuccio	118

VI. Universität Pisa. Handschriften und Kritik. Bücherdruck. Platonische Symposien.

Lateinische Poeten. Ugolino Verino. Alessandro Bracci. G. B. Cantalicio. Tommaso Baldinotti. Piero Riccio	120
Pisa und seine Hochschule vor Lorenzo's Tagen	122
Lorenzo de' Medici und Pisa	123
Wiederherstellung der Hochschule	124

	Seite
Filelfo's Bemühungen um eine Professur	125
Uebelstände und Hindernisse bei der neuen Anstalt	126
Lehrer der Hochschule. Bartolommeo Sozzini, die Brüder Tecio, Baldo Bartolini, Francesco Accolti, Pietro Leoni, Lorenzo Lippi, Bartolomeo von Pratovecchio, Francesco de' Massimi	127
Studien in Florenz. Fontius und Chalkondylas	128
Johannes Lascaris. Blüte der griechischen Studien	129
Platina und Pomponio Leto in Beziehung zu Lorenzo	130
Handschriftenkunde. Emendationen	130
Polizians kritische Arbeiten. Pandecten-Collation	131
Uebersetzungen	132
Der Bücherbrand	133
Bernardo Cennini. Erster florentinischer Druck	134
Florentinische Druckereien. Ausgabe des Homer	135
Gesteigerte Verbreitung der literarischen Schätze	137
Florentinische Handschriftensammler	138
Lorenzo de' Medici als Handschriftensammler	139
Polizian in Venedig. Cassandra Fedele	140
Piero de' Medici und die Mediceischen Sammlungen	141
Mathias Corvinus' Bücherschätze	141
Gelehrte Beziehungen zwischen Ungarn und Florenz	142
Inschriftensammler. Römische Akademie	142
Fra Giocondo von Verona	143
Lorenzo de' Medici als Mittelpunkt des Gelehrtenkreises	144
Versammlungen der platonischen Akademie	145
Platonische Symposien	146
Exacte Wissenschaften. Paolo Toscanelli	147
Amerigo Vespucci	148

Dritter Abschnitt.

Die schönen Künste.

1. Cosimo und Piero de' Medici und die Kunst.

Umwandlung künstlerischer Richtungen in Cosimo's Jugendjahren	150
Architektonische Aufgaben. Brunellesco. Neubau von San Lorenzo	151
Abtei von Fiesole	152
Michelozzo. Kirche und Kloster San Marco	154
Andere Werke Michelozzo's. Kapelle der Annunziata	155
Tabernakel in San Miniato. Palast Tornabuoni	156
Bauten Brunellesco's. Kapelle der Pazzi	157
Palast Pitti. Luca Fancelli	158
Leon Batista Alberti. Palast und Loggia Rucellai. H. Grab. Chor der Annunziata	159

Sculptur. Donatello und Cosimo de' Medici 160
Lorenzo Ghiberti. Glasmalerei und Jesuiten 163
Luca della Robbia. Arbeiten in verglaster Erde 164
Aeltere Grabmale. Rosetti Strozzi, Neri Capponi, Orlando de' Medici 165
Pracht der Monumente. Desiderio da Settignano 166
Bernardo und Antonio Rossellino. Kapelle des Cardinals von Portugal 167
Mino da Fiesole. Ornamentik 168
Giuliano da Majano. Antonio Filarete 169
Niello. Maso Finiguerra 169
Malerei. Masaccio und Fra Angelico von Fiesole 170
Benozzo Gozzoli. Paolo Uccello 171
Andrea dal Castagno. Domenico Veneziano. Filippo Lippi . . 172
Die Peselli 173
Die flandrische Kunst in Beziehung zur toscanischen . . . 174
Kunstschätze und Alterthümer im Mediceischen Hause . . . 175
Persönliches Verhältniß der Medici zu den Künstlern . . . 176
Antonio Squarcialupi degli Organi 177
Domenico Veneziano an Piero de' Medici 178
Benozzo Gozzoli an Piero de' Medici 179
Fra Filippo Lippi und die Medici 180
Anfänge der Kunstgeschichte. Cennini und Ghiberti . . . 181

II. Bauliche Thätigkeit in den Tagen Lorenzo's de' Medici.

Lorenzo de' Medici als Kenner der Architektur 183
Giuliano da Majano zu Hause und im Auslande 184
Benedetto da Majano. Palast Strozzi 185
Lorenzo de' Medici über die Baukünstler seiner Zeit . . . 192
Giuliano Giamberti da Sangallo 193
Burg von Ostia und Villa zu Poggio a Cajano 194
Kloster San Gallo. Palast Gondi 195
Antonio da Sangallo 196
Plan des Neubaues der Façade von Sta Maria del Fiore . . 197
Façade von Sto Spirito 199
Palast der Signorie. Kunstuhr Lorenzo's della Volpaia . . 200
Simone del Pollaiuolo genannt Cronaca 201
Neue Bauten und Straßenanlagen 202
Häuser und Villen und künstlerischer Schmuck 203

III. Sculptur und Malerei.

Andrea del Verrocchio. Grabmal Piero's und Giovanni's de' Medici
und andere Arbeiten 204
Antonio del Pollaiuolo 205

	Seite
Benedetto da Majano. Monument Giotto's und Squarcialupi's. Kanzel in Sta Croce u. a.	205
Mino da Fiesole. Monumente Bernardo Giugni's und des Markgrafen Hugo. Ornamentik	208
Die Sassettischen Grabmäler. Kunsttischlerei	210
Goldschmiede- und Stempelschneidekunst. Altaraufsatz im Baptisterium. Antonio Pollaiuolo, Bertoldo, Andrea Guazzalotti	211
Steinschneidekunst. Mediceische Gemmensammlung. Giovanni delle Corniuole	214
Malerei. Verrocchio, die Pollaiuoli, Alesso Baldovinetti	215
Das Dante-Bild im Dom. Bildnisse in historischen Compositionen	216
Sandro Botticelli und Filippino Lippi	217
Cosimo Rosselli	220
Domenico Ghirlandajo	221
Luca Signorelli und Pietro Perugino	224
Miniaturmalerei. Mediceische Handschriften	225
Mosaiken. Baldovinetti und die Ghirlandajo	227
Garten und Casino von San Marco	228
Michel Angelo Buonarroti	229
Leonardo da Vinci	230

Fünftes Buch.
Ausbildung der Mediceischen Suprematie.

1. Florentinische Verfassungsänderung.

Lorenzo's de' Medici Stellung. Persönliche und öffentliche Finanzen	233
Verfassungsreform. Engerer und weiterer Rath	235
Rath der Siebzig und dessen Commissionen	236
Urtheile der Zeitgenossen	237
Alessandro de' Pazzi über Lorenzo's Finanzlage	238
Das Steuerwesen	239
Fortschreitende Umwandlung der Verfassung	241
Die Magistraturen. Signorie, Collegien, Consulta	242
Podestà und Podestàgericht. Magistrat der Acht	243
Gesetz-Conservatoren. Zehn des Friedens und des Kriegs. Capitani di parte guelfa. Magistrate für das Zollwesen und die Staatsschuld	244
Handels-, Zunft- und Wohlthätigkeitsbehörden	245
Neue Verschwörung gegen Lorenzo de' Medici	246
Wiedereinnahme von Citronio	247

II. Ferraresischer Krieg.

Streit Venedigs mit Ferrara. Beiderseitige Verbündete 249
Anfang des Kampfes am Po. Rüstungen in Rom 251
Bedrängniß Sixtus' IV. Anträge an Ludwig XI. 252
Schlacht von Campomorto. Gefahr Ferrara's 253
Schlechte Kriegführung. Concilsversuch gegen Sixtus IV. . . . 254
Lorenzo's de' Medici Betheiligung am Concilsversuch 255
Veränderte Politik Sixtus' IV. 256
Sixtus' IV. Abkommen mit seinen Gegnern 257
Lorenzo de' Medici florentinischer Bevollmächtigter zu dem Friedens-
  congreß in Cremona 258
Widerstreben Venedigs und Fortsetzung des Kampfes 260
Lodovico il Moro und die mailändischen Angelegenheiten . . . 261
Lorenzo de' Medici und Lodovico il Moro 262
Lodovico il Moro über die mailändischen Dinge 263
Lodovico's Unterhandlung mit Venedig 264
Friede von Bagnolo. Ungünstige Bedingungen für Ferrara . . . 265
Tod P. Sixtus' IV. Verworrene politische Lage 266
Città di Castello und Siena 267
Sarzanesische Streitfrage. Einnahme von Pietrasanta 268

III. Innocenz' VIII. erste Regierungszeit.
Ludwig XI. und Frankreich.

Römische Zustände in Sixtus' IV. letzten Tagen 269
Girolamo Riario. Dermierung bei des Papstes Tode 271
Papst Innocenz VIII. Familie Cybò 272
Charakter Innocenz' VIII. Glückwunsch-Ambassaden 273
Florentinische Gesandtschaft. Piero de' Medici 274
Lorenzo's de' Medici Instruction für seinen Sohn 275
Lorenzo über sein Verhältniß zum h. Stuhl 276
K. Ludwigs XI. letzte Zeit. Sein Verhältniß zu Florenz . . . 277
Ludwig XI. an Lorenzo de' Medici. Der Ring des h. Zanobi . . 278
Aussterben der Anjou. Ludwigs XI. Tod 279
Die französischen Verhältnisse nach des Königs Tode. Anne de
  Beaujeu Regentin für ihren Bruder Carl VIII. Opposition
  der Großen 280
Anne de Beaujeu und Florenz 281
Französische Bemühungen gegen Maximilian von Oestreich bei
  Innocenz VIII. 282
Lorenzo's de' Medici Vorsicht, des Papstes Ablehnung 283

IV. Politische Sorgen. Der Baronenkrieg.

Der Sarzanesische Handel vor Innocenz VIII. 284
Lorenzo de' Medici im Verhältniß zu Mailand und Siena. Sienesische Wirren 287

	Seite
Gleichgewichtspolitik	290
Politische Zustände des Königreichs Neapel	291
Ferrante von Aragon	292
Alfons von Aragon Herzog von Calabrien	294
Bündniß der Barone	295
Einnahme von Aquila. Ausbruch des Baronenkriegs	296
Die Barone, der König und der Papst	297
Innocenz VIII, Venedig und die Barone	298
Die neapolitanischen Dinge und die Florentiner	299
Ungewisse Lage	301
Lorenzo de' Medici für K. Ferrante	302
Lorenzo's Rathschläge an die Aragonesen	303

V. Rückwirkungen des Baronenkriegs. Kampf um Sarzana.

Florenz und die neapolitanische Streitfrage. Erzbischof Rinaldo Orsini	304
Anfang des Kampfes. Alfons von Aragon in der Campagna	306
Alfons von Aragon in Vitigliano	307
Fortgang des Krieges. Gefecht bei Campagnano	308
Meinungsverschiedenheiten in Rom. Geneigtheit zum Vergleich	309
Vergleichsvorschläge. Herzog René von Lothringen	310
Friede zwischen Innocenz VIII. und Neapel	311
Geringe Befriedigung der Florentiner	312
Roberto da Sanseverino. K. Ferrante und die Barone	313
Rückwirkung des Baronenkriegs auf die Geschicke Neapels	316
Verstimmung und Schwierigkeiten Lorenzo's de' Medici	317
Verhältniß zu Neapel und Lodovico il Moro	318
Angriff auf Sarzana und Einnahme der Stadt	320
Lodovico il Moro und Genua	322

VI. Lorenzo de' Medici als Vermittler zwischen Rom und Neapel.

Lorenzo de' Medici und Innocenz VIII.	323
Angelegenheit von Osimo. Boccalino de' Guzzoni	324
Uebergabe von Osimo. Boccalino in Florenz	326
Boccalino's Ende	327
Mediceisches Haus. Tod Madonna Lucrezia's	328
Maddalena de' Medici und Franceschetto Cybo	329
Verhandlung mit K. Ferrante inbetreff der Heirat Maddalena's	330
Franceschetto Cybo's Charakter und Lebensweise	331
Neues Zerwürfniß zwischen Rom und Neapel	332
Lorenzo's de' Medici Verstimmung	333
Unterhandlung zwischen Innocenz VIII. und K. Ferrante	335

	Seite
Lorenzo's Urtheil über des Papstes Stellung zum Könige und die politische Lage	336
Schwäche des Papstes. Gian Jac. Trivulzio in Florenz	338
Sendung Jacopo Gherardi's nach Florenz und Mailand	339
Lorenzo's Ermahnungen zur Vorsicht	340
Lorenzo's Instruction für die Verhandlung mit Mailand	341
Vorschlag einer Basis für die Verständigung	342
Krankheit Lodovico's il Moro	344

VII. Familienereignisse. Vermälungen und Todesfälle.

Clarice und Maddalena de' Medici in Rom	345
Ehrencontract und Mitgift Maddalena's	347
Lorenzo de' Medici über seinen Schwiegersohn	348
Die Mediceischen Angehörigen in Rom	349
Piero's de' Medici Reise nach Rom und Heimat	350
Alfonsina Orsini	351
Florentinische Feste bei Francescheto Cybo's Anwesenheit	352
Krankheit Madonna Clarices	353
Maddalena Cybo in Florenz	354
Tod Clarices de' Medici. Ihr Charakter	355
Lorenzo de' Medici über den Verlust seiner Gemalin	358
Maddalena Cybo's Rückkehr nach Rom	359
Tod Ippolita Maria's Herzogin von Calabrien	360
Vermälung Gian Galeazzo Sforza's	361
Piero de' Medici in Mailand	362

VIII. Romagnolische Wirren. Toscanische und umbrische Nachbaren.

Girolamo Riario in Imola und Forli	364
Tod Girolamo Riario's	366
Caterina Riario Sforza. Verwirrung in Forli	367
Forli's Verbleiben im Besitz der Riari	368
Zwist wegen Piancaldoli	369
Streitende Interessen in den romagnolischen Dingen	370
Verstimmung gegen Mailand. Faenza und die Manfredi	371
Mord Galeotto Manfredi's. Aufstand in Faenza	372
Lorenzo de' Medici und Giovanni Bentivogli in Beziehung zu den Wirren in Faenza	373
Caterina Riario Sforza. Traurige Zustände der Romagna	374
Lorenzo de' Medici und die Nachbarstaaten	375
Piombino und Siena. Sienesisches Parteiwesen	376

	Seite
Lorenzo de' Medici und Siena	378
Lorenzo de' Medici und Lucca	379
Verhältnisse von Città di Castello und Perugia	380
Franceschetto Cybò in Perugia	381
Lorenzo's de' Medici Ansicht von den peruginischen Angelegenheiten	382
Sieg der Baglionischen Partei in Perugia	383
Gewaltsames Factionswesen	384
Angelegenheiten von Ascoli	385
Die päpstliche Autorität gegenüber der Eifersucht der Nachbarstaaten	386
Die Orsini im Verhältniß zum Papst und zu Neapel	387
Gentil Virginio und Niccolò Orsini	388

Sechstes Buch.

Lorenzo's de' Medici letzte Lebensjahre.

I. Florentinisches Staatswesen, öffentliche Zustände und Finanzen um das Jahr 1490.

Die herrschende Partei und die alten Gegner	391
Albizzi, Soderini, Pazzi	392
Francesco Guicciardini's Schilderung der florentinischen Zustände	394
Alessandro de' Pazzi über die Stellung Lorenzo's de' Medici	395
Fortschreitende persönliche Autorität	397
Bittsteller und Empfehlungen. Alessandro Farnese	398
Bitten und Empfehlungen fremder Fürsten	400
Freunde und Anhänger der Medici. Giovanni Lanfredini	401
Lorenzo's Verhalten gegenüber seinen Anhängern	402
Der Gonfaloniere Neri Cambi. Ohnmacht der Staatsbehörden	403
Commissionen für Magistratswahlen und Finanzen	404
Münzreform und Geldwirthschaft	405
Mediceische Finanzen. Verluste der Banken	406
Verwendung öffentlicher Gelder	408
Die Creditanstalt für Aussteuer der Töchter	409
Herabsetzung der Zahlungen der Anstalt	410
Die Bank in Lyon und Philippe de Commines	411
Commines' letztes Schreiben an Lorenzo de' Medici	414

II. Florentinisches Leben.

Benedetto Dei's Parallele zwischen Florenz und Venedig	415
Schilderung von Florenz im letzten Drittel des 15. Jahrhunderts	418
Gewerbfleiß und Handel	419

Inhalt. XV

	Seite
Geldgier und Pfandleiher	420
Lebensweise der höheren Classen	421
Glanz der Festlichkeiten	422
Gastmal Benedetto Salviati's in Neapel	423
Florentinisches Leben. Stadt und Villa	427
Das Spiel	429
Leibesübungen, Jagd, Schauspiele	430
Geistliche Schauspiele und Processionen	431
Die Potenze und ihre Auswüchse	432
Faschingswesen und Aufzüge	434
Die Reaction gegen das Faschingstreiben	435
Historische und mythologische Festzüge	436
Carnavalszug Bartolommeo Benci's	437
Possenreisserei. Piovano Arlotto. Der dicke Tischler	438
Schlimmes und Gutes der sittlichen Zustände	439
Benedetto Varchi's Schilderung des florentinischen Volkes	441
Zucht des Familienlebens	442
Die vornehmen Frauen	443
Die Ritterwürde. Cavalieri di popolo	444
Die Ambassaden	445
Glanz der Ambassaden im 15. Jahrhundert	446

III. Mediceisches Haus und Familie.

Die Medici als Sammler und Kunstfreunde	447
Reichthum des Mediceischen Hauses	448
Häusler und Ankauf	449
Garten und Casino von San Marco	450
Die Mediceischen Villen	451
Poggio a Cajano	452
Lorenzo's de' Medici Lebensweise	454
Die Malzeiten	455
Glanz und Einfachheit	456
Besuch Eberhards Grafen von Württemberg	457
Pferde und Hennen	458
Falkenjagd	459
Besuche in Pisa. Agnano und andere Besitzungen	460
Badereisen	463
Bäder von San Filippo und Vignone	464
Liebschaften. Bartolommea Nasi Benci	465
Ambassade und Geschenke des ägyptischen Sultans	466
Festlicher Empfang auf Reisen	468
Hausgenossen und Freunde	469
Lorenzo de' Medici im vertrauten Umgang	470

	Seite
Mufik-Unterhaltung	471
Antonio begli Organi	472
Mufik und Poefie	473
Piero und Alfonfina Orfini be' Medici	475
Lorenzo's Töchter	476
Bescheidenheit in der Erscheinung. Lorenzo in Ernst und Scherz	477

IV. Carbinalat Giovanni's be' Medici.

Innocenz VIII. und Francescetto Cybo	480
Lorenzo's be' Medici Verwendungen für Francescetto	482
Giovanni be' Medici und die kirchlichen Beneficien	484
Die Abteien Paffignano und Monte Caffino	486
Die Cardinalswürde. Giovanni Lanfrebini	487
Lorenzo's Ungebuld über bes Papstes Zögern	489
Cardinalscreirung Giovanni's be' Medici	490
Jubel in Florenz. Lorenzo's Danksagungen	491
Einbrud der Ernennung	493
Giovanni Lanfrebini's Tob	494
Die Canonifation bes Erzbischofs Antoninus	495

V. Austrag bes Streites zwischen Innocenz VIII. und Ferrante von Aragon.

R. Ferrante's Verhalten gegenüber bem Papst	496
Niccolò Orfini päpstlicher Generalcapitän	498
Lorenzo be' Medici über ben Haber zwischen Papst und König	499
Stellung von Mailand und Venedig	500
Des Papstes Vorgehen gegen den König	501
Lorenzo's be' Medici Vorschläge	502
Der Papst über die Einmischung bes Auslands	504
Ferrante's Widerstreben gegen einen Vergleich	505
Französische Anträge an den Papst	506
Innocenz' VIII. Klagen über ben König	507
Innocenz VIII. und bas Ausland	508
Giovanni Pontano über bas Abkommen von 1486	509
Neapolitanische Vergleichsvorschläge	510
Friede zwischen bem Papst und Neapel	511
Französische Angelegenheiten	512
R. Ferrante's Familienforgen	513
Gian Galeazzo Sforza und Lodovico il Moro	514
Zerwürfnis zwischen Alfons von Aragon und bem Moro	515
Neapolitanische Gesandtschaft nach Mailand	516

VI. Oppositions-Tendenzen. Fra Girolamo Savonarola.

Lorenzo de' Medici und der Clerus	517
Girolamo Savonarola in seiner Jugend	519
Savonarola's erster Aufenthalt in Florenz	521
Fra Mariano von Genazzano und das Kloster von San Gallo	522
Fra Mariano und Lorenzo de' Medici	523
Fra Mariano als Prediger	524
Savonarola's steigende Lehrthätigkeit	526
Savonarola als Prediger	527
Francesco Guicciardini über Savonarola's Einfluß	529
Humanisten und Klosterbrüder	530
Vorstellungen Mediceischer Parteigenossen bei Savonarola	531
Savonarola's Uebertreibungen	532
Savonarola und Fra Mariano	533

VII. Veröffentlichung der Cardinalswürde Giovanni's de' Medici.

Giovanni de' Medici in Pisa	535
Verzögerte Publication der Cardinalserneuung	538
Bedenklicher Gesundheitszustand Innocenz' VIII.	539
Publication der Cardinalserneuung	540
Feier in der Abtei von Fiesole und in Florenz	541
Giovanni's de' Medici Reise nach Rom	543
Empfang in Rom	544
Lorenzo's Schreiben an den Cardinal seinen Sohn	545

VIII. Lorenzo's de' Medici Tod.

Krankheit Lorenzo's de' Medici. Heilmittel gegen seine Leiden	551
Wechsel von Besserung und Verschlimmerung	553
Lorenzo's Absicht der Uebertragung der Geschäfte an seinen Sohn Piero	554
Politische Lage	555
Moralisch-religiöse Anschauungen	556
Lorenzo's Rathschläge an seinen Sohn	557
Lorenzo mit Angelo Poliziano und Pico	558
Savonarola am Sterbelager	559
Tod Lorenzo's de' Medici	561
Prodigien und Leichenfeier	562
Decret inbetreff der Stellung Piero's de' Medici	563
Römische Todtenfeier	564
K. Ferrante über Lorenzo's Tod	565
Innocenz VIII und das Haus Sforza	566
Beisetzung in San Lorenzo	567
Klagelied Angelo Poliziano's	568

XVIII   Inhalt.

                                                              Seite
                         Schluß   570
                        Beilagen.
  I. Chronologische Uebersicht 583
 II. Stammtafel der Medici 587
       „   „   Pazzi 588
       „   „   Soderini 588
       „   „   Visconti und Sforza 589
III. Lorenzo's de' Medici letzte Stunden 590
 IV. Literarische Notiz 593

Verbesserungen.

Band I.

S. 73 Z. 6 statt S. Marco lies S. Lorenzo.
„ 361 „ 10 „ Juni lies Januar.

Band II.

S. 24 letzte Zeile setze vor Decameron das Wort: im.
„ 51 Z. 11 statt 1461 lies 1407.
„ 191 „ 6 von unten statt Borchi lies Becchi.

Viertes Buch.

Die Medici
im Verhältniss zu Literatur und Kunst.

Zweiter und dritter Abschnitt.

Zweiter Abschnitt.

Die Zeit Lorenzo's il Magnifico.

I.

Lorenzo de' Medici als Dichter.

Im April 1465 trafen, wie erzählt worden ist, Federigo b'Aragona Prinz von Neapel, und der damals siebzehnjährige Lorenzo de' Medici in Pisa zusammen. „Als du, erlauchter Federigo, so beginnt ein von dem jungen Florentiner an seinen edlen Gastfreund wahrscheinlich in dem darauf folgenden Jahre gerichtetes Sendschreiben[1], die uralte pisanische Stadt besuchtest,

---

[1] Die von Lorenzo de' Medici für Don Federigo veranstaltete Sammlung italienischer Poesien findet sich, zwar nicht in dem möglicherweise während der französischen Expedition nach Neapel im J. 1495 abhanden gekommenen Original, doch in einer vielleicht vor Ende des 15., vielleicht im 16. Jahrhundert genommenen Abschrift, heute in der Florentiner Biblioteca nazionale (Magliabechiana), wohin sie mit den Handschriften der Palatina gekommen ist. (Fr. Palermo, I Manoscritti Palatini di Firenze, Flor. 1853 ff., Bd. I. S. 363 ff.). Die Handschrift gehörte Marco Foscarini, mit dessen Bibliothek sie im J. 1800 nach Wien und nachmals an den Erzherzog später Großherzog Leopold gelangte, als dieser sich mit Sammlung und Herausgabe von Lorenzo's Dichtungen beschäftigte. [Opere di Lorenzo de' Medici, Florenz 1825 — in 4 Bänden 4. — Bd. I. S. XXVI, wo auch Apostolo Zeno's Bemerkungen über die in Rede stehende Handschrift]. Ueber die Handschriften und Drucke von Lorenzo's Poesien vgl. die erwähnte Ausgabe Bd. I. S. XIII—XLV, und Gamba, Testi di lingua 648—860. Für einen vollständigen kritisch

lenkteſt du das Geſpräch auf Jene die in toscaniſcher Sprache gedichtet haben, und vertheimlichteſt mir nicht dein lobenswerthes Verlangen, durch meine Vorſorge alle dieſe in einer Sammlung vereinigt zu ſehn. Indem ich nun wie in Andrem auch in dieſem Falle deinen Wunſch zu erfüllen mich beſtrebte, ließ ich mit nicht geringer Mühe die alten Handſchriften aufſuchen, und wählte aus denſelben das Mindeſt-unvollkommene, welches ich in gegenwärtigem Buche aneinander gereiht Deiner Herrlichkeit überreiche, mit dem lebhaften Wunſche, daß du die Auswahl, wie immer ſie ſei, beifällig aufnehmen und als Andenken und Pfand beſonderer Zuneigung betrachten mögeſt. Keiner darf dieſe toscaniſche Sprache als ſchmucklos oder arm geringſchätzen. Denn wer ihre Zierde und ihre Fülle recht würdigt, wird ſie, ſtatt rauh und arm, reich und feingebildet finden. Ja es läßt ſich nichts Zierliches, Blühendes, Anmuthiges erſinnen, nichts Treffendes, Sinnreiches, Geiſtvolles, es läßt ſich nichts Wohllautendes und Harmoniſches, endlich nichts Erhabenes und Majeſtätiſches denken, wovon uns die beiden Größten, Dante und Petrarca, und nach ihnen die gegenwärtig durch dich, o Herr, zum Leben Erweckten, nicht glänzende Muſter bieten.

geſicherten Text wäre auch nach dem ſplendiden Druck von 1825, welcher unter Beiheiligung der Akademie der Crusca zuſtande kam, manches zu thun. Eine reichhaltige mit Geſchick veranſtaltete Auswahl bieten die Poeſie di Lorenzo de' Medici, Flor. 1859, mit Einleitung von Giosuè Carducci, welche zu dem, was hier über Lorenzo als Dichter folgt, manchen Fingerzeig gegeben hat.

Das hier theilweiſe mitgetheilte Schreiben Lorenzo's an Don Federigo findet ſich in einer Riccardiſchen Handſchrift Nr. 2723 unter dem Namen Polizian's, und wurde unter dieſem Namen in der von V. Nannucci und L. Ciampolini veranſtalteten Ausgabe der Rime, Florenz 1814, wie ſpäter gedruckt. Der Irrthum iſt augenſcheinlich; Polizian's Alter und die Uebereinſtimmung mit Lorenzo's Anſichten in dem Commentar zu ſeinen Gedichten machen ihn ebenſo klar wie der geſchichtliche Vorgang.

„Wie Petrarca in einem seiner Briefe zeigt, kannten den Reim auch die alten Römer. Nach langer Unterbrechung lebte er in Sicilien wieder auf, verbreitete sich über Frankreich, fand in Italien als im eignen Hause Aufnahme. Der Erste der bei uns der neuern Dichtung durch den Reim ihre eigenthümliche Form verlieh, war Guittone von Arezzo, mit ihm sein Zeitgenosse der Bologneser Guido Guinicello. Beide in der Philosophie bewandert und voll ernsten Inhalts. Jener noch in etwa hart und rauh und ohne die Blüte und Eloquenz, dieser weit zierlicher und klarer. Dante nannte ihn seinen wie der Uebrigen Vater, welche süße und anmuthige Liebesgedichte geschrieben, und gewiß war er der Erste, welcher der schönen Gestalt unserer Sprache ihr anziehendes Colorit gab, zu welchem der rauhe Aretiner kaum erst den Grundton gelegt hatte. Nach ihnen leuchtet der zarte Guido Cavalcanti, für seine Zeit ein gleich scharfsinniger Dialectiker wie trefflicher Philosoph. Von Körper schön, erscheint er auch in seinen Schriften in mir sonst unbekanntem Maße einnehmend und liebenswürdig, in der Erfindung fruchtbar und wunderbar prächtig, in den Schlüssen bedeutsam, in der ganzen Haltung würdig und erhaben, welche Vorzüge durch Reiz und Reichthum der Schreibart wie durch ein glänzendes Gewand gehoben werden. Ihm fehlte nur ein weiteres Feld um zu höchsten Ehren zu gelangen. Der Lucchese Bonagiunta und der Notar von Lentino dürfen nicht übergangen werden, ernst und inhaltreich, aber feinern Schmucks dermaßen baar, daß sie zufrieden sein müssen, in dieser Sammlung geehrter Männer eine Stelle zu finden. Aus Guittone's Zeit ist noch Pier delle Vigne da, von welchem Dante sagte daß er „beide Schlüssel hatte vom Herzen Friedrichs". Von ihm ist nur Kleineres vorhanden, doch fehlt ihm weder Ernst noch Bedeutung.

„Nun erscheinen die beiden wunderbaren Sonnen, welche diese Sprache erleuchtet haben, Dante, und, um weniges nur ihm nachstehend, Francesco Petrarca. Wo es sich um ihr Lob handelt, ist, nach Sallust's Wort über Karthago, Schweigen besser als Wenig-sagen. Onesto der Bolognese und die älteren Sicilier würden am meisten der Feile dieser Beiden bedürfen, denen sie der Zeit nach vorausgehn, während Geist und Wille ihnen nicht gemangelt haben. Cino von Pistoja, zart und gefühlvoll, macht seinem Rufe Ehre. Meiner Ansicht nach überwand er zuerst völlig die alte Rauheit, welche Dante, sonst so bewunderungswürdig, nicht ganz abzustreifen vermocht hatte. Auf diese folgt eine Schaar Jüngerer, die weit hinter den Genannten zurückstehn. Alle diese und einige unserer Zeit kommen dir, o Herr, unvergänglichen Dank sagen, denn du bist es der ihnen jetzt Leben, Ruhm, Licht schenkest, womit du dir größern Anspruch auf Ruhm erwirbst, als der alte Athener Pisistratos, der die homerischen Gesänge vom Untergange rettete. Er gab Einem Leben, du erweckst eine ganze Schaar. Zu Ende des Buches habe ich, da dir dies genehm zu sein schien, etwas von meinen eignen Sonetten und Canzonen beigefügt, auf daß bei deren Lesung meine Anhänglichkeit und meine Zuneigung wieder lebendig vor deinem Geiste stehn mögen. Verdienen diese Dichtungen auch durch sich selber nicht neben den wunderbaren der Alten aufgeführt zu werden, so ist es vielleicht nicht unnütz sie denselben anzureihen, zum Behuf der Vergleichung, welche die Schönheit der andern nur erhöhen kann. Nimm drum, ich bitte dich o Herr, sie wie mich nicht blos im Hause, sondern in Geist und Herz auf, wie du in meinem Geist und Herzen fortundfort als ein willkommener Gast wohnest."

So schrieb Lorenzo de' Medici, dem Anschein nach im Jahre 1466. Ein andermal äußerte er sich über den von vielen angefochtenen Werth der Vulgarsprache als Sprache der Poesie, als er in späterer Zeit zu einigen seiner Dichtungen Erläuterungen schrieb, wie sie, ob vom Verfasser selbst ob von Freunden herrührend, damals Sitte waren. „Wollen wir die Würde unserer Sprache beweisen, so haben wir uns einfach daran zu halten, ob sie jeden unserer Gedanken wie jede unserer Empfindungen mit Leichtigkeit ausdrückt. Hier kann nichts uns genügendere Antwort geben als die Erfahrung. Unsere Landsleute, Dante, Petrarca und Boccaccio haben in ihren ernsten wie anmuthigen Versen und Reden klar bewiesen, daß alles Gedachte wie Empfundene in dieser Sprache leichten und natürlichen Ausdruck findet. Wer die Comödie liest, erkennt, daß zahlreiche theologische wie die Natur betreffende Fragen in derselben mit ebensoviel Gewandtheit wie Glück erörtert sind. Er wird hier die drei Abstufungen des Stils finden, die von den Redekünstlern aufgeführt werden, das Erhabene, das Mittlere, das Niedere; ja Dante wird ihm den Verein dessen bieten, was griechische wie lateinische Autoren ihm vereinzelt vorführen. Wer spricht dem Petrarca Ernst, Weichheit, Heiterkeit ab? In Liebesgedichten zeigt er eine mit Ernst gemischte Anmuth, wie weder Ovid noch Tibull, weder Catull noch Properz sie an den Tag legen. Dante's Canzonen und Sonette sind so gehaltvoll, daß ihnen in Dichtung und Prosa kaum irgendetwas nahekommt. Wer Boccaccio gelesen hat, dessen Wissen mit seinem Reichthum wetteifert, wird leicht der Ansicht sein, daß bei ihm Erfindungsgabe, Mannichfaltigkeit und Beredsamkeit wetteifern. Wer sein Decamerone betrachtet, mit dem unendlichen Wechsel des Stoffs, mit der Schilderung aller aus Liebe und Haß, aus Furcht und Hoffnung entspringenden Lebenslagen, mit der Darstellung unzähliger Künste und Ränke, der Charakterisirung der verschiedensten Naturen, dem Ausdruck aller

Leidenschaften, wird zu dem Schlusse gelangen, daß zu allem
diesem keine Sprache fähiger gewesen wäre als die unsere.
Der Sprache hat es vielmehr an Autoren gefehlt die sich
ihrer bedient haben, als daß die Sprache sich gegen Autoren
und Stoffe spröde gezeigt hätte. Für den der sich einige
Uebung erworben hat, sind ihre Grazie und Harmonie groß
und voller Wirkung. Was die Trefflichkeit einer Sprache
ausmacht, scheint mir die unsere in reichem Maße zu besitzen,
und ich bin der Ansicht daß die Kenntniß dessen was in ihr
geschrieben, namentlich was von Dante behandelt worden ist,
seines wichtigen und ernsten Inhalts wegen nicht bloß Nutzen
bringt sondern noththut. Davon zeugen auch die von gelehrten Männern zur Erläuterung der Comödie verfaßten
Commentare und die vielen von den Kanzeln vernommenen
Anspielungen. Man darf aber auch künftigem Erscheinen
trefflicher Schriften in dieser Sprache entgegensehn, deren
Jugendzeit bis jetzt gewährt hat und die stets an Zierlichkeit
wie an Reichthum gewinnt. Größere Vollendung im reifen
Alter steht in Aussicht, namentlich wenn die florentinische
Herrschaft sich ausdehnt, was nicht bloß zu hoffen sondern
durch wackre Bürger mit allem Aufwand von Geist und Kraft
anzustreben ist. Wenn dies was vom Geschicke und Willen
Gottes abhängt, nicht mit Bestimmtheit zu bejahen ist, so
liegt es doch im Bereich des Möglichen. Für heute genügt
es zu folgendem Schlusse zu kommen. Die Eigenschaften
welche den Vorzug einer Sprache bilden, besitzt die unsere in
Fülle, und wir dürfen uns über dieselbe nicht beklagen. Aus
demselben Grunde darf auch niemand mir zur Last legen,
wenn ich in der Sprache schreibe, in der ich geboren und
herangewachsen bin. Gleich ihr waren die hebräische und
lateinische ursprünglich einfache Volkssprachen, wurden jedoch
von solchen, die als Schriftsteller in Ehren stehn, unter

naturgemäßer Ausbildung mit größerer Vollendung ange=
wandt, als vom Volke im Großen und Ganzen."

Diese Bemerkungen, denen sich andere über die Vers=
maße und Formen der Vulgarsprache, namentlich über das
Sonett anschließen, machen es klar, wie Lorenzo be' Medici
von Jugend an über Wesen und Geschichte der Sprache nach=
gedacht hat. Seine Dichtungen haben derselben nicht
Bahn gebrochen, aber sie haben ihr im Verein mit
denen von mehren seiner Zeitgenossen namentlich im Vergleich
mit der jüngern Vergangenheit, Freiheit und Anmuth der
Bewegung, Leichtigkeit der Anwendung für mannichfaltigste
Zwecke und Aufgaben, Reichthum volksthümlicher Formen
gesteigert. Er hat diese Sprache mit ebenso großer Meister=
schaft gehandhabt, wie er den Versbau vollkommen beherrscht
hat. Es fehlt nicht an Härten, noch an Gewaltsamkeit die
einer Schwierigkeit nicht aus dem Wege geht, nicht an ver=
alteten Formen, nicht an Nachklängen der Verkünstelung und
Unnatur, welche in des Dichters Jugend für moderne Classi=
cität galt; es fehlt ebensowenig an Wendungen deren lite=
rarisches Bürgerrecht bestreitbar ist. Nicht immer begegnen
wir jener Feinheit des Ohrs, jener Sicherheit des Geschmacks,
jener Fülle des Wohlklangs, welche einem Gleichzeitigen, Po=
liziano seine Bedeutung sichern, indem sie ihn als den eigent=
lichen Führer in der großen literarischen Bewegung erscheinen
lassen, welche in den letzten Decennien des fünfzehnten Jahr=
hunderts einem Zustande ein Ende machte, von dem man
kaum weiß ob Stagnation oder verkehrte Richtung das
Schlimmere war. In dieser Bewegung nimmt aber Lorenzo
be' Medici immer eine hervorragende und eigenthümliche
Stellung ein. Wäre er nur Literat gewesen, auch als Literat
würde er glänzen. Wie in seiner ganzen übrigen Erscheinung
ist dieser Mann auch als Dichter der ächte Repräsentant seiner

Zeit, welche, zugleich rückwärts wie vorwärts blickend, mit dem Cultus der Pietät die Wiederbelebung des Alten, mit freudiger aber noch ungewisser Ahnung die Eröffnung neuer Bahnen anstrebte, auf der Schwelle zwischen zwei großen Epochen, Abendroth zugleich und Morgenröthe. Lorenzo be' Medici, der den Charakter der Literatur des Dante'schen Jahrhunderts richtig ermaß, und scharfsinnig erkannte daß in ihr und nicht in der Pedanterei der humanistischen Poeten Leben, Zukunft, Heil lagen, stand doch auch wieder unter dem Einfluß der wiedererweckten classischen Bildung, der großen That der ersten Hälfte seines Jahrhunderts. Auch wo er sich den Lyrikern des vorausgegangenen am meisten nähert, ist es nicht eine Nachahmung, wie sie uns Bembo gegenüber dem Petrarca bietet. Auch wo Dante oder Guido Cavalcanti mit ihrer subtilen Zergliederung der Empfindungen, die etwas vom Wesen der Scholastik an sich hat, und mit der Uebertragung einer gewissen Feierlichkeit der Intonation vom Himmlischen auf das Irdische ihm am meisten vorgeleuchtet zu haben scheinen, bringt ein Geist durch, der nur durch die Berührung antiker Anschauung, Sinnesrichtung und Denkungsart mit modernem Leben und Empfinden, durch unmittelbare Bekanntschaft mit den Schöpfungen des hellenischen Genius erzeugt sein konnte, welche den Vätern der italienischen Poesie noch versiegelte Bücher waren, von denen sie meist selbst nicht die Titel kannten.

Lorenzo be' Medici ist kein Nachahmer Petrarca's, mögen die Anklänge Petrarca's, wie, über diesen hinaus, die der Poesie der Troubadours bei ihm noch so häufig vorkommen. Aber er hat, von Anderm abgesehen, mit Petrarca einen hervorragenden Zug gemein, den offnen Sinn für die Natur und ihre Schönheit. Wie der Siedler von Vaucluse und Arquà unter den modernen Dichtern derjenige ist, dem die Natur

sich zuerst und vorzugsweise in ihrem innern Wesen und im
Eindruck auf das Gefühl offenbart (bei Dante ist es mehr der
historische Charakter der Landschaft und das Plastische der
scharfgezeichneten Einzelerscheinung was hervortritt), so ist sie
für den Bewohner der toscanischen Villen und den Wandrer
in den Waldungen des Apennin der unerschöpfliche Born, aus
welchem Formen und Bilder in rascher Gestaltung hervor-
quellen und sich in gleich mannichfaltige wie glänzende Farben kleiden. Reichthum und Frische der Anschauung zeugen
von dem tiefen Erfassen mit offnem Auge und lebendigem
Gefühl. Das ganze Leben des Dichters, welcher die den
vielseitigsten zum Theil quälendsten Geschäften, Bestrebungen,
Sorgen abgewonnenen Stunden und Tage am liebsten dem
Landaufenthalt widmete, durch welchen er Sinn und Geist
erquickte, würde den Beweis liefern, daß es sich hier so um
ein wahres Bedürfniß wie um wirkliche Anschauung und unmittelbar lebendige Auffassung, nicht um bloße Thätigkeit
der Phantasie handelt, wenn Reichthum der Formen, Wahrheit und Glanz des Colorits nicht schon dafür sprächen.
Bei ihm dient die Natur als Folie für die idealen Gestalten.
Die zahlreichen ihr entlehnten Gleichnisse, in ihrem anmuthigen Wechsel und ihrer farbenreichen Individualität verleihen
den Schöpfungen einer stets thätigen Einbildungskraft wie
den Conceptionen philosophischer Betrachtung, den im Einzelnen mit großer Anschaulichkeit ausgemalten poetischen Per-
sonificationen ein Leben und eine Wesenheit, ohne welche dieselben Gefahr laufen könnten, als bloße Abstractionen, wenn
nicht gar als sinnreiche Spielereien zu erscheinen. Was er
in der Naturschilderung, nicht blos zur Exemplificirung von
Empfindungen und Gedanken sondern als selbständiges in sich
abgerundetes Gemälde zu leisten vermag, hat er in der Darstellung des Wallens der Elemente und in jener des goldenen

Zeitalters in den Liebeswäldern (Selve d'amore) und dem Idyll Ambra an den Tag gelegt.

Die Mehrzahl der Sonette und Canzonen besteht begreiflicherweise aus Liebesgedichten. Die eben berührten Eigenschaften der Poesie Lorenzo's verhindern jedoch die von diesem Genre schwer trennbare Eintönigkeit, denn wo auch die Stimmung nicht wechselt, wechseln Situation und Colorit. Der Liebende und Dichter ist und bleibt Zögling der Philosophie, und der mit allem Farbenreiz der Phantasie ausgestattete Gegenstand seiner Dichtungen tritt unendlich mehr in den Hintergrund als bei den großen Trecentisten. Wenn man die Dichtungen des Medici liest, denkt man nur nebenbei an Lucrezia Donati, deren Namen Freunde des Dichters uns entdeckt haben. Beatrice und Madonna Laura sind Gegenstand sorgsamer historischer Forschung geworden — kaum Irgendeiner hat sich mit der Florentinerin beschäftigt die einem Geschlecht entstammte, dessen Name die Geschichte der Stadt erfüllte, als jener der Medici noch ungenannt war. Nicht darin blos ist der Grund zu suchen, daß der Sänger Lucrezia's kein Dante noch Petrarca war, daß die Poesie, so reich immer ihre Quelle sprudelt und so sehr sie zur Vollendung einer in ihrer Art einzigen Erscheinung gehört, im Geiste wie im Leben Lorenzo's de' Medici doch nur die zweite Stelle einnimmt. Vor dem Wesen der idealen Schöpfung droht die Persönlichkeit zu verschwinden. Die an die Geschichte des auf der Bahre liegenden schönen Mädchens anknüpfende Erzählung, in welche der Dichter sein eignes Suchen und Finden eines Gegenstands würdiger Neigung einkleidet, weist schon darauf hin, daß er vielmehr auf diesen Gegenstand übertrug was schon in ihm lebte ja Gefallgewonnen hatte, als daß er von demselben die Anregung empfing. Bei dem größten der Dichter Italiens wurde der

Kindsengel seiner frühen Jugend zum Ideal, in welchem sein
Sinnen, Denken, Fühlen aufging — das Ideal stand vor der
Seele Lorenzo's de' Medici, ehe er die kannte, deren Gestalt
er mit dem Zauber vergeistigender Sehnsucht umkleidete.

Der Zögling der platonischen Philosophie, welcher im
Commentar zu seinen Sonetten eine Schilderung seiner Ge-
liebten giebt¹), spricht sich in der Erklärung aus, die er von
dem Wesen der Liebe giebt. „Wer die wahre Erklärung der
Liebe sucht, findet daß dieselbe in der Sehnsucht nach der
Schönheit besteht. Ist dem so, so stößt alles Unschöne und
Fehlerhafte Den ab, der wahrhaft und würdig liebt. Die
Schönheit von Antlitz und Seele der Geliebten bestimmt und
leitet uns im Suchen nach der Schönheit anderer Dinge, im
Aufsteigen zur Tugend die auf Erden wie im Himmel Schönheit ist, im endlichen Erreichen der höchsten Schönheit, nämlich der Gottheit, unseres Ziel- und Ruhepunktes. Die nothwendigen Bedingungen einer wahren würdigen hohen Liebe
dünken mich von zweierlei Art, vorerst daß der Gegenstand
ein einziger, sodann daß die Liebe beständig sei. Diese Bedingungen vollständig zu erfüllen, ist nicht Allen gegeben,
während nur wenige Frauen die hohe Kraft besitzen, die
Männer so ganz an sich zu ketten, daß sie diese beiden Bedingungen nicht verletzen, ohne die es keine wahre Liebe
giebt." Die philosophische Anschauung aber von Leben und
Lebensglück ist in einem längern Gedicht in Terzinen (L'Alter-
cazione) enthalten, in welchem Marsilio Ficino persönlich als
Lehrer auftritt und zwischen dem Dichter und seinem Inter-
locutor entscheidet. Jener hat das Gewühl der Stadt, den
Wirrwarr des Parteitreibens, das Gedränge des Marktes

---

1) Vergl. Carducci's Ausg. der Poesie di Lor. de' Med. S. 54
fl. u. Fabroni a. a. L. S. 10.

verlassen, um in der Land-Einsamkeit die Seele in ruhigen
Hafen, zu freiem sorgenlosem sicherm Dasein zu führen. Was
er sucht, was er in dieser Stille zu finden hofft, schildert er
dem Hirten mit dem er zusammentrifft, der ihm hinwieder
Mühen und Bedrängnisse des niedern Looses vorhält, in welchem er Tag nach Tag in stets wiederkehrenden Sorgen hin-
schleppt. Marsilio muß dazukommen, Werth und Unwerth
der untergeordneten zeitlichen Dinge in ihr wahres Licht zu
stellen, zu zeigen wie das Glück nicht von der hohen Stellung
des Einen, nicht von der niedern des Andern abhängt, sondern nur
in der Kenntniß des Urhebers aller Dinge wie in der Liebe
zu ihm zu finden ist. Wie man schon aus der Andeutung
des Inhalts erkennt, nichts Originelles, aber anziehend durch
die lebendige Schilderung der Gegensätze und interessant als
Zeugniß der ernsten Rückkehr in sich selber bei einem vielseitig
reichbegabten Geiste.

Selbstverständlich kann bei Dichtungen nur das Original
den sichern Maßstab zur Beurtheilung ihres Wesens und
Werthes liefern. Die nachfolgenden Uebertragungen einiger
Sonette haben auch lediglich den Zweck, von den wechselnden
Seelenstimmungen ihres Verfassers Kunde zu geben und zu
zeigen, wie der Ernst des Lebens den poetischen Hauch nicht
abstreift, aber der Empfindung einen Ton giebt, in welchem
Freude sich mit Wehmuth, Seligkeit des Genusses mit dem
Gefühl der Nichtbefriedigung verbindet. Die wenigen Proben
werden zugleich hinreichen zu zeigen, wie viel Eigenthümliches inmitten mancher Reminiscenzen die Poesie Lorenzo's
de' Medici kennzeichnet.

 Nicht süß'rer Schlaf, nicht rein'rer Himmelsfrieden
 Hat je gesenkt sich auf ein Augenpaar,
 Als jener Schlummer, dessen Labsal war
 Beim Sonnenbrande meinem Lieb beschieden.

Und wie uns kaum der holde Stral gemieden,
Schießst du, o Amor, deines Zaubers baar,
So daß alsbald es Allen offenbar,
Was deine Macht dir giebt und nimmt hienieden.

Du Eiche, die mit ihrem Laub, dem vollen,
Die Sonne von den müden Blicken wehrte
Und mit dem Schatten ihren Schlummer nährte,

O fürchte nicht, mag Zeus auch Donner rollen,
Daß dich des Zornes Blitze niederschmettern,
Denn dieser Augen Licht gebeut den Wettern.

Ihr Purpurveilchen, reich an Farbenpracht,
Die ihre weiße Hand im Grünen pflückte,
Woher die Lust, die euch so lieblich schmückte,
Der Thau, in dem ihr uns entgegenlacht?

Was gab der Sonne solche Zaubermacht?
Wo fand den Duft, der unsern Sinn erquickte,
Des Reizes Fülle, die das Aug' entzückte,
Natur, die Süß'res nie hervorgebracht?

Ihr lieben Veilchen, jene Hand die euch
Im Schatten unter tausenden gefunden,
Sie war's die euch geziert so wunderreich;

Die mir das Herz nahm, wie sie den Gedanken
Den höhern Schwung gab in beglückten Stunden,
Ihr, die euch wählte, dürft allein ihr danken.

Madonna sah am klaren Bach ich stehen,
Von Laubesgrün umringt und schönen Frauen;
Nie glaubte ich so hohen Reiz zu schauen,
Seit sie mein Aug' zum erstenmal gesehen.

Mein Sehnen schien gestillt, erhört mein Flehen,
Mir schien erreicht, worauf ich durfte bauen;
Da schwand sie plötzlich wieder, und mit Grauen
Empfand mein Herz die Rückkehr alter Wehen.

Im Westen glühend nieder sank die Sonne,
Die Erde hüllte sich in nächt'ges Dunkel,
Ich forsch' umsonst nach meines Sterns Gefunkel.
Zwiefaches Leid verdrängt' die kurze Wonne.
Vergeblich schien mein Lieben, Hoffen, Glauben —
Erinn'rung nur kann das Geschick nicht rauben.

Gleichwie die Lampe bei des Tages Kommen,
Wenn ihr das Oel, das sie genährt, versiegt,
Zu sterben scheint, dann plötzlich ringsum fliegt
Ein hell'rer Schein, bis alles Licht verglommen;
So ist's im Geist, in irb'schem Drang beklommen,
Wenn, während selbst die Hoffnung unterliegt,
Noch einmal hell der Jugend Flamme siegt,
Zum Zeichen, daß der Prüfung End' gekommen.
Drum schreckt mich nicht das unstät wirre Handeln,
Nicht längst verstummter Töne Wiederklingen
Im Streit, dem alten, zwischen Leid und Lust.
Nicht mag in Stein mich die Meduse wandeln,
Nicht die Sirene mich in Schlummer singen,
Bin ich des höhern Zieles mir bewußt.

Es spottet mein das tückische Geschick,
Die Sehnsucht weckt es ohne sie zu stillen,
In stetem Wechsel reizt es Sinn und Willen,
Und klar wird nur, wie kurz des Menschen Blick.
Bald scheint zu nah'n, zu fliehen bald das Glück,
Helle Gedanken bald den Geist erfüllen,
Dann wieder Zweifel ihm das Licht verhüllen,
Daß er in's alte Dunkel sinkt zurück.
Die Seele hofft und jubelt und betrübt
Sich tausendfach, und ohne zu ergründen,
Ob Freud' ob Leid die rechte Wirkung übt.
Im Guten ahnt sie Uebel und Gefahr,
Im Uebel wähnet sie das Heil zu finden;
Des weisen Rathes zeigt sie stets sich baar.

Wie alles unser Hoffen ist vergebens,
Wie unser Thun in Dunst und Rauch vergeht,
Wie sich die Welt in leerem Dünkel bläht,
Es wird uns klar, das Werk des Ueberhebens.

Dem Einen ist Vergnügen Ziel des Strebens,
Turniere, Spiel, Gesang, nach Höherm steht
Der Sinn dem Andern, Jenen wieder setzt
Ihr bergen scheu, was Inhalt ihm des Lebens.

Verschieden ist was die Natur uns beut,
Verschieden was der Menschengeist erzeugt,
In ew'gem Kampfe liegen Nacht und Licht;

Was Dauer uns verhieß, es währet nicht,
Was fest uns schien, ein jeder Wind es beugt;
Der Tod allein beherrscht so Welt wie Zeit.

———

Was mir mißfällt, dem folg' ich voll Begehren,
Zu höherm Leben wünsch' ich oft mein Ende,
Ich ruf' den Tod und fleh' daß er sich wende,
Ich suche Ruh' wo Friede nie kann währen.

Ich streb' nach dem was selbst ich will entbehren,
Voll Liebe reich' ich meinem Feind die Hände,
Mir grauet nicht vor bittrer Nahrungsspende,
Frei wünsch' ich mich und lieb' der Knechtschaft Lehren.

In Flammen frier' ich, muß in Lust verzagen,
Such' Tod im Leben, Friedensglück in Kriegen,
Ich möchte flieh'n und dennoch Fesseln tragen.

So lenk' mein Schiff ich durch den Sturm der Wogen,
Nicht segeln kann's und nicht im Hafen liegen,
Und vor der Furcht ist der Verdacht entflogen.

Die drei Idylle welche wir von Lorenzo de' Medici besitzen, sind ebensoviele Zeugnisse seiner Vielseitigkeit. Das erste derselben, Corinto, Name des seine Liebe besingenden Hirten, gleicht den Eklogen der Alten, die bald so Vielen, namentlich dem Sannazzar zum Muster dienen sollten. Nach Boccaccio's Vorgang ist es in Terzinen gedichtet, ein Versmaß das sich mehr für die Verkettung von Erzählung und Schilderung als für einen überwiegend lyrischen Gegenstand eignet. Ganz Natur, zum Theil derbe Natur ist die Nencia da Barberino, ein Idyll in achtzeiligen Stanzen, auf toscanischem Boden erwachsen, toscanisches Landvolk und dessen Sitten schildernd, voll toscanischer Redeweisen in der Reihenfolge von Ansprachen, Lobsprüchen, Gleichnissen, Bildern worunter die seltsamsten nicht fehlen, wie man es in den sogenannten Rispetti findet, Volksgedichtchen, namentlich des Landvolks, die in ihren phantastischen Flügen bald an Sonne und Sterne reichen, bald ihre Gleichnisse bescheidensten Dingen entlehnen. Lorenzo hat hier im Grunde eine ganze Dichtung aus Rispetti zusammengesetzt in denen Ernst und Komik wechseln, und im Munde eines Verliebten auf eine einzelne ländliche Schöne angewandt, was für eine ganze Mädchenschaar genügen könnte. Offenbar sind diese Rispetti dem Volke abgelauscht, das bis auf den heutigen Tag tausende dieser halb lyrischen halb epigrammatischen Liederchen producirt, namentlich im pistojesischen Bergland, wie denn ein altes Sprüchwort meldet, der Bergbewohner hat dicke Sohlen aber feines Hirn[1]), doch auch in andern Theilen des florentinischen wie des sienesischen Gebietes, bis in die Maremma hinein, von wo sie sich nach der römischen Campagna erstrecken. Andere sind dem Dichter eigenthümlich, der sich in diesem die größte Mannchfaltigkeit gewährenden Genre in voller Freiheit ergeht, und mit dem

---

[1]) „Il montanino ha scarpe grosse e cervello fino." Die reichhaltigste Sammlung von Rispetti und andern toskanischen Volksliedern ist die von G. Tigri: Canti popolari toscani, zuerst Flor. 1856, dann mehrmals. Der dem Wunderhorn gemachte Vorwurf ist freilich auch hier, und wol nicht mit Unrecht wiederholt worden.

Volke, unter das er sich mischt, so in phantastischen Flügen
wie in barocken Gleichnissen wetteifert, indem er ein etwas
buntscheckiges aber heiter farbenreiches und in seiner Wahrheit anschauliches Gemälde schafft. Luigi Pulci hat ein Gegenstück zu Nencia geliefert, Polizian, ohne sich an einen spe-
ciellen Gegenstand zu binden, sich in diesen Liederchen versucht,
die dem Toscaner wie von selber unter der Hand entstehn
und einen für die Charakteristik des Volkes nicht unwichtigen
Literaturzweig bilden.

Während in der Nencia das Volksthümliche, das Naive
und zum Theil Burleske vorwaltet, bewegt das dritte dieser
Idylle, Ambra, sich auf mythologischem Gebiete. Die Bedeutung desselben besteht weit weniger in der Erzählung an
sich, einer der oft vernommenen Geschichten nach ovidischem
Muster, als in den großartig reichen Naturschilderungen zu
denen die Fabel Anlaß bietet. Schauplatz ist jene Villa von
Poggio a Cajano, auf deren Ausschmückung ihr fürstlicher
Besitzer so viele Mühe und Kosten verwandte, während der
aus den pistojeser Bergen kommende Ombrone, die den flachen
Hügel umgebende Niederung überschwemmend, die Ergebnisse
der Arbeit wiederholt vernichtete. Eine kleine Insel des
Stromgebiets hatte den Namen Ambra erhalten, der auf die
Villa selber überging. Die zum Schutz aufgeworfenen Teiche
erfüllten Polizians Hoffnung nicht, daß der Strom ihren
Blumenflor verschonen werde. In der Dichtung ist Ambra
die von dem Hirten Lauro geliebte Nymphe, deren Reize im
Bade den Flußgott entzünden, dessen wilder Verfolgung sie
nur entgeht, indem die von ihr angefleht Diana die Fliehende
in einen Felsen verwandelt, auf welchem dann das Landhaus
sich erhebt. Wie in der Nencia die Octave sich dem Burlesken und Volksthümlichen anpaßt, so entfaltet sie sich hier
in nicht selten überraschender Pracht und großartigem Flusse

in den Schilderungen so des Naturereignisses, welches die Zerstörung der anmuthigen ländlichen Schöpfung veranlaßte, wie des dadurch herbeigerufenen Vorgangs.

Wenn schon die Ambra zu dem beschreibenden Genre hinneigt, so gehört in dasselbe eine andere kleine Dichtung in achtzeiligen Stanzen, die Falkenjagd. Ein lebenvolles Gemälde eines allgemein beliebten Zeitvertreibs, welchem unser Dichter sich mit einer Art Leidenschaft hingab. Der frische Morgen an welchem die Gesellschaft auszieht, die Abenteuer und Intermezzo's auf dem Wege, die Eifersucht und Spannung der Jäger, die Practiken der Jagd mit den mühsam dressirten und doch nicht immer zuverlässigen Vögeln und Hunden, die Rückkehr in der Mittagshitze und das heitere Mal welches die müden Haderuden versöhnt und den Tag beschließt, alles das ist mit lebendigster Anschaulichkeit und mit einem Detail geschildert, wie es nur durch einen Eingeweihten geschehen konnte. Wir finden uns hier in lustiger Gesellschaft, wie sie sich um den lebensfrohen und splendiden jungen Mann schaarte. Denn daß das Gedicht der Zeit vor 1478 angehört, beweist der Umstand, daß Lorenzo's Schwager Guglielmo de' Pazzi einer der vornehmsten Theilnehmer ist, neben ihm Luigi Pulci, Foglia Amieri, Dionigi Pucci, manche Andere welche namentlich zu bezeichnen minder leicht ist. Eine ganze Octave ist mit den Namen der Falken gefüllt, deren Menge zeigt daß es sich hier um eine wahrhaft fürstliche Jagd handelt, wie sie bei Pisa und Poggio a Cajano vorzugsweise stattfanden.

Das den Namen I Beoni (die Trinker) oder Simposio führende Terzinengedicht schließt sich insoferne der Nencia wie der Falkenjagd an, als es florentinisch-toscanische Sitten schildert. Sonst ist es, sowie im Versmaß, in Ton und Haltung von beiden sehr verschieden. Denn wenn in der

Ueberwiegen des Burlesken.

Neucia das Bäuerische nicht selten burlesken Anstrich erhält, so wird es nicht zur Satire, und sinkt nicht zu jenem Grade des Niedrigkomischen der in Gemeinheit ausartet. Dies ist in den Beoni der Fall, einer Folge von Kapiteln, in denen Sitten und Abenteuer einer Gesellschaft lustiger Kumpane geschildert werden, mit denen der von Careggi heimkehrende Dichter bei Porta Faenza zusammentrifft, im Moment wo sie nach dem eine Millie von der Stadt entlegenen Ponte a Rifredi wandern, einem Oertchen das von der Brücke über den kleinen Strom Terzolle den Namen hat. Das Geschäft der Gesellschaft besteht darin, ein Fäßchen als trefflich gerühmten Weins zu kosten. An heiterer Laune fehlt es diesem Gedichte nicht. Doch abgesehen davon daß es, obgleich unvollendet, zu lang, und trotz des Wechsels der Situation eintönig ist, artet die derbe Komik zu oft in argen Schmutz aus, der auf die Sitten selbst der höhern Classen, die hier doch wenigstens zum Theil repräsentirt sind, wie des Clerus ungünstige Schlüsse ziehen lassen könnte. Die Beoni machen aber noch von anderer Seite ungünstigen Eindruck. Nicht das Metrum nur ist das der erhabensten Dichtung der italienischen Sprache: die äußere Oekonomie des Gedichts wie eine Menge einzelner Wendungen sind derselben in burleskem Sinne nachgeahmt. Einen Beweis erstaunlicher Vielseitigkeit wie scharfer Beobachtung und gewandter Schilderung hat man auch hier, aber die Schattenseiten sind dunkel. Wenn man in diesem Product den Anfang der italienischen Satire hat erkennen wollen, so läßt dies umsomehr den Abstand zwischen diesen Kapiteln und den Satiren Lodovico Ariosto's ermessen, diesem so treuen wie glänzenden Spiegel der Zeit, welche jener Lorenzo's de' Medici auf dem Fuße folgte.

Gleich den Beoni, gehn die Tanzlieder (Canzoni a ballo) und Faschingsgesänge (Canti carnascialeschi), namentlich letztere, aus dem Gesellig-Heitern in das Burleske und häufig in das Satirische über. Natur und Bestimmung dieser Gesänge bedingen jedoch selbstverständlich das Vorwalten des lyrischen Elements. Die Tanzlieder finden ihre Erklärung in den althergebrachten Sitten des toscanischen Volkes, und Lorenzo de' Medici folgte nur Vorbildern wie schon das Dante'sche Zeitalter sie darbot, Vorbilder verschiedenen Charakters, in allen Abstufungen vom Ernsten und Sentenziösen zum Populär-Komischen. Die Musikbegleitung, wobei alte volksthümliche Weisen mit neuen Compositionen abwechseln, übt begreiflicherweise Einfluß auf die Form dieser Lieder, aber der Dichter handhabt die Form mit großer Leichtigkeit und weiß in Versmaß und Reim eine Mannchfaltigkeit zu legen, die dem Wechsel der Stimmung glücklich entspricht und der Eintönigkeit wehrt, welche Stoff und Zweck leicht erzeugen könnten. Denn es handelt sich hier um Liebe und Liebesgenuß, unter dem Ueberwiegen des Sinnlichen wie des Scherzhaften, um die Herrschaft jenes Epikuräismus, der in der vorzugsweise materiellen Befriedigung der Genußsucht die Aufgabe des Lebens sieht, die auf Anderes verwendete Zeit als verloren betrachtet und strengerem moralischen Urtheil ein Schnippchen schlägt, um am Ende in ausgesprochenem Nihilismus über Liebe und Genuß selber zu spotten. Der Inbegriff der hier gelehrten Lebensweisheit ist: Genieße so lange es Zeit ist, und spute dich. Nicht auf's Thun kommt's an, wohl aber darauf, daß es Solchen nicht zu Ohren komme, denen daran liegt es zu verketzern. Mißgunst und Kampf der Interessen erzeugen den Tadel, nicht die Dinge an sich. Weit mehr noch als in den Tanzliedern liegt diese schlimme Moral in den Carnevalsgesängen zu Tage, die gleich jenen für Chöre, größtentheils mit einander ablösenden Rollen bestimmt sind.

In den nachfolgenden Blättern, wo von Sitten und
Lebensweise der Zeit die Rede ist, werden die Bacchanalien
geschildert werden, die in Florenz nicht neu waren, durch
Lorenzo be' Medici jedoch, nicht blos um der Sache und des
Humors willen in einem Maße gesteigert wurden, daß sie
auf seine Moral und sein Leben einen Wiederschein geworfen
haben, greller vielleicht, als genauere Vergleichung der
Zustände mit der Vergangenheit rechtfertigen dürfte. Man mag
Fülle von Einbildungskraft, Fruchtbarkeit der Erfindung,
Vielseitigkeit und Witz bewundern, zu rechter Freude an diesen
heitern Compositionen würde man, wäre selbst die Licenz
geringer, es nicht bringen können, wenn man der ihnen
untergelegten Absicht auch nur bedingten Spielraum zugesteht.
So die carnevalistischen Volksgesellschaften, deren Lorenzo sich
zu seinen populären Festen bediente und für die er noch in
den Tagen seiner höchsten Autorität, ja dann vielleicht vorzugsweise die Gesänge dichtete, welchen der geschickte Kapell-
meister von San Giovanni, der Teutsche Heinrich Isaak
gewöhnlich Arrigo Tedesco genannt, dreistimmige Melodien
unterlegte, wie solche Gesänge selbst waren in Florenz und
anderwärts herkömmlich. Schon vor jenem Ereigniß, das
auf Leben und Sitten so großen und so nachtheiligen Einfluß
geübt hat, vor der Pest des J. 1348, wurden öffentlich
Lieder gesungen, deren Leichtfertigkeit ja nicht selten grobe
Anstößigkeit seltsam mit den frommen Cantilen contrastirte,
welche Abends vor den Madonnenbildern und anderen Tabernakeln erschollen. Das Decameron weist uns darauf hin, und
modenesische Chroniken bieten uns den Anfang eines Trink-
liedes, welches von der wahrscheinlich durch Söldnerbanden
entstandenen Sprachverwirrung zeugt: Trincha gote Mal-
vasie — mi non biver oter vin. Die zum Singen bestimmten Poesien nehmen seit dem 14. Jahrhundert immer mehr

an Menge zu¹). Lorenzo de' Medici hat nur der Form nach vervollkommnet, dem Inhalt nach bereichert und schließlich zu Nebenzwecken verwendet, was er im Volksleben vorfand.

Einen noch schärfern Contrast als mit den Wanderungen auf den lichten Höhen der Speculation, mit den Ergüssen philosophischer Poesie und hochstrebender wie zarter Empfindungen, bilden diese leichtfertigen Producte mit den Dichtungen religiösen Inhalts, für welche Lorenzo in der eignen Familie Vorbilder fand. Das Mysterienspiel Rappresentazione dei SS. Giovanni e Paolo, gemäß dem vom Engel der Verkündigung gesprochenen Prolog für die Genossenschaft von San Giovanni verfaßt, soll bei den Festen aufgeführt worden sein, welche die Hochzeit Maddalena's de' Medici feierten. Gewiß ist, daß bei der im J. 1489 durch gedachte Compagnie veranstalteten Darstellung Giuliano, Lorenzo's damals erst zehnjähriger Sohn, vielleicht auch Piero unter den Jünglingen und Knaben edler Häuser als Mitspielende auftraten. Die Legende von Constantins des Großen Tochter Constantia, welche am Grabe der h. Agnes an der Nomentanischen Straße vom Aussatz geheilt worden sein soll, und die von den Märtyrern Johannes und Paulus, welche in Rom auf dem Cälius den Tod erlitten, sind hier mit der Geschichte der Reichstheilung unter Constantins Söhne, von der Herrschaft Julians des Abtrünnigen und seinem Tode auf dem Partherzuge zu einem Ganzen verschmolzen, dessen seltsames Durcheinander und Sprünge nicht hindern, daß es an poetischen Schönheiten und moralischen wie politischen Lehren reich ist. Gleich andern frühern und gleichzeitigen Stücken dieser Art ist auch

---

1) Tommaso Lancillotto's Chronik, in den Cronache inedite Modenesi S. 8, 9. Poesie musicali dei secoli XIV. XV. XVI. tratte da varj codici per cura di Ant. Cappelli. Bologna 1869. Vgl. Decameron die Schlußnovelle des fünften Tages.

dieses mehr lyrisch als dramatisch, namentlich ist es ohne dramatischen Zusammenhang. Aber wenn das dramatische Element äußerst schwach ist, so zeugt die historische Charakteristik der einen der beiden Hauptpersonen, des Kaisers Julian, von einer Treue der Auffassung, wie sie in Bezug auf diesen Herrscher zu jener Zeit schwerlich oft vorkommen mochte. Seit das Abbild der Victoria, so spricht der Imperator, aus der Curie entfernt wurde, hat der Sieg aufgehört, den römischen Waffen zu lächeln, die einst die Welt unterwarfen. Nur durch Rückkehr zu den alten Göttern können wir den Sieg wieder an unsere Fahnen fesseln. Aber nicht hiedurch allein, oder indem den Christen Hab' und Gut genommen wird, deren Besitz die eigene Glaubenslehre ihnen untersagen sollte, ist der Zweck zu erreichen. Des Reiches Haupt muß wieder über die alle Ehrfurcht gebieten, und dies kann nicht geschehen, wenn der Herrscher Andern die Regierungssorgen überläßt, um Schätze zu häufen und an Vergnügungen zu denken. Ist er reich, so ist der Reichthum ihm nur verliehen, um ihn mit seinem Volke zu theilen, und Noth zu lindern, wo immer er sie findet. Herrschaft und Eigenthum sind nicht sein sondern der Gesammtheit; er ist der Verwalter, der die Genugthuung und den Ruhm hat, Andern von dem mitzutheilen, was das Geschick in seine Hand gab.

Julian der kräftige Mann ist sich des Umfangs und der Schwierigkeit seiner Aufgabe bewußt; Constantin aber, der Alternde, ist Repräsentant der melancholischen Stimmung die sich dessen bemeistert, welcher empfindet daß die Last der Herrschaft zu drückend geworden ist für seine Schultern. Wer weiß ob der Dichter nicht aus der Tiefe des eignen Herzens schöpft, wo er seinem Helden die Schilderung der Mühen und Gefahren des Herrschens in den Mund legt, das Leib und Geist verzehrt, während Andere darin die Summe der

Seligkeit sehn, ohne zu bedenken daß sie schlummern können
während der Eine wacht, der die Wage in der Hand hält,
auf den Aller Blicke gerichtet sind, der nicht für sich sondern
für die Andern leben, Knecht der Knechte sein soll —

"Wie oft ist Jener, der mich glücklich nennt,
Der Glückliche, der sich wie mich nicht kennt."

Seltsame Gegensätze von Höhe und Tiefe in diesem
Manne, Gegensätze im Leben, wie in der Dichtung. Gleich
seiner Mutter hat er sich in geistlichen Liedern versucht, und
seine Lauden bieten eine Fülle des Inhalts und Individualität,
die andern Compositionen dieser Art abgehn, welche die
seinigen vielleicht an frischer Naivität besiegen. Neben Gesängen, in denen die Lehren des Platonismus dem Kirchenglauben eine besondere Färbung geben, finden wir andere die
sich den Ton der älteren Marienlieder mit Glück angeeignet
haben. Wenn diese Lauden nicht den sehnsuchtvollen Schwung
jener Benivieni's besitzen, so kann man sich doch sehr gut
denken, daß sie mit diesen letztern abwechselnd gesungen wurden, als die Opposition gegen den durch ihren Verfasser ge-
förderten weltlichen Geist den Sieg errang. Auch dies gehört
zu den Contrasten, an denen die Geschichte Lorenzo's de' Medici reich ist. Die Lauden lassen uns in sein Inneres einen
tiefen Blick werfen. In ihnen ertönt gewissermaßen der Angstschrei der Seele, die statt in Glanz und Größe, in Reichthum
und Genüssen der Welt Befriedigung zu finden, Ermüdung
empfindet, von der Leere abgestoßen wird und sich weiter und
weiter von dem höchsten Gut entfernt fühlt, dessen Liebe sie
einst entzündete, um sie dann erkalten zu lassen inmitten
irdischer Neigungen und Sorgen:

"Du suchst nach Leben, wo kein Leben weilt,
Du forderst Glück, wo Tod allein uns heilt."

II.

Marsilio Ficino und Cristoforo Landino.

Eine vollständige Anschauung Lorenzo's de' Medici, so seines eignen Wesens wie seines Zusammenhangs mit den wissenschaftlichen Bestrebungen seiner Zeit und seines Einflusses auf dieselben zu gewinnen, ist es nöthig den Kreis zu betrachten, in den er sich schon in der Jugend gestellt fand, und welcher, vielfach modificirt im Lauf der Jahre, im wesentlichen dennoch denselben Charakter bewahrte. Auch den Personen nach, gilt es hier zunächst an die Zeiten Cosimo's anzuknüpfen. Die Ersten die uns entgegentreten, sind Marsilio Ficino und Cristoforo Landino. Beide verdanken dem Mediceischen Hause ihr Emporkommen, Beide haben zum Glanz dieses Hauses beigetragen.

Das Bestreben, den platonischen Cult mit dem Christenthum zu vereinigen, jenen in diesem aufgehn zu lassen, hat mindestens Ficino's letzte fünfundzwanzig Jahre erfüllt. Als er, zu Ende 1473 vierzigjährig in den geistlichen Stand getreten, Aufgabe und Verpflichtungen desselben ernstlich ermaß und zu dem Schlusse kam, daß auf Erden nichts höher als ein guter, nichts verächtlicher als ein unwürdiger Priester sei, jener das Heil dieser die Pest von Religion und Gesellschaft, ging er auch über die Richtung seiner philosophischen Studien mit sich zu Rathe. Das Beispiel des h. Augustinus, der, nachdem er Christ geworden, sich den Platonikern der christlichen Aera zugewandt, wurde für ihn um so entscheidender, da es die Richtung seines ganzen bisherigen Lebens bestätigte. Als er inne ward, wie diese das christliche Dogma wegen der in demselben gefundenen Analogien mit ihren Doctrinen anerkannt, dankte er Gott und fühlte sich in seinem christlichen Glauben bestärkt, obgleich er nicht ohne Ahnung der Divergenz geblieben ist, die in der im Mittelalter vollzogenen Entwicklung der christlichen Lehre in Bezug auf die Anschauungen von dem platonischen System, wie die frühen christlichen Jahrhunderte es kannten und begriffen, und dem aristotelischen, auf welches die den Kirchenglauben mit der forschenden Vernunft zu vereinigen strebende Scholastik fußt, Wurzel geschlagen hatte. Ueberhaupt war er von der Grundanschauung ausgegangen, daß Religion und Philosophie Schwestern sind. Da die wahre Philosophie, sagt er, liebevolles Studium der Wahrheit und Weisheit, Gott allein Wahrheit und Weisheit ist, so ist die wahre Philosophie nichts als die ächte Religion, die ächte Religion nichts als die wahre Philosophie. Religion ist dem Menschen angeboren; jede hat ihr Gutes, sofern sie sich zu Gott hinwendet, aber nur die christliche ist die wahre, beseelt durch die ihrem Stifter inwohnende göttliche Kraft. Für sich selber, äußerte er, bedürfe er nichts als die Lehre Christi. Er wolle lieber göttlich glauben als menschlich wissen, denn der göttliche Glaube sei sicherer als die menschliche Wissenschaft, und was aus ihm hervorgehe, finde in der wahren Wissenschaft Bestätigung. Es gebe jedoch Geister, denen die Autorität des göttlichen Gesetzes nicht genüge, und welche der Vernunft-Argumente bedürfen. Die göttliche Vorsehung habe es gefügt, daß die platonische Lehre in vielen Dingen mit dem Christenthum übereinstimme, um solche Geister letzterem zuzuführen,

wie denn schon Augustinus gesagt habe, mit Ausnahme weniger
Dinge seien die Platoniker Christen. Wie Platon immer die
Religion mit der Philosophie verbinde, und philosophirend
uns nicht bloss, wie Aristoteles, Grund und Ordnung der
natürlichen Dinge enthülle, sondern uns unsere Pflicht gegen
Den lehre, der Alles nach Zahl, Maß und Gewicht einrichte,
so habe er selbst keinen andern Zweck, als diesen innigen
Zusammenhang klarzumachen, soweit seine schwache Kraft
ihm erlaube.

Wer in Ficino's Schriften die zahlreichen Aeußerungen
über das Christenthum, Dogma und Moral, zusammenstellt,
kann ihm, mögen seine Anschauungen bisweilen auffallend erscheinen, doch nicht den Vorwurf machen, daß er sich ein
Christenthum nach seiner Weise construirt habe. Wenn er
zwischen Mose und Platon solche Uebereinstimmung fand, daß
er in diesem nur einen in attischer Sprache schreibenden Mose
sah, und wenn er Sokrates' Leben mit dem Leben Jesu ver-
glich, so erkannte er doch in der sokratischen Lehre nur die
Bestätigung der christlichen, und verwahrte sich dagegen, daß
er in dem griechischen Philosophen gleichsam einen Doppel-
gänger des Heilands erblicke und aus platonischen Schriften
christliche Mysterien deuten wolle. Die Wege der Denker
dieser Zeit, die sich zwischen das mächtig ins Leben herein-
brechende heidnische Alterthum und das Christenthum gestellt
fanden, waren wunderbar, und man würde ihnen schweres
Unrecht thun, zöge man nicht diese die ganze Epoche beherrschende Stimmung in Betracht. Giovanni Pico von Mirandola glaubte in der Cabalah das Fundament des Glaubens
und die Erklärung der christlichen Mysterien zu finden, und
er wie Marsilio disputirten in vertraulen Abend-Unterhal-
tungen mit philosophisch gebildeten jüdischen Aerzten über die
Göttlichkeit der Prophezeiungen, sich vertiefend in alle wie

mittelalterliche hebräische Wissenschaft. In allmäliger Klärung seines mystisch-erregten und mit phantastischen Vorstellungen so des spätern Platonismus wie der darauf gegründeten mystisch-rationalistischen Geheimbündlerei erfüllten Geistes, gelangte aber Pico immer mehr zu gläubigem Christenthum, welchem aus der heiligen Schrift die himmlische lebendige thätige, mit wunderbarer Gewalt den Menschen zur göttlichen Liebe emporhebende Kraft entströmt. Marsilio Ficino's Mysticismus, durch seine starke Hinneigung zur Astrologie gesteigert, hat übrigens in mehr als einer seiner Schriften eine Farbe angenommen, welche seine Freunde nachdenklich machte. Im J. 1489 wurde er sogar bei P. Innocenz VIII. der Magie angeklagt, eine Anklage von welcher, nächst seiner eignen Apologie, Freunde wie Francesco Soderini und Ermolao Barbaro, und der in Rom verweilende Erzbischof Rinaldo Orsini ihn reinigten.

Wie in der Speculation, behält Marsilio Ficino auch in der practischen Anwendung seiner Grundidee und ihrer Folgerungen, diese Verbindung von Christenthum und Philosophie fortwährend im Auge. Wenn man bei ihm über phantastische Flüge erstaunt, welche weitab zu führen scheinen von der Bahn die er sich vorgezeichnet, so gewahrt man andrerseits eine verständige und klare Entwicklung die zu dem einen Ziel seiner ganzen Lehre hinführt, der Erreichung höchstmöglicher Glückseligkeit für den Einzelnen wie für die Gesammtheit, wozu Gott uns geschaffen. In der Uebereinstimmung des Geistes der Herrschaft mit dem göttlichen Gesetz, aus dem das geschriebene Gesetz entspringt, erkennt er das Wesentliche und für das gemeinsame Wohl Nothwendige. Was die Regierungsformen betrifft, urtheilt er, so sind mehre gut, werden sie recht angewandt. Die Aristokratie wenn ihre Grenzen nicht zu enge sind, die Demokratie wenn sie dem Gesetz Gehorsam verschafft. Die Pöbelherrschaft ist ein Polyp, lauter Glieder ohne Kopf, die Tyrannis hat keinen Rechtsboden noch legitime Grenzen. Die Königsgewalt wäre vorzuziehn, könnte sie nach Platons Sinne bestehn, Macht mit Weisheit vereint. Das wahre Endziel aller Regierungsformen und bürgerlichen Verhältnisse, mit dem doppelten Wege der Betrachtung und der Handlung, läßt sich aber weder durch Wenige noch durch Viele sondern einzig durch Zusammenwirken der vereinten Kräfte des Menschengeschlechts erreichen, durch Geltendmachung und Handhabung desselben Gesetzes, durch einen allgemeinen über alle Feindschaft, allen Ehrgeiz, allen Neid, erhabenen weil von Allen anerkannten und geliebten Herrscher. Der christliche Platoniker der den Anfang der neuen Zeit erlebte, deren Morgenröthe die Schule, zu welcher er sich bekannte, verkündet hatte, erreichte auf der Höhe seiner philosophisch politischen Speculation genau denselben Standpunkt, welchen mehr denn anderthalb Jahrhunderte vor ihm der größte Dichter des Mittelalters inmitten des Kampfes der bürgerlichen Parteien eingenommen hatte. Bei so verschiedenen Lebensstellungen und Erfahrungen, unter so verschiedenen politisch bürgerlichen Verhältnissen der engern Heimat wie eines ansehnlichen Theiles von Italien eine nicht bedeutungslose Erscheinung, die zugleich das Interesse erklärt, welches Marsilio Ficino dem so verschiedenartig beurteilten Buche gewidmet hat, worin Dante Alighieri seine Theorie von der Monarchie entwickelt, ein damals wahrscheinlich ziemlich vergessenes, von den Gelehrten wegen seiner Schreibart mißachtetes, der Gesammtheit verschlossenes Buch, das von dem Platoniker der Mediceischen Zeit den Mitlebenden durch eine Uebertragung zugänglich gemacht wurde.

Marsilio Ficino, welcher sich, abgesehen von der Philosophie, mit Theologie, Medicin, Musik beschäftigte und zu sagen pflegte, sie gehörten zusammen wie in der Natur Seele, Geist und Körper, verfaßte zahlreiche Werke. Sein Buch über die christliche Lehre, nach seinem Eintritt in den Priesterstand begonnen, scheint zu Anfang 1475 vollendet worden zu sein, und erschien im folgenden Jahre mit der Erklärung, der Verfasser unterwerfe sich in Allem dem Urtheil der Kirche. Er überreichte es Lorenzo de' Medici. Etwas über zwei Jahre später scheint er die Uebersetzung von Platons Werken nach den von Cosimo und von Amerigo Benci ihm geschenkten Handschriften beendet zu haben. Er stellte sie dem Demetrios Chalkondylas, Giorgio Antonio Vespucci und Giovan Batista Buoninsegni zur Durchsicht zu, nachdem er in manchen Fällen den Rath Angelo Poliziano's, Landino's und Bartolommeo Scala's eingeholt. Filippo Valori trug die Kosten des Drucks, der zu Ende 1482 vollendet worden zu sein scheint — ein Beweis wie angesehene florentinische Familien den Mäcenat ausübten. Währenddessen hatte der fleißige Mann sein großes Werk, die platonische Lehre von der Unsterblichkeit (Theologia platonica de immortalitate animarum) zu Ende geführt, und dasselbe erschien um dieselbe Zeit mit der Uebertragung der Schriften auf welche es sich stützte. Die Laurentianische Bibliothek bewahrt die Lorenzo de' Medici überreichte Pergamenthandschrift. Es enthält Altes und Neues, Eigenthümliches und Nachgedachtes zu einem Ganzen verschmolzen, gewissermaßen das philosophische System seines Autors, die Vertheidigung der unsichtbaren übernatürlichen Welt gegen Materialismus und Pantheismus, die damals neben der platonischen Schule viele Jünger zählten und zu zählen fortfuhren. Der wissenschaftliche Werth dieser Arbeit, in welcher das Ursprüngliche und das Gefolgerte, Platons Lehre und die Lehren seiner verschiedenartigen Schüler alter wie neuer Zeit nicht hinlänglich voneinander zu unterscheiden sind, mag ebenso auf sich beruhen wie die Geltung von Lorenzo's Ausspruch: die Materialisten, für die es kein künftiges Leben gebe, seien nun auch in diesem Leben toll. Doch ist diesem Hauptwerke Ficino's ebensowenig culturgeschichtliche Bedeutung abzusprechen, wie dessen wohlthätiger Einfluß auf die Zeit in Abrede gestellt werden darf.

Eine Reihe kleiner Schriften über einzelne philosophische Fragen und hiehergehörige Uebersetzungen wie ein Leben Platons schlossen sich an. Cosimo de' Medici hatte gewünscht, die Werke des Plotinus von Ficino übersetzt zu sehn, ein Unternehmen, dem dieser erst lange nach dessen Tode sich widmete, und wozu er namentlich durch Pico von Mirandola ermuntert ward. Seinen eignen Worten zufolge erkannte er in dieser neuen Aufgabe eine Fügung der Vorsehung. Wie die lateinischen Nationen Platon, den Sammler der Tradition der religiösen Philosophie kennen gelernt, sollen sie auch Plotin kennen lernen, der zuerst die Theologie der Alten aus dem Dunkel gezogen und deren Mysterien erforscht habe. Im J. 1486 war auch diese Arbeit vollendet, der ausführliche Commentar im Sommer 1491. Lorenzo de' Medici hatte die Bestreitung der Druckkosten übernommen, und ein gleiches für eine neue Ausgabe von Platons Werken zugesagt, da die erste den Anforderungen wenig entsprach. Doch erst im Monat nach des großmüthigen Gönners Tode war der Druck zu Ende geführt — „magnifico sumptu Laurentii patriae servatoris". Die Uebertragung der mystischen Theologie des angeblichen Dionysius des Areopagiten folgte nach. Lorenzo Valla, in der Schärfe der Kritik und der Erkenntniß des Alterthums den Meisten seiner Zeit überlegen, und mit ihm Andere hatten schon Zweifel an der Aechtheit erhoben, aber diese Schrift eines vielleicht dem vierten christlichen Jahrhundert angehörenden Platonikers paßte zu gut in Marsilio's System, um von ihm nicht als gültiges Zeugniß acceptirt zu werden. Auch ein Beispiel, wie, gleich der alexandrinischen Schule, diese späten Nachfolger sich ohne Wissen und Wollen immer weiter von ihren Urbildern entfernten, mit dem Unterschiede daß der alte Neoplatonismus in den schroffen Gegensatz zum Christenthum auslief, während der neue den Anschluß an dasselbe sich zum Ziele vorsetzte. Ein Originalwerk war die im J. 1490 vollendete philosophische Makrobiotik, Lorenzo de' Medici und dem Könige Mathias Corvinus gewidmet. Von größerm Belange als manches Andere ist Marsilio's Briefsammlung, welche die beiden Decennien von 1474 bis 1494 umfaßt, wol das einzige seiner literarischen Erzeugnisse, das für unsere Zeit noch wirklichen Werth bewahrt, weil seine Anschauungen und Absichten sich in diesen Briefen ursprünglicher und lebendiger als anderswo spiegeln, während wir hier über sein Leben, seine Beschäftigungen, Beziehungen, Freunde manches vernehmen. Die zwölf Bücher der Sammlung die er nach dem Beispiel mancher Zeitgenossen selber ordnete, weil apokryphe Schreiben in Umlauf waren, sind hochstehenden oder dem Verfasser befreundeten Männern gewidmet, Giuliano de' Medici, Federigo von Montefeltro, Mathias Corvinus, Bernardo Bembo, Filippo und Niccolò Valori u. A.

Die außerordentliche literarische Thätigkeit, umso staunenswerther bei einem Manne von schwächlicher Gesundheit, hinderte Marsilio nicht, einestheils seine priesterlichen Pflichten gewissenhaft zu erfüllen, anderseits sich dem Lehrfach mit gleichem Eifer und Erfolge zu widmen. Er predigte oft, nicht nur in seiner Pfarrkirche zu Novoli, sondern in Florenz in der Kirche der Angeli und im Dome. Seine persönlichen Beziehungen, von denen die erwähnte Briefsammlung Zeugniß ablegt, waren äußerst zahlreich. Paol' Antonio Soderini,

Giovanni Cavalcanti, Carlo Marsuppini der Jüngere, Piero und Giovanni Guicciardini, Bernardo Canigiani, Bernardo Dovizi von Bibiena der nachmalige Cardinal, Cosimo de' Pazzi Lorenzo's Neffe, Bernardo Rucellai, Pier Filippo Pandolfini, Francesco Sassetti, Ugolino Verini u. v. a. waren seine Schüler und blieben ihm anhänglich, während, von Leon Batista Alberti und Cristoforo Landino an, Alles was Florenz, und mit Florenz Italien an gelehrten Männern zählte, mit ihm in Verbindung stand. Piero Soderini den nachmaligen lebenslänglichen Gonfaloniere, Piero del Nero und Piero Guicciardini nannte er in einem ernsten Moment seines Lebens seine drei Brüder in Erforschung der Wahrheit, und des Letztern Sohn, den berühmten Staatsmann und Historiker, hielt er am 6. März 1482 über die Taufe. Wie Italien, sandte das Ausland seine Söhne nach Florenz seine Vorträge zu hören, und mehr denn einer dieser Ausländer ist in dankbar befreundetem Verhältnisse zu ihm geblieben. Unter andern hat er mehre Teutsche kennen gelernt, wie Johannes Reuchlin und Ludwig Wergenhans (Nauclerus) Propst zu Stuttgart, welche nebst Gabriel Biel, Lehrer der scholastischen Philosophie zu Tübingen, und dem gelehrten Theologen Peter Jacobi von Arlon im Luxemburgischen den Grafen Eberhard von Württemberg begleiteten, als dieser im Frühling 1482 die Romfahrt unternahm, von der noch die Rede sein wird. In genaueste persönliche Beziehung trat Marsilio zu Martin Preninger Kanzler des Bisthums Constanz und nachmals Lehrer des Kirchenrechts in Tübingen. Dieser war zweimal in Italien, im J. 1492 im Auftrage Eberhards, und sein Briefwechsel mit Marsilio ist ein Zeugniß von Freundschaft und Uebereinstimmung in Ansichten und Meinungen wie sie nicht häufig vorkommt. Marsilio sagte, er besitze zwei Freunde, den einen in Teutschland, den andern in Italien, die ihm das Bündniß zwischen Philosophie und Rechtswissenschaft repräsentirten, Martinus Uranius (Preningers Gelehrtenname) und Giovan Vettorio Soderini. Für den schwäbischen Freund ließ er griechische Handschriften copiren, und gab ihm stets Nachricht von dem was auf wissenschaftlichem Felde vorging wie von den eignen Arbeiten und Erlebnissen. Auch Georg Herwart von Augsburg, der ihn in Florenz kennen gelernt, gehörte zu seinen teutschen Correspondenten, deren Zahl bedeutend war, und ihm wurden Reuchlins jüngerer Bruder Dionys und Johann Strehler von Ulm empfohlen, die vom Grafen von Württemberg zum Studium nach Italien gesandt sich der Aufmerksamkeit Lorenzo's de' Medici erfreuten und im Hause Giorgio Antonio Vespucci's Aufnahme fanden. Mit Mathias Corvinus zu beginnen, der sich vergebens bemühte ihn wie Argyropulos nach Ofen zu ziehen, waren zahlreiche weltliche wie geistliche Fürsten in stetem Briefwechsel mit ihm, frugen ihn in philosophisch theologischen Dingen um Rath, ließen ihm Arbeiten vorlegen.

Inmitten aller nicht gesuchten Ehren- und Vertrauensbezeugungen blieb Marsilio Ficino einfach, anspruchslos, mit Wenigem zufrieden. Seine schwache Gesundheit nöthigte ihn zu ruhigem Leben, und erklärt die melancholische Stimmung die ihn in der Einsamkeit oft beschlich. In Gesellschaft aber, die er liebte, wenn sie im ungezwungenen Umgange seinem Geiste Nahrung bot, war er heiter und mittheilend, während sein musikalisches Talent inmitten ernstester Studien Erholung und Wechsel bringend, die Unterhaltung würzte. Mit seinem durch ihn vervollkommneten Plectrum ähnelte er einem Dichter-Weisen des mythischen Zeitalters. Bei den platonischen Gastmalen fehlte er selten, wie er schon bei Lorenzo's Großvater, wenn dieser gelehrte Männer zu sich

und, gewohnter Gast gewesen war. Das Landleben liebte
er vor allem. Auf dem kleinen Gute Montevecchio brachte
er einen großen Theil seiner Zeit zu, in späteren Jahren in
häufigem Verkehr mit Pico von Mirandola und Polizian,
wenn sie, jener in Quercelo dieser in Fiesole in seiner Nähe
weilten, am häufigsten im Umgang mit Lorenzo, wenn dieser
Careggi bewohnte. Die Villen der Valori, Canigiani, Cavalcanti u. A. nahmen ihn als willkommenen Gast auf. Zu
Montevecchio veranstaltete er alljährlich ein eigenthümliches
Fest. Am Tage der h. Cosmas und Damian versammelte
er die alten Colonen seines ersten und größten Gönners und
vergnügte sie mit Musik und Gesang. Der Umgang mit
Solchen, deren Stellung im Leben, ererbt oder selbstgewonnen,
eine höhere war, that seinem Freimuth keinen Abbruch. An
Lorenzo de' Medici, dessen Hang zu Vergnügungen in jüngern,
vielleicht auch in spätern Jahren ihm übermäßig erschien und
Besorgniß einflößte, schrieb er einmal: „Beim ewigen Gott
beschwöre ich dich, mein theuerster Herr, jeden kostbaren
Moment dieser zu kurz gemessenen Zeit zurathezuhalten, auf
daß nicht vergebliche Reue über dich komme wegen Vergeudung und unersetzlichen Schadens. In meiner Gegenwart
erpreßte der Zeitverlust dem großen Cosimo tiefe Seufzer,
als er siebzig zählte. Die Beschäftigung mit Kleinigkeiten
wie leerer Zeitvertreib rauben dich dir selber. Sie machen
zum Sklaven dich, den zum Herrscher Gebornen. Befreie
dich aus dieser elenden Knechtschaft so lange du es vermagst:
nur heute vermagst du's, denn nur heute ist dein. Morgen
ist's zu spät." Als der junge Raffael Riario zum Cardinal
erhoben ward, richtete er an ihn Mahnungen und Rath,
denen ähnlich welche in gleichem Falle vierzehn Jahre später
Lorenzo seinem nach Rom ziehenden Sohne mitgab. Er hielt
ihm vor, so hohen Rang verdanke er nicht eignem Verdienst,

umsomehr müsse er darauf bedacht sein, durch seinen Lebenswandel den ihm zutheilgewordenen Vorzug zu rechtfertigen. Seine denkwürdige Vorstellung an P. Sixtus IV. während des Krieges von 1478[1]) zeigt, wie er die Ehrfurcht vor dem Oberhaupt der Kirche, welche der Bischof von Arezzo, so viel höher gestellt als er, und Francesco Filelfo außer Augen setzten, mit der Offenheit des wahrheitliebenden Mannes zu verbinden verstand, dessen Seele mit Trauer erfüllt ist über die Nebel welche die Heerde treffen, nicht minder aber über den Flecken, der in einer in unheilvolle Verwicklung gerathenen Angelegenheit an dem Rufe eines wegen seiner Weisheit und Güte verehrten obersten Hirten haften bleiben muß.

Ein wahrer Philosoph, hat Marsilio Ficino nie nach äußerm Glanz gestrebt. Sein Einkommen war das allerbescheidenste. Neben seinem kleinen Pachthof erhielt er durch Lorenzo zwei Pfarrbeneficien, deren Einkommen gering war, da er sie durch Vicare verwalten lassen mußte, die aber seinen bescheidenen Ansprüchen genügt haben würden, hätte ihn nicht in späteren Jahren ein Schwarm bedürftiger Verwandten umlagert. Ohne Unterstützung reicher Freunde wäre die Herausgabe seiner Werke unmöglich gewesen. Inmitten aller Rastlosigkeit und Unzufriedenheit der Gelehrten seiner Zeit, die nach Ehren und Glücksgütern athemlos rannten, und des Heißhungers nach kirchlichen Beneficien, auch bei Solchen die nicht, gleich ihm, Priester waren, ist Marsilio Ficino mit seiner Selbstgenügsamkeit und seinem nur der Wissenschaft geweihten Leben ein schönes Beispiel der practischen Anwendung und Verwirklichung der philosophischen Lehren, die bei so Vielen nur geistiger Luxus oder Broderwerb waren. Auch deshalb bewahrt seine Persönlichkeit wie sein Wirken Bedeutung.

---

1 Oratio christiani gregis ad pastorem Xistam. Epist. l. VI. 1. Vgl. oben Bd. I. S. 440.

mag immer der eigentliche Werth seiner Schriften wie der
ganzen durch ihn vertretenen Richtung nur noch ein cultur-
historischer sein. Lorenzo's be' Medici Zuneigung zu diesem
Manne ist sich stets gleich geblieben bis zu seinen letzten
Stunden. In seinen Dichtungen spricht sie sich gleich lebendig aus wie in seinen Briefen. „Schreibet mir, so heißt es
in einem um das J. 1473 von Pisa aus an ihn gerichteten
Briefe¹), was immer euch in den Sinn kommt. Denn von
euch geht nie etwas aus was nicht gut, nie denket ihr was
nicht würdig ist, sodaß ihr mir nie etwas schreiben könnt,
was mir nicht nützlich oder angenehm wäre. Was mich nach
euren Briefen Sehnsucht empfinden läßt, ist der Umstand
daß ihr in denselben die Zierlichkeit der Rede mit dem innern
Gehalt vereinigt, sodaß sie in beiden Beziehungen nichts zu
wünschen übrig lassen." Und in dem oben erwähnten philosophischen Gedicht, über die Unabhängigkeit des Lebensglücks
von der äußern Stellung, schildert er Marsilio's Erscheinen
folgendermaßen, mit einem Anfluge jener warmen Empfindung
welche den Dichter der Göttlichen Comödie beim Zusammentreffen mit seinem Lehrer Brunetto, beim Anblick des „lieb
und guten väterlichen Bildes" beseelte:

„Marsilio ist's vom Montevecchio, den
Der Himmel hat erfüllt mit seiner Gnade,
So daß der Welt er dient zum hellen Spiegel.
Er ist's, der treue Zögling heil'ger Musen,
Der Weisheit stets und Schönheit hat verbunden,
Und nie getrennt die eine von der andern,
Bei uns und Allen würdig höchster Ehren"²).

1) Lettere di Marsilio Ficino, Bd. I. S. 66 ff.
2) Inschrift des Monuments in Sta Maria del Fiore:
En hospes hic est Marsilius sophiae pater
Platonicum qui dogma culpa temporum
Situ obrutum illustrans et atticum decus

Crisloforo Landino steht Marsilio Ficino an wissenschaftlicher Bedeutung weit nach. Aber er hat so als Lehrer wie in dem gelehrten Kreise des Mediceischen Hauses eine Stellung gehabt wie Wenige, während er durch eine seiner literarischen Arbeiten einen Weg gebahnt hat, welchen hunderte nach ihm betraten ohne seiner Leistung ihren relativen Werth zu nehmen. Sein Leben ist nicht, wie das seines Zeitgenossen und Freundes, blos der Literatur gewidmet gewesen. Als Kanzler des Magistrats der Guelfischen Partei und einer der Geheimschreiber der Republik ist er bis zu späten Jahren in die öffentlichen Geschäfte hineingezogen worden[1]). P. Eugen IV. lebte noch, als er längere Zeit in Rom verweilte, dessen Alterthümer er studirte, dessen Verkommenheit ihm wie andern Florentinern seiner Zeit einen trüben Eindruck machte. Wenn er aber gleich Andern beklagt, daß die Travertine des Amphitheaters zerschlagen und zu Kalk verbrannt werden, die antiken Sculpturen verstümmelt umherliegen, so ist es doch seltsame Uebertreibung wenn er sagt[2]):

„Magst du die mächtige Stadt durchwandern in ernster Betrachtung,
Nach Monumenten umher forschet vergebens der Blick."

Im Januar 1458 trat er das Lehramt der Eloquenz und Poetik an der Hochschule an, und in dieser Stellung hat er einen stets sich verjüngenden Kreis von Jünglingen und

Servans Latio dedit foros primus sacras
Divino aperiens mentis actus numine
Vixit beatus ante Cosmi munere
Laurique Medici nunc revixit publico
S. P. Q. F.
anno MXDXI.

1) Ein merkwürdiger Brief an Lorenzo vom J. 1475, worin er von den darbenden Musen redet, bei Bandini Collectio veterum monumentorum S. I.

2) In der Dichtung Xandra, Buch II. Vgl. Bandini Specimen litt. Bd. 1. S. 124.

Männern um sich gesammelt und einen Einfluß geübt wie von Gleichzeitigen nur Ficino. Im J. 1460 begann er über Petrarca's italienische Dichtungen zu lesen, indem er sich angelegen sein ließ, der immer noch in den gelehrten Kreisen währenden Mißachtung der Vulgarsprache zu steuern. Verdient er in dieser Beziehung alles Lob, so zeigen doch seine Bemerkungen über Gleichzeitige, über Bruni, Alberti, Palmieri, wie er selbst noch in der Ansicht von der philologischen Behandlung der Sprache befangen war. Seine Arbeiten auf dem Felde classischer Philologie fallen kaum schwer ins Gewicht. Er erläuterte den Horaz, welchen er Gnibubaldo von Montefeltro, den Virgil welchen er dem jungen Piero de' Medici widmete, und übersetzte die Naturgeschichte des Plinius. Selbst Uebertragungen moderner italienischer Werke unternahm er, wie die von Giovanni Simonetta's Geschichte Francesco Sforza's, die im J. 1490 in Mailand erschien, und verfaßte einen Briefsteller nebst einem Formular zu Reden, welcher zwei Jahre später mit einer Widmung an Herzog Ercole von Este gedruckt ward. Der wirkliche Schwerpunkt seiner Thätigkeit wie seiner Bedeutung liegt jedoch anderswo. Er liegt in seiner Stellung zum und in seiner Betheiligung am Geistesleben, in dessen Mitte die Medici standen, wie in der Führerschaft bei Wiederbelebung der Dante-Studien. In ersterer Beziehung kommen vorzugsweise seine Disputationes Camaldulenses in Betracht, welche in die Jugendgeschichte Lorenzo's de' Medici gehören.

Inmitten der Tannen- und Buchenwaldungen welche auch heute noch die zur Apenninenkette hinaufsteigenden Hügel des Casentino bedecken, liegt das Kloster das dem Orden Sanct Romualds seinen Namen gab. Während beinahe eines Jahrtausends haben zahllose Pilger und Wanderer in Camaldoli's gastfreien Mauern geweilt, welche unsere Zeit der

Veröbung preiszugeben droht. Die Medici standen längst in engen Beziehungen zum Orden. Wir sahen wie Cosimo und sein Bruder zu den fleißigen Besuchern des Klosters der Angeli gehörten, und Madonna Contessina hatte hier, im Mutterkloster des Casentino, dem Täufer eine Kapelle errichtet. Diese Beziehungen währten noch lange fort, und Lorenzo's Sohn Giovanni widmete hier in seiner Jugendzeit der Betrachtung und dem Gebet ruhige Tage, wie vor und nach ihm Manche thaten, die auf dem Stuhl Petri saßen oder von der Kirche zu ihren Heiligen gezählt werden, Gregor IX., Eugen IV., Paul III. wie Franciscus von Assisi und Carl Borromäus. Vor mehr denn vier Jahrhunderten fand sich hier eine erlesene Gesellschaft zusammen, bestehend aus verschiedenen und einander doch verwandten Elementen. Lorenzo und Giuliano de' Medici waren eingetroffen, Lärm und Sonnenglut der Stadt mit der Einsamkeit köstlicher Waldesfrische zu vertauschen. Piero und Donato Acciaiuoli, Alamanno Rinuccini dessen jugendliche Studien einst Poggio Bracciolini geleitet und der unter den tüchtigsten Schülern des Argyropulos gesessen hatte, Marco Parenti und Antonio Canigiani begleiteten die Jünglinge. Cristoforo Landino und dessen Bruder Piero waren von ihrem Heimatsorte im Thale zu dem kühler gelegenen Kloster hinangestiegen, wo auch Leon Batista Alberti und Ficino eintrafen. So waren mehre der hervorragendsten Männer des Mediceischen Kreises um Lorenzo und Giuliano versammelt, die ihrer Jugend ungeachtet schon gewohnt waren, an ernsten Unterhaltungen theilzunehmen. Mariotto Allegri der Abt bildete als Hausherr den Mittelpunkt, aber Alberti war es, welcher mit seinem vielseitigen Wissen und dessen leichter Beherrschung in der abendlichen Unterhaltung den Ton angab.

Nachdem am folgenden Morgen die Gesellschaft in der Klosterkirche der Messe beigewohnt, stiegen Alle den anmuthigen Waldpfad hinan der bis zum Gipfel des Bergrückens führt, über die Siedeleien hinaus, wo kleine Wohnungen mit Gärtchen sich aneinander reihen; der Ort, wo nach der Legende der Heilige den Traum hatte, der ihn die schwarze Benedictinertracht in die weiße umzuwandeln bewog welche den Camaldulensern geblieben ist, wie Andrea Sacchi's schönes Gemälde im Vatican es vergegenwärtigt. Wir vernehmen nicht ob die Wanderer den nahen Gebirgskamm, die Wasserscheide Italiens erreichten, wo der Blick sich auf die Romagna hinabsenkt und auf weiter Linie das Adriatische Meer umfaßt. Der Erzähler läßt die Gesellschaft auf der Höhe neben einem Quell unter dem Laubdach einer mächtigen Buche lagern, des Baumes der, den Stürmen der Bergregion trotzend, höher als die übrigen den Apennin hinaufsteigt, welchem er hier mit prächtigen Weideplätzen abwechselnd den Scheitel ziert. Hier war es wo Leon Batista, wiederum das Gespräch leitend, den günstigen Einfluß zeitiger Zurückgezogenheit wie der dem Nachdenken gewidmeten Muße auf Geist und Gemüth so des Staatsmanns wie des Gelehrten erläuterte und pries, indem er zeigte wie nur dann, unmittelbarer Berührung durch das Einzelne enthoben, der Geist die Fähigkeit gewinnt, das Ganze zu umfassen und frei zu beherrschen. Indem der Redner sich nun zu den beiden Jünglingen wendete, hob er hervor wie die sinkende Gesundheit ihres Vaters sie wahrscheinlich bald zur Leitung der Staatsangelegenheiten berufen werde, ja wie deren Besorgung ihnen theilweise jetzt schon anvertraut sei. Nach einer etwas überschwänglichen Lobrede auf Lorenzo's Eigenschaften, auf seinen Muth, seine Klugheit, seine Mäßigung, fuhr er dann fort auseinanderzusetzen, wie, troß solcher Eigenschaften und

der bisher an den Tag gelegten maßvollen Haltung, ruhige
Meditation oder in vertrautem Kreise gepflogene Unterredung
über die höchsten Fragen der Menschennatur dem Gemeinwesen nur zugutekommen könnten. Wenn dann aber der gelehrte und gewandte Mann den platonischen Grundsatz sich
aneignete, welchem zufolge völliges Enthalten von weltlichen
Bestrebungen unsere Natur am sichersten der Vollkommenheit
zuführt, so wurde es Lorenzo, der sich mit dieser Lehre schon
vertraut gemacht hatte, nicht schwer zu zeigen, daß deren Befolgung und practische Anwendung den Menschen nothwendig
in Collision mit seinen bürgerlichen Pflichten bringen muß,
während das thätige und das beschauliche Leben, die beiden
Phasen unseres Daseins, nicht vereinzelt, sondern vereint und
einander im Gleichmaß haltend, zur wahren Erfüllung der
Zwecke und Aufgaben des Daseins führen.

Die von Landino dem Jüngling gegen die absolute
Geltung der Doctrin von der Erlangung der Glückseligkeit
und Erfüllung der Lebensaufgabe mittelst der Contemplation
in den Mund gelegten Einwendungen, wider die von ihm,
Landino, angenommenen Lehrmeinungen gerichtet, sowie die
der Haltung Lorenzo's ertheilten Lobsprüche machen es klar,
daß wir hier in der dem Tode Piero's be' Medici kurz vorausgegangenen Zeit stehen, als die Pitti'schen Händel des
Sohnes Klugheit und Gewandtheit bereits offenbart hatten.
Mag der Besuch in Camaldoli in frühere Zeit fallen, die
Abfassung der, wie immer in solchen Fällen, die wirklichen
Gespräche erweiternden und ausschmückenden Disputationen
ist ohne Zweifel nicht vor dem J. 1470 erfolgt. Auch
bei den Unterhaltungen der drei folgenden Tage übernahm
Alberti die Leitung, indem er den Zusammenhang der Aeneis
mit der platonischen Philosophie erläuterte. Was hier über
den Charakter der Poesie Virgil's, über die in derselben

Landino's Virgilische und Dante-Studien. 45

enthaltene und durch sie zum Gemeingut gewordene alte Weisheit, über des Dichters Kenntniß des Alterthums und Ehrfurcht vor demselben, über das Verhältniß des poetischen Schmucks zum positiven Inhalt vorgebracht wird, ist wol zumeist aus Landino's eignen virgilischen Studien hervorgegangen, wie man denn überhaupt den Verfasser des Buches oft genug aus den Dialogen heraushört, die er von den Theilnehmern an den Unterhaltungen im Walde von Camaldoli halten läßt. Der Autor widmete sein Werk Federigo von Montefeltro. Wenn, wie es scheint, diese Widmung an Urbino's nicht minder kriegstüchtigen als literarisch gebildeten Fürsten dem J. 1472 angehört, so kommt das Buch in einen gewissen Zusammenhang mit den traurigen Ereignissen von Volterra, in denen Lorenzo de' Medici den Widerspruch gegen die platonische Lebensweisheit nur zusehr durch sein Handeln bekräftigte[1]).

Wenn heutzutage von Cristoforo Landino die Rede ist, so ist es nur um seiner Dantestudien willen der Fall. Von diesen geht die Bedeutung aus, die er für die Nachwelt bewahrt hat. Die Beschäftigung mit der Göttlichen Comödie

---

1) Das in der Laurentianischen Bibliothek befindliche Exemplar von „Christophori Landini Florentini ad illustrem Fridericum principem Urbinatem Disputationum Camaldulensium libri IV" ist von Pietro Cennini dem Sohne Bernardo's, des ersten florentinischen Buchdruckers geschrieben und zu Ende des Frühlings 1475 vollendet und mit dem Original collationirt worden. Vgl. Bandini a. a. O. Bd. II. S. 186 ff. (Ebendas. S. 3 ff. über die Zusammenkunft und die anwesenden Personen.) Der erste Druck soll, ebendas. S. 192, schon dem Jahre 1475 (?) angehören, ein späterer Straßburg 1508. Eine italienische Uebersetzung lieferte Andrea Cambini, ein von Lorenzo de' Medici vielgebrauchter und dem Cardinal seinem Sohne beigegebener Literat, der auch mit den Este in Verbindung stand und in späterer Zeit sich Savonarola anschloß, bei dessen Sturz sein Haus in Flammen aufging. (Vgl. Cappelli a. a. O. S. 309. Villari Storia di Gir. Savonarola Bd. II. Doc. S. 388.)

hat in Florenz wie anderwärts die verschiedensten Phasen erlebt. Auf Ansuchen verschiedener Bürger (s. oben Bd. I. S. 97) erließ die Republik im J. 1373, zweiundfünfzig Jahre nach Dante's Tode, den Beschluß, öffentliche Vorlesungen über seine große Dichtung zu veranstalten[1]. Am Sonntag den 3. October begann Giovanni Boccaccio in der Kirche Sto Stefano die Vorträge, deren durch seinen Tod bald herbeigeführte Unterbrechung Franco Sacchetti beklagt. Messer Antonio Pfarrer von Vado und Filippo Villani folgten ihm nach. Eine Menge Commentare war beinahe unmittelbar nach des Dichters Zeit, zumtheil von seinen eignen Angehörigen verfaßt worden. Das Gedicht war in zahlreichen Abschriften verbreitet, unter denen die einst in der Klosterbibliothek von Sta Croce gegenwärtig in der Laurentiana befindliche Filippo Villani zugeschrieben wurde. Die Copien waren meist fehlerhaft. „Ich bemühe mich, schrieb zu Anfang des fünfzehnten Jahrhunderts Coluccio Salutati an Niccolò von Tobi[2], ein correctes Exemplar des Werkes unseres göttlichen Dante zu erhalten. Glaube mir, wir haben nichts Erhabeneres als diese drei Cantiken aufzuweisen, nichts Schmuckreicheres, nichts sorgfältiger Ausgearbeitetes, nichts was mehr eindränge in die Tiefen der Wissenschaft. Was bei Andern vereinzelt vorkommt, hat dieser Eine im Zusammenhang bemeistert. Bei ihm glänzen die moralischen Vorschriften, leuchten Naturwissenschaft und Theologie, während Rhetorik und Sprache mit solcher Meisterschaft gehandhabt sind, daß es schwer wäre, selbst bei den Höchststehenden gleiche Schönheit zu finden. Bei ihm stralen Gesetze, Sitten, Sprachen, Geschichte aller Völker gleich Sternen am Firmament

---

[1] Manni Istoria del Decamerone. Th. I. Kap. 29.
[2] Mehus Traversari S. 178.

in solcher Majestät, daß keiner ihn in dieser Gattung zu erreichen geschweige zu übertreffen vermocht hat. Wozu alles dies? Damit meine Begierde, einen correcten Text zu finden, dich weniger Wunder nehme."

Diese Begeisterung für Dante, eine Begeisterung welche jedoch, man kann sich diesem Eindruck nicht entziehen, weniger dem Dichter galt als dem Manne der wie kein Anderer das Wissen seiner Zeit bemeisterte, wurde indeß keineswegs von allen Gelehrten des fünfzehnten Jahrhunderts getheilt, dessen Schwelle Coluccio kaum überschritt. Niccolò Niccoli hat sich durch seine Ausfälle auf seinen großen Landsmann eine Blöße gegeben die er durch späteres Lob desselben nicht wieder bedeckt hat, wobei indeß nicht außer Acht zu lassen ist, daß wir Niccoli's Worte, welche Dante's Buch eine Lectüre für Schuster und Bäcker nennen, nur in einer Schrift Leonardo Bruni's finden, der ebenso reizbar war wie Niccoli selber. Des Letztern Grimm scheint namentlich durch das unclassische Latein in Dante's Briefen geweckt worden zu sein, aber seine Vorwürfe, dieser habe von classischer Literatur nichts gewußt und sein Wissen aus Mönchs-Compendien geschöpft, Vorwürfe die sich seltsamerweise auch gegen Petrarca und Boccaccio wenden [1]), gleichen zu sehr andern Zeugnissen humanistischen Hochmuths, als daß man ernstlich daran zweifeln dürfte. Die zu Ende des J. 1430 von Francesco Filelfo gegen die Tadler Dante's gehaltene Rede und die zu demselben Zweck von Cino Rinuccini dem Vater Alamanno's verfaßte Streitschrift beweisen übrigens klar genug, wie das Urtheil Mancher beirrt war. Daß Filelfo die öffentliche Erklärung der Göttlichen Comödie aus freien Stücken, aus Rücksicht auf allgemeinen Wunsch übernahm, meldet er selbst mehr

---

1) Mehus a. a. O. S. 176.

denn vierzig Jahre später¹). Um den Ausgang des vierzehnten Jahrhunderts hatte Filippo Villani Dante's Leben kurz beschrieben. Der Erste, der, mit unzureichendem Material und dennoch dankenswerth, eine längere Biographie verfaßte, war im J. 1436 Leonardo Bruni, welchem dreiundzwanzig Jahre später Giannozzo Manetti folgte. Nicht lange nach diesem schrieb Gian Mario Filelfo Francesco's Sohn, welcher in Verona Gelegenheit hatte von den dort lebenden Nachkommen des Dichters manches zu vernehmen, eine neue Biographie, die er Pietro Alighieri widmete, welcher dieselbe zu Ende 1467 an Piero de' Medici und Tommaso Soderini sandte²). Die Errichtung eines in seinem Bildniß bestehenden Monuments in Sta Maria del Fiore war im J. 1465 beschlossen worden. Zehn Jahre später wurde im nördlichen Seitenschiff der Kirche das von Domenico di Michelino gemalte Bild aufgestellt³). Im Schriftthum war man weit abgekommen von der Bahn, welche der große Dichter vorgezeichnet und geebnet hatte. Sein Andenken aber hatte man treu gewahrt, und die schönen um die Mitte des Jahrhunderts kurz vor dem Aufkommen der Buchdruckerkunst entstandenen Handschriften zeigen, wie sein Werk in Ehren gehalten wurde.

Im J. 1472 druckten ein Teutscher Johann Numeister (Neumeister) und ein Eingeborner Fuligno's zum erstenmale in dieser

---

1) „Che'l Dante io leggeva per mio piacere e per fare cosa grata alla vostra inclyta città." Mailand 29. Mai 1473, bei Fabroni Laur. Med. Vita Bd. II. S. 76.

2) Ueber die verschiedenen Drucke der älteren Dante-Biographien vgl. G. C. Galletti in Phil. Villani liber etc., wo Villani, Leon. Bruni, Giann. Manelli gedruckt sind, letzterer mit Mehus' Studien für seine Ausgabe Flor. 1747. Die Handschrift G. M. Filelfo's in der Laurenziana, danach Ausg. von T. Moreni Flor. 1828.

3) S. unten Abschnitt III. Kap. III.

umbrischen Stadt die Göttliche Comödie¹). Auf ähnliche Drucke von Mantua, Jesi und andern Orten folgte im J. 1477 zu Venedig die erste Ausgabe mit einem Commentar des vierzehnten Jahrhunderts. Endlich, nachdem Florenz sich durch neun Drucke den Vorrang hatte abgewinnen lassen, trat im Sommer 1481 hier die erste Ausgabe mit den Erläuterungen Cristoforo Landino's ans Licht. Ein Schlesier Namens Nicolaus (Niccolò di Lorenzo della Magna) hatte in des Dichters Vaterstadt die Ehre, sein Werk, den Text von dem in kleinerer Schrift gedruckten Commentar umschlossen, in einer seiner noch jungen Kunst durchaus würdigen Weise herauszugeben. Die Magliabechische Bibliothek besitzt das auf Pergament gedruckte Exemplar, welches Landino der Signorie mit einer im Druck erschienenen Rede überreichte²). Reiche Miniaturen am Eingange, Randarabesken, ein Medaillonbildniß Dante's, wie die Nielle des in die florentinischen Farben, Roth und Weiß, getheilten Einbandes, den Löwen und das Herculessiegel der Gemeinde nebst dem Lilienwappen und jenem des rothen Kreuzes darstellend, legen an den Tag, mit welchem Anspruch diese Ausgabe auftrat. Ein Decret der Republik übte einen Act später Gerechtigkeit, indem es den Verbannten des J. 1301 in seine bürgerlichen Rechte und Ehren wiedereinsetzte, während sein lorbeergekröntes Bildniß im Baptisterium San Giovanni aufgestellt ward.

---

1) Auf die umfangreichen bibliographischen Arbeiten über die Geschichte Dante's und seiner Werke, Colomb de Batines' Bibliografia Dantesca und Ferrazzi's Enciclopedia Dantesca kann hier nur im Allgemeinen verwiesen werden.

2) Der Inschrift am Schlusse des Bandes zufolge, wurde der Druck am 30. August 1481 vollendet. Vgl. Bandini a. a. C. Bd. II. S. 131. 140—143; Colomb de Batines a. a. O. Bd. I. Th. II. S. 43. Marsilio's Anrede Bandini S. 132—134, Batines S. 43, 44. Das Exemplar der Magliabechiana ist in jüngerer Zeit neu und nicht sehr geschmackvoll gebunden worden.

In lateinischer Ansprache vergegenwärtigte Ficino Florenz, wie es sich über den dem Dichter durch einen seiner Mitbürger zutheilgewordenen Ehrenersatz freut, und Benivieni pries in wohllautenden Terzinen die Erfüllung der Prophezeiung, in welcher der Heimatlose die einstige Rückkehr in die ihn nun grausam answeisende Vaterstadt und seinen künftigen Ruhm verkündete:

> „Mit and'rer Stimme und mit andern Locken
> Kehr' ich dann heim als Dichter, um die Krone
> Am Born, wo ich getauft ward, zu empfangen" [1]).

Die Signorie erwies sich dankbar gegen Landino. Sie schenkte ihm ein in seinem heimatlichen Borgo alla Collina auf dem Walle gelegenes Thurmhaus, dessen Besitz im J. 1569 seinen Nachkommen durch einen Spruch des obersten florentiner Civilgerichts, der Rota, bestätigt wurde, als der Magistrat der Parte Guelfa dasselbe als Gemeinde-Eigenthum in Anspruch nahm. Nicht durch kritische Durchführung und Correctheit macht seine Arbeit sich bemerklich, wohl aber durch den Commentar, der auf die Auffassung seiner Zeit und weit über dieselbe hinaus großen Einfluß geübt hat. Sechs wenn nicht sieben an verschiedenen Orten bis zum Ende des Jahrhunderts erschienene Drucke zeigen, welchen Beifall diese Ausgabe fand, die im J. 1502 in Bezug auf den Text in der ersten Aldina, im J. 1544 in Bezug auf den Commentar

---

[1] Parad. XXV. 7. Girol. Benivieni Cantico in laude di Dante Alighieri, in dessen Werken, Venedig 1522. Vgl. Bandini a. a. O. Bd. II. S. 134—136. Das Gedicht schließt sich in seinem spätern Theile, nach dem Verse: „La patria, che a me madre, a Te noverca", den angeführten Versen Dante's an. Die Rückgabe des Bürgerrechts an des Dichters gleichnamigen Ururenkel, mit welchem Polizian in Verbindung stand (Brief an Lorenzo Flor. 5. Juni 1490, in den Prose vulgari ec. S. 78), erfolgte erst im Jahre 1496, und zwar gegen Bezahlung! (Gabr a. a. O. S. 554.)

in Alessandro Vellutello's Arbeit, welcher bald andere folgten, ernste Nebenbuhler erhielt, aber auch heute Bedeutung bewahrt. Während Landino sich durch diese Frucht tüchtiger Studien verdienten Ruf erwarb, wurden dem Predigerbruder Domenico da Corella, der schon am Concil theilgenommen und im J. 1468 Piero be' Medici seine lateinische Dichtung über das Leben der Jungfrau, Theotokon, gewidmet hatte, im J. 1483 die Vorträge über die Göttliche Comödie im Dome übertragen. Marsilio Ficino hatte schon weit früher Dante Aufmerksamkeit zugewandt, indem er die erwähnte Uebertragung der Monarchie im J. 1467 seinen Freunden Bernardo del Nero und Antonio Manelli widmete. Letzterer, welcher sich viel mit Abschreiben aller Codices beschäftigte, ist durch seinen Dialog über Lage, Gestalt und Maße der Hölle, in welchem er selbst und Benivieni das Wort führen, bei den Dante-Forschern in gutem Andenken geblieben. Marsilio's Widmung besagt daß er sich mit den beiden Genannten vielfach über die durch diese politische Abhandlung angeregten Fragen unterhielt und diese mit der Besprechung der Göttlichen Comödie in Verbindung brachte. Wie Dante in seiner Dichtung vom Reiche der Seligen und den Regionen der Elenden wie der aus dem Leben geschiedenen Harrenden handelte, so handelte er im Buche der Monarchie von dem Reiche der Harrenden die noch auf dieser Erde wandeln. Die wenngleich noch so unvollkommene Wahrnehmung des geistigen Zusammenhangs der großen Dichtung mit andern Schriften ihres Autors, ist ein in dieser Zeit bemerkbarer Fortschritt in der Erkenntniß Dante's, wozu Cristoforo Landino wesentlich beigetragen hat.

III.

Luigi Pulci und Angelo Poliziano.

Kaum viel geringern Einfluß als Philosophen und Sprachgelehrte haben auf Lorenzo und auf die ganze Epoche die Literaten geübt, mit denen eine neue Richtung begann, zum Theil noch unter Einwirkung der alten classischen Welt wenngleich in einer von der Thätigkeit der ersten Humanistenzeit ganz verschiedenen Weise, zum Theil aber inmitten des Vorwaltens anderer Elemente, die in mehr denn einem Falle auf das vorausgegangene Jahrhundert hinweisen. Wie für die Philosophen, ist das Mediceische Haus auch für diese Literaten meist der Mittelpunkt gewesen, in dem ihre Stralen convergirten, und der Name von mehr denn Einem derselben ist vom Namen Lorenzo's unzertrennlich. Nur nicht bei Jenem der in diesem glänzenden Kreise, wie Landino als Kritiker, als Dichter das Wiedererwachen der Tradition des Dantestudiums repräsentirt. Matteo Palmieri nimmt eine eigenthümliche Stellung ein. Der erste Blick in seine umfangreiche Dichtung, die Stadt des Lebens (Città di vita) mahnt uns an eine Nachahmung der Göttlichen Comödie, aber diese Nachahmung hat es mehr mit der äußern Form zu thun, denn in diesem philosophischen Werke, das sich die Schilderung der Aufgabe und der Verhältnisse des bürgerlichen Lebens zum Vorwurfe gewählt hat, sucht man vergebens nach wahrer

Poesie, während ein beschränkteres literarisches Verdienst, das
der Popularisirung moralphilosophischer Lehren in einer noch
etwas unbelebten aber doch ausdrucksvollen und verhältnißmäßig reinen, von den philologischen Tollheiten der Zeit
freien Sprache, dem Werke nicht abzusprechen ist. Bekannt
ist dies Werk nur in beschränkten Kreisen geworden. Die
theologische Kritik entdeckte in demselben eine ketzerische Lehre,
die der Seelenwanderung, welche Alamanno Rinuccini in
seiner Leichenrede auf den Dichter auch in vollkommener Unbefangenheit zugab, und so unterblieb die eigentliche Veröffentlichung. In späteren Jahren wandte der Verfasser sich
namentlich der Geschichte zu, und schrieb außer einer unvollendeten Weltchronik ein Leben des Großseneschals Nicola
Acciaiuoli. Er war einer von Traversari's und Marsuppini's
Schülern gewesen, hatte ansehnliche Staatsämter und Ambassaden mit Ehren bekleidet, und starb in hohem Greisen-
alter im J. 1475[1]).

Während wir hier einen Nachklang Dante'scher Poesie
vernehmen, der sich an die höheren Stände wandte und im
Grunde den immensen Rückschritt vom Beginn des 14. zur
Mitte des 15. Jahrhunderts bekundete, schlug die Volkspoesie,
die wir schon in der religiösen Richtung vernahmen, auch in
der heitern Weise natürlichen Ton an. Die Bureske, die im
Charakter des Volkes liegt, gewann nicht unbedeutenden
Spielraum. Die aus der Barbierstube Domenico's genannt
Burchiello, mitten aus dem Herzen des alten Florenz, aus
der Calimala- und Marktregion herausgeflogenen Sonette,
großentheils Räthselproben florentinischer Volkssprache voll
Anspielungen und Trivialitäten, haben eine Berühmtheit

---

1) Vespasiano da Bisticci a. a. O. S. 499 ff. Palmieri's
lateinische Biographie des Großseneschals wurde von dessen Verwandtem
Donato Acciaiuoli ins Italienische übersetzt.

behalten, die man meist auf Treu' und Glauben acceptiren muß, nehmen aber bisweilen einen Flug, der auf sociale ja politische Verhältnisse Licht werfen kann, wenn die dem im J. 1448 in Rom verstorbenen Manne zugetheilten Sachen alle von ihm sind. Ein anderer burlesker Dichter, Matteo Franco, dem wir noch begegnen werden, gehörte zu Lorenzo's de' Medici häuslichem Kreise und führte mit den Poeten desselben, namentlich mit Luigi Pulci, satirische nicht immer anständige Scheingefechte auf, die uns zu augenblicklich geselligem Zeitvertreib gedient zu haben scheinen. Von ungleich größerer Bedeutung aber war für diese Epoche die Entstehung eines Genre, welches dem 16. Jahrhundert seinen dichterischen Charakter zu geben vorzugsweise bestimmt war. Dies Genre ist das romantische Epos. Von den Brüdern Pulci, den Sprößlingen einer wie es scheint einigermaßen heruntergekommenen alten Familie, hat der Eine, Bernardo, als Originaldichter wie als Uebersetzer sich im Eklogenfache versucht, während zwei zu den Pflegern des Rittergedichts gehörten, das mit ihnen als besonderer Literaturzweig eigentlich seinen Anfang nimmt. Beide, Luca und Luigi, sind aus dem engern Mediceischen Kreise. Luca Pulci, der älteste der Brüder, im J. 1431 zu Florenz geboren, wird gewöhnlich als Verfasser des Gedichtes auf das Turnier Lorenzo's de' Medici bezeichnet, welches in der Literaturgeschichte nur deshalb noch eine Stelle findet, weil es ein Ereigniß im Leben eines berühmten Mannes schildert. Zuverlässig ist jedoch die Annahme dieser Autorschaft keineswegs, wie denn auch der erste Druck den Namen Luigi Pulci's trägt, dessen literarischer Ruhm übrigens dadurch nicht gesteigert werden würde. Daß aber Luca dem jungen Medici nahestand, zeigt der Umstand daß er auf dessen Wunsch das Gedicht Ciriffo Calvaneo begann, welches nach zwei Generationen Bernardo Giambullari für

einen andern Lorenzo, den Enkel des Magnifico fortsetzte, ohne
es zu vollenden. Es ist die poetische Bearbeitung eines volksthümlichen Ritterromans, der in der italienischen Version
den Titel des „Povero Avvedulo" führt, und die Abenteuer
und Kämpfe der Zeit König Ludwigs d'Cultremer von Frankreich in den Jahren 921—954 schildert¹). Luca, der nach
unglücklichen Bankgeschäften in Rom und Florenz im J.
1470 im Schuldthurm der Stinche starb und seinen Brüdern
schwere Familienlast hinterließ, war zwar wie gesagt der
Aeltefte, aber es ist doch wahrscheinlich, daß der Morgante des
jüngern Luigi seinem Ciriffo voranging. Zu solcher Annahme veranlaßt auch der Umstand, daß Luigi das ungleich
reichere Thema wählte²). Sein Gedicht muß um und nach
1460 entstanden sein, und die einzelnen Gesänge sind einander
wol rasch gefolgt. Daß Lorenzo's Mutter auf dessen Entstehen Einfluß gehabt, weiß man durch den Autor selbst. In
einem Briefe, den dieser am 4. December 1470 von Fuligno
aus an Lorenzo richtete, stellte er neue Heldengedichte in
Aussicht³). Daß eine ernste und fromme Frau wie Madonna
Lucrezia gewissermaßen Patronin eines Werkes gewesen ist,
welches in religiöser Beziehung manchen Anstoß erregt, kann
befremden. Doch abgesehen davon, daß man vieles der

---

1) Ueber die Giostra vgl. oben Bd. I. S. 264 ff., und Salvator
Bongi's mehrerwähnten Druck der Lettere di Luigi Pulci. Eine neue
Ausgabe des Ciriffo Calvaneo, von S. L. G. E. Audin mit ausführlichen
bibliographischen Nachweisungen versehen, erschien Florenz 1834.

2) L. Ranke's akademische Abhandlung: Zur Geschichte der Italienischen Poesie, Berlin 1837, enthält eine treffliche Charakteristik der Elemente wie des Entwicklungsganges der romantischen Epopöe. Die letzte
Ausgabe des Morgante, der zuerst zu Venedig 1481 und im folgenden
Jahre zu Florenz gedruckt ward (Gamba, Testi di lingua S. 241 ff.),
ist die vor wenigen Jahren in Florenz erschienene von P. Sermolli.
Der älteste Druck der Reali di Francia ist der modenesische von 1491,
somit erst zehn Jahre nach Pulci's Dichtung.

3) L. Pulci Lettere S. 38. Vgl. oben Bd. I. S. 313.

Auffassung und Richtung der Zeit zugutehalten muß, die an dem Gemisch von Religiösem und Burleskem kein Arg hatte und inmitten der strengsten Devotions-Practiken Glaubensfragen mit unglaublicher Unbefangenheit behandelte, scheint diese Frau dem Genie zulieb manches Verfängliche, so im Schriftthum wie im Wandel, mit Nachsicht beurtheilt zu haben. So blieb sie eine Stütze Angelo Poliziano's, auch nachdem dieser mit ihrer Schwiegertochter zerfallen war, und stellte ihm ihre religiösen Gedichte zu, obgleich die schlimmen Gerüchte über seinen Glauben und seine Sitten ihr kein Geheimniß sein konnten. Luigi Pulci aber, der Freigeist und lose Spötter, der das Johannes-Evangelium mit offnem Unglauben vermengt, hat bis an ihr Lebensende in ihr eine eifrige und thätige Freundin gefunden.

Mit dem Morgante maggiore nimmt die romantische Epopöe ihren Anfang, indem sie sogleich einen kühnen und glücklichen Griff in den großen Carolingischen Sagencyclus thut, wie die Turpinische Chronik und das Volksbuch der Reali di Francia ihn der italienischen Nation stofflich nahegebracht hatten. Auch schon darum ein glücklicher Griff, weil Florenz seine Wiederherstellung Carl dem Großen zuschrieb, wie man es an der Apostelkirche selbst in Stein gehauen lesen kann. Die Manier ist originell. Inmitten aller Ungeheuerlichkeiten ist der alte Ritterroman ernst wie er gläubig ist. Das Christenthum ist und bleibt ihm Folie des auf seinem Boden erwachsenen, von seinem Geiste durchdrungenen Ritterthums. Der Morgante (den Namen hat die Geschichte von dem Riesen, der in demselben seine barocken Heldenthaten vollführt) ist keine Satire des Ritterthums, aber ist mit so vielem Burlesken versetzt, daß es einen veränderten Charakter gewinnt. Ebensowenig ist er eine Verleugnung des Christenthums, das ihm im Gegentheil mehrfach ernst religiöse

Stimmung verleiht, aber das Christenthum kämpft mit Skepsis und Verneinung, so daß Kirchen- und Volksglaube zurückgedrängt werden. In dieser Beziehung ist der Morgante ein rechter Spiegel der Zeit. Wie er in seiner vollbewußten, an keine dichterische Regel noch Vorbild gebundenen Beherrschung des Stoffes ein Gemisch von Ernst und Ironie, von Christenthum und Unglauben, von biblischen Texten und profanen Witzen ist, so bietet er auch die schneidendsten Contraste von gesundem Menschenverstand und Unsinn, von Feinheit und Geschmacklosigkeit, von großartigem Schwunge und possenreißerischer Komik. Die Eigenschaften die wir hier sehr unvollkommen und oft nur äußerlich aber in verschiedenstem Maße vereinigt finden, haben sich bei spätern Dichtern geklärt und geschieden. Luigi Pulci aber wird mehr als durch sein, als concrete Leistung betrachtet, nach allen Seiten hin der Vollendung entbehrendes Werk, dadurch immer Bedeutung bewahren, daß in diesem Werke gleichsam die Keime der romantischen Epopöe in deren verschiedenen Richtungen vorhanden sind. Bringt man in Anschlag, daß die beiden ältesten Rittergedichte der italienischen Literatur, der Morgante und der Ciriffo, gewissermaßen im Mediceischen Hause entstanden sind, so kann man nicht umhin daran erinnert zu werden, wie diese ganze poetische Gattung bis zum Befreiten Jerusalem, womit sie ihren Abschluß findet, mit dem Hofleben zusammenhängt, das sich in ihren sonst so verschiedenartigen Producten unaufhörlich abspiegelt. Von dem die Einfachheit und Behaglichkeit des freien Bürgerlebens inmitten allen Einflusses und Glanzes noch nicht verleugnenden Hause Cosimo's, Piero's, Lorenzo's de' Medici zu dem ceremoniösen Hofe der Estensischen Alfonse ist allerdings ein gewaltiger Schritt, und die Pulci haben die Genealogie ihrer Gönner noch nicht, an Halbgötter anknüpfend, in ihre Octaven verwoben, aber es ist schon eine Poesie, welche festliche Bankette zu erheitern bestimmt ist.

Wie nahe Luigi Pulci Lorenzo de' Medici im Leben stand, zeigen uns seine mehrfach angeführten Briefe, welche freilich auf mancherlei Beziehungen zwischen Patron und Client, wie auf die Letzterm ertheilten mehr politischen als literarischen Aufträge nur Streiflichter werfen. Der Dichter des Morgante empfand wahre Anhänglichkeit an den jüngern Mann. Als dieser im J. 1466, vor der Verschwörung Neroni's und Pitti's, nach Süditalien ging, schrieb er ihm von dem Alverniakloster aus, wo er sich eben befand[1]): „Denkst du mich wirklich in diesen Wäldern im Schnee stecken zu lassen, einsam und trostlos, während du nach Rom gehst? Ist es wirklich mein Loos, daß ich, was immer du von mir halten magst, zur Steigerung meines Mißgeschicks nie mit dir zu Pferde steigen soll? Soll ich erst dazu kommen wenn ich ein alter Mann bin? Wie oft haben wir von Rom geredet, und nun soll ich dich nicht begleiten, etwa weil ich die Reisekosten mehre? Laß dich das nicht kümmern, inmitten aller meiner Quälereien werde ich dir doch Ehre machen. Mir genügt ein Pferd von dir, denn ich werde dort so viele Freunde finden und so klug sein, daß ich dir nicht zur Last falle wie du vielleicht befürchten könntest. Du hast wahrlich Unrecht mich beiseite zu lassen, abgesehn davon daß es mich mehr kränken würde als irgendetwas auf dieser Welt. Behandle mich nicht wie altes Eisen, denn ich werde wieder heil werden wenn du mir wohl willst." Und Lorenzo wollte ihm wirklich wohl. Zwei Jahre später schrieb Pulci aus Pisa: „Ist es dir nicht recht daß man glaube oder wisse, ich sei dein Freund und vermöge etwas bei dir, so lasse es durch Maueranschlag verkündigen, versteht sich auf deine Kosten.

---

[1] 1. Febr. 1466. Ebendas. S. 8.

Da ich seit einiger Zeit kein Geld auszugeben gehabt, habe
ich deinen Namen ausgegeben. Ueberall wo ich mich blicken
lasse, raunt man sich zu: Das ist der große Freund Lorenzo's."
Daß Pulci's Vermögensverhältnisse nicht glänzend waren,
haben wir gesehen. Die schlechten Geschäfte seines Bruders
brachten ihn in vielfache Verlegenheit. „Nie, so schrieb er
nach Luca's Falliment an Lorenzo, habe ich irgendeinen
Entwurf gemacht, ohne daß das Geschick in Einer Stunde
zugrundegerichtet hätte, was ich in Jahren aufgebaut. Ich
bin auf die Welt gekommen wie die Hasen und andere arme
Thiere, bestimmt des Jägers Beute zu werden. Mein Loos
war's dich zu lieben und wenig in deiner Gesellschaft zu
sein." Daß die Mediceische Bank ihm aushalf, die Darlehen
jedoch keineswegs bedeutend und überdies kündbar waren,
ersieht man aus einer am 14. Mai 1479 von seinen Gütern
im Mugello an Lorenzo gerichteten Bitte, ihm die Frist der
Rückzahlung von hundert Goldgulden zu verlängern. Offenbar fand er sich in die Maßregel einbegriffen, welche der
schlechte Stand der Mediceischen Geldgeschäfte zu jener Zeit
erfordert haben wird. Namentlich in Neapel, Bologna, Mailand scheint Lorenzo sich vor wie nach jener Zeit Pulci's,
der unter andern zu den Sanseverinern in vertrautesten Beziehungen stand, vielfach bedient zu haben. Der letzte uns
bekannte Brief des Dichters, von Verona aus am 28. August
1484 geschrieben, zeigt ihn uns im Gefolge Roberto's da
Sanseverino und seines Sohnes Fracasso die sich auf dem
Wege nach Venedig befanden. Bald darauf starb er in
Padua, ohne daß man irgendetwas über sein Ende wüßte[1]).

Luigi Pulci war um siebzehn Jahre älter als Lorenzo
de' Medici, um einige Jahre jünger war aber derjenige, der

---

[1]) Eine Supplik der Wittwe vom 14. Juli 1485 sagt, er sei seit mehr als acht Monaten todt. — Vgl. Lettere S. 10, 102, 114.

zu ihm in die engste und fruchtbarste geistige Wechselbeziehung getreten ist. Im J. 1464 kam ein zehnjähriger Knabe nach Florenz in das ärmliche Haus eines Verwandten, Unterhalt und Unterricht zu suchen. Eine jener Tragödien welche die wilden Leidenschaften und den Parteihaß verklagen, die in den toscanischen Comunen des 15. Jahrhunderts fortlebten und der zugleich im Strafen furchtbaren, in der Sicherung der Bürger ohnmächtigen Justiz spotteten, hatte ihn vaterlos gemacht. Benedetto Ambrogini von Montepulciano, ein Rechtsgelehrter von nicht ganz geringer Familie, der zu Hause wie auswärts bürgerliche und richterliche Aemter bekleidete, hatte sich im vorhergehenden Jahre an Piero de' Medici gewandt[1]) und ihn um Schutz gegegen blutgierige Feindschaft von Mitbürgern und Nachbarn gebeten, welcher er bald darauf zum Opfer fiel, der mittellosen Wittwe fünf Kinder zurücklassend, deren ältestes der gedachte Knabe war[2]). Angelo, der von seinem Geburtsort den Namen Poliziano annahm, lernte frühe den Ernst des Lebens kennen. Denn obgleich er schon als Kind glänzende Gaben an den Tag legte und rasche Fortschritte machte, lief er doch Gefahr, durch Lehrlings- und Gehülfendienst in irgendeiner Bude sein Fortkommen suchen und den Studien entsagen zu müssen, denen er sich mit Feuereifer gewidmet hatte. Fünfzehnjährig drückte er diese quälende

---

1) Fabroni a. a. O. Bd. II S. 98.
2) Isidoro del Lungo, La patria e gli antenati d'Angelo Poliziano, im Arch. stor. Ital. Serie III. Bd. XI. S. 9 ff. Derf. Uno scolare dello studio fiorentino nel sec. XV., in der Nuova Antologia Bd. X. S. 215 ff. Fr. Otto Mende's Historia vitae etc. Ang. Pol., Leipz. 1736, wird als fleißige Zusammenstellung literarischen und kritischen Materials immer Werth behalten. Auf die neuere Literatur kann hier nicht eingegangen werden. — Opera Aug. Politiani, Flor. 1499. Le Stanze, l'Orfeo e le Rime di Messer Ang. Ambrogini Pol. illustrate da Giosuè Carducci, Flor. 1863. Prose volgari e Poesie latine e greche di A. A. P. raccolte da Isidoro del Lungo, Flor. 1887.

Besorgniß in einem lateinischen Sinngedicht aus, welches er an Bartolommeo Fonte, den noch jungen, aber schon zu Ruf gelangten Philologen richtete, der ihm damals mit Anleitung und Ermunterung an die Hand gegangen zu sein scheint[1]). Zum Glück war die Besorgniß grundlos. Um das Jahr 1469—70 studirte er an der florentiner Hochschule und dichtete siebzehnjährig griechische Epigramme. Er konnte sich glücklich schätzen, Zuhörer der Männer zu sein welche die Tradition der schönsten Zeiten dieser Schule lebendig erhielten, Argyropulos und Andronikos Kallistos, Landino und Ficino. Daß die schönen Wissenschaften ihn mehr anzogen als philosophische Vorlesungen, berichtet er selbst indem er sagt, er habe es mit der Philosophie gemacht wie die Hunde mit dem Nil: ein Trunk und dann fort! „Natur und Jugend zogen mich zum Homer, und mit allem Eifer und Fleiß, deren ich fähig war, begab ich mich an dessen Uebertragung in lateinische Verse." In einer seiner frühesten wenn nicht überhaupt der frühesten seiner lateinischen Dichtungen, den an Lorenzo de' Medici gerichteten Distichen zur Empfehlung seines Lehrers Kallistos, hebt er hervor wie dieser den troischen Krieg in argolischen Versen lese. Es ist diese Dichtung in der er schon auf die Zeit anspielt, wo er sich daran begeben zu können hofft Lorenzo's Thaten zu besingen, welche sich damals auf jugendliche Uebungen und auf sein gewandtes Benehmen bei der Pitti'schen Verschwörung beschränkten, deren er in einer spätern Elegie gedenkt[2]).

Es muß um das J. 1470 gewesen sein, als er an die Uebersetzung der Ilias ging. Carlo Marsuppini hatte das erste Buch übertragen; Angelo begann mit dem zweiten. Es war ein großes Unternehmen für einen Jüngling. Ein lateinischer

1) Prose volgari S. 109.
2) Ebd. S. 248.

Homer war das in votis der ganzen vorausgegangenen Zeit gewesen: nun begann ein kaum in die Welt Getretener und der Welt noch Unbekannter, indem er eine Leichtigkeit und Anmuth der Diction, einen Wohlklang und Reichthum des Verses an den Tag legte, die Alle überraschten. Der Anfang dieser Arbeit, die durch sie geweckte Bewunderung erschlossen dem jungen Dichter das Mediceische Haus. Wahrscheinlich ist es Ficino gewesen, der Lorenzo den „homerischen Jüngling" empfahl. Erst im Jahre zuvor selbständig geworden, nahm der Herr des Hauses diesen bei sich auf, und welche Wechsel im Innern und Aeußern seines Lebens stattgefunden haben mögen, noch auf seinem Sterbelager ist der Mann, der dem Himmel seine glänzenden Gaben, ihm deren frühe und freudige Anerkennung verdankte, an seiner Seite gestanden und ihm bald nachgefolgt. Die Widmung des zweiten Gesanges enthält das Lob des großmüthigen Beschützers, volltönend wie die Sitte heischte, nicht unwahr wenn man dieser Sitte und dem Glanze Rechnung trägt, mit welchem der jugendliche Lenker der Geschicke von Florenz sich als Dichter wie durch seine Fertigkeit in ritterlichen Künsten umgeben hatte.

„Dir, dem blumenumrankt das Bild des tuscischen Löwen,
Dem die syllanische Stadt und der Väter gereifte Beschlüsse
Haben die Götter vertraut, Lorenzo, mäonischen Stammes
Größter, es schlinget sich dir um die Stirne ein zwiefacher Lorbeer.
Sei's daß Mars dir im Sinn, wenn stürmischen Laufes die Zügel
Schießen er läßet dem Roß, wie dort in dem glänzenden Scheinkampf,
Als auf offenem Plan vor der Kirche benannt nach dem Kreuze
Jäh auf die Reiter herab, die mit Panzer bewehret und Schilde,
Stürzen, und Hieb austauschen um Hieb wie in heißester Feldschlacht,
Stolz dich und freudigen Sinns die dir ergebene Stadt sah.

Sei's daß lieber du wählst das Maß kunstreicher Gesänge,
Schmiegend der Leier sich an, die erstaunte Natur zu bezaubern,
Hier den lauschenden Baum und dort die besänftigte Löwin" [1]).

Eine Schaar von Lobrednern folgte, Marsilio Ficino an der Spitze. An Uebertreibungen war kein Mangel. Das Haupt der Platoniker erhob Zweifel daran, daß man herausfinden werde, ob der griechische ob der lateinische Text die Urschrift, und ein Anderer, Wessen das größere Verdienst sei, dessen der das Unternehmen veranlaßt habe, oder Jenes der es ausgeführt. Der Uebersetzer aber fuhr mit der Arbeit fort, und als er, zwei Jahre nach dem zweiten, das dritte Buch seinem Gönner überreichte, sprach er die Hoffnung aus, nach Vollendung des Ganzen an eine andere epische Dichtung gehn zu können, eine Dichtung aus Lorenzo's eignem Leben, den Krieg um Volterra.

„Hat den mäonischen Gast er gelandet an Latiums Küste,
  Wird er ein kräftig Gespann tummeln auf weiterem Plan,
Wenn er dein eigenes Lob anstimmt zur staunenden Leier:
  Du bist's, der ihm den Stoff liefert zum heiligen Lied!
Was Volaterra verbrach und wie es büßte den Meineid,
  Ob unersteigbar es schien, meldet bereinst sein Gesang.
Pergamus trotzte hellenischer Macht ein doppeltes Lustrum,
  Dennoch ewigen Ruhm brachte der endliche Sieg;
Dir, als kaum ein einziges Mal vollendet den Kreislauf
  Luna's leuchtender Ball, zahlt' Volaterra die Schuld."

Die Ilias ist nicht vollendet, das Gedicht nicht geschrieben worden. Lorenzo, der die Dinge dieser Welt weit scharfsinniger ermaß als Angelo von Montepulciano, hat wol selber solche Verherrlichung eines Unternehmens von zweifelhaftem Ruhm und unzweifelhaftem Unrecht ebensowenig

---

[1] Prose volgari S. 431. „O cui tyrrheni florentia signa leonis."

für gut befinden, wie er die Ueberreichung des Elogiums
passend erachtete, welches Polizian bei der Erhebung seines
Sohnes zum Cardinalat an den Papst richtete. Als dieser
das wichtigste und dramatischste Ereigniß im Leben seines
Gönners, die Verschwörung der Pazzi schilderte, that er es
nicht in epischen Versen sondern in einfacher Prosa.

Der Mann, der den jungen Dichter in sein Haus auf=
genommen und in den Stand gesetzt hatte, sich ganz den
Studien zu widmen, war es auch wol der ihn veranlaßte,
eine Probe seiner Arbeit an Cardinal Ammannati zu senden,
der zu den Medici so genaue Beziehungen unterhielt. Die
von Polizian an den Kirchenfürsten gerichteten Worte[1]) waren
bescheiden. Er mache es, schreibt er ihm, wie der Adler, der
seine kaum aus dem Ei gekrochenen Jungen an die im Osten
aufsteigende Sonne trage, ihr Auge an deren Glanz zu ge=
wöhnen. Der Cardinal, in dem die humanistische Tradition
P. Pius' II. fortlebte, giebt ihm Phrase für Phrase zurück,
ohne die Wahrheit zu verletzen. Die Verse seien volltönend
und wunderbar für so jugendliches Alter; nützlich sei das
Unternehmen als Anleitung zu Großem. Frage man jedoch
Homer, ob er Lateiner zu werden wünsche, so fürchte er,
dieser, die Unmöglichkeit vollständigen Wiedergebens empfindend,
werde es vorziehn, ein Kolophonier zu bleiben statt Floren=
tiner zu werden, und das Pallium eine passendere Tracht
erachten als die Toga. Im J. 1473 war unser Dichter
für Verse voll sonorer aber sehr ordinärer Schmeichelei
die er an den verschwenderischen Cardinal von San Sisto,
Pietro Riario bei dessen Uebernahme des florentiner Erz=
stifts richtete, statt des erwarteten Geschenkes mit Redensarten

---

1) Epistolae P. VIII. 6. 7.

abgespeist worden, und hatte sich, recht als armer Poet, bitter
darüber beklagt:

„Hättest, o Sixtus, du ihm, der dich zu den Göttern gesellte,
Lohn, den erbet'nen gereicht, Jupiter wärest du jetzt". [1]

Nun erhielt er von einem andern Cardinal, einem von Riario
sehr verschiedenen Manne, auch nur Worte. Er muß sich
gesagt haben daß Nicolaus' V. Zeit vorüber war, obgleich
Sixtus IV. im Eifer des Büchersammelns diesem kaum nachstand. Zum Papste scheint er nicht in Beziehung getreten zu
sein, und die allmälig zwischen diesem und seinem Beschützer
entstandene Verstimmung benahm ihm nachmals die Gelegenheit dazu. Von der Homer-Uebersetzung liegen uns vier
Bücher vor[2]; ob die Arbeit weiter gediehen, ist ungewiß.
Zweimal wurde dieselbe unterbrochen: die zweite Unterbrechung war entscheidend für deren Geschick. Vielleicht aber
mochte Polizian selber unterdessen durch die fortgeschrittenen
Studien zur Ansicht des Cardinals von Pavia gelangt und
zweifelhaft geworden sein, ob die dem Augustischen Zeitalter
nachstrebende lateinische Eleganz sich für den alten griechischen
Epiker eigne.

Die erste kurze Unterbrechung war die Reise nach Mantua
in Begleitung des Cardinals Francesco da Gonzaga im

---

1) Die Sinngedichte an den Cardinal Riario in den Prose volgari
ec. S. 111—114. Vgl. oben Bd. I. S. 346.
2) Diese vier Bücher hat Cardinal Angelo Mai nach zwei vaticanischen Hff. im II. Bande des Spicilegium romanum abgedruckt, wonach der Druck in den Prose volgari ec. S. 491—522. Die Hff. sind
durch Fulvio Orsini in die Vaticana gekommen. Die eine derselben, auf
Pergament und mit dem Mediceischen Wappen auf rothem Lederbande ist
das vom Verfasser Lorenzo de' Medici überreichte Exemplar des II. und
III. Gesanges. Die zweite Handf. enthält den IV. und V. Gesang, wie
es scheint von Polizians Hand und noch ohne Widmung.

August 1472. Von den intimen Beziehungen zwischen den Gonzaga und Medici, welche denen des Markgrafen Lodovico zur Stadt Florenz entsprachen, war schon die Rede. Francesco nahm aus dem Mediceischen Hause den achtzehnjährigen Polizian mit, der schon Proben seines ungewöhnlichen Talents abgelegt hatte, als er einen Besuch in seiner Vaterstadt abstattete, wo glänzende Feste seine Anwesenheit feierten. Hier war es, wo das dramatische Spiel Orpheus entstand, das in der Literatur Epoche gemacht hat, weniger vielleicht seines innern Gehaltes wegen, denn als erstes Beispiel des profanen Drama's in italienischer Sprache. Die Mysterien waren längst volksthümlich; das moderne Drama, selbst wenn es moderne historische Stoffe behandelte, umsomehr also wenn, wie bei Alberti und Gregorio Correr antikisirende Nachdichtung, hatte lateinische Sprache beibehalten. Wie der Autor in einem Schreiben an einen der Begleiter des Cardinals, Messer Carlo Canale (beiläufig gesagt der zweite oder dritte Ehemann der Mutter Cesare's und der Lucrezia Borgia) berichtet, entstand der Orpheus in Zeit von zwei Tagen inmitten fortwährender lärmenden Zerstreuungen, in der Vulgarsprache um den Zuhörern verständlicher zu sein, „ein unvollkommenes Werk, geeigneter dem Vater Schande als Ehre einzubringen, und des Geschicks würdig, welches die Lacedämonier dem schwächlich oder verstümmelt gebornen Kinde bereiteten." Ein Drama ist diese „Favola" nicht; sie ist eine Reihe lyrischer Stücke, denen eine lateinisch-sapphische Ode zum Lobe des Cardinals eingefügt ist, welche Paccio Ugolini, auch dem engern Mediceischen Kreise und Candino's Schule angehörend, als Orpheus zur Leier sang[1]).

[1]) Die Frage, wie zu dem ursprünglichen Orfeo, welchen der Autor gerne vernichtet hätte, sich der spätere in eine mehraktige Tragödie umgewandelte verhält, welchen Ireneo Affò im J. 1776 mit ausführlicher

Die mantuanische Fahrt war eine kurze Episode. Kleinere lateinische Dichtungen, so die schöne und gefühlvolle Elegie auf den Tod Albiera's degli Albizzi, der anmuthigen Braut Sigismondo's della Stufa, vom J. 1473, erhielten Polizian zu sehr in gleicher Stimmung, als daß sie als eigentliche Unterbrechungen der homerischen Arbeit gelten könnten. Die dauernde Unterbrechung veranlaßte Giuliano's de' Medici Turnier, für Angelo Poliziano Aufforderung zu der Dichtung, die das blühendste Reis in seinen Ruhmeskranz geflochten hat¹). In der siebenten Stanze der „Giostra" hat er selbst dieser Unterbrechung gedacht:

„Und ist es wahr, was Fama uns verkündet,
Daß dir, Achill, im großen Schattenreich
Mit hellen Flammen noch das Herz entzündet
Die Tochter Leda's, der kein Weib war gleich,
O zürne nicht, wenn heute Abschluß findet
Dein Ruhmessang, den ich Italien reich',
Wenn neues Lied ertönt von meiner Leier
Zu Julius' Waffengang und Liebesfeier."

Vorrede und Excursen herausgab, und wozu Vincenzo Nannucci im J. 1812 weitläufige philologische Anmerkungen schrieb, die in der Carducci'schen Ausgabe S. 113—158 wiederabgedruckt sind — diese Frage, die neuerdings auf die Autorschaft Polizians in Bezug auf diese Umarbeitung ausgedehnt worden ist, kann hier füglich den Biographen des Dichters teine ausführliche Lebensbeschreibung von J. del Lungo steht in Aussicht) zur Entscheidung überlassen bleiben.

¹) Daß Polizian diese Dichtung nicht in dem frühen Alter begann, welchem man, Giuliano's Turnier mit dem seines Bruders für gleichzeitig haltend, dieselbe zutheilte, ist Bd. I. S. 361 angedeutet worden. Daß er im J. 1476 damit beschäftigt war, zeigt wol die Anspielung auf den Tod Simonetta's, der jungen Schönen, welcher Giuliano's Herz gehörte, ein Ereigniß das Polizian auch lateinisch besang. Prose volgari ec. S. 149. [In Simonettam. „Dum pulchra effertur nigro Simonetta pheretro".]

Der Gegenstand an sich ist dürftig. Der Autor hätte es fühlen müssen, wäre er selbst durch Luca Pulci's Verse auf Lorenzo's Turnier nicht gewarnt worden. Die Stanzen — es ist der Titel unter welchem Polizians Dichtung am bekanntesten ist — zählen zu dem Schönsten was die italienische Sprache besitzt. Wie sie die ersten dieser Dichtungsgattung sind, welche wahren Wohlklang ohne Verkünstlung, künstlerischen Fluß ohne nachlässiges Sichgehnlassen an den Tag legen, so sind sie, sieht man über wenige gelegentliche Härten und minder edle Ausdrucksweisen hinweg, in späteren Zeiten in Bezug auf die Form nicht übertroffen worden, mag Ariost größere Mannichfaltigkeit und Freiheit der Bewegung, Tasso größere Harmonie haben. Wie fassen aber diese glänzenden Octaven den Gegenstand auf? Im ganzen ersten Buche lassen sie denselben beiseite. Das Turnier räumt der Mythologie den Platz, Piazza Sta Croce den Gärten und dem Palast der Venus. Alle Blumen und Bäume gesegneter Himmelsstriche, die Thiere der Jagd und des friedlichen Parks, der ganze Olymp werden aufgeboten; Reminiscenzen classischer Dichter von Lucretius zu Claudian ja zu den christlichen Sängern, Wanderungen einer üppigen Phantasie durch das Reich der Schönheit und der Liebe, alles dies drängt sich, glänzt, spielt, scherzt in voller Freiheit, auch in der Freiheit, daß es nicht darauf ankommt, ob es mit dem Stoff etwas zu thun hat oder nicht. Zu Anfang des zweiten Gesanges scheint der Dichter sich endlich zu besinnen, daß er einen Medici feiern will. Nun läßt er Cupido der Venus vom Ruhme des tuscischen Geschlechts erzählen, und beginnt mit den Vorbereitungen zur großen Handlung, welche eine so mächtige mythologische Maschinerie erheischt, mit dem Erwachen und Wappnen des Jünglings, das gleichfalls wieder olympischen Beistand in Anspruch nimmt. Noch sind wir damit nicht zustande gekommen, so bricht das Gedicht ab, in dessen Schlußstanzen gleichsam die trübe Ahnung des grausen Geschicks durchschimmert, das einem dem Anschein nach zu Glanz und Glück berufenen Dasein, mit demselben einem auch als Bruchstück hochgepriesenen, für die Poesie des nun beginnenden Zeitalters tonangebenden Werke ein frühes Ziel setzte. Wer weiß ob es für letzteres nicht ein Glück war, daß es Fragment geblieben ist, indem das Mißverhältniß zwischen der Realität des unbedeutenden Stoffs und dem Pomp der Behandlung wie dem Aufwand der Mittel später zu stark hätte hervortreten müssen. Die Dichtung welche Giuliano's Thaten besingen sollte, ist an dessen Bruder gerichtet. Die Widmungsstrophe verkündigt Lorenzo ohne Umschweife als Gebieter über Florenz:

„Du edler Lorbeer [1], unter dem auf Matten
Voll Blütenpracht Florenz im Frieden ruht,
Und Zeus im Zorn nicht fürchtet, noch ermatten
Die Kräfte fühlt bei droh'nder Stürme Wuth,
O nimm mich auf in deinen duft'gen Schatten,
Dem scheuen Wort gieb Kraft in deiner Hut;
So Grund wie Zweck bist du von meinem Streben,
In deinem würz'gen Hauch nur kann ich leben."

Angelo Poliziano fuhr fort lateinische Verse zu dichten. Seine Epigramme, Oden, Elegien, während sie für Kenntniß von Personen und Richtungen einer denkwürdigen Zeit von nicht geringem Werthe sind, sind zugleich Zeugnisse einer Vielseitigkeit und eines classischen Geistes, wie wir sie bei keinem seiner Zeitgenossen, selten bei einem der Neueren finden. Die Philologen des 15. Jahrhunderts schrieben mit

---

[1] Lauro, Lorenzo's poetischer Name, wie er bei allen Dichtern der Zeit vorkommt.

Leichtigkeit lateinische Poesien: der einzige Dichter unter ihnen ist Poliziano. Auch bei ihm sind Reminiscenzen und Nachahmungen aller Art häufig, was Keinen Wunder nehmen wird, der bedenkt wie dasselbe bei den spätrömischen Poeten der Fall ist, und wie zumtheil schon die Stoffe selbst dazu führten, selbst bei Dichtungen in der Vulgarisprache, z. B. in den Stanzen. Aber Polizian fühlt, denkt, schreibt wie ein Römer, wenn nicht wie ein Poet der Augustischen Aera, doch wie einer von jener des Statius, an den er auch dann erinnern würde, wenn er nicht gleich ihm Sylvae gedichtet hätte. Er ist classischer als mehr denn Einer derjenigen die den Reigen der Dichter des Alterthums beschließen.

Ueber ihn ist eine eigenthümliche Grazie ausgegossen, die mit staunenerregendem Reichthum und größter Mannchfaltigkeit vereint seinen Gedichten einen Reiz verleiht, welchen neulateinische Verse nicht oft haben, weil nicht oft eine lebendige Individualität in ihnen hervortritt. Schilderungen des heutigen Lebens oder moderner Localitäten, die sich gleichwie ihre Namen dem classischen Bereich zu entziehen scheinen, weiß er, dem Eindruck nach ohne Mühe aber eben darum mit vollendeter Kunst, den classischen Anstrich zu geben, unter dem alles Fremdartige verschwindet. Von Allem was er gedichtet, steht vielleicht am höchsten durch Anmuth und Natürlichkeit und ein Gemisch von Freude und Wehmuth die Elegie auf einen von geliebter Hand ihm gereichten Veilchenstrauß, eine Dichtung, im 16. Jahrhundert wie in dem unsern Gegenstand des Studiums erlesener Geister, die den reinen classischen Hauch dieser formschönen und gefühlvollen Verse in modernem Gewande festzuhalten suchten[1]). Polizian hat hier zur

---

[1] „In violas a Venere mea dono acceptas" in Prose volgari ec. S. 231, bei Carducci S. CVIII. Agnolo Firenzuola und Giulio Perticari haben, in sehr verschiedener Weise, diese Elegie übersetzt. — Vgl. oben S. 15.

Vergleichung mit Lorenzo de' Medici aufgefordert, der in zweien seiner lieblichsten Sonette denselben Gegenstand behandelt. Die Sylvae, Dichtungen seiner reiferen Jahre nämlich von 1482 bis 1486, sind namentlich Zeugnisse seiner Bedeutung, obgleich sie manchen seiner Epigramme und andern kleineren Stücke an augenblicklichen glücklichen Wendungen wie an Wärme der Empfindung nachstehn. Vier längere Gedichte in heroischem Versmaß, Prolusionen zu den philologischen Vorträgen an der florentiner Hochschule, zu deren Lehrern Polizian gehörte, welchem am 23. December 1485 der Erzbischof Rinaldo Orsini in seinem Palaste, in Gegenwart Piero's des Sohnes Lorenzo's feierlich die Würde eines Doctors des canonischen Rechts verlieh[1]). Das erste dieser Gedichte[2]), Manto, Name der thebanischen Wahrsagerin welchen die von ihrem Sohne gestiftete italienische Stadt annahm, handelt von Virgil, seinen Werken, seiner Stellung in der Literatur, seiner Bedeutung für alle Zeiten:

„Immer ertönt unvergängliches Lob des erhabenen Dichters,
Immer entrollt der gewaltige Strom unversiegbaren Quellen,
Immer entquillt der lebendige Born zu köstlichem Labsal,
Immer entzückt die farbige Pracht süßduftender Blüten."

Wie die erste der Sylven den Virgilischen Bucoliken zur Einleitung dienen sollte, so die zweite, Rusticus, den Georgiken und den Hesiodischen Werken und Tagen. Die dritte, Ambra, hat ihren Namen von dem Mediceischen Poggio a Cajano, aber der Name steht kaum in Beziehung zu der Dichtung, die nur am Schlusse der Localitäten erwähnt, während sie sonst der Charakteristik der aus den homerischen Gesängen zu schöpfenden Lehren wesentlich auf dem Boden pseudo-

---

1) Das Diplom (mit falschem Datum) aus dem florentinischen erzbischöflichen Archiv bei Bandini a. a. O. Bd. I. S. 188.
2) Prose volgari ec. S. 285—427.

herabolischer und pseudoplutarchischer Anschauungen gewidmet ist. Die letzte und längste der Sylven, mit dem seltsamen Titel Nutricia, Lohn der Nährmutter, schildert Ursprung, Zeitgang und Einfluß der Poesie und Poetik der classischen Zeiten, und geht zu dem Dichter der Göttlichen Comödie über, um am Schlusse das Lob Cosimo's de' Medici und seiner Nachkommen zu singen. Reichthum und Versatilität von Lorenzo's Talent sind vielleicht nie wahrer und glücklicher charakterisirt worden als in den Schlußversen dieses Gedichtes, und wenn das Lob Lebender und Mächtiger in solcher Fassung erscheint, darf man es getrost hinnehmen. Nachdem die Fülle der Leistungen auf dem Felde der Gefühlsdichtung, welchem der größere Theil von Lorenzo's älteren Poesien angehört, geschildert worden ist, heißt es von seinen übrigen dichterischen Erzeugnissen und von seinem ganzen geistigen Wesen:

„Nun mit attischem Salz und mit heiterm Spotte beschreibst du
Greise im Trinken beherzt, und dichtest die festlichen Chöre,
Welche zu Tanz und Gelag' erschallen von tönender Leier.
Hast du dich dann zu ländlicher Ruh' und Muse begeben,
Städtischen Sorgen entfloh'n und der Lust des bacchischen Taumels,
Schwingst du gern dich empor zu lichteren Räumen, zu kosten
Höchste der Güter, dem Mann die erhabenen Ziele des Daseins.
Was als drückende Last ja den Andern erscheinet und Arbeit,
Dir ist's Spiel, und hast du geschafft für das Wohl der Gesammtheit,
Wird der poetische Drang der Kraft, der erprobten, zum Labsal.
Glänzender Geist! Wie keiner beglückt in der wechselnden Gaben
Seltener Fülle, die dir so viel zu bewältigen leicht macht,
Stets mannigfaltigen Thuns zu walten in freudigem Kreislauf."

So schrieb Angelo Poliziano auf der Villa zu Fiesole im October 1486, indem er in den nachfolgenden Versen die kommende Zeit verkündete, seines Zöglings Piero künftige Größe, wenn dieser, der Jugend frohe Vorbedeutung erfüllend, einst in des Vaters Fußstapfen trete:

„Schon betrat er die Bahn. So sei, so bleibe sein Fortschritt!
Mög' er, der Größ're, zurück mich lassen in weiter Entfernung!
Werde der Beifall ihm, dem Zögling zutheil, dem geliebten:
Bleibt Er Sieger im Kampf, so bekränzt mich doppelter Lorbeer."

Ein gütiges Geschick hat den Dichter davor bewahrt,
Zeuge der Vernichtung seiner Hoffnungen zu sein, Hoffnungen
deren Erfüllung aber schon sehr in Frage gestellt war, als
er, vor der Zeit und doch zu rechter Zeit abberufen wurde.
Wer in der Geschichte dieser Tage bewandert, heute die freundlichen Höhen von Fiesole ersteigt, deren Aussehen durch neue
Bauten und Straßenanlagen geändert aber nicht umgewandelt
ist, denkt gerne der Zeit in welcher Angelo Poliziano hier in
dem Mediceischen Landhause weilte, das er in einem Briefe
an Marsilio Ficino geschildert hat[1]). „Belästigt die Sommer-
hitze dich in Careggi, so wird Fiesole's kühlere Luft dir wol
nicht unerfreulich sein. Zwischen den Abhängen des Hügels
haben wir Ueberfluß an Wasser, und während gemäßigte
Winde uns fortwährend erfrischen, setzt die Sonnenglut uns
wenig zu. Steigt man zur Villa heran, so scheint sie vom
Laube eingeschlossen; hat man sie erreicht, so erfreut man sich
weitester Aussicht nach der Stadt zu. Die Umgebung ist
zwar dichtbewohnt, doch finde ich hier die mir zusagende
Ruhe. Aber ich will dich mit anderer Verlockung versuchen.
Bisweilen über die Grenzen seiner eignen Anlagen hinaus-
wandernd, unterbricht Pico unerwartet meine Einsamkeit und
holt mich aus meinen schattigen Gründen zu seiner Abend-
mahlzeit. Du weißt wie es damit bestellt ist: kein Ueberfluß,
aber alles Gehörige und dazu die Würze seiner Unterhaltung.
Du aber sollst mein Gast sein: bei mir wirst du gleich guten
Tisch, vielleicht bessern Wein finden, denn in Bezug auf Wein
lasse ich mich selbst mit Pico in Wettstreit ein."

1) Epist. l. X. 14.

Die Sylvae sind drei Jünglingen des Mediceischen Kreises und einem außerhalb desselben Stehenden gewidmet. Lorenzo, der Sohn Pier Francesco's de' Medici, Enkel von Cosimo's Bruder, dessen Namen die Manto an der Stirne trägt, stand damals mit den Gliedern der ältern Linie seines Geschlechts in befreundeten Beziehungen, die sich nachmals änderten, ein Wechsel dessen Nachklang auch dann nicht vollständig schwand, als seine Nachkommen die Herrschaft über Florenz angetreten hatten, während die einzige von Cosimo's Linie übrig Gebliebene auf dem französischen Throne saß. Selbst dichterisch begabt und auch sonst kein unwürdiger Nebenbuhler seiner berühmteren Verwandten, war der jüngere Lorenzo mit Polizian befreundet, der ihm unter andern eine Schilderung der Villeggiatur zu Poggio a Caiano widmete. Den Rusticus bestimmte der Dichter für Jacopo Salviati, welchen Lorenzo zur Zeit als diese Verse entstanden, 1483, sich schon zum Eidam erkoren hatte, sodaß Polizian, der einst den unglücklichen Erzbischof von Pisa besungen und dann mit maßlosen Anklagen öffentlich beschimpft hatte, über die heikle Vergangenheit leichten Fußes hinwegging. Die Ambra wurde an Lorenzo Tornabuoni gesandt, Giovanni's Sohn und eine Zeitlang mit Piero de' Medici Zögling unseres Dichters, der seine geistigen Gaben und Kenntniß der classischen Literatur auch in einem seiner Briefe gerühmt hat. Ein treuer Anhänger der Verwandten im Glück wie im Unglück, das ihn noch schwerer traf als sie, indem er in der Savonarola'schen Zeit der Betheiligung an einer Verschwörung zu Gunsten der Verbannten angeklagt, als Opfer einer tumultuarischen Justiz erst zweiunddreißig Jahre alt mit Niccolò Ridolfi, Vater von Lorenzo's de' Medici Schwiegersohn, im J. 1497 auf dem Blutgerüst endigte. Die letzte dieser Dichtungen, die Nutricia widmete der Autor im J. 1491, somit mehre Jahre nach ihrer

Entstehung, dem Cardinal von Sant' Anastasia, Antonio Pallavicino Gentile von Genua, unter Innocenz VIII. und Alexander VI. in Staatsgeschäften einflußreich und in mancherlei Beziehungen zu Literatur und Literaten, wie denn Polizian die beim Papste ihm zutheil gewordene Förderung am Schlusse der Widmung dankbar anerkennt.

Wie gesagt sind die Sylvae Prolegomena zu literarischen Vorträgen. Aber auch zu einem Cyclus anderer Art, zu Vorlesungen über Aristotelische Philosophie, im J. 1483 in Florenz gehalten, hat Polizian eine Einleitung verfaßt, eine prosaische und wol die seltsamste die je an einer Hochschule vernommen worden ist[1]). Der Titel: Lamia (die Hexe) klingt schon wunderlich, und man würde einen Scherz vermuthen, fände sich nicht im weitern Verlaufe Ernst. Charakteristisch ist der Eingang dieser vor Studenten gehaltenen Rede jedenfalls. „Habt ihr jemals von Hexen reden gehört? Als ich ein kleiner Junge war, erzählte mir die Großmutter von Hexen die im nahen Walde die unartigen Kinder auffräßen. Denkt euch, welches Schreckbild damals eine Hexe für mich war. In der Nähe meiner kleinen Villa zu Fiesole verbirgt sich ein Bächlein, Fonte Lucente genannt, im Schatten des Hügelabhanges, und die dort Wasser schöpfenden Frauen des Ortes erzählen, es sei ein Sammelplatz für Hexen. Was ist

---

[1]) Praelectio in Priora Aristotelis analytica cui titulus Lamia. La Strega prolezione alle Priora d'Aristotile nello studio Florentino l'anno 1483 per Aug. Ambr. Poliziano volgar. da Isidoro del Lungo. Flor. 1864. Die nächste Umgebung Fiesole's, wo Polizian so ganz zu Hause war, erinnert auch heute an die Hexen-Traditionen des Mittelalters. Die unterirdischen Kammern des leider arg zerstörten römischen Theaters am Nordabhang des Hügels heißen beim Volke die Hexengrotten, Buche delle Fate, nicht ferne von der mit stets kühlem Wasser gefüllten Steingrube, der Fonte sotterra, am östlichen Abhang, und den Kalomien, welche Brunellesco zum Behufe seiner mächtigen Bauten eröffnete. (Fr. Inghirami, Memorie storiche per servire di guida all' osservatore in Fiesole. Fiesole 1839. S. 60 ff.).

denn aber eine Hexe? Plutarch von Chäronea, so ernst wie gelehrt, berichtet die Hexen hätten künstliche Augen, nach Belieben zum Einsetzen und Herausnehmen, wie schwachsichtige Alte mit den Brillen thun, die sie ins Nasenbein einkneifen wenn sie etwas scharf ansehen wollen, und dann wieder ins Futteral stecken, oder andere Leute mit ihren falschen Zähnen, die sie beim Schlafengehn mit den Kleidern ablegen, nicht zu reden von euren Ehehälften, ihr Verheirateten, mit ihren erhandelten Haarflechten und Locken. Will die Hexe Instwandeln, so setzt sie die Augen ein und wandert durch Straßen und Gäßchen, über Plätze und Märkte, durch Kirchen und Amtsstuben, Kneipen und Bäder, schaut Alles an, beschnüffelt Alles, belastet Alles, der Mensch mag machen was er will. Es sind Eulen- und Kundschafteraugen, gleich denen der alten Magd beim Plautus. Sie findet selbst ein Sandkorn heraus und vertieft sich in die engste Ritze. Heimgekehrt, nimmt sie flugs auf der Schwelle die Augen heraus und steckt sie in die Tasche. Draußen luchsäugig, ist sie zu Hause blind. Ihr fragt wol was sie dann treibt? Sie sitzt beim Garnspinnen und trällert von Zeit zu Zeit ein Liedchen. Habt ihr Florentiner niemals solche Hexen gekannt, die von den eignen Dingen nichts wissen, während sie mit fremden stets zu schaffen haben? Nein? Und doch giebt's deren in den Städten manche, auch hier in der eurigen. Aber sie spazieren verkleidet — ihr haltet sie für Menschen, es sind Hexen. Es traf sich einmal, daß einige derselben, die mich zufällig vorübergehn sahen, stehn blieben und, als wenn sie mich kennten, mich neugierig anschauten wie Kauflustige zu thun pflegen, und mit verzerrter Gebehrde einander zuraunten: das ist der Polizian — er selber ist's, der Bänkelsänger der sich plötzlich als Philosoph entpuppt. Darauf entfernten sie sich rasch, gleich Wespen mit gesenktem Stachel. Was sie mit

der Rede meinten, ist mir unklar, ob ihnen überhaupt mis-
fällt wenn Einer ein Philosoph ist, was ich jedoch nicht bin,
oder aber daß ich mir den Philosophen zu spielen anmaße,
ohne das Zeug dazu zu haben. Lasset uns nun sehen, erstens
was es für ein Thier ist, das die Menschen Philosoph nennen.
Da werdet ihr bald merken, daß ich nicht zu der Gattung
gehöre. Dies sage ich nicht, weil ich glaube daß ihr es
glaubet, sondern damit es niemandem einfalle es zu glauben.
Auch nicht weil ich mich des Namens schämen würde, falls
dem Namen die That entspräche, sondern weil ich mich gerne
mir nicht gebührender Titel enthalte:

Damit die Kräh' uns nicht zum Hohngelächter stimmt,
Wenn ihr der Vögel Schaar die fremden Federn nimmt.

Dies also ist der erste Punkt. Der zweite aber: ob der
Philosophenstand vom Uebel ist. Nachdem ich das Gegentheil
bewiesen, werde ich euch von mir und dem Gegenstand meiner
Vorträge kurz berichten." Und nach dieser Einleitung folgt
die Andeutung des Ganges der griechischen, die Erläuterung
der Aufgabe der neuern Philosophie!

Der Mann, der die Poesie, so die der lebenden Sprache
wie jene des Idioms aus welchem diese erwachsen war, zu
solcher Höhe hob, stand mitten in der Volksdichtung, auch
darin dem Gönner und Freunde die Hand reichend, der
Sprache und Literatur „von falschem Regelzwange zu Wahrheit und Natur" zurückzuführen bemüht war. Beide fanden,
worauf schon hingedeutet ward, das Volkslied in der eigenthümlichen Form vor, die es bis zu unsern Tagen bewahrt
hat, in Form und Ton gänzlich verschieden von den Liedern
anderer Länder. In den Rispetti ist die Octave in freier
Behandlung vorherrschend, wie Boccaccio's Zeit sie für die
epische Poesie verwendete. Auch wo das Gefühl überwiegt,
sind sie epigrammatisch zugespitzt und mit häufigen Antithesen

die zu oft den Eindruck von Künstelei hervorbringen, mit Reminiscenzen der antiken Welt namentlich in Süd-Toscana und im Römischen. Sie erzählen nicht, noch entwickeln sie einen Gemüthszustand, schildern aber lebendig augenblicklichen Affect. Ohne wie Lorenzo de' Medici und Pulci eine ganze Historie aus solchen Liederchen zusammenzusetzen, hat Polizian zur Schilderung von Freud' und Leid, von erhörter namentlich aber von verschmähter Liebe Rispetti aneinandergereiht, selbst dialogisch, häufig mit an Improvisation mahnender natürlicher leichter Haltung, im Ausdruck zarter, in der Diction gelenker als Beide, bei denen nicht selten der Spott über das eigene Werk durchschimmert. Andere Liederchen derselben Art, aber ohne innern Zusammenhang, zeugen von einer Mannigfaltigkeit die nicht überraschen darf, wenn man in Anschlag bringt, daß es sich hier nicht um Künstliches und Gemachtes handelt, daß im Mediceischen Kreise diese flüchtigen Poesien in der Geselligkeit der Villa und des Gartens erwuchsen, bei abendlichen Spaziergängen, oder, wie die Tanzlieder (Ballate) deren es von Polizian eine Menge giebt, auf öffentlichen Plätzen mit Instrumentalbegleitung gesungen wurden, kurz zum Leben des Volkes gehörten, welches die Vorbilder zu dem gegeben hatte, was die vornehmere Dichterwelt ihm hier verfeinert, nicht immer ohne Nebenabsicht, darbot.

Wunderbare Vielseitigkeit des Geistes und der Richtungen, wenn man in Anschlag bringt, wie ernsten Arbeiten der, welcher sich in diesen poetischen Wäldern erging, im Gebiete der classischen Philologie sich unterzog, wie er unter den Ersten die wahren Grundsätze der Textkritik zur Geltung brachte, wie er auf P. Innocenz' VIII. Wunsch Herodians römische Geschichte ins Lateinische übertrug[1]), und seinen mit

---
1) Die Uebertragung erschien in Rom 1493. Widmung an den Papst und dessen Breve im 8. Buch der Epistolae. Das Gedicht „Herodianus a laudem traductoris sui" in: Prose volgari ec. S. 264.

dem Griechischen nicht vertrauten Landsleuten die Schriften des Hippokrates und Galenus zugänglich machte, wobei er für die Correctheit des Wiedergebens der medicinischen Ausdrücke den Beistand des gelehrten Arztes Piero Leoni in Anspruch nahm, der damals in Padua las [1]). Der talentvollste Dichter des 15. Jahrhunderts ist zugleich derjenige unter den Philologen gewesen, der, wenn er umfassende Kenntniß des Alterthums mit Einigen theilt, den Geist desselben am selbständigsten und eigenthümlichsten repräsentirt. Daß er, der den classischen Dichtern nachstrebte, mit den classischen Epistolographen zu wetteifern unternahm, entsprach der Sitte und Liebhaberei die von Petrarca an auf Staatsmänner und Gelehrte eingewirkt hatte und uns eine Menge brieflicher Zeugnisse verschafft hat, deren Werth für die Kenntniß der Zeit nicht gering anzuschlagen ist, entspricht er auch nicht immer den durch den Namen geweckten Erwartungen. Gleich Ficino u. A. sammelte und ordnete auch Polizian seine lateinischen Briefe, die er, Piero de' Medici gewidmet, durch den Druck bekannt machen wollte, woran der Tod ihn hinderte [2]). Von größerm Interesse, als manche dieser, theilweise doch sehr inhaltreichen Briefe sind für uns die vertrauten in der Vulgarsprache geschriebenen, bei denen er nicht an die Oeffentlichkeit dachte. Auch dieser geistvolle Mann zeigte sich nicht frei von der Unsitte der Gelehrten des 15. Jahrhunderts, der Sprachmengerei, welche lateinische Phrasen mit italienischen abwechseln ließ ohne daß der Stoff dazu den geringsten Anlaß geboten hätte.

---

1) Brief an Lorenzo de' Medici, Florenz 5. Juni 1490, ebdl. S. 76.
2) An Piero de' Medici, Florenz 23. Mai 1494, ebdl. S. 84.

— — —

IV.

Polizian im Mediceischen Hause. Scala und Rucellai.

Von vielen seiner Zeitgenossen ist Lorenzo de' Medici besungen und angesungen worden, namentlich in lateinischen Versen, welchen die Complimentirkunst des 15. und 16. Jahrhunderts den Vorzug gab, weil sie für würdevoller galten, auch nachdem der große Aufschwung der italienischen Poesie deren Recht gesichert hatte. Die auf diese Zeit gelenkte Aufmerksamkeit des größern Publicums hat manche solcher poetischen Producte der Vergessenheit entziehen lassen, welcher sie alsbald wieder versinken, wenn sie zur historischen Kenntniß der Epoche nichts beitragen und ihr literarischer Werth nur in einem Formtalent besteht, das von der Mehrzahl der Latinisten des folgenden Jahrhunderts übertroffen worden ist. Zum Glück ist Polizian der eigentliche Mediceische Hofpoet gewesen. Viele seiner Sinngedichte sind an Lorenzo gerichtet, und die Eleganz der Form wie jene Wärme des Gefühls, die aus Allem, Versen wie Prosa, was er an oder über diesen Gönner und Freund geschrieben, uns anspricht, müssen über den Eindruck des Clientenwesens hinweghelfen, der sonst von dieser Gattung Poesie unzertrennlich ist. Neben dem Preis seiner Klugheit und Vorsicht, seiner Worte und Thaten, neben den Wünschen nestorischen Alters wie er schon historische Weisheit besitze, neben dem Dank für gewährte Gunst, neben Anerbietungen von Diensten finden wir Verse auf einen raschen Renner, auf einen spanischen Jagdhund, auf einen für abgestorben gehaltenen aber wiedererblühten Baum vor dem Mediceischen Hause, auf den Brunnen von Ambra. Als Giuliano noch lebte, hatte er dessen Eintracht mit dem ältern Bruder gepriesen; Castor und Pollux, Agamemnon und Menelaos waren sie ihm erschienen. In Giuliano's Namen hatte er ein anmuthiges längeres Liebeslied geschrieben. Er gehörte ganz dem Mediceischen Hause an. Er stand in jungen Jahren, als Lorenzo ihm die Erziehung seines Sohnes Piero anvertraute, welcher noch nicht achtjährig war, als eine Störung eintrat, die dem Dichter-Pädagogen manchen unerfreulichen Moment bereitet hat.

Als im Sommer 1478 Krieg und Seuche den Aufenthalt in Florenz verleideten, sahen wir Lorenzo Frau und Kinder nach Pistoja senden, wo sie im Hause Andrea Panciatichi's, des den Medici geneigten Hauptes der vielvermögenden Familie gastfreundliche Aufnahme fanden. Angelo Poliziano, andere Lehrer, ein Arzt begleiteten sie. Der erst siebenjährige Piero empfing hier mit seinem Großohm Giovanni Tornabuoni Ercole von Este der zur Uebernahme des Commandos nach Florenz ging. Im October vertauschten sie Pistoja mit der Villa von Fiesole, wo die Söhne Niccolò Orsini's Grafen von Pitigliano den Familienkreis vergrößerten. Hier begann Mishelligkeit zwischen Mutter und Hofmeister. Clarice war eine gute und sorgsame Mutter. Giovanni, noch nicht dreijährig, hatte bald nach seiner Geburt zu Besorgnissen Anlaß gegeben und ihr wie der Großmutter viel Mühe gemacht, wie er denn nie rechte Gesundheit genossen hat. Inbetreff des damals erst einige Monate zählenden Giuliano, der immer zarter Constitution blieb, schrieb sie später an ihren Gatten:

„ich werde Sorge für ihn tragen, wie es sich für eine Mutter ziemt, bitte aber auch euch, für die Kinder wie für mich euch zu erhalten." Polizians Erziehung befriedigte sie nicht. Nicht daß sie überhaupt wider ihn eingenommen gewesen wäre: von dem einst zwischen ihnen bestandenen guten Verhältniß zeugen die Briefe, die er bei verschiedenen Anlässen, wenn er mit Lorenzo von Florenz abwesend war, an sie richtete[1]. Er verwandte auf seinen jungen Zögling, dessen Schreiben und Stilproben er dem Vater sandte, große Sorgfalt. „An meiner Aufmerksamkeit und Treue, schrieb er am 20. September von Pistoja aus an Lorenzo, soll es nicht fehlen. Ich weiß was ich Eurer Magnificenz schulde, und empfinde für Piero und eure andern Kinder eine Zuneigung, welche der des Vaters nichts nachgiebt. Ereignet sich gelegentlich etwas Unerfreuliches, so werde ich mich es zu ertragen bemühen, aus Liebe zu euch dem ich Alles danke." Diese Worte deuten bereits auf ein beginnendes Zerwürfniß. Vier Wochen vorher hatte er geschrieben: „Ich beschäftige mich mit Piero und ermuntere ihn zum Schreiben, und ich glaube in wenigen Tagen werdet ihr einen Brief erhalten der euch in Staunen versetzen wird. Wir haben hier einen Lehrer, der in vierzehn Tagen im Schreiben unterrichtet, sodaß es ein Wunder scheint. Die Kinder unterhalten sich mehr als gewöhnlich und sind recht aufgeblüht. Piero kommt nie von meiner Seite. Ich möchte euch in größeren Dingen zu Diensten sein; da dies jedoch meine Aufgabe ist, erfülle ich sie mit Freuden. Ich bitte euch aber entweder brieflich oder durch einen Boten Sorge zu tragen, daß meine Autorität nicht

---

[1] Polizians Briefe an Madonna Clarice (vgl. Bd. II. Buch VI. Kap. 3) finden sich bei del Lungo, Prose volgari S. 45 ff., wo auch dessen Schreiben aus Pistoja, Cafaggiuolo, Careggi, Fiesole an Lorenzo und dessen Mutter, die zumtheil schon von Fabroni gedruckt waren.

geschmälert werde, damit ich den Knaben leichter leiten und
die mir obliegende Pflicht erfüllen kann. Verfahret hierin
jedoch ganz nach eurem Belieben. Wie es da immer kommen
mag, ich werde es mit Gleichmuth ertragen." Und am näm-
lichen Tage: „Wir verhalten uns so gut wie möglich, aber
ohne Stöße geht's für mich nicht ab." Daß er unzufrieden
war und sich langweilte und gerne in Lorenzo's Nähe gewesen
wäre, geht aus allen seinen Briefen an diesen und an
Madonna Lucrezia hervor.

Das Uebel zu mehren, trat die Villegiatur in Cafaggiuolo
hinzu, wohin Clarice sich im November begab. Ein schon
durch Lage und Klima melancholischer Winteraufenthalt, wo
Einsamkeit und schlechtes Wetter den reizbaren Mann zwiefach
verstimmt zu haben scheinen, umsomehr als Lorenzo's alter
Lehrer Gentile Becchi, der das Landhaus mit der Familie
bewohnte, infolge der traurigen Zeitverhältnisse, die gerade
ihm, dem maßlosen Ankläger des Papstes, schwer auf der
Seele lasten mochten, sehr ungesellig geworden war. Gentile
hatte die Ereignisse des Frühlings tief empfunden und war
durch Giuliano's Tod in die trübste Stimmung versetzt worden.
Polizian hatte ihm durch eine an ihn gerichtete Ode Muth zu
machen gesucht, eine Ode welche dadurch historische Bedeutung
erlangt hat, daß sie von den Hoffnungen Zeugniß giebt, welche
die Anhänger der Medici, und mit ihnen wol die Mehrheit
des florentinischen Volks zu Anfang des Kampfes im Hinblick
auf die erwartete fremde Hülfe hegten, Hoffnungen die dann
allerdings nur spärlich in Erfüllung gingen¹).

- - - - -

1. Ad Gentilem episcopum. „Gentiles animi maxima pars
mei" in den Prose volgari etc. S. 239. Polizian sandte die Ode
nachmals auch an Lorenzo.

„Freund du, dem mich vereint dauernder Neigung Band,
Wie doch führst das Geschick irdischen Daseins den
Trüb' und trüber im Sinn stets zu beklagen fort,
  Mir wie dir zu erneutem Leid?

Ja, uns wurde geraubt was unersetzbar ist,
Ja, uns faßte der Schmerz, grimm, als im Heiligthum
Jüngst wir sah'n wie der Stahl schnödesten Hochverraths
  Ihn, den herrlichen Jüngling traf.

Trost doch ward uns zutheil, heilend die wunde Brust,
Denn uns blieb unversehrt, den du geleitet einst
Treu und fest an der Hand, den Fiorenza ehrt,
  Laurens, ihrer Geschicke Hort.

Laurens, den des Olymp ewiger Herrscher wahrt,
Ihm das Haupt mit dem Schild deckend, dem schrecklichen,
Den der tuscische Leu, jener Venedigs auch,
  Mailands Drache mit Beiden schützt

Ihm stellt Hercules sich drehend zur Rechten auf,
Rings abwehrend den Feind ihm mit dem Pfeilgeschoß;
Ihm schickt Reiter bewehrt Galliens großes Reich,
  Glücklich ruh'nd in des Königs Hut.

Ihn umgiebt das Gedräng jauchzenden Volkes hier,
Ihn umringen im Kreis Väter im Purpurkleid;
Recht und Kraft in dem Kampf, den wir gesucht nicht,
  Stehn zur Seit' uns mit Jovis Gunst.

Drum was soll uns die Trau'r, da wo das Leben heischt
Daß wir muthig und treu seyen das Höchste ein?
Laß die Freude an dem, was uns gerettet ist,
  Dir verscheuchen des Herzens Leid.

Denn nicht rufet der Schmerz um das Verlorene
Lebenshauch in die Brust, welche der Athem floh;
Klaglaut wecket nicht auf, was da der kalte Tod
  In sein Reich, in das düstre zog."

Die Dichtung scheint geringe Wirkung hervorgebracht zu haben, und der Dichter selbst wurde von der Melancholie angesteckt. „Die Neuigkeiten, schreibt Polizian am 18. November an Madonna Lucrezia, die wir euch von hier melden können, sind, daß es so heftig und unaufhörlich regnet, daß es eine Unmöglichkeit ist das Haus zu verlassen, und wir die Jagd in Ballspiel verwandelt haben, damit die Kinder in Bewegung bleiben. Ich sitze neben dem Kamin in Pantoffeln und Schlafrock, und wenn ihr mich sähet, würdet ihr mich für den leibhaftigen Trübsinn halten, denn so komme ich mir selber vor. Ich thue, sehe, höre nichts was mich erheitert, so haben unsere Unglücksfälle mir zugesetzt! Schlafend wie wachend, geht mir nichts im Kopf herum als diese Vorstellungen. Vorgestern waren wir Alle in freudiger Bewegung, weil wir vernahmen die Krankheit habe aufgehört. Jetzt sind wir wieder herunter, da es heißt es schleiche immer noch etwas umher. Wenn wir in der Stadt sind, haben wir doch einige Erheiterung, wär es auch nur Lorenzo wohlbehalten heimkehren zu sehen. Hier beunruhigt uns Alles, und ich versichere euch, daß ich in Trübsinn untergehe, so lastet die Einsamkeit. Monsignore (Becchi) schließt sich in seiner Kammer ein, nur von seinen Gedanken begleitet, und ich finde ihn so sorgenvoll und niedergeschlagen, daß seine Gesellschaft nur meinen eignen Kummer steigert. Ser Alberto del Malerba (ein im Mediceischen Hause befindlicher Priester) sagt den ganzen Tag über mit den Kindern das Officium her. Bin ich nun müde vom Studium, so jagt meine Phantasie unter Pest und Krieg, Schmerz um die Vergangenheit, Besorgniß für die Zukunft umher. Ich habe niemanden, meine Gedanken an den Mann zu bringen und sterbe vor Langeweile. Hier finde ich meine Madonna Lucrezia nicht, gegen die ich mich über die Dinge auslassen kann."

Endlich kam's zum offnen Bruch. Am 6. Mai 1479 schrieb Polizian von Careggi aus an Lorenzo: „Ich bin hier zu Careggi, nachdem ich auf Madonna Clarice's Befehl Cafaggiuolo verlassen habe. Ueber Grund und Umstände meines Fortgehens wünsche ich, ja bitte ich dringend euch mündlich berichten zu dürfen, denn es ist eine weitläufige Sache. Ich glaube daß ihr, nachdem ihr mich angehört, finden werdet daß nicht alles Unrecht auf meiner Seite ist. Um des Auflaubs willen und um nicht ohne euer Geheiß nach Florenz zu kommen, bin ich hier und warte, bis Eure Magnificenz mich bedeutet was ich zu thun habe. Denn euer bin ich wenn selbst die Welt sich umdreht, und wenn in eurem Dienste das Glück mir nicht lächelt, so hindert dies nicht, daß ich mich diesem Dienst stets mit Treue gewidmet habe. Ich empfehle mich E. M., der ich ganz zu Befehl bin." Was Madonna Clarice zu der Gewaltmaßregel bewog ist klar. Gegen den Gelehrten konnte sie nichts einwenden, der Mensch aber flößte ihr wol nicht großes Vertrauen ein, wenn es gleich ferne liegt hier an die nachmals über Polizians moralische Haltung verbreiteten schlimmen Gerüchte zu denken, Gerüchte in denen man die Zeit erkennt, die sich immer noch in ehrenrührigsten und schmutzigsten Beschuldigungen gefiel. Die Literaten waren so voll übertriebenen Selbstgefühls und ihrer Zunge wie ihrer Feder so wenig mächtig, daß Lorenzo's Gemalin sich wahrscheinlich in ihrem Rechte befand. Sie wollte die Erziehung beaufsichtigen, der Erzieher wollte es nicht dulden. „Was Giovanni betrifft, hatte er am 6. April von Cafaggiuolo aus an Lorenzo geschrieben, indem er diesem einen von Piero entworfenen Brief übersandte, so läßt seine Mutter ihn im Psalter lesen was ich durchaus nicht billigen kann. Wenn sie sich nicht mit ihm zu schaffen macht, sind seine Fortschritte überraschend, so daß er ohne fremde Hülfe liest." Der Psalter einem dreijährigen Kinde zur Leseübung in die Hand gegeben, ist allerdings eine seltsame Erscheinung. Wenn es jedoch, wie man annehmen muß, die von Marsilio Ficino für Clarice angefertigte Uebertragung war, so konnte der Humanist des 15. Jahrhunderts nicht denselben Einwand machen, wie im folgenden ein anderer Humanist der den Cardinalspurpur erhielt, Pietro Bembo, gegen die Lectüre der Episteln des Apostels Paulus: sie verderbe den Stil.

Lorenzo be' Medici war gerade damals von der Krisis der öffentlichen Dinge so in Anspruch genommen, daß diese häuslichen Streitigkeiten ihm doppelt lästig sein mochten. Vorderhand dachte er nicht daran, den vor die Thüre gesetzten Pädagogen in sein Amt wiedereinzuführen. Er wies ihm die fiesolanische Villa an, wo dieser lateinische Verse dichtete, Lorenzo und die ihm gewährte Muße wie die anmuthige Aussicht auf die Musenstadt und den durch die Ebne sich schlängelnden Arno feierte[1], augenscheinlich jedoch seiner Zunge keinen Zügel anlegte. „Es wäre mir lieb, schrieb Madonna Clarice von Casaggiuolo am 28. Mai an ihren Gatten[2], nachdem sie ihn liebevoll ermahnt inmitten der fortdauernden Seuche für seine Gesundheit Sorge zu tragen, nicht, wie Luigi Pulci durch Matteo Franco's Verse, zur Fabel zu werden. Auch wünschte ich daß Messer Angelo sich nicht rühmen könnte, er bleibe mir zum Trotz im Hause, und ihr hättet ihm zu Fiesole eure Wohnung angewiesen. Ihr wisset,

---

[1] Die anmuthige Schilderung der Aussicht von Fiesole auf Florenz und seine Umgebung („Talia Faesuleo lentus meditabar in antro Rure suburbano Medicum", steht zwar am Schlusse des Gedichts Rusticus, welches das Datum 1483 trägt, mag jedoch, was die Entstehung betrifft, schon zu der obenberührten Zeit in Beziehung stehen.

[2] Fabroni a. a. O. Bd. II. S. 288.

daß ich euch sagte, wäre es euer Wille daß er bleibe, so sei ich's zufrieden, und obgleich ich seine Grobheiten habe hinnehmen müssen, würde ich's in Geduld ertragen falls es euer Entschluß wäre, aber ich könne es nicht glauben." Claricens Vorstellungen müssen doch auf Lorenzo Eindruck gemacht haben. Obgleich Polizian ihn wiederholt sah, blieb er vom Hause ausgeschlossen. Immer wieder und aufs dringendste empfahl er seine Interessen Madonna Lucrezia, welcher er seine bedrängte Lage vorstellte, falls die auf Piero gesetzten Hoffnungen zu Wasser würden [1]). Er bat sie, Lorenzo's Absichten inbetreff seiner zu ergründen zu suchen. Der Hofmeister der Söhne Giovanni Tornabuoni's, Martino della Comedia gab einstweilen auch Piero Unterricht, ebenso Bernardo Michelozzi des Architekten Sohn, der eigentliche Erzieher Giovanni's und nachmaliger Bischof von Forli. Deutlich erkennt man Polizians Ungeduld und Aerger. „Es würde mich sehr wundern, schrieb er, wenn man Piero seine Zeit verlieren ließe, und es wäre wahrhaft schade. Ich vernehme, daß Messer Bernardo da ist, aber ich sehe nicht recht ein, wie er an meinem Gewebe fortspinnen soll, falls er nicht etwa dauernd bleibt. Dann freilich wäre es gut, daß die Bombe geplatzt ist. Ich glaube es jedoch nicht und bitte auch deshalb Lorenzo's Absicht zu erkunden, um zu beurtheilen ob ich Turnier- oder Kampfrüstung anlegen soll. Ich werde mich stets nach Lorenzo's Befehl und Willen richten, denn ich bin gewiß, daß er tiefer in die Dinge blickt als ich, und daß er meine Ehre wahren wird, wie er immer gethan und worauf meine treuen Dienste mir Anspruch geben werden."

---

[1]) Fiesole 21. Mai, 18. Juli 1479, in den Prose volgari ec. S. 71 –74. Mehre lateinische Sinngedichte an Lorenzo (ebdf. S. 120, 124) sind aus dieser Zeit.

Wann die Versöhnung zustande kam, ist aus Polizians Briefen, die uns für mehre Jahre fehlen, nicht ersichtlich. Die an Lorenzo bei dessen Rückkehr aus Neapel gerichteten Verse zeigen, daß er damals noch nicht wieder im Hause war[1]). Ein Jahr später, nämlich 1481, war Piero jedoch seiner Leitung aufs neue anvertraut, denn aus diesem Jahre sind die lateinischen Dictate für denselben[2]), welche der Belagerung Otranto's durch den Herzog von Calabrien erwähnen. Vergebens sucht man in diesen Uebersetzungsthemalen, die bald von gleichzeitigen Begebenheiten reden, bald auf diesen oder jenen Vorfall des täglichen Lebens anspielen, nach wirklich gesunder Nahrung für einen Jüngling. In ihrem Mangel an Zusammenhang und rechtem Ernst sind sie kein glänzendes Zeugniß der Pädagogik des geistvollen Mannes. Jedenfalls hat Piero neben Polizian andere Lehrer gehabt. Zu diesen zählte der Theologe Giorgio Benigno, in dessen Wissen und Haltung Lorenzo, der seinen Vorträgen wiederholt beiwohnte, großes Vertrauen setzte und dem er nachmals die Vertheidigungsschrift Pico's von Mirandola zur Beurtheilung zustellte. Es ist derselbe, welcher sich viele Jahre später in Reuchlins Streit mit seinen Verletzerern so entschieden auf dessen Seite stellte. Auch Giovanni von Prato später Bischof von Aquila, und Antonio Barberini welcher in Florenz Theologie lehrte, wurden herangezogen[3]). Als Piero in den J. 1484 und 1488 nach Rom ging, das erstemal zur Bewillkommnung P. Innocenz' VIII., das anderemal seiner Vermälung wegen, war Polizian unter dessen Begleitern und er hat bis an sein Ende zu dem engsten

---

1) Prose volgari ec. S. 127. „O ego quam cupio reducis contingere dextram".
2) Latini dettati a Piero de' Medici 1481, ebdf. S. 17—41.
3) Fabroni a. a. O. Bd. II. S. 289.

Mediceischen Kreise gehört. Priester ist er nie gewesen, obgleich er ein Paar geistliche Benefizien hatte.

Daß die Wahl eines Mannes von so ungewöhnlicher geistiger Begabung zum Erzieher, in einer Zeit in welcher vor der classischen Cultur alles Uebrige zurückstehn zu müssen schien, viele Lobredner fand, ist begreiflich, und Christoforo Landino's Worte in der an Piero be' Medici gerichteten Widmung von Virgils Werken stehn nicht vereinzelt. Es fehlte Piero weder an Verstand noch an Lust zum Lernen, und der Unterricht scheint bei ihm nicht verloren gewesen zu sein, soferne es auf jene elegante Bildung ankam, die schon die tüchtigere der ältern Zeit zu verdrängen begann, immer aber noch ein dauerhaftes Fundament hatte. Die wahre und nöthigste Grundlage aber, die einer ernsten sittlichen Weltanschauung, konnte Angelo Poliziano seinem Zögling nicht geben, weil sie ihm selber fehlte. Der Vater freute sich der Fortschritte des Sohnes, die durch die großartige wissenschaftliche, künstlerische, gesellige Bewegung, welcher das Mediceische Haus zum Mittelpunkt diente, gefördert wurde, indem Piero gleich seinem Vater frühe ins Leben trat und für die ihm gewissermaßen erblich bestimmte Stellung vorbereitet ward. Interesse für wissenschaftliche Dinge hat er jederzeit an den Tag gelegt. Auf seinen Wunsch hat sein Lehrer die schon erwähnte Briefsammlung veranstaltet, deren Druck freilich erst nach dessen Tode wie nach seiner Verbannung erfolgte, eine Briefsammlung die das Loos ihrer meisten Schwestern getheilt hat, manches zu enthalten was zur Ehre des Schreibers besser ungedruckt geblieben wäre. Die Nachwelt aber hat Polizians Urtheil über seinen Zögling, das Urtheil eines Höflings, nicht bestätigt. In ihm, so schrieb er an Pico von Mirandola[1],

---

1) Epist. XII. 7.

lebt des Vaters Geist wieder auf, des Großvaters Tugend, des Urgroßvaters Humanität, aller Ahnen Redlichkeit, Frömmigkeit, Großmuth, Hochsinn.

Wenn Lorenzo be' Medici im eigenen Hause die Eintracht zwischen seiner Gemalin und einem literarischen Freunde so wenig aufrecht zu erhalten vermochte, so vermochte er es noch weniger zwischen Letzterm und einem andern Mitgliebe seines vertrauten Kreises. Gleich Polizian gehörte zu diesem ein Mann, dessen literarische Verdienste nicht von der Art sind, ihn in die Reihe Derer zu stellen welche diesem Zeitalter Berühmtheit verleihen, und der doch zu höherer und festerer Stellung als die meisten von diesen gelangte, weil er sich als gefügiges und brauchbares Werkzeug erwies. Bartolommeo Scala¹), um das J. 1430 zu Colle im Elsathal geboren, hat in einem Briefe an Polizian selber seine Herkunft und den Ursprung seines Glücks geschildert, und er ist jedenfalls darin zu loben, daß er offen aussprach was freilich Alle wußten. „Von allen irdischen Gütern entblößt, arm und von Eltern niedrigsten Standes geboren, kam ich hieher, ohne Mittel, ohne Ansprüche, ohne Beschützer, ohne Verwandte. Cosimo der Vater unsers Vaterlandes nahm mich auf, und im Dienste seiner Familie kam ich empor²)." Sein Vater war ein Müller, und die ersten von dem Jüngling in Florenz verlebten Jahre verflossen in bitterm Mangel, wie man aus den Briefen Cardinal Ammannati's weiß, der sich hier in nicht glänzenderen Verhältnissen befand. Wie bei andern Schützlingen, vererbte sich Cosimo's Gunst auf dessen Nachkommen. Nur

---

1) D. M. Manni, Bartholomaei Scalae Collensis vita, Florenz 1768. Scala's florentinische Geschichte, jetzt völlig vergessen, erschien Rom 1677. Die Laurentiana enthält von ihm eine handschriftliche, Lorenzo be' Medici gewidmete Sammlung Briefe, Gedichte u. a. an und über Cosimo den Alten. (Vgl. Moreni Bibliografia Bd. II. S. 321).

2) Ang. Polit. Epist. XII. 17.

dieser Gunst ist es beizumessen, daß nach Benedetto Accolti's
Tode Scala das Kanzleramt erhielt[1]). Obgleich keineswegs
ohne Bildung und Geschäftsübung, stand Scala seinen Vorgängern, die seit Coluccio Salutati's Tagen dem Kanzleramte
so hellen Glanz verliehen hatten, und unter ihnen auch dem
nach, dessen Platz er einnahm. Denn Benedetto Accolti, der
im rüstigen Mannesalter starb, machte dem Namen welchen
seine Familie sich bereits auf dem Felde der Wissenschaft erworben hatte, wie der Stadt Arezzo welche nun bereits den
dritten Kanzler lieferte, alle Ehre, und verband gründliche
Kenntniß des Rechtes mit ungewöhnlicher Eleganz der Darstellung, während seine Beredsamkeit und sein treffliches Gedächtniß ihn besonders für die verschiedenen Feierlichkeiten
eignete, bei denen Anreden und Antworten ohne lange Vor-
bereitung gehalten und ertheilt werden mußten. Seine nach
französischen Materialien bearbeitete, Piero de' Medici gewidmete lateinische Geschichte des ersten Kreuzzugs hat noch die
Bedeutung, daß Torquato Tasso aus ihr den Stoff seiner
Gerusalemme schöpfte.

Das Glück blieb Bartolommeo Scala günstig: selbst die
große Umwälzung von 1494 hat ihn nicht zu stürzen vermocht.
Ehrenämter, Ambassaden, Ritterwürde, Reichthümer fielen
ihm zu. Er war Lorenzo's Vertrauensmann und mit ihm
in stetem Briefwechsel über städtische und politische Dinge.
In den Stürmen von 1478 und den folgenden Jahren hat

---

[1] Accolti (vgl. über ihn Vespasiano da Bisticci a. a. O.
S. 142 ff.) starb 51jährig 1466; das Siegel aber wurde Scala erst im
März 1473 übergeben, sodaß ein Commissorium stattgefunden haben muß.
(Manni a. a. O. S. 15.) Accolti's Dialog: De praestantia virorum
sui aevi, welcher, der vielen vom Autor genommenen persönlichen Rücksichten ungeachtet als Aeußerung eines hochstehenden Mannes immer Beachtung verdient, wurde zuerst von Ben. Bacchini, Parma 1689,
zuletzt von Galletti in Philippi Villani liber etc. S. 97 ff. gedruckt.

er ihm nicht wenig genutzt, und namentlich durch ihn hat Lorenzo die Signorie stets in der Hand behalten. Am Abhang der fiesolaner Hügel besaß er eine schöne, später an die Guadagni gelangte Villa[1], und sein städtisches Haus, mit dem anstoßenden prächtigen Garten heute den Grafen della Gherardesca gehörend, zeigt auch in seinem Umbau noch das Wappen, das er auf seinen Namen anspielend sich beilegte. Da zwei seiner Vorgänger florentinische Geschichte geschrieben hatten, glaubte er ein Gleiches thun zu müssen. Sein nur bis zu Carl von Anjou führendes Werk hat aber keinen selbstständigen Werth, und seine übrigen Schriften sind noch vergessener als die der meisten Humanisten der Zeit, unter denen er einen der letzten Plätze einnimmt. Daß er bemüht war fremden Fürsten, deren Beziehungen zu Florenz er gelegentlich berühren zu müssen dachte, keinen Anlaß zu Mißvergnügen zu geben, zeigt sein wiederholt an den ferraresischen Gesandten gerichtetes Gesuch um Mittheilungen über die Familie Este, „weil er in seiner Geschichte zum Lobe des erlauchten Hauses zu schreiben wünscht[2].“

Bartolommeo Scala's Stellung verleitete ihn zur Selbstüberhebung. Seine Briefe an Polizian sind voll lächerlichsten Dünkels[3]. „Mit meinen Ehren wirst du dich schwerlich messen wollen. Das florentinische Volk hat mich zum Priorat dann zum Gonfalonierat erhoben, endlich hat es mich in den senatorischen und Ritterstand aufgenommen, mit solcher Stimmenmehrheit, daß Viele der Ansicht waren, nie sei etwas populärer gewesen, während ich Lorenzo's de' Medici glänzendes Zeugniß für mich habe, niemals sei eine Auszeichnung

---

1) A. M. Bandini Lettere Fiesolane. Flor. 1776, S. 30.
2) F. Guidoni an Herzog Ercole II. April 1486, bei Cappelli a. a. O. S. 281.
3) Ang. Pol. Epist. XII. 17. 19.

einem Würdigeren zutheil geworden." Woraus Polizian ihm eine ehrenrührige Antwort nicht schuldig bleibt. Erlogen sei, dessen er sich seitens Cosimo's und Lorenzo's rühme. Letzterer habe wiederholt geäußert, wie er bei seiner Beförderung fremder Rücksicht folge, nicht eigener Ansicht, und habe ihm, Polizian, oft Scala's Amtsschreiben zur Correctur übergeben, wie ihm wohlbekannt sei. Er habe ihn gehindert, die spöttischen Jamben gegen Scala[1] zu vernichten: es sei Schade, habe er geäußert, um die schönen Verse. Lorenzo be' Medici war todt, als die Beiden in den heftigen Streit miteinander geriethen, dessen Zeugnisse, mit den leidenschaftlichen und hämischen, nicht selten gemeinen Beschuldigungen denen der Filelfo, Poggio und Valla um nichts nachstehn. Schon bei seinen Lebzeiten aber war der Hader dieser Männer ausgebrochen, welche die moralische Würde des Gelehrtenstandes um die Wette herabzogen.

Nicht minder als literarische Nebenbuhlerschaft, scheint Scala's schöne und geistvolle Tochter Alessandra Anlaß zu dem Streit der Beiden gegeben zu haben. Gleich manchen anderen Frauen des Jahrhunderts, widmete auch sie sich in der Jugend griechischen Studien, und Demetrius Challondylas wie Johannes Lascaris waren ihre Lehrer. Daß Polizian eine heftige Leidenschaft für sie faßte, sagen seine griechischen Sinngedichte[2].

„Endlich hab' ich gefunden, gefunden was immer ich suchte,
  Was ich in Liebe ersehnt, was mir im Traume erschien."

Alessandra aber, wenn sie mit ihrem Bewunderer griechische Verse wechselte und ihm wol Blumen saudte und

---

[1] „Ad Bartholomaeum Scalam" („Ihn den ihr dort umherstolziren seht — sich blähend in der Amtsbedienten Schaar") In den Prose volgari rc. S. 273.

2) In den Epigrammata graeca, vgl. Prose volgari rc. S. 190 ff.

kleine Geschenke annahm, scheint weit entfernt gewesen zu sein, dessen Neigung zu theilen. Sie sagt es ihm deutlich, daß er nicht gefunden habe, indem sie ihm ein Compliment auf sein Wissen und seine Berühmtheit macht, das ihn aber nicht getröstet zu haben scheint. Denn als die spröde Schöne dem Michael Marullus Tarcagnota die Hand reichte, einem Griechen der, wenn nicht schon sein Vater nach Italien kam, hier frühe heimisch geworden zu sein scheint, verleitete Eifersucht ihn zu einer wahren Fluth von Angriffen auf die man begreiflicherweise die Antwort nicht schuldig blieb. In Versen an Lorenzo den Sohn Pier Francesco's de' Medici, den Gönner Marullus', welcher ihm seine Gedichte gewidmet hatte, war er einst so im Lobe der Tapferkeit wie der Poesie des Griechen übergeflossen, den er über Catull stellte[1]. Nun war er ebenso maßlos in den Invectiven gegen den glücklichen Nebenbuhler, deren er ein ganzes Dutzend losließ, indem er ihn, dem er den Namen Mabilius gab, seine Person, seine Schriften verhöhnte und auf den Einen Mann alles Schlimme häufte, was sich den Poeten des Alterthums vorwerfen ließ[2].

„Strotzend von Fehlern sind, Mabilius, deine Gedichte;
Soll ich zeigen sie dir? Zähle die Tropfen im Meer."

Bis zum Ekel wird mit allem erdenklichen Schmutz, geistigem wie leiblichem um sich geworfen; Polizians unförmliche Adlernase und schiefer Hals werden ebenso ins Mitleiden gezogen wie Marullus' angebliches Gottesleugnen, eine Beschuldigung, die auch seinem Gegner nicht erspart worden ist. Die Epigramme mögen mit Geschick gedrechselt sein, gerne würde man sie in der Reihe der Verse eines großen Dichters

---

[1] „Quaeris quid mihi de tuo Marullo" in den Prose volgari ec. S. 124; „Quod plura Venerem tuu» Marullus" ebbl. S. 125.

[2] Invectiva in Mabilium ebbl. S. 131 ff. — Marullus' Gedichte wurden Florenz 1497 gedruckt.

missen. Die wol unschuldige Anlaßgeberin zu diesem häßlichen Streit, Alessandra, zog sich, Wittwe geworden, in das Benedictinerinnenkloster von San Pier maggiore zurück, wo sie im J. 1506 starb.

Unter denen die mit den Literaten von Profession in gelehrter Bildung wetteiferten, während sie an den Staatsgeschäften lebendigen Antheil nahmen, nimmt Alamanno Rinuccini eine der ersten Stellen ein[1]. Sprößling einer alten edlen Familie, deren Castell bei San Donato alla Collina an der auf dem linken Ufer des Arno von Florenz nach Arezzo führenden Straße auch heute noch viel von seinem mittelalterlichen Charakter bewahrt, und im J. 1419 geboren, saß er unter Poggio's und Argyropulos' Schülern, und während er durch seine Uebertragungen aus dem Griechischen und eigene lateinische Schriften seine vollständige Beherrschung beider Sprachen an den Tag legte, vereinigte er in seinem Hause die Freunde zu wissenschaftlichen Besprechungen. In den bürgerlichen Aemtern stieg er zu den höchsten Würden empor, und verwaltete mit gleichem Eifer das wiederholt ihm übertragene Officialat der Hochschulen von Florenz und Pisa wie die ihm anvertrauten Ambassaden und die ihm im J. 1495, drei Jahre vor seinem Tode, zutheilgewordene Stelle im Kriegs-Magistrat. Gleich seinem Vater Filippo und seinem Bruder Neri hinterließ er werthvolle Aufzeichnungen über gleichzeitige Ereignisse. Ein alter Parteigenosse der Medici, fällt er doch über Lorenzo, bei aller Anerkennung seiner Geistesgaben, ein Urtheil, dessen Strenge an den Tag legt, wie der Unabhängigkeitssinn unter den Optimaten fortlebte, und wie schwer es

---

[1] J. Folli, Monumenta ad Alamanni Rinuccini vitam contexandam etc. Florenz 1791. G. Aiazzi, in den Ricordi storici di Filippo Rinuccini S. 139 ff.

den Medici wurde, selbst durch Zuziehung zu den Aemtern darin wirkliche Zustimmung zu gewinnen und zu sichern.

Sogar bei Bernardo Rucellai war dies der Fall, einem der angesehensten Genossen des Mediceischen Kreises, welcher zwar bei seines Schwagers Lorenzo Lebzeiten seinem Ehrgeize Zwang anthat, aber in späteren Zeiten, als jene sichere Hand fehlte und persönliche Rücksichten ihn nicht mehr zurückhielten, seinen eignen Weg zu gehn suchte. Schon frühe zeichnete er sich durch seine classischen und philosophischen Studien aus und kaum den Jünglingsjahren entwachsen, lehrte er an der pisaner Hochschule. Seine lateinischen Geschichtswerke, unter denen das über den Pisanerkrieg im Grunde nur eine Bearbeitung von Gino oder Neri Capponi's Erzählung ist, jenes über den französischen Krieg König Carls VIII. als Relation und Urtheil eines kundigen hochstehenden Zeitgenossen selbständigen Werth hat, zeugen von seiner Formgewandtheit, seine Topographie des alten Rom von seiner ungewöhnlichen Gelehrsamkeit und Belesenheit in der alten Literatur [1]. Die Grundlage der Arbeit ist eine falsche, weil sie auf den sogenannten Regionariern, dieser willkürlich interpolirten Verarbeitung alter topographischer Texte beruht, aber Rucellai hat alle seine Vorgänger, auch wenn ihnen weit längerer Aufenthalt in Rom förderlich war, an tüchtigem gelehrtem Apparat übertroffen. Nicht blos im politischen Leben dieses Mannes trat mit Lorenzo's Tode eine neue Phase ein. Er war es der nach den mit dem J. 1494 über Florenz hereingebrochenen Stürmen in seiner neuen Wohnung und großem

---

[1] Anton Francesco Gori hat, einem handschriftlich gebliebenen Commentar über Rucellai's Tractat: De urbe Roma (in der Marucelliana in Florenz) ein Leben des Verfassers beigefügt. Vgl. L. Passerini, Genealogia ec. della Famiglia Rucellai S. 122 ff. — Bernardo, geb. 1448, † 1514.

mit Kunstwerken geschmückten Garten in Via della Scala, nahe dem westlichen Ende der Stadt, die Platonische Akademie aufnahm, welche inmitten des Mediceischen Ruins mit dem Untergang bedroht war, und in diesen Orti Oricellari noch glanzvolle, wenngleich zumtheil unruhige Zeiten erlebt hat [1]). Hier, wo Bernardo Rucellai einen Theil der bei der Plünderung der Mediceischen Häuser und Gärten zerstreuten Marmorwerke wieder sammelte, las Niccolò Machiavelli seine Bücher über die Kriegskunst und wohnte P. Leo X. im J. 1516 einer Aufführung der von Bernardo's Sohne Giovanni gedichteten Tragödie Rosmonda bei; hier wurde im J. 1522 das Complott gegen Cardinal Giulio de' Medici geschmiedet, welches der Akademie auf immer ein Ende machte.

---

1) L. Passerini, Degli Orti Oricellarj in den Curiosità ec. S. 56 ff. Der Bau des Hauses auf dem von Nannina de' Medici 1482 erworbenen Terrain wurde erst gegen Ende des Jahrhunderts begonnen. Dasselbe kam mit dem prachtvollen Garten 1573 an Bianca Capello und gehört nach manchem Wechsel jetzt einer Gräfin Orloff.

V.

Ermolao Barbaro und Pico von Mirandola.

Den Florentinern und andern Toscanern, welche sich in dieser nach so manchen Seiten hin geistig bewegten Zeit zusammenfanden, gesellten sich theils zu längerm Aufenthalt theils als Besuchende manche Männer aus andern Regionen Italiens zu. Abgesehen von Solchen, die als Lehrer herangezogen wurden, kommen vornehmlich drei in Betracht. Bernardo Bembo, Ermolao Barbaro, Pico von Mirandola. Inmitten der bedenklichen Zustände welche auf die Verschwörung der Pazzi folgten, sahen wir Bembo als Botschafter Venedigs, eine Würde die er schon vier Jahre früher bekleidet hatte und in welcher er bis zur Herstellung des Friedens verharrte. Die Beziehungen Venedigs zu Florenz waren nicht immer angenehm noch vertraulich: der venetianische Botschafter aber wußte sich immer angenehm zu machen und Vertrauen zu wecken. Polizian rühmte seine Thätigkeit und Umsicht im amtlichen, seine Anmuth im persönlichen Verkehr, seinen Antheil an literarischen Dingen, seinen mit Heiterkeit gemischten Ernst [1]. Ficino und Landino standen zu ihm in freundschaftlichem

---

[1] „Bernardo Bembo veneto oratori viro undecumque elegantissimo." In den Prose volgari ec. S. 251. Das einst an Bembo gesandte Exemplar von Landino's Dichtung Xandra befindet sich in der Vaticanischen Bibliothek. Vgl. Bandini a. a. O. Bd. II. S. 164 ff.

Verhältniß, wovon literarische Sendungen und Briefe Zeugniß geben. Bembo war einer der Theilnehmer an der platonischen Akademie, und ein von ihm seinen Collegen im J. 1480 gegebenes Paukett wird von Marsilio in dem Buche über platonische Theologie geschildert¹). Von seinem Antheil an dem literarischen Ruhme seines Vaterlandes zeugt das Denkmal, welches er, ohne Zweifel durch die florentinischen Erinnerungen angeregt, zu Ravenna, wohin er nach der florentinischen Ambassade als Podestà ging, Dante Alighieri errichtete. Er war ein eifriger Bücherfreund und schrieb selbst eine schöne Hand; die Octavform der Aldinen, welche zuerst mit dem bis dahin üblichen Folio oder Großquartformat abwechselte, soll einer von ihm herrührenden Handschrift nachgeahmt sein²). Bernardo's Sohn war bei ihm während seines Aufenthalts am Arno, und die reine Mundart an welche das Ohr des Knaben sich gewöhnte, hat bei diesem fruchtbaren Boden gefunden und den Anstoß zu der wissenschaftlichen Behandlung der italienischen Sprache gegeben, wodurch Pietro Bembo seinen Anspruch, wenn nicht auf den Ruhm eines großen Dichters, doch auf den Namen eines feinen Kenners dieser Sprache, die er mit Meisterschaft und seltnem Formtalent handhabte, erworben hat.

Zu denen, welche mit Lorenzo de' Medici in beständigem literarischen Verkehr standen und seine Erwerbungen von Handschriften u. A. vermittelten, gehörte Ermolao Barbaro der Jüngere. In seiner Familie überwogen die literarischen Traditionen. Sein Großvater war jener Francesco Barbaro, welcher mit den florentinischen und römischen Gelehrten und auch mit Cosimo de' Medici in regem freundschaftlichen Verkehr stand und vielleicht die größte Büchersammlung seiner

---

1. Theolog. Platon. l. VI. c. 1.
2) Foscarini a. a. O. S. 267.

Zeit in Venedig zusammenbrachte, während er sich dem
Studium der Texte eifrig widmete, wovon u. a. sein in der
Sanct Marcusbibliothek aufbewahrtes Exemplar der homerischen Werke zeugt. Unter den Augen eines gelehrten Oheims
gleichen Namens, Bischofs von Treviso und vieljährigen Ver-
walters des Bisthums Verona, war der vornehme Venetianer
aufgewachsen, und hatte seine Bildung zumtheil jenem Matteo
Bosso zu verdanken welchen wir später in der fiesolaner
Abtei finden werden. Pomponio Leto hatte in Rom seinen
Studien die strengere classische Richtung gegeben. Er war
ein junger Mann, als die Republik, welche bei der Wahl
ihrer Botschafter ebensowie auf staatsmännische Fähigkeiten
und edle Geburt auf wissenschaftliche Gaben sah, ihn zu
Kaiser Friedrich, zu Lodovico il Moro, zu Innocenz VIII.
sandte. Letztere Sendung ist für ihn verhängnißvoll geworden,
denn da er vom Papste im J. 1491 das Patriarchat Aquileja
annahm ohne die Genehmigung der Republik einzuholen, verdachte der Senat ihm den Verstoß gegen Gesetz und Herkommen
so sehr, daß er nicht blos seiner Mission enthoben, sondern
landesverwiesen wurde, worauf er erst neunundbreißigjährig im
Sommer 1493 in der Nähe Roms einer anstecfenden Krankheit erlag[1]). Von seinen vielen Arbeiten, großentheils über
griechische Schriftsteller hat nichts eine seinem Rufe gleiche
Bedeutung bewahrt, während seine Studien über Plinius'
Naturgeschichte unter den in seiner Zeit begonnenen kritischen
Forschungen einen Ehrenplatz einnehmen, sein lebendiger Witz
aus seinen Briefen hervorleuchtet.

---

[1]) Grabschrift in Sta Maria del popolo:
  Barbarum Hermoleos Latio qui depulit omnem
  Barbarus hic situs est utraque lingua gemit
  Urbs Venetum vitam mortem dedit inclyta Roma
  Non potuit nasci nobiliusque mori.

Auf seinem Wege nach Rom kam Ermolao im Frühling 1490 durch Florenz. Da Lorenzo be' Medici im Bade von Vignone war, empfing dessen ältester Sohn ihn mit den seiner Stellung und den freundschaftlichen Beziehungen zur Familie entsprechenden Ehrenbezeugungen. Der von Piero an seinen Vater gerichtete Brief[1]) hat neben dem persönlichen noch culturgeschichtliches Interesse. „Erlauchter Vater, durch ein gestern Vormittag von euch an Ser Piero gelangtes Schreiben wurde ich von euren Wünschen inbetreff des gestern nach Tische eingetroffenen Messer Ermolao in Kenntniß gesetzt. Seine Ankunft erfolgte sozusagen unerwartet, und ich erfuhr davon kaum eine Stunde vorher. Ich ging ihm entgegen wie noch vier oder fünf andere thaten, und er mußte im Gasthofe absteigen, da das Quartier für ihn noch nicht in Ordnung war, wohin er dann zu Fuße geführt wurde. Sobald er abgestiegen war, begab ich mich, eurem Auftrag gemäß, zu ihm, ihn zu uns zu bitten und zu vernehmen wie lange er zu verweilen denke. Ich lud ihn auf heute ein, und hörte daß er nur den einen Tag zu bleiben beabsichtige, indem er morgen bis Poggibonzi oder einem andern Orte reiten will, um am folgenden Tage Siena vor Mittag zu erreichen. Ob er dort verweilen will, ist mir unbekannt. Heute ist er nun unser Gast gewesen, und es ist nicht zu sagen, wie sehr ihn dies erfreut hat. Außer seinem Gefolge, das aus seinem Bruder (Luigi), einem Secretär von San Marco und einem Doctor besteht, haben wir die Personen eingeladen, die er zu sehen wünschte. Es waren der Graf von Mirandola, Messer Marsilio, Messer Agnolo von Montepulciano, denen wir, da wir einen hiesigen Bürger dabei zu haben und doch im Kreise von Verwandten und Gelehrten zu bleiben wünschten, Bernardo

---

1) Florenz 10. Mai 1490. Bei Fabroni a. a. C. Bd. II. S. 377.

Rucellai beigesellten. Ob wir recht oder unrecht gethan,
weiß ich nicht. Nach dem Essen zeigte ich ihm das Haus,
die Münzen, Vasen, geschnittenen Steine, kurz Alles bis zum
Garten (bei San Marco) der ihm sehr gefiel, obgleich er sich
auf Sculpturen nicht besonders zu verstehen scheint. Werth
und Alter der Münzen interessirten ihn vornehmlich, und Alle
staunten über die Menge vortrefflicher Sachen. Ueber ihn
selber kann ich euch nicht viel melden, außer daß er im Reden
sehr zierlich ist, soferne ich mich darauf verstehe, und daß er
seine Belesenheit an den Tag zu legen liebt, indem er Sprüche
der Alten, auch lateinisch citirt. Sein Aussehen ist den Umständen nach recht gut; in Allem ist er mäßig, was ihm wol
nöthig ist da er von sehr zarter Constitution zu sein scheint.
Er gilt für gewandt in Geschäften, woran ich einigen Zweifel
hege da er mir ziemlich ceremoniös vorkommt. Für euch
könnte er nicht größere Freundschaft bezeugen als er thut
und ich glaube es ist ihm Ernst. Alle ihm erwiesene Ehre
hat er mit großer Dankbarkeit entgegengenommen, gar nicht
nach venetianischer Weise, wie denn nur die Tracht ihn als
Venetianer verkündet. Seinen Worten zufolge hegt er großes
Verlangen euch zu sehen, und sagt er werde gerne einen Um-
weg machen euch zu treffen und zu begrüßen, was ich melden
zu müssen glaube, für den Fall daß es mit euren Absichten
übereinstimmen sollte. Auch sagt er, von seiner Signorie
habe er den Auftrag euch zu begrüßen. Hier ist ihm seitens
der Bürger Ehre erwiesen und dafür, daß man ihn im Gasthofe hat absteigen lassen, Ersatz geleistet worden. Heute Vormittag, ehe er zum Essen kam, stattete er der Signorie einen
Besuch ab, mit vielen verbindlichen Worten." Daß der
gelehrte Venetianer die Absicht, Lorenzo unterwegs zu begrüßen, ausführte, wissen wir durch Letztern selbst, der am
15. Mai an seinen Agenten in Siena schrieb: „Der Ermolao

ist heute früh hier gewesen und nachdem er eine Zeitlang bei mir verweilt, hat er seine Reise fortgesetzt¹).“

Als Ermolao Barbaro bei seiner Regierung in Ungnade gefallen war, nahm Lorenzo sich seiner mit Wärme an. Unter andern suchte er den Papst zu bereden, ihm den rothen Hut zu verleihen, wol in der Hoffnung durch solche Auszeichnung die Signorie mit ihm zu versöhnen. Ermolao's Vater anerkannte dankbar die Bemühungen des Freundes. „Heute Morgen, schreibt Polizian von Venedig aus an Lorenzo²), besuchte ich Messer Zaccheria Barbaro, und da ich von eurer Zuneigung sprach, antwortete er mir weinend und wie mir scheint aus vollem Herzen. Seine Rede ging darauf hinaus: nur auf euch sei noch Hoffnung zu setzen. Er machte mir klar daß er wußte, wie er euch verpflichtet ist. Führet somit aus was ihr beabsichtigt, indem ihr euch ein höheres Ziel steckt.“ Griechische Thongefäße, dem Polizian für Lorenzo zugestellt, sollten die Dankbarkeit des Procurators von San Marco und vormaligen Botschafters bethätigen. Daß die venetianische Signorie jedoch die Einmischung eines Fremden in die Angelegenheiten eines ihrer Bürger mißliebig aufnahm, zeigt schon der Umstand daß, als Luigi Barbaro durch den Nachfolger seines Bruders den Befehl zur Rückkehr von Rom erhielt, ihm zugleich bedeutet ward, den Weg nicht über Florenz zu nehmen³). Der im folgenden Jahre erfolgte Tod so Lorenzo's wie des Papstes, denen Messer Ermolao bald nachfolgte, machte Pläne und Berechnungen zu Schanden. Daß die Verleihung der Cardinalswürde die Ansicht

---

1) Gaye a. a. O. Bd. I. S. 294.

2) Fabroni a. a. O. Bd. II. S. 284, und in den Prose volgari ec. S. 78 ff.

3) Piero Alamanni an Lorenzo, Rom 14. Mai 1491, bei Fabroni a. a. O. S. 379.

des Senats hinsichtlich der Verpflichtung eines Gesandten, von einem fremden Souverän ohne specielle Erlaubniß nichts anzunehmen, schwerlich geändert haben würde, zeigt ein ähnlicher Fall, der sich im folgenden Jahrhundert mit Marc' Antonio da Mula (Cardinal Amulio) ereignete.

In dem florentiner Gelehrtenkreise hat keiner heller gestralt als Giovanni Pico von Mirandola, und von keinem ist so wenig geblieben, was solchen Ruhm zu rechtfertigen im Stande wäre als von diesem „Phönix der Geister". Nicht daß er blos als Muster von Vielwissere und abstruser Gelehrsamkeit bastände, deren Zweck nur zu sein scheint, die Zeitgenossen zu blenden um für die Nachwelt nichts Ernstliches noch Brauchbares zu hinterlassen. Giovanni Pico hat mit den Irrthümern seiner Zeit mannhaft gekämpft und ihre Forschungen auf verschiedenen Gebieten thätig gefördert, aber die Resultate seiner Thätigkeit und Kämpfe verschwinden für uns in dem Gesammtbilde dieser Zeit zu welchem er nur einzelne Züge geliefert hat, statt irgendein Werk zu schaffen, das durch Inhalt und Form bleibende Bedeutung erlangt hätte und an sich den Fortschritt der Wissenschaft uns vor Augen stellte. In den höchsten Kreisen der Gesellschaft geboren und erzogen, ist er eigentlich dadurch am merkwürdigsten, daß er bei sehr lebhaftem ja leidenschaftlichem Temperament, ohne äußere Anlässe zu wissenschaftlicher Thätigkeit, sich dieser mit ebensoviel Eifer wie Ausdauer widmete, als persönliche Erscheinung ein Meteor, jedoch gleich andern Phänomenen von momentan leuchtendem Glanze. Er war ein jüngerer Sohn Gian Francesco Pico's Herrn von Mirandola und Grafen von Concordia, und der Giulia Bojardo Tochter Feltrino's Grafen von Scandiano, dessen Enkel Matteo Maria sich als Dichter des Orlando innamorato berühmt gemacht hat. Schon als Kind zeigte er ungewöhnliche

Lernbegierde und Faſſungskraft, die von der Mutter erkannt und
genährt wurden. Mit vierzehn Jahren bezog er die bologneſer
Hochſchule um Kirchenrecht zu ſtudiren, von wo er dann auf
verſchiedenen Univerſitäten zu Philoſophie und Theologie, zu
Linguiſtik und Literatur überging, und bald ſeine Fähigkeit
in der Disputation an den Tag legte. Zum geiſtlichen
Stande beſtimmt, ſah man ihn, faſt noch Knabe, wie
Giovanni be' Medici in der Tracht eines apoſtoliſchen Pro-
tonotars. Er war nicht viel über zwanzig alt, als er zu
Anfang 1484 nach Florenz kam. Durch Geburt und Ver-
wandtſchaft wie durch Ercole von Eſte empfohlen, deſſen
Schweſter Bianca ſeine Schwägerin war, trat er hier in
genauere Beziehungen zum Mediceiſchen Hauſe und lebte als
großer Herr, indem er ſich zugleich den Studien mit leben-
bigſtem Eifer widmete und dem Ficino, Landino, Polizian
enge anſchloß. Letzterer hat ihn emphatiſch aber wol nicht
ohne Wahrheit geſchildert. „Die Natur, ſagt er, ſchien über
dieſen Mann oder vielmehr dieſen Heros alle Gaben des
Körpers und Geiſtes ausgegoſſen zu haben. Er war ſchlank
und ſchön gebildet, und in ſeinem Antlitz ſchien etwas Gött-
liches zu leuchten. Scharfſinnig und mit glücklichſtem Gedächtniß begabt, war er im Studium unermüdlich, im Ausdruck klar und beredt. Man war im Zweifel ob er mehr
durch ſeine Talente oder durch ſeine moraliſchen Eigenſchaften
glänzte. In jedem Zweige der Philoſophie bewandert, durch
vollkommene Kenntniß mehrer Sprachen begünſtigt, zeigte er
ſich erhaben über alles Lob."

Was dem jungen Gelehrten eine von den Mitgliedern
des florentiniſchen Kreiſes mit Ausnahme Marſilio Ficino's
verſchiedene Signatur verlieh, auf die man jedoch, vor den
nachfolgenden römiſchen Verwicklungen, nicht beſonders ge-
achtet zu haben ſcheint, war ſeine Beſchäftigung mit der

mittelalterlichen jüdischen Literatur, wozu er übrigens gerade in
Florenz Anregung gefunden haben dürfte¹). Denn hier war
es, wo er das Studium der jüdischen Geheimlehre begann,
welche zuvörderst in Alexandrien, wie der Neoplatonismus
an die Weisheit des Atheners, an die Lehren der Bibel sich
anzuschließen begonnen und unter dem Namen der Cabbalah
zu dauernder Tradition der Offenbarung entwickelt hatte.
Wie Giovanni Pico nach dem Vorgange Ficino's in der
platonischen Lehre die Bestätigung der christlichen fand, so
bot ihm auch die jüdische gleich starke wenn nicht stärkere
Beweise, denn was Ficino nicht aus dem Platonismus zu
demonstriren versuchte, demonstrirte er aus den jüdischen
Mysterien. Darin war er im Recht, daß er Analogien erkannte welche der griechischen Lehre fremd waren, aber offenbar ist es daß er sich auf einem Boden befand, wo Forschung
und Phantasie Gefahr bringen konnten, umsomehr als er die
Magie, die natürliche nämlich die sich der Betrachtung der
Kräfte der Himmelskörper widmet, in denselben Kreis seiner
Untersuchung zog und mit einfachen Worten aussprach, keine
Wissenschaft gewähre uns klarere Anschauung von der Gott-
heit Christi als Magie und Cabbalah.

Es ist begreiflich, welches Aufsehen ein vornehmer junger
Mann von solchem Aeußern, solchen Geistesgaben und Richtungen in Florenz machte. Sein erstes Erscheinen fiel in
die günstigste Zeit. Die Beendigung des ferraresischen Krieges
ließ für andere als politische Dinge weiten Raum, und das
Ansehen Lorenzo's de' Medici erreichte damals den Zenith.
Die Anwesenheit Giovanni Pico's gab seinem ganzen Kreise
ein neues Relief. Dieser stand wie einzig da. Ficino und
Polizian hatten durch Frühreife geglänzt. Sie aber waren

---

1) L. Geiger, Johann Reuchlin. Leipz. 1871. S. 163 ff.

auf das Studium als Lebenszweck angewiesen, während hier ein Jüngling hohen Standes, welchem Alles lächelte, an Ausdauer und Erfolgen mit ihnen wetteiferte und sie jedenfalls an Universalität des Wissens übertraf. Daß er nicht lange nach seiner Ankunft in Florenz in einem an Lorenzo de' Medici gerichteten Schreiben dessen Poesien über Dante und Petrarca erhob, zeugt zwar nicht für die Sicherheit seines Urtheils und mag Lorenzo selber schwerlich eingeleuchtet haben, schadete ihm aber wol kaum im Mediceischen Kreise. Im J. 1485 ging er zur Fortsetzung seiner Studien nach Paris, von wo er zu Anfang folgenden Jahres zurückgekehrt zu sein scheint. Dies Jahr brachte ihn in Händel, von denen der eine, wenn er seinem Rufe schadete, vorübergehender Natur war, während der andere auf sein ganzes nachmaliges Leben einen Schleier geworfen, dem Frohsinn der Jugend ein Ende gemacht hat.

Der bereble Zögling der platonischen Akademie fand sich plötzlich in ein nur zu reales Liebesabenteuer verwickelt. „Der Graf Giovanni von Mirandola, schreibt am 12. Mai 1486 der ferraresische Gesandte Aldovrandino Guidoni an Herzog Ercole[1]), hat hier fast zwei Jahre lang gelebt, mit solchem Glanz und so allgemein vortheilhafter Meinung, wie sie in dieser Stadt vielleicht Keinem jemals entgegengekommen ist. Vor einigen Tagen ließ er verkündigen, er wolle sich nach Rom begeben, und sandte all sein Gepäck voraus. Bei seiner Ankunft in Arezzo, wo sich die schöne Frau eines bei der dortigen Steuerverwaltung beschäftigten Giuliano de' Medici

---

1) Bei A. Cappelli a. a. O. S. 262. Domenico Berti, Cenni e documenti intorno a Giovanni Pico della Mirandola, in der Rivista contemporanea, Bd. XVI. Turin 1859. Die hier aus dem Medic. Archiv mitgetheilten Berichte an den im Bade befindlichen Lorenzo stimmen im wesentlichen mit den Nachrichten Guidoni's überein.

befand, mit welcher er ein Liebesverhältniß unterhielt, entfernte sich diese, getroffner Verabredung zufolge, aus dem Hause ihres Manues. Sie gab vor einen Spaziergang machen zu wollen, stieg aber vor der Stadt hinter dem Grafen aufs Pferd. Dieser hatte etwa zwanzig Leute bei sich, theils Reiter theils Fußer, außer zwei berittenen Bogenschützen. Als das Volk die Frau in diesem Aufzug sah, entstand Lärm. Man läutete die Sturmglocke, und die Verfolgung wurde so heftig, daß der Graf die Flüchtige im Stiche lassen mußte. Im Handgemenge wurden Alle vom Gefolge des Grafen, die man erreichte, getödtet und ausgeplündert, während auch mehre der Städtischen blieben. Dank ihren guten Pferden, entkamen der Graf und sein Kanzler nach Marciano (im Chianathal), wo sie verhaftet wurden. Die Herren Zehn, denen der Vorfall gemeldet ward, befahlen anfangs den Grafen freizulassen, den Kanzler festzuhalten, dann aber geboten sie auch Erstern im Verwahrsam zu belassen. Ihm wird wol nichts geschehen, der Kanzler aber, dem man die Hauptschuld beimißt, dürfte schlecht fahren, umsomehr als es sich um die Frau eines Medici handelt, der, wenngleich arm, doch von der Familie ist. In Wahrheit ist das dem Grafen widerfahrene Misgeschick sehr zu beklagen. Denn abgesehn von seiner Gelehrsamkeit galt er für einen Heiligen, und nun hat er in der öffentlichen Meinung wie in Bezug auf seine Stellung sehr verloren, obgleich im Liebesdrang Manche in dergleichen Verirrungen gerathen sind." Herzog Ercole's Verwendung war unnöthig, da Giovanni Pico alsbald in Freiheit gesetzt wurde, der gutmüthige Ehemann die Ungetreue, welche gewaltsamen Raub vorschützte, wieder ins Haus nahm. Er hatte diese, eine reiche junge Wittwe geringen Standes, erst kurz vorher geheirathet. Pico's eigene Aeußerungen über den ganzen Handel legen seine Reue an den Tag.

„Seine Sünde schmerzt ihn, sagt er von sich selber, und er vertheidigt sein Benehmen nicht. Verzeihung scheint er zu verdienen, auch weil er nichts zu seiner Entschuldigung vorbringt. Nichts ist schwächer als der Mensch, nichts mächtiger als die Liebe."

Nicht so leicht wurde die römische Angelegenheit beigelegt. Nach dem aretinischen Abenteuer hatte Pico sich nach Rom begeben, wo er, wesentlich zum Zweck des Nachweises der florentinischen Lieblingsthese von der Uebereinstimmung des Platonismus mit dem Christenthum, und von dem aus ersterm zur Bekämpfung der Irrlehren zu ziehenden Nutzen, eine öffentliche Disputation über neunhundert Fragen ankündigte, zu denen neben Philosophie und Theologie, Rechts- und Naturwissenschaft auch Magie und Cabbalah, Arabien und Chaldäa ihr Contingent geliefert hatten. So zahlten selbst die glänzendsten Geister, ja diese bisweilen mehr denn Andere, der gelehrten Pedanterei ihren Zoll, und der in diesen Forschungen liegende fruchtbare Same wurde großentheils durch den schwerfälligen Ballast erstickt, von dem die Zeit noch auf lange hin sich nicht freizumachen im Stande war. Mochten nun Neid oder andere, vielleicht auch bessere Beweggründe im Spiele sein, kurz, eine Reihe Behauptungen des jungen Gelehrten, die allerdings, so wie sie dort aufgestellt waren, bedenklich erscheinen konnten, wurden als dem Glauben zuwiderlaufend verklagt, die Disputation verhindert. Am 5. August 1486 unterzeichnete P. Innocenz VIII. ein gegen die von Giovanni Pico aufgestellten Thesen gerichtetes, in Bezug auf den Verfasser sehr glimpflich gefaßtes Breve. Die zwischen dem Erlaß und der erst am 15. December erfolgten Veröffentlichung liegende lange Frist, statt zur Schlichtung der Differenzen beizutragen, mehrte nur die Schwierigkeiten. Der Verfasser der angefochtenen Sätze, so behaupteten seine Gegner, unterderhand von der päpstlichen Entscheidung unterrichtet, schrieb in Eile eine Apologie derselben, ließ sie im Neapolitanischen heimlich drucken und postdatirte sie, um nicht den Schein zu haben als vertheidige er durch die höchste kirchliche Autorität schon verworfene Behauptungen, obgleich er vorher erklärt hatte, er unterwerfe sich dem Ausspruch der Kirche. Der Verklagte hat dies in Abrede gestellt und angegeben, daß er das Breve erst am 6. Januar 1487 auf der Reise nach Frankreich erhalten habe. Jedenfalls bot seinen Gegnern die Vertheidigungsschrift eine Handhabe, um den Papst gegen ihn aufzubringen und seine Citation nach Rom zu veranlassen. Daß sogar seine Verhaftung beschlossen war, ersieht man aus dem Schreiben welches der Bischof von Lucca am 5. December von Siena aus an den Papst richtete, um die Nichterfüllung des päpstlichen Befehls durch seine Abwesenheit von seinem Sprengel zu entschuldigen [1].

Die das Datum des 31. Mai 1486 tragende Apologie ist Lorenzo be' Medici gewidmet. „Gott ist mir Zeuge, heißt es in der Einleitung, daß ich dir, o Lorenzo, diese Schrift nicht widme als erachtete ich sie eines solchen Mannes würdig, sondern weil ich längst erkannt habe, daß ich alles was mein dir verdanke. Was ich bin und sein werde, ist dein und wird dein bleiben. Ich sage weniger als ich möchte, und meine Worte sind zu kalt, um die Liebe, Anhänglichkeit und Verehrung auszudrücken, die ich seit lange für dich empfinde und zu empfinden fortfahren werde. Dazu bewegen mich die zahlreichen deine Zuneigung kundgebenden Dienste, vielmehr der Ausfluß deiner Gesinnung als deiner Stellung und ebenso selten wie dir eigenthümlich; Dienste welche vor

---

[1] Bei A. Cappelli a. a. O. S. 303. Das Datum der Apologie scheint wirklich falsch.

dir aufzuzählen deine Bescheidenheit mir nicht gestattet. Nimm diese Apologie freundlich auf. Die Gabe ist gering, aber sie ist kein geringes Zeugniß meiner bleibenden Ergebenheit. Sollte es geschehen daß du dich von den wichtigen dich fortwährend in Anspruch nehmenden Geschäften zu derselben hinwendest, so bedenke daß es sich hier um eine vielmehr hingeworfene als reiflich durchdachte Arbeit, um eine mehr von Andern mir aufgebürdete als von mir gewählte Aufgabe handelt, die ich dir nicht als Zeugniß von mir fremdem Geist und Wissen überreiche, sondern, ich wiederhole es, als Merkmal meiner vollkommenen Hingebung vorlege."

So Lorenzo wie Ercole von Este und Pico's Verwandte nahmen an dessen Verlegenheit regen Antheil. Das ganze Jahr 1487 hindurch, während dessen der Verklagte in der Fremde war, schleppte die Sache sich ohne Ergebniß hin. Man zählte vor allem auf Lorenzo, dessen Einfluß auf den Papst bekannt und in stetem Steigen war, und es lag nicht an ihm, wenn man nicht vom Fleck kam. Es bedurfte bei ihm nicht der Bitten von Pico's Bruder Antonio, der im Februar 1488 nach Florenz kam, seine Verwendung in Rom in Anspruch zu nehmen. Schon am 19. Januar hatte er dem Gesandten Lanfredini geschrieben, mit der Warnung gegen extreme Schritte, da Excommunication und ähnliches auch dem Gemäßigtsten die Geduld austreiben könnte, geschweige einem so gelehrten jungen Manne. Das von ihm vorgeschlagene Auskunftsmittel war, man solle Pico frei nach Rom kommen lassen, sich vor dem Papste persönlich zu rechtfertigen. Der Gesandte scheint zwar Lorenzo's Ansicht nicht völlig getheilt zu haben, wie er denn überhaupt der Meinung war, der Graf thue besser die Theologie beiseite zu lassen, verwandte sich jedoch eifrig zu dessen Gunsten. „Zu meiner größten Freude und Befriedigung, schreibt ihm Lorenzo am

22. März 1488¹), habe ich von dem Abkommen vernommen, welches ihr inbetreff des Grafen mit dem h. Vater getroffen habt. Euren Andeutungen zufolge werde ich den Grafen einladen hieherzukommen. Ich darf als sicher annehmen, daß dieser sich so benimmt daß S. H. völlig mit ihm zufrieden sein wird, zu welchem Zwecke meine Bemühungen nicht fehlen werden." Inderthat kehrte Giovanni Pico nach Florenz zurück, und Lorenzo fuhr mit seiner Verwendung fort. Dennoch hatte der Ausgleich ernste Schwierigkeiten und der Angeklagte scheint vor dem Erscheinen in Rom Scheu empfunden zu haben. Er lebte theils in Florenz theils auf der nahen Villa Querceto und in der Abtei von Fiesole, wo er hebräische und chaldäische Studien mit großem Eifer trieb und einen Commentar über die Genesis ausarbeitete. Im J. 1489 ertheilte Florenz dem vornehmen Gaste das Bürgerrecht, und er sollte Eigenthum bis zum Werthe von 6000 Goldgulden erwerben können. Man sieht daß Lorenzo daran lag, ihn mehrundmehr an sich und seine Heimat zu fesseln. „Der Graf von Mirandola, schrieb er am 19. Juni an Lanfredini²), verweilt dauernd bei uns, und lebt eingezogen und wie ein Klosterbruder, indem er fortwährend theologische Dinge behandelt und die Psalmen u. a. erläutert. Er liest das gewöhnliche Officium der Geistlichen, beobachtet strenge die Fasten, und hat den einfachsten Haushalt innerhalb der Schranken des Nothwendigen. Mir erscheint er als Muster für Andere. Er wünscht nun aber dem h. Vater gegenüber von den wider ihn erhobenen Beschuldigungen befreit zu werden und ein Breve zu erhalten, das ihn wieder als treuen Sohn und guten Christen annimmt. Mir liegt dies sehr am Herzen,

---

1) Med. Arch. Filza 57.
2) Fabroni a. a. O. Bd. II. S. 291. Die folgenden Schriftstücke theils ebd. theils inedirt im Med. Arch.

denn es giebt wenige Menschen die mir theurer sind und die
ich höher achte. Meiner Meinung nach ist er auch ein wahrer
Christ, indem er sich so benimmt daß die ganze Stadt Bürg-
schaft für ihn leisten würde. Bemühet euch dies Breve in
regelrechter Form zu erlangen, sodaß sein Gewissen sich dabei
beruhigt. Es wird zu dem vielen Erfreulichen gehören, welches
ihr für mich erwirkt habt, und zwar in erster Linie."

Aber die Sache kam nicht von der Stelle. Zwar schien
man in Rom die Absicht zu hegen, den Bischof von Vaison
mit der Entgegennahme der Erklärung Pico's zu beauftragen,
der sich bereit erklärte sich der päpstlichen Entscheidung einfach und in Allem zu unterwerfen. Die um diese Zeit erfolgte Bekanntmachung des Commentars über die Genesis
erregte jedoch neuen Anstoß. Eine feindselige Stimmung
schien zu überwiegen. Am 17. August schrieb Lanfredini,
Lorenzo möge dem Grafen rathen, einfach um Absolution zu
bitten und heilsame Buße zu thun. Und am 2. October:
nur in Betracht Lorenzo's verfahre der Papst so glimpflich
mit ihm. Es sei etwas anderes, habe dieser geäußert, Lorenzo
inbetreff der Cardinalswürde seines Sohnes willfahren, als
in einer den Glauben betreffenden Angelegenheit einer Verwendung Gehör schenken. Nun verlor Lorenzo die Geduld,
da ihm der Papst in den Händen der Gegner des Freundes
zu sein schien. „Zu meinem großen Mißvergnügen, schrieb
er im October 1489, vernehme ich von den an dem Werke
Mirandola's gemachten Ausstellungen. Wär ich nicht überzeugt daß diese Verfolgung aus Neid und Bosheit entspringt,
wahrlich ich würde nicht davon reden. Hier haben verschiedene gelehrte und gottesfürchtige Theologen das Buch gelesen,
und Alle haben es als christlich und trefflich gutgeheißen.
Ich bin übrigens auch kein so schlechter Christ, daß ich, wäre
ich anderer Meinung, schweigen und das Buch hinnehmen

würde. Sagte er das Credo her, diese bösen Geister würden
Ketzerei darin wittern. Gestatteten die vielen Geschäfte Er.
Heiligkeit von dieser Sache persönlich Kenntniß zu nehmen
und die Wahrheit zu erkennen, so bin ich gewiß das Ganze
würde in Nichts zerfallen und diese Wahrheit ans helle Tages-
licht kommen. Aber der Papst muß sich auf Andere verlassen,
und dieser arme Mann kann sich nicht vertheidigen: legt er
seine Gründe dar, so heißt es er rede wider den h. Vater!
Hätte er mit den Feinden allein zu schaffen ohne daß die
päpstliche Autorität sie deckte, so würde er sie bald zum
Schweigen bringen. Sein Unglück besteht aber darin, daß er
boshaften Ignoranten gegenüber steht, die das Haupt der
Kirche vorschieben. Ich habe euch schon meine Vermuthung
angedeutet daß man's darauf anlegt, ihn zur Verzweiflung
und zu irgendeinem auffallenden Schritte zu treiben, der
schließlich gegen Se Heiligkeit gerichtet sein könnte. Denn,
glaubet mir, Giovanni, dieser Mann hat es in seiner Macht,
Gutes wie Schlimmes zu wirken. Sein Leben und sein Verhalten legen Ersteres an den Tag. Zwingt man ihn zum
Einschlagen eines andern Weges, so verliere ich persönlich
wenig dabei, denn welche Richtung er immer nehmen mag,
mit wird er wohlwollen, wie ich ihm wohl will. Es ist
mir nie gelungen euch dies recht klar zu machen. Ohne mich
auf Einzelnes einzulassen, bemerke ich jetzt blos, daß man
ihn zu einem Schritt hat bereden wollen, der schlimmes
Aergerniß geben könnte, ich ihn aber immer abgehalten habe,
sodaß er hierhergekommen ist, tugendhaften Lebenswandel führt
und sich beruhigt hat. Diese Teufel versuchen ihn mit ihren
Verfolgungen, und man schenkt ihnen nur zu sehr Glauben."

Der merkwürdige Brief zeigt wie erregt der Schreiber
war. Seine ernsten Vorstellungen erlangten wenigstens, daß
man Pico, welcher wie nachmals Galileo auf eine Villa in

der Nähe von Florenz relegirt worden war, unangefochten in der Stadt ließ. In diese Zeit fällt der Besuch Reuchlins, welcher im' J. 1490 als Begleiter eines Sohnes Herzog Eberhards zum zweitenmal in Italien war, und wenngleich nur sehr flüchtig den Mann persönlich kennen lernte, von dem er die stärkste und geradezu bestimmende Anregung zu den Studien empfing, deren Zweck gleich dem des Italieners die Vereinbarung der Ergebnisse jüdischer und griechischer Weisheit mit christlichem Glauben und Wissen war. Studien denen sich in Teutschland ein über die Wirksamkeit Pico's weit hinausgehender aber ebensowenig gefahrloser Kreis des Einflusses erschloß, wie sie denn den Teutschen in ähnliche Kämpfe wie die des Italieners verwickelten. Zu den römischen Unannehmlichkeiten gesellten sich für Pico andere. Der Haber seiner Brüder Galeotto und Antonio beeinträchtigte seine pecuniären Interessen und veranlaßte ihn den Herzog von Ferrara um Vermittlung zu ersuchen[1]. Die Hindernisse in Rom waren endlos. Weder Lorenzo de' Medici noch P. Innocenz erlebten den Ausgang, der erst mittelst Breve's Alexanders VI. vom 18. Juni 1493 erfolgte, wodurch Giovanni Pico vollständig freigesprochen wurde. Die durch diese Angelegenheit ihm bereitete Verlegenheit und Sorgen haben den tiefsten Eindruck auf sein Gemüth gemacht. Sein Neffe und Biograph berichtet, er habe aus seinem Munde vernommen, wie er dadurch zu Sinnes- und Lebensänderung veranlaßt worden sei[2]. Einen Besuch in Ferrara ausgenommen, wo er auf des Herzogs Wunsch einem Prediger-Capitel beiwohnte, verließ er Florenz nicht mehr. Auf dem Lande sahen wir ihn in häufigem Verkehr mit Ficino und Polizian. Er lebte

---

[1] A. Guiboni, Flor. 25. Sept. 1495, bei Cappelli a. a. C. S. 303.
[2] Epist. L. I. 4. Epigramm. graeca L. III. in Prose volgari cc. S. 218.

ganz den Wissenschaften, und die Mittel, welche ihm das
Sammeln ansehnlicher Bücherschätze ermöglichten, flossen zugleich reichlich den Bedürftigen zu, wobei sein anhänglicher
Freund Benivieni ihm mit seinem Rathe zur Hand war. Er
verbrannte seine lateinischen Dichtungen, die er in fünf Büchern
gesammelt Polizian zur Correctur zugestellt hatte. Dieser hatte
Einiges geändert, wie er sagte, nach dem Beispiel Dessen der
die Sandalen der Göttin der Schönheit tadelte, da er an
ihr selbst keine Ausstellung zu machen vermochte, und weil
einige Verse ihm den Ritterstand zu verkünden schienen,
während die übrigen von senatorischem und patricischem Rang
waren. Polizian beklagte des Freundes Entschluß in einem
ein griechisches Sinngedicht begleitenden Schreiben: er erinnere
sich nicht, sagte er, etwas anmuthigeres, zierlicheres, gefeilteres
gelesen zu haben. Ihr thörichten Liebesgötter, so schloß das
Epigramm, weshalb floget ihr zu Pico hin, der ja der Musen
Führer ist? Weniger als mit den poetischen Versuchen und
dem weitläufigen Commentar über Benivieni's Canzone von
der platonischen Liebe, welchen die damals Literatur und
Wissenschaft in Florenz beherrschende Schule zu ihren bedeutendsten Leistungen gezählt zu haben scheint, war Polizian
mit des Freundes Studien einverstanden, als dieser in der
ländlichen Einsamkeit von Querceto über und gegen die
Astrologie ein umfangreiches Werk schrieb, das einen Theil
einer großen polemischen Arbeit über die dem Christenthum
feindlichen Secten bilden sollte[1]. Er meinte es sei wegge-
worfene Zeit:

„Pico, was hast zu schaffen du hier? Dein Stil, der beredte,
Für dies Gauklergeschlecht ist er doch wahrlich zu gut."

---

1. Disputationum de Astrologia l. XII. — Epigramm. graeca
XLIX. a. a. C. S. 214.

Savonarola, welcher dem Verfasser in seinen letzten Zeilen nahe stand und das unvollendete Werk las, sprach hingegen Freude und Schmerz über dasselbe aus, Freude über die, weitverbreiteten Irrthümern in den Weg tretende Arbeit, Schmerz über den frühzeitigen Tod des begabten Autors. Man darf Pico von Mirandola nicht nach dem beurtheilen, was uns von ihm geblieben ist. In höherm Grade vielleicht als manche Andere, die ihm an geistigen Fähigkeiten nicht gleich kamen, hat er den Schwächen der Zeit Tribut gezahlt. Die ganze Persönlichkeit kommt in Betracht: sie ist für die Ansicht der Nachwelt maßgebend geblieben. Die Gestalt des Sprößlings einer Fürstenfamilie, der mit zweiunddreißig Jahren diese Welt verließ, der die Höhen und Tiefen der Wissenschaft seiner Zeit ermaß und inmitten allen Ballasts abstruser Gelehrsamkeit freien und unbefangenen Blick bewahrte und durch Liebenswürdigkeit und Anmuth die Herzen an sich kettete, ist die glänzendste Erscheinung in diesem glänzenden Kreise. Noch nach vier Jahrhunderten ist Pico von Mirandola der vornehmste Repräsentant frühreifer Geister. Zugleich aber, was höher anzuschlagen ist, hat er mit dem Manne, der seiner Zuneigung zu ihm mit solcher Wärme Ausdruck gab, einer Epoche, die bei all ihren Schwächen so viel Schönes und Gutes hatte, für die Anschauung der Welt im Großen mehr als Irgendeiner ihre nicht minder einnehmende als bedeutsame Physiognomie verliehen.

Das traurige Geschick welches zwei Nicht-Toscaner betroffen hat, die dem florentiner Literatenkreise nahestanden, sowie der Umstand, daß Beide in Florenz öffentliche Aemter bekleideten, veranlaßt deren gleichzeitige Erwähnung, obgleich sie durch mehre Decennien von einander getrennt sind. Diese sind Stefano Porcaro und Pandolfo Collenuccio. Der römische Ritter, mit Poggio, Filelfo, Ciriaco, Traversari befreundet und im Briefwechsel, zu Hause wie auswärts in ehrenvoller und einflußreicher Stellung¹), scheint mehr aus Erinnerungen des Alterthums und Cola Rienzi's, als aus seinem florentiner Umgang die Verlockung zu der Verschwörung gegen P. Nicolaus V. geschöpft zu haben, die zu Anfang 1453 seinen eignen Untergang herbeiführte. Im Palast des Podestà sieht man, in der vormaligen Kapelle, ein auf die Wand gemaltes Madonnenbild, im J. 1490 von Pandolfo Collenuccio von Pesaro gestiftet, der damals das oberste Richteramt verwaltete. Ficino, Pico, Polizian bewunderten die Geistesgaben und Vielseitigkeit des gelehrten und talentvollen Mannes. Es sei wunderbar, schrieb Letzterer, wie er allein so vielem genügen könne. Er leite mit großem Scharfsinn fürstliche Geschäfte, stehe in Prosa und Versen keinem an vollkommener Eleganz nach, entscheide mit seltener Rechtskenntniß in verwickelten Processen, beherrsche die verschiedensten Disciplinen mit solcher Meisterschaft, daß er auch da noch Entdeckungen mache, wo Andere Alles ersonnen zu haben wähnten. Der gründliche Kenner der classischen Literatur war zugleich Naturforscher und einer der Ersten, welche die Kunst der Geschichtschreibung auf die Vulgarsprache anwandten, während er seine Verbindungen in Teutschland, wo er als Gesandter Herzog Ercole's von Este bei K. Maximilian gewesen war, zum Behufe der Vermehrung der florentinischen Bücherschätze benutzte. Der Tod den er im J. 1504 auf Befehl Giovanni Sforza's von Pesaro erlitt, angeblich wegen Hochverraths in den Borgia'schen Wirren, ist eine der Tragödien an denen die kleinen Höfe Italiens zu keiner Zeit arm gewesen sind²).

1) Rede bei Uebernahme des Amtes des Capitano del popolo, aus L. B. Alberti's Papieren bei Bonucci, Opere di L. B. A., Bd. I. S. XLII.
2) G. Pericari intorno la morte di Pandolfo Collenuccio in dessen Opere, Bologna 1829, Bd. II. S. 52 ff.

VI.

Universität Pisa. Handschriften und Kritik. Bücherdruck. Platonische Symposien.

Zu dem Kreise, welcher, in den Persönlichkeiten fortwährend wechselnd und sich erneuend, in seinen Hauptrepräsentanten doch ebensowie in seinem Wesen derselbe blieb, gehörten noch Manche die eine Erwähnung verdienen, mag ihre Bedeutung immer sosehr eine ungleiche sein. Letzteres ist vor Allem bei den Philologen-Poeten der Fall, die dem Polizian nachstrebten, deren Individualität aber inmitten der Nachahmung der römischen Dichter der Flavischen wie der nachfolgenden Epochen nicht zur Geltung kommt, und deren Verse für die Nachwelt höchstens ein geschichtliches oder locales Interesse haben, sodaß schon das 16. Jahrhundert, welches doch so stark in lateinischer Poesie that, sich über dieselben gelegentlich sehr ungenirt ausgesprochen hat[1]. Ugolino Vieri, der seinen Namen in Verino latinisirte, feierte seine Vaterstadt und ihre berühmten Männer in den drei Büchern seiner Dichtung De illustratione Urbis Florentiae, welche, obgleich es ihr an glücklichen Charakteristiken nicht fehlt, den Eindruck

---

[1] Vgl. Ben. Varchi's Aeußerung über Ralbi in Prose volgari inedite S. 122.

eines stellenweise ziemlich trocknen Katalogs macht. Naldo Naldi hat sich durch biographische Arbeiten bleibenderen Ruf erworben als durch seine vielen Verse. Das wechselseitige Besingen nahm kein Ende, und wenn man es bei einem Polizian eben hinnimmt, so bekommt's man bei den Andern bald satt. Alessandro Bracci einer der Staatsschreiber, Giovan Batista Cantalicio der nachmalige Bischof von Penne und Adria, Tommaso Baldinotti von Pistoja, Alessandro Cortesi der talentvolle Sprößling einer mit den Medici eng befreundeten Familie von San Gemignano, Piero Riccio, unter dem latinisirten Namen Crinitus bekannt, der auch eine Geschichte der altlateinischen Dichter schrieb, und manche Andere von deren Versen einiges gedruckt ist während ganze Stöße in der Laurentianischen Bibliothek liegen, Ficino's, Landino's, Polizian's Schüler, gehören zu diesen Dii minorum gentium, an denen es einer geistig so erregten Zeit nicht fehlen konnte[1]). Die Verse des Römers Carlo de'Massimi zum Lobe der pisaner Hochschule haben mindestens literarhistorisches Interesse. Von allen Seiten wurden Lorenzo de' Medici literarische Producte jeder Art zugesandt oder überreicht: er war der große Patron der Schriftsteller. Manches von dem was an ihn gelangte, sandte er dann wieder nach San Marco und nach der Abtei von Fiesole, wie man aus den Inschriften einzelner Bände erkennt.

Alle diese, Kleine wie Große, erkannten in Lorenzo de' Medici ihren Mäcen. Aber frühe schon hat dieser an den Tag gelegt, daß er dem ererbten Mäcenat noch eine ganz

---

1) Es ist nicht die Absicht vorliegender Arbeit, in das Detail dieser meist wenig interessanten poetischen Production einzugehn. Bandini hat im Catalog der Laurentiana eine Menge Dinge verzeichnet, Roscoe viele Seiten mit Citaten und bibliographischen Notizen gefüllt, welche zu vermehren ebenso leicht wie unnütz wäre.

andere Bedeutung beilegte und ein weit höheres Ziel steckte. Daß er, kaum dreiundzwanzigjährig, eine Maßregel von großer Tragweite durchsetzte, die nicht nur ein Act der Gerechtigkeit, sondern, abgesehen von ihrer literarischen Bedeutung, ein Merkmal reifer politischer Einsicht war, macht ihm alle Ehre. Es ist die Wiederherstellung der Universität Pisa, gleichsam ein Ersatz für das Unheil welches die in demselben Jahre 1472 erfolgte Verheerung Volterra's anstiftete. Die Universität, zu Anfang des zweiten Drittels des 14. Jahrhunderts aus den längst bestehenden öffentlichen Schulen hervorgegangen und im J. 1343 durch P. Clemens VI. bestätigt, war infolge der über die arme Stadt in demselben Jahrhundert hereingebrochenen Unglücksfälle in tiefen Verfall gerathen und endlich der florentinischen Feindseligkeit erlegen. Der zwischen beiden Staaten lodernde Haß findet nur in der Geschichte des Alterthums rechte Parallelen. Ein Vierteljahrhundert nach der Unterwerfung Pisa's schrieb der Kriegsmagistrat an den dortigen Commissar Averardo de' Medici[1]: „Nach hiesiger allgemeiner Ansicht besteht das beste und wirksamste Mittel, sich der Stadt zu versichern, darin, daß man sie von pisaner Bürgern und Bauern leert, worüber wir dem Volkshauptmann so oft geschrieben haben daß wir's müde sind. Er erwidert, er werde daran durch das Kriegsvolk und dessen Commandanten behindert. Wir befehlen dir nun dich zu ihm zu begeben und Alles mit ihm zu bereden, und keine Härte noch Grausamkeit zu sparen, da wir erkennen daß jede andere Arznei nicht helfen würde. Wir hegen zu dir das Vertrauen, du werdest unverzüglich Alles ins Werk setzen, denn etwas diesem gesammten Volke Erfreulicheres würdest du nicht thun

---

[1] Die Dieci di Balia, Florenz 14. Januar 1432, bei Fabroni Cosmi Med. vita Bd. II. S. 6.

könnten." Das Ergebniß war denn auch, daß die Stadt verkam, die versumpfende Umgebung brach lag und dem Fieber anheimfiel, die Flotte schwand. Und dieser Haß war so eingewurzelt, daß, nachdem inmitten der (nach Lorenzo's be' Medici Tode eingetretenen Umwälzung Pisa sich frei gemacht hatte, ein sonst gemäßigter Mann von der Mediceischen Partei, Bernardo del Nero, sich äußerte: gegen die Pisaner helfe nur Gewalt. Man müsse Alle umbringen die man zu Kriegsgefangenen mache, und das Beispiel der Genuesen nachahmen, die nach der Schlacht bei der Meloria die pisauischen Gefangenen in den Kerkern verschmachten gelassen hätten[1]).

Lorenzo be' Medici scheint frühe erkannt zu haben, daß man das Ziel überschritt, indem man in blindem Hasse Pisa in Trümmer sinken ließ. Die ansehnlichen Besitzungen seiner Familie im Gebiete hatten ihn wiederholt nach der Stadt geführt, deren Lage es auch mit sich brachte, daß Manche auf der Reise zwischen dem Norden und Süden Italiens dort einkehrten. Pisa durfte den Florentinern keine Besorgniß mehr wecken, aber es durfte nicht untergehn. Zweierlei Gründe scheinen übrigens zu dem Entschluß der Wiedererrichtung der alten Hochschule beigetragen zu haben. Einestheils die Ruhe welche den Studien zuträglicher war als das rege Leben in Florenz, anderntheils Menge und Wohlfeilheit der Wohnungen die in immer ärgern Verfall geriethen, wenn nicht Abhülfe eintrat, da Handel und Gewerbe sich ganz weggezogen hatten von ihren alten Stätten, und die Einwohnerschaft fast nur aus armen Leuten bestand. Von Seiten Lorenzo's gehörte sich doch Kraft und moralischer Muth dazu, eingewurzeltem Haß und störrischem Vorurtheil so in den Weg zu treten.

[1] Guicciardini, Del reggimento di Firenze S. 209.

Am 19. December 1472 erschien das Decret, welches die Hochschule wieder ins Leben rief¹). Ein Verwaltungsrath von fünf florentiner Bürgern, die Officiales Studii, wurde eingesetzt, bestehend aus Tommaso Ridolfi, Donato Acciaiuoli, Andrea Puccini, Alamanno Rinuccini, Lorenzo de' Medici. Die jährliche Dotation sollte in sechstausend Goldgulden bestehen, das Statut der florentiner Schule wurde auf die pisanische übertragen. Die Staatsangehörigen sollten nur in Pisa akademische Ehren und Befugnisse zur Praxis erlangen können. Zur Erhöhung der Professorengehalte bewilligte dann P. Sixtus IV. eine Besteuerung des Clerus zum Betrage von fünftausend Gulden auf fünf Jahre, eine Abgabe, welche im J. 1497 durch dessen Nachfolger auf weitere fünf Jahre verlängert ward und worüber u. a. Ficino und Polizian klagten. In Florenz sollten nur die philosophischen und literarischen Studien bleiben.

Mit Recht maß man Lorenzo be' Medici das Verdienst bei. „Vor wenigen Tagen, schrieb ihm Antonio be' Pazzi von Padua aus am 29. Januar 1473²), vernahm ich daß infolge einer Anordnung in Pisa eine neue Hochschule gegründet werden wird, worüber nicht blos wir florentiner Studirenden sondern ebenso die fremden hocherfreut sind, weil Pisa eine vorzugsweise dazu geeignete Stadt ist, wie auch weil die Sache von einem Manne ausgeht, der damit, wie mit Allem was er beginnt, Ehre einzulegen wünschen wird." Von allen

---

1) Fabroni Historia Academiae Pisanae Bd. I. S. 109 ff. Cf. Laur. Med. Vita Bd. I. S. 49. Zahlreiche auf die Universität sich beziehende Schriftstücke ebdf. Bd. II. S. 74 ff. Carlo de' Massimi Carmen heroicum ad Laurentium Medicem de studio per eumdem Pisis innovato, nach einer Laurent. Hf. bei Bandini Laur. Cat. Bd. III. und bei Roscoe Bd. III. S. 237 ff. (Nr. LVIII.)

2) Fabroni Laur. Med. vita Bd. II. S. 77.

Seiten war der Andrang überaus groß. Einer der Ersten die sich meldeten war Francesco Filelfo. Er hatte bei den Sforza in Mailand ein Asyl gefunden, aber stets unzufrieden und ruhelos, verschwenderisch und verschuldet, kriechend und frech, hatte er wiederholt seine Stellung zu wechseln versucht, namentlich in der Zeit Pius' II., den er nach dem Fehlschlagen seiner Hoffnungen im Leben wie im Tode mit gewohnten Invectiven verfolgte, welche ihm aber diesmal Kerkerhaft eintrugen. Im April 1473 wandte er sich an Lorenzo. Längere Zeit vorher hatte er sich bei dessen Vater einzuschmeicheln gewußt, der ihm seine Unbilde gegen Cosimo in dem Maße vergaß daß er einen seiner Söhne über die Taufe hielt, und bei seiner Anwesenheit in Florenz im Herbste 1469, kurz vor Piero's Tode, hatte er von Lorenzo ein Darlehn erhalten[1]. Das Schreiben, daß er jetzt an diesen richtete[2], ist ein merkwürdiges Zeugniß der Sinnesart des Mannes, der auch jetzt noch auf längst Begrabene, auf Marsuppini und Poggio und deren „Synagoge" losgieht. Er beginnt mit dem Vorgeben, Cecco Simonetta der mailändische Kanzler habe ihm angelegen, Pisa vor Rom, wo man seiner begehre, den Vorzug zu geben, und schließt mit der naiven Betheurung, Lorenzo wisse wohl daß er auf der ganzen Welt keinen zweiten Filelfo finde, keinen der ihm ergebener sei. Und in gleichem Ton in einem zweiten Schreiben: „Ihr ermesset, daß zu dieser Zeit in meinem Fach Keiner den Vergleich mit mir aushalten kann." Simonetta unterstützt von Pavia aus das Gesuch und singt das Lob des eiteln Mannes. Lorenzo antwortete und erkundigte sich nach der Honorarforderung, aber die Unterhandlung zerschlug sich, vielleicht nicht zum Bedauern

---

[1] Rosmini Vita di Fr. Filelfo Bd. II. S. 191.
[2] Fabroni a. a. C. Bd. II. S. 75, 76.

des Medici, der Bedenken tragen mochte, den händelsüchtigen alten Mann an die junge Anstalt zu berufen. Der einst über Filelfo verhängte Bann war damals übrigens noch in Kraft. Auch seine literarischen Invectiven-Dienste nach der Verschwörung der Pazzi bahnten noch nicht den Weg. Als er endlich eine Berufung nach Florenz als Lehrer der Eloquenz und Moralphilosophie erhielt, hatte er kaum Zeit die Stadt wieder zu begrüßen, die er vor beinahe einem halben Jahrhundert verlassen hatte, indem er wenige Tage nach seiner Ankunft im Sommer 1481 im dreiundachtzigsten Jahre seines Lebens starb.

Die wiedergeborene Universität, deren Eröffnung im November 1473 erfolgte, sah bald eine Menge tüchtiger Kräfte in verschiedenen Richtungen wirken. Sie würde schon in den nächstfolgenden Jahren zur Blüte gelangt sein, deren sie sich in späten Zeiten in so hohem Maße erfreut hat, wären nicht verschiedene ungünstige Umstände hemmend dazwischengetreten. Man hatte die in Stadt und Umgebung herrschende ungesunde Luft nicht hinlänglich in Betracht gezogen. Krieg, Verarmung, Verödung verschlimmerten die Zustände wesentlich zur Zeit als auch Florenz an der Seuche litt. Sechs Jahre lang hat die Anstalt vom Ort gewechselt. Lehrer und Studirende sind nach Pistoia und Prato gewandert und theilweise nach Florenz gekommen; sogar an Empoli und San Miniato hat man gedacht, bis die Lage der Dinge sich besserte und ein durch Lorenzo's Fürsorge errichtetes Universitätsgebäude die bis dahin zerstreuten Vorträge vereinigte. An Schwierigkeiten hat es unter den Professoren selbst nicht gefehlt, und der Sienese Bartolommeo Sozzini wie die Brüder Decio aus dem Mailändischen, jene wie diese Lehrer des Rechts, haben durch regelwidriges Verhalten Lorenzo Mühe genug bereitet. Zu den tüchtigen in den ersten Jahren in Pisa lehrenden Männern gehörten die Juristen Baldo Bartolini von Perugia und Francesco Accolli von Arezzo, Bruder des florentinischen Kanzlers und Schüler Filelfo's, der schon erwähnte Piero Leoni von Spoleto der nachmals zu seinem Unglück Lorenzo's Hausarzt ward, die Humanisten Lorenzo Lippi von Colle und Bartolommeo von Pratovecchio. Besonders geehrt wurde der Römer Francesco be' Massimi, der bei Eröffnung der Hochschule als Rechtslehrer kam, im folgenden Jahre das Rectorat antrat, und so durch seine Vorlesungen wie durch Bemühungen für Herstellung und Bewahrung besseren Einverständnisses zwischen den beiden feindlichen Städten solche Gunst erwarb, daß ihm und seinen Nachkommen das Bürgerrecht verliehen und das städtische Wappen dem seinigen beigegeben wurde [1]. Die Honorare der Professoren waren meist ansehnlich, und Lorenzo hat wiederholt aus eignen Mitteln beigesteuert. Der Erzbischof Filippo de' Medici unterstützte ihn in seinen Bestrebungen zum Besten der Anstalt, die seinem Sitz zur Ehre wie zum Vortheil gereichte. Daß aber pecuniäre Schwierigkeiten nicht ausblieben, ergiebt sich aus dem Umstande, daß im J. 1485 wegen

[1] Camillo Massimo, Sopra una inedita medaglia di Francesco Massimo dottore in legge e cavaliere. Rom 1860. Im J. 1477 zum Podestà von Siena gewählt, konnte Francesco Massimo wegen des Todes seines Vaters das Amt nicht antreten. Daß er 1458—59 im Staatsdienst in Florenz war, ergiebt sich aus folgendem Schreiben Lorenzo's de' Medici an Giovanni Lanfredini in Rom. „Messer Francesco Massimi kehrt dorthin zurück, nachdem er sich die größte Zufriedenheit dieser ganzen Stadt wie meine eigne erworben hat. Er hat sich in Wahrheit sehr gut benommen, sodaß ich mich veranlaßt gesehen habe, ihn Sr. Heiligkeit wie dem Cardinal Giovanni Colonna zu empfehlen. Ein Gleiches thue ich bei euch, indem ich euch bitte zu bezeugen, daß sein Verhalten nicht löblicher hätte sein können. Um keiner guten Handlungen willen wird es mir soviel lieb sein, daß ihr ihn überall empfehlet wo es ihm angenehm sein kann. Florenz 13. März 1489. (Med. Arch. Filza 59.)

Ausbleibens des päpstlichen Zuschusses eine Ersparniß von zweitausend Gulden nöthig erachtet wurde¹).

In Florenz blieben wie gesagt die philosophisch-philologischen Vorträge, und die wissenschaftliche Thätigkeit schien durch die Wiederbelebung der Schwesterstadt keineswegs beeinträchtigt. Unter den einheimischen Lehrern machte sich Bartolommeo della Fonte (Fontius) einen Namen, gleich ausgezeichnet in der lateinischen wie in der griechischen Literatur, während er über gleichzeitige Ereignisse, vom Jahre 1448 bis 1493, lateinische Aufzeichnungen hinterließ, deren Werth nicht nach ihrer Kürze zu bemessen ist²). Sein Freundschaftsverhältniß zu Poliziano wurde getrübt, als er den durch Filelfo's Tod leergebliebenen Lehrstuhl der Eloquenz erhielt, welchen er nicht lange innegehabt zu haben scheint, da er in Ofen die Aufsicht der Bibliothek Mathias Corvinus' übernahm. Die griechischen Studien blühten. Den einst von Argyropulos und Theodoros eingenommenen Lehrstuhl bestieg der Athener Demetrios Chalkondylas, der ihn länger als Jrgendeiner behauptet und so in Bezug auf sein Wissen wie auf seinen Charakter bessern Ruf als manche dieser griechischen Grammatiker hinterlassen hat. Polizian, der seine Kenntniß der hellenischen Sprache bei ihm vervollkommnet haben soll, begrüßte ihn durch mehre in derselben abgefaßte Sinngedichte, welche nicht auf die später ihnen nachgesagte Nebenbuhlerschaft schließen lassen. Ein schönes Zeugniß seiner homerischen Studien ist die Ausgabe der Ilias und Odyssee, welche im

---

1) Med. Arch.

2) Die Annales suorum temporum druckte Gio. Lami im Catalogus Codd. Mss. bibl. Riccard., Livorno 1756, und nachmals Galletti in Phil. Villani liber ec. S. 151 ff. Gemäß einem Briefe Fonti's an Lorenzo de' Medici hatte er einmal die Absicht, die Geschichte der Medici zu schreiben. In einem hübschen Sinngedichte, ebdf. S. 153, pries er die namhaftesten Literaten seiner Zeit.

J. 1488 erschien, drei Jahre bevor Challondylas, schon den Siebzigen nahe, Florenz mit Mailand vertauschte, wo er von Lodovico Sforza, der mit dem Medici in der Pflege von Wissen und Kunst wetteiferte, gerne aufgenommen ward und lange lehrte. Seine Stelle in Florenz nahm Johannes Lascaris ein, der dann so mit Mailand und Frankreich wie mit Rom in den Tagen von Lorenzo's Sohne vielfache und fruchtbare Beziehungen anknüpfte. Vielleicht nie und nirgend ist die Kenntniß griechischer Sprache und Literatur unter der vornehmen Jugend so verbreitet gewesen wie in diesen Tagen in der tuscischen Stadt, von welcher Polizian sagte, Athen sei hier mit seinem heimischen Boden und all seiner Habe eingezogen. Inderthat kamen von allen Seiten fremde Lernbegierige, Engländer, Teutsche, Portugiesen, wie man einst nach Athen ging. Alessandro Farnese hatte hier die Kenntniß der griechischen Sprache und Literatur erlangt, welche bei dem greisen Papste Paul III. nicht geschwunden war. Polizian sagte zu Challondylas' Zuhörern:

„Suchet die Heimat nicht der Pierien, Pfleger der Dichtung.
Denn in unserer Stadt weilet der Himmlische Chor.
Fragt ihr, wo sie bei uns sich gewählt die bleibende Stätte?
Alle findet vereint ihr in Challondylas' Brust."

Weniger durch diese Ausländer jedoch als durch Italiener ist die Textkritik in Aufnahme gekommen. In Rom vorzugsweise durch Lorenzo Valla und Pomponio Leto, in Florenz durch Landino, Polizian, Pico. Zu diesen Arbeiten hat Lorenzo be' Medici vielfach den Anstoß gegeben, nicht nur durch Ermunterung der ihm persönlich Nahestehenden, sondern auch durch seine Beziehungen zu Andern, so zu den Mitgliedern der Akademie, welche den Sturm der Regierung P. Pauls II. überstand um unter Sixtus IV., der von diesen getauften Heiden keine Gefahr fürchtete, fröhlich wiederaufzublühen. Wenn Bartolommeo Platina ihm schreibt¹), ihm den mailändischen Bildhauer Andrea Fusina empfiehlt, fügt er hinzu, der Mann halte sich der Gewährung seines Anliegens nur gewiß, wenn er, Platina, sich für ihn verwende. „Lebe wohl und glaube mir, du haft Wenige die dich gleich Platina ehren und lieben." Am 30. März 1488 schreibt er an Laufrebini zu Gunsten eines Freundes Pomponio Leto's²): „Ohne Zweifel kennet ihr wenigstens von Namen Pomponio, welcher dort in Rom einer der berühmtesten Gelehrten ja der erste derselben und mir und unserem ganzen Hause sehr anhänglich ist, sodaß ich sehnlich wünsche ihm einen Gefallen zu erweisen."

Die Handschriftenkunde mußte erst begründet werden. Das Zeitalter der Entdeckungen, deren reiche Ernte beinahe abgeschlossen war obgleich immer noch Einzelnes und Werthvolles folgte, hatte sich begreiflicherweise besonders der Freude an dem Neugewonnenen und der Verwerthung desselben hingegeben, ohne sich auf Kritik viel einzulassen. Nothwendig machte diese mehrundmehr ihr Recht geltend, je dringender, bei fortgesetzter Beschäftigung mit den alten Autoren, die Untersuchung der Correctheit der Handschriften sich zeigte. Im Allgemeinen war man anfangs zu sehr geneigt gewesen an deren hohes Alter zu glauben, und war in einzelnen Fällen durch die chronologischen Noten am Schlusse der Codices [Kolophon] getäuscht worden, welche wol, wie bei dem Mediceischen Codex der späteren Bücher von Tacitus' Annalen, bis auf das Ende des vierten christlichen Jahrhunderts zurückführten, während sie nur von späteren Copisten

---

1) Gaye a. a. O. Bd. I. S. 273.
2) Med. Arch. Filza 59.

Emendationen. Polizians kritische Arbeiten.

mitabgeschrieben worden waren. Der corrupte Zustand der Handschriften forderte die Correctur heraus, die Correctur aber war meist arbiträr. Coluccio Salutati, Leonardo Bruni, Francesco Barbaro, Viele mit wie nach ihnen, hatten den Mängeln abzuhelfen gesucht; eine Regel gab's für sie nicht. Hier tritt vor allem Polizians bedeutendes Verdienst hervor. Nicht etwa daß nicht auch er sich der Conjecturen reichlich bedient hätte, namentlich in der Jugend als er in seiner Arbeit über Catull selbstgefällig alles Aehnliche übertroffen zu haben glaubte. In dieser Beziehung stand er nicht allein. Ermolao Barbaro bekennt in seiner Ausgabe des Plinius von 1492, Marullus in seiner kritischen Arbeit über Lucretius, wie oft sie zu eigenen Emendationen ihre Zuflucht nehmen mußten. Aber Polizian erkannte sehr wohl, daß nur durch Vergleichung der Handschriften, wo mehr als eine vorlag, eine festere Basis zu gewinnen war. Traf dies nicht zu, so suchte er durch Anmerkungen und Parallelstellen seine Conjecturen zu begründen. Manche gedruckte Bücher aus seinem Besitz tragen am Rande die Spuren der Handschriften-Vergleichung, deren er in einem seiner Briefe an Lorenzo erwähnt[1]. Die Sammlung kritischer Studien, die er auf dessen Wunsch und ihm gewidmet im J. 1489 unter dem Titel Miscellanea herausgab, ist ein bleibendes Denkmal seiner Gelehrsamkeit und seines Scharfsinns. Der Streit mit Filelfo's Schüler Giorgio Merula[2], dem Herausgeber des Plautus, welcher durch Lodovico il Moro nach Mailand berufen, dort philosophische Vorträge hielt, und, einst Polizians Bewunderer, nun in dessen Werke Plagiate und Irrthümer finden wollte, macht einen unerfreulichen Eindruck, und

---

1) Venedig 20. Juni 1491 in den Prose volgari ec. S. 78.
2) Die verschiedenen Briefe in Polizians Epistolae Buch XI.

eine vortheilhafte Rolle spielt nur der Sforza, der die Gereiztheil des an ihn sich wendenden Florentiners zu beschwichtigen suchte. Polizians, auf Veranlassung Lorenzo's de' Medici unternommene kritische Arbeit zur Correction des Textes des Justinianischen Gesetzbuches nimmt in der Geschichte desselben eine ehrenvolle Stelle ein. Seine Ansicht über Alter und Schreiber des berühmten Exemplars der Pandecten, angeblich bei der Eroberung von Amalfi, ohne Zweifel durch kaiserlich griechische Schenkung nach Pisa, von dort nach Unterwerfung der Stadt nach Florenz gekommen, mag vor der Kritik späterer Zeiten nicht bestanden, seine Recension unvollständig gewesen sein: die Grundlage eines bessern Textes als jener der neueren Handschriften und der beiden nach denselben bereits veranstalteten Drucke ist dennoch ihm zu danken [1]).

Während man lateinische Werke der Humanisten in der Vulgarsprache übersetzte, fuhr man fort mit lateinischen Uebertragungen griechischer Werke. Alamanno Rinuccini übersetzte plutarchische Biographien und Moralschriften wie Philostratos' Leben des Apollonios von Tyana, das in einer Zeit der Beschäftigung mit spätgriechischer theologisirender Philosophie besonderes Interesse weckte, Alessandro Bracci die Geschichten des Appian, Polizian wie schon erwähnt für P. Innocenz VIII. die des Herodian. Die in Florenz und Venedig begonnene Bewegung hatte sich über ganz Italien ausgedehnt. Die Blüte der Studien fiel in die Zeit, in welcher die Erfindung des Bücherdrucks in das ganze literarische Leben eine Veränderung brachte, deren Tragweite man alsbald

---

[1] A. M. Bandini, Ragionamento istorico sulle collazioni delle Pandette ec. Livorno 1762. Die Laurentiana bewahrt das Exemplar der Pandecten, worin Polizian seine Collation notirte. Bandini bespricht es auch im vierten Bande des Catalogs der lateinischen Handschriften.

ahnte ohne sie ermessen zu können. Wie wir gesehen, waren bisher Bücher eine Sache der Vornehmen und Wohlhabenderen gewesen und oft nur durch eigne Arbeit zu erlangen. Bis in die höchsten Kreise hinauf reichten die Schwierigkeiten. Jetzt wurden mit Einemmale diese Bücher zum Gemeingut. Die Verbreitung der neuen Kunst hatte nicht nur die materielle Vermehrung der literarischen Hülfsmittel zur Folge; begreiflicherweise führte sie rasch zu unendlich gesteigerter Anwendung der Kritik. Wir vernahmen die bittern Klagen über Verderbtheit der Texte. Was bisher Einzelne zur Erlangung größerer Correctheit versuchten, wurde nun zu einem Zweige der gelehrten Thätigkeit. Nicht alle Correctoren waren ein Polizian oder Barbaro oder Merula, welcher Letztere in der Ausgabe des Plautus von 1472 klagt, daß Gelehrte wie Ungelehrte sich mit der Büchercorrectur befaßten, ein Umstand wodurch der Werth mehr denn einer Editio princeps sich auf die bloße Seltenheit beschränkt, und es sich erklärt daß manche Correctoren dieser Zeit mit ihren Vorgängern den Copisten an Willkür wetteiferten. Doch auch für jene gelehrten Männer stand der Kanon der Kritik noch keineswegs fest.

Es ist auffallend daß Florenz, welches in der Zeit der Ausbreitung des Bücherdrucks in Italien an der Spitze der literarischen Bewegung stand, keineswegs zu den ersten Städten gehörte welche in den Annalen der Typographie auftreten. Im J. 1465, drei Jahre nachdem die Eroberung von Mainz durch Churfürst Adolf von Nassau die dortigen Drucker in alle Welt zerstreut hatte, eröffneten zwei Teutsche im Benedictinerkloster zu Subiaco die erste bald nach Rom in das Haus der Massimi verlegte Druckerei, worauf erst vier Jahre später Venedig, dann umbrische und andere Städte folgten. Im November 1471 erschien in Florenz das erste gedruckte

Buch, des Servius Commentar zu den Bucoliken Virgils, welchem im folgenden Januar die Georgica, im October 1472 die Aeneis folgten. Wenn aber die Stadt mehrn andern in Bezug auf die Priorität nachstand, so gebührt ihr der Ruhm daß einer ihrer Söhne die Typen schnitt und goß, statt sich ausländischer zu bedienen. Es war der Goldschmied Bernardo Cennini, der in Italien zuerst als selbständiger Künstler in diesem Fache auftrat[1]). Zu Anfang Januars 1415 in Florenz geboren, erst der Seidenwirkerei dann der Goldschmiedekunst gewidmet, betheiligte er sich an den Erzthüren des Baptisteriums und andern großen Werken. Seine Kunst führte ihn zu der Verfertigung von Schrifttypen. Die Inschrift des von ihm mit Hülfe seiner Söhne Domenico und Pietro, des Ersten als Schriftstecher, des Zweiten als Corrector gedruckten Buches[2]) zeigt, daß er auf die Leistung stolz war: „Florentinischen Geistern fällt nichts schwer". Das Buch verkündet in Format und Druckeinrichtung künstlerischen Sinn, den rundformigen Typen fehlt es jedoch an Schärfe und Gleichmäßigkeit. Der pecuniäre Erfolg dürfte der Mühe und den Auslagen schwerlich entsprochen haben. Wenn wir finden daß Cennini, nachdem er sechszehn Monate auf

---

1) F. Fantozzi, Notizie biografiche di Bernardo Cennini. Flor. 1839. G. Ottino, Di Bernardo Cennini e dell' arte della stampa in Firenze. Flor. 1871. Nachdem vier Jahrhunderte sich kaum des ersten florentiner Druckers erinnert, hat die jüngste Zeit ihm bei Gelegenheit des vierten Centenariums seiner Wirksamkeit in San Lorenzo, wo er begraben liegt, ein Denkmal, an seiner Werkstatt eine Denktafel gesetzt und einer Straße seinen Namen gegeben.

2) Ad lectorem. Florentiae VII. Idus Novembres MCCCCLXXI. Bernardus Cennius (sic) aurifer omnium indicio praestantissimus, et Dominicus eius F. egregiae indolis adolescens: expressis ante calibe caracteribus ac deinde fusis literis volumen hoc primum impresserunt. Petrus Cenninus Bernardi eiusdem F. quanta potuit cura et diligentia emendavit ut cernis. Florentinis ingeniis nil ardui est.

Herstellung des Foliobandes verwendet, für ein Anlehen von einhundertundzwanzig Gulden sein Haus zum Pfande gab, so erklärt sich weshalb er zu seinem alten Kunstgewerbe zurückkehrte und sich kein anderes von ihm gedrucktes Buch findet. Bernardo Cennini, dessen Gesicht sehr gelitten hatte, wurde im Verlauf der Zeit Consul seiner Zunft, und starb im J. 1483, zwölf Jahre nach dem Versuch, der ihm einen Namen und späte Ehren eingetragen hat.

Nun ließ sich ein Teutscher in Florenz nieder, Johannes des Petrus Sohn von Mainz, der im November 1472 Boccaccio's Filocolo druckte und nachmals sich mit der Typographen-Gesellschaft verband, die von dem Dominicanerinnenkloster von Ripoli ihren Namen hat[1]) und deren Local man noch in einem der Schulzimmer der nach demselben benannten Erziehungsanstalt in Via della Scala zeigt. Aus der von den geistlichen Vorstehern des Klosters gegründeten, mit einer Schriftgießerei verbundenen Anstalt gingen zuerst im J. 1476 einige Lauden und Gebete, dann der Commentar des Donatus und die Legende der h. Caterina von Siena hervor, von welcher so die gewöhnlichen wie die mit gemalten Initialen gezierten Exemplare große Verbreitung fanden. Diese Druckerei, an welcher Verschiedene, so Geistliche wie Laien sich betheiligten und in der die Nonnen als Setzerinnen thätig waren, hat im Verhältniß zu ihrer nur achtjährigen Dauer große Thätigkeit an den Tag gelegt. Mit dem J. 1477 beginnen die Drucke des schon genannten

---

1) P. Vinc. Fineschi, Notizie istoriche sopra la stamperia di S. Iacopo di Ripoli, Flor. 1781. D. Moreni in den Novelle letterarie fiorentine von 1791, und F. Fossi im Catalogo delle antiche edizioni della B. Magliabechiana Bd. III. haben über die Arbeiten dieser Typographie, deren Zahl sich auf sechsundachtzig beläuft und worunter sich seltsamerweise ein Decameron findet, weitere Nachrichten beigebracht.

Nicolaus von Breslau welcher im J. 1478 die Editio princeps des Celsus, drei Jahre später Landino's Dante herausgab. Im J. 1481 druckte Antonio Miscomini Savonarola's Triumphus Crucis, ein Beweis wie die dem beredten und gelehrten Dominicaner gewidmete Aufmerksamkeit sich steigerte, dann Ficino's platonische Theologie und Uebersetzung des Plotinus. Im J. 1488 eröffnete der Homer, Lorenzo's ältestem Sohne gewidmet, in glänzender Weise den Reigen der in Florenz erschienenen griechischen Bücher. Chalkondylas übernahm die Correctur; daß sie nicht leicht war, erkennt man aus den Worten der Vorrede, durch Nachlässigkeit der Abschreiber (librarii) sei der Text so verderbt, daß man ihn sozusagen in keinem Coder, wie alt er immer sein möge, unversehrt wiederfinde. Bernardo und Neri, die Söhne Tanai's de' Nerli eines edlen Bürgers, trugen die Kosten. Lorenzo Alopa von Venedig soll den schönen Band gedruckt haben, welchem bald zahlreiche andere folgten. Die berühmteste und weitverbreitetste florentinische Typographenfamilie, die der Giunta, begann ihre Arbeiten erst, als Lorenzo be' Medici längst im Grabe lag.

So umfassend nun auch bald die Thätigkeit der Typographie wurde, so fehlte doch viel daran daß sie den Werth der Handschriften irgendwie verringert, oder auf längere Zeit noch der Arbeit der Copisten ein Ziel gesetzt hätte, abgesehn davon daß Drang und Bedürfniß des Hebens literarischer Schätze immer dieselben blieben. Dies findet seine Erläuterung in der materiellen Vollendung, zu welcher die Kunst der Copisten gediehen war, eine Vollendung, deren stolzes Bewußtsein sich in der wegwerfenden Bemerkung Vespasiano's über den Typendruck ausspricht. Manche Jahre noch hat diese Thätigkeit gewährt, ein nachmals fast spurlos verschwundener Industriezweig gezeitigt. Einer der glänzendsten obgleich keineswegs wichtigsten Schätze der Laurentiana, die sechzehn Foliobände mit Miniaturen und Verzierungen füllenden Werke des h. Augustinus, in Piero's de' Medici Zeit begonnen, ist erst kurz vor Lorenzo's Tode (zwei Bände haben die Jahrszahl 1491), vielleicht erst unter dessen zweitem Sohne vollendet worden, falls nicht das Kugelwappen mit dem Triregnum auf den Besitzer P. Leo X., nicht aber auf dessen Betheiligung an der Ausführung hinweist.

In der Verbreitung der literarischen Schätze, so der classischen Werke wie der Schriften der Neueren, und in den Beziehungen Letzterer zum großen Publicum, mit dem sie eigentlich erst jetzt in rechte Verbindung zu treten begannen, erfolgte nun in rasch steigender Progression der gewaltige Wechsel, der dieser Zeit in der Geschichte der geistigen Entwicklung zwiefache Bedeutung sichert. Bei Lorenzo's Tode hatte dieser Umschwung sein erstes Stadium noch nicht durchmessen, aber sein helles Auge konnte dessen zunehmende Wichtigkeit erkennen, wenn er, um sich blickend, die im Verlauf von achtundzwanzig Jahren rasch gesteigerte, andere Länder überragende Betheiligung Italiens an der typographischen Thätigkeit gewahrte. Eine Betheiligung welche, in gleichem Maße wie das vorausgegangene rasche Aufblühen der griechischen Literatur es klar machte, wie das Land vorbereitet war für fruchtbare und selbständige Benutzung der Gaben des Auslandes. Die Erfindung der Buchdruckerkunst und die Entdeckung America's sind gewissermaßen die beiden Grenzmarken des Lebens Lorenzo's de' Medici gewesen. Die erste schuf die eigentliche Oeffentlichkeit, die zweite eröffnete der Welt einen neuen Horizont.

Das Sammeln und Copiren von Handschriften ist nie eifriger betrieben worden als in diesen Tagen. Wenn die Ergebnisse des Sammelns denen von Poggio's und Leonardo

Bruni's Zeit an Bedeutung weit nachstanden, so mehrten die Bücherschätze sich doch allerwärts. Griechenland, das in der ersten Hälfte des Jahrhunderts so vieles gesandt, von wo dann um die Zeit des Untergangs des östlichen Kaiserreichs so manches nach dem Abendlande gerettet ward, fuhr fort, Fundgrube zu sein. Dies zeigten vor allen Johannes Lascaris' beide Reisen, deren zweite, von welcher die Ausbeute wie gesagt erst nach Lorenzo's Tode in Florenz anlangte, wesentlich der Durchsuchung der Athosklöster gewidmet war, wie die spätere Reise Bernardo Michelozzi's. Es ist begreiflich daß Lorenzo beim Sammeln von Bücherschätzen auch unter seinen Landsleuten manche Nebenbuhler fand. Einst hatte Piero de' Pazzi Andrea's Sohn eine schöne Bibliothek gebildet. Die beiden Gaddi, Francesco und Angelo, waren ihm nachgefolgt, und die große öffentliche Bibliothek ihrer Vaterstadt enthält Vieles von dem, was einst in ihrem Besitze war. Polizians Freund, der hochgebildete Kaufmann Filippo Sassetti der ältere brachte vieles zusammen. Die schöne Sitte, die Bücherschätze durch Vermächtnisse vor Zerstreuung zu sichern, währte fort. So hatten Boccaccio, Niccoli, Traversari, Cardinal Piero Corsini u. A. gethan, so that der Bischof von Volterra Ugolino Giugni der seine Bücher der florentinischen Benedictinerabtei hinterließ [1]). Im J. 1477 vermachte Jacopo Salvini Bischof von Cortona die seinigen lehtwillig Lorenzo de' Medici [2]). Ueberall hatte dieser seine literarischen Correspondenten. Im J. 1476 finden wir ihn im Briefwechsel mit dem Mailänder Gio. Francesco della Torre, welcher mit Maestro Bonaccorio von Pisa die

---

1) Targioni-Tozzetti, Notizie sulla storia delle scienze fisiche in Toscana (herausgeg. von Fr. Palermo), Flor. 1853. S. 60, 61.
2) Med. Arch.

Bücher des Andronikos Kallistos gekauft hatte, als dieser aus der Lombardei nach seiner Heimat zurückzukehren gedachte¹). Giovanni Rossi von Candia, dessen Cardinal Bessarion sich bedient hatte, wurde von ihm gebraucht, wie es scheint auch zum Besorgen von Abschriften²). Unter den ihm näher Stehenden sind in späterer Zeit namentlich Polizian, Pico, Ermolao Barbaro es gewesen, die für Bereicherung seiner Sammlung wie für die der Klosterbibliotheken von San Marco, von Fiesole und San Gallo Sorge trugen. Zu Ersterem sagte er einmal, er wünsche daß er und Pico ihm so viele Bücher verschaffen könnten, daß, falls sein Einkommen nicht ausreiche, er sein Hausgeräth versetzen müßte. An manchen Orten hielt er Abschreiber, so noch in seinen letzten Jahren zu Padua, wo die Anwesenheit so vieler bedeutenden Gelehrten und die Beziehungen zur Levante mittelst Venedigs dem Sammeln günstig waren.

Mit welchen Schwierigkeiten und Kosten das Aufbringen von Handschriften in früherer Zeit verbunden war, haben wir gesehen. Aber selbst in Lorenzo's spätern Jahren war es keineswegs leicht, und sein Briefwechsel macht uns klar, wie er einmal in den Tagen seines höchsten Glanzes sich eigenhändig an einen ihm vielfach verpflichteten Fürsten wenden mußte, um den Cassius Dio geliehen zu erhalten. „In der Bibliothek Eurer Excellenz, so schrieb er am 5. Februar 1486 an Herzog Ercole von Este³), findet sich ein Geschichtschreiber Namens Dio de romanis historiis, welchen ich sehnlich zu sehen wünsche, so wegen des Genusses und Trostes welchen mir die Geschichte gewährt, wie auch weil mein Sohn Piero, der in griechischer Literatur einige Kenntniß erworben

---

1) Fabroni a. a. O. Bd. I. S. 153, Bd. II. S. 286.
2) Ebdt. Bd. I. S. 153.
3) Bei A. Cappelli a. a. O. S. 246.

hat, mich gebeten ihm zur Bekanntschaft mit diesem Autor zu verhelfen, von dem ich vernehme daß er in Italien höchst selten ist. E. E. kann daraus entnehmen, wie hoch ich diese Vergünstigung schätzen werde, wenn dieselbe mir das Buch auf einige Tage leihen will." Ungeachtet der vertrauten Beziehungen sandte der Herzog das Original nicht, erlaubte jedoch daß durch einen nach Ferrara beorderten Copisten eine Abschrift genommen wurde. Zwei Jahre später ließ er die von Niccolò Leoniceno gefertigte Uebertragung für Lorenzo copiren, unter der Bedingung daß sie weder gedruckt noch sonst verbreitet würde¹). Im Frühling 1491 sahen wir Polizian in Venedig, wo er für seinen Gönner eine Menge heute in der Laurentiana befindlicher Handschriften erstand. Daß man ihm die Ansicht der Büchersammlung Cardinal Bessarions abschlug, obgleich der ferraresische Gesandte sich beim Dogen Agostino Barbarigo verwandte, ist ein seltsames Merkmal kleinlichen Mißtrauens²). „Eure Unermüdlichkeit im Copirenlassen griechischer Werke und die durch euch den Gelehrten erwiesene Gunst, schreibt zu dieser Zeit Polizian an Lorenzo, gewinnen euch solche Verehrung und Zuneigung, wie seit langen Jahren niemand sie genossen hat." Als er so schrieb, erwähnte er zugleich der Bewunderung, welche eine damals schon von allen Literaten und Gelehrten, später auch von Päpsten und Königen gefeierte venetianische Dichterin in Bezug auf Lorenzo Ausdruck gab. „Gestern Abend besuchte ich die Cassandra Fedele³), der ich eure Grüße

---

1) Bei Cappelli a. a. O. Die Hf. war von Batista Guarino. Die Uebersetzung wurde 1532 zu Venedig gedruckt, das Original in Paris 1545.
2) Prose volgari inedite ec. S. 78.
3) Diese Dichterin, von mailändischer Familie, war zu Venedig gegen 1465 geboren und soll 1558 gestorben sein. Polizian (Epist. l. III. 17) nennt sie: o decus Italiae virgo.

überbrachte. Lorenzo, sie ist wahrhaft bewunderungswürdig, so im Lateinischen wie in der Vulgarsprache, dabei äußerst bescheiden und meinem Urtheil zufolge auch schön. Ich verließ sie staunend. Sie ist euch sehr ergeben, und spricht von euch als kennte sie euch in- und auswendig. Eines Tages kommt sie euch gewiß in Florenz zu besuchen: bereitet euch somit ihr Ehre zu erweisen."

Das von Lorenzo de' Medici gegebene Beispiel blieb im eignen Hause nicht ohne Frucht. P. Leo X. hat sein ganzes Leben lang dargethan, wie in Bezug auf den Eifer im Sammeln literarischer Schätze der Geist seines Vaters in ihm fortlebte. Piero stand mit seinem Lehrer Polizian der Leitung und Bereicherung der Bibliothek vor, wovon er dem Vater Nachricht gab, wenn dieser krank im Bade weilte. Aus einem seiner Briefe[1]) erfahren wir, daß die Medici sich für diese Bereicherung den am 4. April 1490 erfolgten beinahe plötzlichen Tod König Mathias Corvinus' zu Nutzen machten, indem nun eine Menge Copisten und Händler unbeschäftigt blieben, die für diesen Herrscher gearbeitet hatten welcher mit Allen seiner Zeit wetteiferte und jährlich über 30,000 Goldgulden für die Vergrößerung seines Ofener Bücherschatzes ausgegeben haben soll. Noch im J. 1488 hatte er einen Bevollmächtigten nach Florenz gesandt, Ankäufe und Abschriften zu beaufsichtigen. Der Beistand, welchen Lorenzo jederzeit den Bestrebungen des thätigen und hochsinnigen Herrschers über ein noch halb barbarisches aber glänzender Entwicklung fähiges Volk zutheilwerden ließ, entsprach den freundschaftlichen Beziehungen zu demselben und der ihm verschwägerten neapolitanischen Königsfamilie. Schon lange vor Mathias Corvinus waren mancherlei literarische wie

---

[1]) Florenz 5. Mai 1490, bei Fabroni a. a. L. Bd. II. S. 287.

künstlerische Beziehungen zwischen Florenz und Ungarn ange-
knüpft worden, namentlich durch jenen Filippo Scolari, nach
seiner Würde als Obergespann von Temesvar bei seinen
Landsleuten gewöhnlich Pippo Spano genannt, welcher unter
Sigmund von Luxemburg eine einflußreiche Stellung gewann.
Nachmals hatten dann der vielvermögende Erzbischof von
Gran, Johann Vitez, der in Ofen eine hohe Schule gründete,
namentlich aber dessen Neffe Bischof von Fünfkirchen, Janus
Pannonius, der in Padua unter Guarino studirte und in
Careggi Cosimo de' Medici besuchte, die Verbindung mit der
italienischen Gelehrtenwelt thätig unterhalten.

Nicht blos den literarischen Schätzen im engern Sinne
wandte schon von Jugend an Lorenzo de' Medici seine Vorliebe zu: auf einem Felde, das einerseits mit der Alter-
thumswissenschaft andrerseits mit dem der Geschichte an-
einandergrenzt, wird sein Name ebenfalls mit Auszeichnung genannt. Der Aufschwung der classischen Studien
hatte sich auch auf die antiken Monumente erstreckt. Rom,
Jahrhundertelang nur im Zerstören thätig, begann sich des
üblen Namens zu schämen, welchen solche Barbarei ihm erworben hatte. Die Zeit Sixtus' IV. ist bei allen ihren
Sünden doch der Wendepunkt gewesen. Die römische Akademie hat sich bestrebt, den schlimmen Ruf zu tilgen welchen
P. Pius' II. Epigramm strafte. Große Bauten veranlaßten
mancherlei Entdeckungen, und die beträchtliche Mehrung des
Schatzes alter Inschriften lenkte ebenso in erhöhtem Maße
die Aufmerksamkeit auf diese wichtigen Zeugnisse alter Zeit
und Geschichte, wie die Wahrnehmung des häufigen Wieder-
verschwindens oder Verlorengehens derselben durch Zertrüm-
merung, Verwendung zu andern Zwecken, Vernachlässigung
und Verschleppung an die Nothwendigkeit mahnte, wenigstens
durch Abschriften den Inhalt zu sichern. Was einst Nicola

Signorini, Giovanni Tonbi, Poggio, in weiterm Umkreise
Ciriaco, vor ihnen vielleicht schon Cola di Rienzo unternommen,
wurde jetzt namentlich unter Pomponio Leto's und seiner
Freunde Leitung und unter Theilnahme von ganz Italien
fortgesetzt, während Inschriftensteine ämsig gesammelt wurden,
in Rom nicht blos, in Neapel, in Oberitalien. Eine der bedeutendsten Abschriftensammlungen wurde Lorenzo be' Medici
gewidmet. Es ist die des Dominicaners Fra Giocondo von
Verona, eines der vielseitigen Genies wie diese Epoche mehrere
hervorbrachte, in der classischen Literatur und Alterthumskunde
bewandert und Lehrer Julius Cäsar Scaligers der ihn eine
Bibliothek ältern und neuern Wissens nannte, Ingenieur und
Architekt, in Rom, in Venedig, in Frankreich vielfach thätig,
in hohem Alter noch unter Leo X. Baumeister der vaticanischen Basilika. Das Exemplar der Inschriften-Sammlung
welches Fra Giocondo Lorenzo be' Medici überreichte, der
namentlich durch Alessandro Cortesi mit ihm in Berührung
blieb, ist verschollen, Abschriften desselben sind jedoch geblieben, und die Widmung des Werkes ist eine beredte Klage
über den Zustand des alten Rom und die Zerstreuung oder
Vernichtung der Stein- oder Erztafeln, eine warme Wür-
digung ihrer Bedeutung, eine Anerkennung des von Lorenzo
diesen Studien geweihten Interesses. Polizian und andere
Freunde haben sich der mühsamen Arbeit des vielfach thätigen
Veronesers bedient, der sowie mit dem nachmaligen Papste
mit dessen Bruder Giuliano in Verbindung blieb, welchem
er den Commentar zu Caesars gallischem Kriege und der
spätern Ausgabe des Vitruv widmete[1]).

1) Balari's Leben Fra Giocondo's [Bd. IX. S. 155 ff.] ist sehr
unvollständig und bedarf noch ernster Studien. Ueber seine Arbeiten in
der Heimat: G. Orti Manara, Dei lavori architettonici di Fra
Giocondo in Verona. Verona 1853. Ueber seine Inschriftensammlung:

Solche waren die literarischen Richtungen, die ungeachtet der Nebenbuhlerschaft anderer Städte in Florenz ihren eigentlichen Mittel- und Brennpunkt fanden, so der Männerkreis der sich in dieser Stadt gebildet hatte. Die Lücken füllten sich rasch wieder aus. Wie Lorenzo selbst standen mehre der Hervorragendsten noch in frischem Alter, und Jüngere machten sich geltend, wie Marcello Virgilio Adriani, der nach Scala's Tode dem Kanzleramt seinen frühern Glanz wiedergab, und Bernardo Dovizi, im Mediceischen Hause aufgewachsen und nachmals als Cardinal von Bibiena weltberühmt. So groß persönliche Divergenzen sein mochten, Lorenzo de' Medici hielt Alles zusammen. Ihm huldigte Alles, ihn erkannten Alle als Führer. Es war nicht kriechende Huldigung vor einem mächtigen Herrn: gerade manche der ihm Zunächststehenden haben durch ihn wenig gewonnen an weltlichen Gütern, Andere standen zu hoch und unabhängig als daß sie seiner Vermittlung bedurft hätten. Es war die Anerkennung eines reichbegabten fruchtbaren Geistes und eines edlen Strebens. Bei aller Ungleichheit von Stand und Stellung, hat in diesem Kreise stets freie leichte Bewegung geherrscht. Auch wo die Zusammenkünfte akademischen Charakter annahmen, blieben sie weit entfernt von jener Förmlichkeit die sich später in das akademische Leben einschlich. Lorenzo de' Medici, heiter und gesellig, blieb stets mit den literarischen

---

G. B. de Rossi, I Fasti municipali di Venosa restituiti alla sincera lezione, Rom 1853. (Aus Bd. 133. des Giornale Arcadico.) Gemäß den Novelle letterarie di Firenze. Jahrg. 1771 S. 723 wurde das Mediceische Exemplar an P. Clemens XIV. gesandt, ist aber weder im Vatican. Archiv noch in der Bibliothek je gesehn worden. Ueber die Abschriften, wie die zweite von dieser in Manchem abweichende und minder reichhaltige, dem Erzbischof von Cosenza Lodovico de Agnellis gewidmete Sammlung vgl. De Rossi S. 7 ff. Die Widmung: Laurentio Medici Fr. Io. Iucundus S. P. D. bei Fabroni Bd. II. S. 279 ff. Sie endet: „Vale feliciter humani generis amor et deliciae."

Freunden in zwanglosem Verkehr. Ueberall sah er sie bei sich, im Hause von Via Larga, im Garten von San Marco, auf den Villen zu Careggi und Poggio a Cajano. Die Vertrauteren fehlten auch nicht, wenn er ins Bad und nach Pisa ging, und in den Klosterhöfen mit den Geistlichen in ernster Unterredung lustwandelte. Die vielbesprochene Platonische Akademie, dies Erbtheil des Großvaters, war im Grunde nur eine der Erscheinungen dieses vielgestaltigen Gesellschaftslebens. Ihre Zusammensetzung war bunt und verschiedenartig wie dies Leben selber. Daß die Platoniker gelegentlich auf unplatonische Wege geriethen, darf nicht auffallen. Halbkomischen Eindruck macht aber ein Brief Landino's vom J. 1464, Cosimo's Todesjahr¹), eine Fürbitte für den Herold des Palastes der Prioren der seines Amtes entlassen worden war, weil er zwei Tage lang eine Dirne in seiner Stube verborgen gehalten hatte. Seine Frau sei guter Hoffnung, schreibt der Gelehrte, er habe drei Töchterchen und eine alte Mutter, und sei — Mitglied der platonischen Akademie.

Lorenzo nahm bisweilen an den Versammlungen des gelehrten Vereins Theil, den er namentlich gerne nach Careggi beschied, wo er ungestörter war als in der Stadt. Theils dort theils hier wurden auch die Symposien erneuert, welche gemäß alexandrinischer Tradition Platons Geburts- und Sterbetag, den 7. November, gefeiert haben sollen. Marsilio Ficino schildert solche Male, die unter dem Vorsitz Lorenzo's oder Francesco Bandini's stattfanden²). Wir finden als Gäste Marsilio und dessen Vater, Landino, Antonio degli Agli Bischof von Fiesole, Carlo und Cristoforo Marsuppini, Giovanni Cavalcanti, Bernardo Nuzzi, Tommaso Benci. Die akademische Feier

---
1) Med. Archiv.
2) An Jacopo Bracciolini Epist. l. 1. Prolegom. ad Platonis convivium.

oder Uebung begann nach dem heitern Mal, und Platons
Symposion welches die Deutungen der Liebe bei ähnlicher fest-
licher Zusammenkunft zum Gegenstande hat, das Buch zu
welchem Marsilio in seiner Abhandlung über die Liebe gewissermaßen den Commentar geliefert hatte, wurde unter
Vertheilung der Rollen an die Anwesenden zum Anhaltspunkt
wie zu freier Erläuterung gewählt. Giovanni Cavalcanti
entwickelte die Rede des Phaedros über die Geburt des im
Drange organischer Gestaltung und des Strebens zum Licht
zugleich mit der Erde aus chaotischer Nacht erzeugten Eros
als belebende, zum Guten, Hohen, Edlen, Schönen urkräftig
treibende Kraft in der Menschheit. An diese Entwicklung
schloß sich die demselben Cavalcanti zugetheilte Erläuterung
der Rede des Pausanias über die zwiefache Aphrodite, die
Urania und die spätere, und den beide begleitenden zwiefachen
Eros, ihre Unterscheidung und Verwechslung, ihren geistigen
Mittelpunkt und körperlichen Abglanz, Ausfluß, Verbreitung,
Stadien der Läuterung, Theilung in verschiedene Kräfte der
Natur. Landino übernahm die Erklärung der Rede des
Aristophanes. Nach dieser ist das Wesen der Liebe die in dem
durch Jupiters Zorn getheilten Menschen in seiner heutigen
irdischen Erscheinung nicht schlummernde Sehnsucht der Rückkehr zum ursprünglichen einheitlichen Zustand, die Sehnsucht
nach Wiedererleuchtung durch das von Anbeginn in ihm
strahlende aber durch seine Schuld verdunkelte göttliche Licht.
Carlo Marsuppini fiel Agathons Rede anheim, welche die
verschiedenen aber in ein Ganzes zusammenfließenden Eigenschaften des Gottes verherrlicht und sein Verhältniß, wie das
der Götter überhaupt zu den Menschen, zu menschlicher Leidenschaft feststellt. Tommaso Benci widmete sich der Vermittlung des Zusammenhangs zwischen den gotterfüllten Worten
der Priesterin Diotima, die dem Sokrates das Wesen der

Liebe, wodurch wir uns zum höchsten Gut erheben, zum tiefsten Uebel sinken können, enthüllte, und der christlichen Anschauung, während Crisisoforo Marsuppini die Dichtungen Guido Cavalcanti's, auf welche, als Ausfluß griechischer Weltweisheit im Stadium der großartigen Fortentwicklung der italienischen Literatur, die ganze Zeit und Lorenzo be' Medici vor Allen großes Gewicht legte, mit sokratischen Lehren von der Liebe in Einklang brachte. Solche war die Aufgabe einer dieser berühmten Versammlungen, deren positiver wissenschaftlicher Ertrag kein großer sein mochte, die aber immerhin ein glänzendes Zeugniß jener eleganten zugleich und ernsten Bildung sind, welche in Florenz die höhern Stände zur Betheiligung an den schönsten und würdigsten geistigen Bestrebungen in den Stand setzte.

Während Dichtung und Philosophie so im Flor standen, machten die exacten Wissenschaften bedeutende Fortschritte. Ob schon zu Lorenzo's Lebzeiten die Thätigkeit Fra Luca Paciolo's von Borgo San Sepolcro begonnen hat, welcher hier zuerst durch Erklärung des Euklid die wahre Geometrie wieder ins Leben rief und auf Leonardo da Vinci so großen Einfluß geübt hat, ist sehr zu bezweifeln. Aber schon in Cosimo's des Alten Tage fallen die ernsten Studien Paolo's del Pozzo Toscanelli, zugleich Arzt und Philosoph, Naturforscher und Mathematiker, und im J. 1468 erfolgte die Anlage des berühmten Meridians in Sta Maria del Fiore, zunächst zum Zweck der genauen Bestimmung der Solstitien zur Feststellung der Kirchenfeste. Eine Arbeit, deren Bedeutung die neuere Zeit nicht verkannt hat und deren vervollkommnende Erneuerung beinahe drei Jahrhunderte später auf Anlaß La Condamine's erfolgte[1]). Es ist bekannt welchen

---

[1]) Das Buch des sicilischen Jesuiten P. Leonardo Ximenes: Del vecchio e nuovo Gnomone fiorentino, Flor. 1757, enthält

Einfluß Toscanelli, der fünfundsiebzigjährig im J. 1482 starb, auf Cristoforo Colombo gehabt hat, unter andern durch seine Berechnungen der Längenausdehnung des östlichen Asiens, welche freilich zumeist auf Marco Polo's irrigen Hypothesen beruhten. Lange nach Toscanelli's Tode bediente sich Colombo auf seiner ersten Ueberfahrt der mit Längen- und Breitenkreisen versehenen Seekarte, welche Jener einst nach Lissabon gesandt hatte. Es war in Lorenzo's de' Medici letzten Lebensjahren, als der Mann, dessen Name berühmter als seine Thaten, noch in unsern Tagen Gegenstand erneuter Controverse, seine Heimat verließ um im südlichen Spanien eine neue zu suchen[1]). Amerigo Vespucci's Familie, welche in den nächsten Verwandten des Seefahrers Männer von wissenschaftlicher wie von politischer Bedeutung zählte, ist zu der Mediceischen so in freundlichem wie in feindlichem Verhältniß gestanden: von persönlichen Beziehungen zwischen ihm und Lorenzo vernehmen wir nichts. Ungefähr vierzigjährig ließ er sich in Sevilla nieder, wo er zunächst in das Bank- und Handelshaus seines Landsmanns Giovanni Berardi trat, und, von Hause aus mit guten Kenntnissen versehen wozu namentlich sein gelehrter Oheim Giorgio Antonio beigetragen,

---

die Geschichte wie die Erläuterung der wissenschaftlichen Bedeutung des berühmten Meridians, wie der älteren mathematisch-astronomischen Arbeiten in Toscana.

1) Seit der Zeit Angelo Maria Bandini's, welcher im J. 1755 die Vita e Lettere di Amerigo Vespucci gentiluomo fiorentino herausgab, bis auf die unsre, welche den Brasilier F. A. de Varnhagen den Anspruch nochmals vertheidigen sah, hat diese Controverse nie gerastet. Hier genügt es jedenfalls, einfach auf die Ergebnisse zu verweilen, welche Cesar Peschel im „Zeitalter der Entdeckungen" S. 305 ff. und in einem Aufsatz über Amerigo in der Zeitschrift: Das Ausland (1858 Nr. 32) veröffentlicht hat. Vespucci's bekanntes Schreiben über seine zweite Reise (Bandini S. 64) ist an Lorenzo de' Medici Pier Francesco's Sohn gerichtet.

sich practisch für die Laufbahn vorbereitete, die ihn nach dem fernen Westen geführt hat. Nicht von Florentinern sondern von einem lothringischen Schulmanne ist der Name des neuen Welttheils ausgegangen, der, so lange die Welt steht, an ihn erinnern wird. Mit Recht aber haben die Florentiner sich des Ruhmes ihres Landsmannes gefreut, welchem eine späte Zeit, die das Haus seiner Vorfahren in ein Hospital umgewandelt sah, an demselben die Inschrift setzte, die ihm „ob repertam Americam sui et patriae nominis illustratori amplificatori orbis terrarum" Huldigung darbrachte. Als man in Florenz von den auf seiner Reise im J. 1497 gemachten Entdeckungen vernahm, sandte die Signorie nach gedachtem Hause Fanale, welche drei Abende und Nächte lang brennend erhalten wurden, eine Auszeichnung wie sie nur ungewöhnlichem Verdienste zutheil zu werden pflegte.

Dritter Abschnitt.

Die schönen Künste.

1.

Cosimo und Piero de' Medici und die Kunst.

Die Jugendjahre Cosimo's de' Medici fielen in jene Epoche der großen Umwandlung im Entwicklungsgange der Kunst, in welcher der Realismus im Bunde mit den Reminiscenzen der Antike sein Recht geltend machte, und in der Architektur die Gothik, in der Sculptur die pisanische Schule, in der Malerei die innerhalb eines beengenden Kreises von Schultypen befangenen Giottesken überwand. Nicht dann erst, als Cosimo ein mächtiger Mann war der den ganzen Staat lenkte, hat die Kunst diese neuen Bahnen eingeschlagen. Aber durch lebendigen und liebevollen Antheil und durch eine Liberalität, wie sie unter Privatleuten vielleicht nie, unter Fürsten nicht oft ihres Gleichen gefunden, hat dieser Mann auf die rasche Entwicklung Einfluß geübt, indem er, abgesehen von der aus seiner Stellung im Staate hervorgegangenen Förderung, mit eigenen Mitteln für den Künstler würdige Aufgaben schuf, und mit wahrem Verständniß eine Humanität und theilnehmende Vertraulichkeit im persönlichen Umgang vereinigte, welche diese Künstler ebensowie ihn selber abelle. Von seinen beiden Lieblings-Architekten, Brunellesco und Michelozzo, ist schon die Rede gewesen. Beiden, von denen Jener ihm um achtzehn Jahre im Tode vorausging, dieser ihn um etwa sechs Jahre überlebte, hat er stets werthgehalten und miteinander verständigt, Beiden große schöne Aufgaben zugewiesen. Diejenigen Brunellesco's waren der Fortbau der Kirche San Lorenzo und die Abtei von Fiesole.

Mit San Lorenzo sind seit Giovanni's bi Bicci Tagen die Medici beider Linien gewissermaßen verwachsen gewesen. Die Kirche war die Pfarre der Linie Cosimo's, die Grabstätte beider. Schon im J. 1415 war die Vergrößerung des den frühesten christlichen Zeiten angehörenden Gotteshauses besprochen, drei Jahre später der Beschluß gefaßt worden, den Raum einer rückwärts dasselbe begrenzenden Gasse, deren Name Via be' Preti zu dem Gewerbe der Bewohner- und Bewohnerinnen der anstoßenden Häuser schlecht paßte, zum Behuf solcher Vergrößerung den Stiftsherren anzuweisen, die im J. 1419 den Neubau des Chors begannen[1]. Mit andern vermögenden Familien hatte Giovanni bi Bicci sich zum Bau von Kapellen verpflichtet und die Sacristei übernommen, die als Bauwerk durch Schönheit und Harmonie der Verhältnisse so der Kuppel wie der ganzen quadratischen Anlage, und durch die Trefflichkeit ihrer Decoration höchste Bewunderung verdient. Was der Vater begonnen, setzte der Sohn in größerm Maßstabe fort. Am 23. September 1440, während der Bau der neuen Kirche unter Brunellesco's Leitung im Gange war, die alte aber noch gebraucht wurde, setzte Cosimo hier seinen Bruder Lorenzo bei, wozu P. Eugen IV. die Cardinäle und Prälaten seines Hofes mit dem Banner der Kirche und seinem eignen und hundert Wachsfackeln sandte.

---

[1] Gianfogni Memorie istoriche della basilica di S. Lorenzo. Flor. 1804 S. 228 Ueber Brunellesco vgl. Bd. I. S. 71 ff.

Zwei Jahre später ging er an die Vollendung von Chor und Kuppel, unter Bedingung des Juspatronats für sich und die Seinigen, wogegen er dem Kapitel eine Staatsschuld-Verschreibung von 40,000 Gulden für die Baukosten zustellte. Am 15. Mai 1457 wurde der Hof der Canonica begonnen, und vier Jahre darauf war letztere ebensowie Hochaltar und Altäre des Querschiffs vollendet, sodaß am 9. August 1461 der Erzbischof Orlando Bonarli den Hochaltar weihte. Schon zwei Jahre früher war ein Collegium von jungen Clerikern bei der Kirche eröffnet worden, die bis heute ihr Capitel bewahrt hat[1]). San Lorenzo ist eine Säulenbasilika, deren Bogen auf einem vom Capitäl getragenen Gebälkstück ruhen, mit viereckigem Chorabschluß und Kuppel, flacher Decke und Kapellen von geringer Tiefe. Wer in den Kreuzgang der Canonica tritt, glaubt sich in längst vergangene Zeit versetzt. Zwei Geschosse von Bogenstellungen umschließen das Viereck des Hofes und führen so zu den kleinen Wohnungen der Stiftsherren, wie zu der berühmten Bibliothek die in ihrer gegenwärtigen Gestalt spätern Tagen angehört. Die mächtige Domkuppel und Giotto's Glockenthurm schauen in diesen Chiostro hinein, dessen Stille mit dem Geräusch benachbarter Krämerstraßen contrastirt, und das in seiner Erscheinung die haushälterische Einfachheit und Genügsamkeit der Zeit zugleich mit ihrer großartigen Freigebigkeit zu lebendiger Anschauung bringt.

Der andere von Brunellesco für Cosimo ausgeführte Bau war kaum minder bedeutend. Am Fuße der Fiesolanerhügel, im Thalgrund des Flüßchens Mugnone, liegt die alte Abteikirche, wie man glaubt die ursprüngliche Cathedrale der Etruskerstadt. Im J. 1439 traten auf Veranlassung

---

[1]) T. Moreni, Continuazione delle Memorie della basilica di S. Lorenzo. Flor. 1816. Bd. I. S. 6 ff.

P. Eugens IV. die Benedictiner derselben den nach dem h. Augustin benannten regulären Stiftsherren ab, und Cosimo de' Medici, mit dem Prior derselben Don Timoteo von Verona befreundet, begann den Neubau. Die Kirche, welche von ihrer ursprünglichen der vorgothischen Zeit angehörenden Façade den mittlern Theil bewahrt, ist einschiffig mit ziemlich tiefen Kapellen, und macht durch ihre Formen, kunstreich zugleich und einfach, einen höchst wohlthuenden Eindruck. Ob sie, wie Vasari angiebt, von Brunellesco ist, mit dessen übrigen Werken sie nicht stimmt, bleibt zweifelhaft¹). Das seit lange seiner ursprünglichen Bestimmung entzogene Kloster, dessen Bau wegen des abschüssigen Terrains mancherlei Schwierigkeiten darbot, und erst im J. 1466 durch Cosimo's Sohn vollendet ward, enthält die in spätern Zeiten mit dem Bildniß des Gründers in Basrelief geschmückte Wohnung, welche dieser für sich selber einrichten ließ, wie Nicola Acciaiuoli sich eine solche neben seiner Karthause erbaute. Hier war es, wo die platonischen Akademiker sich vereinigten, wo ein Urenkel Cosimo's den Cardinalspurpur anlegte, dessen Bruder Giuliano Herzog von Nemours den letzten Seufzer aushauchte. Die Kirche ist in jüngern Tagen mit manchen schönen Werken geziert worden, aber vergebens sieht man sich in dem großen Bau, dessen gänzliche Vollendung weder Brunellesco noch Cosimo erlebten, nach den gelehrten Männern, und nach der

---

1) Antonio Averlino's genannt Filarete Widmung seines Tractats über die Architektur (s. unten S. 168), an Piero de' Medici, zeigt daß um 1460 die Kirche noch nicht umgebaut war (resta ancora la chiesa a rinovare). Die Aehnlichkeit der Architektur derselben mit jener der Kapelle der Madonna de' Voti, später dell' Incoronata, im Dome zu Mantua, die allgemein für ein Werk Leon Bat. Alberti's gehalten wird, weckt die Muthmaßung daß Letzterer an dem fiesolaner Bau betheiligt gewesen sein könnte. (Vgl. Gaye a. a. O. Bd. I. S. 200 ff. 283. Vasari im Leben Filarete's Bd. III. S. 290).

Büchersammlung um, die einst in zweifacher Beziehung dessen Zierden waren¹).

Was Brunellesco in der Nähe der Stadt ausführte, wird von einem Bau Michelozzo's innerhalb der Mauern an Großartigkeit übertroffen. Im J. 1436 erlangten die Brüder Medici von P. Eugen IV. die Abtretung des Silvestriner-klosters San Marco an die Dominicaner von Fiesole, die sich im Jahre zuvor bei der kleinen Kirche San Giorgio auf dem linken Arnoufer niedergelassen hatten. Im folgenden Jahre begannen Neubau des Klosters und Herstellung und Vergrößerung der Kirche, nicht ohne Schwierigkeiten seitens der alten Bewohner die sogar beim Baseler Concil Verwahrung einlegten. Die Medici trugen den Hauptteil der Kosten unter Theilnahme der Gemeinde. Am Dreikönigentage 1442 weihte der Erzbischof von Capua, Cardinal Acciapacci, die Kirche in Gegenwart des Papstes und seines Hofes²). Im J. 1443 war ein ansehnlicher Theil des Klosters, das Ganze wol erst acht Jahre später vollendet. Wer heute in die Kirche tritt, erkennt Michelozzo's Hand nicht mehr, denn zweihundert Jahre nach ihm wurden Chor und Tribune umgebaut. Umsomehr versetzt das Kloster uns in längstvergangene Zeiten. Man kann die großartigen Säulenhöfe, die weiten vom offnen Dachstuhl überspannten Gänge mit den enblosen Reihen der Zellenthüren, die schöne Bibliothek nicht betreten, ohne der zahlreichen Ereignisse, in Frieden und Kampf, zu gedenken, deren Schauplatz dies Kloster war, der stillen Studien und lauten Thaten die mehr denn einmal in das Geschick von Stadt und Staat eingriffen und eine breite Spur zurückgelassen haben, in der Geschichte Italiens nicht nur, auch in

1) T. Moreni Notizie istoriche dei Contorni di Firenze. Bd. III. S. 93 ff. Vgl. Bd. I. S. 576 ff.
2) Vgl. Bd. I. S. 574—576.

der des menschlichen Geistes¹). Cosimo hörte nicht auf, sich
Michelozzo's zu bedienen, der für ihn außer seinem Familien-
palast das Noviziat von Sta Croce mit dazugehöriger Kapelle
baute, die Villen zu Careggi, Cafaggiuolo und Trebbio um-
schuf, andere Werke, auch außerhalb Toscana's, ausführte.
Zu diesen gehörten gleichfalls die Verschönerungsarbeiten an dem
von Francesco Sforza ihm geschenkten Palaste in Mailand,
wohin Michelozzo ging, und wo er für den Verwalter der
Mediceischen Bank, Pigello Portinari, in Sant' Eustorgio
eine Kapelle nach dem Muster jener der Pazzi in Sta Croce
baute. Und Cosimo's Söhne beschäftigten ihn gleichermaßen.
Für Piero entwarf er, der gewöhnlichen Annahme zufolge,
die Zeichnung zu der zierlichen Kapelle der Annunziata auf
deren Altar man das dem dreizehnten Jahrhundert ange-
hörende Bild der Verkündigung sieht, welches den Anlaß zum
Bau der Kirche gab. Eine viereckige offene durch cannelirte
corinthische Marmorsäulen mit reichverziertem Gebälk gebildete, mit kunstvollem Erzgitter geschlossene Aedicola, deren
Ausführung dem Pagno di Lapo Partigiani Bildhauer aus
Fiesole gehört und die am Weihnachtstage 1452 von Cardinal
Guillaume d'Estouteville Erzbischof von Rouen geweiht ward²).

¹) Vasari Leben Michelozzo's, Bd. III. S. 277—279. V. Mar-
chese, Memorie dei pittori ec. Domenicani, Bd. I. S. 278 ff. Th.
San Marco convento dei Frati Predicatori. Flor. 1853. S. 75 ff.
Die Inschrift in der Kirche, welche von den magnificis sumptibus v. cl.
Cosmi Medicis redet, mit der Jahrzahl 1442, bei Vasari S. 279.

²) A. Jobi, Memorie storico-artistiche relative alla Cappella
della SS. Annunziata, Flor. 1837. S. 14 ff. Fr. Bocchi, Della
immagine miracolosa' della SS. Nunziata. Flor. 1592. n. A. 1852.
Inschriften: Petrus Med. Cosmi Joann. filius sacellum marmoreum
voto suscepto animo libens d. d. Anno 1448. Idib. Martii. Andere
Inschrift an der innern Seite des Gesimses: Piero di Cosimo de Medici
fece fare questa hopera et Pagno di Lapo da Fiesole fu el maestro
chella fè MCCCCIII. Hiernach ist es allerdings problematisch, ob

Um dieselbe Zeit führte Michelozzo für Piero das marmorne Tabernakel aus, welches im Mittelschiff der Basilika von San Miniato zur Aufnahme eines Christusbildes bestimmt war. Es besteht aus einem von compositen Marmorsäulen und Pilastern getragenen Gewölbbach, im Innern reich verziert mit Einsetzrosen von verglaster Erde in achteckigen Cassetten, im Fries die Mediceische Devise der drei Federn mit dem Demantring und dem Motto Semper, über dem Halbrund der Wölbung das Wappen der Calimalazunft in Relief. Im Innern steht der Altartisch mit Gemälde und Predella[1]). Für Giovanni Cosimo's jüngern Sohn, errichtete Michelozzo auf der Höhe von Fiesole die weithin mit ihrem Porticus sichtbare Villa, welche später an die Familie Mozzi kam. Auch für Verwandte der Medici war er thätig. Giovanni Tornabuoni ließ durch ihn den großen Palast in der Nähe von Sta Trinità erbauen, der noch heute der Straße den Namen giebt. Infolge hier sehr nothwendiger Raum-Erweiterung ist der vordere Theil dieses Palastes abgetragen worden, der mit seinem Grundgeschoß von Opus rusticum und seinen einfachen Bogenfenstern einen ernsten aber etwas nüchternen Eindruck machte.

Während Michelozzo größtentheils von den Medici in Anspruch genommen wurde, war Brunellesco auch nach andern Seiten hin überaus thätig. Der Fortsetzung und spätern

---

Michelozzo die Zeichnung lieferte, da Pagno auch größere Werke ausgeführt hat. Inschrift bezüglich der Einweihung: Mariae gloriosae. virg. Guillelmus cardinalis Rotomagensis cum superni in terris nuntii munere fungeretur legati ratus officium et innumeris miraculis locique religione motus hanc Annunciatae aram summa cum celebritate ac solemni pompa sacravit MCCCCLII. VIII. Kalen. Ianuar.

1) Berti, Cenni storico-artistici di S. Miniato al monte. Flor. 1850, S. 54 ff. Am 10. Juni 1448 wurde Piero de' Medici die Anbringung seines Wappens am Tabernakel erlaubt, unter der Bedingung daß jenes der Zunft den ersten Platz erhielte.

Vollendung seines größten Werkes, der Domkuppel, ist schon gedacht worden. Am 30. August 1436 hatte man das Fest der vollständigen Schließung derselben mit dem Läuten aller Glocken der Stadt und einem Tedeum gefeiert, acht Jahre später das Gerüste für den Bau der Laterne errichtet, im J. 1446 diese begonnen, kurz vor dem Tode des großen Meisters, welcher Michelozzo zum Nachfolger erhielt [1]. Auch von seiner schönen Säulenhalle am Findelhause war schon die Rede. Eine der letztern ähnliche Halle, die von San Paolo, entstand der Kirche Sta Maria Novella gegenüber am südlichen Ende des Platzes. Für die Familie der Pazzi baute er im vordern Klosterhofe von Sta Croce die Kapelle, ein Muster in ihrer Art, mit korinthischen Pilastern, hohen Nischen und Terracotta-Rundreliefs als Wandbekleidung, mit einer auf zwei reich cassettirten und mit Arbeiten in verglaster Erde verzierten Seitenbogen ruhenden Kuppel, deren Pendentifs mit Terracotta-Reliefs der Evangelisten geschmückt sind. Decoration und Farbe halten hier die Grenze ein, jenseit deren Ueberladung eintritt. Andrea de' Pazzi begann den Bau welchen sein Sohn Jacopo beendigte, sodaß Brunellesco die Vollendung schwerlich erlebt hat [2]. Das vormalige Amtshaus der Capitani di parte guelfa, in Via delle Terme,

---

[1] G. Guasti a. a. O. Doc. 280 u. S. 201. Brunellesco wurde im Dome beigesetzt. Von Carlo Marsuppini ist die Inschrift: D. S. Quantum Philippus architectus arte daedalea valuerit cum huius celeberrimi templi mira testudo tum plures aliae divino ingenio ab eo adinventae machinae documento esse possunt quapropter ob eximias sui animi dotes singularesque virtutes XV. Kal. Maias anno MCCCCXLVI eius b. m. corpus in hac humo supposita grata patria sepeliri iussit.

[2] Um den Altartisch liest man folgende Inschrift: Aedem hanc sanctissimae Andrea tibi Pactii dedicarunt ut cum te immortalis Deus hominum constituerit piscatorum locus sit in quem suos Franciscus ad tua possit retia convocare. Unter dem Franciscus ist wol der

von Brunellesco umgebaut, ist heute obgleich mit mancherlei Veränderungen erhalten. Nur in den ersten Anfängen sah der Architekt sein zweitgrößtes Werk, den Palast Luca Pitti's. Zu Vasari's Zeit, als Eleonora di Toledo Herzogin von Florenz den Platz und den längst ins Stocken gerathenen Bau kaufte, auf welchen ein Ausdruck damaliger Kunstschriftsteller, muraglia, gar wohl paßte, war der ursprüngliche Plan nicht mehr aufzufinden, und die nachfolgenden Jahrhunderte bis auf das unsrige, welches die weitvortretenden als Hallen gedachten Flügel ausbaute, haben manches verändert. Aber die Façade hat den Stempel bewahrt welchen der Urheber ihr aufdrückte, und Vasari's Wort, die toscanische Architektur habe nie Reicheres noch Großartigeres geschaffen, ist Wahrheit geblieben. Die Großartigkeit ist hier mit äußerster Einfachheit verbunden; es ist eben diese Abwesenheit allen Ornaments an den drei gleich hohen mit Gallerien gekrönten Geschossen von Opus rusticum mit den riesigen Bogenfenstern, was dem Bauwerk seinen Charakter giebt. Im J. 1440 soll der Palast begonnen sein, somit ziemlich lange vor der Zeit von Luca Pitti's ephemerer Größe[1]. Daß dieser damals schon, oder auch nur um die Zeit vom Tode Brunellesco's, der auch die Villa zu Rusciano für ihn begann, so hochstrebende Gedanken hegte, ist allerdings auffallend. Jedenfalls kann der große Künstler nur wenig von der Ausführung gesehn haben, welche nach ihm Luca Fancelli leitete. Während Brunellesco hier die ganze Wirkung durch die mächtigen und harmonischen Proportionen erzielte, räumte er an dem Palast Jacopo's de' Pazzi der Decoration weitern Spielraum ein.

Heilige gemeint, dessen Erben das Kloster gehörte, nicht aber, wie Richa und Moisè annehmen, Francesco de' Pazzi, Andrea's Enkel. (Ein Indulgenzbreve Card. Pietro Riario's vom 8. October 1473 nennt Jacopo de' Pazzi als Erbauer.

1) Die Baugeschichte des Pal. Pitti ist wenig aufgeklärt.

Ob der gelehrteste Künstler der Zeit, Leon Batista Alberti, von Cosimo de' Medici gebraucht worden, ist zweifelhaft. Seine Hauptwerke in Florenz sind mit Einer Ausnahme für die Rucellai ausgeführt worden und theilweise jünger, der Palast, die Loggia, der obere erst im J. 1470 vollendete Theil der Façade von Sta Maria Novella, die Kapelle des h. Grabes bei San Pancrazio als Nachahmung des in der h. Grabkirche zu Jerusalem befindlichen Baues [1]). Der Palast Rucellai, an welchem die durch Säulchen getheilten Rundbogenfenster beibehalten sind, verkündet in der Verbindung flacher decorativer Pilaster verschiedener Ordnungen mit abgeglätteten Bossagen, antikisirendem Ornament an den rechtwinkligen Thüren und Andeutung des Vierecks in den Bogenfenstern, die Bramante'sche Zeit. Von Alberti ist aber auch die Zeichnung zu einem Werke, welches zu so vielen Ausstellungen Anlaß geboten hat, daß dessen Mängel Veränderungen von fremder Hand beigemessen worden sind. Es ist das Chor der Annunziata, im J. 1451 von Lodovico Gonzaga Markgrafen von Mantua begonnen, der als Feldhauptmann der Republik an rühmlichen Waffenthaten theilgenommen hatte, und in einer an Erinnerungen reichen Kirche ein Denkmal seiner Andacht wie seines Dankes stiften wollte. Erst nach einem Vierteljahrhundert wurde von Luca Fancelli dieser Bau vollendet, im Aeußern ein Achteck, im Innern rund mit zahlreichen sich nicht harmonisch einfügenden Kapellen, mit vielen Fenstern am Tambour und geschlossener großer Kuppel, die im siebzehnten Jahrhundert mit einem figurenreichen Frescogemälde verziert wurde, während die in unsern Tagen nochmals aufgefrischte Decoration diesem Chor wie dem Rest

---

1) Inschrift: Iohannes Rucellarius Pauli filius inde ' salutem suam precaretur unde omnium | cum Christo facta est resurrectio sacellum | hoc ad instar hyerosolimitani sepulcri | faciundum curavit MCCCCLXVII.

der goldstralenden Kirche ein völlig modernes Aussehen gegeben hat¹).

Nicht minder thätig als die Baukunst war die Sculptur, und auch hier begegnen wir vorerst den Künstlern, welche die Medici schon vorher an sich gezogen hatten, und unter denen Donatello voranstand, während die ihm bewiesene Gunst auch seinen Schülern zugutekam. Das Mediceische Haus war mit Werken Donatello's gefüllt. Im vordern Hofe sieht man über den Bogen acht Medaillons mit mythologischen Marmorreliefs von seiner Hand, während von den antiken über den Thüren angebrachten Köpfen mehre von ihm restaurirt wurden. Die andern Arbeiten sind sämmtlich zerstreut worden. Schon während des Exils Cosimo's war der broncene den Fuß auf das Haupt des Goliath stemmende David weggenommen und im Hofe des Palastes der Signorie aufgestellt worden, von wo ihn zurückzufordern der Eigenthümer Scheu getragen zu haben scheint, wie denn seine Enkel die Statue im Mai 1476 der Gemeinde überließen²). Im zweiten Exil der Medici wurde ein anderes Werk Donatello's aus deren Wohnung nach demselben Palast geschafft und an der großen Eingangsthüre mit einer an die Ereignisse des J. 1494 erinnernden Inschrift aufgestellt³). Es ist die Gruppe der

---

1) Documente über den Bau (1471) bei Gaye, a. a. C. S. 225 ff. Vasari, Bd. IV. S. 59.

2) Der Preis war 150 Goldgulden. Gaye a. a. C. S. 572. Die Statue wurde weggebracht, als Herzog Cosimo den Brunnen anbringen ließ welchen der Knabe des Verrocchio schmückt, und steht gegenwärtig im Nationalmuseum im Pal. des Podestà.

3) „Exemplum sal. pub. cives pauperi MCCCCXCV." Die Inschrift hat gewiß nichts mit der Vertreibung des Herzogs von Athen zu thun, wie Moisè, Palazzo de' Priori S. 166 glaubt. Die Gruppe nahm die Stelle ein, welche man im J. 1504 dem David des Buonarroti anwies, und steht seitdem an der den Ufficien zugewandten Seite der Loggia de' Lanzi. Vasari (a. a. C. S. 251) glaubt irrthümlich, sie sei für die Signorie gearbeitet.

Judith mit Holofernes, ausdrucksvoll aber gewaltsam und verstoßend gegen die Geseze plastischer Composition. Ungerne vermißt man die broncene Büste Madonna Contessina's welche Donatello für ihren Gemal arbeitete. In San Lorenzo aber sind die Werke vorhanden welche der nie rastende Wohlthäter der Kirche dorthin stiftete. Außer den Decorationen der Sacristei u. a. sieht man hier die Reliefs der Kanzeln, in ihrer Ueberfüllung, ihrer Unruhe in Gebehrden und Composition, ihrem Mangel an Harmonie eine Verirrung, aber die Verirrung eines talentvollen Mannes, in der technischen Ausführung ein offenbarer Rückschritt, wenn man sie mit gleichzeitigen Werken vergleicht. Nicht blos in Schöpfungen dieser Art legte Donatello eine Gewaltsamkeit an den Tag, welche zu oft den Schönheitsinn verleugnet. Er that es selbst in dem Kinderreigen, den er für die Orgel in Sta Maria del Fiore als Marmorrelief ausführte.

Vespasiano da Bisticci schildert die Zuneigung welche Cosimo für diesen Mann empfand. „Er war, sagt er¹), ein großer Freund Donatello's und aller Maler und Bildhauer. Da ihm nun schien, daß für Leztere wenig Arbeit vorhanden sei, und es ihm leid that daß Donatello unthätig bleiben sollte, übertrug er ihm die Kanzeln und die Thüren der Sacristei in San Lorenzo, und verordnete daß ihm von seiner Bank wöchentlich für seinen eignen Bedarf und den seiner vier Gehülfen das Erforderliche ausgezahlt werden sollte. Da Donatello nicht gekleidet ging wie Cosimo wünschte, schenkte dieser ihm Mantel und Kapuze, und ein unter dem Mantel zu tragendes Obergewand nebst dem sonstigen Anzug, und sandte ihm das alles an einem Festmorgen. Ein paarmal legte Jener nun die neuen Sachen an, dann ließ er's sein

---

1) K. a. C. S. 259.
v. Reumont, Lorenzo de' Medici. II.   11

und wollte sie nicht mehr tragen, indem er sagte, die Leute würden ihn für verweichlicht halten." Wie sehr Donatello als zum Mediceischen Hause gehörend betrachtet wurde, ersieht man daraus daß der Markgraf Lodovico Gonzaga sich einmal an Cosimo mit der Bitte wandte, den Künstler zur Reise nach Mantua zu veranlassen, um eine im J. 1450 modellirte Reliquienlade auszuführen, welche man während des erwarteten Besuches P. Pius' II. aufzustellen wünschte[1]). Auch zu andern Künstlern blieben Cosimo und die Seinigen im vertrautesten Verhältniß, wie denn Michelozzo's beide Söhne zum engsten Familienkreise gehört haben. In Cosimo's letzten Jahren konnte Donatello nicht mehr arbeiten, so daß sein großmüthiger Gönner ihn unterhielt und ihn seinem Sohne Piero empfahl. Dieser schenkte ihm einen Pachthof, um ihm wie er sagte Brod und Wein zu sichern, aber der Künstler gab ihm durch notariellen Act das Geschenk zurück, weil er sich durch Haushaltungssorgen das Leben nicht verbittern wolle, worauf Piero ihm den Ertrag auf die Bank anweisen ließ. Im J. 1462 hatte Piero ihm in San Lorenzo neben der Sacristei Raum für eine Gruft geschenkt, und hier, wo viele seiner Arbeiten zu sehen sind, wurde er im J. 1468 in der Nähe derer beigesetzt, die ihm im Leben so große Theilnahme bewiesen hatten[2]).

Neben Donatello standen den Medici, dem Vater wie

[1] Mantua 7. Nov. 1458, vgl. W. Braghirolli im perugin. Giornale di erudizione artistica, Bd. II. S. 4 ff.

[2] Vasari a. a. O. S. 264, 266. Fabroni a. a. O. S. 159. — Nach Vasari starb Donatello am 13. Dec. 1466, nach dem gleichzeitigen M. Palmieri, De temporibus, 1468. In der Unterkirche von San Lorenzo, nahe bei den Mediceischen Gräbern, liest man folgende neuere Inschrift: Donatellus restituta antiqua sculpendi coelandiq. arte celeberrimus Mediceis principibus summis bonarum artium patronis apprime carus qui ut vivum suspexere mortuo etiam sepulcrum loco sibi proximiore constituerunt obiit idibus Decembris an. sal. MCCCCLXIV. aet. suae LXXXIII.

den Söhnen, die beiden Meister am nächsten, welche, während auch sie dem naturalistischen Princip sein Recht einräumen, es doch in anderm Geiste und in mehr idealen Formen zur Ausübung bringen. Lorenzo Ghiberti, welcher erst im J. 1452 seine zweite Thüre für das Baptisterium unter Theilnahme seines Sohnes Vettorio beendigte und ungeachtet seiner zweiundsiebzig Jahre den Auftrag für eine dritte übernahm, war bis zur spätern Lebenszeit Cosimo's unausgesetzt thätig, nicht nur in Bildhauerarbeiten sondern auch an dem reichen Silberaltaraufsatz (Dossale) des Baptisteriums, an welchem auch Michelozzo, Verrocchio, Bernardo Cennini, Antonio Pollainolo u. A. sich betheiligten, und als Zeichner der grossen Rundfenster von Sta Maria del Fiore, für welche im J. 1436 Francesco di Domenico Livi von Gambassi im Elsathal, der in Teutschland die Glasmalerei erlernt hatte, im J. 1443 Bernardo di Francesco arbeiteten. Erst damals begann die Glasmalerei im eigentlichen Sinne aufzublühen, indem bis dahin die Herstellung farbiger Fenster lediglich mittelst musivischer Zusammensetzung bunter Gläser bewerkstelligt worden war. In die Fußstapfen Francesco Livi's traten Manche, namentlich Ser Guasparre da Volterra, der im Dom von Siena arbeitete, und in Florenz, Pisa, Arezzo die Jesuaten vom Orden des sel. Giovanni Colombini, welche in Florenz im J. 1498 das Kloster von San Giusto vor Porta Pinti bezogen und dort die große im J. 1529 abgetragene Kirche bauten. Sie waren es namentlich durch die, außer Sta Maria del Fiore, Sta Croce, Or San Michele und andere Bauten mit farbigen Fenstern geschmückt worden sind [1]).

1. Ueber Francesco Livi vgl. Gaye a. a. O. Bd. II S. 441 ff., über Ser Guasparre Rumohr Ital. Forsch. Bd. II. S. 377 ff. G. Milanesi Documenti dell' arte Sanese Bd. II. S. 191 ff. Ueber die Jesuaten vgl. Bd. I. S. 596, 597 und L. Tanfani, Memorie di Sta Maria del Pontenuovo, Pisa 1871, S. 124 ff.

Im J. 1440 hatte Ghiberti die Lade des h. Zanobi für die Domkirche vollendet, die zu seinen schönsten Werken gehört. Für Piero be' Medici lieferte er Goldschmiedearbeiten, die ihm große Bewunderung und Aufträge von P. Eugen IV. einbrachten. Neben dem alternden Meister wurde ein jüngerer von den Medici beschäftigt, Luca della Robbia. Ein anmuthiges Talent, nicht großartig aber reich und sinnig, mit zugleich zartem und lebendigem Gefühlsausdruck und angenehmer Wirkung in Gewandung und Gruppirung. Seine Arbeiten für den Dom, die aus dem J. 1438 stammenden Marmorreliefs mit den musizirenden und tanzenden Knaben und Mädchen für die Orgelbalustrade, als Gegenstück zu jenen Donatello's, und, wenngleich in geringerem Grade, die im J. 1463 vollendete Sacristeithüre mit den Bronce-Reliefs der Madonna, Evangelisten und Kirchenväter [1]), zeugen ebenso für Fruchtbarkeit der Erfindung und technische Gewandtheit. Das Denkmal des im J. 1450 gestorbenen Benozzo Federighi Bischofs von Fiesole, mit der auf der Todtenlade ruhenden Gestalt, zeigt was er auch in dieser Gattung zu leisten vermochte [2]). Mehr jedoch als durch seine Marmor- und Erzsculpturen glänzt Luca della Robbia durch die zahllosen Reliefs in verglaster Erde, welche nach ihm benannt und noch ein Jahrhundert lang von seinen Nachkommen geliefert, auch heute Florenz und ganz Toscana bis zu den Bergklöstern des Apennin und zu den bescheidenen Kirchen abgelegener Orte schmücken, nachdem sie massenweise ins Ausland gewandert sind. Wer durch Florenz lustwandelt, erfreut sich an diesen anmuthigen Schöpfungen, Lunetten oder Gruppen über Kirchen- und Hausthüren. Medaillons mit Wickelkindern am Porticus

---

[1]) Metropolitana fiorentina Taf. XXXIII—XXXVI.
[2]) Aus San Pancrazio nach der Kirche San Francesco di Paola vor Porta Romana gebracht. Monuments sépulcraux Taf. 57.

des Findelhauses, Heiligenköpfen, Tabernakeln, Wappenschildern, zumtheil einfach weiß auf blauem Grunde, zumtheil mit wohlberechneter Farbenanwendung und reicher Einfassung von Laub- und Fruchtgewinden. Ein unendlicher Reichthum, mit vorwaltendem Charakter holdseliger Innigkeit und ansprechender Natürlichkeit, eine Hülfe für die Architektur, so lange das decorative Element noch in der ältern Weise, welche im vierzehnten Jahrhundert auch Glas und Farbe anwandte, seinen Platz behauptete. Unberechenbar aber für den Schmuck des Innern, wozu Brunellesco sich der Arbeiten in Terra della Robbia in der Kapelle der Pazzi bediente, während Cosimo de' Medici ein Cabinet in seinem Palaste und die Bauten in Sta Croce, Piero das Tabernakel in San Miniato durch Luca ausschmücken ließ, der in derselben Kirche dazu mitwirkte, der Kapelle des Cardinals von Portugal den Reiz harmonischer Vollendung zu verleihen.

In Cosimo's de' Medici letzten Jahren war eine ganze Generation jüngerer Bildhauer herangewachsen. Ihre bedeutendsten Werke sind Grabmonumente, die sich mit der Zeit immer reicher und großartiger gestalteten. Früher hatte man sich in der Regel mit mehr oder minder verzierten Sarkophagen begnügt, wie jener des im J. 1418 verstorbenen Roseri, des Vaters Palla's Strozzi, den man unter einem Halbbogen, über dessen Rahmen anmuthige Genien spielen, auf zierlichen Consolen in der Sacristei von Sta Trinità sieht. Noch zwei bis drei Decennien später blieben selbst bei angesehensten Männern diese einfacheren Grabmale überwiegend. Neri Capponi liegt in Santo Spirito in einem Marmorsarge, dessen Vorderseite zwischen zwei Genien sein Reliefporträt zeigt. Orlando de' Medici in der SS. Annunziata in einem mit seinem Wappen verzierten Sarkophage, der mit reichem architektonischen Aufbau eine Kapellenwand einnimmt, beide Werke jenes Simone, den die Tradition zum Bruder Donatello's gemacht hat[1]). Schon boten sich aber talentvollen Künstlern größere Aufgaben dar. Desiderio da Settignano, nach dem zwei Millien östlich von der Stadt anmuthig gelegenen Oertchen genannt, wo Michel Angelo in einer Steinmetzfrau seine Amme fand, war Schüler Donatello's, und schon dadurch in Beziehung zu den Medici, die ihn auch in San Lorenzo beschäftigten. Im Palast der Strozzi sieht man von ihm die feine und sinnige Marmorbüste Marietta's, der Tochter Filippo Strozzi's des Aeltern und der Fiammetta Adimari. Sein Hauptwerk, das Monument Carlo Marsuppini's in Sta Croce, mit der auf dem Sarkophag in einer durch eine Lünette mit dem Relief der Madonna gekrönten Nische ruhenden Gestalt des Todten[2]), zeigt ungeachtet einiger Ueberladung im Beiwerk, was er hätte werden können, wenn er nicht im J. 1464 erst sechsunddreißig Jahr alt gestorben wäre. Der auf Löwentatzen gestellte, mit Blätter- und Blumenwerk und flatternden Bändern reichverzierte Sarkophag gehört zu dem Schönsten was die decorative Sculptur hervorgebracht hat. Mit ihm wetteifern Gleichzeitige, denen wir verschiedene der schönsten Grabmale gleicher Art verdanken. Zu diesen gehören die Brüder Bernardo und Antonio Rossellino. Von Ersterm, der ausserhalb Florenz als Architekt der Päpste viel gewirkt hat, finden wir nicht daß er für die Medici thätig war,

---

1) Monuments sépulcraux Taf. XLVI. XLI. XXI.
2) Ebdt. Taf. XXXVI. Inschrift:
   Siste vides magnum quae servant marmora vatem
   Ingenio cuius non satis orbis erat
   Quae natura polus quae mos ferat omnia novit
   Karolus aetatis gloria magna suae
   Aoniae et Grajae crines nunc solvite musae
   Occidit heu vestri fama decusque chori.

und von Letzterm wird nur ein mit Kindern und Delphinen verzierter Marmorbrunnen in einem der Höfe ihres Palastes erwähnt, über dessen Verbleiben man nichts weiß. Aber die Stadt bewahrt treffliche Werke Beider, die wir in der Gemüthsrichtung den Della Robbia verwandt erkennen. Von Bernardo in Sta Maria Novella das anmuthige Denkmal der Beata Villana, in Sta Croce jenes Leonardo Bruni's[1] welches durch Adel der Form und weises Maßhalten wie durch technische Vollendung sich den besten dieser an trefflichen Denkmalen reichen Zeit anreiht. Das vollendetste unter diesen ist jedoch Antonio Rossellino's Monument des Cardinals von Portugal in San Miniato al monte. Jacob von Portugal, Neffe König Alfons' V., war krank nach Florenz gekommen, wo er sechsundzwanzigjährig im J. 1459 starb. Er wurde in der damals den Olivetauern gehörenden Basilika beigesetzt, und hier entstand eine Kapelle, welche an Symmetrie der Form und Schönheit des Details mit den Reliefs von verglaster Erde an der Wölbung, den eingelegten Marmorarbeiten an Wänden, Altar und Bischofsstuhl, dem Fußboden von Opus Alexandrinum, vormals auch mit dem jetzt in den Uffizien befindlichen Altarbilde von der Hand der Pollaiuoli, ihres Gleichen sucht. Hier steht das treffliche Monument in einer großen Nische mit leichtem zurückgeschlagenem Vorhange. Der Sarkophag eine Nachahmung der später zum Grabmal P. Clemens' XII. im Lateran verwandten Porphyrlade, auf dem von zwei sitzenden Knaben gehaltenen Baartuch die ruhende Gestalt des Todten mit der Inful, darüber an beiden Enden des Gesimses einer architektonischen Wandbekleidung zwei knieende

---

[1] Monuments sépulcraux Taf. L, XXXI. Inschrift:
Postquam Leonardus e vita migravit historia luget
eloquentia muta est ferturque musas tum
graias tum latinas lacrimas tenere non potuisse.

Engel, Krone und Palmzweig in den Händen, oben im Halbrund in einem von reicher Guirlande umschlossenen von Engeln im Relief gehaltenen Rund Madonna und Kind. An Adel und Schönheit übertrifft die auch durch technische Vollendung ausgezeichnete Gestalt des Cardinals alles Aehnliche. Kopf und übereinandergelegte Hände sind nach der Natur geformt¹); seliger Friede ist über das Ganze ausgegossen, und der Ausdruck vergegenwärtigt was Vespasiano da Bisticci von dem Todten sagt, den er im Leben gekannt: Er war schön von Körper, schöner noch war seine Seele, und er wäre würdig als Muster neben die Alten gestellt zu werden wegen der Heiligkeit seines Lebens und seiner Sitte und jeglicher Tugend²).

Diesen Künstlern ist endlich noch Mino da Fiesole beizuzählen, welcher, wenn er Schüler des nur ein Paar Jahre ältern Desiderio da Settignano war, sich doch mehr nach Donatello gebildet zu haben scheint. Seine figurenreichern Reliefs, deren bedeutendste sich in Rom befinden, sind nicht immer glücklich noch ansprechend; seine monumentalen Statuen, von denen die beiden ansehnlichsten in Florenz späterer Zeit angehören, haben Würde und Schönheit. In seinen Porträtköpfen ist eigenthümliche Feinheit und Wahrheit, die auf sicheres Naturstudium deuten, wovon die Büste des Bischofs Leonardo Salutati im Dom von Fiesole ein trefflichses Beispiel ist³). Im Mediceischen Hause sah man von seiner Hand die Brustbilder Piero's und seiner Gemalin,

---

1 Vespasiano da Bisticci a. a. O. S. 157. Vasari erwähnt des Abformens erst bei Verrocchio, Bd. V. S. 152. Bei der Bewerbewallung von Sta Maria del Fiore (Opera del Duomo) sieht man aber Brunellesko's Todtenmaske.

2) A. a. O. S. 152 ff. Monuments sépuleraux Taf. LVI. Vasari, Bd. IV. S. 218. Perti a. a. O. S. 70 ff.

3) Monuments sépulcraux Taf. LV.

ersteres gegenwärtig in den Uffizien, letzteres leider verschollen. In der Ornamentik, namentlich in den Arabesken steht Mino keinem nach, und unverkennbar ist in dieser Beziehung sein Einfluß in Rom, wo von Papst Nicolaus' V. Zeit an die Zahl der Monumente sich rasch mehrte. Von Giuliano da Majano ist für diese Zeit nichts inbetreff Medicëischer Aufträge bekannt, wie denn seine Leistungen in Florenz, wo er in den J. 1463—1465 mit eingelegten Holzarbeiten für San Domenico bei Fiesole und die Sacristei von Sta Maria del Fiore beschäftigt war, weniger ins Gewicht fallen. Von Antonio Filarete, dem Gießer der großen Thür von St. Peter, finden sich keine Werke für die Medici verzeichnet. Daß er aber zu ihren Schützlingen gehörte, ersieht man nicht blos aus der erwähnten Widmung seines Tractats von der Architektur an Piero, sondern auch aus einem von ihm am 20. December 1451 von Mailand aus an diesen gerichteten Schreiben, worin er ihm für die Empfehlung an Francesco Sforza dankt. „Ich stehe euch zu Dienste in Allem was ich vermag: verfüget über mich. Empfehlet mich der Excellenz eures Vaters und eurem Bruder Giovanni. Mit Gottes Hülfe hoffe ich euch wie mir hier Ehre zu machen; ich sage euch, weil um euretwillen und infolge eurer Empfehlung der Herr mir große Gunst bezeugt. Er denkt mich zum obersten Architekten beim Dome zu bestellen, wobei ich freilich, als Fremder, auf Widerspruch stoße. Doch ich hoffe sie werden sich dem Willen des Herrn fügen" [1]).

Die Goldschmiedekunst, schon im vorausgegangenen Jahrhundert in den toscanischen Städten zu hoher Vollendung gelangt und im engsten Zusammenhange mit der Sculptur, bildete mittelst der Vervollkommnung des Niello die Vorschule

---

[1] C. Pini, La Scrittura di artisti italiani. Vgl. oben S. 153.

des Kupferstichs. Maso Finiguerra, der Verfertiger der berühmten dem J. 1452 angehörenden Par für das Baptisterium, gehört zu Denen, deren Namen unzertrennlich sind von der Geschichte der Bestrebungen der Mediceischen Glanzzeit.

Für die Malerei ist die hier in Betrachtung kommende Zeit weder in ihrer Entwicklung im Allgemeinen noch in ihren besonderen Leistungen, soferne es sich namentlich um Betheiligung der Medici handelt, den Schwesterkünsten an Bedeutung gleichzustellen. An Thätigkeit hat es jedoch auch hier nicht gefehlt und wir sehn der vollen Entwicklung der Männer entgegen, deren Reife in die Jahre Lorenzo's il Magnifico fällt. Die beiden nach den verschiedenen Richtungen hin größten Meister der ersten Hälfte des Jahrhunderts, Masaccio und Fra Angelico, fuhren fort, Florenz mit ihren Werken zu schmücken. Der Erstere ließ bei seinem Tode im J. 1443 die Brancacci-Kapelle im Carmine, die hohe Schule aller Späteren, unvollendet, und leider ist das Fresco untergegangen, in welchem er die im April 1422 erfolgte Einweihung der Kirche dargestellt und eine Menge angesehener Männer der Zeit, Giovanni b'Averardo de' Medici, Niccolò da Uzzano, Baccio Valori, Lorenzo Ridolfi, Brunellesco, Donatello, Masolino da Panicale u. A. abgebildet hatte. Fra Angelico schmückte im Kloster San Marco Capitel, Gänge, Zellen mit seinen Wandgemälden, welche die an Giotto's Principien und Schule erinnernde, aber ungeachtet der durch die strenge Richtung auferlegten Beschränkung in freieren Bahnen sich bewegende religiöse Kunst in ihren reichsten und schönsten Blüten repräsentiren. Hier blieb er beschäftigt, bis Eugen IV. ihn nach Rom berief, wo er für diesen Papst und dessen Nachfolger Nicolaus V. die beiden Kapellen im Vaticanischen Palast malte und im J. 1455 starb. Sein größter, in seiner Entwicklung jedoch von ihm unabhängiger Schüler, Benozzo Gozzoli, welcher von Rom dem Lehrer nach Orvieto gefolgt und lange in Umbrien thätig gewesen war, malte im J. 1459 die Mediceische Hauskapelle, vielleicht sein anmuthigstes Werk. Die Anbetung der Könige, welche er hier in reichster landschaftlicher Umgebung, mit Engelchören wie mit zahlreichen Theilnehmern und Scenen festlichen Lebens darstellte, hat eine farbenreiche Heiterkeit die an Gentile da Fabriano erinnert. Auch später, als er in San Gemignano und in Pisa malte, blieb er mit den Medici in Verbindung, und in seinem ersten Fresco im Camposanto, Chams Verfluchung, sehn wir in einer Gruppe des Vordergrunds die Mitglieder der Familie dargestellt wie er sie in früheren Jahren gekannt hatte.

Die realistische Richtung, mehr oder minder an Masaccio sich anschließend, trat währenddessen immer entschiedener hervor. Bei Paolo Uccelli unter offenbarem Einfluß der Sculptur, namentlich Donatello's, wie denn einige seiner bedeutendsten Fresken, die aus der Schöpfungsgeschichte im Klosterhofe von Sta Maria Novella und das Standbild John Hawkwoods in Sta Maria del Fiore¹), auch durch die Farbe, Grau in Grau, auf Hervorbringung der Wirkung von Sculpturen berechnet scheinen. Das Studium der Perspective bei diesem Maler bringt insoferne den Eindruck der Prätension hervor, da der Effect derselben bisweilen fast die Hauptsache zu sein scheint. Das Herbe und fast Verletzende in Andrea dal Castagno wird durch die Färbung nicht gemildert, und

---

1) Erst um 1436 ausgeführt. Gegenstück, Reiterbild Niccolò Maruzzi's von Tolentino (gest. 1434) von Andrea dal Castagno. Das unpassende Anbringen solcher mächtigen Reitergestalten in Kirchen leitete schon die ähnlichen Marmormonumente ein, wie man sie namentlich in Venedig sieht. Im florentiner Dom, sah man überdies Piero Farnese in ganzer Gestalt auf einem Maulthier, wie er es 1363 in einem Gefecht gegen die Pisaner ritt.

wenn man seine Gruppe der h. Johannes und Franciscus in Sta Croce ansieht, so möchte man annehmen, das Abstoßende des Ausdrucks habe dazu beigetragen, dem Mährchen von der Ermordung des Domenico Veneziano Glauben zu verschaffen, welches sich bis auf unsere Tage dem Namen Andrea's angeheftet hat, welcher vier Jahre vor seinem angeblichen Opfer starb [1]). Das Bedeutendste was wir von ihm besitzen, sind die Gestalten von Sibyllen und berühmten Männern, die er in einem Saale der vormaligen Pandolfinischen Villa zu Legnaia in geringer Entfernung westlich von Florenz in Fresco ausführte, heute von der Wand abgenommen und im National-Museum des Palastes des Podesta, wo diese charaktervollen Figuren, unter ihnen Nicola Acciainoli und Pippo Spano, bedeutende Wirkung hervorbringen. Weder Andrea noch Uccello scheinen von den Medici beschäftigt worden zu sein, wohl aber war dies mit Domenico Veneziano der Fall, Andrea's Mitarbeiter an den untergegangenen Fresken in Sta Maria Nuova, auf welchen übrigens Fra Angelico nicht ohne Einfluß geblieben ist. Das wiederholte Vorkommen der Mediceischen Schutzheiligen, Cosmas und Damian, auf Bildern deren Ursprung nicht immer festzustellen ist, läßt auf Auftrag durch die Familie oder deren Freunde schließen. Derjenige Maler aber, welchen Cosimo und seine Söhne am meisten begünstigten, war Fra Filippo Lippi, dessen Wandel und Sitten für den Carmeliterorden eine ebenso große Unehre waren, wie das ganze Leben Fra

---

[1]) An gegenwärtigem Orte, wo es sich vorzugsweise um die Stellung der Medici zur Entwicklung der Kunst handelt, kann nicht auf das Detail der Literatur verwiesen werden, welches in jüngsten Jahren durch die von Crowe-Cavalcaselle in ihrer Geschichte der italien. Malerei schon benutzten Archivforschungen Gaetano Milanesi's über die toskanischen Maler des beginnenden Quattrocento im Giornale storico degli Archivi toscani Bd. IV. u. VI. sehr bereichert worden ist.

Angelico's dem Predigerorden zur Zierde gereichte. Unordentlich, verbuhlt, stets in Verlegenheit und Geldnoth, erwarb er sich Gönner durch sein unbestreitbares Talent, welches mit einem Anflug von der Gefühlsinnigkeit Fra Angelico's, Kraft und Lebendigkeit, mit Freiheit und Reichthum der Gruppirung Mannichfaltigkeit der Charaktere, realistisches Naturstudium mit Benutzung plastischer Momente verbindet. Er arbeitete viel für die Medici, die seine Bilder an den Papst und König Alfons als Geschenke sandten und ihm auch auswärts Aufträge verschafften. Seine größte Arbeit, die Fresken in der Chorkapelle der Collegiatkirche von Prato, wurden für den dortigen Propst Carlo de' Medici beendigt, dessen Bildniß man in der Darstellung der Bestattung des h. Stephan sieht. Durch Cosimo, der in Umbrien vielerlei Beziehungen hatte, soll Fra Filippo die Berufung nach Spoleto erhalten haben, wo er die erst nach seinem Tode durch seinen Gehülfen Fra Diamante vollendeten Darstellungen aus der Geschichte der Madonna im Dome ausführte und im J. 1469 starb.

Zu den von Cosimo und seinen Söhnen beschäftigten Malern gehörten auch die beiden Peselli, Giuliano d'Arrigo und sein Enkel Pesellino, jener mit den Anschauungen der Giottesken in die große Umwandlung der künstlerischen Richtung eingetreten, dieser schon ganz der Zögling der realistischen Schule. Im Mediceischen Hause sah man von ihrer Hand reiche Möbelmalereien, wie sie damals Sitte wurden und bis weit ins 16. Jahrhundert hinein beliebt blieben, indem Schränke und Truhen (Cassoni) mit Compositionen in kleinen Figuren, sowol aus der heiligen und Profangeschichte wie Jagd- und Thierscenen u. a. geschmückt wurden. In den florentiner Sammlungen sieht man noch manche Darstellungen dieser Art, bis auf Andrea del Sarto und seine Freunde und Schüler herab, deren Form in manchen Fällen ihre ursprüngliche Bestimmung verkündigt. Auch Auswärtige haben für die Medici gemalt. Ein Veronese, Matteo de' Pasti, schrieb im J. 1441 an Piero, er getraue sich ihm Werke zu senden, wie er nie ähnliche gesehn[1]). Man irrt wol nicht, indem man dies auf die heute in der Sammlung der Uffizien befindlichen convexen Tafeln mit den Darstellungen aus Petrarca's Triumphen bezieht, die ohne Zweifel zum Zimmerschmuck bestimmt gewesen sind. Die vielfachen Beziehungen der Medici zu Flandern haben von Cosimo's Zeit an viel dazu beigetragen, die Aufmerksamkeit der Florentiner auf die Van Eyckische Malerschule zu lenken, deren Bedeutung für die italienische Kunst des 15. Jahrhunderts, namentlich für die Technik bekannt ist, wie immer die Ansichten inbetreff des Ursprungs und der Entwicklung dieser Technik divergiren mögen. Durch den Vorsteher der Mediceischen Bank zu Brügge, Tommaso Portinari, ist das bedeutendste in Toscana vorhandene Werk der vlämischen Schule, überhaupt das bedeutendste Werk Hugo's van der Goes, die Anbetung der Hirten mit den Bildnissen der Mitglieder der Familie des Bestellers auf den Flügeln in die Spitalkirche von Sta Maria Nuova, die alte Stiftung des Hauses gelangt[2]). Die Bilder derselben Schule, deren Vasari als im Mediceischen Besitz erwähnt, und von denen man heute im Pal. Pitti ein Porträt desselben Tommaso Portinari sieht, legen an den Tag daß diese Werke Interesse weckten, mochten immerhin die Contraste der künstlerischen Auffassung groß sein. Wenn nicht in Bezug auf Nachbildung des

---

1) C. Pini, Scrittura di Artisti.
2) Es ist hier nicht der Ort, auf die verworrenen Angaben bei den italienischen Kunsthistorikern im Detail zu verweisen. Vasari gedenkt dieses Werkes unter andern in seiner Einleitung a. a. C. Bd. 1. S. 168.

Lebenden, doch auf das Beiwerk haben die vlämischen Bilder
nicht geringen Einfluß geäußert.

Es ist begreiflich daß andere Kunst- wie Kunstindustrie-
zweige bei einer so kunstliebenden Familie, in einer an den
vielseitigsten Kräften so fruchtbaren Zeit Förderung finden,
daß ihr Haus sich immer mehr mit Schätzen aller Art füllen
mußte. Denn es war der Stolz der Fürsten und reichen
Bürger, ja Solcher die sich in Bezug auf Bequemlichkeit des
Lebens Manches versagten um einer edlen Leidenschaft zu
fröhnen, sich mit alten und neuen Werken zu umgeben, Säle,
Treppen, Höfe mit Marmoren und sonstigen Anticaglien zu
zieren, alte Münzen und geschnittene Steine zu sammeln,
während Bilder und Sculpturen lebender Künstler mit schönem
Hausgeräth, Silberzeug, reichen Seidenstoffen, Teppichen um
die Wette die Räume schmückten. Cosimo theilte die Liebhaberei an diesen Gegenständen mit seinem Bruder Lorenzo,
mit seinen beiden Söhnen. Ein Verzeichniß der im Palast
in Via Larga aufbewahrten antilen Münzen, Cameen,
Gemmen, Tafeln mit Musiven und Schmelzwerk nennt hundert goldene, fünfhundertunddrei silberne Münzen, eine ganze
Reihe geschnittener Steine zum Theil als Siegel und Ringe
gefaßt, griechische und römische Mosaiktische, kostbare Gefäße,
Edelsteine, zum Gesammtwerthe von wie es scheint mehr denn
dreißigtausend Goldgulden [1]). Das Silbergeschirr, hier wie auf
den Villen, war nicht mit eingerechnet. Schon geschah der reisen-
den Antiquare Erwähnung, welche Handschriften und Kunstsachen mit sich führten, Gelehrte zugleich und Colporteure.
Aber auch auswärts wurde für die Medici aufgekauft. Antiquitäten kamen aus Rom, Neapel, Viterbo und andern

---

[1]) Fabroni a. a. C. Bd. II. S. 211. Es ist zweifelhaft, ob die
am Ende des Verzeichnisses angegebenen Summen zusammenzuzählen sind,
oder die letzte derselben die Hauptsumme bildet.

Orten. Wir sahen schon, wie Donatello die schadhaften antiken Marmore restaurirte, eine Sitte die in den folgenden Jahrhunderten bedauerliche Dimensionen angenommen und nicht selten irregeleitet hat. Aus Flandern, wo Brügge der Hauptstapelplatz auch für Kunstsachen war und die Antwerpener Messen besucht wurden, kamen die gewirkten Teppiche (Arazzi)[1]. Aus einem von Carlo de' Medici an seinen Halbbruder Giovanni von Rom aus, wie es scheint im Herbste 1451 gerichteten Schreiben[2] ersieht man, daß Cardinal Barbo, nachmals P. Paul II., den florentiner Liebhabern Concurrenz machte und gelinde Nöthigung nicht verschmähte. „Ich hatte in diesen Tagen gegen dreißig schöne silberne Medaillen von einem Gehülfen des Pisanello gekauft, der kürzlich gestorben ist. Ich weiß nicht wie Monsignor von San Marco es erfuhr, der, da er mir zufällig in Santi Apostoli begegnete, mich bei der Hand nahm und mich nicht losließ, bis er mich in seine Wohnung geführt und mir alles, was ich im Beutel trug, abgenommen hatte, Ringe und Münzen für etwa zwanzig Gulden. Es war keine Möglichkeit ihn zur Rückgabe zu vermögen, und ich mußte ihm am Ende die Sachen lassen, trotz Verwendung bei dem Papste." In einem Briefe vom J. 1455 ist dieselbe Klage wiederholt. Mehr als Ersatz für solche Verluste wurde, wie wir sehn werden, den Medici nach Pauls II. Tode zutheil.

Solcherart waren die Beziehungen Cosimo's de' Medici und seiner Söhne zum florentiner Kunstleben. Die große Bewegung war da, bevor sie ans Ruder gelangten, aber sie haben auf die Entwicklung namhaften wie wohlthätigen Einfluß geübt und sind ihren Landsleuten stets mit löblichem

---

[1] Brief an Giovanni de' Medici, Brügge 22. Juni 1468, bei Gaye a. a. O. S. 158.
[2] Gaye a. a. O. S. 163.

Beispiel vorangegangen. Sie haben auch hierin ihre Zeit
begriffen. Die Art und Weise ihres persönlichen Verhältnisses zu den Künstlern hat etwas ungemein Wohlthuendes.
Es war vom Geiste ächter Humanität geleitet. Diese Männer waren große Herren, deren Viele bedurften: im Umgange
blieb aber eine Vertraulichkeit, wie unter Freunden und Gleich-
berechtigten. Nirgend, auch nicht wo man Bitten an sie richtet,
begegnet man dem Ton der Unterwürfigkeit, während die Tradition des selbstbewußten freien Bürgerthums in allen Beziehungen fortlebt. So werden wir es noch in spätern Zeiten finden,
als Cosimo's Enkel eine fürstliche Stellung hatte: Gesinnung
und Haltung, die wesentlich zu dem von Lorenzo über die
Gemüther erlangten mächtigen Einfluß beitrugen. In manchen Fällen setzte dieser nur die von seinem Vater, Ohm und
Großvater angeknüpften Verbindungen fort. So war es mit
dem berühmten Orgelbauer und Musiker Antonio Squarcialupi der Fall, dem wir noch wiederholt begegnen werden.
Er gehörte einer alten Familie an, die einst zu Poggibonsi
im Elsathal Signorie gehabt hatte und als zu den Großen
gehörend lange von den Aemtern ausgeschlossen blieb, sodaß
Antonio erst im J. 1453 in eine der kleinern Zünfte eingeschrieben ward, wo wir seinen Verwandten nicht vor Ende des
15. Jahrhunderts im Priorat begegnen. Antonio, der den
Namen Degli Organi in seinen eigenen Schriftstücken führte,
stand damals schon in vertrauten Beziehungen zum Mediceischen Hause. Nachdem er im J. 1450 in Neapel bei König
Alfons geweilt hatte, richtete er von Siena aus am 26. November folgenden Brief nach Volterra an Giovanni de' Medici[1]: „Liebster Gevatter, schuldigen Gruß und Empfehlung
zuvor. Es ist ungefähr ein Monat her seit ich von Neapel

---

1) Gaye a. a. O. S. 160.

zurückkehrte wie euch bekannt sein muß. Seitdem hat es nicht zu regnen aufgehört, sonst wäre ich euch besuchen gekommen. Das schlimme Wetter jedoch hat mich nicht blos an der Wanderung sondern auch am Schreiben verhindert, denn ich wartete immer, bis der Himmel sich einmal aufklären würde. Nun, Gott sei für Alles gedankt. Wollte ich euch von Neapel berichten und von der Majestät des Königs und seinem Hofe, so wäre so vieles und so großes zu erzählen, daß ich fünf Tage lang alle in Rom befindlichen Schreiber in Sold nehmen müßte. So schweige ich denn für jetzt davon und melde euch nur daß der Cardinal von Sta Maria seine Pfeifenorgel sehr hoch hält, woran er wohlthut, da dieselbe es wahrlich verdient. Zu eurer Beruhigung kann ich euch nun sagen, daß ich euch bei eurer Rückkehr eine zu hören geben werde, die euch ohne Fehl gefallen wird. Sie ist für Antonio di Migliorino bestimmt, zu dessen Freundlichkeit ich mich versehe, daß er damit einverstanden sein wird, daß ich sie euch sehen und hören lasse. Nun will ich euch nicht länger lästig fallen. Empfehlet mich vor Allen Madonna Contessina und M. Piero und allen Andern".

Im Frühling 1438 schrieb Domenico Veneziano von Perugia aus wie folgt an Piero[1]). „Verehrter und edler Mann. Meinen Gruß voraus. Ich melde euch daß ich mit Gottes Gnade gesund bin und euch gesund und heiter zu sehn wünsche. Verschiedene Male habe ich mich nach euch erkundigt und nie etwas erfahren, außer durch Manno Donati, der mir sagte, ihr befändet euch in Ferrara in recht guter Gesundheit, was mir große Freude machte. Hätte ich euren Aufenthaltsort früher gekannt, so würde ich euch bereits geschrieben haben, so zu meiner eignen Genugthuung wie meiner

---

1) Gaye a. a. O. S. 136.

Schuldigkeit wegen. Meine Stellung ist zwar sehr unter der eurigen, aber die herzliche Zuneigung die ich zu euch und allen den Eurigen hege, giebt mir den Muth euch zu schreiben, dem ich so vielen Dank schuldig bin". An denselben Piero schrieb einundzwanzig Jahre später Benozzo Gozzoli von Florenz, wo er die Kapelle im Mediceischen Hause malte, nach Careggi[1]): „Mein theuerster Freund. Mittelst eines frühern Briefes meldete ich Eurer Magnificenz, daß ich vierzig Gulden brauche, und bat euch mir sie vorzustrecken. Denn jetzt ist's Zeit, Getreide und manches Andere zu kaufen, dessen ich bedarf, und ordentlich dabei zu sparen und mir schwere Sorge vom Halse zu schaffen. Ich hatte mir vorgenommen, nichts von euch zu verlangen, bevor ihr meine Arbeit gesehen, aber jetzt finde ich mich doch genöthigt die Bitte an euch zu richten. So habet Nachsicht mit mir: Gott weiß daß ich mir angelegen sein lasse euch zu befriedigen. Noch bringe ich euch in Erinnerung, daß ihr Ultramarin von Venedig kommen lassen möchtet. Denn in der laufenden Woche wird die eine Wand fertig, und bei der andern brauche ich Ultramarin. Die Brocate und übrigen Sachen werden dann ebensowie die Figuren vollendet werden, ja noch früher. Ich arbeite so fleißig wie möglich. Anderes habe ich nicht hinzuzufügen als daß ich mich euch empfehle".

Das vertraute Verhältniß der Medici zu den Künstlern hinderte nicht daß bei Bestellungen selbst Nebendinge genau bestimmt wurden, Verwendung von Ultramarin und Gold, geschweige denn Wesentlicheres. Selbst in Bezug auf die Composition wurden Bemerkungen nicht gespart, nicht blos, was sich von selbst versteht, mit Rücksicht auf die in Madonnenbildern und andern Votivtafeln anzubringenden Heiligen,

---

1) Gaye a. a. O. S. 192.

sondern auch auf andere Figuren und Beiwerk. Piero de' Medici war mit ein Paar Engeln nicht zufrieden, welche Benozzo in der Kapelle angebracht hatte, und der Maler, nachdem er sie gerechtfertigt, fügte hinzu, ein Wölkchen reiche hin sie verschwinden zu machen. Daß alles Geschäftliche, Zahlungen und Zahlungs- wie Lieferungstermine u. s. w. ausführlich und sogar ängstlich genau festgestellt wurde, ist selbstverständlich und liegt im Charakter der Zeit, nebenbei aber auch in der florentinischen scrupulösen Ordnungsliebe und kaufmännischen Angewöhnung, die sich nie und nirgend verleugnet, und bis zu Cosimo's splendidem Enkel bei den Medici charakteristisch geblieben ist. Strenge Aufsicht war übrigens nöthig, wo es sich um so colossale Ausgaben handelte. Besonders nöthig aber war sie gegenüber unordentlichen Leuten wie Filippo Lippi, der sein ganzes Leben in wie es scheint selbstverschuldeten Nöthen zubrachte, wovon seine Briefe an Piero und Giovanni de' Medici Zeugniß ablegen. „Wenn es in Florenz einen armen Klosterbruder giebt, so bin ich es". Wie seine Beschützer Mitleid mit ihm hatten, scheinen sie auch seine Sünden nicht zu scharf beurtheilt zu haben, wenn ein Wort in einem Briefe Giovanni's, wo es heißt, sie hätten über die Verirrung Fra Filippo's eine Weile gelacht, sich auf die bekannte Entführungsgeschichte der einem Kloster zu Prato zur Erziehung übergebenen Spinetta Buti bezieht, deren Einzelheiten bei Vasari wie so oft ungenau sind[1]). Der Antheil den die Medici an diesem Maler nahmen, lebte noch in Lorenzo fort. Von Rom heimkehrend, wollte dieser Fra Filippo's sterbliche Reste von Spoleto nach Florenz schaffen lassen, worauf er, als dies nicht

---

1 Gaye a. a. O. S. 141, 175, 180. Vgl. Crowe-Cavalcaselle, Bd. III. S. 64, 65.

zugegeben ward, dessen Sohn bei Errichtung eines Denkmals im dortigen Dom unterstützte.

Die Zeit Cosimo's de' Medici war es, in welcher die geschriebene Kunstgeschichte ihre ersten schwachen Anfänge versuchte. Gleichsam als Vorläufer dazu hatte Cennino Cennini aus Colle im Elsathal, Schüler Agnolo Gaddi's, wie es scheint zu Padua, wo er im Dienste Francesco's da Carrara lebte, gegen den Ausgang des 14. Jahrhunderts das Malerbuch verfaßt, welches für die Kenntniß der künstlerischen Praxis vor dem Siege der Oelmalerei über die Tempera, wie des Modellirens, des Gießens, des Gypsauftragens und Vergoldens u. s. w. von so großer Bedeutung ist¹). Handelte es sich hier lediglich um die Technik, so verband Lorenzo Ghiberti in seinen Commentaren, mit einem unvollendeten Tractat über Architektur und Körper-Proportionen, Aufzeichnungen so über die antike Kunst wie über die neuere, von ihrer Wiederbelebung in der zweiten Hälfte des 13. Jahrhunderts bis zu seinen Tagen und eigenen Werken²). Letzterer Theil ist die vornehmste Quelle gewesen aus welcher Giorgio Vasari seine Kenntniß der älteren Zeiten geschöpft hat.

1) Vollständige Ausgabe von Gaetano und Carlo Milanesi: Il Libro dell' arte o Trattato della pittura, Flor. 1859. Teutsch: Das Buch von der Kunst, übers. u. s. w. von Albert Ilg, Wien 1871. Die ehmals, von Baldinucci bis auf Tambroni den ersten Herausgeber des Tractats (Rom, 1821) gewöhnliche Annahme, Cennini habe denselben im J. 1437 und zwar im Gefängniß der Stinche verfaßt, schreibt sich von der in der Laurentianischen Handschrift befindlichen Postille her, welche vom Copisten herrührt statt auf den Autor zu deuten. Diese Postille bot den Anlaß, ein beim Abbruch des Gefängnisses wieder zum Vorschein gekommenes giottesles Frescobild, die Vertreibung des Herzogs von Athen, dem Cennini zuzuschreiben. [Fr. Bacchi, Illustratore fiorentino Th. V. Flor. 1839.]

2) Der zweite Commentar, mit den Nachrichten über die neuere Kunst, gedruckt bei Cicognara Storia della Scultura Bd. IV., leidtrer nebst einigen Auszügen aus dem dritten, in der Lemonnier'schen Ausgabe des Vasari, Bd. I. S. V—XXXV.

Ghiberti's Zeitgenosse Filarete hat dann in seinem schon erwähnten Tractat über die Architektur, welchen er, die Dedication nach Personen und Umständen variirend, um das J. 1460 zwei Gönnern, Piero de' Medici und Francesco Sforza widmete, mancherlei kunstgeschichtliche Nachrichten gegeben, die auch die Mediceischen Zeiten betreffen[1]). Auch dieser Mittheilungen, wie technischer Bemerkungen hat Vasari sich bedient, dessen Urtheil über Filarete's confuses Kunstbuch an sich gerecht ist wenngleich es in der Form etwas herbe erscheinen mag.

---

1) Ueber den Tractat Filarete's und die beiden Dedicationen vgl. Vasari Bd. III. S. 290, 291, und Gaye Bd. I. S. 200—206, wo die Widmung an Francesco Sforza. (Vgl. oben S. 153.) Filarete giebt uns schon eine Ahnung von der Kunstsprache Federigo Zuccaro's. Uebrigens sagt er zum Sforza: „Ist mein Buch nicht zierlich, so nimm es nicht als Werk eines Redners, noch als von Vitruv herrührend sondern von deinem Baumeister, der die Thüren von Sanct Peter gegossen hat".

II.

Bauliche Thätigkeit in den Tagen Lorenzo's de' Medici.

Die Architektur hat zu jeder Zeit Lorenzo de' Medici großes Interesse eingeflößt. Er besaß ein ungewöhnliches Verständniß dieser Kunst [1]). Die Façade von Sta Maria del Fiore, welche, mehr denn zwei Decennien nach seinem Tode beim Einzug seines Sohnes P. Leo's X., Jacopo Sansovino in Holz ausführte, Andrea del Sarto in Chiaroscuro ausmalte, war nach einem Entwurfe von seiner Hand [2]). Wie er sich an dem Project der Vollendung dieser Façade betheiligte, werden wir sehen. Zu mehren der bedeutendsten Architekten seiner Zeit stand er in naher Beziehung. Ein von Rom aus an ihn gerichtetes Schreiben Alberti's [3]), das leider nicht von künstlerischen Dingen sondern von einem vorgeschlagenen Gütertausch handelt, bezeugt das gute Verhältniß. „Daß du dich im Vertrauen an mich wendest, ist mir erfreulich, denn du thust was mit unserer alten Freundschaft übereinstimmt, und da ich meine Verpflichtung erkenne,

---

1) R. Valori a. a. O. S. 178.
2) Vasari, Bd. VIII. S. 267. Ueber die Zeichnung von Andrea, Waagen, Kunstwerk und Künstler in England, Bd. I. S. 444. Vgl. unten S. 107 ff.
3) Pini, Scrittura d'Artisti. Vgl. A. v. Zahn, Jahrbücher für Kunstwissenschaft, Bd. IV. S. 367.

bin ich bereit für dich und auf deinen Wunsch alles zu thun, was Einem, der dich liebt, angenehm sein kann. Wäre das um was du mich ersuchest, nicht in Billigkeit begründet, so würdest weder du dich zum Vermittler hergegeben noch ein Dritter dich dazu auserjehn haben". Die von Majano und Sangallo erfreuten sich in wie außerhalb Florenz seiner Theilnahme und Förderung, und in wie außerhalb Florenz ist die Thätigkeit eine große gewesen. Aber er selbst hat dennoch nichts als ein Kloster und eine Villa gebaut. Vom Kloster ist keine Spur mehr geblieben, und die Façaden des Doms wie die Kirche von Sto Spirito, für die er sich so sehr interessirte, harren heute noch der Vollendung, ebensowie jene von San Lorenzo, für welche sein mit der Tiara gekrönter Sohn Vorbereitungen getroffen hatte, die deren ungesäumte Ausführung zu sichern schienen. Das schönste zu Lorenzo's Zeit in Florenz entstandene Bauwerk war nicht für ihn, sondern für eine Familie, welche, obschon mit der seinigen verschwägert, mit ihr einen harten Kampf zu bestehen bestimmt war — für die Strozzi.

Wenn man in Betracht zieht, wie Lorenzo den Brüdern da Majano nahe stand, so wundert man sich daß er selber sie nicht mehr beschäftigte. In Florenz finden wir Giuliano urkundlich nur als Holzarbeiter gebraucht, namentlich in Sta Maria del Fiore wo im J. 1471 und folgenden die Chorstühle entstanden. Gleicherweise in dem zehn Jahre später beendigten Audienzsaal des Palastes der Signorie, wo er mit Francesco di Giovanni genannt Francione, dem Lehrer des in Rom und Urbino vielbeschäftiglen Baccio Pontelli thätig war, und wo sein jüngerer Bruder Benedetto die Marmorthüre ausführte[1]). Ueber seine Arbeiten in Rom,

---

1) Vasari, Leben Giuliano's, Bd. IV. S. 1 ff. Gaye a. a. O. zu den J. 1475, 1480, 1481.

wo er nach Vasari's Angabe unter P. Paul II. sowol den Palast von San Marco wie einen heute nicht mehr vorhandenen Loggienhof im Vaticanischen Palast gebaut haben soll, schwebt undurchdringliches Dunkel. Daß er auch in P. Sixtus' IV. Zeit dort war, ist bezeugt, ebensowie daß er im Dom von Perugia die reichen Chorstühle begann welche Domenico del Tasso, einer von der fruchtbaren florentiner Holzarbeiter- und Architektenfamilie, im J. 1491 beendigte[1]). Es braucht nicht wiederholt zu werden, wie Stand und Aufgaben von Architekten und Holzarbeitern (Magistri lignaminum, Legnaioli) ineinandergriffen und noch im folgenden Jahrhundert häufig vereint erscheinen, gerade wie andrerseits die der Bildhauer und Goldschmiede. Giuliano war aber in spätern Jahren mehr auswärts als zu Hause. Im J. 1478 finden wir ihn zu Recanati in der Mark mit dem Bau eines Palastes für den Cardinal von Cuenca, Antonio Giacomo Venier beschäftigt, der sich an Lorenzo wandte, um den säumigen Künstler zur Fortsetzung der Arbeit gedrängt zu sehn[2]). „Da gedachter Meister Giuliano ergebenster Diener Eurer Magnificenz und Lobredner eurer trefflichen Eigenschaften ist, und sich vielleicht nicht bewegen läßt außer wenn euer Wille ihn antreibt, so bitten wir euch dem Meister zu empfehlen und dafür zu sorgen, daß er um die festgesetzte Zeit nach Recanati gehe, das Begonnene zu vollenden". Im Frühling 1481 war Giuliano auf der Durchreise in Urbino, wo der Palast Federigo's von Montefeltro solchen Eindruck auf ihn machte daß er Lorenzo veranlaßte, den Herzog um

---

1) A. Rossi im Giornale di eradiz. artist. 1872, S. 97. Inschrift: Opus Iuliani Maiani et Dominici Taxi Florentini MCCCCLXXXXI.
2) C. Milanesi im Giorn. stor. degli Arch. tosc. Bd. III. S. 233, 234. Datum der Briefe, Rom 1.—20. Febr. 1478. Der im Sommer 1479 erfolgte Tod des Cardinals ließ den Bau unvollendet.

eine Zeichnung zu bitten, welche dieser durch Baccio Pontelli
ausführen ließ, der das schöne Werk Luciano Lauranna's
fortsetzte. „Der Herr Herzog, schreibt Pontelli an Lorenzo[1]),
erwiederte mit größter Freundlichkeit, ich solle die Zeichnung
anfertigen, er möchte aber lieber statt derselben Eurer Magnificenz das Haus selbst zusenden, um darin wie in eurem
eignen zu gebieten". Lorenzo war es ohne Zweifel, der
Giuliano's Berufung nach Neapel veranlaßte, welche somit
nach der Versöhnung von 1480 erfolgt sein muß. Ungeachtet
der vielen ihm dort zutheil gewordenen Aufträge, da König
Ferrante ebensowie sein ältester Sohn baulustig waren und
nach der Vertreibung der Türken aus Otranto das Reich
einige Jahre innern Friedens genoß, ist es nicht nöthig, seine
dauernde Anwesenheit daselbst anzunehmen, da Wanderlust
den Künstlern nicht fehlte. Der vielbesprochene erst im
16. Jahrhundert vollendete Triumphbogen König Alfons' im
Castelnuovo ist wahrscheinlich in keinem Theile sein Werk,
aber man irrt schwerlich, wenn man ihm den Bau der archi-
tektonisch trefflichen, leider durch modernen Aufsatz entstellten
Porta Capuana zuschreibt[2]). Giuliano starb in Neapel im
Spätherbst 1490, und die Art wie Lorenzo sich in einem
Schreiben an den Herzog von Calabrien[3]) über den Verlust
äußert, legt an den Tag wie hoch er ihn schätzte. „Durch
die Zuschrift Eurer Excellenz vernehme ich den Tod Giuliano's da Majano, der mir wahres Leidwesen bereitet, sowol
unserer genauen Beziehungen wegen, wie weil er E. E.
wesentliche Dienste leistete, und sein Tod manche begonnene
Werke unvollendet läßt. Da ihr nun diese fortzuführen

---

1) Urbino 19. Juni 1481. Bei Gaye a. a. O. S. 274.
2) S. Volpicella Descrizione storica di alcuni principali
edificii della città di Napoli. Neapel 1850. S. 1 ff.
3) Gaye a. a. O. S. 300. (Ohne Datum).

beabsichtigt, höre ich daß ihr durch mich einen ähnlichen Baumeister zu erhalten wünscht worüber Paol' Antonio Soderini mir ausführlich schreibt. Einen solchen Auftrag habe ich gerne übernommen, weil mir nur angenehm sein kann, wenn E. E. über meine Dienste verfügt und mit meinen Anordnungen einverstanden ist, wie es bei Giuliano der Fall war, bei dessen Tode ich wenigstens die Genugthuung empfinde, daß ihr mit den Leistungen dessen zufrieden waret, der auf meine Veranlassung in euren Dienst getreten war".

Des um zehn Jahre jüngern Bruders Giuliano's, Benedetto, hat Lorenzo sich als Architekt nicht bedient. Von seiner Betheiligung an den Arbeiten im Palast der Signorie, die jedoch mehr in das Fach des Holzarbeiters und Bildhauers gehörten, war schon die Rede. Sein Hauptwerk war aber doch ein architektonisches, und dies Werk, welches in Lorenzo's letzte Lebensjahre fällt, ist das vollendetste, was Florenz, wenn man den Palast Pitti als außer Linie stehend beiseite läßt, in der Palastarchitektur aufzuweisen hat. Die Geschichte des Baues welchen Filippo Strozzi der ältere im J. 1489 unternahm, ist ein interessantes Kapitel nicht nur der Kunst- sondern auch der Sittengeschichte. Wenn einst Cosimo de' Medici, als er sich ein Haus zu bauen beabsichtigte, Scheu empfand, durch zu großen Glanz Mißgunst zu wecken, so war über ein halbes Jahrhundert später bei einem reichen Bürger solche Besorgniß immer noch nicht verschwunden, und vielleicht stand diesem, der Gemeinwesen und Staat schon unter veränderten Verhältnissen sah, das Beispiel Luca Pitti's warnend vor Augen. Lorenzo Strozzi, der das Leben seines Vaters geschrieben hat, berichtet uns von seinem schönen Unternehmen[1]). „Nachdem Filippo für die Nachkommenschaft

---

1) Vita di Fil. Strozzi il vecchio S. 22 ff. [Vgl. Bd. I. S. 395.] Vgl. auch Gaye a. a. C. S. 354 ff., wo überdies die Aufzeichnungen Luca

hinlänglich gesorgt hatte, beschloß er, der mehr an Ruhm als an Geld dachte, und von Natur baulustig wie baukundig kein besseres und sichereres Mittel kannte seinen Namen auf die Nachwelt zu bringen, ein Gebäude zu errichten, das ihm und den Seinigen in wie außerhalb Italiens einen Namen machen könnte. Ein nicht geringes Hinderniß stellte sich ihm jedoch in den Weg. Da es nämlich dem an der Spitze der Regierung stehenden Manne in den Kopf kommen konnte, fremder Ruhm stelle seinen eignen in Schatten, so fürchtete er irgendwie Neid zu wecken. Deshalb begann er durch Andre in der Stadt zu verbreiten, er habe so viele Kinder und eine so beschränkte Wohnung, daß er, nun er sie in die Welt gesetzt, auch für ihr Unterkommen sorgen müsse, was er bei seinen Lebzeiten weit besser thun könne als sie nach seinem Tode. So fing er mit allerlei Umschweifen erst mit Maurermeistern dann mit Baukünstlern über das Bedürfniß einer neuen Wohnung zu reden an. Bisweilen stellte er sich, als denke er bald zu beginnen; ein andermal that er, als wäre er noch unentschlossen, und als verbrauche er nicht gerne binnen kurzer Zeit den Ertrag vieljähriger Arbeit und Mühe. So verhehlte er schlauerweise Jedem Absicht und Zweck, nur um diese besser zu erreichen. Er wiederholte, ihm genüge ein bequemes bürgerliches Haus, anständig nicht prachtvoll. Maurer und Baumeister trieben nun nach ihrer Art seine Pläne ins Große, was Filippo gerne sah, obgleich er das Gegentheil blicken ließ, indem er äußerte, sie nöthigten ihn zu dem was er nicht wolle noch könne.

„Nun traf es sich noch, daß der welcher die Geschicke der Stadt lenkte, dieselbe durch Schmuck aller Art verschönert

---

Landucci's eines Apothekers über Anfang und Fortschritte des Baues, und Filippo's Testament. Vasari handelt ausführlich von dem Palast wie von dem Kunstschmied Caparra im Leben Cronaca's, Bd. VIII. 116 ff.

Vorbereitungen zum Bau.

zu sehn wünschte, indem er der Meinung war, daß, wie er über Gutes und Schlimmes verfügte, so auch Schönes und Häßliches ihm beigemessen werde. Da ihm nun schien, ein so großes kostspieliges Unternehmen lasse sich nicht gut überblicken noch berechnen, und könne, wie es bei Kaufleuten oft geschehe, den Urheber nicht nur um den Credit bringen sondern ganz zugrunderichten, so begann er sich in die Sache zu mischen und wollte die Pläne sehen. Nachdem er sie betrachtet schlug er nicht nur mancherlei Verschönerungen vor, sondern rieth auch zur Anwendung von Opus rusticum. Filippo aber, jemehr man ihn ermunterte, stellte sich umsomehr als ziehe er sich scheu zurück. Er erklärte um keinen Preis wolle er Opus rusticum, da es zu bürgerlichen Verhältnissen nicht passe und schwere Kosten verursache. Er baue, sagte er, mit Rücksicht auf seine Bequemlichkeit aber nicht zum Pomp, und denke im Erdgeschoß Buden anzubringen, seinen Söhnen dadurch ein Einkommen zu verschaffen. Hierin stieß er auf mehrseitigen Widerspruch, indem man ihm darthat, wie häßlich und unbequem dies sein würde. Filippo ließ darum seine Einreden noch nicht fallen und klagte oft Freunden, er gehe an ein Unternehmen, von dem er wünsche daß es zu glücklichem Ziele führe. Er möchte vielmehr nie davon gesprochen haben, statt jetzt in einem Labyrinth zu stecken. Jemehr er sich stellte als scheue er die Kosten, nur die Größe seiner Absichten und den Betrag seines Vermögens zu verheimlichen, umsomehr ward er zum Bau gedrängt und ermuntert. So gelang ihm durch Gewandtheit und Klugheit das, was bei anderm Verhalten ihm entweder verweigert oder nicht wenig verdacht worden wäre".

Vorerst handelte es sich darum, Raum zu gewinnen für die Casa grande. Der Platz war beschränkt. Am westlichen Ende der ältern Stadt liegt der Strozzische Palast in einem Viertel, heute vielleicht das lebendigste der Stadt, auch in jener Zeit ohne Zweifel belebt, dicht beim alten Markt wie bei dem nach der Kirche Sta Trinità benannten Platze, von welchem aus man die gleichnamige Brücke sieht. In unmittelbarer Nähe hatten, haben zumtheil heute noch angesehene Familien ihre Wohnungen, die Buondelmonti, Altoviti, Gianfigliazzi, Bartolini, Alamanni, Viviani, Tornabuoni, Vecchietti, Antinori u. a. Nach dem ursprünglichen Plane sollte der Bau frei stehn, mit Platz und Garten auf der Südseite bis zur Straße von Portarossa, wo die Häuser der Davanzati und Torrigiani liegen. Der Plan kam jedoch nur unvollkommen zur Ausführung. Auf der Ostseite erstreckt sich ein ziemlich geräumiger Platz, aber nach Süden trennt nur ein schmaler jetzt überbrückter Raum den Palast von Nebenbauten, nach Westen ist die Straße (Via de' Legnaiuoli) von mäßiger Breite und auf der Nordseite hat man erst seit wenigen Jahren bei dem Neubau des vordern Theils des Tornabuonischen Hauses [f. S. 156] Raum und Licht, und die Möglichkeit gewonnen, den Prachtbau zu überblicken, der früher hier ganz versteckt lag.

Am 16. August (Juli?) 1489 legte Filippo Strozzi den Grundstein. Seine Aufzeichnungen enthalten die Schilderung des wichtigen Vorgangs, bezeichnend für Sitte und Anschauungen der Zeit. „Im Moment als die Sonne hervortrat über den Bergen, legte ich den ersten Stein zu den Grundmauern, im Namen Gottes, zu gutem Beginn für mich, meine Nachkommen und Alle die sich an dem Bau betheiligen werden. In derselben Stunde ließ ich eine Heiligegeistmesse durch die Klosterbrüder von San Marco singen, eine andere bei den Nonnen der Murate, eine dritte in meiner Kirche Sta Maria bi Leccelo, noch eine bei den mir verpflichteten dortigen Klosterbrüdern, mit der Fürbitte für glücklichen Anfang des Werkes. Den Zeitpunkt der Grundsteinlegung bestimmten durch das Horoscop Messer Benedetto Biliotti und Maestro Niccolò wie Messer Antonio Benivieni, Aerzte, und der Bischof Pagagnolli nebst Messer Marsilio (Ficino), die Alle ihn als glücklich bestätigten. Den Brüdern von San Marco sandte ich zur Almosenvertheilung nach ihrem Gutdünken zwanzig Lire, ebensoviel den Murate. In kleinen Almosen vertheilte ich zehn Lire. Benedetto Biliotti schenkte ich vier Ellen schwarzen Damast, macht zwanzig Lire. Zum Essen hatte ich in den Frühstunden Maestro Jacopo den Maurermeister, Maestro Andrea den Gießer, Filippo Buondelmonti, Marcuccio Strozzi, Pietro Parenti, Simone Ridolfi, Donato Bonsi, Ser Agnolo, Lorenzo Fiorini und andere meiner Freunde".

Glück und Größe haben nach Filippo, der bei seinem am 11. Mai 1491 erfolgten Tode den Bau noch nicht zur Hälfte des Erdgeschosses vorgerückt sah, in diesem Hause gewohnt, aber wie viele Stürme haben sich unter seinem jüngsten Sohne und unter seinen Enkeln über dasselbe entladen!

Der Palast Strozzi, ein mächtiges Viereck von beinahe hundert Fuß Höhe, hundertundzwanzig Fuß Breite, zeigt den Bossagenbau in seiner größten Vollendung, und bringt bei allem Ernst und der Einfachheit der Anlage doch einen Eindruck anmuthiger Schönheit hervor, wie kein anderes Bauwerk dieses Stils. Die Geschosse, von nicht wesentlich verschiedener Höhe, sind durch kräftig hervortretende Gurten von einander getrennt und zeigen gewaltige, durch beinahe vier Jahrhunderte geschwärzte Werkstücke, von ungleicher Länge aber in gleichmäßigen horizontalen Linien, durchgehends Opus rusticum aber regelmäßiger behauen als an den Häusern der Medici und der Pitti und den älteren Bauten. Das Erdgeschoß hat, außer dem großartigen Bogenthor der drei

Façaden, nur kleinere viereckige Fenster in bedeutender Höhe über der um das Ganze sich herumziehenden steinernen Bank; die beiden oberen Geschosse haben durch Marmorsäulchen getheilte Bogenfenster, mit den Halbmonden des Familienwappens in den Füllungen, gleich den Thoren mit einer Krönung aufrechtgestellter Quadern. Das prächtige leider nur zur Hälfte ausgeführte Gesimse und der Hofraum, beide von Simone del Pollainolo genannt Cronaca, und die berühmten Eisenlaternen gehörten in eine spätere Zeit als die hier in Betracht kommt, wie denn die Fortsetzung des Baues, welchen sein Urheber mit seinem Einkommen, ohne seine Capitalien anzugreifen, ausführen zu können glaubte, infolge widriger Geschicke und der Uneinigkeit der Söhne, mehre Decennien in Anspruch genommen hat, und erst zweiundvierzig Jahre nach Filippo's Tode zu dem Grade relativer Vollendung gelangt ist, in welchem wir ihn heute erblicken.

In dem von Lorenzo de' Medici nach dem Tode Giuliano's da Majano an den Herzog von Calabrien gerichteten Schreiben lesen wir, wie er sich bemühte, Ersatz für den Verlust zu finden. „Nachdem ich mich unter den hiesigen Baumeistern umgesehn, habe ich keinen gefunden welcher meiner Ansicht zufolge mit Giuliano zu vergleichen wäre. Deshalb habe ich nach Mantua an einen dort befindlichen Florentiner geschrieben, von dem ich glaube daß Fähigkeiten und Uebung im Bauwesen ihn in Stand setzen dürften, das Begonnene zu vollenden.... Wäre es mit diesem nichts und könnten wir keine bessere Wahl treffen, so würden wir uns genöthigt sehen, unter den Hiesigen den wenigst Schlimmen (il mancho reo che sarà possibile) zu wählen"[1]. Es ist auffallend, von Lorenzo solche Worte zu vernehmen,

---

[1] Gaye a. a. O. Ebendaselbst Lorenzo's Schreiben vom 16. Dec. 1490 an Francesco Gonzaga, mittelst dessen er um Urlaub für Luca

während Benedetto da Majano und Giuliano da Sangallo in Florenz waren. Die Erklärung ist vielleicht, daß Beide wegen augenblicklicher Aufträge nicht im Stande waren, die Stadt zu verlassen, und Lorenzo's Wahl deshalb auf Luca Fancelli fiel, der in der Kunstgeschichte eine untergeordnete Stellung einnimmt. Diese Annahme ist umso berechtigter, da Benedetto in Neapel schon bekannt sein mußte, Lorenzo selbst im J. 1488 den Plan zu einem Palaste von Sangallo's Hand an König Ferrante gesandt hatte¹), was sodann dessen Reise nach Neapel veranlaßte. Giuliano der Sohn Francesco Giamberti's war von Kindheit an im Mediceischen Hause bekannt, für welches sein Vater in Cosimo's und Piero's Zeit Holzarbeiten lieferte, worin er selbst, so von diesem wie vom Francione unterrichtet, große Fertigkeit erlangte, wie er denn so in Sta Maria del Fiore und im Palast der Signorie wie in Pisa thätig war, und sich auch in späten Jahren noch als Legnainolo bezeichnete. Daß die Familie Giamberti zu den Medici intime Beziehungen hatte, ergiebt sich schon aus dem Umstande, daß nach dem Tode Giuliano's de' Medici dessen kleiner Sohn Giulio in ihrem Hause in Borgo Pinti gepflegt wurde, da wo man jetzt den Palast Panciatichi Ximenez sieht. Giuliano hat nachmals zwei Richtungen der Architektur, den Kriegs- wie den Palastbau, mit großem Talent vertreten, während er in vorgerückten Jahren so als Architekt von Sta Maria del Fiore wie der römischen Peterskirche thätig gewesen ist.

Schon im Herbste 1472 finden wir den neunundzwanzigjährigen Giuliano unter Sixtus IV. in Rom

Fancelli billet. Ob dieser nach Neapel ging, ist ungewiß; Francesco di Giorgio war im Februar — Mai 1491 auf einige Zeit dort anwesend.

1) Unter Sangallo's Zeichnungen in der Barberiniana in Rom Gaye a. a. O. S. 301. Vasari, Bd. VII. S. 212, 213.

beschäftigt¹). Was er daselbst arbeitete, wo so viele Toscaner gebraucht wurden, ist unbekannt. Daß er lange und wiederholt dort war, beweisen sowol seine trefflichen Studien der antiken Bauwerke, die späteren Zeiten so viele Aufschlüsse gegeben haben, wie seine genauen Beziehungen zum Cardinal Giuliano della Rovere. Der Krieg des J. 1478 rief ihn jedenfalls nach Hause zurück, wo wir ihn bei der Vertheidigung von Castellina fanden²), aber der wiederhergestellte Friede erlaubte ihm die Wiederaufnahme der römischen Arbeiten. Unter diesen bezeichnet das Castell von Ostia, vielleicht früher schon für den genannten Cardinal begonnen, nachmals fleißig gefördert und im J. 1486 vollendet, einen höchst bedeutenden Fortschritt im Kriegsbauwesen, während seine malerische Schönheit ächten Künstlerblick verkündet³). Bei Vollendung dieses Castells muß Giuliano schon seit längerer Zeit in der Heimat den Bau angefangen haben, der ihn Lorenzo de' Medici vor allen werth machte. Es ist die Villa zu Poggio a Cajano. Francione und Andere hatten Entwürfe geliefert, Lorenzo wählte den von Giuliano's Hand. Die Lage auf einer nicht beträchtlichen aber nach drei Seiten frei um sich schauenden Anhöhe ist günstig. Auf breiter Treppe steigt man zum Hause empor; es ist noch die toscanische Villa, wie sie sich auch in viel späterer Zeit erhalten hat, aber mit dem der Halle vorgebauten Porticus dessen Giebelbild ein Fries in Terra della Robbia schmückt, verkündet sie die antikisirende Richtung. Der große Saal hat

---

1) A. v. Zahn, Notizie artistiche tratte dall' Archivio segreto Vaticano, Arch. stor. Ital. S. 111. Bb. VI. S. 171.

2) Vgl. Bd. I. S. 446.

3) L. Guglielmotti, Della rocca d'Ostia e delle condizioni dell' architettura militare in Italia prima della calata di Carlo VIII. Rom 1862. C. Ravioli, Notizie sui lavori di architettura militare dei nove da Sangallo. Rom 1863.

ein Tonnengewölbe, dessen Dimensionen anfangs Zweifel an der Ausführbarkeit geweckt haben sollen.

Zur Zeit als Giuliano in Neapel geweilt haben soll, kann ein von ihm in seiner Vaterstadt begonnenes großes Bauwerk kaum bewohnbar gewesen sein. Es war das Kloster der Augustiner-Eremitaner vor Porta San Gallo, zu welchem zunächst Lorenzo's Vorliebe für den Kanzelredner Fra Mariano von Genazzano den Anlaß gab. Das Werk war so großartig, daß es dem Künstler seinen neuen Namen gegeben zu haben scheint, ein Name unter dem die ganze Familie berühmt geworden ist. Nach Vasari's Bericht soll Lorenzo es gewesen sein, der denselben aufbrachte und auf Giuliano's scherzhafte Klage: er mache einen Rückschritt indem er seinen alten Familiennamen verliere, zur Antwort gab: es sei besser, durch eigenes Verdienst sich einen Namen schaffen als ihn erben[1]). Nur ein Theil des großen Baues ist zur Vollendung gelangt, und auch dieser Theil ist im J. 1529 spurlos verschwunden. Lorenzo soll gleichfalls den Neubau des Castells auf dem Poggio imperiale bei Poggibonzi, dessen Wichtigkeit die Ereignisse der Kriegsjahre 1478—79 nur zu sehr erwiesen hatten, in Antrag gebracht und Giuliano den Auftrag zugewandt haben. Im J. 1488 war man mit dem Bau beschäftigt, welchen später Giuliano's jüngerer Bruder leitete, der jedoch ebenso in Trümmer sank wie die dortigen Anlagen Kaiser Heinrichs des Luxemburgers. Ueber seine Thätigkeit in Mailand, wohin er auf Empfehlung Lorenzo's mit dem Entwurf eines Palastes für Lodovico il Moro gegangen sein

---

1) Der Umstand, daß der Name Sangallo sich schon 1453 findet (Anm. zum Vasari a. a. O. S. 214) spricht schwerlich gegen die Wahrheit der Geschichte, da der Bau vielleicht längst begonnen war. Das Vorkommen des Namens auf der im J. 1465 angefangenen Sammlung der Barberinischen Zeichnungen rührt gewiß aus späterer Zeit her.

soll und wo er mit Leonardo da Vinci zusammentraf, ist nichts bekannt.

Sein großer Gönner war nicht mehr am Leben, als er für Giuliano Gondi auf Piazza San Firenze den Palast begann, welcher, obgleich unvollendet, mit seinen ansprechenden Verhältnissen und mit der Abstufung und kunstreichen Disposition der Bossagen an Erdgeschoß und Mittelgeschoß sowie mit dem zierlichen Säulenhofe die erfreulichste Wirkung macht[1]). Der dem Giuliano gehörende Klosterhof von Sta Maria Maddalena de' Pazzi (Cestello) in Via de' Pinti ist ein Werk früherer Zeit, dem es nicht an Eigenthümlichkeit und Anmuth fehlt. Von selbständigen Bauwerken Antonio's, des Bruders und oftmaligen Gehülfen Giuliano's, zu Lorenzo's Lebzeiten ist nichts bekannt. Seine bedeutende Thätigkeit in Toscana wie in Rom, als Kriegsbaumeister wie als Architekt von Kirchen und Palästen, beginnt erst unter P. Alexander VI. und währte noch, als vom Stamm des Magnifico nur ein entarteter Sproße übrig war. Der aretinische Kunsthistoriker sagt mit Recht, daß diese beiden Brüder die Architektur erblich in ihrem Hause zurückließen. Sie sind es gewesen welche wesentlich dazu beigetragen haben, daß sich in Toscana eine Tradition erhielt die dem Quattrocento nie ganz untreu ward, selbst dann nicht als der Barockismus im Ganzen die Hochrenaissance übertünchte.

Zwei wichtige Arbeiten haben Lorenzo in Anspruch genommen, von denen keine zu Stande gekommen ist. Bis gegen die Mitte des 15. Jahrhunderts währten Aufbau und Ausschmückung der Façade von Sta Maria del Fiore, die mit Marmorbekleidung und Statuen, zu denen noch Donatello und seine Schule beitrugen, bis zu den Rundfenstern über den

---

1) Der Palast Gondi ist in diesem Augenblick nach geschehener Demolirung eines vorspringenden ältern Theils in der Vollendung begriffen.

Seitenthüren hinaufreichte¹). Es ist begreiflich daß die Vollendung umsomehr gewünscht ward, als seit dem 30. Mai 1472 das vergoldete Kreuz über der Laterne der Kuppel glänzte. Am 12. Februar 1490 erging seitens der Consuln der Wollenzunft folgende Deliberation²). „Da in jüngsten Zeiten durch mehre der vornehmsten Bürger der Stadt wiederholt in Erinnerung gebracht worden ist, wie sehr es dieser Stadt zur Unehre gereicht daß die äußere Stirnseite der Hauptkirche in ihrem dermaligen Zustande d. h. unvollendet bleibt, wie auch daß deren bis jetzt ausgeführte Theile den Regeln der Architektur keineswegs entsprechen und vielfach schadhaft sind, und es ein sehr löbliches Werk sein würde zu einem Entschlusse darüber zu kommen, so haben gedachte Consuln verfügt und den gegenwärtigen wie künftigen Werkmeistern der Kirche Befugniß ertheilt, zu bestimmen und Ausgaben zu machen und alles anzuordnen wie es ihnen gut und geeignet erscheint zu besagtem Zwecke, gegenwärtig wie in Zukunft". Die Deliberation zeigt, daß in den Absichten der Betheiligten das Schicksal der bestehenden Theile der Façade ebenso beschlossen war, wie sechsundneunzig Jahre später als dieselbe nach kurzem Beschluß vernichtet wurde.

Am 5. Januar 1491 trat unter dem Vorsitz der beiden Werkmeister Majo degli Albizzi und Tommaso Minerbetti eine Commission zusammen, um über die zahlreichen Modelle und Zeichnungen (modelli et desigui undique habiti et collecti) zu urtheilen. Manche hatten Entwürfe eingesandt,

---

1) Nach einer Zeichnung Bernardino Poccetti's und andern Hülfsmitteln in der Metropolitana Fior. illustr. Tafel XIV.
2) Im Commentar zu Vasari Bd. VII. S. 243. Francesco Albertini spricht in seinem Memoriale [bei Crowe-Cavalcaselle Bd. II. S. 436] von Lorenzo's Absicht die Façade zu vollenden [la quale Lorenzo de' Medici voleva levare e ridurerla a perfectione] wie von seinem Modell.

waren jedoch persönlich nicht anwesend, Benedetto da Majano, Francesco di Giorgio, Filippino Lippi, Andrea Verrocchio, Antonio Pollaiuolo; von dem kurz vorher verstorbenen Giuliano da Majano waren zwei Zeichnungen da. Nicht weniger als neunundzwanzig Künstler waren erschienen unter ihnen Cronaca, Benedetto da Majano, Francione, Lorenzo bi Credi, Domenico Ghirlandajo, Pietro Perugino, Andrea Contucci von Montesansavino, Andrea della Robbia, Sandro Botticelli, Alesso Baldovinetti und Andere, die sonst nur als Goldschmiede oder Maler bekannt sind. Lorenzo de' Medici hatte selbst eine Zeichnung eingesandt. Die Versammlung fand im Porticus und in der Loggia der Bauverwaltung (Opera) statt, deren gegenwärtig geschlossene Bogen, mit der schönen Marmorbüste des ersten Großherzogs an der Façade man hinter dem Chor des Doms sieht. Nachdem Modelle und Zeichnungen eingesehen worden, erstattete Tommaso Minerbetti Bericht, worauf Carlo Benci, Domherr und einer der Bewerber, um seine Meinung befragt sich erhob und erklärte, es scheine ihm rathsam das Urtheil Lorenzo's de' Medici zu vernehmen, eines in der Architektur so bewanderten Mannes, daß man, wenn man ihm folge, am wenigsten in Irrthum zu verfallen fürchten dürfe. Bartolomeo Scala rieth einen Beschluß zu verschieben, um die Sache in reifere Erwägung zu ziehen. Andere waren gleicher Ansicht, meinten aber doch, man solle nicht über nothwendige Zeit hinaus warten. „Lorenzo de' Medici aber, sich erhebend, sprach, Alle verdienten Lob welche Modelle oder Zeichnungen geliefert. Da es sich jedoch um ein Werk von bleibender Bedeutung handle, so sei ernste und längere Erwägung nöthig, und es empfehle sich die Entscheidung auf spätere Zeit zu verschieben, um die Sache reiflicher zu überlegen. Pietro Machiavelli und Antonio Manetti Baumeister pflichteten ihm

bei, die Uebrigen schwiegen". Sechzehn Monate später ruhte
der, von dem die Sache ausgegangen war, im Grabe. Dann
folgten Zeiten, in denen man an Anderes als an die Domfaçade zu denken hatte. Für diese aber ist es ein Glück gewesen, daß der Neubau in jener Zeit nicht in Angriff genommen ward. Denn Giuliano da Majano und Giuliano da Sangallo würden ebensowenig ein dem vorwiegenden Charakter des
Baues entsprechendes Werk zu liefern im Stande gewesen sein,
wie unter Großherzog Ferdinand I. Buontalenti oder Dosio
und im J. 1636 Baccio del Bianco, mehr Decorationsmaler
als Architekt, zu dessen Façade wirklich der Grundstein gelegt worden ist. Die unvollendete alte Façade mochte dem
mächtigen Bau, wie er sich unter der Hand so vieler
Künstler entwickelt hatte, nicht entsprechen: die neue hätte
ihn auf immer verunstaltet [1]).

Auch Sto Spirito ist unvollendet geblieben. Der Brand
vom 22. März 1471 hatte argen Schaden angerichtet, und
drei Monate später wurden Zuschüsse aus den Steuererträgen
für die Wiederherstellung bewilligt [2]), wie schon früher ähnliche Subsidien, wofür die Gemeinde das Anbringen der
Wappen der Lilie und des Kreuzes nebst jenen der Zünfte
zur Bedingung machte. Daß man selbst inbetreff der Thüren
nicht einig war, ersieht man aus einer Deliberation der Werkmeister vom J. 1486 wie aus einem Schreiben Giuliano's
da Sangallo an Lorenzo de' Medici [3]), ein Schreiben welches
überdies die geringe Einigkeit zwischen dem Genannten und
Giuliano da Majano an den Tag bringt. Sechs Architekten
hatten über die Sache zu berathen, wobei Majano den Sieg
davongetragen zu haben scheint, zum Aerger Sangallo's,

---

1) Die Façade zeigt heute die nackte zerstörte Ziegelwand.
2) Richa Bd. IX. S. 11 ff. Gaye a. a. O. S. 570. — Vgl. Bd. I. S. 319.
3) Gaye a. a. O. Bd. II. S. 450. Pini Scritura d'Artisti.

welcher die Hoffnung ausspricht, Lorenzo werde bei seiner
Rückkehr ein so schönes Bauwerk nicht verderben lassen.
Weitere Nachrichten fehlen. Daß es damals nicht zur
Vollendung des Aeußern kam, ist zu bedauern, denn die
Traditionen der Brunellesco'schen Zeit waren noch ziemlich
lebendig. Thätig war man hingegen im Innern des Chors
von Sta Maria del Fiore, sowie im Palast der Signorie,
wo so im ersten wie im zweiten Geschoß, besonders in
letzterem, im Audienzsaal und anstoßenden Räumen viele
Arbeiten ausgeführt wurden. Daß Lorenzo de' Medici auch
hiebei betheiligt war, ist nicht zu bezweifeln. Die Sala dell'
Orologio im Palast erhielt ihren Namen von der kunstreichen
Uhr, welche Lorenzo della Volpaia für das Mediceische Haus
gearbeitet hatte, und die später in diesem Saale aufgestellt
war, von wo sie in das naturwissenschaftliche Museum gewandert ist. Ein kunstreiches Werk, welches, nach dem Vorgange des im 14. Jahrhundert von dem Paduaner Giovanni
Dondi (degli Orologj) gearbeiteten, Planetenlauf, Zodiacal-
zeichen und Himmelserscheinungen zeigte, und seinem Verfertiger, der im J. 1500 zum Stadt-Uhrmacher bestellt ward,
großen Ruhm eintrug[1]). Volpaia hatte einen Nebenbuhler
in einem Dionisio da Viterbo, welchen Ambrogio Spannocchi
der reiche sienesische Bankhalter im Juni 1477 Lorenzo de'
Medici empfahl, dem der Gedachte eine Kunstuhr mit zahlreichen zu gleicher Zeit sich bewegenden Figuren zu zeigen
wünschte[2]).

Die große Zahl der Architekten in Lorenzo's spätern

---

1) Schilderung Polizians in einem Briefe an Francesco della Casa,
Epist. l. IV. ep. 8. D. M. Manni, de florentinis inventis, Ferrara
1730, c. 29. Cancellieri, Lo nuovo Campano di Campidoglio,
Rom 1806, S. 56. Albertini erwähnt im J. 1510 der Uhr im Palast
der Signorie, wohin sie vielleicht im J. 1495 gebracht worden war.

2) Gaye a. a. O. S. 254.

Jahren legt Zeugniß dafür ab, daß nach vielen Seiten hin Thätigkeit herrschte. Die damals von Simone del Pollaiuolo Cronaca aufgeführten Bauten lassen sich chronologisch nicht feststellen. Wenn man jedoch bedenkt, daß dieser geniale Mann bei Lorenzo's Tode fünfunddreißigjährig und bald darauf bei öffentlichen Werken anhaltend in Anspruch genommen war, so erkennt man leicht, daß er längst in voller Arbeit sein mußte[1]). Das von ihm im Innern ausgebaute Serviteukloster der Annunziata ist großentheils verändert worden. Auf dem vordern Abhang des Hügels von San Miniato baute er die Franciscanerkirche, für welche ein reicher Bürger, Castello Quaratesi, im J. 1449 der Zunft von Calimala ein ansehnliches Capital hinterlassen hatte[2]). Dieser Mann hatte die Absicht gehegt, Sta Croce mit einer entsprechenden Façade zu schmücken, aber die Ausführung scheiterte an der verweigerten Anbringung seines Wappens. Die Kirche San Francesco erinnert an die Badia von Fiesole. Die Tradition läßt Michel Angelo Buonarroti dieselbe, in deren unmittelbarer Nähe er in bedrängter Zeit weilte, wegen ihrer schlichten Anmuth (La bella Villanella) bewundern. Die Vollendung der Sacristei von Sto Spirito, eines höchst zierlichen Achtecks erfolgte erst später, indem die von Cronaca erbaute Kuppel beim Wegnehmen des Gerüstes im September 1496 einstürzte[3]). In der nächsten Umgebung der Stadt wurde auch sonst manches gebaut. Die Kirche von Montolivelo, die von ihrem freundlichen mit Cypressen

---

1) Bei Vasari Bd. VIII. S. 115 ff. herrscht größte Unordnung. Der Commentar bringt erst vom J. 1495 an fortlaufende Daten, größtentheils nach Gaye.

2) Moreni Contorni di Firenze, Bd. V. S. 6 ff. Die Chronologie ist hier verworren; nicht richtiger ist sie bei Moisè Sta Croce S. 90. Der Glockenthurm empfing 1498 die Glocken von San Marco

3) Tagebuch des Luca Landucci, bei Vasari a. a. O. S. 121.

gekrönten Hügel auf dem linken Flußufer Stadt und Land überblickt, war im J. 1472 beendigt worden. Aeltere Klosterbauten wurden fortwährend vergrößert, die Kirchen verschönert. So geschah es vor allem mit dem erwähnten Dominicanerinnenkloster von Annalena im Viertel Oltrarno, und mit dem Kloster der Jesuaten zu San Giusto, dessen Kirche zahlreiche Kunstwerke aufnahm. Daß man im J. 1476 an den Ausbau der Façade von Sta Croce dachte, zeigt ein Gemeinde-Erlaß, welcher auch die von säumigen Steuerzahlern einzutreibenden Gelder dazu anwies. Aber erst unsere Tage sahen die Ausführung, nach einer angeblich vom Cronaca herrührenden Skizze. Der Vorhof der Servitenkirche und die dem Findelhause gegenüberliegende und dessen Porticus nachgeahmte Säulenhalle auf dem vor dieser Kirche liegenden Platze, beide dem Antonio da Sangallo zugeschrieben, müssen, wenn sie nicht schon zu Lorenzo's Lebzeiten begonnen wurden, nicht lange darauf entstanden sein.

Lorenzo de' Medici hatte von P. Innocenz VIII. die Erlaubniß erwirkt, den Raum der Klostergärten, wo derselbe selbst über das reichlichste Bedürfniß hinausreichte, für Anlage neuer, Erweiterung älterer Straßen oder Plätze zu benutzen. Daß Raum in Menge vorhanden war, zeigt der Umstand daß nach den vielen Bauten des 16. Jahrhunderts noch in den späteren Mediceischen Zeiten so manche neue Klöster mit ansehnlichen Anlagen die schon nicht geringe Zahl der vorhandenen vergrößern konnten. Eine der neuen Straßen jener Zeit, hinter der Servitenkirche, führt nach Lorenzo den Namen Via Laura. Die ruhigeren Zeiten und die Bereicherung Vieler mehrten begreiflicherweise die Baulust, und die schönen Häuser wie die geräumigen Hofräume und Gärten forderten ebenso zur Ausschmückung mit Kunstwerken und Antiquitäten auf. Palast, Garten,

Villen der Medici waren die reichsten, aber andere wetteiferten mit ihnen. Wenn die Strozzi, Acciaiuoli, Soderini, Capponi, Tornabuoni, Sassetti, Benci, Ricci, Valori, Alessandri, Pucci, Rucellai, Pandolfini u. v. a. für ihre Kapellen in den städtischen Kirchen Maler- und Bildhauerwerke bestellten, so schafften sie deren gleichfalls nach Wohnung und Villa. Das Haus der Martelli, der Garten der Pazzi, die Villa der Valori zu Majano in der Nähe der Stadt u. a. und manche andere waren mit antiken Statuen gefüllt. Im Palast Niccolò's da Uzzano sah man den antiken Porphyrlöwen, welchen Lorenzo be' Medici sehr bewunderte[1]) und der noch heute die Treppe des schönen Hauses schmückt. Auch Künstler bewahrten manches Treffliche bei sich, wie man denn im Hause der Ghiberti eine kostbare Marmorvase mit Sculpturen sah, von der es hieß, der berühmte Bildgießer Lorenzo habe sie aus Griechenland erhalten.

1) Fr. Albertini a. a. C. S. 112.

III.

Sculptur und Malerei.

Der Erste, welchem Lorenzo und Giuliano be' Medici, nachdem sie selbständig geworden, ein größeres Sculpturwerk übertrugen, war Andrea del Verrocchio. Er kam aus Donatello's Schule, hatte mit dem Meister in San Lorenzo gearbeitet, und war schon dadurch den Medici empfohlen, deren Angehörige, die Tornabuoni, sich ebenfalls seiner bedienten. Wie Vasari mit Recht bemerkt, hatte er etwas Herbes, das bei ihm mehr als bei seinem Lehrer hervortritt, weil ihm dessen schöpferische Vielseitigkeit fehlte, während er durch Studium zu ersetzen suchte was die Natur ihm versagt hatte. Im Erzguß zeigte er die Sauberkeit die an den Goldschmied erinnert. Das Denkmal Piero's und Giovanni's de' Medici wurde im J. 1472 vollendet. Wie Donatello, restaurirte auch Verrocchio für das Mediceische Haus, für Hof wie Garten, schadhafte antike Sculpturwerke, und arbeitete für Lorenzo Broncebüsten welche dieser an Mathias Corvinus sandte. Für den Palast der Signorie lieferte er die Davidstatue von Erz, heute im Museum des Palastes des Podestà, weder in Auffassung noch Ausführung von besonderer Bedeutung. Reichlichen Ersatz für dasselbe leistete die über dem Brunnen des Hofraums aufgestellte reizende Broncegruppe des mit einem Delphin halb kämpfenden halb spielenden Knäbchens, von einer Anmuth und Leichtigkeit der Bewegung, die über diesen Künstler hinauszugehn scheint. Im Auftrage Lorenzo's für den Brunnen des Hofes von Careggi gearbeitet, erhielt dies Werk durch Herzog Cosimo seine gegenwärtige Aufstellung. Was Verrocchio im ernstern Fache vermochte, hat er hier in der Gruppe des Heilands mit dem Apostel Thomas gezeigt, die im J. 1483 die hervorragendste Stelle an der Kirche von Orsanmichele erhielt, in Venedig durch die Reiterbildsäule Colleone's. Denn wenn erstere mit ihrem gebrochenen und eckigen, an die umbrische Schule erinnernden Faltenwurf die Gesetze der Plastik nicht ganz zur Anschauung bringt, zieht sie durch das aus ihr hervorleuchtende innige Gefühl an, während an letzterer die trotzige selbstbewußte Haltung des alten Condottiere dessen Stand und Charakter auf's lebendigste vergegenwärtigt. Zu seinen Marmorwerken gehört das sehr naturalistische Relief, welches den am 24. September 1477 bei der Entbindung erfolgten Tod der Gattin Giovanni Tornabuoni's' Francesca Pitli darstellt und, für deren Monument bestimmt, heute in der Sammlung der Uffizien sichtbar ist[1]).

Ebenso nahe wenn nicht näher stand den Medici Antonio del Pollaiuolo, der schon durch Familien-Beziehungen mit der Ghibertischen Schule zusammenhing, und in dessen Sculpturen man in noch höherm Grade als bei Verrocchio den Goldschmied erkennt. Beide haben, während sie große Bildhauerwerke lieferten und malten, fortwährend als Goldschmiede gearbeitet und Pollaiuolo galt in seiner Vaterstadt als der erste Meister in diesem Fache, „ein in seiner Kunst einziger Mann, schrieb nach seinem in Rom erfolgten Tode die

[1] Vgl. A. v. Zahns Jahrbücher Bd. VI. S. 136.

Signorie an den dortigen Gesandten, der es wohl verdient daß wir, trefflicher Eigenschaften jeder Art hochzuschätzen gewohnt, sein Andenken durch Unterstützung seiner Erben ehren"¹). Wie viel Lorenzo auf ihn gab, ersieht man aus Stellen in seinen Briefen, z. B. an Giovanni Lanfredini. Der dem Eroberer Volterra's im J. 1472 geschenkte silberne Helm war von Pollaiuolo, welcher auch die oft nachgebildete Denkmünze mit der Abbildung des Attentats der Pazzi in Sta Maria del Fiore arbeitete, deren historischer Werth den künstlerischen übersteigt. Größere Sculpturwerke sind von ihm in Florenz nicht bekannt, wie denn die Thätigkeit seiner letzten Jahre wesentlich Rom gewidmet war, wo das Grabmal P. Sixtus' IV. in der Sacramentskapelle in St. Peter sein Hauptwerk bildet und wo er im J. 1498 starb²).

Wie Verrocchio und Pollaiuolo von der Goldschmiedekunst zur Sculptur übergingen aber auch in spätern Jahren sich noch ersterer wie der Malerei widmeten, gelangte Benedetto da Majano von kunstreichen Tischlerarbeiten zur Bildhauerei und Architektur. Das in einer Marmorbüste in reichornamentirtem Rundrahmen bestehende Monument Giotto's in Sta Maria del Fiore setzte gemäß der Inschrift im J. 1490 die Bürgerschaft³). Die ebendaselbst befindliche

---

1) Florenz 13. Februar 1495, bei Gaye a. a. O. 340.
2) Monument Sixtus' IV. vollendet 1493 für Card. Giuliano della Rovere (P. Julius II.). Das Denkmal P. Innocenz' VIII. darf man nicht nach seinem heutigen verstümmelten Zustande beurtheilen.
3) Monuments sépulcraux Taf. IV. Inschrift (von Poliziano):.
   Ille ego sum per quem pictura extincta revixit
     Cui quam recta manus tam fuit et facilis
   Naturae deerat nostrae quod defuit arti
     Plus licuit nulli pingere nec melius
   Miraris turrem egregiam sacro aere sonantem
     Haec quoque de modulo crevit ad astra meo
   Denique sum Ioctus quid opus fuit illa referre
     Hoc nomen longi carminis instar erat
     Ob. an. MCCCXXXVI. cives pos b m MCCCCLXXXX.

Büste Antonio Squarcialupi's wird ihm nur von späterer, durch den Verdienst der Arbeit keineswegs gerechtfertigter Tradition zugeschrieben¹). Die Anregung zu beiden Monumenten hat höchst wahrscheinlich Lorenzo de' Medici gegeben. Das bedeutendste Werk Benedetto's wurde jedoch für einen florentiner Bürger, Pietro Mellini ausgeführt, dessen naturalistisch ausdrucksvolle Marmorbüste er im J. 1474 arbeitete und mit seinem Namen bezeichnete. Es ist die mit Reliefdarstellungen aus der Geschichte des h. Franciscus von Assisi geschmückte Kanzel, die reichste und schönste dieser Art seit den Arbeiten der Pisani, nach Ghiberti's Vorgange das Relief frei behandelt unter Hinzuziehung von landschaftlichen und perspectivischen Hintergründen, aber mit verständiger Unterordnung des nachmals im Uebermaß hervorgetretenen malerischen Elements²). In Sta Maria Novella sieht man von Benedetto das Monument Filippo Strozzi's — derselbe Künstler baute für ihn den Palast dessen Anfänge er nur erlebte, und errichtete ihm in seiner schönen Familienkapelle das Grabmal das er vor seinem Heimgange hatte beginnen lassen³). Ueber dem Sarkophag von schwarzem Marmor sieht man, in der Mitte der von einem mit Arabesken verzierten Rundbogen eingeschlossenen Wand, ein großes Medaillon, die Madonna mit dem Kinde umgeben

---

1) Del Migliore a. a. O. S. 36. Richa Bd. VI. S. 121. Monuments sépulcraux Taf. VI. Inschrift (dem Lorenzo de' Medici zugeschrieben):

    Multum profecto debet musica Antonio | Squarcialupo organiste is enim ila arti | gratiam coniunxit at quartam sibi vid | ereatur charites musicam ascivisse so | rorem Florentina civitas grati animi | officium rata eius memoriam propagare | cuius manus sepe mortales in dulcem ad | mirationem adduxerat civi suo monu | mentum posuit.

2) In 7 Tafeln gest. von G. P. Lasinio, Florenz 1823. Mellini's Büste sieht man in der Sammlung der Uffizien.

3) Monuments sépulcraux Taf. LIII.

von reichem Blumen- und Laubgewinde, zu den Seiten vier in
Anbetung schwebende Engel. Die Anmuth des Ausdrucks
und Zartheit der Behandlung erinnern an Antonio Rossellino
und Desiderio da Settignano. Filippo's Büste, die man bei
seinen Nachkommen sieht, zeigt die ausdrucksvollen-kräftigen
Züge des thätigen Mannes. Was Benedetto da Majano im
Fach der decorativen Sculptur zu leisten vermochte, hat er
in der bereits erwähnten Marmorthüre des Audienzsaals im
Palast der Signorie gezeigt, wo er mit seinem Bruder arbeitete. Zeit und Unverstand haben dies schöne Werk nicht ganz
verschont, und die einst zu dessen Decoration dienende Sta-
tuette des jugendlichen Täufers sieht man in der Sammlung der Uffizien.

Die beiden schönsten Werke Mino's da Fiesole sind um
das Jahr 1470 entstanden und zieren die Benedictiner-
Abteikirche, das eine die Zeit des Künstlers, das andere die
Vorzeit von Florenz vergegenwärtigend. Es sind die Monu-
mente Bernardo Giugni's und des Markgrafen Hugo. Von
Ersterem und seinen Verdiensten um den Staat war schon
die Rede. Die Gestalt des ältlichen Mannes im langen
Talar, mit über der Brust gekreuzten Händen, liegt auf dem
Sarkophage; cannelirte ionische Pilaster schließen eine im
Halbrund endende Nische ein, in deren Mitte in Relief eine
Justitia, in der Lünette in einem Medaillon zum Ueberfluß
der Profilkopf des Todten[1]). Das andere im J. 1481 vollen-
dete Monument ist reicher aber in der Anordnung jenem
durchaus ähnlich. Es ist ein Merkmal der Dankbarkeit der
Mönche gegen ihren Stifter, den halb mythischen Markgrafen

---

[1] Monuments sépulcraux Taf. XXIV. Inschrift: Bernardo Iunio
eq⁽ᵘ⁾ Flor⁽ᵒ⁾ pur⁽ᵃᵉ⁾ concordiae. semper. auctori. et. civi. vere. populari.
pii. fratres. fratri. de. se. deq⁽ᵉ⁾ rep⁽ᵃ⁾ opt⁽ᵒ⁾ merito. posuerunt.
Vixit ann. LXVIIII. men. VI. di. XII. Obiit ann. MCCCCLXVI.
Opus Mini. — Vgl. Bd. I. S. 145.

Mino da Fiesole und die Ornamentik.

aus der Ottonenzeit, welchen man aus den Elb- und Havelgegenden kommen ließ; den „großen Baron" der Göttlichen Comödie, der den vornehmsten florentinischen Familien sein Wappen in ihren Schild gab[1]). Auch seine Gestalt liegt auf flachem Ruhebette über dem Sarkophage, zwei Genien als Schildhalter zu Häupten und Füßen, in Relief die Gruppe der Charitas, in einer Medaillon-Lunette Madonna mit dem Kinde. Die liebevolle Ausführung erstreckt sich, wie überhaupt bei Mino's Sculpturen, auf alles Beiwerk. Lange noch ist diese Sorgfalt des Details nebst dem anmuthigen Reichthum der Ornamentik den Florentinern eigen geblieben, die sie nach Rom und Neapel übertrugen. Sie hielt Stand mit der einfachern Form und Anordnung der Grabmäler, welche, wenn sie sich nicht auf Sarkophage und Verzierungen beschränken, den Todten als im Tode ruhend darstellen. Noch in den ersten Decennien des folgenden Jahrhunderts, als schon die namentlich durch Michel Angelo Buonarroti eingeführte Umgestaltung der Monumente sich Bahn brach und der Kampf gegen die Ornamentik begann die sich in die Malerei flüchtete, entstanden in Florenz treffliche Werke des ältern Stils, wie Benedetto's da Rovezzano Grabmal des Obbo Altoviti und Pier Soderini, deren ersteres an Verrocchio erinnert, und das Denkmal von P. Leo's X. Vetter Cardinal Luigi de' Rossi, angeblich von Raffaello da Montelupo. In Bezug auf Ornamentik gehört eine besondere Stelle den beiden mit einander übereinstimmenden Grabmälern des Francesco Sassetti und seiner Frau Nera Corsi in ihrer Familienkapelle in Sta Trinità, welche die Tradition dem Giuliano da Sangallo zuschreibt[2]). Schwarzmarmorne

---

1) Paradies XVI. 127. — Monuments sépulcraux Taf. XXIV.
2) Monuments sépulcraux Taf. XLV. Vgl. Crowe-Cavalcaselle Bd. III. S. 230.

mit Stierschädeln verzierte Sarkophage, die unter einem mit antikisirenden Arabesken und Medaillons eingerahmten Halbrund stehn, dabei ein Fries mit kleinen, heidnische Cultusceremonien darstellenden Figuren, in dessen Mitte Medaillonköpfe der beiden Gatten. Offenbar das Werk eines mit dem classischen Alterthum vertrauten Künstlers, der hier freilich von seinen Studien eine ziemlich seltsame Anwendung gemacht hat. Daß Giuliano da Sangallo mit dem Meisel geschickt umzugehn und den hier zur Anwendung gekommenen Fiesolerstein trefflich zu bearbeiten verstand, zeigt sein berühmter Kamin im Gondi'schen Hause, welcher dem des Benedetto da Rovezzano in Casa Rosselli bel Turco bei Sant' Apostolo zum Vorbilde gedient hat [1]).

Begreiflicherweise mußten in solcher Zeit verwandte Kunstzweige zu hoher Blüte gelangen. Auf den Zusammenhang zwischen Architektur und Tischlerei wie zwischen Sculptur und Goldschmiedekunst ist wiederholt hingewiesen worden. Baumeister und Tischler war häufig eine Person, auch noch im folgenden Jahrhundert, bis zu dessen zweiter Hälfte die Familie Del Tasso ihre zwiefache Thätigkeit fortgesetzt hat. Die Kunsttischlerei hing aber zu gleicher Zeit ebenso mit der Sculptur wie mit der Malerei zusammen, wovon die reichen Chorstühle vieler Kirchen und die Decken und sonstigen Holzarbeiten der Paläste Zeugniß ablegen, mit ihren trefflichen Reliefs wie mit den sinn- und kunstvollen Tafeln und Ornamenten in Holzmosaik (Tarsia), die namentlich so zur Herstellung von Perspectiven wie zur Nachahmung von Blumen- und Blätterwerk angewandt wurden. Manche

---

[1]) Abbildung bei Cicognara Bd. II. Taf. XV. Aus den bei Florenz gelegenen Orten, Fiesole, Settignano, Rovezzano u. a. gingen zahlreiche Bildhauer namentlich für die Ornamentik hervor, wie aus den Ortschaften am Comersee die Maestri Comacini.

der schon genannten Künstler haben so in Sta Maria del Fiore wie im Palast der Signorie treffliche Arbeiten dieser Art geliefert, an denen Italien längst reich war. Daß die Goldschmiedekunst in hohem Flor war, zeigen die Namen der großen Bildhauer, die sich zugleich mit ihr beschäftigten und in Solchen tüchtige Gehülfen fanden, welche nicht zu der höhern Sculptur aufflogen. Der oben (S. 163) erwähnte, nie ganz vollendete silberne Altaraufsatz für das Baptisterium ist das größte Werk dieser Gattung, welches Florenz besitzt. Die rasch steigende Liebhaberei an kunstreichen Gefäßen und Schmucksachen kam diesem Fache zugute, ebensowie die Sitte, Feldhauptleuten und andern um die Republik verdienten Männern Silbersachen, sei es Helme oder Geräthe, zu schenken. Schon im Sommer 1397 finden wir daß den Goldschmieden Piero, Matteo und Donato 436 Gulden für Silber, Gold und Schmelz zu den für die Feldhauptleute Paolo Orsini, Giovanni Colonna und Bernardin de Serra bestimmten Schüsseln (bacinetti) gezahlt wurden. Antonio del Pollaiuolo arbeitete u. a. eine große Silberschüssel für die Signorie und Schmucksachen für reiche Familien, und die Kirchen wurden so mit Silbercrucifixen wie mit zierlichen Leuchtern versehen.

Die Stempelschneidekunst war nur ein Zweig der Sculptur und Goldschmiedekunst, und sie mußte da geübt werden, wo diese Fächer in solcher Blüte standen und die gleichzeitige Geschichte reich war an bedeutenden Stoffen. Dennoch gebührt den Toscanern hier nicht der Vorrang, weder der Zeit noch der Trefflichkeit der Arbeit nach. Oberitaliener, Lombarden wie Venetianer gingen ihnen zuvor, namentlich in Bezug auf die großen gegossenen Porträtmedaillons, durch welche Vittore Pisanello sich gegen Ende der ersten Hälfte des 15. Jahrhunderts einen berühmten Namen zu machen begann. Die Donatello'sche Schule hat ihm nachgestrebt ohne ihn zu erreichen. Drei der toscanischen Medailleure Antonio Pollaiuolo, Bertoldo und Andrea Guazzalotti von Prato standen in Beziehung zu den Medici. Nur von Ersterem aber ist eine auf deren Geschicke bezügliche Denkmünze bekannt, die vielbesprochene auf die Verschwörung der Pazzi, während Guazzalotti, der mit Lorenzo im Briefwechsel stand und auch Statuetten für ihn goß, Päpste und den Herzog von Calabrien als Sieger über die Türken abconterfeite, in der Auffassung charakteristisch aber ohne Feinheit der Behandlung. Hinwieder werden dem Pisanello Denkmünzen auf Cosimo wie auf den Erzbischof von Pisa Filippo be' Medici, letztere wol mit Unrecht zugeschrieben, während eine Medaille mit dem Bilde Lorenzo's einem florentiner Pietro di Niccolò zu gehören scheint [1]).

Ein anderer Kunstzweig aber gelangte namentlich in Florenz zu hoher Blüte. Es war die Steinschneidekunst. Die Liebhaberei an geschnittenen Steinen, die mit der erweiterten Kenntniß des Alterthums und der Leidenschaft so für Bücher wie für Anticaglien aller Art gleichen Schritt hielt, mußte nothwendigerweise zum Versuch der Erneuerung der Cameen- und Gemmen-Arbeit führen. Ein hübsches Beispiel der Steigerung dieser Liebhaberei erzählt Vespasiano da Bisticci im Leben Niccoli's [2]). Als dieser, dessen Haus mit Alterthümern gefüllt war, eines Tags über die Straße ging, sah

---

[1]) Abbildungen und Einzelnes bei Cicognara, Litta und im Colaschen Trésor de numismatique et de glyptique. Bei Vasari namentlich im Leben Pisanello's, Bd. IV. S. 132 ff. Ueber Guazzalotti Julius Friedländer Berlin 1857 ,übers. mit Zusätzen und Urkunden, worunter ein Brief Guazzalotti's an Lorenzo de' Medici vom 11. Sept. 1478, von Cesare Guasti, Prato 1862. – Daß eine den Sieg des Herzogs von Calabrien bei Poggibonzi 1479 feiernde Medaille dem prateser Künstler und Canonicus gehörte, ist jedenfalls ungewiß.

[2]) Vespasiano da Bisticci a. a. O. S. 476.

er einen Knaben der am Halse einen Chalcedon trug, mit einer eingravirten Figur in welcher der gelehrte Mann eine Arbeit Polyklets zu erkennen glaubte. Er erkundigte sich nach dem Namen des Vaters des Knaben, und sandte dann zu diesem mit der Frage, ob er den Stein verkaufen wolle. Dieser war es zufrieden, ihn für fünf Gulden abzulassen, wobei er ein sehr gutes Geschäft gemacht zu haben dachte. Als nun in Papst Eugens Zeit der nachmalige Cardinal Luigi Scarampi in Florenz verweilte, der an solchen Dingen vielen Geschmack fand, bat er Niccoli ihm den Stein zu zeigen, und bot ihm dann zweihundert Ducaten. Niccoli durfte umsoweniger Nein sagen, da er nicht reich war, und der Chalcedon wanderte in die Hände Scarampi's, dann in die P. Pauls II. und kam nach dessen Tode an Lorenzo de' Medici. Des Letztern Oheim Giovanni hatte manches Schöne erworben, und unter seinen geschnittenen Steinen befand sich der vielbesprochene Carneol mit der Abbildung des Apollo und Marsyas, in welchem man Nero's Siegel erkennen wollte und der von Lorenzo Ghiberti in Gold gefaßt wurde[1]). Schon wurde der Kunstschätze und Pretiosen gedacht welche bei Piero's Tode das Haus füllten. Lorenzo hat nun nicht blos die ererbte Sammlung antiker geschnittener Steine ansehnlich gemehrt und eigen Schatz zusammengebracht, von welchem nach den über sein Haus hereingebrochnen Stürmen noch zahlreiche Stücke vorhanden sind, sondern er ist es auch gewesen, der mit Papst Paul II. dieser Kunstgattung neues Leben eingehaucht hat so daß sie mit der antiken in die Schranken trat. Vielleicht die älteste unter den modernen Gemmen mit sicherer Zeitbestimmung ist die mit dem Bildniß des gedachten Papstes aus dem J. 1470 in der Sammlung

---

1) Vasari a. a. O. Bd. III. S. 112. Ueber die Mediceischen Schätze vgl. oben S. 165.

der Uffizien. Giovanni delle Corniuole hat sich nach den Mustern der Mediceischen Sammlung gebildet und die Meisterschaft erlangt, die man vor allem an seinem berühmten Kopfe Fra Girolamo Savonarola's bewundert. Mit ihm wetteiferte der Mailänder Domenico be' Cammei, welcher namentlich für Lodovico il Moro arbeitete, und dem man unter anderm das Bildniß Lorenzo's be' Medici in einem dreischichtigen Onyx zuschreibt, welches man nebst dem des Dominicaners in der Sammlung der Uffizien sieht. Manche Steine, so mit mythologischen Darstellungen wie mit andern, auch aus der h. Geschichte, sind Werke gedachter Zeit, die zugleich wol antike Arbeiten copirt hat. Der Name Lorenzo's be' Medici, den man in Florenz wie anderswo auf vielen Steinen liest, mahnt an den vormaligen Reichthum, von welchem lateinische Verse wie Zeugnisse von Zeitgenossen Kunde geben[1]).

Im Fache der Malerei treten wir in die Epoche der Entwicklung jener Richtung, die in Masaccio zum Durchbruch kam und mit der Schwesterkunst der Sculptur in so

---

[1] Vasari im Leben des Valerio Vicentino Bd. IX. S. 236 ff. M. Pelli giebt in dem Saggio istorico della R. Galleria di Firenze (Flor. 1779. Bd. I. S. 8 ff., Bd. II. S. 9 ff.) Auskunft über die Mediceischen Sammlungen, von denen mittelst der Bourbonisch-Parma'schen Erbschaft (indem nämlich durch Margarethe von Oestreich, Herzog Alessandro's be' Medici Gemalin, vieles aus dem Hause an die spanischen Bourbonen kam] bloss in das Museum zu Neapel (einst im Palast von Capodimonte) über zwanzig Cameen mit Lorenzo's be' Medici Namen und eine große Zahl in Ringe gefaßter Gemmen gelangten. Die Frage, ob alle mit diesem Namen oder den Siglen L. M. bezeichneten Steine modern, oder aber ob Name und Siglen auch in antike Steine zur Kennzeichnung des Besitzers eingegraben worden sind, kann hier unerörtert gelassen werden. Das Sinngedicht: „Coelatum argento vel fulvo quidquid in auro est — aedibus hoc Laurens vidimus esse tuis" u. s. w. bei Bandini im Catalog der Laurentiana. Hs. Bd. III. S. 545.

lebendiger Wechselwirkung stand. Auch hier lief die eine Kunstthätigkeit vielfach in die andere über, unter leicht erkennbarem gegenseitigen Einfluß auf den Charakter der Werke. So war es bei Verrocchio der Fall, so bei den Pollaiuoli. Jener als Maler wenig bedeutend, erinnert in seinem Bilde der Taufe Christi an seine Broncearbeiten[1]). Die Brüder Pollaiuoli deren ernste schlichte Physiognomien ihr gemeinsames römisches Grabmal zeigt, sind in ihren Werken nicht gut voneinander zu trennen, und wenn Piero mehr als Antonio sich mit Malerei beschäftigt zu haben scheint, nennt die Inschrift des Letztern am Denkmal P. Sixtus' IV. auch ihn berühmt in Gold- und Silberarbeit, in Malerei und Erzguß. Von Antonio's genauen Beziehungen zu Lorenzo be' Medici war schon die Rede. Er malte für ihn die Herculesthaten, von denen theilweise kleinere Nachbildungen vorhanden sind. Für die Kapelle des Cardinals von Portugal entstand das Bild des h. Jacob, für die der Pucci am Vorhof der Annunziata die Marter des h. Sebastian, das berühmteste im J. 1475 geschaffene Werk dieser Künstler[2]). In allen diesen Arbeiten ist einestheils der Bildhauer erkenntlich, welcher der Zeichnung die Vortheile des Modells zu verleihen sucht, anderntheils der fleißige Ergründer anatomischer Gesetze, für den die Treue der Körperdarstellung, welche Schwierigkeiten vielmehr aufsucht als vermeidet, mehr als der Schönheitsinn maßgebend ist. Bei Alesso Baldovinetti, wol Uccello's Schüler und mit Andrea dal Castagno dann aber noch lange und bis gegen das Ende des Jahrhunderts thätig, ist diese Einwirkung der Sculptur nur mittelbar, und wo er von ihr in Bezug auf Modellirung

1) Perfetti u. A., Galleria dell' Accad. delle B. Arti. Flor. 1845. Die Sammlung der Akademie enthält viele bedeutende Werke dieser Zeit.
2) Jetzt in der Londoner Gemäldegallerie. Umriß bei Crowe-Cavalcaselle Bd. III. S. 192.

hätte lernen können, wird seine Manier durch eckige Aengst-
lichkeit beeinträchtigt, wovon ein von ihm für die Villa von
Cafaggiuolo ausgeführtes Bild, Madonna auf dem Thron
mit Heiligen, in der Sammlung der Uffizien, unerfreuliches
Zeugniß ablegt. Mit mehr Befriedigung betrachtet man ein
nach seiner Zeichnung ausgeführtes Werk, jenes Dantebild
in Sta Maria del Fiore, auf welchem man den Altissimo
Poeta, sein aufgeschlagenes Buch haltend und mit rednerischer
Gebehrde sieht, zu seiner Rechten die Darstellung der Hölle,
zur Linken die Stadt Florenz, im Hintergrunde der Berg
der Reinigung, darüber das Firmament. Ein Bild welches
selbst dem Orcagna zugeschrieben worden ist, bis endlich der
Name des Künstlers, Domenico di Michelino und das J.
1466 als Zeit der Ausführung bekannt wurde¹).

Wie bei Filippo Lippi und bei Benozzo Gozzoli, dessen
bedeutendste Werke, die pisaner Fresken, vom J. 1469 an
entstanden und eine große schöpferische Kraft bei noch nicht
durchgebildeter Harmonie und nicht immer glücklicher Massen-
vertheilung und Raumberechnung an den Tag legen, begegnen
wir bei dem, Letzterem sonst weit nachstehenden Baldovinetti,
der in Florenz mehr und mehr sich geltend machenden Sitte
des Anbringens von Bildnissen in historisch-religiösen Compositionen, Zuschauer die mit der Handlung nichts zu thun
haben, aber gleichsam Vermittler zwischen derselben und dem
das Bild Betrachtenden. Leider ist von den von Baldovinetti
für die Gianfigliazzi gemalten Fresken im Chor von Sta
Trinità nichts mehr vorhanden; hier waren Lorenzo und
Giuliano de' Medici conterfeit, Bongianni und andere Gianfigliazzi, Luigi Guicciardini, Luca Pitti, Diotisalvi Neroni,

---

1) S. oben S. 48. Abbildung in der Metropolitana fior. illustr.
Taf. XXXVII. Deliberation bei Gaye a. a. O. Bd. II. S. V. Vgl.
ebdf. Bd. I. S. 563.

Filippo Strozzi, Lorenzo della Volpaia, Paolo Toscanelli ¹).
Wir werden bald bei Baldovinelli's berühmtem Schüler
Domenico Ghirlandajo diese Richtung in ihrer höchsten Aus-
bildung erkennen. Aber nicht bei ihm allein begegnen wir
diesem Streben, sondern auch bei Sandro Botticelli und
Filippino Lippi. Der Erstere, welcher in seiner Jugend die
Goldschmiedekunst erlernte und einen gewissen Einfluß der
Pollaiuoli nicht verleugnen kann, war Fra Filippo's Schüler
und wurde wieder Meister seines Sohnes, der um zwanzig
Jahre jünger und den er doch überlebte. In Beiden zeigt
sich ein eigenthümlich phantastisches Element, welches anzieht
und interessirt aber auf die Dauer ermüdet, da es sowol in
den Gesichtsbildungen in einen zu häufig wiederkehrenden
Typus ausläuft, wie es in den Compositionen zu einer die
Grenze der Affectation überschreitenden Manier wird, während
die Art der Verwendung der Allegorie bei Beiden den Eindruck des Gezierten erhöht. Und doch waren Beide bedeutende
Talente, voll Schönheitsinn und Feinheit, wo nicht Flüchtig-
keit und Uebertreibung ihnen schadeten. So der Eine wie
der Andere standen in vielfachen Beziehungen zu Lorenzo de'
Medici. Von den Bildern welche Botticelli für ihn malte,
ist heute nichts vorhanden. Das schöne Bild der Epiphanie
ist indeß jedenfalls in Mediceischem Auftrage entstanden.
Denn in diesem Werke, einst in Sta Maria Novella heute
in den Uffizien, haben die drei Könige die Züge von drei
Mitgliedern des Hauses, Cosimo dem Alten, seinem jüngern
Sohne Giovanni, seinem Enkel Giuliano ²). Die Farbe
erinnert mehr an Ghirlandajo welchem das Bild lange zugeschrieben wurde, als an den hellern dünnern Auftrag
mancher Gemälde dieses Künstlers, von welchem Florenz

1) Vasari Bd. IV. S. 102, 103.
2) Tf. Bd. V. S. 115.

verschiedene Madonnen und Heilige wie allegorische Bilder besitzt, unter jenen die Krönung der Madonna, die er im Auftrag der Seidenwirkerzunft für die Kirche von San Marco malte¹). Nicht in historischen Bildern allein brachte Botticelli Bildnisse an: er malte auch selbständige Porträts. Lorenzo's Mutter, und die angebliche Bella Simonetta gehören dazu, Giuliano's frühverstorbene Geliebte, anmuthig in ihrer Naivität und Einfachheit, die sich von Ausdruck und Haltung auf die anspruchslose Kleidung erstreckt, beide Profilköpfe im Contour vielleicht etwas übertrieben, wie es diesem Künstler eigen war²). Wie nahe Botticelli den Medici stand, ergiebt sich aus dem Umstand daß er es übernahm, nach der Verschwörung der Pazzi die Bildnisse der Verschworenen auf die Wand des Palastes des Podestà zu malen³).

Wird gleich nur ein einziges von Filippino Lippi für Lorenzo de' Medici ausgeführtes Werk erwähnt, das unvollendete, ein Opfer darstellende Fresco in der Halle zu Poggio a Cajano, so weiß man doch von den vertrauten Beziehungen in denen sie zu einander standen. Wie der Auftrag

---

1) Galleria dell' Acc. delle B. A., gest. v. F. Lipp.
2) Lucrezia Tornabuoni Medici, im Berliner Museum (No. 81); fälschlich als Gemalin Lorenzo's, ein auch bei Crowe-Cavalcaselle a. a. O. S. 173 wiederholter Irrthum Vasari's, der in der Lemonnier'schen Ausgabe a. a. O. S. 121 verbessert war. Die Bella Simonetta im Pal. Pitti, gest. von L. Calamatta im Barbi'schen Galleriewerk.
3) Vgl. Bd. I. S. 405 G. Milanesi Giorn. stor. d. A. t. Bd. VI. S. 5. Crowe-Cavalcaselle Bd. III. S. 159 sehen fälschlicherweise in diesem Auftrag ein Zeugniß von Botticelli's „Schätzung als Künstler". Zu diesen Schaubildern, welche auch säumige Schuldner straften, wie im J. 1425 Ranuccio Farnek (Gaye a. a. O. Bd. I. S. 550), gaben die Maler sich nicht gerade gerne, und wie es scheint nur gegen hohen Lohn (in diesem Falle vierzig Gulden) her. Andrea dal Castagno, welchem Vasari einst irrig die Anfertigung dieser mehr als zwanzig Jahre nach seinem Tode entstandenen Malereien zuschrieb, erhielt infolge einer ähnlichen Arbeit vom J. 1435 den Beinamen „degli Impiccati", welchen der arme Andrea del Sarto während der Belagerung 1530 ebenfalls gefürchtet zu haben scheint.

Filippino's Kapelle Strozzi in Sta Maria Novella.

Cardinal Olivieri Carafa's zur Ausmalung seiner Kapelle in Sta Maria sopra Minerva durch Lorenzo vermittelt worden sein soll, so geschah es wol auch mit den durch Mathias Corvinus gemachten Bestellungen. Der Einfluß welchen die Werke des Vaters, namentlich die in Prato wo Filippino seine Jugend meist zugebracht zu haben scheint, auf Anschauung und Richtung des Sohnes ausübten, vereinigte sich mit jenem des Botticelli, in der Weise jedoch daß ersterer mehr in den früheren Arbeiten hervortritt, namentlich in den um die Mitte der Achtziger Jahre gemalten Fresken in der Brancaccikapelle im Carmine, letzterer in den spätern, in den für Filippo Strozzi begonnenen aber erst längere Zeit vollendeten Wandgemälden der Kapelle in Sta Maria Novella. Bei jenen ist offenbar die unmittelbare Nachbarschaft von Masaccio's Werken dem jüngern mit deren Vollendung beauftragten Künstler zustatten gekommen, denn Filippino hat hier, als er noch nicht dreißig zählte, ungleich mehr Naturwahrheit und Sinn für historische Composition an den Tag gelegt, als in der Carafakapelle und der Strozzischen. In den letzteren[1], Scenen aus der Apostelgeschichte und Legende darstellend, begegnet man, neben unleugbaren Zeugnissen von Geist und Phantasie und ergreifender Darstellung der Affecte, einem gezierten manieristischen Wesen, das durch die in hellen schillernden Tinten sich gefallende unharmonische Färbung, die freilich zum Theil der Restauration zur Last fallen mag, gesteigert wird. Die auch schon bei Botticelli sich zeigende Vorliebe für antikes und antikisirendes Beiwerk erzeugt bei Filippino den Eindruck gekünstelter Ueberladung. Unter seinen Staffeleibildern zeichnet sich die im J. 1485 für den

---

[1] Contract vom 21. April 1487, wegen der Verwahrungen des Auftraggebers beachtungswerth, in Lorenzo Strozzi's Vita di Filippo Strozzi il vecchio. S. 60 ff.

Rathssaal im Palast der Signorie gemalte große Madonna mit Heiligen durch Anmuth, würdigen Ernst und sorgfältige Ausführung aus¹). Auch Filippino liebte es, Figuren von Zeitgenossen in seinen Werken anzubringen. In den Fresken im Carmine sehen wir Tommaso Soderini und Piero Guicciardini Vater des Historikers, Luigi Pulci, Antonio Pollaiuolo, Sandro Botticelli, Francesco Granacci und den Maler selber. In einer heutzutage in den Uffizien befindlichen Altartafel der Epiphanie sind die Bildnisse mehrer Mitglieder der jüngern Linie der Medici angebracht, ohne Zweifel Wohlthäter des Klosters von San Donato für welche das Bild, vier Jahre nach Lorenzo's Tode gemalt ward, Pierfrancesco der Enkel Giovanni's di Bicci, dessen Sohn Giovanni Vater des berühmten Führers der Schwarzen Banden und Großvater des ersten Großherzogs, und der jüngere Pierfrancesco Vater Lorenzino's des Mörders des ersten Herzogs von Florenz²). Andere Bildnisse, wie jene aus der Familie Nerli in S¹⁰ Spirito, sind die von Donataren. In dem bedeutendsten Werke Cosimo Rosselli's, der Procession mit dem Altarkelch in der Kirche Sant' Ambrogio, wird nur ein Portrait namhaft gemacht, jenes des Pico della Mirandola. In Lucca, wo er mehres malte, huldigte er aber ebenfalls der herrschenden Sitte. Rosselli hatte sich anfangs nach Fra Angelico dann nach Benozzo Gozzoli gebildet, indem er mit mäßigem Talent die Vereinigung der mehr typischen mit der naturalistischen Richtung versuchte³).

1) Gegenwärtig in den Uffizien. Gaye im Kunstblatt 1836 No. 90, und Carteggio Bd. I. S. 579, 581.
2) Abgebildet bei Litta, Fam. Medici.
3) Das Fresco in Sant' Ambrogio ist nicht von 1456, wie Rumohr [Ital. Forsch. Bd. II. S. 262] die Jahrzahl auf dem sehr verdunkelten, größten Bilde las, sondern von 1486, nach G. Milanesi's Mittheilung bei Crowe-Cavalcaselle a. a. O. S. 291.

Das Höchste was in den Tagen Lorenzo's de' Medici in der Malerei geleistet worden ist, ging von Domenico Ghirlandajo aus. Er ist der verebelte, durch feinsten Sinn für räumliche Anordnung und Verhältniß geleitete Benozzo. Er verbindet zugleich die Fähigkeit plastischer Gestaltung der Figuren und Gruppen mit Manchfaltigkeit und Lebendigkeit, mit hervorragendem Sinn für historischen Charakter, mit maßvoller Benutzung von Architektur und Beiwerk, welche Reiz, Interesse, Actualität seiner Compositionen erhöhen, ohne sich irgendwie hervorzudrängen oder gesucht zu erscheinen. Was ihm an Idealismus abgeht, ersetzt er durch Naturstudium und Individualisirung, und durch jenen ausgebildeten Formensinn, der überall mit würdevoller und doch natürlicher Erscheinung verbunden ist und aus der Realität das wirklich Verletzende ausscheidet. In seinen figurenreichen und auf einen großen oft feierlichen Eindruck ohne Zwang noch Gesuchtheit berechneten Darstellungen aus der evangelischen und Heiligengeschichte befinden wir uns, ohne daß uns etwas Fremdartiges stört und ablenkt, in dem Florenz seiner Zeit. Wir stehn inmitten seines zugleich behaglichen und glänzenden, heitern und geschäftigen Lebens, inmitten seiner tüchtigen und thätigen Bürger und seiner anstandvollen schönen Frauen, in jener Stadt, welche, wie die ohne Zweifel von Polizian herrührende Inschrift des Bildes der Engelerscheinung vor Zacharias im Chor von Sta Maria Novella sie preist, schön und geehrt und reich war durch Waffenerfolge, Kunstschätze, Bauten und Ueberfluß bei Gesundheit und Frieden [1]). Es ist gewissermaßen die monumentale Verherrlichung der späteren Jahre Lorenzo's de' Medici. Unter den überaus zahlreichen Bildnissen, durch welche Ghirlandajo seinen Fresken eine

---

[1] An. MCCCCLXXXX. quo pulcherrima civitas opibus victoriis artibus aedificiisque nobilis copia salubritate pace perfruebatur.

von ihren künstlerischen Eigenschaften unabhängige Bedeutung verliehen hat, sieht man in der Kapelle Sassetti in Sta Trinità, die er mit den Darstellungen aus der Geschichte des h. Franciscus von Assisi im J. 1485 schmückte, das des Lenkers des florentinischen Gemeinwesens. Eine wahre Bildnißgallerie aber sind die erwähnten Fresken im Chor von Sta Maria Novella. Für Giovanni Tornabuoni entstanden und im J. 1490, vier Jahre vor des Malers Tode nach fünfjähriger Arbeit vollendet, zeigen sie ihn in seiner Reife und seinem Reichthum. Denn hier sieht man nicht nur eine ganze Schaar von Mitgliedern der miteinander verwandten Familien Tornabuoni und Tornaquinci, sondern zahlreiche andere aus befreundeten Kreisen, Ficino, Landino, Poliziano, Gentile von Urbino, neben Pico die hervorragendsten Gelehrten der Zeit, dann Baldovinetti, David Ghirlandajo Domenico's Bruder, seinen Schwager Bastiano Mainardi und ihn selber, Andrea de' Medici, Federigo Sassetti, Gianfrancesco Ridolfi Theilhaber an der Mediceischen Bank, überdies edle Frauen und Jungfrauen, unter ihnen die durch ihre Schönheit berühmte Ginevra de' Benci, so wie eine andere anmuthige Erscheinung, Giovanna degli Albizzi, welche im J. 1486 Lorenzo Tornabuoni heiratete¹).

Ebensowie die Brancaccikapelle, ist das Chor von Sta Maria Novella eine Schule für die Maler der höchsten Blütezeit der Kunst geworden, und namentlich hat Andrea del Sarto durch Ghirlandajo's Compositionen lebendigste Anregung empfangen. Bedenkt man daß dieser im rüstigsten Mannesalter, fünfundvierzigjährig, hingerafft ward und daß

---

1) Der Pater Della Valle gab in einer Anmerkung zum Vasari (wiederholt in der Lemonnier'schen Ausg. Bd. V. S. 76) nach Aufzeichnungen in der Familie Tornabuoni die verschiedenen Namen. Ueber die Frauenbildnisse vgl. Palmerini Opere d'intaglio del cav. Raff. Morghen, Pisa 1824. S. 108 ff.

seine Entwicklung keine rasche gewesen ist, so begreift man
kaum, wie er eine solche Zahl Werke, in Florenz wie anderwärts, ausführen konnte. Denn mögen immer an den
Fresken Schüler viel gearbeitet haben, so war dies doch
schwerlich in gleichem Maße der Fall bei den Staffeleibildern, deren es so viele, häufig von sorgsamster Technik
giebt, wie unter den florentinischen nur eines zu nennen, die
schöne Epiphanie vom J. 1488 in der Kirche des Findelhauses. Für Lorenzo be' Medici hat er verschiedenes gemalt.
Auf der Villa Spedaletto in demselben J. 1488 mythologische Darstellungen, Vulcan und seine Gesellen, wovon heute
wenig geblieben ist, und in der Abteikirche von San Giusto
bei Volterra, einer Commende Giovanni's de' Medici, zwei
Altarbilder, von denen eines, ein segnender Christus mit
Heiligen noch vorhanden ist. Offenbar am nächsten stand
Ghirlandajo jedoch den mit dem Mediceischen Hause eng
verbundenen Tornabuoni. Man irrt wol nicht, wenn man
seine und mehrer andern toscanischen Künstler Berufung nach
Rom zur Ausschmückung der Sixtinischen Kapelle auf beide
Familien zurückführt. In den Jahren, als Sandro Botti-
celli, Cosimo Rosselli und sein Schüler Piero di Cosimo dort
mit und nach Domenico Ghirlandajo malten, nämlich zu
Anfang des vorletzten Decenniums des Jahrhunderts, waren
der Papst und Lorenzo wieder ausgesöhnt, und wie in
Florenz in künstlerischen Dingen nichts ohne des Letztern
Theilnahme geschah, haben er und Giovanni Tornabuoni
wahrscheinlich auch bei diesen Berufungen mitgewirkt.

Der Beginn dieser römischen Arbeiten mag indeß schon
in die der Verschwörung der Pazzi vorausgegangene Zeit
fallen, da Baccio Pontelli den Bau der Kapelle im J. 1473
begann und Papst Sixtus mit der Vollendung drängte.
Neben den genannten florentiner Malern waren zwei andere

Toscaner beschäftigt, Don Bartolommeo della Gatta, Abt eines kleinen Camaldulenserklosters zu Arezzo, vielleicht Florentiner von Geburt, und Luca Signorelli von Cortona, welcher mittelst des Zusammenhangs mit Piero della Francesca, die Verbindung zwischen toscanischer und umbrischer Kunst bildet, wie denn seine bedeutendsten Werke einer umbrischen Stadt, Orvieto, angehören, wo übrigens toscanische Meister vonjeher thätig ja tonangebend gewesen sind. Luca Signorelli hat auch für Lorenzo be' Medici gemalt. Ein Madonnenbild, einst in der Villa zu Castello jetzt in den Uffizien, und das mythologische Gemälde, die Erziehung des Pan, welches die großartige Auffassung und den mächtigen Formensinn verkündet, die man an den Fresken der Kapelle von San Brizio im orvietaner Dom bewundert, scheinen die von dem Maler dem großen Herrn dargebotenen Gaben zu sein [1]).

Das Haupt der umbrischen Schule der letzten Decennien des Jahrhunderts, Pietro Perugino, war wiederholt und längere Zeit in Florenz, und florentinische Kunst hat auf ihn großen Einfluß geübt, wenn derselbe bei ihm auch mit anderen Elementen verschmolz. So hat sich der Stil gebildet, der im Gegensatz zu dem Naturalismus der Mehrzahl der Florentiner einerseits, andererseits zu dem schwärmerisch-phantastischen Zug mehr als Eines unter ihnen, dem schwärmerisch-religiösen Element den Ausdruck gab, der nicht blos das engere Vaterland des Meisters lange beherrscht sondern auch über dasselbe hinaus mächtig gewirkt hat. Von Perugino's Aufenthalt in Florenz im J. 1482 und zu Anfang 1491 haben wir Kunde, nicht von Arbeiten aus diesen Zeiten. Seine bedeutenden Werke daselbst gehören spätern Jahren

---

[1]) Pans Erziehung, im Pal. Corsi, jetzt im Berliner Museum. Notiz bei Crowe-Cavalcaselle Bd. IV. S. 5.

an, ebenso die seiner Schule, unter denen das Abendmal in Sant' Onofrio, wahrscheinlich von Bernardino Pinturicchio, den ersten Platz einnimmt. Wenn er im J. 1496 ein Haus in Florenz zu bauen dachte, und sich noch im J. 1515, als sein Talent sehr auf der Neige war, in der Annunziata eine dereinstige Ruhestätte kaufte, sind dies Zeugnisse seiner Vorliebe für die Stadt, die ungeachtet des Glanzes und der colossalen Thätigkeit Roms immer noch den Mittelpunkt künstlerischen Lebens und Strebens bildete. Von Arbeiten Perugino's für die Medici ist nichts bekannt.

Die Miniaturmalerei[1]) näherte sich rasch der Periode ihrer höchsten Entwicklung. Von den großen Kirchenbüchern, den Antiphonarien, Psaltern, Horen, Breviarien u. s. w., welche, namentlich aus den Klöstern der Benedictiner, Camaldulenser, Dominicaner und anderer Orden hervorgegangen, Kathedralen wie Klosterkirchen schmückten, erstreckte sich die Illuminirkunst von Dante's Zeitgenossen Oderigi von Gubbio und Franco von Bologna auch auf Gebetbücher für häuslichen Gebrauch und auf Werke der Profanliteratur, als alle großen Herren wie viele Bürger Bibliotheken anlegten, und schöne Handschriften ein edler Luxusgegenstand wurden. In gleichem Maße erweiterte sich der Kreis der Darstellungen, und von den Engel- und Heiligengestalten gingen die Künstler

---

1) Von der Miniaturmalerei kann hier nur in größter Kürze gehandelt werden. Die Herausgeber des Lemonnier'schen Vasari haben zu den Lebensbeschreibungen Fra Angelico's Bd. IV. S. 25 ff., Don Bartolommeo's Bd. V. S. 44 ff. [über Attavante S. 55 ff.], Gherardo's ebdas. S. 61 ff. u. A. manches zusammengestellt und in einem ausführlichen Commentar, Bd. VI. S. 159—351, dankenswerthes Material, namentlich für florentinische und sienesische Kunst geliefert. Ueber die Dominicaner vg'. V. Marchese's Memorie Bd I. S. 171—210. In dessen Werk über San Marco befinden sich Abbildungen von zwei Miniaturbildern Fra Benedetto's. Das auf die urbinatischen, die oberitalichen u. a. Schätze sich Beziehende kann hier übergangen werden.

des 15. Jahrhunderts zu den Scenen der classischen Dichter wie der Göttlichen Comödie über. Dies Jahrhundert ist es gewesen, welches die florentinischen Kirchen mit den schönsten Arbeiten dieser Gattung gefüllt hat, von denen man die meisten heutzutage in der Nationalbibliothek wie im Büchersaale von San Marco bewundert. Der Dominicanerorden war besonders reich an Miniatoren, seit der sel. Giovanni Dominici, dessen löbliches Wirken wir in der Geschichte der geistigen Bestrebungen kennen gelernt, auch in diesem Fache fördernde Anregung gegeben hatte. In Cosimo's de' Medici Zeit haben Fra Angelico und Fra Benedetto unter den Augen des h. Antoninus in San Marco gewirkt. Don Bartolommeo della Gatta, Attavante degli Attavanti, Gherardo und Monte di Giovanni, Zanobi Strozzi, Francesco Rosselli Bruder Cosimo's u. v. a. haben sich in dieser Kunst hervorgethan, in welcher sie an Auswärtigen, die mit Florenz in Berührung kamen, an Liberale von Verona, an Girolamo von Cremona, an mehren Sienesen u. A. Nebenbuhler fanden. Gerade in diesem Kunstzweige ist von der Mitte des Jahrhunderts an der Einfluß der van Eyck'schen Schule nicht blos auf Colorit und Beiwerk sondern auch auf den Stil unverkennbar. Viel Schönes kam in das Mediceische Haus, und Lorenzo's Liebhaberei und Traditionen vererbten sich auf seinen Sohn Giovanni, welchen Raffaels berühmtes Porträt darstellt, wie er ein mit Miniaturen geschmücktes Buch nebst der Loupe zu dessen Betrachtung vor sich liegen hat. Vieles ging auch ins Ausland, während ausländische Miniaturwerke nach Italien kamen. Gherardo, Attavanti u. A. haben für Mathias Corvinus gearbeitet, und die burgundische Bibliothek zu Brüssel bewahrt das von letztgenanntem Künstler im J. 1485 für den König gemalte Meßbuch, welches durch Carls V. Schwester Maria von Ungarn nach den Niederlanden gekommen ist. Bei Mathias' Tode erwarb Lorenzo be' Medici mehre von diesem wol unter seiner eignen Mitwirkung bestellte und noch in der Arbeit befindliche Handschriften.

Für die Wiederbelebung der Mosaicirkunst hat Lorenzo de' Medici sich vorzugsweise interessirt. Mag die von Vasari gegebene Nachricht, Alesso Baldovinetti habe die vergessenen wahren Handgriffe dieser Kunst von einem nach Rom pilgernden Teutschen erlernt, auf sich beruhen, so begann doch erst wieder in Lorenzo's spätern Jahren in Florenz rechte Thätigkeit. In den J. 1482—83 unternahm Baldovinetti die Herstellung der Musive des Baptisteriums. Um das J. 1490 begannen Gherardo di Giovanni und Domenico Ghirlandajo für Lorenzo die musivische Ausschmückung der Chorkapelle des Doms, in welcher die Lade des h. Zanobi steht, eine Arbeit die unvollendet blieb, und Domenico verfertigte in demselben Jahre das anmuthige Mosaikbild der Verkündigung über der nach Via de' Servi zugewandten Seitenthüre der Kirche. Sowol Baldovinetti's Schüler Graffione wie David Ghirlandajo Domenico's Bruder betheiligten sich an diesen Werken, und Letzterer, welcher sich zu Montaione im Elsathal, wo auch heute noch Töpfereien und Glashütten thätig sind, mit der Technik der Glasflüsse beschäftigte, arbeitete auch nachmals so in Florenz wie an den Domen von Siena und Orvieto[1]).

So vielseitig und fruchtbar war die Thätigkeit, die sich um Lorenzo de' Medici und grossentheils unter seiner Anregung und Betheiligung entwickelte. Aber ebensowie sein Grossvater hat dieser Mann sich nicht damit begnügt, reife Talente zu

---

1) Vasari Bd. IV. S. 105; Bd. V. S. 60, 83; Bd. VI. S. 167; Bd. XI. S. 256.

verwenden, Früchte zu pflücken. Er hat für die Zukunft gesäet: mehr als Irgendeiner, hat er die glänzendste Epoche der Kunst herbeigeführt. Er hat die Pflanzschule erlesenster Geister begründet. Die Sammlung von Kunstwerken aller Art, antiken wie modernen, die er in seinem Garten bei San Marco und dem anstoßenden Casino angelegt, und deren Beaufsichtigung er Donatello's Schüler Bertoldo anvertraut hatte, ist diese Pflanzschule gewesen. In einer Zeit, wo namentlich antike Sculpturen noch verhältnißmäßig selten, die Mittel zum Studium beschränkt waren, jüngere Talente jahrelang in einer Abhängigkeit blieben welche ihre Selbständigkeit nicht zum Durchbruch kommen ließ, war eine Vergünstigung, wie sie hier der Jugend geboten ward, so ungewöhnlich wie unschätzbar. Lorenzo's richtiges Urtheil hat hier ebensosehr gefördert wie sein ächtes Wohlwollen. „Es ist nichts Geringes, bemerkt Vasari im Leben Giovan Francesco Rustici's[1]), daß alle jene sich ausgezeichnet haben, die im Mediceischen Garten in die Schule gegangen und von dem erlauchten Lorenzo unterstützt worden sind. Dies kann sich nur von dem ungemeinen ja unendlichen Scharfblick dieses edlen Herrn herschreiben, der, ein wahrer Mäcen verdienter Männer, in demselben Maße wie er Talent und Geist erkannte, sie auch hervorzuziehen und zu belohnen verstand". Nicht nur unterstützte er Solche, deren Mittel nicht ausreichten sich den Kunststudien zu widmen, sondern er belebte durch Belohnungen edlen Wetteifer. Die Maler Francesco Granacci, Lorenzo di Credi, Niccolò Soggi, die Bildhauer Giovan Francesco Rustici, Pietro Torrigiani, Baccio von Montelupo, Andrea Contucci von Monte San Savino, welcher auf Lorenzo's Empfehlung nach Portugal berufen ward,

---

[1] Bd. XII. S. 11. Vgl. Leben Torrigiano's Bd. VII. S. 204 und Leben Buonarroti's Bd. XII. S. 157.

wo er für König Johann II. ansehnliche Architektur- und Sculpturwerke ausführte, u. A. sind aus dem Garten von San Marco hervorgegangen, und die Verschiedenheit ihrer Richtungen zeugt für die der Entwicklung mannichfaltiger Geistesgaben gelassene Freiheit. Derjenige aber, der den Mediceischen Garten weltberühmt gemacht hat, war Michelangelo Buonarroti, welcher, nicht fünfzehnjährig, aus Domenico Ghirlandajo's Schule in diese für ihn neue Welt trat, und bald durch Bildhauerarbeiten das wunderbare Talent an den Tag legte, welches der theilnehmende Lehrer ahnte, als er ihn und Granacci Lorenzo empfahl, welcher dem befreundeten Künstler das Bedauern ausgesprochen haben soll, daß die Sculptur mit der Malerei nicht gleichen Schritt halte. Angesehener aber nicht begüterter Familie entstammt[1]), hat der Jüngling sich während der wenigen noch übrigen Jahre Lorenzo's einer Theilnahme und Liebe zu erfreuen gehabt, die auf seinen spätern Lebensgang bis an die Schwelle des Greisenalters von bestimmendem Einfluß gewesen ist, mochten auch Ansichten und Erfahrungen und die unabhängige Gesinnung des freien Bürgers sich wiederholt gegen die Hinneigung auflehnen die er stets, auch inmitten von Trübsalen zu den Medici bewahrte.

1, Die alte bis auf unsere Zeit übergegangene Sage welche die Buonarroti Simoni von den Grafen von Canossa herleitet, eine Sage welche in Michel Angelo's Tagen in der Familie selbst geglaubt ward, wie man nach Ascanio Condivi's Worten in seiner zu des großen Künstlers Lebzeiten veröffentlichten Biographie schließen muß, beruht nicht auf historischem Grunde. Vgl. G. Campori Catalogo degli artisti ec. negli Stati Estensi, Modena 1855, S. 100 ff. Die edle Familie Buonarroti ist in jüngsten Jahren in Florenz erloschen. Lodovico, Michel Angelo's Vater, stand schon zur Zeit, als er Prömter im Casentino war, wo sein Sohn im Angesicht der großartigen Bergmasse von Alvernia — des crudo sasso der Göttlichen Comödie — zur Welt kam, in Verbindung mit den Medici.

Ein Einziger der großen Künstler dieser Tage ist Lorenzo de' Medici ferne gestanden, Leonardo da Vinci. Die Thatsache ist umso auffallender, da der Sohn Ser Piero's von Vinci, eines der Notare oder Kanzler der Republik, in der Schule des mit dem Mediceischen Hause befreundeten Verrocchio gewesen war und schon sechsundzwanzig Jahre zählte, als der durch die Verschwörung der Pazzi veranlaßte Krieg ausbrach, in welchem seine in der Mechanik und Hydraulik bereits erworbenen Kenntnisse seiner Heimat ebensowol wie nachmals der Lombardei hätten zugutekommen können. Etwa dreißigjährig ist er nach Mailand gegangen, wo er unter den beiden Sforza, Galeazzo Maria und Lodovico il Moro jene Thätigkeit entfaltet hat, die der Kunst in Oberitalien eine neue Richtung gab, und als er nach des Letztern Sturze in seine Vaterstadt zurückkehrte, schlummerte Lorenzo de' Medici seit sieben Jahren im Grabe, während seine Söhne heimatlos in der Fremde umherzogen.

Fünftes Buch.

Ausbildung der Medicrischen Suprematie.

1.

Florentinische Verfassungsänderung.

Die Ereignisse der beiden jüngsten Jahre hatten an den Tag gelegt, daß Lorenzo de' Medici der Leitung der öffentlichen Angelegenheiten dennoch nicht so sicher war, wie es unmittelbar nach der Verschwörung der Pazzi scheinen konnte. Die Wechselfälle des Krieges hatten merklichen und jähen Wechsel der Stimmungen hervorgerufen: es war klar geworden, in welchem Grade die innern Angelegenheiten durch äußere Einflüsse bestimmt werden. Selbst als Lorenzo's Stellung weit fester war, hat ein Diplomat dies richtig bezeichnet: das Maß der Autorität deren Lorenzo in der Stadt genießt, hängt von dem Ansehen ab, in welchem er bei den italienischen Mächten und den auswärtigen Herrschern steht [1]. Die Traditionen der Unabhängigkeit waren zu lebendig, die Sonderinteressen zu mannichfaltig und zeitweilig zu überwiegend, um nicht stete Schwierigkeiten zu erzeugen. Vonjeher hatte die Kunst der Parteihäupter darin bestanden, nur Parteigenossen zu den Aemtern zuzulassen. Aber man hat gesehn wie es auch innerhalb der Parteien keineswegs leicht war, Spaltungen und Uebergriffen vorzubeugen. Während der

---

[1] Ant. Montecatino an Ercole d'Este, Flor. 17. Dec. 1482 bei Cappelli a. a. O. S. 265.

Kriegszeit hatte ein Magistrats-Collegium wegen ärgerlicher Widersetzlichkeit gegen eine seine Jurisdiction auf ihr ursprüngliches Maß zurückführende Maßregel cassirt werden müssen. Die dauernde Schwierigkeit der Aufgabe Lorenzo's lag gerade in der Nothwendigkeit, die Partei und mittelst der Partei den Staat in der Hand zu behalten, ohne an den Formen des Gemeinwesens anders als in scheinbarer Uebereinstimmung mit dem souveränen Volke zu ändern. Der Ostracismus des Ammonirens hatte sich gleich bedenklich erwiesen, wie die durch häufige Berufung der Parlamente hervorgebrachte Aufregung nicht rathsam erschien. Es kam darauf an, durch Befestigung einer lenkbaren Clientel ohne Gewaltmaßregeln alle unzuverlässigen Elemente auszuscheiden, und die Menge an einen naturgemäß sich entwickelnden Einfluß wie auf die äußern so auch auf die innern Angelegenheiten zu gewöhnen.

Für Lorenzo lag aber noch ein anderes Motiv vor. Wir sahen daß er in Handelsgeschäften kein Glück hatte. Seit seinem Großvater waren die Staatsfinanzen mit denen der Familie verkettet gewesen. Cosimo, ein finanzielles Genie, hatte die eigenen Interessen gewahrt, die des Staates nicht beeinträchtigt erscheinen lassen. Bei dem Enkel sah es anders aus. Cosimo hatte dem Staate Vorschüsse gemacht, Lorenzo bedurfte der öffentlichen Gelder für Privatzwecke. Die Kriegskosten wie Opfer und Verluste aller Art hatten einen vernehmbaren Grund hergeben müssen, wenn so in den Zinszahlungen der Staatsschuld wie in der Anweisung der Heirats-Mitgaben durch die dafür bestehende Creditanstalt Unordnung eingetreten war. Dies konnte nicht währen, sollte nicht Entwerthung der Schuldtitel eintreten und so die Quelle versiegen. Klar war es aber auch, daß zum Behuf fernerer infolge der bereits eingerissenen Unordnung immerhin mißlichen

Operationen Männer nöthig waren, in Geschäften gewandt und Willens mit dem Lenker des Staats Hand in Hand zu gehn. Diese Unordnung war bereits so offenkundig, daß es am gerathensten schien sie mit scheinbarer Offenheit zu bekennen, als es sich um Vorkehrungen handelte, welche der Form nach eine Reform zu gemeinem Besten bezweckten, inderthat die Leitung der Crebitanstalten der öffentlichen Controle zu entziehen strebten.

Am 8. April 1480, somit kaum zwei Wochen nach Verkündigung des Friedens, schritt die aus Vertrauten Lorenzo's bestehende Signorie ohne Parlament zu einer tief einschneidenden Verfassungsänderung. In den drei legislativen Consilien setzte sie einen Beschluß durch, der ihr Befugniß ertheilte, vorbehaltlich einer Majorität von sechs Stimmen ein neues Collegium zu schaffen, welchem das ganze Amts-Wahlgeschäft anheimfallen sollte. Dies Collegium zerfiel in einen engern und einen weitern Rath. Der erstere, aus dreißig amtsfähigen Bürgern bestehend, wählte im Verein mit der Signorie den zweiten, welcher zweihundertzehn Mitglieder im Alter von mindestens dreißig Jahren zählte und unter Zuziehung von Signorie und Collegien die Wahlbeutel füllte. Zur Gültigkeit der Operationen genügte die Anwesenheit von zwei Dritteln der Mitglieder so wie eine gleiche Majorität. Auf jedes Stadtviertel sollte ein Viertel der Rathsmänner kommen, aus jeder Familie oder Consorterie (Familienverband) sollen zwei wahlfähig sein, wenn sie zu den Dreißig nur ein Mitglied gestellt, sonst nur einer, mit Ausnahme von zwei durch die Signorie und die Dreißig zu bezeichnenden Häusern, für welche keine Beschränkung weder der Zahl noch des Alters bestehn würde. Die Zweihundertzehn cooptirten nun weitere achtundvierzig Bürger, so daß ein Großrath von zweihundertachtundachtzig Mitgliedern gebildet ward, der im November zur Vornahme der Wahlen zusammentreten sollte. Am 11. April schritt die Signorie zu Ernennung der Dreißig. Aber schon nach wenigen Tagen erfolgte eine nicht unwesentliche Modification, indem am 19. die Zahl der Dreißig durch Beschluß der Signorie auf Siebzig erhöht wurde, und zwar mittelst Cooptation durch die schon Ernannten. Die Neu-Hinzutretenden mußten mindestens vierzig Jahre zählen und, wenn Mitglieder der großen Zünfte, das Venneramt verwaltet haben. Diesem künftig durch sich selbst zu ergänzenden Rath der Siebzig, dessen Mitglieder von sechs zu sechs Monaten alternirten, standen die Wahlen zur Signorie zu, unter Betheiligung des zeitigen Gonfaloniere. Somit bildete er, anfänglich auf fünf Jahre aber mit dem Recht unbeschränkter Prorogirung, eine Körperschaft welche inderthat Signorie wie Staat beherrschte, umsomehr, als die Aufnahme ausscheidender Mitglieder der obersten Executivbehörde in diesen Rath im Fall von Vacanzen mittelst Wahl innerhalb desselben erfolgte.

Der Rath der Siebzig bestellte nun zwei aus seinen Mitgliedern bestehende Commissionen. Die erste, ihrer Achtzahl nach gewöhnlich Otto di pratica genannt, trat an die Stelle des nur in Kriegszeit sitzenden Magistrats der Zehn, und erhielt die Leitung der politischen und militärischen Angelegenheiten, die sie nach der Berathung im Plenum der Siebzig vortrug. Die andere aus zwölf Mitgliedern bestehende Commission wurde so mit dem Staatscreditwesen wie mit allen Jurisdictionssachen betraut. Beide wurden auf je sechs Monate ernannt, und sollten im Fall von durch Tod oder Uebernahme auswärtiger Aemter eintretenden Vacanzen aus demselben Collegium ergänzt werden [1].

[1] Provvisioni della Repubblica fiorentina dei 10 e 19 Aprile 1460 per la formazione dell' ordine dei Settanta, im Anhang zu

Mag auch das Urtheil von Zeitgenossen und Nachkommen über Charakter und Tragweite dieser nachmals in centralisirendem Sinne modificirten Institutionen nach Maßgabe der politischen Parteistellung wie hinsichtlich der Opportunität divergiren, darin stimmt es überein, daß man in demselben den entschiedensten bisher in Florenz gethanen Schritt zur Annäherung an den Principat erkannt hat. „Man begriff nothwendig, bemerkt Alamanno Rinuccini über den ersten Beschluß, daß dem Volke alle Freiheit genommen und es den Dreißig dienstbar geworden war, wie ich, Alamanno Rinuccini, obgleich Mitglied des Raths der Zweihundertzehn, der Wahrheit gemäß bezeuge". Und weiter über dessen Ergänzung: „So enthielt das Decret viele unehrbare, dem bürgerlichen Leben wie der Freiheit des Volkes zuwiderlaufende Dinge, und diese Freiheit schien mir vom Tage an todt und begraben". Wie man über die Verkettung der Verwaltung mit den finanziellen Verhältnissen der Medici urtheilte, zeigen die Bemerkungen von Feind und Freund. „Lorenzo, sagt Giovanni Cambi, sann fortwährend darauf, wie er seine Autorität mehren könnte. Nachdem durch die neue Reform den Wahlmännern eine bisher der gesammten Bürgerschaft zustehende Befugniß ertheilt war, nahmen sie die Geldangelegenheiten in ihre Hand welche geregelt werden mußten. Die Staatsfinanzen hatten dazu gedient, Lorenzo in seinen Privatverhältnissen unter die Arme zu greifen. Mehr als hunderttausend Goldgulden gingen nach dem einzigen Brügge, wo Tommaso Portinari der mit dem Falliment bedrohten Mediceischen Bank vorstand. Die arme Gemeinde zahlte

---

Jacopo Pitti a. a. O. S. 313 ff. mit Einleitung von Gino Capponi. Vgl. Cambi a. a. O. Bd. II. S. 1 ff. wo die Namen der Signoren, der Collegien, der ursprünglichen Dreißig und der zweihundertzehn mit dem Wahlgeschäft betrauten Bürger. A. Rinuccini Ricordi S. CXXXI ff., J. Pitti S. 25, Fr. Guicciardini S. 61.

Alles, denn die Mitglieder des neuen Wahlkörpers, denen blos daran lag sich in ihrer Stellung zu erhalten, sagten zu Allem Ja. So griff knechtische Gesinnung um sich, die Bürger opferten ihre Freiheit um Aemter zu erlangen. Was sie aber erlangten, genügte ihnen dennoch nicht, denn Alles blickte neidisch auf den engern Rath, zu welchem zu gehören Jeder sich würdig erachtete." Vielleicht die gewichtigste Stimme ist die Alessandro's de' Pazzi, der in seinem schon erwähnten Gutachten über die florentinische Verfassung vom J. 1522 eine Schilderung seines Oheims entwirft. „Da Lorenzo, sagt er[1]), viel Geld brauchte, und durch tausenderlei in Anspruch genommen, zu kaufmännischen Geschäften wenig geeignet war, so hatte sein Vermögen bedeutende Einbuße erlitten. Cosimo hatte einen wahren Schatz ausgegeben, vielleicht auch weil er glaubte, die Pracht von Kirchenbauten und Anderem werde seiner Familie mehr Vortheil bringen als aufgehäuftes Geld, worin Piero und seine Enkel ihn nachgeahmt haben. Da aber der Credit der Letzteren sank, so würde dies mächtig dazu mitgewirkt haben sie aus ihrer Stellung zu verdrängen, hätten nicht die Ereignisse von 1478 den Medici neue Freunde erworben, die alten bewahrt, die Stellung befestigt. Dieselben Ereignisse boten zugleich Lorenzo die Mittel, sich so der Staatsgelder die er vorher nicht anzutasten gewagt haben würde, wie des Privatvermögens zu bedienen, um seine eignen Verbindlichkeiten zu erfüllen, und, während er der in seinen Finanzen eingerissenen Unordnung abhalf, seinen politischen Einfluß auf dauerhafter Basis neu zu begründen".

Wie die veränderte Verfassung in Bezug auf die Finanzlage wirkte, bezeichnet Niccolò Valori[2]). „Obgleich keine neuen

---

1) Vgl. oben Bd. I. S. 289.
2) A. a. O. S. 174.

Steuern aufgelegt wurden, mehrten sich, nach wiederhergestelltem Frieden und gesicherter Ruhe die Staatseinkünfte so, daß die Staatsgläubiger befriedigt werden konnten. Die Republik hat so ansehnliche Hülfsquellen, daß sie im Kriege lange auszuhalten vermag, im Frieden sich rasch erholt". Dies klingt ganz schön. Der öffentlichen Creditanstalt mußte man jedoch, wie Alamanno Rinuccini[1]) berichtet, schon im folgenden Jahre durch Verkauf von Staats-Eigenthum unter die Arme greifen. Der üble Leumund, welchem Lorenzo infolge eigenmächtiger Verwendung öffentlicher Gelder nicht entgehen konnte, scheint ihn aber doch veranlaßt zu haben, seine Bankoperationen, die so von Glückswechseln wie von der Geschicklichkeit seiner Agenten zu sehr abhängig waren, möglichst einzuschränken und sein Vermögen mehr im Grundeigenthum anzulegen, als Speculationen im Auslande anzuvertrauen.

Wenn wir Niccolò Valori Glauben beimessen, wurden im J. 1480 keine neuen Steuern ausgeschrieben. Ein Blick in die Acten der Steuerverwaltung zeigt jedoch wie dies zu verstehn ist. Die progressive Scala vom J. 1447, welche ursprünglich zur Herbeischaffung der bedeutenden zur Unterstützung Francesco Sforza's verwandten Gelder diente, wobei die Steuer nur drei Jahre währen und nach momentanem Bedarf in kleinen Raten eingefordert werden sollte, war infolge der steigenden Bedürfnisse während der noch übrigen Jahre Cosimo's wie, mit einigen Modificationen, unter Piero und seinem Sohne in Wirksamkeit geblieben. Gemäß einer Berechnung der in den J. 1471—1480 geleisteten Zahlungen belief sich die Gesammtsumme auf 1,682,888 oder durchschnittlich 168,288 Goldgulden. Im J. 1479 war die Steuer

---

[1]) Ricordi a. a. O. S. CXXXV.

auf 367,450 Gulden gestiegen. Das von der neuen Finanzcommission am 18. Mai 1480 erlassene, am 31. Januar folgenden Jahres modificirte Gesetz führte nun statt der bisherigen eine doppelte progressive Abgabe ein. Die eine, deren Dauer auf sieben Jahre festgesetzt wurde, traf das unbewegliche Eigenthum, so daß die unterste Stufe, die mit einem über den eigentlichen Lebensbedarf hinausreichenden Einkommen unter funfzig Goldgulden, sieben, die höchste aber, mit einem Einkommen von vierhundert und darüber, zweiundzwanzig Procent zahlen sollte. Die zweite war eine Personalsteuer, welche nach denselben Verhältnissen für die unterste Classe einen und vier Zwanzigstel, für die höchste vier und vier Zwanzigstel Goldgulden betrug. Dieser Steuermodus, wobei eine Quote in Staatsschuldbrenten entrichtet werden konnte, währte mit einigen Abänderungen bis nach Lorenzo's Tode. Die Steuern wurden je nach dem Bedürfniß der Regierung eingefordert; in mehr denn einem Jahre sind sie siebenmal gezahlt worden. Der einmalige Ertrag der ersteren derselben war zu ungefähr 30,000 Goldgulden veranschlagt worden, warf jedoch in Wirklichkeit nur 25,000 ab und wurde im J. 1487 auf 18,000, im folgenden auf 15,000 herabgesetzt. In den J. 1481—1492 betrug die Summe der Steuerzahlungen 1,561,836 Goldgulden, oder durchschnittlich 130,153. Am meisten zahlte das J. 1483, das des ferraresischen Krieges, nämlich 164,005, am wenigsten die Friedensjahre 1489—1492, nämlich 105,000, um dann unter Lorenzo's Sohne auf 90,000 zu sinken. Berechnet man die sämmtlichen unter den mannichfachsten Namen auftretenden und je nach den Umständen wechselnden, bald gesteigerten bald ermäßigten Abgaben so vom unbeweglichen wie vom beweglichen Eigenthum, so wird es klar daß die directe Steuer, die sich nach dem alten Finanzsystem der Republik auf

25—30,000 Goldgulden beschränkte, somit neben den zu 250—300,000 veranschlagten Gabellen kaum ins Gewicht fiel, zur Zeit Lorenzo's de' Medici zeitweilig auf das Zwölffache stieg. Die Steuerpflichtigen wurden zwar auf den Monte eingeschrieben, und konnten auch, wie gesagt, einen Theil ihrer Zahlungen in dessen Zinsverschreibungen entrichten. Aber der Monte stellte mehr als einmal die Zinszahlungen ganz ein und zahlte zuzeiten nur die Hälfte, ja nur ein Fünftel. Die Steuercassen nahmen dann die betreffenden Steuerquoten nicht nach dem nominellen Betrage der Verschreibungen sondern nur nach Maßgabe der augenblicklichen Baarleistungen des Monte an. Es liegt auf der Hand wie alle diese Manipulationen, welche das schon an sich äußerst künstliche florentinische Finanzwesen zu einem Labyrinth machten, die Interessen der Gesammtheit schädigten und den Vermögens-Verhältnissen ihre feste Grundlage raubten[1]).

Zu gleicher Zeit verrückten die wiederholten Modificationen der Verfassung, wie sie seit Cosimo's Tagen auf einander gefolgt waren, den Schwerpunkt derselben völlig. Auch vorher war man schon daran gewöhnt gewesen, die Ausübung der Volkssouveränität mittelst des Parlaments in ein bloßes Parleimanöver umgewandelt zu sehen, indem die Machthaber, zur Erlangung einer formell legalen Fassung ihrer Maßregeln, sich von dem sogenannten Volle, nämlich von dem entweder mit ihnen einverstandenen oder durch Furcht genöthigten Theile der Bürgerschaft außerordentliche Befugniß ertheilen ließen. Der fortwährende Wechsel im Modus der Wahlen zu den Aemtern, entweder durch das Loos oder durch Ernennung, brachte nachgerade keinen bedeutenden Unterschied mehr hervor, indem überhaupt Alle ausgeschlossen blieben

[1] Canestrini a. a. C. S. 237 ff.

deren man sich nicht vergewissert hielt, wie es denn in Lorenzo's Zeiten, namentlich nach der nochmaligen Restriction des im J. 1480 eingeführten Modus, darauf gar nicht mehr angekommen ist. Die Staatsämter behielten ihre äußern Ehren und gewährten begreiflicherweise Bedeutung wie Vortheile mancher Art: auf die politische Leitung der Dinge waren sie, als solche, von keinem Einfluß mehr. Die Mehrzahl derselben war vom 13. zum 14. Jahrhundert entstanden, einige hatte das 15. hinzugefügt. Der oberste Magistrat, gewöhnlich die Signorie genannt, war das im J. 1282 eingesetzte und nachmals umgestaltete Collegium der Prioren der Zünfte, oder, wie sie seit 1458 hießen, der Freiheit, acht je auf zwei Monate gewählte Mitglieder mit dem Benner oder Gonfaloniere, Vexillifer justitiae. In ihm beruhte die höchste Gewalt, die er, von der Executive abgesehn, mit den Collegien theilte, den im J. 1312 eingesetzten Buonomini, gewissermaßen Beisitzer der Prioren, und den aus dem J. 1250 stammenden sechzehn Bennern der Milizcompagnien, an deren Spitze der Capitano del popolo stand. Von dem ursprünglich militärischen Charakter dieser Institution ist die Rede gewesen. Die von Signorie und Collegien vereinbarten Gesetzvorschläge gingen an drei Consilien. Zuerst an den aus hundert Mitgliedern bestehenden Rath des Volks, der zu Anfang lediglich dem höhern Bürgerstand, dem Popolo grasso entnommen war. Sodann an den durch eine gleiche Zahl gebildeten Rath der Credenza, in welchem sämmtliche Consuln und übrigen Beamten der Zünfte saßen, endlich an den aus Rechtsgelehrten und richterlichen Beamten, bürgerlichen wie adeligen, neunzig an der Zahl, zusammengesetzten Rath des Podestà. War eine Bill durch diese drei Instanzen durchgegangen, so kam sie vor den durch die drei Consilien gebildeten allgemeinen Rath, und erlangte dann erst

Gesetzeskraft. Der Form war somit hier vollkommen Genüge
gethan, aber die Form behinderte nicht im geringsten das
Passiren von Gesetzen, welche das innere Wesen der Verfassung zerstörten. Zum Behufe der Berathung solcher Bills,
die sich vorzugsweise auf die auswärtigen Angelegenheiten,
auf Krieg und Frieden bezogen, bestanden seit dem J. 1411,
wo die durch die langwierigen Zerwürfnisse in den letzten
Zeiten des großen Schisma gesteigerten Ausgaben und Lasten
größere Vorsicht nöthig erscheinen ließen, zwei andere Raths-
körper. Der eine war jener der Zweihundert, zu dessen Mitgliedern nur Solche gewählt werden konnten welche die
höchsten Staatsämter verwaltet hatten, und an den die betreffenden Gesetzvorschläge gingen, worauf sie an den Rath
der Hunderteinundbreißig kamen, in welchem die Mitglieder
der Signorie und der Collegien, die Capitani bi parte guelfa,
die Zehn des Krieges, die sechs einheimischen Räthe des
Handelsamtes, die Consuln der Zünfte und achtundvierzig
andere Bürger saßen. Erst nach der Annahme in diesen
beiden Rathsversammlungen gelangten die Bills an die schon
erwähnten Consilien. Man sieht, wie gehäuft die Instanzen waren.

Oberster richterlicher Beamter, bis zu Luca Pitti's
Reform überhaupt erster Würdenträger, war der Podestà,
welchem der Capitano del popolo, dessen Befugnisse mehrfach
gewechselt haben, und der Executor der Gerichtsverordnungen
zur Seite standen. Alle drei Fremde, die beiden ersteren
rechtskundige Edelleute, der Dritte ein Popolan guelfischer
Familie, mit einjähriger Amtsdauer. Das Podestà-Gericht
zählte mehre mit dem Chef selbst wechselnde Collaterale; die
bewaffnete Mannschaft desselben stand unter dem Häscherhauptmann oder Bargello. Zugeordnete Behörden waren der
Magistrat der Acht (Otto di Guardia), von der Signorie

ernannt und mit viermonatlicher Amtsdauer, für Criminal- und Polizeisachen, und die Gesetz-Conservatoren, eine Art Cassationshof zur Prüfung der Sentenzen des Podestàgerichts, innerthalb aber vorzugsweise mit Beaufsichtigung der Listen wie der Leistungen der Steuerpflichtigen beschäftigt. Mangelhafte Abgrenzung der concurrirenden richterlichen Gewalten ist vonjeher einer der ernsten Uebelstände der florentinischen Verfassung gewesen.

Für die einzelnen Verwaltungszweige waren der Signorie verschiedene Behörden zugesellt und untergeordnet. Auswärtige Angelegenheiten und Krieg lagen in der Hand der Zehn des Friedens und Krieges, die im J. 1429 während des Kampfes gegen Mailand eingesetzt worden waren, nachdem es ein halbes Jahrhundert früher einen ähnlichen Magistrat gegeben hatte, den der Volkswitz die acht Heiligen nannte, weil er die Kriegsoperationen gegen P. Gregor XI. leitete. Als Secretär der Zehn hat Niccolò Machiavelli die Thätigkeit entfaltet, welche, der eigentlich literarischen vorausgehend, mit dieser den „Segretario fiorentino" weltberühmt gemacht hat. Durch beanspruchten Einfluß auf die militärischen Operationen selbst hat diese Behörde, an deren Stelle wir im J. 1480 für Friedenszeiten die Otto di pratica treten sahen, wiederholt ungünstig gewirkt. Die oftgenannten Capitani di parte guelfa, denen nach dem Sinn ihrer Institution vom J. 1267 die Aufsicht über die Güter der Rebellen zustand, eines der auch dem Adel offenstehenden Aemter, hatten seit lange die in der zweiten Hälfte des 14. Jahrhunderts erlangte außergewöhnliche und abnorme politische Bedeutung verloren. Dem im J. 1352 eingesetzten Zoll-Magistrat, in welchem immer Einer vom Adel saß, stand die Beaufsichtigung des indirecten Steuerwesens zu, den Uffiziali del Monte die Direction des Staatsschuldenamtes.

den nach der Erwerbung Livorno's bestellten Consuln zur
See das Schifffahrtswesen und der überseeische Handel. Die
Umlage der Anleihen geschah durch besondere Commissionen.
Das Handelsgericht (Mercanzia) war aus sechs Mitgliedern
der großen Zünfte und sechs fremden Rechtsgelehrten zusammengesetzt. Der Chef des gesammten Zunftwesens, der Pro-
consul, welcher unmittelbar nach Signorie und Collegien
Rang nahm, gehörte der ersten, der Rechtsgelehrten-Zunft an.
In einer Stadt und einem Gemeinwesen, wo so reger Sinn
für Wohlthätigkeit herrschte, mußte alles darauf Bezügliche
gut geordnet sein. Die Officialen der Wittwen und Waisen,
deren Amtshaus das heutige Local der Compagnie der Miseri-
cordia am Domplatz war, die Capitani di Sta Maria,
welche ursprünglich zur Bekämpfung der patarinischen Häresie
bestimmt nachmals sich der Leitung der Waisen-Verpflegung
widmeten und als Uffizio del Bigallo heute noch dem Baptisterium gegenüber bestehn, die vom h. Antoninus gestifteten
Buonuomini di San Martino mit ihrem Local bei den
Häusern der Alighieri, gehören wesentlich der Municipal-
verwaltung im engern Sinne an. Alle Behörden hatten
ihre Kanzler oder Secretäre, deren Bedeutung je nach Umständen eine hohe war, umsomehr weil sie blieben während
alle Mitglieder unaufhörlich wechselten. Die Signorie und
andere Behörden hatten sodann Beamte und Untergebene
mancher Art. Die Summe der Besoldungen war unbedeu-
tend, indem nur die fremden Richter, die Kanzler, Uffizialen,
Secretäre, die Unterbeamten und Dienstleute so wie die Beamten in den Städten des Gebietes, die Commissare bei den
Truppen, die Gesandten im Auslande Gehalt bezogen, während
die eigentlichen städtischen Magistraturen unbesoldet waren.

So waren die staatlichen Institutionen beschaffen, welche sich
bis zu der nach Lorenzo's Tode erfolgten großen Umwandlung

im wesentlichen unverändert erhalten haben. Den demokratischen Formen zum Trotz, steuerte man aber immer mehr auf ein persönliches Regiment zu. Gleichsam als wäre es nicht genug an den bisherigen Anlässen zur Machtvergrößerung der Medici, trat noch ein anderer an sich nicht gerade bedeutender Umstand hinzu, Lorenzo's Stellung zu erhöhen. Am Abende des 2. Juni wurde Amoretto Baldovinetti, natürlicher Sohn eines Bürgers aus angesehner Familie, verhaftet, am folgenden Morgen Batista Frescobaldi, vormals Consul in Constantinopel. Kaum waren Beide in Verwahrsam, so fahndete man auf die Brüder Francesco und Antonio Balbucci, ergriff aber nur Letztern. Alsbald verbreitete sich das Gerücht einer Verschwörung gegen Lorenzo's Leben. Frescobaldi hatte einst zur Auslieferung Giovanni Bandini's vorzugsweise beigetragen, und scheint sich nicht hinreichend belohnt erachtet, ja von eignen Mitteln dabei zugesetzt zu haben. In Rom war er mit florentinischen Ausgewanderten zusammengetroffen, die ihn mit dem dort verweilenden Amoretto in Verbindung brachten, der zu einem waghalsigen Unternehmen geeignet schien. Mit Waffen und Gift versehen begaben sich die Beiden nach Florenz. Die Versuche Theilnehmer zu gewinnen hatten geringen Erfolg; selbst die Brüder Balbucci scheinen unentschlossen gewesen zu sein. Dennoch wollten sie den Mordversuch wagen, und zwar wieder in einer Kirche, im Dom nach Einigen, nach Andern im Carmine, wo man Lorenzo am Himmelfahrtstage erwartete. Alle drei wurden zum Tode verurtheilt. Von gerichtlicher Seite soll Einwand gegen die Todesstrafe erhoben worden sein, da nur ein verbrecherischer Plan vorliege. Aber Signorie und Rath der Siebzig statuirten ein Majestätsverbrechen, und verfügten zugleich daß künftig jeder Act, welcher Lorenzo bedrohe oder schädige, als solches betrachtet werden sollte. „Lorenzo's

Stellung und Autorität, bemerkt der ferraresische Agent[1], wurde dadurch allerdings erhöht, aber Manche sind der Ansicht es gereiche ihm vielmehr zum Nachtheil, indem es die Zahl seiner Gegner mehre". Als das Urtheil gesprochen war, begaben sich mehre Bürger in den Kerker die Unglücklichen zu trösten, aber diese erwiderten ihnen mit heiterer Miene, nicht der Tod schmerze sie, sondern das Scheitern ihres Planes die Stadt zu befreien. Sie hätten das zu thun versucht, was jeder der Bürger thun sollte. Hätte man ihnen zwei Stunden Zeit gelassen, so würde man gesehn haben was sie vermöchten. Am Morgen des 6. endeten sie im Palast des Podestà am Galgen. Die einzige Folge war, daß das Geleite von Freunden und Clienten, welches nach der Verschwörung der Pazzi Lorenzo zum Schutz zu dienen bestimmt gewesen war, sich nunmehr zur Leibwache gestaltete, und die Hauptstadt sich daran gewöhnte ihn mit einem Gefolge öffentlich erscheinen zu sehen, das sich von dem eines Gewaltherrn nur durch den bürgerlichen Charakter der Mitglieder unterschied.

Drei Monate später erfolgte die Wiedereinnahme Otranto's. Zu Anfang des Jahrs waren die Bevollmächtigten der italienischen Staaten in Rom zusammengetreten, das Bündniß gegen die Ungläubigen zu berathen, zu welchem auch das Ausland eingeladen wurde. Sixtus IV. legte rege Thätigkeit an den Tag. Von manchen Seiten unterstützt, hatte König Ferrante große Anstrengungen gemacht, der Gefahr zu begegnen welche nicht nur Apulien sondern ganz Italien bedrohte. Alfons von Calabrien belagerte die Stadt mit ansehnlicher Heeresmacht. Da es nicht gelang ihr

---

[1] Bartolommeo Sgnippi Kanzler der ferraresischen Gesandtschaft an Ant. Montecatino, Flor. 3., 6. Juni, Montecatino an Ercole d'Este 9. Juni 1481, bei Cappelli a. a. O. S. 253—255.

die Zufuhr zur See völlig abzuschneiden, hätte sie noch lange ausharren können, wenn nicht des Großherrn Tod und der Thronstreit seiner beiden Söhne dem Widerstand auf einem verlornen Posten ein Ende gemacht hätten. Am 10. September öffnete Otranto, das sich nie wieder von diesen Schlägen des Geschicks erholt hat, die Thore. Der Herzog, dessen leichten Sieg Denkmünzen verewigten, hielt die Bedingungen der Capitulation nicht, und Rom das die Türken bedroht hatten, sah ein Jahr später manche von ihnen innerhalb seiner Mauern, aber nicht als Sieger sondern als zwiefach Besiegte. Sie gehörten zu Jenen die im neapolitanischen Heere Dienst nahmen, das somit wieder, wie in Kaiser Friedrichs II. Zeit, Ungläubige in seinen Reihen zählte.

II.

Ferraresischer Krieg.

Der Anlaß, der ein neapolitanisches Heer als Feind vor Roms Mauern führte, hing mit den Ereignissen zusammen zu denen die Verschwörung der Pazzi die Einleitung gewesen war. Der Papst und Venedig hatten nicht daran denken können, dem Groll theils gegen alle Gegner theils gegen bisherige Verbündete freien Lauf zu lassen, so lange die Wetterwolke über Apuliens Küste hing. Sixtus IV. hatte sich sogar gegen die Florentiner freundlich erwiesen, und Guid' Antonio Vespucci, zu Ende Januar 1481 als Gesandter nach Rom zurückgekehrt, suchte das gute Einverständniß zu befestigen. Aber kaum war die nächste von Osten drohende Gefahr verschwunden, so wurde auch das unter damaligen Umständen besser vielleicht als je zu erreichende Ziel, die Säuberung der Küsten Albaniens und des westlichen Griechenlands von den Osmanen, außer Augen gelassen. Ein Streit Venedigs mit Ferrara bot den Anlaß zu neuem Hader. Ercole von Este weigerte sich, alle lästige Verpflichtungen, die ihn in eine Art Abhängigkeit von der Republik brachten, betreffend die Ausübung von Gerichtsbarkeit in seiner Hauptstadt durch einen venetianischen Vicedom wie die Beziehung des Salzes aus venetianischen Salinen, ferner als gültig anzuerkennen. Die Differenz steigerte sich zu dem Punkte daß Venedig mit den Waffen drohte. Seines Bündnisses mit dem Papste wegen hielt es den Moment für günstig. Sixtus IV. hätte triftigen Grund gehabt Alles zu vermeiden, was die Einmischung Venedigs in die Angelegenheiten Ferrara's und der Romagna begünstigen konnte. Der selbstische Ehrgeiz seines Neffen, welcher seine Stellung in der Romagna durch venetianischen Einfluß zu befestigen hoffte, drängte jedoch bei ihm die Forderungen verständiger Politik in den Hintergrund. Vergebens versuchte Herzog Ercole auch durch den Cardinal Giuliano della Rovere dem Papste begreiflich zu machen, daß es dem h. Stuhl weder zur Ehre noch zum Vortheil gereiche, wenn man ihn von der venetianischen Uebermacht erdrücken lasse [1]).

Girolamo Riario begab sich nach Venedig, wo er aufs ehrenvollste empfangen und mit dem Patriciat beschenkt ward. Der Krieg war entschieden. König Ferrante ergriff Partei für seinen Schwiegersohn, zu welchem Mailand und Florenz standen. Die Zustimmung Bologna's und mehrer der romagnolischen Herren war gewiß, Siena und Genua hielten zu dem Papst und Venedig. Die meisten Hauptleute aus dem toscanischen Kriege übernahmen auch jetzt, zumtheil unter veränderten Umständen, die Führung. Neben Roberto Malatesta gewannen die Venetianer Roberto da Sanseverino, welcher sich mit Lodovico Sforza überworfen und diesem im eignen Lande ernste Schwierigkeiten bereitet hatte. Das Commando der mailändischen Truppen wurde dem Herzog von Urbino anvertraut, die Florentiner führte Costanzo Sforza, welchem schon am 2. October 1481 der Feldherrnstab feierlich

---

[1]) Ercole d'Este an Ant. Montecatino, Ferrara 19. Januar 1482, bei Cappelli a. a. O. S. 259.

überreicht worden war¹). Im Frühjahr 1482 begann der Kampf zugleich auf mehren Seiten²).

Während eine ansehnliche venetianische Flotte in den Po einlief, griffen zwei Heere das ferraresische Gebiet an, Malatesta von der romagnolischen, Sanseverino von der lombardischen Seite her. Rovigo und das ganze Polesine fielen in die Hände der Venetianer, und ihr Feldhauptmann lagerte sich am 28. Mai vor Ficcarólo, einem nordwestlich von Ferrara am Po gelegenen Castell, in der Absicht nach dessen Einnahme den Fluß zu überschreiten und die Hauptstadt anzugreifen, wozu von der Südseite her Malatesta mitwirken sollte. Während aber der Herzog von Urbino mit den mailändischen Truppen auf dem rechten Flußufer bei Stellata das Lager aufschlug, den Belagerten beizustehn und Ferrara zu decken, wurde Malatesta aus der Po-Niederung abberufen um auf andrer Stelle drohender Gefahr zu begegnen. Alfons von Calabrien war am Tronto erschienen, freien Durchzug fordernd, um seinem Schwager Hülfe zu bringen. Noch hatte der Papst sich nicht erklärt, noch waren die Gesandten von Neapel, Mailand, Florenz, Ferrara in Rom. Auf die Weigerung des Durchzugs verließen sie die Stadt, während der Herzog als Feind in den Kirchenstaat einrückte. Nirgend fand er ernstlichen Widerstand. Rom ertönte von Kriegslärm: die Stadt, sagt ein Annalist, die bis dahin nur Bullen und Breven zu liefern gewohnt war, lieferte jetzt nichts als Waffen³).

1) Ausführliche Beschreibung der Ceremonien, Ant. Montecatino an Ercole d'Este, Flor. 2., 3., 8. Oct. 1491, bei Cappelli a. a. O. S. 255—258.

2) Marin Sanuto, Commentarii della guerra di Ferrara nel 1482. (Herausg. von Leonardo Manin.) Venedig 1829. Sanuto war Augenzeuge der späteren Kriegsereignisse. Viel Detail bei Malipiero, der am Seekriege theilnahm. Romanin Buch XI. Cap. 4. (Bd. IV. S. 401 ff.

3) Jac. Volaterr. a. a. O. Col. 172.

Girolamo Riario sollte als Generalcapitän der Kirche handeln, aber seine Unfähigkeit kam alsbald an den Tag. Die Neapolitaner standen bei Grottaferrata; bis an die Thore der Stadt streiften ihre Reiter; Vignen und Felder wurden verheert. So währte es Wochen lang. Endlich sah der Papst sich genöthigt, Venedig um Hülfe zu bitten, und Roberto Malatesta erhielt Befehl dem bedrängten Bundesgenossen Beistand zu bringen. Die Florentiner hatten unterdessen eine Diversion gemacht; Niccolò Vitelli, von Costanzo Sforza unterstützt, hatte am 19. Juni Città di Castello genommen. Die ganze Landschaft war ihm zugefallen.

So schienen sich die Dinge für den Herzog von Ferrara und seine Verbündeten günstig zu gestalten. Der Papst war ebenso erbittert wie bedrängt, und in Erbitterung und Bedrängniß verschmähte auch er die Politik nicht, welche ein italienischer Staat nach dem andern zum Verderben Italiens befolgt hat, die Politik des Hülfesuchens bei einer fremden Macht. Er richtete an Ludwig XI. die bittersten Klagen über König Ferrante, indem er den französischen Monarchen zu einem Unternehmen gegen Neapel zu bewegen suchte, wo wegen des herrschenden Mißvergnügens die Gelegenheit dazu günstig sei, und dem Dauphin die Würde eines Bannerträgers der Kirche anbot[1]). Ludwig XI. war ein zu practischer Mann, um auf so weitläufige und ungewisse Projecte einzugehen, aber ebensowenig wie andere ähnliche Vorschläge fiel solche Saat auf dürren Boden. Unterdeß änderten sich in Italien die Dinge. Ficcarolo ergab sich nach mehr als einmonatlicher Belagerung und der Feind überschritt den Po, nicht behindert durch die Truppen des Herzogs von Urbino, die den venetianischen

---

1) Godefroy Histoire de Charles VIII. Paris 1684. Documente S. 312. C. de Cherrier Histoire de Charles VIII. Par. 1868. Bd. 1. S. 32.

nicht gewachsen waren, während ihr Führer, in der ungesunden Flußniederung am Fieber erkrankt, sich nach Bologna bringen lassen mußte. Ferrara war bedroht. Eine venetianische Flotte beunruhigte die Küsten Apuliens. Aber der schwerste Schlag sollte noch folgen. Am 21. August wurde Alfons von Calabrien bei Campomorto, an der Straße von Rom nach Porto d'Anzo, von Malatesta vollständig und mit großem Verluste an Mannschaft und Artillerie aufs Haupt geschlagen[1]). Der Sieger starb am 8. September in Rom am Fieber, welches er sich in der verpesteten Campagna geholt hatte. Zur selben Zeit aber verloren auch die Gegner ihren tüchtigsten Feldherrn, Federigo da Monteseltro, welcher in Bologna sein thätiges Leben beschloß. Die Beiden, einander feindlich gegenüberstehend obgleich durch engste Familienbande vereint, Einer von des Andern Lebensgefahr nichts wissend, empfahlen sterbend Einer dem Andern ihre Staaten und Angehörigen. Girolamo Riario hatte versucht, den Sieg und raschen Tod Malatesta's zu benutzen, um einerseits Città di Castello wiederzunehmen, andrerseits Rimini in seine Gewalt zu bringen: An dem einen wie dem andern hinderten ihn die Florentiner, welche den Vitelli unterstützten und es Roberto's Witwe Elisabetta di Monteseltro möglich machten, ihrem kleinen Stiefsohn Pandolfo sein väterliches Erbe zu erhalten. Dennoch blieb die Lage sehr bedenklich. Roberto Sanseverino setzte sich auf dem rechten Po-Ufer fest, warf bei Pontelagoscuro, dicht bei Ferrara, starke Verschanzungen auf. Schon dachte der Herzog daran seine Hauptstadt zu verlassen um sich nach Modena zurückzuziehen: der florentinische Bevollmächtigte Bongianni Gianfigliazzi hielt ihn davon ab.

---

1) Das Detail über den Kampf bei Campomorto (S. Pietro in Formis) in den römischen Diarien und in Montecatino's Berichten an Ercole d'Este bei A. Cappelli a. a. O. S. 260 ff.

Lodovico Sforza wurde durch einen Aufstand im Parmesanischen im Schach gehalten.

Man war in Florenz mit der Kriegführung im Ferraresischen sehr unzufrieden. Der Herzog von Urbino hatte der Erwartung keineswegs entsprochen. Jacopo Guicciardini äußerte gegen den ferraresischen Gesandten, die Ligue sei kopflos. Lorenzo de' Medici war besorgt. Aber er sagte in Bezug auf den Herzog von Ferrara: Ich kann mir nicht vorstellen, daß ihr verlieren werdet, wenn ihr nicht in Muthlosigkeit untergeht. Von hier wird Alles geschehn was möglich ist. Das Unternehmen gegen Città di Castello, bemerkte er, habe auch den Zweck gehabt dem Herzog Luft zu machen. Ercole empfahl sich einmal über das andere der Republik. Falle Ferrara den Venetianern in die Hand, so sei auch ihr Bestand bedroht. Man begnügte sich nicht mit kriegerischen Operationen. Die alte Drohung mit einem Concil wurde auch diesmal erneuert. Gerade damals machte nämlich jener abenteuernde Erzbischof von Krain, über dessen Person und Geschicke nie völlige Klarheit verbreitet worden ist, den ephemeren Versuch, die Baseler Synode nach vierzig Jahren der Auflösung wiederzubeleben. Dieser Mann, ein Dominicaner dessen Name Andrea Zuccalmaglio gewesen zu sein scheint, war um die Zeit der Verschwörung der Pazzi mit Aufträgen Kaiser Friedrichs in Rom gewesen, wo er anfangs große Gunst genoß, nachmals jedoch in ein so heftiges Zerwürfniß gerieth, daß er nicht nur seiner geistlichen Würde entsetzt, sondern in der Engelsburg gefangen gehalten ward, aus welcher ihn im Sommer 1481 kaiserliche Verwendung befreite. Ueber Florenz hatte er sich erst nach Bern dann nach Basel begeben, und hier war es, wo er, fälschlich sich immer noch für Friedrichs Botschafter ausgebend und dann selbst den Cardinalstitel annehmend, am Verkündigungsfeste 1482 die Eröffnung der allgemeinen Kirchenversammlung proclamirte. Der Moment konnte insofern nicht ungeeignet erscheinen, da der Papst sich wieder in Krieg verwickelte. Während man aber in Rom unmittelbar Maßregeln ergriff, welche die fremden Mächte sowie die freie Stadt, in der das Feuer zum andernmal zu zünden drohte, zu Behutsamkeit zu mahnen geeignet waren, überstürzte sich der unselige Mann, an dessen Verstand man bald zu zweifeln begann, dermaßen daß er, dem kein einziger Prälat aus Deutschland oder Frankreich sich anschloß, sogleich zum Aeußersten schritt und zu Anfang des Sommers die heftigste Invective gegen Francesco da Savona, nicht mehr Papst sondern Teufelssohn losließ, von dem er an Christus und das ökumenische Concil appellirte.

Daß Lorenzo de' Medici, der doch nicht lange vorher erprobt hatte daß mit geistlichen Waffen, mochten sie immer durch Misbrauch zu weltlichen Zwecken abgestumpft sein, nicht zu scherzen ist, daran denken konnte, auch nur den Schein der Betheiligung an einem so unsinnigen Unternehmen auf sich zu laden, ist eine schwer erklärliche Erscheinung. Möglicherweise hatte er den Erzbischof gesehen, als dieser, heftigsten Groll gegen den Papst und dessen Neffen im Herzen, durch Florenz reiste. Am 14. September traf Baccio Ugolini in seinem Auftrage in Basel ein, in Gesellschaft eines mailändischen Abgeordneten, Bartolommeo Erzpriesters von Piacenza. Sie traten sogleich in Verbindung mit dem „Pronunciator" des Concils, wie Andrea sich nannte, aber sie mußten sich bald von der Boden- und Hoffnungslosigkeit der Sache überzeugen. Wenn der Florentiner auf den Gedanken kam, statt Basels, wo die Dinge schon schief gingen, Pisa als geeignetern Ort vorzuschlagen, so hat dies nur als Nachklang des Concils von 1409, als Vorbedeutung des Conciliabulums von 1511 Interesse. Am 18. December wohnten die beiden Abgeordneten mit Philipp von Savoyen Herrn von Bresse und andern Fürsten und Herren der feierlichen Sitzung des Baseler Raths bei, die den Ausschlag gegen den Erzbischof gab, welcher, nachdem er seinen Gehorsam gegen das Haupt des Reiches und seinen Eifer für das Beste der Kirche bezeugt aber seine Beschuldigungen gegen den Papst zurückzunehmen verweigert, verhaftet wurde, worauf der Proceß wider ihn, aber, da der Baseler Rath seine Auslieferung nach Rom abschlug, auch das Verfahren wider die Reichsstadt begann, das dieser größtes Ungemach bereitete, bis ein Compromiß, welchem der Selbstmord des unbesonnenen Urhebers dieses traurigen Intermezzo folgte, dem Hader ein Ziel setzte[1]).

Schon zur Zeit als Baccio Ugolini und sein Genosse noch an den baseler Berathungen theilnahmen, war in Italien der Umschwung vorbereitet, der die Lage der Dinge veränderte und Florenz wie Mailand in eine ganz verschiedene Stellung zum Papste brachte. Mehr als Besorgnisse die inderthal ziemlich ferne lagen, vermochte über Sixtus IV. die Betrachtung, der er sich endlich nicht verschließen konnte, daß er selbst zur Verstärkung derjenigen Macht beitrug, die ihm wegen ihres steten Bestrebens, die adriatischen Küstenstädte in ihre Gewalt zu bringen, am gefährlichsten zu werden drohte. Giuliano della Rovere, der zwei Decennien später als Nachfolger seines Oheims der Uebermacht der mit diesem noch verbündeten Republik kriegerisch begegnete, soll es gewesen sein, der den Papst endlich zum Entschluß vermochte sich von

---

1) Coleti in Farlati's Illyricum sacrum Bd. VII. S. 438 ff. Jacopo Volterrano, Stefano Infessura und Sigismondo de' Conti in s. ungedruckten Historien, endlich Rainaldus, haben manches Detail. Jacob Burckhardts Andreas Erzbischof von Krain, Basel 1852, stellt die Vorgänge in Basel urkundlich fest. Vgl. Arch. stor. Ital. N. S. Bd. II. Abth. 2. S. 249 ff. Ugolini's Schreiben an Lorenzo bei Fabroni a. a. O. Bd. II. S. 227—230.

Venedig zu trennen, während Girolamo Riario, die Seele der Kriegspartei, durch Aussicht auf die Malatesta'schen Lehen gewonnen worden wäre. Erst wurde Waffenruhe mit dem Herzog von Calabrien geschlossen, der noch in der Campagna stand, dann erfolgte am 23. December der Friedensschluß zwischen dem Papst, Neapel, Florenz und Mailand, unter Vorbehalt des Beitritts der Venetianer. Man war in Florenz mit den Bedingungen nicht zufrieden, und scheint namentlich Mailand der Lauheit in Krieg und Verhandlung beschuldigt zu haben. Wie jedoch die Dinge lagen und in Betracht der erlittenen Verluste waren die Bedingungen nicht ungünstig. Der Herzog von Ferrara, der sich in der größten Noth befand, sollte wieder in den Besitz seiner Staaten gesetzt werden. Es kam jedoch darauf an, die Venetianer zum Beitritt zu vermögen oder zu nöthigen, und den Frieden, zu dessen Feier Sixtus IV. die Kirche Sta Maria della pace baute, zu einem wirklichen zu machen. Ein in Cremona zu haltender Congreß sollte Alles regeln.

Keine Zeit war zu verlieren, denn das belagerte Ferrara konnte sich nicht lange mehr halten, und Costanzo Sforza, der auf wiederholtes Drängen der Florentiner mit seiner Mannschaft die Besatzung verstärkt hatte, flößte durch seine Haltung geringes Vertrauen ein. Der ungünstigen Jahreszeit ungeachtet, säumte König Ferrante nicht. Während tausend Mann, darunter die Türken die bei Campomorto tapfer gefochten hatten, zur See nach Piombino gesandt wurden, um durch sienesisches und florentinisches Gebiet zu ziehen, setzte sich der Herzog von Calabrien über Orvieto nach dem Chiana- und Arnothal in Bewegung. Am 5. Januar 1483 war er in Florenz, wo er im Hause Giovanni Tornabuoni's einkehrte. Nach drei Tagen erfolgte der Aufbruch nach Ferrara, von wo er sich nach Cremona zu begeben beabsichtigte. Auf dem Wege dahin traf gleichfalls der Cardinal-Legat Gonzaga in Florenz ein. Nun bereitete auch Lorenzo be' Medici, der die Republik auf dem Congreß vertreten sollte, sich zur Abreise, die am 12. Februar stattfand. Sieben Tage vorher waren ihm die gebräuchlichen Instructionen[1] ertheilt worden, welche sich wesentlich auf die Leistungen an Geld und Truppen für die Fortsetzung des Krieges bezogen: [in]derthat ging er als Herr der Stadt und des Staates, das Kriegs- und Friedenswerk gemäß seinem Ermessen zu berathen. Sein Schwager Bernardo Rucellai war ihm beigegeben worden. König Ludwig XI. hatte ihn vor möglicher Gefahr gewarnt. „Was die Zusammenkunft von Ferrara betrifft, schrieb er ihm am 20. Januar, welcher ihr, nach eurer Meldung, beizuwohnen zugesagt habt, so würde ich, der ich weder Personen noch Ort kenne, euch gerathen haben nicht hinzugehn, sondern auf eure Sicherheit Bedacht zu nehmen. Ich hätte einen Botschafter zu eurer Entschuldigung hingesandt. Da ihr aber zugesagt habt, so stelle ich euch das Weitere anheim, und möge mit Gott alles nach Wunsch gehn"[2]. In Florenz selbst scheint man die Sache nicht ganz unbedenklich gefunden zu haben. Als am 30. Januar Lorenzo dem Herzoge von Ferrara seine bevorstehende Abreise anzeigte[3], setzte er hinzu, er habe das allgemeine Widerstreben der Bürgerschaft zu bekämpfen gehabt, die ihn nicht ziehen lassen wollte. Wenn er zugleich sagt, seine Gegenwart könne nicht von großem Nutzen sein, wo so viele hochstehende Herren zusammenkommen würden, so braucht man ihn nicht beim Worte zu nehmen.

Die in Cremona zusammentretenden Herren waren,

---

[1] Instruction vom 5. Februar 1483 bei Fabroni a. a. O. Bd. II. S. 241—243.
[2] Bei Fabroni a. a. O. Bd. II. S. 243.
[3] Bei Cappelli a. a. O. S. 245.

außer dem Legaten, dem Herzog von Calabrien und Lorenzo de' Medici, Lodovico und Ascanio Sforza, Ercole von Este, Federigo Gonzaga Markgraf von Mantua, Giovanni Bentivoglio, Girolamo Riario¹) und verschiedene Botschafter und Bevollmächtigte. Am letzten Tage des Februar 1483 erfolgte der Abschluß des Vertrags, demgemäß kräftige Kriegführung Venedig zur Einstellung der Feindseligkeiten gegen Ferrara nöthigen sollte. Zu Ende der ersten Woche des März war Lorenzo wieder in Florenz. Die Venetianer dachten nicht an Nachgeben. Schon hatten sie Unterhandlungen mit dem Herzog von Lothringen angeknüpft, um König Ferrante nochmals mit einer Anjou'schen Schilderhebung zu schrecken, während ihre Flotte die apulischen Küsten heimsuchte und das wichtige Gallipoli nahm. Ihr Botschafter Francesco Diedo hatte Ende Februar Rom verlassen. Der Papst hatte sich geweigert ihn vorzulassen: Diedo klagte, so würde man einen Türken nicht behandeln, aber er fürchtete, das Kreuz werde gegen die Republik gepredigt werden, und betheuerte, dann werde man nimmer Frieden erlangen, müßten sie sich dem Teufel übergeben²). Im März schien Ferrara dem Falle nahe. Bis auf eine Miglie Entfernung war alles Land in des Feindes Hand. Marin Sanuto der venetianische Chronist, der sich im Lager Sanseverino's befand, erzählt in anschaulicher Weise, wie es dicht vor den Thoren der Stadt zuging. „Wir speisten bei dem durchlauchtigsten Roberto und saßen dann zu Pferde. Etwa fünfhundert Reiter und vieles Fußvolk, verließen wir das Lager und ritten nach dem Park

---

1) Fr. Guicciardini a. a. O. S. 66 ist in Bezug auf Riario's Anwesenheit zweifelhaft. Ant. Campo Cremona fedelissima citth. Mail. 1582. S. 131 nennt ihn nicht. Malevolti a. a. O. Th. III. S. 90 führt ihn unter den Anwesenden auf.

2) Ant. Montecatino an Ercole d' Este, Flor. 28. Febr. 1483 bei Cappelli a. a. O. S. 265.

von Ferrara, wo wir more solito bis zu einem Canal gelangten, der nur anderthalb Millie von der Stadt entfernt ist. Sanseverino hat die Gewohnheit, jeden Morgen und Abend in den Park einzurücken, um die plündernden Banden zu escortiren. Ich sah die feindlichen Schaaren unter dem Herzog von Calabrien und dem Grafen von Pitigliano; wir zogen ihnen bis zum Canal entgegen, aber, sie volente fato, zum Schlagen kam es nicht. Nur, um sie zu verhöhnen, ließen wir die Falken steigen. Der Park umfaßt einen Raum von sieben Millien, voll Wild aller Art und Obst, gegenwärtig offen und verwüstet"[1]). Costanzo Sforza, schon mit dem Gedanken sich mit Venedig zu vertragen, räumte Ferrara den ihm ertheilten Befehlen zum Trotz. In Eile wurden Giovanni Bentivoglio und Galeotto Manfredi dahin beordert, aber die wirksamste Hülfe war der Sieg, welchen Alfons von Calabrien, Generalcapitän der Verbündeten, bei Argenta über die Venetianer davontrug. Von nun an nahmen die Dinge der Ersteren, denen auch das vom Papste über Venedig ausgesprochene Interdict zustatten kam, einen günstigen Verlauf. Ein Versuch Sanseverino's einen Aufstand in Mailand anzufachen, bewog den Sforza zu ernstem Vorgehn. Im Herbste war alles Land bis zur Etsch in den Händen der Mailänder, während die venetianische Flotte auf dem Po einen schweren Verlust erlitt. René von Lothringen, von der Republik herbeigeholt, vor den Estensischen zurückweichen mußte.

Zu Anfang Januars 1484 fand in Mailand ein neuer Congreß statt, welchem von florentiner Seite Jacopo Guicciardini beiwohnte. Durch kräftige Kriegführung zu Lande wie zu Wasser hoffte man bald Venedig zum Frieden zu nöthigen, nach welchem Alles sich sehnte, weil die Kosten

---

[1] Itinerario di Marin Sanuto per la Terraferma Veneziana nell' anno 1483. (Herausgeg. von Rawdon Brown) Padua 1847. S. 51.

immer drückender wurden, und jeder der Verbündeten Sonderinteressen hatte. Der Friede kam in der That im Laufe des Sommers zustande, aber er entsprach den Erwartungen wenig. Den Venetianern welche in größter Verlegenheit, um sich Luft zu machen, abgesehen von ihrer Verbindung mit dem Erben der Anjou, nun auch ihrerseits König Ludwig XI. zum Zuge gegen Neapel, den Herzog von Orleans zum Zuge gegen Mailand zu reizen suchten während ihre Gegner die Türken gegen sie aufhetzten[1]), gelang es endlich, Lodovico il Moro von dem Bündniß zu trennen, dem er mit halben Herzen angehörte. Seine eigene Stellung und seine Pläne boten die Handhabe, und wir stehn hier am Anfang jener Verwicklung, welche zehn Jahre später Italien ins Verderben stürzte. In Mailand hatten die Dinge den Verlauf genommen, der leicht vorauszusehn war. Die Regentin, welche „par sottise", wie Commines sich unceremoniös ausdrückt, sich in Lodovico's Hand gegeben hatte, sah ihren treuesten Rath im Kerker zu Pavia sterben, ihren eignen Sohn als Werkzeug gebrauchen, ihren unwürdigen Günstling aus Mailand vertreiben. Dann wurde sie, als sie das Land verlassen wollte, im Castell von Abbiategrasso zurückgehalten, eine Gefangene, obgleich man den Namen vermied und ihr gelegentlich ihre Kinder zu sehen gestattete, bis sie im J. 1494 ihr trauriges Leben beschloß, in dem Maße vergessen daß man über Zeit und Art ihres Todes nichts sicheres weiß. Lodovico il Moro herrschte seit dem Sturze seiner Schwägerin unumschränkt in Mailand. Sein Neffe hatte nur den Namen des Herzogs. Sechzehnjährig sah dieser sich noch unter einer Vormundschaft, welche von Tag zu Tag drückender wurde. Herzog Alfons

---

1) Depeschen an den Botschafter Antonio Loredano vom Januar bis Februar 1484, vgl. Romanin Bd. IV. S. 415. Montecatino an Ercole d' Este Flor. 8. April 1483, bei Cappelli a. a. O. S. 266.

von Calabrien mit dessen Tochter der junge Sforza verlobt war, konnte schwerlich geneigt sein, dies Verhältniß länger währen zu lassen: Lodovico seinerseits war entschlossen, Alles zu versuchen um seine Stellung zu behaupten. Der Markgraf von Mantua hatte den während der Anwesenheit beider Fürsten in Oberitalien drohenden Ausbruch zu verhindern vermocht, aber sein Tod machte der Vermittlung ein Ende.

Wie geringes Vertrauen zwischen Lorenzo und dem Moro herrschte, haben Aeußerungen des Erstern über die Vorgänge des J. 1479 gezeigt. Noch deutlicher jedoch ergiebt sich dies aus einem langen Schreiben, in welchem der Sforza, nachdem er sich vollständig zum Herrn in Mailand gemacht, auf Vorstellungen antwortet, die allerdings einen Tadel in sich schlossen, welcher einen Mann, der eine so hohe Meinung von sich hatte und in Lorenzo jederzeit, auch wenn sie zusammengingen, einen Nebenbuhler sah dessen Glanz ihn verdunkelte, zu reizen im Stande war. „Eure Magnificenz, so schreibt er, wie es scheint im Herbste 1481[1], hat mich durch den Botschafter benachrichtigen lassen, daß man in Florenz verschiedentlich an der Stabilität der hiesigen Dinge zweifelt, und der Gedachte dann selber noch hinzugefügt, man glaube daß hier keine rechte Justiz geübt werde. Ich bin überzeugt daß euch wie ihn lautere Gründe veranlassen, frei eure Ansicht zu äußern, wie ihr immer gethan habt, indem ihr wünschet wie fürchtet, was ein Bruder für den andern wünschen wie fürchten muß. Aus demselben Grunde habe ich euch niemals etwas verborgen gehalten und werde euch auch jetzt die Thatsachen darlegen. Seit ich durch Gottes Gnade in mein Haus zurückgekehrt und an die Spitze der Regierung gestellt worden bin, habe ich diesen Staat, im Widerspruch mit dem was E. M.

---

[1] Bei Cappelli a. a. O. S. 317.

berichtet worden, niemals so sicher und fest gesehen wie in
diesem Augenblick, mit so allgemeiner Zustimmung der Unterthanen, ich meine der großen Mehrheit, denn Alle zufrieden zu
stellen ist unmöglich. Mit dem erlauchten Messer Pallavicino, welchem die Sorge für die Person des Herrn Herzogs
anvertraut ist, und dem erlauchten Befehlshaber des Castells,
Männer deren Treue und Güte ich nicht genug rühmen kann,
stehe ich in so gutem Einvernehmen, daß kein Wechsel zu
befürchten ist. Wenn E. M. mir andeutete, ich habe Diesen
zu lieb zu viele Autorität aufgegeben, so versichere ich, daß
ich so viel Autorität ich will bewahrt, und ihnen nur die zur
rechten Leitung der Dinge erforderliche abgetreten habe, deren
sie sich mit größter Umsicht und Bescheidenheit bedienen. Ob
hier Gerechtigkeit geübt wird, wolle E. M. aus folgender
Darlegung entnehmen. (Nun folgt mehres über die regel-
mäßigen Audienzen und über die Behandlung der gerichtlichen
Angelegenheiten.) Dünkt es E. M., dies reiche nicht hin,
Allen Recht widerfahren zu lassen, so möget ihr mich be-
lehren und ich werde eure Vorschläge genau ausführen. Aber
Klagen in solchen Dingen schreiben sich vielmehr von den
allgemeinen Verhältnissen der Staaten als von den Fehlern
der Regierungen her, denn die, welche nicht alle ihre Wünsche
durchsetzen, beschweren sich immer darüber daß ihnen Unrecht
geschieht. ... Die Abwesenheit der Herzogin (Bona) und
Monsignor Ascanio's macht mir keine Sorge, denn in dem
ganzen Staate spürt man so wenig Verlangen nach ihnen,
und achtet sie wegen ihrer Lebensweise so gering, daß sie weder
Unordnung noch einen Wechsel veranlassen können. Es ist
meine geringste Sorge, und darf E. M. nicht kümmern. In
solchen Dingen ist mir, der ich mich an Thatsachen halte,
mehr Glauben beizumessen, als Andern die über solche Dinge
nicht ohne einen gewissen Groll reden können. Mögen Andere

Luftschlösser bauen, ich denke den festen Boden nicht zu verlassen." Bei aller Mäßigung der Ausdrücke und allen Freundschaftsbetheuerungen legt dies Schreiben an den Tag, wie es damals schon mit dem Einverständniß zwischen beiden Männern stand, die einander umso argwöhnischer beobachteten, da die alten Verbindungen der Medici mit der vertriebenen Herzogin dem Moro bekannt, des Letztern stete Einmischung in die Wirren der Lunigiana Lorenzo ein Dorn im Auge waren. Seit der Zeit, in welcher Lodovico diesen Brief schrieb, hatten sich aber die Beziehungen kaum besser gestaltet.

Venedig benutzte die Lage der Dinge, durch Roberto da Sanseverino, Lodovico's altem Vertrauten der sich mit ihm wieder zu versöhnen wünschte, diesem begreiflich zu machen, wie er gegen das eigene Interesse handle, indem er an einem Kampfe theilnehme, der, wenn er zu Ungunsten der Republik endige, die Autorität der Aragonesen in Mittel- und Oberitalien erhöhen müsse. Ohne sich um seine Verbündeten zu kümmern, ließ Lodovico sich in die Unterhandlung ein: wenn dieselbe unter Betheiligung von Neapel und Florenz zu Ende geführt ward, so geschah dies nur weil Beide sich nicht getrauten, den Krieg ohne Mailand fortzusetzen. Pier Filippo Pandolfini nahm als florentinischer Bevollmächtigter an dem Friedenswerke Theil. Lorenzo de' Medici bedurfte des Sforza, aber Mistrauen erfüllte ihn. „Wir werden siegen, hatte er nach dem Congreß von Cremona gesagt, wenn Lodovico's Worte seinen Gesinnungen entsprechen"[1]. Jetzt sah er wie begründet sein Zweifel gewesen war. Er konnte sich nicht verhehlen, wie man die errungenen Vortheile aus der Hand gab, und wie wenig das im Verlauf der Verhandlung für den Este erreichbar Erscheinende dem Zweck des langwierigen und

---

[1] Ricc. Valori a. a. O. S. 175.

kostspieligen Krieges entsprach. „Antonio, sprach er zum ferraresischen Gesandten, du erinnerst dich, daß ich mich in derselben Lage befand, in welcher dein Herr sich heute befindet, ja in schlimmerer. Half ich mir nicht selbst, so war ich verloren. Auch damals trug Mailand die Schuld. Ich sage dir nicht, daß dein Herr es wie ich machen soll." Mein erlauchter Herr, fügt der Gesandte im Bericht an den Herzog hinzu, ich denke er wollte sagen, wenn er an E. E. Stelle wäre, würde er sich auf eigne Hand mit Venedig verständigen und sich dem Feinde anvertrauen, wie er in Neapel that [1]).

Die Bedingungen des am 8. August 1484 abgeschlossenen Friedens von Bagnolo waren von Venedig dictirt, das im Verhandeln das Terrain wiedergewann welches es im Kampfe verlor. Damit ist gesagt, daß der Friede für Ferrara höchst unvortheilhaft war. Nicht nur mußte Ercole von Este die allen Forderungen der Republik einräumen, sondern das Polesine mit Rovigo blieb in deren Händen. „Als die Venetianer schon den kürzern zogen und ihre Geldmittel sehr erschöpft waren, sagt Philippe de Commines [2]), kam der Herr Lodovico ihrer Ehre und ihrem Credit zu Hülfe, und jeder gelangte wieder zum Seinigen, ausgenommen der arme Herzog von Ferrara, der sich in diesen Krieg auf dessen Anstiften und das seines Schwiegervaters eingelassen hatte, und nun den Venetianern das Polesine überlassen mußte, das sie noch besitzen. Es hieß dem Herrn Lodovico habe der Handel 60,000 Ducaten eingebracht: ob es wahr ist, weiß ich nicht, aber ich habe den Herzog von Ferrara, der ihm damals freilich seine Tochter noch nicht vermält hatte, in diesem Glauben gefunden." König Ferrante wurde wieder in den Besitz Gallipoli's und anderer

---

1) Ant. Montecatino an Ercole d' Este, Flor. 23. Jul. 1484, bei Cappelli a. a. O. S. 269.
2) Mémoires l. VII. ch. 2.

Küstenorte gesetzt. Sixtus IV., der diesen wider seine Absicht fortgesetzten Krieg ohne seine Betheiligung beenden sah, während er die Entscheidung in der Hand zu haben glaubte, überlebte den Friedensschluß nicht, der seine Anstrengungen zu Schanden machte und den Gegner verstärkte. Am 2. August war er an einem Gichtanfall erkrankt; am 13. starb er. Es hieß der Friede habe ihn, den Ruhelosen getödtet. Kaum fünf Monate vorher hatte er dem Bruder des Mannes, der jetzt seine Pläne durchkreuzte, den rothen Hut verliehen — Ascanio Maria Sforza, der unter kriegerischen Auspicien einen friedenlosen Cardinalat begann.

In Florenz empfand man die Schmach der Friedensbedingungen, aber man stellte sich erfreut über das Ende des Krieges. Inderthat hatte man allen Grund zu wünschen, von dieser Seite her ruhig zu bleiben, denn an Zerwürfnissen mancher Art war kein Mangel. Mit genauer Noth war nicht lange zuvor eine Versöhnung inbetreff von Città di Castello erzielt worden. Der Papst hatte Waffengewalt wie Unterhandlungen versucht, die Stadt wieder in seine Gewalt zu bekommen: weder eins noch das andere war ihm gelungen. Niccolò Vitelli hielt sich bis ins J. 1484 hinein namentlich durch florentinische Unterstützung. In Florenz hatte man freilich keine Lust, um seinetwillen dem Papst und der unendlich wichtigeren ferraresischen Angelegenheit zu schaden, und war geneigt ihm in diesem Falle seinen Willen zu lassen. Sixtus IV. aber wollte die Stadt nebst benachbarten Orten seinem Neffen zu Lehn geben und zugleich durch ein Abkommen mit den Malatesten dessen Besitz gegen Rimini und Cesena erweitern, was Beides den Florentinern nicht genehm sein konnte[1]). Inmitten

---

[1]) Guid' Antonio Vespucci an Lorenzo de' Medici, Rom 21. Oct. und 3. Nov. 1483, bei Fabroni a. a. O. Bd. II. S. 243—252. Ant. Montecatino an Ercole d' Este, Flor. 25. Mai 1484, bei Cappelli a. a. O. S. 244.

solcher Unsicherheit faßte der Vitelli den Entschluß, Lorenzo's de' Medici Beispiel nachzuahmen. Er ging nach Rom, verständigte sich mit dem Papst, anerkannte dessen Oberhoheit, versöhnte sich mit seinem Nebenbuhler Lorenzo Giustini, nahm das Amt eines Gouverneurs von Marittima und Campagna an. Im obern Tiberthal wurde die Ruhe hergestellt und Città di Castello blieb der Kirche, während die Vitelli, welche daselbst unter verschiedenen Formen und Geschicken die Herrschaft führten, ihre Beziehungen zu Florenz und den Medici bis zu ihrem Aussterben lebendig erhielten. Am 14. Juni 1483 hatte man sich mit Siena inbetreff der Rückgabe der Ortschaften verständigt, welche Florenz im Frieden von 1480 diesem abzutreten sich genöthigt gesehn hatte [1]. Aber eine nochmalige Staatsumwälzung in Siena, wo die durch den Herzog von Calabrien ans Ruder gelangte Partei sich nicht zu behaupten vermocht hatte, war nöthig gewesen die Rückgabe herbeizuführen und die Sienesen zu einem Bündniß mit Florenz zu bestimmen, um sich gegen die wie man glaubte vom Papst und Neapel begünstigten Ausgewanderten zu sichern. Daß man in Florenz von dem Nachbarstaate noch immer die Meinung hegte, welcher beinahe zwei Jahrhunderte früher der Dichter der Göttlichen Comödie Ausdruck gegeben hatte [2], zeigt ein von der Signorie an Lorenzo während seines Aufenthalts in Cremona gerichtetes Schreiben. Die Verhandlung mit den Sienesen, heißt es darin, ist langwierig und man darf kein rechtes Vertrauen in sie und ihre Angelegenheiten setzen, wegen der Wandelbarkeit ihrer Natur [3].

Die langwierige Fehde um Sarzana nahm aber auch jetzt noch kein Ende. Während des ferraresischen Krieges hatte

---

[1] Malevolti a. a. O. Th. III. S. 87.
[2] Hölle XXIX. 122. Purg. XIII. 151.
[3] Schreiben vom 26. Febr. 1483, bei Fabroni a. a. O. Bd. II. S. 243.

sich die Belagerung hingeschleppt. Die Dinge standen schlecht. Agostino Fregoso, in dessen Händen sich die Stadt befand, hatte dieselbe der großen Handelsgesellschaft des Banco di San Giorgio abgetreten, die in Genua einen Staat im Staate bildete, und an der ligurischen Küste wie in der fernen Krim so manche Orte besaß. Nicht nur Sarzana's Besatzung war verstärkt worden, sondern auch die des benachbarten ursprünglich lucchesischen Pietrasanta, welches die Verbindungen abschnitt, während eine Flotte die Maremmenküste angriff. Im Frieden von Bagnolo war, zum großen Verdruß der Florentiner, ebenso wie im neapolitanischen die Sarzanesische Streitfrage unerledigt geblieben. Die Ehre der Republik heischte diese Erledigung. Aber statt den Ort zu nehmen, wurde ein florentinisches Corps mit einem Munitionstransport bei Pietrasanta geschlagen. Nun erkannte man die Nothwendigkeit, erst dies Castell unschädlich zu machen. Es geschah nicht ohne schweren Verlust. Die Sumpfluft des Küstenstrichs der Lunigiana forderte im florentinischen Lager zahlreiche Opfer. Bongianni Gianfigliazzi und Antonio Pucci, Commissare beim Heer, erlagen in Pisa dem Fieber. Da beschloß Lorenzo selbst ins Lager zu gehn, um die Mannschaften anzuspornen. Wenige Tage nach seiner Ankunft, zu Anfang Novembers 1484, ergab sich Pietrasanta. Eine lucchesische Gesandtschaft, welche dessen Rückgabe verlangte, wurde auf den künftigen Austrag mit Genua vertröstet. Vonvornherein war man in Florenz entschlossen, den Ort, als trefflichen Zügel für Lucca, zu behalten. Als die Einnahme dieses Castells erfolgte, welches bis zum Aufhören der Autonomie Toscana's Grenzort gegen die Lunigiana bleiben sollte, hatte sich manches ereignet, was die Aufmerksamkeit der Regierenden in der Republik in Anspruch nahm.

III.

Innocenz' VIII. erste Regierungszeit. Ludwig XI. und Frankreich.

Die letzten Jahre Sixtus' IV. waren wie auswärts so in Rom selbst ruhelos gewesen. Girolamo Riario trug dort wie hier die vornehmste Schuld und es macht einen trüben Eindruck, einen begabten und tüchtigen Mann, wie diesen Papst, durch den Einfluß eines nur in Ränken erfahrenen, keine Gewaltthat scheuenden, talentlosen Duodez-Tyrannen auf schlimme Abwege geführt zu sehen. Sixtus IV. konnte sich doch über die Natur dieses unwürdigen Nepoten keiner Täuschung hingeben. Ganz Rom war voll von dessen Schlechtigkeit, und wenn die Excesse, deren die Florentiner sich nach der Verschwörung der Pazzi schuldig gemacht, ihrer Sache geschadet hatten und dem Papste noch mehr Zustimmung gewonnen haben würden, hätte er selber in seiner Leidenschaftlichkeit das Maß nicht überschritten, so war man doch über die von Riario dabei gespielte Rolle einig. Zwei Jahre später ereignete sich ein peinlicher Vorfall in des Papstes nächster Umgebung. Einer von dessen zahlreichen Nepoten, Antonio Basso della Rovere, Sohn seiner Schwester Luchina und Bruder Cardinal Girolamo Basso's, erst seit einem Jahre mit Caterina Marzano Tochter des Fürsten von Rossano und

Enkelin König Ferrante's vermält, lag krank am Fieber von dem er nicht genesen sollte. Girolamo Riario besuchte den Vetter, als plötzlich dieser, sei es, wie der Berichterstatter bemerkt, in der Fieberhitze, sei es lange verhaltenem Groll Luft zu machen, statt für seine Theilnahme zu danken, sich wie gegen den ärgsten Feind wider ihn ausließ. „Mit Heftigkeit hielt er ihm verschiedene allerorts verurtheilte Handlungen und seine Lebensweise, Gegenstand allgemeiner Anklage vor, und verkündete ihm Gottes Gericht, dem er durch seine Menschengunst noch Macht entfliehen werde. Die Erregung des Kranken war so groß, daß keiner von denen, die mit ihm langjährigen Umgang gepflogen, seinen gewohnten milden Sinn wiedererkannte. Der verständige Graf aber ertrug alles mit Langmuth, gleichsam als Worte eines seiner nicht mehr mächtigen Fieberkranken, und bezeugte sein Mitleid über dessen Zustand. Uns Allen, die wir das Lager umstanden, stieg die Schamröthe ins Gesicht und Mehre suchten sich aus dem Gemach zu entfernen" [1]).

Seit dem J. 1482 war Rom anhaltend mit Waffenlärm gefüllt gewesen. Man erkannte die Stadt der geistlichen Macht nicht mehr. Nachdem der unmittelbaren Bedrängniß des ferraresischen Krieges durch den Tag von Camporoto ein Ende gemacht war, die Römer sich an den gefangenen Reisigen des Herzogs von Calabrien und seinen Janitscharen satt gesehen hatten, versetzten neue Händel zwischen Colonnesen und Orsinen, unter Betheiligung zahlreicher anderen Familien, der Savelli, Santacroce, Tuttavilla, Della Valle u. a., Alles in fieberhafte Bewegung. Die Stadt war in zwei feindliche Lager getheilt, Paläste wurden belagert und zerstört, Straßen und Umgebung waren mit

---

[1] Jac. Volterrano, Diarium romanum zum J. 1480. Bei Muratori a. a. O. Fol. 109.

bewaffneten Banden gefüllt. Ein Colonna zahlte die Vertheidigung der Sache seines Hauses mit dem Leben. Girolamo Riario war in alle diese Händel verwickelt. Durch seine Schuld wurde auch der Papst Partei. Cardinal Giuliano della Rovere, den Colonnesen günstig, gerieth in so heftigen Hader mit Girolamo, daß dieser auch seinen Palast anzugreifen drohte. Selbst nach einem zwischen den beiden großen Familien vermittelten Abkommen war es nicht ruhig geworden. Zu Anfang Juli 1484 zog der päpstliche Nepote mit ansehnlicher Kriegsmacht gegen die colonnesischen Ortschaften, welche auf der Ostseite Rom wie mit einem Gürtel umschlossen. Er nahm Capranica und Cave und begann die Belagerung des festen Paliano. Da überraschte ihn die Kunde vom Tode Sixtus' IV. Er fühlte den Boden unter den Füßen wanken. Am Morgen des 13. August erstürmte und plünderte der Pöbel seinen Palast bei Sant' Apollinare. Seine Magazine in der Campagna, die seines Schwagers und der dem Volk wegen Wuchers verhaßten Genuesen, die päpstlichen Galeeren bei Ostia, Alles wurde geplündert. Seine muthige Gemalin Caterina Sforza war in der sichern Engelsburg. Das Lager vor Paliano wurde sogleich aufgehoben; die Truppen langten bei Rom an, doch nur um sich nach Nordwesten zu wenden und mit den Orsinen in Verbindung zu bleiben, da von allen Seiten, selbst aus den Abruzzen, Bewaffnete den Colonnesen zuströmten, denen auch Florenz und Siena Hülfe anboten. Deifebo dell' Anguillara bemächtigte sich wieder verschiedener Castelle. Die Anarchie in Stadt und Umgebung war vollständig: Alles war bewaffnet, die Paläste barricadirt. Endlich kam ein Compromiß zustande, welcher durch Entfernung der Parteihäupter und Uebergabe der Engelsburg an das Cardinal-Collegium der ärgsten Unordnung ein Ziel setzte. Am 26. August konnte das Conclave beginnen, aus welchem schon nach drei Tagen Giovan Batista Cybò als P. Innocenz VIII. hervorging.

Inmitten solcher Verwirrung hatte die Regierung eines Papstes geendet, der die italienische Politik beherrschen zu können geglaubt, ja in gewissem Sinne beherrscht, der die schönste Büchersammlung seiner Zeit angelegt, der für das römische Municipium durch Rechtsreform wohlthätig gewirkt, der für die Umwandlung der Stadt aus einer mittelalterlichen in eine dem modernen Bedürfniß entsprechendere mehr als Irgendeiner gethan, der diese Stadt mit Kirchen, Palästen, Brücken, wohlthätigen Anstalten, wie kein anderer vor ihm, bereichert hatte. Innocenz VIII. war weit davon entfernt, die hervorragenden Eigenschaften seines Vorgängers zu besitzen, aber er war auch frei von dessen übermäßigem Selbstvertrauen. Er gehörte einer gennesischen Familie an, der man levantinischen Ursprung und Verwandtschaft mit den Tomacelli, den Angehörigen Papst Bonifaz' IX. zuschreibt[1]). Die Cybò werden indeß erst mit seinem Vater Arano bekannt, welcher in ein patricisches Geschlecht Genua's, das der Mari hineinheirathete, in Neapel unter René von Anjou und später, obgleich der Anjou'schen Partei geneigt, unter Alfons von Aragon wichtige Aemter bekleidete, im J. 1455 Senator von Rom war. Giovan Batista Cybò hatte in Padua und Rom studirt, durch Paul II. das Bisthum Savona, später das von Molfetta erhalten, nach welchem man ihn, nachdem er im Mai 1473 zum Cardinal creirt worden, zu benennen pflegte. In des Papstes Abwesenheit während der Seuche des Sommers 1476 hatte er Rom als dessen Statthalter verwaltet. Er stand im zweiundfünfzigsten Lebensjahre. „Die Gemüthsart des neuen Papstes, schrieb Guid' Antonio Vespucci sogleich

---

[1] G. Viani Memorie della famiglia Cybò, Pisa 1808.

nach der Wahl an Lorenzo be' Medici, war zur Zeit seines Cardinalats wohlwollend und freundlich, und er bewies im Umgange weit mehr Geneigtheit als der von dem ihr wisset. Er ist weder in Staatsgeschäften noch in Wissenschaften bewandert, ohne jedoch völlig ignorant zu sein. Er gehörte ganz zur Partei San Pietro's in vincula (Giuliano della Rovere) der ihm auch den Hut verschafft hat, und von dem man sagen kann, daß Er gegenwärtig Papst ist und mehr vermögen wird als unter P. Sixtus, wenn er dessen Nachfolger geschickt zu nehmen versteht. Als Cardinal stand er sich mit dem Grafen (Riario) schlecht. Er ist mittelgroß, kräftig, voll im Gesicht, hat einen Bruder und verschiedene erwachsene natürliche Kinder, wenigstens einen Sohn und verheiratete Töchter. Er macht mehr den Eindruck eines Mannes, der von Andern sich berathen läßt als selber leitet."[1] "Verfährt er, schreibt Luigi Lotti, in Regierung und Verwaltung nach eigenem Urtheil und nicht nach dem von Andern, so glaube ich, er wird ein guter und ruhiger Papst sein und sich von allem Waffenlärm ferne halten. Sein Hof wird ihm gleichen, da man der Ansicht ist, daß er geneigte Gesinnung an den Tag legen wird."

Lodovico il Moro hatte vorgeschlagen, die verbündeten Staaten sollten alle zu gleicher Zeit ihre Glückwunsch-Ambassaden nach Rom senden, ein Vorschlag welcher, acht Jahre später bei der Wahl Alexanders VI. wiederholt, zu einer wahren Staatsaffäre wurde. Die Florentiner waren jedoch der Ansicht, mit der Gratulation umsoweniger zu zögern, da sie bei ihren Differenzen mit Genua sich die Geneigtheit eines genuesischen Papstes zu sichern wünschten. Unmittelbar nach dessen Wahl hatte Lorenzo durch seinen

---

[1] Rom 29. August 1484, bei Fabroni a. a. O. Bd. II. S. 256, 259.

Schwager dem Erzbischof vernommen, Innocenz habe sich über seine Stellung und die florentinischen Angelegenheiten aufs wohlwollendste geäußert und der Bereitwilligkeit, ihm nützlich zu sein, Worte geliehen. Er baue jedoch, bei aller seiner guten Hoffnung, auf Lorenzo's Weisheit, denn man könne nicht wissen, ob die Folge den Anfängen entsprechen werde [1]. Zu Ende November ging die Gesandtschaft nach Rom ab, wo sie am 8. December eintraf, von dem päpstlichen Hofe, den Hausbeamten der Cardinäle und den fremden Botschaften in gewohnter Weise empfangen. Die Mitglieder waren Francesco Soderini, Antonio Canigiani, Bartolommeo Scala, Angelo Niccolini, Giovanni Tornabuoni, nebst dem ständigen Gesandten Guid' Antonio Vespucci [2]. In den Instructionen war darauf hingewiesen, wie sehr die Republik sich nach Beendigung des Zwistes in der Lunigiana sehne. „Sollte der neue Papst oder sonst Jemand das Gespräch auf die Kriegsangelegenheit lenken, so habt ihr zu antworten daß euer Auftrag sich lediglich auf die Gratulation bezieht, fügt jedoch, wie von euch selber, zur Rechtfertigung der jüngsten Vorgänge hinzu, daß wir gegen Absicht und Willen zum Kampfe gezwungen worden sind, wie ihr denn sehr wohl wisset, daß unsere Stadt ihrem natürlichen Verlangen nach Bewahrung des Friedens nicht untreu werden kann, sofern Ehre und rechtmäßiger Vortheil dabei bestehen können".

Lorenzo hatte den Gesandten seinen ältesten damals vierzehnjährigen Sohn beigegeben, wie es denn Sitte war, feierliche Ambassaden durch junge Leute aus den höheren Ständen begleiten zu lassen, die zum Glanz öffentlicher Aufzüge und Ceremonien beitragen konnten. Er ertheilte dem Jüngling

---

1) Bei Fabroni a. a. C. Bd. II. S. 202.
2) Iohannis Burchardi Diarium ed. A. Genuarelli. Flor. 1854. S. 57. Ebd. die Instructionen aus dem florentinischen Archiv.

ausführliche Instructionen, wie sie in ähnlichen Fällen seitens
verständiger und besorgter Väter üblich waren¹). In Siena
sollte er Lorenzo's Bereitwilligkeit, ebensowie die der Regierung, dem dortigen Regiment behülflich zu sein, kundgeben.
„Ueberall, wo die andern jungen Begleiter der Botschafter mit
dir zusammen sind, benimm dich ernst und gesittet und mit
Höflichkeit gegen deinesgleichen; hüte dich Irgendeinem vorzugehn der älter ist als du. Denn wenn du mein Sohn bist,
so bist du doch nichts als ein florentiner Bürger gleich ihnen.
Dünkt es Giovanni (Tornabuoni) passend, dich dem Papste
in besonderer Audienz vorzustellen, so laß dich vorerst genau
über alle üblichen Ceremonien unterrichten. Bist du dann
vor Sr. Heiligkeit, so küsse das Beglaubigungsschreiben das
ich dir für den h. Vater mitgebe, und bitte ihn es zu lesen.
Ist es hierauf an dir zu reden, so wirst du mich Sr. Heiligkeit in Ehrfurcht empfehlen und sagen, daß ich sehr wohl
weiß wie es meine Pflicht war, persönlich vor ihm zu erscheinen, gleichwie ich bei seinem Vorgänger gesegneten Andenkens gethan, daß ich jedoch hoffe er werde mich in seiner
Güte entschuldigen. Denn zur Zeit als ich nach Rom ging,
konnte ich meinen Bruder zu Hause lassen, der sehr wohl im
Stande war mich zu vertreten: jetzt aber würde ich keinen
zurücklassen können, der mehr Jahre zählte und größere Autorität
hätte als du. So denke ich, es würde Sr. H. minder angenehm gewesen sein, wäre ich gekommen, als daß ich dich sende,
wodurch ich den Wunsch persönlichen Erscheinens am besten
ausdrücke. Ueberdies sende ich dich, um dir Gelegenheit zu verschaffen schon frühe Se. H. als Vater und Herrn kennen
zu lernen und lange Jahre hindurch diese Gesinnungen zu
nähren, welche, so hoffe ich, deine Brüder theilen werden, die

---
1 Bei Fabroni a. a. O. Bd. II S. 263. Doc. vom 26. Nov. 1484.

ich nicht zu Söhnen haben möchte, wenn dem nicht so wäre. Hierauf wirst du Sr. H. aussprechen, daß ich fest entschlossen bin nicht von seinen Befehlen abzuweichen. Denn zu meiner angebornen Devotion gegen den apostolischen Stuhl tritt die gegen die Person des h. Vaters, welchem unser Haus längst verpflichtet ist. Ueberdies habe ich erprobt, welche Nachtheile der Verlust der Gnade des verstorbenen Papstes mir gebracht hat, obgleich ich ohne meine Schuld, und mehr um anderer Sünden willen als wegen ihm zugefügter Unbilde viele Verfolgungen erduldet zu haben glaube. Doch überlasse ich dies dem Urtheil Anderer, und wie dem immer sei, mein Entschluß steht fest, nicht nur Se. H. in keinem Falle zu kränken, sondern Tag und Nacht auf das zu sinnen, was derselben angenehm sein kann". Gewiß war es Lorenzo hiemit ebenso Ernst, wie mit seinem verständigen Rathe. Ein Glück für Piero de' Medici, hätte er nie vergessen was Cosimo seinem Sohne, dieser wieder dem seinigen eingeprägt hatte und nun der Vater ihm wiederholte: daß er ein florentiner Bürger sei wie alle Uebrigen. Aber mit Lorenzo ging diese Tradition zu Ende. Vom übrigen Inhalt der Instruction wird noch die Rede sein. Innocenz VIII. sagte nachmals dem neuen Gesandten der Republik, Pier Filippo Pandolfini, nach Beilegung des genuesischen Handels werde Lorenzo erkennen, daß es nie einen Papst gegeben habe, dem das Beste seines Hauses so am Herzen liege wie ihm. „Da ich durch Erfahrung kennen gelernt, wie groß seine Redlichkeit und Klugheit ist, werde ich mich am liebsten durch seinen Rath leiten lassen" [1]).

Lorenzo be' Medici mußte umsomehr daran liegen, die Geneigtheit des neuen Oberhauptes der Kirche sich dauernd

---

[1] Bei Fabroni a. a. O. Bd. II. S. 263.

zu erhalten, da im Auslande ein Wechsel eingetreten war, der auf die politischen Verhältnisse Italiens möglicherweise bedeutenden Einfluß üben konnte.

Ein Jahr vor Sixtus IV. war der Herrscher abberufen worden, der inmitten aller Abhängigkeit vom Clerus und seiner an Abgötterei streifenden, durch Argwohn und Gewissensangst gesteigerten Devotion, gegen Papst und Papstthum die heftigste Opposition erhoben hatte. Ludwig XI. war am Abende des 30. August 1483 sechzigjährig in seinem Schlosse von Plessis bei Tours gestorben. Zwei Jahre zuvor hatte er auf der Jagd den ersten Schlaganfall gehabt, der sich dann wiederholte, ohne seine geistige Klarheit zu vernichten, während seine Körperkraft sank. Er hatte das Ende herannahen gesehen mit jener Furcht die ihn, durch Gebet und Sacrament nicht beruhigt, unausgesetzt von Wallfahrt zu Wallfahrt trieb, wenn er nicht zu Plessis verweilte, wo er, Tag wie Nacht von Angst gefoltert, im Bewußtsein des durch seine kalte heimtückische Tyrannei aufgestachelten Hasses ringsumher Schutzwehren jeder Art verdoppelt und verdreifacht und sich mit wenigen Vertrauten abgesperrt hielt. Bis an sein Lebensende war der König in freundschaftlichen Beziehungen zu Florenz und den Medici geblieben. Unter seinen politischen Verbindungen ist diese vielleicht die einzige, worin er nie gewechselt hat. In den im November 1478 den Botschaftern für Rom ertheilten Instructionen[1] hatte er ausdrücklich hervorgehoben, daß die Florentiner sich jederzeit, so weit die Erinnerung zurückreiche, als wahre und loyale Freunde Frankreichs benommen, nie irgendetwas gegen die Krone gethan, nach den von Carl dem Großen ihnen verliehenen Gesetzen

---

[1] Desjardins a. a. C. S. 175.

und Statuten lebten¹). Wenige Wochen vor seinem Ende schrieb Ludwig noch an Lorenzo. Nicht zufrieden damit, den heiligen Einsiedler Francesco di Paola aus Calabrien an sein Krankenbette herangezogen und Reliquien über Reliquien aus Rom erhalten zu haben, hatte er sich durch Lorenzo den zu Florenz in der Familie Girolami aufbewahrten Bischofsring des h. Zanobi zu verschaffen versucht, dem man in Hauptkrankheiten heilende Kraft beimaß. Dem Wunsche war willfahrt worden. „Mein Vetter, mein Freund — so schrieb der Todkranke am 9. Juli 1483 von Notre Dame de Cléry bei Orleans, wohin er eine Wallfahrt unternommen hatte²) — ich habe den Ring gesehen, den ihr Herrn de Soliers [Palamède de Forbin, Gouverneur der Provence] übersandt habt. Ich wünsche aber zuverlässig zu wissen, ob es wirklich der des Heiligen ist, ebenso ob er Wunder verrichtet, ob und wen er geheilt hat, und wie er getragen werden muß. Ich bitte euch mich von allem diesen so rasch ihr könnt zu unterrichten, oder dem General der Normandie ausführlich darüber zu schreiben. Ebenfalls ob ihr dort irgendein besonderes Heilmittel habt, das die Kraft gedachten Ringes besitzt. Findet ihr ein solches, so sendet es erwähntem General. Ich bitte euch darum, um aller Freude willen die ihr mir bereiten könnt. Nun lebt wohl, mein Vetter, mein Freund."

Während der letzten Jahre Ludwigs XI. war der Mannsstamm des Hauses Anjou jüngerer Linie ausgestorben. Wir sahen wie der König sich von den Letzten des Hauses, die seinem mächtigen Arm nicht mehr entrinnen konnten,

---

1. „Les Florentins se sont toujours monstrés et exhibés, de tel et si ancien temps que ne est mémoire du contraire, vrays et loyaulx Françoys ... et si trouvent les lois et coustumes qui leurs furent baillés par Monsrigneur Saint Charlemagne."
2) A. a. O. S. 191.

ihre französischen Provinzen wie ihre italienischen Ansprüche abtreten ließ, jene zu sofortiger Besitznahme, diese für jede Eventualität die denn auch nicht ausblieb, zum Verderben Italiens, das alte Sünden nach Jahrhunderten büßte. René, ein Schattenkönig wenn es je einen gab, hatte seinen Sohn Johann, seinen Enkel Nicolas sterben gesehen, ehe er am 10. Juli 1480 zu Angers ins Grab gelegt ward. Sein Neffe Carl Graf von Maine, auf welchen unter Zustimmung Ludwigs XI. das französische Erbe überging, folgte ihm schon nach siebzehn Monaten im Tode, sodaß nur René's Tochter blieb, Jolante, Wittwe Ferry's Grafen von Lothringen-Vaudemont. Aber auch sie starb zu Anfang 1483, wenige Monate vor dem Könige. Ihre Heirat mit dem Vetter hatte den Zweck gehabt, die Ansprüche der Nebenlinie Vaudemont auf das Herzogthum Lothringen, um welches René, als Gemal der Erbin Isabelle, mit Anton von Vaudemont dem Vater Ferry's unglücklich gekämpft hatte, mit denen der weiblichen Primogenitur auszugleichen. Jolante's Sohn René II. war denn auch in Lothringen als Herzog wie in den französischen Lehen der Vaudemont nachgefolgt. Er war es, welcher bei Nancy Carl den Kühnen schlug, und den die Venetianer im Kampfe mit König Ferrante nach Italien zogen, wo sein Sohn viele Jahre später in den Kriegen gegen die Spanier die alten Ansprüche seines Hauses auf die neapolitanische Krone wiederbelebte, die selbst noch einmal um die Mitte des 17. Jahrhunderts von dem Sprößling einer französirten Nebenlinie wieder geltend gemacht wurden.

Lorenzo de' Medici konnte sich nicht verhehlen, daß er in Ludwig XI. einen Freund und eine Stütze verlor. Die politische Lage Frankreichs ließ die schlimmsten Schwankungen ahnen. Ein dreizehnjähriger schwächlicher unerzogener Knabe war Erbe eines Reiches, welches eine lange, so geschickte wie gewaltsame Regierung ansehnlich vergrößert aber ärger beinahe als je zuvor mit den Elementen der Zwietracht gefüllt hatte. Die Königin Mutter, Charlotte von Savoyen, war kränkelnd und unfähig; Ludwigs Verfügung zufolge, sollte seine ältere Tochter Anne, Gemalin Pierre's von Bourbon Grafen von Beaujeu für König Carl VIII. ohne den Titel einer Regentin die Regierung führen. Eine Aufgabe welche diese damals zweiundzwanzigjährige Prinzessin, von der ihr Vater einst gesagt hatte, klug sei kein Weib, Anne aber die mindest unkluge, inmitten der widerstrebenden Großen, von denen Herzog Ludwig von Orleans dem Throne zunächst stand, mit nicht geringer Gewandtheit gelöst hat. Sie war es welche die Pläne der unruhigen Großen durchkreuzte und ihre Schilderhebung niederschlug. Sie hat die Vereinigung der Bretagne mit der Krone vorbereitet indem sie den Absichten Maximilians von Oestreich in den Weg trat, der nach dem frühen Ende Mariens von Burgund den neuen westlichen Besitz des Hauses Habsburg durch Vermälung mit der Erbin jener ansehnlichen Provinz in das Herz Frankreichs hinein zu erweitern hoffte. Daß aber unter solchen Umständen von französischem Einfluß außerhalb der Grenzen, namentlich in Italien nicht viel die Rede sein konnte, ist klar.

Florenz hatte alsbald nach Ludwigs Tode eine Gesandtschaft bestellt, dem jungen Könige Glückwünsche zu seiner Thronbesteigung zu überbringen und aufrichtiges Bedauern über den Verlust seines Vaters auszusprechen[1]). Gentile Becchi, Antonio Canigiani, Lorenzo de' Medici der Sohn Pierfrancesco's, waren die Mitglieder dieser Ambassade, welche

---

[1]) Instructionen vom 8. Nov. 1483 und andere auf die Sendung bezügliche Schriftstücke bei Desjardins a. a. O. S. 193 ff.

unterwegs die oberitalischen Herren besuchen sollte. Der Hauptzweck war die Erfüllung von Förmlichkeiten. Im Falle man französischerseits die Absicht kundgäbe, auf Wiederherstellung des Friedens in Italien hinzuwirken, wurde den Gesandten empfohlen dafür zu sorgen, daß dies aus freiem Entschluß der französischen Regierung hervorzugehen, nicht aber durch die italienischen Verbündeten — es handelte sich noch um den Krieg gegen Venedig — veranlaßt scheinen möchte. Dies sei das Geeignetste, „um gefährlichen Conjuncturen vorzubeugen die aus diesen hartnäckigen Zerwürfnissen in Italien entstehn könnten", und zugleich das Ehrenvollste für den jungen König. Aber Anne de Beaujeu, welche eben damals die Generalstaaten zusammenberief, um die gegen sie verbündeten Prinzen durch denselben Schachzug, den diese wider die Regentin führen wollten, matt zu setzen, hatte an anderes als an die italienischen Verwicklungen zu denken, und die florentinische Ambassade scheint, nach Erledigung der Ceremonien, nur mit Handels- und persönlichen Interessen zu schaffen gehabt zu haben.

Fünf Jahre später erinnerte die Regentin von Frankreich sich sehr wohl der alten Freundschaft des Hauses Medici, als sie sich nach allen Seiten umsah, Beistand gegen diese großen Feudalare zu erlangen, die im Bunde mit dem mächtigsten von ihnen, dem Herzog von Bretagne, sich an Maximilian anlehnten. Am 5. April 1486 war dieser in Aachen zum römischen Könige gekrönt worden, und so groß auch die Schwierigkeiten waren, mit denen er in den burgundischen Erblanden zu kämpfen hatte, so war seine Stellung doch eine für Frankreich stets bedrohliche, so lange der innere Friede nicht hergestellt war, und jeder ihm zutheil werdende Zuwachs an Macht mußte Anne de Beaujeu Bedenken einflößen. Das vorgerückte Alter Friedrichs III. ließ baldige

Erledigung der Kaiserwürde voraussehn. Daß man in Frankreich auf den Gedanken kam, Maximilians Bestätigung durch P. Innocenz VIII. zu hintertreiben zu suchen, darf doch Verwunderung erregen. Der Papst stand in freundlichen Beziehungen zu Kaiser und König; eben noch, zu Ende des J. 1487, hatte er dies bei der Friedensvermittlung dargethan, welche dem zwischen Venedig und Erzherzog Sigmund von Tirol längere Zeit währenden Kriege ein Ende machte. Am 8. Februar 1488 erging im Namen des jungen Königs Carl ein Schreiben an Lorenzo de' Medici, seine Freundschaft für das französische Haus und Reich und seinen Einfluß bei dem Papste in Anspruch zu nehmen, damit die Königswürde Maximilians, als den Interessen Frankreichs nachtheilig, einstweilen nicht bestätigt würde. „Ihr könnt den h. Vater versichern, daß, wenn die Sache in die Länge gezogen wird, wir uns so verhalten werden, daß Se. Heiligkeit und Alle die bei ihm in Geschäften etwas vermögen, die Wirkung erkennen werden"[1]).

Daß Lorenzo de' Medici, so sehr er zu Frankreich hinneigte, sich in eine solche Intrigue einzulassen scheute, ist leicht erklärlich. „Aus der Abschrift eines vom Könige von Frankreich an mich gerichteten Briefes, so schrieb er am 17. Februar an den Gesandten in Rom, werdet ihr den Wunsch des Königs und die Bedeutung der Sache ersehen. Aus triftigen Gründen scheint es mir nicht passend Sr. Heiligkeit zu schreiben, aber ich bin dafür daß ihr mit eurer Gewandtheit sobald es euch gutdünkt den Papst davon in Kenntniß setzet und auf die Wichtigkeit wie die möglichen Folgen hindeutet, während ich der Ansicht bin, daß hier reife Ueberlegung und Erwägung noththut, damit die in Rede

---

[1] Med. Arch. F. 56. Gedruckt bei A. Gelli, Rec. von de Cherrier, Arch. stor. Ital. Ser. III. Bd. XV., S. 269.

stehende Bestätigung nicht zu Verlegenheit und Aergerniß
Anlaß gebe. Meinem Urtheil zufolge ist der Allerchristlichste
König so mächtig und so einflußreich in den Dingen der
Christenheit, daß es mir immer rathsam erscheinen wird, mit
ihm in Eintracht und Freundschaft zu bleiben. Ich werde
mich stets nach dem weisen Urtheile Er. H. richten, wünsche
aber meiner Ansicht unmaßgeblich Ausdruck gegeben zu haben.
Das Uebrige stelle ich euch anheim, und es wird mir lieb
sein, wenn ihr euch so verhaltet, daß der königliche Bevollmächtigte damit zufrieden ist. Doch werdet ihr die euch
nöthig scheinenden Rücksichten nicht außer Augen lassen, damit wir nicht an einem Orte verlieren was wir am andern
gewinnen." Lorenzo be' Medici hatte Recht mit seiner Vorsicht. „Die französischen Botschafter — so berichtet am
10. März der ferraresische Gesandte von Florenz aus an
seinen Herzog[1]) — haben beim Papste den Antrag gestellt, er
möge Maximilian nicht in der römischen Reichswürde bestätigen, indem sie erklärten, wenn er dies thue, so werde ihr
König bei dem von Neapel Alles ins Werk setzen, um solche
Unbilde zu rächen. Der Papst hat eine sehr scharfe Antwort
ertheilt. Seitens der Oratoren Maximilians sei ein auf diese
Sache bezüglicher Antrag noch nicht an ihn gerichtet worden,
übrigens glaube er daß eine Botschaft, wie die ihm so eben
mitgetheilte, nicht vom Könige von Frankreich sondern von
dessen schlimmen Berathern ausgehe. Käme es ihm blos auf
diese an, so würde er ihnen klar machen, wie unwürdig eines
Papstes solche Botschaft sei, und wie sein Fußschemel mehr
Ehrfurcht verdient hätte."

---

1) Bei Cappelli a. a. C. S. 295. Der Ausdruck ist „che non
voglia investire Massimiliano de l'Imperio de' Romani".

IV.

Politische Sorgen. Der Baronenkrieg.

Je ruheloser und verstörter die Regierung Sixtus' IV. geendet hatte, umso friedfertiger erschienen die Anfänge Innocenz' VIII. Wenn der Papst wünschte, den langwierigen Streit um Sarzana beigelegt zu sehen, der die Lunigiana in jahrelanger Spannung erhielt und größere Dimensionen anzunehmen drohte als das Object werth war, so macht ihm dies Ehre, und es entsprang nicht aus Parteilichkeit für seine genuesische Heimat. Schon am 17. September, somit nur drei Wochen nach seiner Wahl, schon vor Eintreffen der Glückwunsch-Ambassaden, hatte der Papst die Gesandten von Neapel, Florenz und Mailand zu sich berufen, sich über die politische Lage mit ihnen zu besprechen[1]. Nach dem neuerlichen Friedensschluß, sagte er, erachte er es für eine Pflicht seines apostolischen Amtes, diesen Frieden zu sichern, damit alle italienischen Staaten dessen Früchte wirklich genießen und sich von den schweren Ausgaben erholen könnten, die dem h. Stuhl eine Schuldenlast von mehr denn 250,000 Ducaten aufgebürdet hätten. Der Haber um Sarzana, durch den florentinischen Angriff auf Pietrasanta complicirt, mache ihm

---

[1] Bericht Guid' Antonio Vespucci's Rom 18. Sept. 1484, in Burchardi Diarium S. 31.

Sorge, inbetracht der Gemüthsart der Genuesen, die, ihren Launen zu fröhnen, sich nicht scheuen würden die Welt in Brand zu stecken und bereits zu andern Zeiten das Ausland nach Italien herübergezogen hätten. Er wisse daß sie nicht nur mit dem Markgrafen von Saluzzo und Philipp von Savoyen Herrn von Bresse in Unterhandlung ständen, sondern sich bemühten den Herzog von Orleans gegen Mailand, den Herzog von Lothringen gegen Neapel in Bewegung zu setzen, wobei sie in Frankreich Unterstützung finden würden, weil die Regentin besagte Fürsten anderwärts zu beschäftigen, ihr vieles Kriegsvolk in fremdem Lande zu ernähren wünsche. Die Gemeinde Genua habe sich an ihn gewandt, die Angelegenheit auf dem Rechtswege zu Ende zu bringen. Er wisse daß sein Vorgänger einen vergeblichen Versuch gemacht habe, aber als geborner Genuese, und in günstigerer Stellung als Papst Sixtus hoffe er zum Ziele zu gelangen, da die Signorie gewiß das Mögliche thun werde, den Streit zu schlichten.

Die Gesandten von Neapel und Mailand hielten sich an Allgemeinheiten, obgleich der Erstere nicht umhin konnte zu bekennen, Sarzana sei den Florentinern während des Waffenstillstands entrissen worden — daß die eigentliche Schuld am Sohne seines Königs gelegen, bekannte er begreiflicherweise nicht. Guid' Antonio Vespucci ging aber auf die Sache ein. Sarzana, sagte er, ist von Lodovico Fregoso, dem Herrn des Ortes, der Republik verkauft worden. Nach mehren Jahren Besitzes hat dessen Sohn Agostino es zur Zeit der Waffenruhe durch Ueberraschung genommen, und da er sich nicht getraute es zu behaupten, hat er es der Bank von San Giorgio abgetreten. Im Widerspruch mit Recht und Herkommen, welche ein streitiges Object sich anzueignen verbieten, hat die Bank angenommen, gleichsam als gäbe es kein Florenz auf der Welt. Letzteres ist in vollem Recht, indem es alles anwendet sein Eigenthum wiederzuerlangen. Ebenso ist es in seinem Rechte, indem es Pietrasanta angreift, weil Pietrasanta hinderlich und feindselig ist. Die Signorie, setzte er hinzu, denkt nicht daran Eurer Heiligkeit einen Rath zu geben, dessen Dieselbe nicht bedarf, und wird gerne auf jeden billigen Vergleich eingehn. Aber nach allen vergeblichen Bemühungen P. Sixtus' ist nicht viel zu hoffen. Was die Rücksicht auf Herbeiziehung von Fremden durch die Genuesen betrifft, so ist die Sache nicht außer Acht zu lassen, zu Besorgniß jedoch kein Grund. Die Herzoge von Orleans und von Lothringen sind für sich nicht im Stande ein Unternehmen zu beginnen, und bei der Erschöpfung Frankreichs werden die Regierenden nicht daran denken, ihnen zu solchem Zweck einen Sou zu geben. Die Genuesen aber würden für sich allein völlig unfähig sein lange auszuhalten, wären sie selbst anderer Natur. Der ferraresische Gesandte bot die Vermittlung seines Herzogs für den Fall einer Unterhandlung an. Auch mit Cardinal Ascanio Sforza hatte der Papst sich über die Sache benommen und diesem dieselbe Besorgniß ausgedrückt, worauf Lodovico il Moro äußerte, daß nur freiwillige Herausgabe Sarzana's durch Genua eine billige Auseinandersetzung ermögliche[1]). Die Vermittlung Innocenz' VIII. hatte denn auch keinen Erfolg. Die Florentiner bemächtigten sich Pietrasanta's, wie schon erzählt worden ist, und der Haber währte unter zahllosen Vergleichsvorschlägen volle drei Jahre.

Der Papst mochte redlichen Willen haben, Frieden zu stiften und zu erhalten: auf allen Seiten walteten Misverständnisse ob. Allen ostensibeln Beziehungen zum Trotz, herrschte niemals wahres Einvernehmen noch Vertrauen

---

[1]) Schreiben Pier Filippo Pandolfini's, Mailand 24. Sept. 1484. a. a. O. S. 51.

zwischen Lorenzo de' Medici und Lodovico Sforza. Das Verhalten des Moro war und blieb zweideutig. Nicht blos in der Angelegenheit Sarzana's wobei er umsomehr Hintergedanken hatte, da er auf die Wiedergewinnung Genua's hoffte, sondern auch in den steten elenden Wirren der Romagna, wo Girolamo Riario, von ihm unterstützt, gegen die Manfredi operirte, welche dem Schützling der Florentiner und Prätendenten von Forli Antoniello Orbelaffi Aufnahme gewährten und mit den Bentivogli zusammenhingen, welche ebensowol Lodovico wie den päpstlichen Nepoten fürchteten. Giovanni Bentivoglio war im Frühling 1485 in Toscana. Er besuchte Siena, Pisa, Lucca und kam im Mai nach Florenz, wo er im Mediceischen Hause einkehrte. Unverholen sprach er sich über die Intriguen des Moro aus[1]). Lorenzo war in diesem Moment abwesend. Gichtisches Leiden, das Erbübel der Familie, nöthigte ihn fortwährend bald diese bald jene Heilquellen zu besuchen, und so verweilte er damals im Bagno a Morba. Während seines dortigen Aufenthaltes hatte er auch mit den sienesischen Dingen zu schaffen, die für Florenz nie bedeutungslos waren. Er hatte den in der Fortebraccischen Angelegenheit einst begangenen Irrthum erkannt, und ist von nun an stets bemüht gewesen mit der Nachbar-Republik in gutem Vernehmen zu bleiben. Bei den Grenzstreitigkeiten, namentlich im Chianathal wo die kleinen Ortschaften einander stets in den Haaren lagen, zeigte man sich in Florenz zu gütlichem Abkommen geneigt. „Gott ist mein Zeuge, schrieb Lorenzo am 28. Februar 1484 an die Signorie von Siena[2]), daß es in den Verhandlungen zum Frommen euer Republik, namentlich in Bezug auf

---

1) Berichte des ferraresischen Gesandten A. Guidoni, Flor. April 1485 ff., bei Cappelli e. a. C. S. 269 ff.
2) Archiv der Riformagioni zu Siena.

Grenz-Angelegenheiten, meiner persönlichen Verwendung und jener von Andern wenig bedurst hat, indem die ganze Stadt, gleichsam als hätte sie für sich selber zu handeln, in enger und nothwendiger Verbindung ein gemeinsames Interesse anerkannt hat. Wie es gegenwärtig unter allgemeiner Zustimmung geschehen ist, so wird es auch in Zukunst an thätigen Beweisen unserer wahren Freundschaft nicht fehlen."

Bald fehlte es nicht an Gelegenheit diese Freundschaft zu bethätigen. Die Partei, welche nach dem Abzuge des Herzogs von Calabrien aus Siena den Kürzern gezogen hatte, ruhte nicht. Sie war zahlreich und hatte Einverständniß in Rom und Venedig. Zu Anfang April 1485 zeigte der sienesische Gesandte in Florenz an, daß eine Schaar von zweitausend Mann unter den Befehlen Giulio Orsini's auf einen Angriff sinne, worauf man den Bedrohten ansehnliche Verstärkung unter Ranuccio da Farnese sandte[1]. Man glaubte daß Perugia, Spoleto, Todi den Unzufriedenen zu Sammelplätzen dienten, und daß der Cardinal della Rovere dem Unternehmen nicht fremd sei. Vom Bagno a Morba aus schrieb Lorenzo am 4. Mai nach Siena[2], man möge für Sicherung der Grenzen sorgen. Es heiße der Papst zeige sich der Erhaltung des Friedens geneigt und habe sich in diesem Sinne gegen die Gesandten geäußert. Von florentinischer Seite aber sei er angegangen worden, seine gute Absicht zu bethätigen und nicht zu gestatten, daß sein Gebiet dazu diene, Anschläge gegen Nachbarstaaten ins Werk zu setzen. „Besser als ich, der ich ferne bin, fährt er fort, müssen Eure Herrlichkeiten wissen, welche eure innere Lage und die Gesinnung der Bürgerschaft ist. Seid ihr einig, so ist, meiner Ansicht

---

[1] A. Guldoni an Ercole von Este, Florenz 6. April, bei Cappelli a. a. O. S. 269. Ranuccio war der rechte Vetter Papst Pauls III.
[2] Archiv zu Siena.

nach, nichts zu besorgen, denn mit zweitausend Mann nimmt man Siena nicht, und verstärkte sich die Zahl der Angreifenden, so würdet auch ihr verstärkte Freundeshülfe erlangen. Daran dürft ihr nicht zweifeln. Herrscht also unter euch Bürgern die Eintracht und Liebe, die ich voraussetze und worauf man zählen muß, so werden eure Angelegenheiten einen günstigen Verlauf nehmen. Ich glaube nicht daß diese Bewegung der Ausgewanderten auf viele Zustimmung rechnen darf, denn auch aus der Lombardei vernimmt man daß die bedeutenderen Mächte den Frieden wünschen. Nichtsdestoweniger ist es eure wie unsere Pflicht auf das Schlimmste bedacht zu sein und jedes Mittel bereit zu halten. Dazu ermuntere ich E. H., wie ich euch versichere daß wir gleicher Ansicht mit euch sind, wie die Thatsachen zeigen werden."

Einige Tage später machten die Ausgewanderten von Umbrien her einen Streifzug ins Aretinische und wandten sich dann nach dem Arbiathale, wo sie das an der römischen Straße gelegene Castell San Quirico angriffen, aber mit blutigen Köpfen heimgesandt wurden, worauf ihre Schaar sich zerstreute. „Die hiesige Signorie, schreibt der ferraresische Gesandte, ist über die Kunde sehr erfreut und guter Dinge. Mehr aber noch müssen sich die Sienesen freuen, die sich nun auch überzeugen mögen, daß die Zahl der Theilnehmer geringer ist als sie argwöhnten." Am 14. Mai schrieb Lorenzo von Pisa aus der sienesischen Signorie, Florenz betrachte ihre Gefahren wie seine eigenen. Aber er rieth, auf die innern Zustände zu achten. „Es wäre gut dafür zu sorgen, daß in Zukunft nicht mehr solche Nebelstäube eintreten können, indem man die Anlässe zu eurer Belästigung wie zu fremdem Vorwurfe entfernt. Denn mir scheint's an der Zeit sich über Alles zu vertragen, vorausgesetzt daß die Wurzel solchen Unheils ausgerottet wird. Geschieht dies, so darf man das

Vergangene nicht zu scharf untersuchen. Währten jedoch solche Versuche gegen E. H. fort, so wird es euch an Schutz nicht fehlen — der wirksamste Schutz wird aber gute und gerechte Verwaltung und wahre Eintracht sein." Mehr denn zwei Jahre später schrieb Lorenzo bei anderm Anlaß: „E. H. ist bekannt, wie ich mich stets bei Umwälzungsversuchen und Gefahren, von denen eure Bürger betroffen werden, benommen und euer Wohl nicht anders als das unseres Gemeinwesens betrachtet habe. Dies dünkt mich unseren freundnachbarlichen Beziehungen in gleichem Maße zu entsprechen, wie meiner Ergebenheit gegen eure Signorie." Lorenzo de' Medici zeigte durch Wort und That, wie er bemüht war, seinen politischen Grundsatz aufrechtzuerhalten, daß es für die Republik darauf ankomme, durch gutes Einvernehmen mit ihren Nachbarn sich selbst zu sichern und ihr Gebiet wie mit einem Kreise von Bollwerken zu umgeben, indem sie sich Siena, Lucca, Bologna, Faenza, Perugia, Città di Castello befreunde [1]). Den Rest seines Lebens hindurch, ist er, vorübergehende Velleitäten abgerechnet, diesem Grundsatz treu geblieben.

Sein anderer Grundsatz war: so viel an ihm lag, keinen italienischen Staat eine das Gleichgewicht bedrohende Machtvergrößerung gewinnen zu lassen. Im Sommer desselben Jahres 1485 traten Verwicklungen ein, welche ebenso den Frieden Italiens in Frage wie Lorenzo's politische Gewandtheit auf die Probe stellten. Es war das Zerwürfniß zwischen P. Innocenz VIII. und Ferrante von Aragon. Das Königreich Neapel, die größte italienische Territorialmacht wenn man von den überseeischen Besitzungen Venedigs absieht, litt an inneren Schäden, die sich so in früheren wie in späteren Zeiten als unheilbar erwiesen und den Ruin eines der

---

[1] A. Valori a. a. C. S. 175.

schönsten und reichsten Theile der Halbinsel herbeigeführt
haben. Die politischen Parteiungen waren so alt wie die
Monarchie, und während sie mit tiefliegenden nationalen Unterschieden zusammenhingen, steigerten und ver-
bitterten sie sich durch wiederholte Eroberung und Dynastien-
wechsel, durch den von der Normannenzeit sich herschreibenden
feudalen Regus zum h. Stuhl, durch die Leidenschaftlichkeit
und moralische Verkommenheit, die sich im italischen Süden
allen bürgerlichen und politischen Verhältnissen vergiftend
und auflösend angeheftet haben. Das Königthum war durch
die hohe Aristokratie vollständig in Schach gehalten. Es
wäre ohnmächtig gewesen, hätte nicht das Factionswesen
diese Aristokratie zerrissen. Die Spaltung in aragonesische
und anjou'sche Partei war uralt. Die Zeiten der zweiten,
die der ersten Johanna, der Vesperkrieg, die französische Eroberung waren Stufen einer Scala, die bis zu Kaiser Heinrich VI. dem Staufer und den letzten Normannenkönigen hin-
aufreichte. Die Erinnerung an die Kämpfe war noch frisch
bei allen. Es war nicht viel über zwanzig Jahre her, seit
Ferrante den gefahrvollen Aufstand gedämpft hatte, dessen
Nachwehen ihn nimmer zur Ruhe kommen ließen. Seine
Politik unterschied sich aber wesentlich von der seines Vaters.
König Alfons' Hand hatte schwer gelastet auf der Partei,
die ihm die Herrschaft über Neapel so lange streitig machte.
Nach Beruhigung des Landes hatte er aber nicht nur seine
Anhänger reichlich belohnt, sondern die Gegner an sich heran-
zuziehen gesucht. Sein Sohn war von tiefem Mißtrauen
gegen beide Parteien erfüllt und sann nur auf Steigerung
der königlichen Macht auf Kosten des Feudalismus.

Ferrante von Aragon fehlte es nicht an Regententugenden.
Er war scharfsinnig, gewandt, thätig, ein guter Verwalter gemäß den fiscalen Grundsätzen der Zeit, Grundsätze die allein

schon den Kampf mit dem Feudalismus hätten heraufbeschwören müssen, hätte es an politischen Ursachen gemangelt. Zahlreiche und bedeutende Verbesserungen in allen Zweigen der Administration schreiben sich von ihm her, Steigerung von Industrie und Handel, große gemeinnützige Arbeiten, ansehnliche Bauten zur Vergrößerung und Verschönerung der Hauptstadt, die durch ihn ein verändertes Aussehen gewann, und anderer Orte. Die Neigung zur Förderung wissenschaftlicher und künstlerischer Interessen und zur Hebung des Unterrichtswesens erbte er von seinem Vater, und unter Beiden hat der neapolitanische Hof, an welchem auch anmuthreiche und geistvolle Frauen glänzten, sich in der Reihe der vielen durch solche Pflege sich auszeichnenden italienischen Fürstenhäuser hervorgethan. Ferrante hatte für die Zustände des Volkes ein offnes Auge. „Es ist unsere Absicht, schrieb er im November 1486 an den Cameralverwalter in Terra di Bari und d'Otranto¹), daß unsern Unterthanen gute Behandlung von allen unsern Beamten zutheil werde, und sie nicht über Bedrückung und ungebührliche Lasten zu klagen haben." Und an den Gouverneur von Castrovillari, einem ansehnlichen Orte Calabriens der in der Gewalt der Gegner der Krone gewesen war: „Ihr sollt Alle gut behandeln und nicht gestatten, daß Irgendeiner wegen des Vergangenen belästigt werde. Den die Leute veruneinigenden Leidenschaften habt ihr einen Zügel anzulegen und dafür zu sorgen, daß Jeder den Gesetzen gehorsame." Er bildete eine ansehnliche Kriegsmacht, die ihm erlaubte, in den italienischen Angelegenheiten die ihm gebührende Stellung einzunehmen und Jahre lang den Frieden im Innern zu bewahren.

1. Regis Ferdinandi primi Instructionum liber 1486—87. (herausg. von Scipione Volpicella) Neapel 1861. S. 47 ff.

Aber Ferrante's gute Eigenschaften wurden durch manche
schlimme verdunkelt. Seine unrechtmäßige Geburt hatte ihn
von Kindheit an in eine falsche Stellung gebracht. Als
Knabe hatte er seine Leidenschaften bemeistern gelernt, und
eine Herrschaft über Wort und Miene erlangt, die ihm nachmals in Verstellung ausartend nur zu sehr diente. „Der
Vater, sagt ein freilich gegen die Aragonesen eingenommener
Zeitgenosse, Philippe de Commines, wo er von Alfons von
Calabrien redet, war gefährlicher als der Sohn, denn Keiner
verstand sich auf ihn noch auf seine wahre Gesinnung. Indem
er eine lächelnde Miene annahm, griff und verrieth er die
Leute. Nicht Gnade noch Barmherzigkeit war in ihm, wie
selbst seine Verwandten und Anhänger mir berichtet haben;
er kannte nicht Erbarmen noch Schonung für sein armes
Volk, wo es sich um Geld handelte." Wenn er Gewerbe und
Handel zu steigern suchte, so dachte er doch vor allem an sein
fiscalisches Interesse und lastete auf dem Volke durch Frohnen,
Lieferungen, Zölle, die zu oft vereitelten was er selber bezweckte.
Vom Beginn seiner Regierung an hatte er mit Schwierigkeiten zu kämpfen gehabt, mit Verwandten, mit Unterthanen,
mit Päpsten, und so hatte sich bei ihm das natürliche Mißtrauen zu finsterm Argwohn gesteigert. Die Erinnerung an
vergangene, keineswegs immer gerechtfertigte Opposition, und
die Besorgniß vor neuen Ausbrüchen, wozu die wiederholten
Drohungen des Auslands mit Wiederbelebung der Anjou'schen
Ansprüche beitrugen, verleiteten ihn dann zu rechtlosen und
grausamen Handlungen, durch die er den Thron untergrub,
welchen zu stützen Tag und Nacht sein Sinnen war. Der
Feudalismus im Königreich, abgesehen davon daß er Ferrante's politische Macht schwächte, hatte für ihn noch eine
ihm sehr unbequeme Folge. Man sollte es kaum glauben,
daß der Beherrscher eines so reichen wenngleich großentheils

noch völlig unausgebeuteten Landes sich fast beständig in Geldverlegenheit befand und auf fremde namentlich florentinische Banken angewiesen war, die er dann seinerseits auf die laufenden Einkünfte anweisen mußte. Ersuchte er doch einmal Lorenzo de' Medici um eine Anleihe von zehntausend Goldgulden, welche dieser aber auf die Hälfte herabsetzte, während Filippo Strozzi ihm an einem Tage zwanzigtausend vorstreckte, abgesehen davon daß er für Verproviantirung der Hauptstadt Sorge trug.

Als Ferrante in Jahren vorrückte, gewann sein ältester Sohn auf ihn verderblichen Einfluß. Alfons von Calabrien kam dem Vater beiweitem nicht gleich. Er galt für einen tüchtigen Kriegsmann und hat es an Thätigkeit, vielleicht auch an persönlichem Muth nicht fehlen lassen: von Bedeutung aber hat er nie etwas ausgeführt, obgleich man die Wiedereroberung Otranto's als glänzenden Erfolg ansah. An wissenschaftlicher Bildung und Interesse mangelte es ihm nicht, aber schlimme Eigenschaften verdunkelten die bessern. Er war hochfahrend, gewaltthätig, treulos, grausam. Die Barone des Reichs haßte er aus despotischem Instinct. Die einflußreichen Diener seines Vaters haßte er, weil ihre Schätze seine Habsucht reizten. Da er nicht Ferrante's Verstellungskunst besaß, wurde von seinen Reden und Anschlägen genug bekannt, um Andere zur Vorsicht zu mahnen. Man vergalt ihm Haß mit Haß. Außerhalb des Königreichs war er nicht beliebter. Das Zerwürfniß mit Mailand, das jedoch nicht ihm schuldzugeben ist, hatte schon begonnen, wenn es gleich bis zum Tode seiner Gemalin Ippolita nicht zum Ausbruch kam. In Toscana trug man ihm insgeheim die Vorgänge von 1478, die sienesischen Intriguen, den Verlust Sarzana's nach. Er muß gewußt haben wie unpopulär er in Florenz war, that aber nichts, Regierung und Volk günstiger zu stimmen. „Am 8. October, bemerkt Alamanno Rinuccini zum J. 1484¹), traf der Herzog von Calabrien in Florenz ein, auf seinem Rückwege aus der Lombardei, wo er Hauptmann des Bundes gegen die Venetianer gewesen war. Gegen achthundert Reiter in schlechter Beschaffenheit waren bei ihm. Bei seinem Einzug ritt er nicht zum Palast die Signorie zu bewillkommnen wie er sonst gethan, obgleich die Signorie sich zu seinem Empfange bereit hielt und zu diesem Zweck viele Bürger beschieden hatte. Man erkannte darin eine große Insolenz. Dennoch wurde er, einem schmählichen Befehl zufolge, während des [Durchzugs durch unser Gebiet freigehalten, zu unserer Schande wenn man in Betracht zieht, was er vor fünf Jahren gethan hatte." Philippe de Commines hat in wenig Worten ein entsetzliches Bild Alfonso's gezeichnet. „Nie sagt er, hat man einen grausamern, schlechtern, lasterhaftern, gemeinern, der Völlerei mehr ergebenen Menschen gesehen." Der Franzose und Hofmann Carls VIII. mag aus ihm reden, aber der Venetianer Marino Sanuto entwirft kein schmeichelhafteres Porträt²).

Gegenüber dem nicht mehr zweifelhaften bösen Willen des Herzogs und dem Argwohn vor königlichen Uebergriffen, waren die mächtigsten unter den Baronen Neapels bereits zu einem Schutzbündnisse zusammengetreten, als der Ausbruch der Feindseligkeiten durch zwei verschiedene Anlässe herbeigeführt wurde. Ferrante und sein Sohn, so erfreut sie sich über die Wahl Innocenz' VIII. stellten, waren nichts weniger als zufrieden, weil sie in ihm einen Anhänger der Anjou fürchteten. Der Herzog hatte sich sogar bemüht, seine

---

1) Ricordi S. CXL.
2) Commines Mémoires Buch VII. Kap. 11. Marin Sanuto Chron. Ven. [Comment. de bello gallico]. R. Ital. Scr. Bd. XXIV. S. 12. 16. Alfonso hieß: der Götze des Fleisches [Dio della carne].

Ausschließung von der Liste der Candidaten für den Pontifical zu erlangen. Die nach Rom gesandte neapolitanische Glückwunsch-Ambassade sollte den Erlaß des Lehnzinses, dieses ewigen Zankapfels, zu erwirken suchen. Als der Papst ablehnte, der König dennoch bei seinem Entschluß des Nichtzahlens beharrte, ließ sich der kommende Hader umsomehr voraussehen, da Cardinal Giuliano della Rovere den aragonischen Ansprüchen entgegen war. Im Sommer 1485 kam es zum Ausbruch. Der Herzog von Calabrien hatte den König bewogen, die Pläne des unzufriedenen Adels nicht zur Reife gelangen zu lassen, sondern ihnen durch plötzlichen Angriff zuvorzukommen. Die Art wie er es ins Werk setzte, lieferte neuen Grund zu den auf ihn gehäuften Beschuldigungen der Hinterlist und Gewaltthätigkeit. Am 23. Juni bemächtigte er sich, mittelst verrätherischer Gefangennehmung des Grafen von Montorio aus dem Hause Cantelmo, des vornehmsten Herrn in Aquila, und der Seinigen dieser abruzzesischen Stadt, welche eine unabhängige Comune unter Oberhoheit der Krone bildete, und bald darauf geschah ein Gleiches in Nola durch Verhaftung mehrer der Orsinen denen die Grafschaft gehörte. Viele der Häupter des Adels waren eben zu Melfi in der Basilicata bei Gelegenheit einer Hochzeit in dem Hause der Caracciolo versammelt. So wurde eine Schilderhebung beschleunigt, die inbetracht der tiefliegenden Gegensätze auch unter andern Verhältnissen kaum zu vermeiden gewesen wäre, gegenwärtig aber, während der Papst bereits mit dem Könige in Zwiespalt war, einen umso günstigeren Boden fand.

Am 10. August 1485 hatte der Herzog von Calabrien Neapel verlassen, um den Kampf gegen die Barone zu beginnen [1]).

---

[1]) Cronaca di Notar Giacomo S. 156.

Er fand sie nicht unvorbereitet. Ihre Vasallen waren bewaffnet, und sie hatten sich mit dem Papste in Verbindung gesetzt, der nicht blos wegen des verweigerten Lehnzinses sondern wegen der unglaublichen Eigenmächtigkeit ergrimmt war, mit welcher der König in Kirchensachen schaltete. Denn dieser Herrscher, dem Namen nach ein Vasall Roms, unterwarf nicht blos den Clerus willkürlichsten Zwangsabgaben, sondern behandelte die Verleihung von Kirchenämtern wie eine Finanzspeculation. Bald sollten die Dinge sich verwickeln. Am 26. September erhoben sich die Aquilaner gegen ihre Bedränger, hieben deren Führer in Stücke, pflanzten das Banner der Kirche auf, sandten Bevollmächtigte nach Rom. Ferrante suchte den drohenden Sturm zu beschwören. Er sandte seinen Sohn den Cardinal von Aragon nach Rom, aber dieser starb am 16. October. Am 17. desselben Monats ließ er in der Domkirche zu Neapel eine Protestation verlesen, des Inhalts daß er nicht daran denke, den Papst zu bekriegen. Mit den Baronen suchte er Unterhandlungen anzuknüpfen, sandte seinen Sohn Don Federigo nach Salerno zu den Sanseverinern, ließ den Grafen von Montorio in Freiheit setzen. Es half nichts: man traute ihm nicht. In Salern hielt man den Prinzen gefangen und pflanzte am 20. November das Banner der Kirche auf. Unter den Vertrauten des Königs begann der Abfall. Einer seiner natürlichen Söhne entfloh zu den Aufständischen. Ferrante war schon gewohnt, auf die eigenen Angehörigen nicht zählen zu können. Die Krisis wurde diesmal aber zwiefach ernst wegen des während dessen schon offenbar gewordenen Verhaltens Innocenz' VIII.

Der Wunsch Frieden zu bewahren und die während der letzten Regierung geschlagenen Wunden zu schließen, hielt beim neuen Papste nicht Stich, als die neapolitanischen

Angelegenheiten, stets der wunde Fleck in den Verhältnissen des Pontificats zu den Nachbarn, an ihn herantraten.

Der ihm schuldgegebene Hintergedanke, hiebei die Interessen der eignen Familie dem Wohl und der Ruhe des Landes vorangestellt zu haben, hat ihn gewiß nicht in den Kampf hineingezogen, wohl aber mögen die von seinen Vorgängern und ihm selbst wiederholt mit den Aragonesen gemachten schlimmen Erfahrungen auf ihn gewirkt haben. Innocenz VIII. machte die Sache Aquila's und der Barone zu der seinigen. Er nahm ihre Obedienz-Erklärung an und begann zu rüsten. Er mußte sich beeilen, wollte er nicht dem Herzog von Calabrien Zeit gönnen, die Gegner zu Paaren zu treiben. Während der König Florenz und Mailand um Unterstützung anging, wandten Papst und Barone sich nach Venedig. Für die stets nach den apulischen Küstenstädten strebenden Venetianer waren die Anträge des Abels lockend genug. Dennoch trugen sie Bedenken, sich in ein so gewagtes Unternehmen einzulassen, nachdem der letzte Krieg ihnen so schwere Verluste beigebracht hatte. Sie beklagten die von den Baronen geschilderte Bedrängniß, aber sie riethen zum Vergleich mittelst päpstlicher Vermittlung. Zugleich ließen sie in Rom von gewaltsamen Maßregeln abmahnen. Als aber Innocenz VIII., durch den raschen Gang der Ereignisse gedrängt, mit Roberto da Sanseverino Unterhandlungen anknüpfte, ihn für seinen Dienst zu gewinnen, begnügten sie sich doch wieder mit halben Maßregeln. Roberto's venetianische Condotta war mit dem Frieden von Bagnolo abgelaufen. Die Republik hätte ihn leicht halten können, denn obgleich seine eigenen Angehörigen tief in den Aufstand verwickelt waren, hätte dieser seiner engern Heimat entfremdete Condottiere seinen Vortheil allen sonstigen Betrachtungen vorgezogen. Aber nach einigen matten Vorstellungen ließ man ihn „nach seinem freien

Belieben" ziehen, was dem Papst am 7. October angezeigt wurde ¹).

Wie unangenehm diese Dinge die Florentiner und vor Allen Lorenzo be' Medici berührten, ist begreiflich. Ein gefährlicher Brand stand im Begriff sich zu entzünden. Gegen Ende August machte der neapolitanische Gesandte Marino Tomacelli der Signorie im Auftrage des Königs die erste Anzeige von den ausgebrochenen innern Mißhelligkeiten, ohne jedoch deren volle Bedeutung einzugestehn. Vor Mitte Septembers wußte man schon, daß der Papst von den Marken aus Truppen marschiren ließ. Am 3. October erfuhr man die Erhebung Aquila's gegen die vom Herzog von Calabrien hineingelegte Besatzung. Sobann sandte Ferrante den Vertrauten seines ältesten Sohnes, Giovanni Albino, zu Lorenzo, der mit diesem gelehrten und gewandten Manne, zugleich Politiker und Historiker, seit lange befreundet war ²). „Ihr werdet, so lauteten Ferrante's Worte ³), Lorenzo sagen, daß wir uns an ihn als an den besten Freund wenden, den wir in Italien haben, für den wir im Falle der Noth unsern Staat, unsere Kinder und unsere Person aufs Spiel setzen würden. Bittet ihn daß er uns nicht im Stiche lasse; ihm und seinem Hause wird der uns geleistete Dienst vergolten werden." Nun folgten die Verhandlungen mit Lodovico il Moro, zu welchem Albino sich von Florenz aus begab. Man war florentinischerseits auf Lodovico sehr schlecht zu sprechen, weil seine mit Girolamo Riario angesponnenen Ränke in jedem Augenblick Unruhen in der Romagna befürchten

---

1) Romanin a. a. O. S. 421, 422.
2) Ueber Giovanni Albino, den Geschichtschreiber seiner Zeit, vgl. C. Minieri Riccio Memorie storiche degli scrittori nati nel Regno di Napoli.
3) Bei Fabroni a. a. O. Bd. II. S. 265.

ließen. Unter den neuen Conjuncturen mußte man aber doch mit ihm zusammenzugehen suchen. Offenbar bestand die Politik des Herzogs von Bari darin, die Florentiner vorzuschieben und den Moment zu erspähen, wo es ihm passen würde hervorzutreten. Die Florentiner, meinte er, sollten dem Sanseverino den Durchzug durch Umbrien verlegen: es liege weit näher, erwiederten ihm diese, daß er ihm den Uebergang über den Po verlege, von wo er sich gewiß an der adriatischen Küste halten und nicht nach dem Innern wenden werde. Nun meldete Ercole von Este, durch Breve vom 1. October habe der Papst ihm befohlen, Roberto Sanseverino, der ihm sechshundert Hommesd'armes zuführe, den Durchzug durch das Ferraresische zu gewähren. Man erwarte, fügte der Herzog hinzu, er werde am 10. von Cittadella im Paduanischen aufbrechen, bei Ficcarolo über den Po gehn und die Straße durch Romagna und Marken einschlagen, was den Florentinern inbetreff ihrer Antwort an den Sforza Recht gab. Bald darauf kam aus Siena Nachricht, der Papst habe ein Corps von hundertundzwanzig Hommesd'armes und dreihundert ausgesuchten Söldnern von dieser Republik verlangt.

Man that in Florenz was man vermochte, die Sienesen zu verhindern, dem Papste zu Willen zu sein. Da die bewaffnete Macht geringe war, nahm man den Grafen von Pitigliano in Dienst und beschloß die Ereignisse abzuwarten. Der Unzuverlässigkeit des kleinen Nachbarstaates wegen gewährte es jedoch keine rechte Beruhigung. „Die Sienesen, schrieb der ferraresische Gesandte[1], von Natur so leichtsinnig

---

1) A. Guidoni an Ercole von Este, Florenz 11. Nov. 1485, bei Cappelli a. a. O. S. 273. Die ferraresischen Depeschen enthalten eine Menge Detail über diese Vorgänge. Scipione Ammirato in seinem fünfundzwanzigsten Buche ist ein zuverlässiger Führer.

wie argwöhnisch, und fortwährend vom Papste gestachelt, leiden an einem hitzigen Fieber, und jammern über die Gefahr der sie bloßgestellt sein würden, wenn der König über den Papst siegte, indem er sich dann der Orsinen, ihrer natürlichen Feinde bedienen und sich für die Umwälzung des J. 1480 rächen würde. Der Gesandte hat heute dem erlauchten Lorenzo zwei Stunden lang mit diesem Unsinn zugesetzt, und es wird Mühe genug kosten sie neutral zu halten, da sie jeden Moment kopfscheu werden." Am 10. October, dem Tage an welchem Roberto da Sanseverino seinen Marsch antrat, hatte Lodovico il Moro an Lorenzo geschrieben[1]. Er stellte ihm die Gefahr vor, die den König bedrohe, wenn der Feind an der Grenze des schon aufgeregten Reiches erschiene. „Wie Eure Magnificenz sieht, ist schnelles Vorgehen nöthig. Der beste Succurs für den König besteht darin, daß man alsbald mit der Kirche bricht, wie der Papst mit dem Könige. Es dünkt mich nothwendig daß ihr die Signorie zur Einwilligung in die Kriegserklärung vermöget, damit sie, während sie Zuzug von hier erwartet, ihre bewaffnete Macht in Ordnung bringe und nach der Grenze beordere, ohne auf die ungünstige Jahreszeit zu achten, die weder den Papst noch den Herrn Roberto verhindert. Was der Feind seinen Truppen zumuthet, können auch die unsern leisten. Man darf aber keine Zeit verlieren, einen Entschluß zu fassen."

Lorenzo war in den Bädern von San Filippo im Sieneserlande, als diese neue Verwicklung begann. Der Gebrauch der Wasser von Morba hatte ihm im Frühling sehr genützt; im Mai wünschten die Anziani von Lucca ihm durch einen besondern Bevollmächtigten zu seiner Wiederherstellung Glück[2]. Aber es war nicht von Dauer. Die Lage der Dinge war

---

[1] Bei Fabroni a. a. O. Bd. II. S. 269.
[2] Schreiben der Anziani 15. Mai 1485. Archiv zu Lucca.

eine solche, daß sie auch einen so geübten Politiker in Verlegenheit setzen konnte. Es schien ihm nöthig den König zu halten. Aber er war zu scharfsinnig und kannte seine Vaterstadt zu gut, um sich über die Stimmung inbetreff Neapels Illusionen hinzugeben. Der König und der Herzog waren verhaßt. Um ihretwillen sich in einen Krieg einzulassen, der jedenfalls viele Kosten möglichenfalls ernste Verwicklungen nach sich ziehen konnte, behagte keinem. Als Lorenzo der Rathsversammlung vorschlug, Ferrante von Aragon Beistand zu leisten, stieß er auf heftige Opposition. „Zu Anfang, berichtet Niccolò Valori[1]), war die Mehrzahl dem Antrage entschieden entgegen. Inmitten des ersehnten Friedens, hieß es, wolle er sich wieder in Krieg stürzen — ob er vergessen habe, in welche Gefahr Waffen und Censuren des Papstes ihn gebracht hätten? Wie wenn Venedig an dem Kampfe theilnehme? Wie man dem Könige helfen solle, welchen innere Fehde und äußerer Krieg zugleich bedrängten? Er möge sich hüten, diesen Krieg von Ferrante ab- und auf seine Heimat zu lenken. Lorenzo erklärte jedoch die Nothwendigkeit der Parteinahme mit solcher Beredsamkeit, daß er die Furchtsamen ermuthigte und am Ende Alle zu seiner Ansicht mit sich fortriß. Nie habe ich etwas Ernsteres, Eindringlicheres, Wohlgesetzteres gelesen als diese damals aufgezeichnete Rede." Während er aber das Zusammengehn mit Neapel für politische Nothwendigkeit hielt, erkannte er sehr wohl die Anlässe zu der neuen Friedensstörung. Auch der schlechte Zustand von Finanzen und Heerwesen in Neapel war ihm kein Geheimniß. „Es thut mir leid, schrieb er am 3. November an Giovanni Albino[2]), nachdem er ihn von den durch die Ausländischen gemachten Anerbietungen für den Fall der

---

[1]) A. a. C. S. 177.
[2]) Fabroni a. a. C. Bd. II. S. 268.

florentinischen Neutralität in Kenntniß gesetzt, daß der König
nicht mehr im Rufe steht, einen reichen Schatz und ein gutes
Heer zu haben, wie ehemals wo er als Schiedsrichter Italiens
betrachtet wurde. Daß heute das Gegentheil stattfindet, bedaure ich wegen meiner Ergebenheit gegen Seine Majestät:
wie immer aber die Dinge stehn mögen, so werde ich meinen
Verpflichtungen nachkommen. Es schmerzt mich im Innersten,
daß der Herr Herzog als grausam verschrieen wird. Ist es
gleich eine falsche Beschuldigung, so sollte Se. Ex. doch das
Mögliche thun, sich dieselbe vom Halse zu schaffen, denn
dies kann nur Vortheil bringen. Wenn die Zölle dem Volke
verhaßt sind, so schaffe man sie ab und begnüge sich mit
den früheren Leistungen. Ein willig und freudig gezahlter
Carlin ist besser als zehn mit Thränen und Unwillen erlangte.
Denn kein Volk erträgt gerne die Einführung neuer Lasten."
Auch empfahl er das Kriegsvolk in guter Stimmung zu erhalten: nie habe man dessen mehr bedurft. Wenn der König
auf sich vertraue, werde er siegen; die Signorie werde treu
zu ihm stehn. Ferrante dankte für den verständigen Rath,
bemerkte jedoch daß er denselben nicht in allen Theilen verstehe.

V.

Rückwirkungen des Baronenkriegs. Kampf um Sarzana.

Die Stellung Lorenzo's war aber nichts weniger als leicht. Die florentiner Handelsleute in Neapel beschwerten sich daß der Herzog von Calabrien seine Verbindlichkeiten nicht erfülle und sie überdies schnöde behandle, sodaß sie sich gezwungen sähen, die Stadt zu verlassen[1]. Der Papst, der am 1. November 1485 eine Bulle mit Aufzählung aller Beschwerden des h. Stuhls gegen den König erlassen und Alle, die diesem Beistand leisten würden, mit Excommunication bedroht hatte, bemühte sich, die Republik von Betheiligung abzumahnen. Selbst die Mediceische Autorität konnte den Rückschlag empfinden, denn man hatte die schlechteste Meinung von dem Stand der Dinge im Königreich. Man merkte es Lorenzo an, daß er voll Sorgen war. Nur langsam ging er vor. Gegen Ende Novembers sandte Innocenz VIII. den Erzbischof von Florenz nach seiner Residenz, um zu versuchen ob es ihm gelingen werde seinen Schwager umzustimmen. Rinaldo Orsini war ein Prälat, wie es deren nur zu viele gab. Von Jugend an hatte er nur Pfründen ohne geistliche Verrichtung gehabt und auch sein Erzbisthum behandelte er wie

―――――――
1) Lorenzo an Albino, a. a. C.

Der Erzbischof Rinaldo Orsini in Florenz.

eine Commende, deren Einkommen ihm genügte. Meist war er in Rom: sein Vicar mochte zusehen wie er die Kirche verwaltete. Ans Schuldenmachen gewohnt, hat er später versucht einen vortheilhaften Handel inbetreff seines Bischofsitzes abzuschließen. Am Ende, nachdem die Dinge in Florenz sich gänzlich geändert hatten und als der mächtige Rückhalt der Medici ihm fehlte, ist er durch allgemeine Unzufriedenheit dahin gebracht worden gegen eine Pension und einen Titel in partibus zu verzichten, nachdem, während der in der Borgia'schen Zeit gegen seine Familie ausgebrochenen Verfolgung, die Bedeutungslosigkeit eines bloßen Lebemanns ihn vor dem tragischen Geschick seines Vetters des Cardinals Orsini bewahrt hatte, mit dem er in die Engelsburg gebracht worden war. Es ist begreiflich daß er nicht der Mann war, auf Lorenzo Eindruck zu machen, umsoweniger als dieser gut wußte daß er sich ganz in des Papstes Hand befand, weil er sich auf einen Cardinalshut Aussicht machte. Rinaldo Orsini erklärte, Innocenz VIII. sei zum Kriege entschlossen. Seit Monaten habe er den König gewarnt, durch den nunmehr verstorbenen Cardinal von Aragon, durch dessen Bruder Don Francesco, selbst durch den florentinischen Gesandten, aber Ferrante sei immer schonungsloser vorgegangen, sodaß die Dinge endlich ihren Lauf nehmen müßten[1].

Unterdessen war am 10. November Roberto da Sanseverino in Rom eingetroffen, an Porta del popolo feierlich empfangen vom Governatore der Stadt, dem päpstlichen Hofstaat, den Gesandten des Kaisers wie des Königs Maximilian und Andern. Zwanzig Tage später leistete er in der vaticanischen Basilica vor dem Papste den Eid als Gonfaloniere der Kirche[2]. Innocenz VIII. zeigte dem florentinischen

1) A. Griboni 29. und 30. Nov. 1485, a. a. O. S. 274.
2) Burcard a. a. O. S. 72. 73.

Gesandten Geld und Juwelen im Werthe von 150,000 Ducaten; Alles, sagte er, werde er an kräftige Kriegführung wenden. Werbungen und Pferdeverkäufe in und um Rom, außer für den Dienst der Kirche, wurden untersagt. In Neapel beschloß man aber den Angriff nicht abzuwarten. Alfons von Calabrien rückte in den Kirchenstaat ein und stand bald diesseit der Albanerhügel, vor sich die Campagna mit der Hauptstadt, während auf der Nordwestseite die Orsinen im Bunde mit den Königlichen die Waffen ergriffen, florentinisches Kriegsvolk unter den Grafen von Pitigliano und von Marsciano und dem Herrn von Piombino heranzog, nebst hundert mailändischen Hommesd'armes unter dem Grafen von Cajazzo — es war Alles was Lodovico il Moro nach so vielen Betheurungen sandte! Bald geriethen Neapolitaner und Päpstliche in unmittelbarster Nähe Roms, bei den Aniobrücken, aneinander. In der Stadt war Alles im Tumult. Monte Giordano, die Orsinische Hauptburg im Marsfelde, ging in Flammen auf; dem Gesandten König Ferrante's, welcher, während man sich schon schlug, mit seinen Collegen von Florenz und Mailand in Rom geblieben war, wurde das Haus geplündert und verwüstet, und er floh nach dem Vatican. Größte Noth und Unsicherheit herrschte; Cardinäle und Andere brachten ihre Habe im päpstlichen Palast und in der Engelsburg in Sicherheit. Aber der Herzog zeigte sich als elender Feldherr. Er vermochte nicht seine Verbindung mit den Orsinen zu bewerkstelligen, und da Sanseverino diesen hart zusetzte, mehre von ihnen zu einem Abkommen nöthigte, dem Zuzug von Toscana her den Weg verlegte, im Königreiche die Dinge eine ungünstige Wendung nahmen, beschloß Alfonso, der sich in Gefahr sah in der Campagna eingeschlossen zu werden, durch persönliches Einvernehmen mit Lorenzo de' Medici und Lodovico il Moro dem Papste eine Diversion, sich Luft zu verschaffen. Am 17. Januar 1486 traf in Florenz die Nachricht ein, der neapolitanische Thronerbe habe das Heer in gefährdeter Lage verlassen und mit nur dreihundert Reitern den Weg durch das untere Viterbeserland eingeschlagen. Nachdem er, wie ein Flüchtling, an einem Tage sechzig Millien zurückgelegt, sei er in Pitigliano, dem westlich vom See von Bolsena gelegenen Hauptort des kleinen Orsinischen Staates angelangt, in der Absicht sich nach Florenz und Mailand zu begeben.

In Florenz war man aufs höchste überrascht. Zwischen dem Papste und Lorenzo de' Medici war fortwährend unterhandelt worden. Wenn es hieß dieser suche ein Abkommen zu ermöglichen, so schöpfte man doch Argwohn, Lorenzo spiele falsches Spiel, traue den neapolitanischen Dingen nicht, habe in dem Abfall eines Theils der Orsinen, wodurch der Herzog von Calabrien in Noth gerathen, die Hand gehabt, und wolle nun diesen hindern sich nach Florenz zu begeben, um nicht seine Vorwürfe zu vernehmen. Die Signorie hatte sogleich heimlich einen Eilboten an den Herzog gesandt, ihn zu veranlassen nicht nach der Stadt zu kommen; Pier Capponi war dem Boten gefolgt, sich mit Alfonso zu verständigen und als florentinischer Commissar beim Heere zu bleiben[1]). Lorenzo war seit längerer Zeit wieder schwer leidend; zu dem gichtischen Uebel hatte sich eine Blasenaffection gesellt. Seine Laune war nicht rosenfarben. Er sagte, er wolle sich nicht mehr mit Geschäften befassen, denn die Dinge gingen ihm schief, sondern denke seine Zeit angenehmer zu verwenden. Er bat Ercole von Este und den Markgrafen von Mantua ihm Falken zu senden, und es hieß, er werde sich der Luftveränderung wegen nach Pisa begeben. Alle merkten ihm seine Verstimmung an. Bald war er in der Stadt, bald in

---

[1]) Vinc. Acciaiuoli Vita di Piero Capponi a. a. O. S. 20 ff.

Careggi. Der Herzog von Calabrien drang darauf ihn zu sprechen, in Pitigliano, in Florenz, wo er immer wolle; er war nicht dazu zu bewegen. Pier Filippo Pandolfini und Giovanni Serristori gingen am 26. Januar nach Pitigliano, das Erforderliche zu vereinbaren.

Unterdessen besserte sich die Lage einigermaßen. Paolo Orsini führte die von dem allgemein der Feigheit und Kopflosigkeit beschuldigten Herzog verlassenen Truppen sicher nach Vicovaro im Aniothal jenseit Tivoli, wo die Straße nach dem Königreich ihnen freistand; Gentil Virginio und andere Orsinen blieben treu. Von Mailand verkündigten Briefe den Entschluß zum Festhalten am Bündnisse. Am 3. Februar trafen Gian Jacopo Tribulzio und Marsilio Torello mit Hommes d'Armes und Armbrustschützen in Florenz ein, um zum Herzog zu stoßen¹). Dieser, der nach Montepulciano kam, wünschte einen Versuch gegen Perugia zu machen, wo man mit mehren der Baglionen Einverständniß angeknüpft hatte. Aber in Florenz hatte man nicht die geringste Lust, das Feuer so nahe an den Grenzen zu haben, und da man in Mailand gleicher Meinung war, wurde die Sache aufgegeben. So spielte man denn den Krieg wieder auf päpstliches Gebiet hinüber, wo nun endlich die Verbindung zwischen den Orsinen und dem Herzog stattfand. Aber es war ein elender Krieg, der den Verfall des italienischen Militärwesens vollends an den Tag brachte. Ein einziges für die Verbündeten glückliches Gefecht, zu Anfang Mai, bei dem orsinischen Orte Campagnano, einundzwanzig Millien nordwestlich von Rom, verdiente den Namen einer Waffenthat. Der florentinische

---

1) Tribulzio's Schreiben an den Herzog von Mailand aus Florenz, Montepulciano, Cortona, Pitigliano wie später aus dem Lager der Liga, vom 21. Febr. 1496 an, bei Rosmini a. a. C. Bd. II. S. 130 ff., mit den an ihn von Mailand aus gerichteten Depeschen.

Commissar, der kein Kriegsmann war aber in seinem Leben doch manches vom Kriege gesehn hatte, war wenig erbaut von den Vorgängen. Auf päpstlicher Seite war man nicht besser daran. Innocenz VIII., krank und wiederholt in Lebensgefahr, sah seine Geldmittel schwinden, seine Hauptstadt verstört und unzufrieden, ja gewissermaßen belagert, die Umgebung verheert. Er hegte geringes Vertrauen zu Roberto Sanseverino, der von dem günstigen Moment, als der Herzog ferne war, keinen Nutzen zog und dessen Hauptzweck zu sein schien, für einen seiner Söhne den rothen Hut zu erlangen. Dies Mistrauen wurde durch Briefe Pier Capponi's gesteigert, welche, durch einen nicht gerade rühmenswerthen Kunstgriff, Zweifel an Sanseverino's Ehrlichkeit weckten und den Gegnern in die Hände gespielt wurden. Mittelst des Bischofs von Treviso versuchte der Papst von Venedig Beistand zu erlangen, mittelst des Cardinals della Rovere, der zu Ende März nach Genua ging, hatte er Unterhandlungen mit dem Herzog von Lothringen angeknüpft, der mit französischer Hülfe einen Zug nach Neapel beabsichtigte. Aber die Dinge blieben zu lange in der Schwebe.

Im Cardinalcollegium machten sich verschiedene Meinungen mit Heftigkeit geltend. Lorenzo de' Medici war wie wir sehen mit Innocenz VIII. in Verbindung geblieben, obgleich er den Angelpunkt des Bündnisses zu Gunsten Neapels bildete, und ohne florentinisches Geld der König längst zur Fortführung des Kampfes außer Stande gewesen wäre. Seine Vorstellungen waren es, die wesentlich dazu beitrugen den Papst zu einem Abkommen geneigt zu machen. Andererseits erkannte Ferrante sehr wohl, daß ohne Frieden mit dem Auslande an Herstellung der Ruhe im Innern nicht zu denken war. Lodovico il Moro, obgleich nun minder karg mit Hülfleistung, war doch an Worten reicher als an Thaten. Sein Bruder Ascan wirkte auf den Papst im Sinne eines

Abkommens. Am 6. März ließ er sich im geheimen Consistorium aufs entschiedenste gegen den Cardinal La Balue aus, der im Auftrage Frankreichs das Interesse des Herzogs von Lothringen verfocht. Der Papst, sagte er, könne verlangen, daß König Ferrante seinen Verpflichtungen gegen die Kirche nachkomme, aber es widerstreite der Aufgabe eines Cardinals, den Papst bewegen zu wollen, den König aus seinem angestammten Reiche zu vertreiben und einen Fremden an dessen Stelle zu setzen. Er glaube seine Pflicht gegen den h. Vater nicht zu verletzen, indem er die Rechte seines Verwandten vertheidige. Der Cardinal von Erlau, der fromme Franciscaner Gabriel Rangoni, stimmte Ascanio bei, und sagte zum Papste: Eure Heiligkeit hat bis zum Acheron vorzugehn gedroht. Nimmt der Krieg seinen Fortgang, so fürchte ich das Wort wird wahr werden. Möge eure Weisheit ein Mittel finden, größerm Aergerniß vorzubeugen [1].

In Florenz war man der ganzen Geschichte überdrüssig. Von René von Lothringen trafen Gesandte ein, von dem Bündniß mit Neapel abzumahnen, an die alten Beziehungen zu Frankreich, an die alte Ergebenheit gegen den h. Stuhl zu erinnern. Man erwiederte ihnen, das seit langer Zeit bestehende Bündniß zwischen der Republik, Neapel und Mailand habe die Bewahrung des Friedens zum Zwecke, die Störung sei vom Papste ausgegangen. Dieser habe des Herzogs von Lothringen in seinen Verhandlungen mit der Stadt nie erwähnt, und wenn er sich jetzt des Namens desselben bediene um seiner Sache aufzuhelfen, so müsse man vorerst seine

---

[1] Briefe Ascanio Sforza's an seinen Neffen den Herzog von Mailand vom 6. März 1486, an demselben Tage dem Herzog von Calabrien abschriftlich mitgetheilt und von Pier Capponi an Lorenzo de' Medici gesandt. Im Anhang zum Leben P. Capponi's, Arch. stor. ital. Bd. IV. Tb. 2. S. 62—71.

wahre Absicht erforschen und dann mit den Bundesgenossen sich benehmen. In Allem was ehrbar sei, werde man den alten Verbindlichkeiten gegen Frankreich Rechnung tragen. Die Antwort, bemerkt Francesco Guicciardini[1]), war vorsichtig, denn nicht blos Gesandte des Herzogs sondern auch königliche (französische) waren erschienen, und schon der Handelsleute wegen mußte man behutsam vorgehn. Die Angelegenheit weckte doch vielfach Bedenken, so daß Lorenzo be' Medici, der wohl wußte wie die gesammte Bürgerschaft am französischen Hause hing und wie verhaßt hinwieder König Ferrante war, in Besorgniß gerieth, die Last möchte für seine Schultern zu schwer werden, umsomehr als der Anschluß an den König vielen der vornehmsten Bürger widerwärtig gewesen war. So würde er vielleicht seine Politik geändert haben, obschon Venedig (wo sein Schwager Bernardo Rucellai als Gesandter weilte), welches nicht gerne neue Fremde in Italien sah, sich dem Könige zuwandte, hätte nicht plötzlich der Friede Alles beruhigt.

Am Nachmittage des 11. August 1486 wurde dieser Friede unter Vermittlung des spanischen Gesandten Grafen von Tendilla und des Erzbischofs von Mailand wie Gian Jacopo Trivulzio's für den Sforza, durch Cardinal Giovanni Michiel für den Papst und Giovano Pontano für Neapel, in Rom abgeschlossen. König Ferrante sollte die Oberherrlichkeit der Kirche nochmals förmlich anerkennen, den Lehnzins zahlen, Aquila unter Bewahrung seiner Freiheiten erhalten, die zur Obedienz zurückkehrenden Barone nicht belästigen, ihnen inbetreff ihres Aufenthalts und ihrer Familien-Verbindungen volle Freiheit lassen. Diese Bedingungen sollten

---

[1]) Storia fiorentina Kap. 8. Die ferraresischen Berichte, bei Cappelli S. 274—286 enthalten vieles, was in die Lage der Dinge blicken läßt.

Mailand und Florenz gewährleisten. Die Orsinen würden den Papst um Verzeihung bitten und unter Garantie der genannten beiden Staaten zu Gnaden angenommen, alle genommenen Ortschaften gegenseitig zurückgegeben werden. Roberto da Sanseverino wurde aus dem Dienste der Kirche entlassen. Zu Florenz feierte man den Friedensschluß mit Glockengeläute, aber Lorenzo de' Medici war höchst mißvergnügt, nicht über den Frieden an sich, sondern über den Modus und die Bedingungen, worüber er dem mailändischen Gesandten harte Worte sagte. Der Abschluß war ohne seine Zuziehung erfolgt, Sarzana's keine Erwähnung geschehen. Dies war im Grunde noch besser als die ursprüngliche Absicht, denn Cardinal Sforza hatte seinem Bruder Lodovico das Schiedsrichteramt in dieser Frage übertragen zu lassen sich bestrebt, was aber an dem entschiedenen Widerspruch des in Bracciano befindlichen Capponi scheiterte¹). Die Republik hatte all ihr Geld für eine fremde Sache ausgegeben²). Und welcher Friede! Roberto da Sanseverino hatte sich in diesem elenden Kriege eben nicht als Held gezeigt und durch sein Verhalten kein übermäßiges Vertrauen verdient. Die Art wie man ihn behandelte, streifte aber doch ans Unglaubliche. Der Gonfaloniere der Kirche, der noch kurz vorher als einer der höchsten Würdenträger bei feierlichen Messen dem Papste das Wasser reichte, sah sich plötzlich wie ein außer dem Gesetze stehender Bandenführer auf Gewalt gegen Gewalt angewiesen. Man hatte ihm angekündigt, er könne gehn wohin er wolle, und eine von ihm gestellte Forderung wegen angeblich rückständigen Soldes nicht anerkannt. Als er nun den Weg nach der Romagna einschlagen

---

1) Vinc. Acciaiuoli a. a. O. S. 24.
2) A. Guidoni, Florenz 13. August 1486, bei Cappelli a. a. O. S. 285. Gian Jacopo Trivulzio an den Herzog von Mailand, aus dem Lager bei Ponzano 12. Aug., bei Rosmini Bd. II. S. 150. Rinuccini Ricordi S. CXLII: „poi per manco male si accettò".

wollte, um das venetianische Gebiet wieder zu erreichen, sah er sich von den neapolitanischen Truppen umstellt. Kampf wäre sicherer Ruin gewesen. Nichts blieb ihm übrig als seine Schaaren aufzulösen; Viele entkamen nach den Marken, Andere wurden gefangen, geplündert, erschlagen, wieder Andere nahmen Dienst beim Herzog von Calabrien. Mit etwa hundert Reitern schlug Roberto sich durch und gelangte nach vielen Mühseligkeiten als Flüchtling an die venetianische Grenze, die er nicht ein Jahr zuvor an der Spitze einer ansehnlichen Kriegsmacht überschritten hatte. Die Republik nahm ihn wieder in ihren Dienst, in welchem er sich, der Dankbarkeit nicht vergessend, uneigennütziger zeigte als Condottierenart war. Ein Jahr nach dem für ihn verhängnißvollen Friedensschlusse fand er tapfer kämpfend den Tod in der Nähe von Roverebo, in dem Kriege welchen Grenzstreitigkeiten zwischen Venedig und Erzherzog Sigmund von Oestreich-Tirol entzündet hatten. Die Sanseverinische Angelegenheit verschwand jedoch vor dem, was in Neapel geschah.

Zwei Tage nach dem Abschluß erfolgte im Castelnuovo, bei der vom Könige veranstalteten Hochzeit Marco Coppola's, Sohnes des Grafen von Sarno, vornehmsten Rathes der Krone, mit einer Tochter Antonio Piccolomini's Herzogs von Amalfi, Ferrante's Enkelin, die Gefangennehmung des Grafen und seiner Angehörigen sowie Antonello Petrucci's, des andern königlichen Geheimschreibers, des Grafen von Burello vormaligen Gesandten in Rom und mehrer ihrer Angehörigen und Freunde, lauter hochstehende und einflußreiche Leute. Sie hatten mit den aufständischen Baronen Einverständniß gepflogen und schon im October des vorangegangenen Jahres hatte Lodovico il Moro dem Könige Beweise ihrer Schuld verschafft, aber dieser hatte sie sicher gemacht und auf den Moment des Friedensschlusses gewartet, das Netz zusammenzuziehn.

Erst vierzehn Tage früher hatte er den Grafen von Sarno „unsern geliebtesten Rath" genannt. Drei Monate später wurden die Schuldigen zum Tode verurtheilt und hingerichtet: schaudernd sah die Stadt die blutigen Glieder des vom Henker geviertheilten Grafen von Carinola, Sohnes Antonello Petrucci's. Aller Vermögen wurde eingezogen: nicht nur ihre Habe im Lande wurde mit Beschlag belegt, sondern Ferrante sandte sogleich einen der oberen Rechnungsbeamten nach Rom, Florenz, Genua, Mailand, sich der in den Banken deponirten Summen zu bemächtigen. Eine Million Goldes soll in seine Hände gelangt sein. Erschrocken über die furchtbare Justiz, gewarnt durch das Geschick Aquila's das alle seine Freiheiten verlor, ohne Vertrauen zu der im Friedensschluß enthaltenen Gewährleistung von Florenz und Mailand, waren die Barone lange unschlüssig, ob sie sich dem Könige anvertrauen sollten. Ferrante selber glaubte nicht daß sie's thun würden. Endlich fügten sie sich doch, leisteten Abbitte, versprachen Treue und Gehorsam. „Alle Fürsten und Herren, schrieb der König am 17. Februar 1487 an Giovanni Naucleto[1]), seinen Gesandten bei Ferdinand dem Katholischen, die einst gegen uns rebellirt hatten, befinden sich jetzt bei uns in Neapel. Sie genießen größerer Sicherheit ihrer Personen und Besitzungen, und größerer Zufriedenheit und Ruhe als vor dem Kriege, denn sie haben ihre Einkünfte wie ehemals, und während wir uns vor ihnen sicher wissen da ihre Burgen in unserer Hand sind, sind sie sicher vor uns, und Gott sei Dank leben wir miteinander ohne Verdacht. Das Vergangene ist unserm Gedächtnisse entschwunden, und wir behandeln sie wie liebe Söhne. Wir hoffen es wird von Dauer sein, denn wir sind entschlossen

---

1) M. Ferdinandi Instruct. l. S. 154. In demselben Sinne hatte der Herzog von Calabrien schon am 27. November 1486 vom Lager aus an Filippo Strozzi geschrieben. Vita di Filippo Strozzi il vecchio. S. 36.

2. Ferrante und die Barone.

ihnen mit jedem Tage mehr Grund zu geben in dieser Gesinnung auszuharren. So halten wir alle Theile unseres Reiches in Ruhe und Frieden." Nicht drei Monate später erfolgte die Confiscation des Fürstenthums Salerno, dessen Herr Antonello da Sanseverino im Auslande war, dann die Verhaftung der „wie liebe Söhne" behandelten Barone, die einer nach dem andern spurlos verschwanden.

Von den Verwicklungen welche diese Auffassung der Friedens-Stipulationen zwischen dem Könige und dem Papste veranlaßte, wie von der in Florenz dadurch hervorgerufenen Stimmung wird noch die Rede sein. Das Urtheil über die traurige Episode und deren Einfluß auf die Geschicke Neapels ist kaum zweifelhaft. Man darf Ferrante von Aragon nicht alles Unrecht zuschieben. Ein so mächtiger und kriegerischer wie empörungssüchtiger und theilweise erblich abgeneigter Adel machte das Regieren unmöglich. Bis in des Königs vertrauten Rath war der Abfall gedrungen, ja in die eigene Familie. Wie gering in dieser die Eintracht war, zeigt der Umstand daß die Barone hofften und versuchten, für ihre Pläne Don Federigo zu gewinnen, der ebenso beliebt war wie sein Bruder Alfonso verhaßt und gefürchtet. In Salerno boten sie ihm die Krone an, die er ausschlug. Ferrante siegte durch Klugheit und Waffenmacht, aber er mißbrauchte den Sieg durch List, Habsucht und Grausamkeit. Er übertraf an schlimmen Mitteln seinen alten Gegner Ludwig XI., aber während dieser, der um nichts besser war, die königliche Gewalt kräftigte, schoß er über das Ziel hinaus und entzog ihr den Boden. Andere seiner Zeit sind nicht ehrlicher gewesen, aber so grauenvolle Tragödien, wie die welche Neapel in den J. 1486 und 1487 sah, haben sie nicht aufgeführt. Ferrante regierte noch sieben Jahre, äußerlich in größerer Ruhe als zuvor, reicher, unumschränkter, ungestörter, aber sein Scharfsinn rettete ihn nicht vor den Gespenstern, die das Bewußtsein begangener Frevel, die Furcht vor neuen Gefahren heraufbeschworen. Im consequenten Anlauf zu despotischer Gewalt und im Interesse derselben decimirte er die alte Aristokratie. Während er sie aber doch nicht in dem Maße vernichten konnte daß dieselbe bei großen politischen Wechseln nicht einer der Factoren geblieben und die Feindseligkeit eines großen Theils derselben gegen sein Haus diesem verderblich geworden wäre, schwächte er die noch in den feudalen Ordnungen beruhende Kraft des Landes. Das Volk aber, in dem er eine Stütze zu finden hoffte, vermochte er nicht wirklich zu heben, weil sein Monopol- und Fiscalsystem dasselbe nicht minder als die Auswüchse des Lehnwesens bedrückte, und weil ihm keine Zeit blieb, eine Umwandlung der öffentlichen Dinge herbeizuführen, wie sie ihm möglicherweise vorgeschwebt hat. Dies Volk, das alle Unbilde nicht vergessen hatte, war durch kein Band der Anhänglichkeit an den Herrscher und seinen Präsumtiverben geknüpft, der mit sehr vermindertem Ruhm militärischer Tüchtigkeit und noch weit mehr gesteigertem Ruf der Treulosigkeit und Grausamkeit aus dem Baronenkriege hervorgegangen war [1]).

Ebensowie der Friede des J. 1484, hatte auch der von 1486 den florentinischen Wünschen und Forderungen in der sarzanesischen Streitfrage keine Rechnung getragen.

Lorenzo de' Medici war leidend und verstimmt. Wiederholt hielt gichtisches Uebel ihn zu Hause fest, wie im Juli

---

1) Camillo Porzio's meisterhafte Darstellung: „La Congiura dei baroni del Regno di Napoli contra il Re Ferdinando I." zuerst Rom 1565 gedruckt, erhält wesentliche Erläuterung und Berichtigung durch das mehrgenannte Regis Ferdinandi Instructionum Liber, leider immer noch im Drucke unvollendet, und durch die beiden Processe gegen die königlichen Geheimschreiber und gegen die Barone, auf Ferrante's Befehl 1487 und 1489 gedruckt und auch an die fremden Höfe gesandt, wieder abgedruckt mit Anmerkungen von Stanislao d'Aloe als Beilage zu seiner Ausgabe C. Porzio's, Neapel 1859.

1486, oder nöthigte ihn nach dem Bagno a Morba zu gehn, wo er im September desselben Jahres weilte. Oft war er zu Careggi und in der Villa zu Poggio a Cajano, wo er Erheiterung und Erholung inmitten der aufregenden Geschäfte suchte, die ihn nicht losließen. Er gab sich keine Mühe seinen Unmuth zu verbergen. Der Eine seiner Verbündeten compromittirte ihn durch Wortbrüchigkeit und Härte, der Andere gefährdete ihn durch Doppelzüngigkeit und selbstsüchtige Nebenzwecke. Je reichlicher Freundschaftsversicherungen gespendet wurden, umso näher lauerte Verrath. In Bezug auf den Friedensschluß und auf Gian Jacopo Trivulzio's Rolle dabei sagte er, Mailands Verfahren sei eine wahre Schande. Als das Einschreiten König Ferrante's gegen die Barone begann, deren Sicherheit Florenz und Mailand gewährleistet, und bald offenbar wurde daß es auf deren Vernichtung und Beschlagnahme ihrer Besitzungen abgesehen war, bemerkte er, die politischen Bedenken voranstellend, der König werde zu mächtig. Gehe das so fort, so werde er Herr in Italien werden, wobei Florenz und Mailand schlecht wegkommen würden, da das Vorwalten seines Einflusses wiederholt verderblich gewesen sei. Von dem Herzoge von Calabrien müsse man des Schlimmeren gewärtig sein, da er von bösem und gehässigem Charakter sei, abgesehen davon daß er, sobald er seinen Zweck erreicht, nicht auf Freundschaft noch auf erwiesene Dienste achte. Lorenzo erkannte, daß er die sarzanesische Angelegenheit zu Ende bringen müsse, wollte er nicht seine Stellung gefährden. In dem Jahre in welchem der Baronenkrieg zu Ende ging, war es nicht mehr möglich: das folgende durfte nicht ungenutzt vergehn. Von den Bundesgenossen war jedoch wenig zu erwarten. König Ferrante wußte sehr wohl welche Verpflichtungen er gegen Lorenzo und Florenz hatte, und sprach es aus, es sei löblich Gleiches mit Gleichem zu vergelten, aber, setzte er hinzu, wo ein Freundschaftsbund so fest, der Wille beiderseits so eins sei, müsse man nicht das Maß der Verpflichtung sondern das des Vermögens anlegen. Und nun begannen die gewohnten Berufungen auf Erschöpfung des Schatzes, Schwierigkeiten mit dem Papste, Türkengefahr, die auch Bernardo Rucellai, Gesandter in Neapel, zu vernehmen bekam[1]). Ferrante sagte zu Lulozzo Nasi, einem andern florentinischen Diplomaten: Lorenzo hat erfahren daß ich ihn und die Stadt in Wahrheit geliebt habe, ich aber habe seine Liebe zu mir und den Meinigen erprobt. Ohne ihn, würden ich und sie nicht mehr in diesem Reiche sein. Eine Wohlthat welche wir und unsere Nachkommen nie vergessen werden noch können, während wir unsere Dankbarkeit gegen ihn und die Signorie stets an den Tag legen werden. Aber es blieb bei Worten. Denn es hatte nicht sehr viel zu bedeuten, wenn Ferrante gelegentlich sich herabließ, der florentiner Signorie zu schmeicheln, wie er z. B. im Herbst 1486 für deren Gesandtschaft ein Haus in Neapel anwies, was einst König Ladislaus für Venedig gethan, und Trophäen aus dem Kriege von 1478 zurücksandte, indem er äußerte, er wolle nicht daß die Erinnerung an vergangenen Hader währe, wo man nur gegenseitiger Freundschaft gedenken sollte[2]).

Zu Lodovico il Moro hegte Lorenzo noch weit geringeres Vertrauen, aber der oberitalischen Verhältnisse und namentlich der Venetianer wegen, lag ihm noch mehr daran, mit Mailand in möglichstem Einvernehmen zu bleiben. Lodovico war eifersüchtig auf die genauen Beziehungen zwischen seinen Bundesgenossen, sodaß Lorenzo, um diese Eifersucht nicht zu

---

1) Der König an Lorenzo. Castelnuovo zu Neapel 3. Juni 1487. Bei Fabroni a. a. O. Bd. II. S. 275.
2) Gio. Lanfredini an die Signorie, Neapel 27. Sept. 1486, bei Pandini Collectio etc. S. 10.

steigern, gerne auf das gemeinsame Interesse von Florenz und
Mailand hinwies, den König nicht gar zu mächtig werden zu
lassen. Ueberdies stand die sarzanesische Angelegenheit dem
Einverständniß immer im Wege. Lobovico dachte stets an
die Wiedergewinnung Genua's, und wünschte sich wegen einer
Streitfrage, welche die Genuesen in fortwährender Spannung
erhielt, umsoweniger deren Gemüther abwendig zu machen,
da dieselben sich um Hülfe gegen die Florentiner selbst nach
Venedig gewandt halten. Innocenz VIII. hatte Vermittlung
versucht, gemäß welcher die Bank von San Giorgio Pietrasanta abtreten, hingegen Sarzana behalten sollte, aber die
Sache zerschlug sich, es heißt wegen Mißhelligkeiten zwischen
dem Papst und seiner Vaterstadt, doch auch wol, weil die
öffentliche Meinung in Florenz sich, nach all den Opfern, mit
einem solchen Abkommen keineswegs zufrieden gegeben haben
würde. Ein geringfügiger Anlaß, die florentinischerseits ge-
schehene Besetzung eines kleinen Castells jenseit der Magra,
reichte hin, es zu bittern Worten zwischen Lorenzo und dem
Sforza kommen zu lassen. Ersterer hatte im October 1486
Baccio Ugolini zum Herzog von Calabrien gesandt, und Lodovico nahm es übel nicht davon benachrichtigt worden zu sein.
Mailand und der Herr Lodovico, erwiederte Lorenzo, scheinen
zu vergessen, daß diese Stadt sich eine Stadt der Freiheit
nennt, und daß es übel um sie stehn würde, wenn sie nicht
einmal einen Mann in nicht officiellem Auftrag an den neapolitanischen Prinzen senden könnte, ohne sich mit Mailand
darüber zu benehmen. In Florenz, fuhr er fort, habe man
nichts darüber gesagt, als der Herr Lodovico, ohne anzufragen,
sich mit Venedig verständigt habe. Solche Dinge seien Merk-
male von Abneigung, und träfe es sich daß Mailand einmal
der Florentiner bedürfte, so würde es unmöglich sein das Volk
zu dessen Gunsten zu stimmen, wenn man es vorher zum

äußersten gebracht hätte. So standen diese italienischen Staaten zueinander, die sich Bundesgenossen nannten! Dann folgten wieder schöne Worte und Freundschaftsbetheuerungen, welche den Schein erhielten und inbetreff des Wesens niemand täuschten. Lorenzo muß es zur Ehre nachgesagt werden, daß er stets das Mögliche gethan hat, das wankende Gebäude der Eintracht zu stützen.

Als das Jahr 1487 anbrach, war man in Florenz fest entschlossen, mit Sarzana und einer Angelegenheit, die geradezu zur Unehre für die Republik wurde, ein Ende zu machen. Die Genuesen kamen aber mit dem Angriff zuvor. Auf einem Hügel östlich von der gedachten Stadt liegt das Fort Sarzanello, von Castruccio Castracane dem tapfern Gibellinenführer begonnen, als dieser das lucchesische Gebiet bis zur Magra ausdehnte. Es war eine Bergveste, die auch heute noch durch ihre Construction Beachtung verdient, und die Florentiner hatten es stets behauptet. Im März des ebengenannten Jahres griff plötzlich der Befehlshaber von Sarzana, Gian Luigi Fiesco von Lavagna, Sarzanello an, nahm den äußern Ort, begann die Beschießung des Forts. Im genuesischen Lager diente als Ingenieur der berühmte sienesische Architekt Francesco di Giorgio, der sich mit Giuliano da Sangallo um das Kriegsbauwesen seiner Zeit wie kein Anderer verdient gemacht hat, und gegen Sarzanello ist, so scheint es, zuerst das Minensystem von ihm angewandt worden. In Florenz erkannte man, daß keine Zeit zu verlieren sei. Der Graf von Pitigliano, die Herren von Piombino, von Faenza und Mirandola befehligten die Truppen, zu denen Neapel und Mailand tätlichen Beistand sandten. Am 15. April wurden die Belagerer des Forts vollständig geschlagen, wobei ihr Anführer Obietto Fiesco in die Hände der Sieger fiel. Aber der Kampf um die Stadt zog sich lange hin: die Mannschaft war nicht besser als ein Theil der Hauptleute. Im Orte stieg die Noth, doch hielten die Vertheidiger ans inmitten der Bestürzung der Tag und Nacht bedrängten Einwohner.

Zu Anfang Juni war Lorenzo nach Pisa gegangen, dem Kriegsschauplatz näher zu sein. Am 8. war er im Lager und beorderte engere Einschließung. Ein Entsatzversuch mißlang. Als am 21. der Sturm beschlossen war, zog die Stadt die weiße Fahne auf. Am folgenden Morgen öffneten sich die Thore. Die Bewohner wurden geschont, die Besatzung blieb kriegsgefangen. Am Vorabende des Johannesfestes traf Lorenzo in Florenz ein. „Niemals, meldet der ferraresische Gesandte, wurde er mit solchem Jubel vom Volke empfangen, das die Wiedergewinnung Sarzana's ihm mehr als Andern zuschreibt" [1]). Es war nicht sowol die Bedeutung des Ortes an sich, worauf es ankam: Florenz betrachtete die Wegnahme als einen ihm angethanen Schimpf. „Nachdem ihr, so lautete König Ferrante's Instruction [2]) vom 27. Juli an Antonio Sperandeo den er nach Florenz sandte, die durchlauchtige Signorie, die Herren Acht und den erlauchten Herrn Lorenzo in unserm Namen begrüßt habt, werdet ihr denselben unsere Freude über die Wiedergewinnung Sarzana's aussprechen, eine Freude welche wahren und aufrichtigen Freunden bei günstigen Anlässen geziemt und einem Verhältniß entspricht, welches den Vortheil und das Wohl des Einen zum Vortheil und Wohl des Andern macht. So erfreuen wir uns über

---

1) Die Berichte Guidoni's bei A. Cappelli enthalten eine Menge Nachrichten und Andeutungen, aus denen man Lorenzo's be' Medici Stimmung um die Zeit des Friedenschlusses von 1486 und sein Verhältniß zu den Bundesgenossen klar erkennt. — Ueber Sarzanello: Carlo Promis, Storia del forte di Sarzanello, Turin 1838. Daß auch die Florentiner Minen brauchten, scheint aus Guidoni's Nachricht hervorzugehn: „spensi per certe cave fatte . . . che S. Francesco si aquistera fra due dì."

2) R. Ferdinandi Instr. I. S. 245.

die Beendigung dieser Angelegenheit wie über ein uns selber zutheil gewordenes Glück, und bitten Gott, er möge durch Fortbauer unserer gegenseitigen Freundschaft uns Beide in unserm Interessen und unserm Wohlergehn fördern und vom Guten zum Bessern gelangen lassen." Wie viel von diesen Freundschaftsbetheuerungen auf Rechnung der einheimischen Verwicklungen kam, mag unerörtert bleiben.

Lodovico il Moro gab sich gar keine Mühe seine üble Laune zu verbergen und berief sogleich seine Truppen aus dem florentinischen Lager an der Magra zurück, worüber man in Florenz äußerst ungehalten war. Lorenzo äußerte, der Herzog von Bari glaube nun wol, Genua und das Castelletto würden ihm übergeben werden. So kam es aber inderthal. Der Cardinal-Doge Paolo Fregoso sah ein, daß es ihm nicht gelingen würde sich inmitten seiner zahlreichen Gegner zu halten, wenn selbst die Florentiner, wozu sie allerdings Lust zu haben schienen, nicht weiter gegen die Rivieren vordrangen, wo die Gegend um den Golf der Spezia nahezu schutzlos war. Während er mit dem Sforza zu unterhandeln begann, unterhandelte die Partei der Adornen mit Frankreich. Lodovico war jedoch behender als die Räthe des jungen Königs, und nach vielfachem Hinundherzerren endete die Sache damit, daß Genua den Herzog von Mailand nochmals als Oberherrn anerkannte, und der Doge mit einem Jahrgehalt abgefunden sein ruheloses Leben in Rom beschließen ging. Die Florentiner aber sollten sich nicht lange des Besitzes von Sarzana zu erfreuen haben, das so viel Blut und mehr noch Geld gekostet hatte. Carls VIII. Feldzug gegen Neapel gab Stadt und Veste in die Hände der Franzosen, welche sie, als schon florentinische Truppen und Commissare zum Behuf der Rückgabe erschienen, an dieselbe Bank von San Giorgio verkauften, die so lange mit der Republik um den Besitz gestritten hatte.

VI.

Lorenzo de' Medici als Vermittler zwischen Rom und Neapel.

Seit lange hatte Lorenzo de' Medici keinen Zweifel
darüber gelassen, wie sehr er sich nach einem guten Einverständniß mit Innocenz VIII. sehnte. Wir sahen wie alsbald
nach dessen Wahl die Umstände sich günstig anließen, sodaß
die Florentiner hoffen durften mit dem Streit um Sarzana
zu Ende zu kommen. Das Zerwürfniß zwischen dem Papst
und Neapel war dann hemmend eingetreten. Florenz stand
auf des Königs Seite, zur Kriegserklärung war es
jedoch nicht gekommen, die Unterhandlung mit dem Papste
nie abgebrochen worden. Lorenzo war jederzeit zu diesem in
Beziehung gestanden. Er war es, der die im Frieden von
1486 fast schutzlos gebliebenen Orsinen mit Innocenz versöhnte. Oeffentliche wie persönliche Angelegenheiten ließen
ihn auf dessen Freundschaft Gewicht legen. Er erkannte auf
wie schwachen Füßen das italienische Bündniß stand und
welchen Einfluß die Dinge im Kirchenstaat auf die einheimischen übten. In Familienverhältnissen handelte es sich
nicht minder um Vermögensfragen, wobei die vortheilhafte
Verbindung des ältesten Sohnes und der heranwachsenden
Töchter in Betracht kam, sondern auch um Förderung des

21*

zweiten Sohnes, welcher nach dem Wunsche des Vaters früh die einst seinem Oheim zugebrachte Laufbahn betreten sollte. Im Verhalten Lorenzo's im Laufe des J. 1487 treten diese verschiedenen Interessen deutlich zu Tage.

Im April 1486 hatte ein angesehener und waffenkundiger Bürger von Osimo in der anconitaner Mark, Boccalino be' Guzzoni, der eine große Autorität beim Volke gewonnen, den Augenblick der Verlegenheit des Papstes benutzt um sich unter dem Vorwande einer von der apostolischen Kammer ihm geschuldeten Summe gewaltsam in den Besitz dieser gleich vielen päpstlichen Orten zu Empörungen geneigten Stadt zu setzen [1]). Lodovico il Moro hatte alsbald geäußert, wenn der Mann sich dem Bündniß wider den Papst anschließen wolle, so werde man ihm beistehen, da die Sache gelegen komme [2]). Aber Boccalino wollte versuchen inmitten der herrschenden Wirren sich ohne fremden Beistand zu halten, dem er nicht trauen mochte. Als dann jedoch der zwischen dem Papst und Neapel geschlossene Friede, der ihm im ersten Moment zugute kam, indem viele der zersprengten Kriegsleute Sanseverino's in seinen Dienst übertraten, ihn zur Ueberzeugung brachte daß er verloren sei, gab er den im Namen des jungen Herzogs von Urbino an ihn gerichteten Vorstellungen nach und vertrug sich mit Innocenz VIII. Aber das Abkommen war nicht von Dauer, und da Boccalino von neuem die Fahne der Empörung aufpflanzte, wurde die Belagerung Osimo's beschlossen. Nun kam Jener auf

---

1) Die ausführlichsten Nachrichten über Boccalino be' Guzzoni giebt Bernardino Baldi im 11. Buche der Geschichte Guidubaldo's von Montefeltro, Mailand 1821. Vgl. Ugolini Storia dei conti e duchi d'Urbino Bd. II. S. 49 ff.

2) An Gian Jacopo Trivulzio, Mailand 29. April 1486, bei Rosmini Bd. II. S. 158. Ebendas. die weiteren Schriftstücke über diese Angelegenheit.

den abenteuerlichen Gedanken sich nach Constantinopel zu wenden, am Sultan Bajazet zu einem Angriff auf die Mark zu bewegen, die er sodann als Vasall des Türkenreichs verwalten würde. Der Bote, ein Neffe Boccalino's der diesen Vorschlag überbringen sollte, wurde in Lecce verhaftet, und König Ferrante, im Besitz der Briefschaften, theilte die Sache dem vom Baronenkriege her mit mailändischen Truppen im Königreich befindlichen Tribulzio und den Gesandten von Florenz und Mailand mit, wodurch der Papst von der Sache vernahm. Man beschloß in Rom, weiterm Ausbreiten der Rebellion zuvorzukommen. Am 2. März 1487 wurde Cardinal Giuliano della Rovere zum Legaten für die Mark ernannt[1], Giulio Cesare Varano Herr von Camerino ihm als Befehlshaber der Truppen beigegeben. Beide zogen gegen Osimo, kamen aber nicht zum Ziel, denn Boccalino hielt den Cardinal mit Worten hin, sodaß der Papst sich an Lodovico il Moro mit dem Gesuch wandte, ihm Tribulzio mit einem Theile seiner Truppen zu leihen. Der Herzog von Bari erfüllte den Wunsch und am 8. Mai traf Gian Jacopo in Rom, am 31. im Lager vor Osimo ein.

Auch dieser tüchtige Kriegsmann richtete längere Zeit hindurch nichts aus. Es fehlte an Geld, an Artillerie, an Munition. Wegen ausbleibenden Soldes verweigerte ein Theil der mailändischen Truppen den Dienst und verließ das Lager; die päpstliche Mannschaft war völlig unbrauchbar; Boccalino unterhandelte fortwährend mit dem Cardinal und mit Francesco Gaddi, welchen Lorenzo be' Medici, mittelst des Bischofs von Arezzo mit Boccalino in Verbindung getreten, gesandt hatte, um zu einem Vergleich zu gelangen[2].

1) Burcard Diarium S. 66.
2) Das Mediceische Archiv, Filza 57, enthält eine Menge Schriftstücke über die Angelegenheit von Osimo und Boccalino.

Endlich wurde man's in Rom müde. Cardinal La Balue, der schlimme Intrigant welcher von Glück sagen konnte, daß Ludwig XI. sich damit begnügt hatte ihn in einen Eisenkäfig zu sperren, dem es aber nicht an Fähigkeiten fehlte und der am päpstlichen Hofe Einfluß gewonnen hatte, wurde in der zweiten Hälfte Juni mit Geld und neuer Mannschaft gesandt, Della Rovere abzulösen. Als er anlangte, hatte Trivulzio durch Befestigung einer die Stadt dominirenden Anhöhe fernern Widerstand unmöglich gemacht. Am 12. Juli erboten sich die Einwohner zu capituliren. Der florentinische Abgesandte vermittelte das Abkommen. Gegen Zahlung von achttausend Ducaten willigte Boccalino ein, die Stadt zu verlassen und Florenz zu seinem Wohnorte zu wählen. „Heute Abend, schrieb Trivulzio am 1. August nach Mailand, habe ich zweihundert Füßer und eine Schwadron Hommesd'armes in Osimo einrücken lassen. Morgen früh wird Messer Boccalino die Stadt verlassen und sodann der Herr Legat seinen feierlichen Einzug halten. Die Sache konnte nicht glücklicher noch ehrenvoller verlaufen." Nicht glücklicher noch ehrenvoller! Sechzehn Monate lang hatte eine gar nicht starke Stadt in der Rebellion gegen ihren Landesherren beharrt, und nach fünfmonatlicher Einschließung hatte man sich mit Geld und Pardon abgefunden. Für die Bewohner war dies ein Glück, aber es zeigt wie es mit dem Kriegswesen stand.

Boccalino de' Guzzoni begab sich nach Florenz, wo er ehrenvoll aufgenommen wurde, und wo Lorenzo de' Medici beauftragt war, ihm den größten Theil der ihm bewilligten Summe von welcher er bei seiner Abreise tausend Ducaten erhalten hatte, auszuzahlen. Ohne Schwierigkeiten ging es jedoch dabei nicht zu, und Lorenzo's Briefe an den Gesandten in Rom, Giovanni Lanfredini, zeigen, wie ungehalten er über die dortige Verzögerung in der Erfüllung der von ihm gewährleisteten Zusagen war, und wie er dadurch compromittirt zu werden besorgte. Da das versprochene Geld nicht anlangte, Boccalino auf Zahlung drang, stellte Lorenzo ihm einstweilen fünfzehnhundert Ducaten zu und beauftragte den Gesandten für die Erledigung der Sache zu sorgen. „Ich glaube nicht, schreibt er diesem[1]), daß der Papst von Natur bösartig oder händelsuchend ist. Wäre er's aber, was ich nie bemerkt habe, so sollte er's nicht mir gegenüber sein. Suchet die Sache in Ordnung zu bringen, denn ich achte den geringsten Flecken der sich meiner Ehre anheftet, mehr als das Leben oder was mir sonst auf Erden das theuerste ist. Machet kein Hehl daraus, daß ich, wenn man auf meine Ehre keine Rücksicht nähme, keinen Anstand nehmen würde, mein Mißfallen an den Tag zu legen. Ich kann es nicht glauben, werde mich aber nach der Erfahrung richten." Man schien in Florenz zu erwarten, Boccalino werde sich dort ankaufen und Bürgerrecht erwerben, wozu man ihm behülflich zu sein dachte, wie ihm denn auch der Eintritt in den Kriegsdienst angeboten ward. Nachdem er aber eine Zeitlang verweilt, begab er sich nach Mailand, wo Lodovico il Moro, der den Mann ungern in seiner Nähe sah, sich seiner gewaltsam entledigte.

Als Lorenzo dem Papste diesen Dienst erwies, war eine Familienverbindung zwischen Beiden schon eingegangen. Die Reihenfolge der politischen Ereignisse hat uns seit den aus der Verschwörung der Pazzi entsprungenen Verwicklungen und Kämpfen die Mediceische Familie aus den Augen

1) Florenz 18. August 1487. Med. Arch. Filza 57. In einem Schreiben vom 24. November, welches sich auf den in Rom gefänglich zurückgehaltenen und nachmals hingerichteten Neffen Boccalino's bezieht, drückt er sich noch weit schärfer aus. „Stimo questa cosa ... quanto la vita propria, perchè mi pare mettere una gran parte dello honore et fede mia."

verlieren laſſen. Das Haus in Via Larga war mit Kindern
gefüllt. Neben den drei Söhnen, Piero, Giovanni, Giuliano,
blühten vier Töchter heran, Lucrezia, Luigia, Maddalena, Con-
teſſina. Lucrezia, von Allen die älteſte, war frühe mit Jacopo Salviati verlobt worden, als es darauf ankam, die Erinnerungen von 1478 zu tilgen. Luigia, die zweite Tochter,
war Braut Giovanni's be' Medici, des jüngern Enkels von
Coſimo's des Alten Bruder Lorenzo. Ihre Großmutter war
längſt nicht mehr als im J. 1487 die Vermälung der Aelte-
ſten ſtattfand. Lucrezia Tornabuoni ſtarb am Verkündigungs-
tage 1482. Lorenzo hat den Verluſt der trefflichen Mutter
ſchwer empfunden. „Meine Verehrung für Eure Excellenz,
ſchreibt er an demſelben Tage an die Herzogin von Ferrara
(Eleonora d'Aragona d'Eſte[1]), gebietet mir derſelben das
ſchmerzliche und niederdrückende Ereigniß zu melden das mich
heute betroffen, den Tod meiner theuerſten Mutter Madonna
Lucrezia, der mich in eine Betrübniß verſetzt welche E. E.
ſich vorſtellen kann, da ich nicht blos die Mutter verloren
habe, ſondern meine einzige Zuflucht in meinen vielen
Sorgen und Bedrängniſſen, die einzige Helferin die mir viele
Mühen abnahm. Es iſt wahr daß man den Willen Gottes
in Geduld hinnehmen muß, aber ich habe nicht Geiſteskraft
genug um einen ſolchen Fall in Ruhe zu ertragen. Ich bitte
zu Gott, er wolle mir etwas mehr Faſſung und Troſt ſen-
den, und ihrer Seele Frieden und Seligkeit gewähren. E. E.,
welcher gegenüber ich meinem Schmerz freien Lauf laſſe, begreift in welcher Stimmung und Verfaſſung ſich ein treuer
Diener befindet, der ſich Derſelben ſo viel er vermag von
Herzen empfiehlt."

---

[1] Cappelli a. a. O. S. 244. Ebendaſ. Schreiben von demſelben
Tage (25. März 1482) an Herzog Ercole.

Daß Lorenzo be' Medici eine Stellung wie die seinige bei der Berathung der künftigen Verhältnisse seiner heranwachsenden Kinder in Betracht ziehen mußte, liegt auf der Hand. Man erkennt daß er sich angelegen sein ließ, die politischen Nothwendigkeiten dieser Stellung mit den Traditionen der Landessitte auszugleichen, welche ausländischen Verbindungen nicht geneigt war. Die von ihm geschlossene Familien-Allianz zwischen den Medici und Cybò hat das Besondere, daß hier zum erstenmale der Sohn eines Papstes gewissermaßen anerkannt und auf die politische Schaubühne gestellt wurde, ein trauriger Anfang einer traurigen Verirrung in der Geschichte des Papstthums. In der ersten Hälfte des März 1487 ging Giovanni Lanfredini nach Rom, ein Ehebündniß zwischen Maddalena der dritten Tochter Lorenzo's, und Franceschetto Cybò, dem Sohne Innocenz' VIII. einzuleiten[1]. Die Verbündeten, Neapel und Mailand, waren von der betreffenden Unterhandlung benachrichtigt worden. Namentlich auf des Königs Zustimmung legte Lorenzo um so größern Werth, da einmal an die Vermälung Franceschetto's mit einer Tochter desselben gedacht worden war, und veranlaßte erst dann den förmlichen Abschluß in Rom, nachdem er sich derselben vergewissert hatte, wie er denn auch nicht eher die Sache mit den florentinischen Magistraten besprach, denen er sie zur Begutachtung vortrug. „Unsere Meinung von dem erlauchten Lorenzo, so heißt es in der von Ferrante an den nach Rom, Florenz und Mailand gehenden Gesandten Trojano be' Pottuni am 1. Mai ertheilten Instruction[2], ist so festbegründet, daß die ganze Welt keine Aenderung bei uns zuwegebringen könnte. Wünschet ihm Glück zu der neuen

---

[1] A. Guidoni bei Cappelli a. a. C. S. 292.
[2] II. Ferd. Instruct. I., S. 222.

Verwandtschaft, die nach unserer Ansicht uns nicht weniger als ihm Nutzen bringen wird, denn der Einfluß, den er auf den Papst gewinnt, wird auf die Beseitigung der zwischen Sr. Heiligkeit und uns obwaltenden Misverständnisse günstig einwirken, und es thut uns leid nicht früher um die Absicht gewußt zu haben, indem wir sogleich unsere volle Zustimmung gegeben haben würden."

„Gott wende nun Alles zum Guten, schrieb Lorenzo an den Gesandten der Republik in Neapel[1]), und verleihe mir die Gnade daß die Sache zu unserm und Anderer, zum besondern wie zum allgemeinen Vortheil gereiche. Solche Dinge pflegt man mehr nach dem Erfolge als nach Vernunftregeln zu beurtheilen." Dann fügt er die ihn ehrenden Worte hinzu: „Da der König wünscht, daß das neue Verhältniß keinen störenden Einfluß auf unser Bündniß übe, so versichere ich, daß diese Verschwägerung mich nicht zu einem Andern machen wird, denn nie war ich auf meine Privatangelegenheiten so vorwiegend und leidenschaftlich bedacht, daß ich der öffentlichen Ehre oder dessen, was sich für einen graden und redlichen Mann ziemt vergessen hätte. Ich glaube der König hält mich für einen solchen, und er kann gewiß sein, daß, wenn der Papst irgendetwas beabsichtigte was den Frieden stören könnte, ich der Erste sein würde ihm Widerstand zu leisten. Ich weiß, wo ich das Fundament der Dinge zu suchen habe, und welche Schwierigkeiten aus den täglichen Vorgängen erwachsen, die sich der Reihe nach fortspinnen. Ich glaube dem Könige meine Ergebenheit mit nicht geringem Aufwande von Mühe, Sorgen und Kosten bewiesen zu haben, und er mag sicher sein, daß ich das Gewisse nicht für das Ungewisse opfern werde."

[1] Fabroni a. a. O. Bd. II. S. 313.

Franceschetto Cybò hat in der Geschichte dieses Pontificats keinen glänzenden Namen hinterlassen. Er war, so nimmt man an, im J. 1449 zu Neapel geboren, wo Giambatista Cybò, damals erst siebzehnjährig, bei seinem Vater Arano verweilte bevor er in den geistlichen Stand trat, und hatte, als dieser Papst wurde, eine Schwester, Teodorina, welche in die genuesische Familie Usodimare hineinheiratete. Weder Name noch Stand der Mutter sind bekannt, und von ihm selbst weiß man nichts vor der Zeit, in welcher er plötzlich auf der großen Weltbühne erschien. An äußeren Ehren fehlte es ihm begreiflicherweise nicht. Er wurde Gouverneur von Rom und Generalcapitän der Kirche; Leo X. sein Schwager verlieh ihm nachmals das Gouvernement von Spoleto und von Kaiser Friedrich erhielt er die Reichsgrafenwürde. Lehen kamen zu den Titeln. Aber er war zugleich talentlos und habsüchtig und ein leichtfertiger Verschwender, und während er mit jungen Edelleuten an nächtlichen Unordnungen theilnahm, verspielte er einmal an Cardinal Raffael Riario vierzehntausend Ducaten. Als der Papst von einem apoplektischen Anfall getroffen scheinbar hoffnungslos darniederlag, versuchte er sich des Schatzes zu bemächtigen, was zur Folge hatte daß die Cardinäle ein Inventar desselben aufnahmen und einen der Ihrigen mit der Aufsicht betrauten, wobei es freilich hieß, Franceschello habe bereits einen Theil nach Florenz in Sicherheit zu bringen gewußt. Die Braut war noch so jung, daß die Vermälung aufgeschoben wurde. Währenddessen ereignete sich manches, was Lorenzo hätte stutzig machen können, wäre nicht sein Wunsch, sich in Rom einen Anhalt zu verschaffen, so dringend, seine Hoffnung den schwachen Papst zu dominiren, andrerseits durch die Ereignisse des J. 1487 bestärkt worden.

Schon wenige Wochen nach dem Frieden hatte das Zerwürfniß zwischen der Kirche und Neapel wieder begonnen.

als Aquila dem Könige unterworfen ward, wobei der päpstliche Gouverneur den Tod fand, das päpstliche Banner herabgerissen wurde. Die neue gegen die Barone ausgebrochene Verfolgung steigerte dann das Misverhältniß. Nun trat des Königs Wortbrüchigkeit auch gegen den Papst selber dazu. So Ferrante wie sein Sohn stellten die Zusage der Zahlung des eigentlichen Lehnzinses in Abrede. In Bezug auf das Beneficialwesen währte die alte Willkür. Innocenz VIII. sah sich und seine Autorität offenbar verhöhnt. Im Januar 1487 traf der Fürst von Salerno, der sich aus dem Königreiche entfernt hatte ehe das Netz sich auch über ihn zusammenzog, in Rom ein, wo er mit großen Ehren empfangen wurde¹). Sein Bericht über die Vorgänge goß begreiflicherweise Oel ins Feuer. Der Umstand daß Lodovico il Moro, der immer doppeltes Spiel spielte, sich ohne Rückhalt wider den König aussprach mit dem er doch eben wegen der Heirat seines Neffen Gian Galeazzo unterhandelte, und mit der Parteinahme Venedigs für den Papst drohte, trug nicht dazu bei, Letztern Ferrante's Verfahren ruhiger ertragen zu lassen. Der König erkannte daß die Lage nicht ungefährlich war. Am 1. Mai sandte er Trojano be' Bottuni als außerordentlichen Botschafter nach Rom, Florenz und Mailand²). Dieser sollte die damals noch in der Schwebe befindliche Angelegenheit von Ost.. und den dem Papste dabei geleisteten Dienst möglichst ausbeuten, die Türkengefahr in den Vordergrund schieben, die finanzielle Verlegenheit mit den fortdauernden Rüstungen erklären, Lorenzo be' Medici und den Herzog von Bari um Beistand im Fall einer Invasion angehn. Alles dies war nur Spiegelfechterei. Sollte der Papst sich renitent zeigen, so war der Gesandte angewiesen zu erklären, der

---

1) Burcard Diarium S. 87.
2) R. Ferdinand Instruct. I. S. 217 ff. S. oben S. 329.

Lehnzins sei vielmehr eine Formalität als eine Geldleistung. Zu letzterer erachte sich der König nicht verpflichtet, und er habe die beim Friedensschluß ertheilte Zusage nie ratificirt. Die Bedingungen dieses Friedens seien überdies von seinen Baronen nicht erfüllt worden, und nachdem der Papst ihn einst in tausend Nöthe und Gefahren gebracht, sei er nicht im geringsten gesonnen, seine Kräfte noch mehr zu schwächen um ihn zu erhöhen. Was die Drohung des Herzogs von Bari mit Venedig betreffe, so möge der Gesandte die Meinung der florentinischen Signorie und Lorenzo's vernehmen und wo möglich schriftliche Zusage von Hülfeleistung zu erlangen suchen. Das Verhalten der Barone habe neue Maßregeln erfordert. Das Murren darüber befremde den König sehr, denn es werde nur dem Papste und den Venetianern Oberwasser und vielleicht zu einer Verwirrung Anlaß geben, ärger als die frühere. Er verlasse sich völlig auf Florenz und Lorenzo; die ganze Welt würde nicht vermögen, seine Meinung von diesem umzustimmen. Derselbe Mann, der den Frieden mit dem Papste geschlossen hatte, Gioviano Pontano, verfaßte auch, in des Königs Auftrag, diese Instruction, welche die im Frieden übernommene Verpflichtung ableugnete.

Ferrante täuschte sich nicht in der Voraussetzung, Lorenzo de' Medici werde das Mögliche thun, einen neuen Brand zu verhüten. Aber er irrte sehr wenn er glaubte, oder zu glauben sich stellte, dieser billige sein Verfahren. Von Sarzana zurückgekehrt und endlich dieser Sorge ohne, äußerte Lorenzo sich rückhaltlos über beide Bundesgenossen. Seine Erbitterung mußte inderthat groß sein, wenn er, der eigentliche Repräsentant der nationalen Politik Italiens, in seiner Freude über die Fortschritte der französischen Waffen in Flandern gegen König Maximilian sich zu der Aeußerung hinreißen lassen konnte, er hoffe noch den König von Frankreich als

Herrn von ganz Italien zu sehn¹). „Dies zeigt, fügt der ferraresische Gesandte hinzu, wie groß die Verstimmung Sr. Magnificenz ist: Gott lenke sein Herz zum Guten." „Die Verhaftung der Barone, berichtet derselbe am 11. Juli, hat nicht blos dem erlauchten Lorenzo sondern der ganzen Stadt sehr mißfallen, und man spricht davon zur Unehre des Königs." Der Anschluß Genua's an Mailand und die Verluste Venedigs im Kampfe gegen Erzherzog Sigmund, meint der Gesandte, würden wol die Signorie zu äußerster Behutsamkeit veranlassen, aber Lorenzo's Reden gegen Lodovico il Moro, den er als den eigentlichen Friedensstörer erachte, seien äußerst heftig. Wenn der Herzog von Bari in seiner zweideutigen Politik fortfahre, werde nach Lorenzo's Ansicht die Folge davon sein, daß der Papst und Florenz von dem Könige das Gesetz annehmen müßten. Handelten Beide verständig, so würden sie zusammengehn wie ihre Väter, und Italien nicht in Gefahr stürzen. Lorenzo sagte, er wollte er könnte sich sechs Monate lang an einem Orte verbergen, wo ihm von italienischen Dingen nichts zu Ohren käme.

Die zahlreichen während dieser Zeit von Lorenzo an Lanfredini gerichteten Schreiben legen seine Verstimmung wie seine Besorgniß an den Tag. Es sei nöthig, schrieb er am 17. Juli²), daß der Papst sich der Haltung Venedigs vergewissere, unterdessen aber eine feste Stellung nehme, damit man nicht argwohne, er messe den Versicherungen des Königs, sein Vorgehen gegen die Barone sei durch deren Verhalten seit dem Frieden veranlaßt, Glauben bei, wodurch er allen Boden verlieren würde. Zehn Tage später äußerte er sich mißmuthig über die Zweideutigkeit Lodovico Sforza's.

---

1 A. Guidoni Flor. 7. Juli 1487, bei Cappelli a. a. O. S. 295.
2 Med. Arch. Filza 57. Aus dieser und der folgenden Zeit sind eine Menge Depeschen über diese Angelegenheit vorhanden.

welcher, von dem neapolitanischen Gesandten gedrängt, zur selben Zeit an seinen Bruder den Cardinal in einem dem Könige günstigen Sinne, an seinen Agenten in Rom in Uebereinstimmung mit den päpstlichen Ansichten schreibe. Der Zweck der scheinbaren Parteinahme des Sforza für Ferrante dürfte wol sein, diesen zu verhindern sich Venedig zu nähern, wenn er Mailand und Florenz sich gegenüber sähe. Es komme aber vor allem darauf an, daß sämmtliche italienische Staaten fest zum Papste hielten und keinen Wankelmuth zeigten. „Gewiß wünscht Jeder den Frieden, aber ich glaube, keiner wird zulassen, daß der Papst beleidigt und erdrückt werde."

Die vom Könige umhergesandte Rechtfertigung seines Verfahrens überzeugte niemanden. In der zweiten Hälfte des Juli hielt Innocenz VIII. ein Consistorium über die Lage der Dinge in Neapel. Das ganze Cardinalcollegium stimmte mit ihm überein, daß die Ehre des h. Stuhls nicht länger zuzusehn gestatte. An den König von Spanien, an Mailand und Florenz, die das Abkommen gewährleistet, sollte über dessen Verletzung geschrieben werden. Ein Nuntius sollte nach Neapel gehn, Einsprache zu thun, um, falls die Barone neuerdings gefehlt, den ordentlichen Rechtsweg wider dieselben unter Betheiligung des Papstes anzutragen. In diesem Sinne wurden am 24. Juli die Instructionen für Pietro Vicentino Bischof von Cesena ausgefertigt[1]). Aber der König behandelte den Nuntius auf die unwürdigste Weise[2]). Er verweigerte ihm Audienz, und als dieser den Moment erspähte, wo Ferrante auf die Jagd ging, und an der Thüre stehend ihn seine Vorstellungen anzuhören zwang, ward es um nichts besser. Der Nuntius forderte im Namen des Papstes drei

---

1) Rainaldi Ann. eccl. zum J. 1487 Toc. X.
2) Stef. Infessura Diarium bei Muratori R. I. Ser. T. III.
p. 2. S. 1215. 1216.

Dinge: die Entrichtung des Lehnzinses, die Enthaltung von aller unrechtmäßigen Einmischung in geistliche Angelegenheiten, die Einstellung des Verfahrens gegen die Barone. Auf den ersten Punkt erwiederte Ferrante, er habe kein Geld, da er alles auf den vom Papst gegen ihn begonnenen Krieg verwandt habe, sodaß dieser sich einige Jahre gedulden müsse. Auf den zweiten: die für Beneficien geeigneten Personen im Reiche kenne er, die Curie aber nicht, und es reiche hin daß der Papst die vom Könige ernannten bestätige. Auf den dritten endlich: wie der Papst die Cardinäle Colonna und Savelli wegen Verraths nach seinem Ermessen eingekerkert und befreit, so stehe es dem Könige zu, verrätherische Unterthanen nach seinem Gutdünken zu verhaften und wieder zu entlassen. Hierauf ließ er ins Horn stoßen und ritt auf die Jagd, ohne den Bischof auch nur zu grüßen. „Wenn ich, schrieb Lorenzo am 10. August an Lanfredini [1]), in den letzten Tagen über die neapolitanische Angelegenheit geschwiegen habe, so liegt der Grund nicht in Sinnesänderung, sondern weil ich mich nicht ohne Frucht abmühen will. Hegt Se. Heiligkeit Vertrauen zu mir, wie ihr mir meldet, so ist es meine Pflicht, nur die Ehre Sr. H. im Auge zu behalten. Jemehr ich über die Sache nachdenke, umsomehr bestärke ich mich in der Ansicht, daß der Papst ebensowenig dem Könige gegenüber sein Recht aufgeben wie mit demselben Krieg beginnen darf. Das Mittel, beide extreme Fälle zu vermeiden, dünkt mich daß der Papst ohne Zögern alle Maßregeln treffe, um sein Recht inbetreff der Lehnsfrage zu wahren, andrerseits aber Alles vermeide, was einen Waffengang oder das Interdict nach sich ziehn muß. Zum Kriegführen befinden wir uns in schlechter Verfassung, und die allgemeinen Angelegenheiten Italiens wie

---

[1]) Med. Arch. a. a. O.

die besonderen des Kirchenstaats ertragen keine Erschütterung. Das Interdict ohne Waffen gilt wenig, und deshalb scheint mir für jetzt hinzureichen, daß die Sache intact bleibe. Letzteres würde aber nicht der Fall sein, wenn der Papst inbetreff des Lehuzinses nachgäbe, sei es durch Verminderung oder Verzicht auf das Geschuldete, denn in diesem Moment würde es doch nichts fruchten und nur Verlust sein. Wenn der König auf diese Sache den Werth legt, den er darauf zu legen scheint, so würde sich, falls eine Concession nöthig ist, ein geeigneterer Zeitpunkt im päpstlichen Interesse finden. Ich fürchte nicht im geringsten, daß, um der Aufrechthaltung der päpstlichen Rechte willen, der König zu einer feindseligen Demonstration schreiten werde. Er würde ungerechtfertigt bastehn und die Uebrigen würden es ihm nicht gestatten. Dies ist meine Meinung, welche ich nur für den Papst selbst äußere, denn es ist zweckdienlich daß es den Anschein habe, als liege ich ihm an sich mit dem Könige zu vertragen. Der Herr Lodovico und manche Andere sind derselben Ansicht. Stimmt der Papst ein, so muß er sich danach richten, mich und die Andern nicht in Verlegenheit bringen, sondern Zeit und Gelegenheit abwarten." Die Haltung der Venetianer bestärkte Lorenzo noch mehr in der Ansicht, daß man es in Rom nicht zum Aeußersten kommen lassen dürfe. „Die venetianische Antwort, schrieb er am 31. August, dünkt mich sehr vage und dem von Sr. H. in die Republik gesetzten Vertrauen wenig entsprechend. Ich glaube es wäre gut, wenn der Papst einige Empfindlichkeit darüber zeigte, ohne indeß die Sache geradezu übelzunehmen, namentlich inbetracht ihres Krieges mit den Teutschen und der Niederlage wie des Todes des Herrn Roberto [Sanseverino]. Jedenfalls aber müßte ihnen die Macht des Königs und die Leichtigkeit der Schädigung des Kirchenstaats durch denselben zu Gemüthe geführt werden, um für solchen Fall ihre Ansicht zu vernehmen, wie auch inwieferne man auf sie zählen darf. Es wäre zugleich eine Gelegenheit sie zum Frieden mit den Teutschen zu ermuntern, denn in Wahrheit trägt es mancherlei schlimme Früchte wenn sie auf jener Seite zu schaffen haben, und mich dünkt der Papst thäte sehr wohl daran, die Venetianer zum Frieden zu ermahnen und zu unterstützen, damit sie die Freiheit ihrer Bewegungen wiedererlangen."

So faßte Lorenzo be' Medici Nahes wie Fernliegendes zugleich ins Auge. Aber Innocenz VIII. war nicht der Mann, eine feste Haltung anzunehmen, sondern ließ sich von augenblicklichen Stimmungen beherrschen. Am 3. September traf Gian Jacopo Trivulzio, nach der Beilegung der Angelegenheit von Osimo vom Papste mit Ehren überhäuft, auf der Rückreise nach Mailand in Florenz ein, wo man ihn glänzend empfing. Allen voran Piero be' Medici, die fremden Botschafter und viele vornehme Bürger, und wo er im Kloster von Sta Croce abstieg. Mit ihm war der Cardinal von San Pietro in vincola. Lorenzo war in Pisa. Trivulzio hatte vom Papste den Auftrag ihm zu sagen er vertraue ganz auf ihn und werde sich von ihm leiten lassen; leite er ihn aber schlecht, so werde es ihrer Beider Ruin sein. Dabei war der Papst in die heftigsten Klagen über den König ausgebrochen. Was aber der mailändische Kriegsmann über Innocenz VIII. äußerte, war nicht geeignet, das Vertrauen der Republik zu ihm zu kräftigen. „Messer Gian Jacopo, schreibt der ferraresische Gesandte, sagt von dem Kleinmuth, der Kopflosigkeit und Armseligkeit des Papstes was man nur von dem einfältigsten Menschen sagen kann, und fügt hinzu, daß, wenn man ihm nicht Muth einflößt und ihn lebendig erhält, er das kläglichste Ende nehmen wird." Am 6. kam die Nachricht in Florenz an, der König habe an das Concil appellirt. Obgleich Innocenz VIII. die Berufung für nichtig und Ferrante's eigenen seinem Vorgänger geleisteten Zusagen zuwiderlaufend erklärte, glaubte man, die Drohung werde ihn kopfscheu machen¹). Hierin täuschte man sich dennoch.

Zu Anfang der zweiten Septemberwoche hatte Lorenzo sich von Pisa nach dem volterranischen Hügellande begeben, wo er an den gegen das untere Erathal sich herabsenkenden, hier noch sorgsam cultivirten aber im Vergleich mit dem Arnothal schon ernsteren Höhen ein Besitzthum hatte, welches im 13. Jahrhundert eine Niederlassung des Hospitalitervordens von Altopascio gewesen war und davon den Namen Spedaletto trug²). An diesem Orte pflegte Lorenzo das Wasser von Morba zu trinken, welches ihm täglich durch reitende Boten dahingebracht wurde, denn Spedaletto lag gesunder wie bequemer für den Verkehr. Hier kam am 10. September, als er eben Francesco Valori mit Aufträgen nach Neapel gesandt und ihm empfohlen hatte sich in Rom mit Laufredini zu benehmen, ein päpstlicher Geheimschreiber zu ihm, der ihn vergebens in Pisa aufgesucht hatte, Jacopo Gherardi von Volterra, von Innocenz VIII. mit geheimem Auftrage an ihn und an Lodovico il Moro gesandt³).

1) Stefano Taverna an den Herzog von Mailand, Florenz 4. Sept. 1487, bei Rosmini Bd. II. S. 188; A. Guiboni, Flor. 6. und 12. Sept. bei Cappelli S. 296.

2) In Spedaletto, welches nach Lorenzo's Tode an Maddalena Cybo und später an die Familie Corsini kam, der es noch gehört, verweilte im November 1654 zur See von Spanien kommend der Cardinal de Retz, bevor er sich nach der Ambrogiana bei Empoli zu Großherzog Ferdinand II. und von dort nach Rom begab. Er weiß daß die Villa, die er l'Hospitalita nennt, Lorenzo be' Medici gehörte, verlegt aber hieher Catilina's Schlachtfeld. (Mémoires du Card. de Retz, Theil III. Kap. 1. — Ausg. von Champollion Figeac, 1866, Bd. IV. S. 246.)

3) Lettere di Iacopo da Volterra a P. Innocenzo VIII, mitgetheilt und erläutert von M. Tabarrini im Arch. stor. Ital., Ser. III. Bd. VII. Abth. 2. S. 3 ff. Jacopo Gherardi war früher im

Es handelte sich darum Beide, unter Betheiligung Venedigs, in ein förmliches Bündniß gegen König Ferrante zu ziehen. Die Aufnahme welche die päpstlichen Anträge bei Lorenzo fanden, zeigen wie dieser, der ungeachtet der Freundschaft und Verschwägerung mit Innocenz VIII. von dessen politischem Tact und seiner Beständigkeit eine nichts weniger als glänzende Meinung hatte, sich angelegen sein ließ, die mit so vieler Mühe erlangte Ruhe in Italien nicht wieder aufs Spiel zu setzen. Denn wie immer Ferrante's Wortbruch und Gewaltsamkeit ihn erzürnen mochten, des Papstes Schwäche, des Sforza Ränkesucht, Venedigs Ländergier flößten ihm zu ernste Besorgnisse ein, um ihn nicht zu bestimmen, einem neuen Conflict möglichst aus dem Wege zu gehn. Er blieb bei den Lanfredini auseinandergesetzten Ansichten, und warnte den Papst so vor Anwendung geistlicher Strafmittel wie vor jener der Waffengewalt. Der päpstliche Schatz sei erschöpft, die bewaffnete Macht gering, ein tüchtiger Führer sei nicht da, noch überhaupt leicht zu finden, der König gerüstet, die Bewohner des Kirchenstaats uneinig und keineswegs alle zufrieden. Im Cardinalcollegium herrschte ebensowenig Eintracht. Die Verhältnisse des Papstes und seines Staates seien nicht von der Art daß er sich in neuen Krieg einlassen dürfe; die Interessen aller übrigen italienischen Staaten heischten Ruhe. Was die Ehre betreffe, welche, nach Innocenz' Ansicht, beim Verhalten des Königs gegenüber auf dem Spiele stehe, so dünke ihn, die Ehre eines Papstes könne nie darunter

Dienst Carb. Jammanati's gewesen. Die Schriftstücke kamen infolge der Plünderung Roms 1527 in das Venetianische Archiv. Das Mediceische Archiv enthält eine Reihe von Depeschen u. a. über diese Mission. Lorenzo schreibt aus Spedaletto am 11.—19. Sept., am 21. war er in Florenz, am 2.—10. Oct. wieder in Spedaletto. Er sagt einmal: ich bin hier, meiner Gewohnheit gemäß, um für meine Gesundheit zu sorgen.

leiden, wenn er sein Recht durch bündige Erklärungen wahrte, ohne den Frieden Italiens zu stören.

Es war Lorenzo's Wunsch gewesen, der päpstliche Unterhändler möchte gar nicht nach Mailand gehn, da er, und zwar mit Recht befürchtete, der Sforza werde seiner Neigung im Trüben zu fischen nicht widerstehn können. Aber dazu war Innocenz nicht zu bewegen. Nach mehrmaliger Besprechung mit Lorenzo, welchen Jacopo Gherardi so von Volterra wie von einer Familienbesitzung in dem benachbarten Villamagna aus, ohne Aufsehn zu erregen, besuchte, war der Papst damit einverstanden, daß Jener seinem Boten Verhaltungsregeln für die Verhandlung mit Lodovico vorschreiben sollte. Lorenzo suchte nun dem Dinge die Spitze abzubrechen, indem er vorschlug, Jacopo solle überhaupt keinen Antrag stellen und des Papstes Geneigtheit zum Bruch gar nicht merken lassen, sondern nur Lodovico's Ansicht für den Fall vernehmen, daß der König Krieg beginne. Wenn dieser ja dem Papste riethe, solches nicht abzuwarten sondern selbst vorauszugehn, so würde es am rechten Orte sein, ihn zu fragen, wie er es in solchem Falle zu halten denke. Erkundige er sich, ob Jacopo mit ihm, Lorenzo, über die Angelegenheit gesprochen, so möge er zur Antwort geben, er habe an ihn den gleichen Auftrag gehabt und den Rath vernommen, der Papst möge unter Vorbehalt seiner Rechte mit der größten Behutsamkeit verfahren, überdies die Antwort des Herrn Lodovico als die des verständigern und beiweitem höherstehenden Mannes einholen.

Diese Verhandlungen zogen sich bis zu Ende der ersten Octoberwoche hin. Wer sollte glauben, daß während der Bogen so straff gespannt war und die Gefahr eines Bruchs immer näher rückte, der König, der dem Papste offen Trotz bot und sein Verfahren bei allen befreundeten Höfen durch

Gesandtschaften zu rechtfertigen suchte, demselben Papste um dieselbe Zeit ein Sonderbündniß antragen ließ, welches allen Differenzen ein Ziel setzen sollte? Und doch war dem so, und der Bischof von Carinola war mit solchem Vorschlag in Rom erschienen. Der Papst theilte den Antrag dem florentinischen Gesandten mit, dem er eine Abschrift der Instruction des Bischofs zustellte. Lorenzo de' Medici wußte schon um die Sache, war jedoch inbetreff der Absichten Innocenz' VIII. in Zweifel. Vonvornehrein sprach er, in seiner zur Mittheilung an den Papst bestimmten Antwort an Lanfredini[1]), die Meinung aus, der König beabsichtige nur den Papst irrezuführen und aufzuhalten, unterdeß aber selber auf dem eingeschlagenen Wege zu verharren, umsomehr als die Instruction nichts als allgemeine Dinge und Worte enthalte. Zum zweiten könne er den Papst von ihm, Lorenzo, zu trennen suchen, wohl wissend daß er über Jenen dann nach seinem Gutdünken würde schalten können. Endlich aber könne es seine Absicht sein, sich zu vergewissern, ob der Papst in seinen Beschlüssen standhaft sei und auf auswärtigen Beistand zähle. „Was mich betrifft, fährt er fort, so wisset ihr daß ich Sr. Heiligkeit nie zu etwas Unwürdigem, oder was den Frieden in Italien stören kann, rathen werde. Wie ich aber noch vor kurzem unsern Herrn durch euch habe warnen lassen, nicht auf fremden Succurs zu bauen, so bin ich jetzt der Ansicht, daß er sich nicht durch, wie mir scheint, Redensarten und Erbietungen von einem von ihm für verständig erachteten Vorsatz sollte abbringen lassen. Wäre S. H. der Meinung, sich mit dem Könige zu vertragen, um diesen Funken, der immerhin einen Brand entzünden kann, zu ersticken; so dünkt mich daß es vermittelst eines allgemeinen italienischen

---

1) Depesche vom 22. Oct. 1487, bei Desjardins a. a. O. S. 214.

Bündnisses geschehen sollte. Von einem solchen würde ich drei Ergebnisse erwarten. Erstens eine Rechtfertigung des Anstrags zwischen Papst und König, indem Ersterer die eigene Sache dem gemeinsamen Besten und der Ruhe Italiens hintanzusetzen scheinen würde. Zweitens, größere Sicherheit der Vertragstreue des Königs, worauf es, nach den gemachten Erfahrungen, dem Papste ankommen muß. Drittens, Bestätigung des guten Einvernehmens mit den übrigen italienischen Mächten, namentlich mit Venedig; ein Einvernehmen, welches gefährdet wäre, schlösse der Papst einseitig mit dem Könige ab." Die ganze Depesche liefert den klaren Beweis, wie gering des Schreibers Vertrauen einerseits auf des Papstes Festigkeit, andererseits auf Ferrante's Ehrlichkeit ist, und wie sein Wunsch, den allgemeinen Frieden zu erhalten, überwiegt. Wenn er den Gesandten ersucht, bei Innocenz VIII., an dessen Hofe es an Intriguen und sich kreuzenden Velleitäten nicht fehlte, dahin zu wirken, daß beim Könige nicht der Argwohn entstehe, er, Lorenzo, widerrathe ein Abkommen, was dann auf sein eignes Verhältniß zu diesem ungünstig wirken müßte, so ist dies nur die Frucht mehr denn einmal gemachter Erfahrung. Daß er des Papstes Geneigtheit zu bewahren suchte, liegt in der Natur der Dinge. „Bei mir, schreibt er, kommt es vor allem darauf an in die Ansichten des h. Vaters einzugehn. Dies liegt mir vielmehr ob als diesem einen Rath zu ertheilen. Denn ich glaube der Papst ist mit den Dingen dieser Welt vertrauter als die vom Könige ertheilte Instruction anzunehmen scheint, und er hat nun lange genug regiert um nicht der königlichen Vorschriften zum Verhalten mit uns und Andern zu bedürfen."

Während dieses Hin- und Herverhandelns war Lodovico il Moro, der bei demselben wesentlich in Betracht kam, sehr bedenklich erkrankt. Schon im August 1487 war ein Magenübel

bei ihm so besorgnißerregend aufgetreten, daß der Herzog von
Ferrara den Wunsch aussprach, Lorenzo möchte seinen für
sehr geschickt erachteten Arzt Piero Leone nach Mailand sen=
den. Im November verschlimmerte sich der Zustand so, daß
die Freunde der Sforza den Cardinal Ascanio, den einzigen
noch lebenden Bruder herbeiriefen, um im Todesfalle an des
Moro Stelle zu treten. Am 18. November kam der Car=
dinal incognito mit einigen Reitern durch Florenz, so eilig
daß er von Post zu Post Pferde wechselte. Lorenzo hatte
nicht immer mit ihm harmonirt, aber er äußerte er werde
vorkommendenfalls ihn unterstützen und mit ihm und dem
Papste Hand in Hand zu gehn suchen. Die Gefahr, in
welcher Lodovico schwebte, zog langsam vorüber. Die päpst=
liche Angelegenheit rückte nicht von der Stelle. Venedig
drohte mit Krieg gegen Neapel, nachdem es mit Erzherzog
Sigmund Frieden geschlossen; Mailand ließ König Ferrante
wissen, er dürfe auf keine Bundeshülfe rechnen, wenn er sein
Verfahren gegen Rom nicht ändere; der König beharrte in
seinem Troß und in den Maßregeln wider die Barone; der
Papst suchte Geld zu machen und drohte mit dem Interdict.
Lorenzo, höchst mißvergnügt über die ganze Lage der Dinge,
that was er vermochte, Innocenz VIII. von äußersten
Schritten zurückzuhalten.

VII.

Familienereignisse. Vermälungen und Todesfälle.

Die Vermälung Maddalena's de' Medici mit Franceschetto Cybò fand unterdessen statt. Als ihre Reise nach Rom schon halb beschlossen war, schrieb Lorenzo an Lanfredini[1]), ohne sich positiv über die Sache auszusprechen: „Die Clarice, meine Frau, hat halbundhalb die Absicht ihre dortigen Verwandten zu besuchen, und zugleich den Einfluß der römischen Luft zu erproben, da, wie ihr wißt, die hiesige ihr im Winter wenig zusagt. Früher habt ihr von dem Wunsch gesprochen, die Maddalena möge dahin kommen. Ist dies noch der Fall, so könnte sie ihre Mutter bequem begleiten. Dies sind bis jetzt unsere eigenen Projecte, die ihr dem Papste und dem Herrn Francesco mittheilen könnt. Sind sie damit einverstanden, so wird die Sache stattfinden, sonst nicht." Am 4. November 1487 reiste Madonna Clarice mit der Braut und ihrem ältesten Sohne nach Rom ab. Lorenzo unterließ nicht, der aus dem Elternhause scheidenden Tochter Vorschriften und Ermahnungen mitzugeben, wie er sie so wohl und verständig zu ertheilen wußte. Er erinnerte sie an ihre eigene Herkunft und Familie, wie an die Stellung die sie einzunehmen im Begriff stand, an die Rücksichten die sie beiden

1) 22. Oct. 1487, bei Desjardins a. a. O. S. 219.

und dem römischen Volke schulde, an die gegen den Papst zu dem sie in ein so nahes Verhältniß trete, an ihre Pflichten gegen ihren Gemal, an die Vorschriften der Ehrbarkeit und des Gehorsams wie der Achtung gegen Aeltere und Höherstehende. Der Bischof von Arezzo befand sich im Gefolge Claricens, welches aus mehren Frauen und zahlreicher Dienerschaft bestand. Vor der Stadt angelangt, fanden sie mit dem Bräutigam einige Hausprälaten des Papstes und mehre Gesandte nebst Mitgliedern der florentinisch-römischen Colonie, die sie in ihre Mitte nahmen und nach der Leostadt führten, wo Franceschetto in einem von seinem Ohm Maurizio erstandenen Hause wohnte, neben demjenigen in welchem Charlotte von Lusignan Königin von Cypern nach langem Exil am 12. Juni desselben Jahres gestorben war. Voraus ritt die Dienerschaft der Prälaten, die der Gesandten und der Medici. Franceschello hatte zur Rechten seinen künftigen Schwager, zur Linken Jacopo Salviati, zu dem er in ein gleiches Verhältniß treten sollte. Die Braut ritt zwischen dem Erzbischof von Cosenza und dem Bischof von Cria, ihre Mutter zwischen dem mailändischen Gesandten Bischof von Roverbo und dem Bischof von Volterra. Prälaten, Rechtsgelehrte, Frauen u. a. folgten [1]. Am Sonntage vor dem 24., dem Tage an welchem die venetianischen Botschafter Sebastiano Baboer und Bernardo Bembo in geheimem Consistorium empfangen wurden, gab der Papst Claricen und ihrer Tochter im Palast ein Gastmal, an welchem der Bräutigam, der florentinische Gesandte und mehre Prälaten theilnahmen. Der Braut schenkte er Geschmeide im Werth von etwa achttausend Ducaten, Franceschetto ein Kleinod von zweitausend [2]. Am

---

1) A. Guidoni bei Cappelli S. 296. Burcard S. 95. Das Datum ist bei Burcard unrichtig. Ueber die Wohnung der Cybò im Borgo: P. Adinolfi, La Portica di S. Pietro, Rom 1859. S. 110 fl.

2) A. Guidoni bei Cappelli S. 297.

20. Januar 1488 erfolgte die Unterzeichnung des Ehecontracts¹). Franceschetto stand bereits im 39. Lebensjahre, die Braut war kaum den Mädchenjahren entwachsen, anmuthig und zart, sodaß ein vom Vater ihr mitgegebener Begleiter sie noch immer la Fanciulla nennt. Maddalena's Mitgift war dem Anschein nach nicht groß, viertausend Ducaten theils baar theils in Staatsschuld-Anweisungen. Aus einem Schreiben Lorenzo's an Lanfredini²) ergiebt sich, daß bei der Hochzeit auch diese Summe nicht bereit lag. „Ihr wißt wie viele Löcher ich zuzustopfen habe." Aber Franceschetto Cybò kam doch nicht zu kurz. Seit P. Pauls II. Tagen war die Grafschaft Anguillara ihren alten Herren wegen wiederholter Rebellion genommen und der apostolischen Kammer zugetheilt worden. Die Angehörigen Everso's von Anguillara hatten aber nie zu protestiren aufgehört, und wir sahen wie nach Sixtus' IV. Tode Deifebo sich wieder in die Castelle setzte. Lorenzo fand sich mit den Prätendenten mittelst einer ansehnlichen Summe ab, und bot die Grafschaft als Zugabe zur Mitgift Maddalena's den Cybò an, worauf Innocenz VIII. am 21. Februar 1490 Franceschetto mit Anguillara belehnte, ohne der Transaction zu erwähnen um die Rechte der Kammer nicht in Zweifel zu ziehen. Schon im J. 1487 hatte Franceschetto von Bartolommeo della Rovere die römischen Castelle Cerveteri und Sta Severa gekauft³).

---

1) F. Gregorovius, Das Archiv der Notare des Capitols in Rom und das Protocollbuch des Notars Camillus de Beneimbene; Sitzungsberichte d. k. b. Akad. b. Wiss. in München, 1872, S. 503.

2) Florenz 8. August 1488, bei Fabroni Bd. II. S. 312. Vgl. Bd. 1. S. 405.

3) Gregorovius a. a. O. [Kauf von Cerveteri 14. Juni 1487.] Lorenzo an Lanfredini (1490), bei Fabroni Bd. II. S. 388. Nibby Dintorni di Roma, Rom 1848, Bd. I. S. 348.

Diese Orte, nach des Papstes Tode an die Orsini von Bracciano veräußert, waren nahe daran, zu Anfang von Alexanders VI. Regierung einen Krieg zu entzünden, welcher ganz Italien in Brand zu stecken drohte! Nicht hierauf beschränkte sich die den Cybò infolge der Verschwägerung mit den Medici zutheil gewordene Bereicherung. Auch in Toscana gingen sie nicht leer aus. Der Palast Jacopo's de' Pazzi gelangte an Lorenzo's Eidam, dessen Nachkommen ihn wie das Pazzi'sche Landhaus von Montughi noch lange besaßen¹). Von dem an die Cybò gelangten Mediceischen Grundbesitz im Volterranischen war schon die Rede. Die beabsichtigte Erwerbung des unvollendet gebliebenen Palastes Luca Pitti's kam hingegen nicht zustande.

Lorenzo de' Medici, welcher seine Prachtliebe immer mit Nützlichkeitszwecken zu verbinden wußte und von diesem Standpunkte aus auch Andere beurtheilte, hatte von dem Schwiegersohn keine sehr günstige Meinung. „Wie ihr bereits früher von mir vernommen habt, schrieb er schon vor der Vermälung, am 4. November 1487, als Franceschetto sich zum Generalcapitän hatte machen lassen, an Lanfredini²), dünkt mich, der Herr Francesco sollte bloßem Rauch nicht nachjagen; Dinge ohne rechtes Maß behagen mir nicht. Ein Hauptmann muß um den Kriegsdienst wissen und sich Reputation erworben haben. Ich wünschte er hätte vielmehr daran gedacht, sich Lebensunterhalt zu verschaffen, und mich wundert

---

1) Palast (nachmals Quaratesi) und Villa (eine Zeit lang Catalani-Dalabrègue heute Lavaggi) kamen nach dem Tode von Franceschetto's Sohn Lorenzo an dessen natürlichem Sohn Ottavio, unter Vorbehalt des Nießbrauchs für Lorenzo's Schwester Caterina verwitw. Herzogin von Camerino. Die Villa gehörte eine Zeitlang Eleonora Cybò Tochter Lorenzo's und Gemalin Gian Luigi Fiesco's Grafen von Lavagna, des Helden der Verschwörung von 1547.

2) Med. Arch. Filza 57. Die Bulle Innocenz' VIII ist vom 5. Dec. 1487.

daß ihm nicht einfällt, daß er am Morgen nach des Papstes Tode der ärmste Mensch auf dieser Erde sein wird, und ich für ihn und seine Frau sorgen muß. Laßt euch angelegen sein ihm dies klar zu machen, wenn ihr seht daß er Titeln und Eitelkeiten nachrennt; an mir ist es frei mit ihm zu reden, und ihm dann zu helfen, wie immer er es nehmen mag. Ich höre, daß er sich vom Umgang mit leichtsinnigem und schlechtbeleumundetem Volk ferne hält und das Spiel meidet. Wir müssen ihm unter die Arme greifen wo und wie wir können, und ihm liebevoll vorhalten was ihm ziemt, wenn wir unserer Verpflichtung nachkommen." Ueberhaupt ging nicht Alles nach Lorenzo's Wunsch. Die Erhebung seines Sohnes Giovanni zum Cardinalat, ohne Zweifel einer der Beweggründe der Familienverbindung, ließ auf sich warten. Clarice war leidend, und die häuslichen Verhältnisse bei den Cybò scheinen florentinischen, namentlich mediceischen Begriffen wenig entsprochen zu haben. „Ich vernehme, schreibt Lorenzo am 11. April 1488 an Lanfredini[1]), was ihr mir inbetreff der Clarice mittheilt, und es thut mir leid, obschon ihr Uebelbefinden für mich nichts Neues ist. Ich habe ihr von dem Grunde Nachricht gegeben, welcher Piero's Abreise von hier vielleicht etwas verzögern wird. Aber sie darf sich darum nicht kümmern falls sie früher hieher zurückzukehren wünscht, obgleich es mir lieb wäre wenn sie die Alfonsina [Piero's Braut] erwartete. Ich wünsche die Maddalena möge mit ihr kommen, denn diese ist noch sehr Kind, das Haus des Herrn Francesco ist schlecht eingerichtet, und sie würde überdies für die Clarice ein Trost sein. Aber ich möchte daß dies unter vollkommener Zustimmung und ohne das geringste Misvergnügen Sr. Heiligkeit oder des Herrn Francesco geschähe,

---

[1] Med. Arch Filza 59. Vgl. Isidoro del Lungo, Una lettera di Ser Matteo Franco, im Arch. stor. Ital. Serie III. Bd. IX. S. 32 ff.

und würde eine Gnade darin erkennen." Und nachdem er noch auf die wenig gesicherte Stellung des Schwiegersohns zurückgekommen ist, fügt er hinzu: „Sr. Heiligkeit scheint mir in allen diesen Dingen mit großer Lauheit zu Werk zu gehn. Abgesehn von dem Herrn Francesco, thut es mir auch leid daß meine Tochter sich in ungünstigen Verhältnissen befinden soll, und ich bin in einer Art Verzweiflung dieses und anderer Umstände wegen, indem ich die dortige Verschleppung und Sorglosigkeit gewahre."

Madonna Clarice blieb in Rom bis zum Mai 1488, wo ihr Sohn Piero sie mit Giovanni Tornabuoni abholen ging. Aus einem am 2. dieses Monats von deren Begleiter Angelo Poliziano an Lorenzo gerichteten Briefe [1]) ergiebt sich, daß Piero an gedachtem Tage von Acquapendente nach Viterbo abreiste, und daß die Reisegesellschaft heiter und guter Dinge war, während sie das Maifest auch unterwegs mit Lied und mancherlei Scherzen zu feiern nicht vergaß. Piero's Sendung hatte aber noch einen andern Zweck: er holte die eigene Braut ab. Am 16. April hatte Lorenzo an Lanfredini geschrieben [2]): „Mein Piero reist binnen wenigen Tagen, um seine Frau holen zu gehn, und auch um die Clarice zu unterstützen. Ist diese im Stande zu reisen, so wird es mir sehr lieb sein." Wie einen fremden Schwiegersohn, hatte Lorenzo sich auch eine fremde Schwiegertochter gewählt, aber in einer Familie, die mit der seinigen schon eng verbunden war und zur Republik in mancherlei Beziehungen stand, während sie sich besonderer Gunst des neapolitanischen Herrscherhauses erfreute. Alfonsina Orsini war Tochter eines Mannes, der die Treue gegen die Aragonesen auch dann bewahrt und erwiesen hatte, als die Seinigen großentheils im feindlichen Lager

---

1) Poliziano Prose volgari inedite S. 74.
2) Med. Arch. Filza 59.

standen. Roberto Orsini, eine jüngerer Sohn Carlo's von welchem die Linie von Bracciano, nachmalige Hauptlinie des weitverzweigten Geschlechtes stammt, hatte für König Ferrante gegen die Anjou gekämpft, für die Florentiner gegen Bartolommeo Collcone, und war im J. 1476 in Siena einer Seuche erlegen. Zu seinen Kindern zweiter Ehe, mit Caterina da Sanseverino, gehörte Alfonsina, welche diesen Namen zu Ehren der Aragonesen erhielt. Gegen Ende Februar 1487 fand ihre Vermälung, mittelst Stellvertretung, im Castelnuovo zu Neapel statt, in Gegenwart des Königspaares und der übrigen Mitglieder der regierenden Familie. Ferrante legte an diesem Tage Familientrauer ab, und nach dem Abendessen fand Fest und Ball statt. Gentil Virginio Herr von Bracciano, Vetter der Braut, vertrat deren nächste Angehörige, Bernardo Rucellai den Bräutigam. Alfonsina brachte zwölftausend Ducaten mit, welche der Volksglaube zu dreißigtausend steigerte [1]. Aber es währte noch über ein Jahr, bis Piero sie heimführte. Am 22. Mai 1488 sollte der Einzug in Florenz stattfinden. Aber die Familie Medici war durch den Tod der zweiten Tochter Luigia in Trauer versetzt, und das junge Paar, statt nach der Stadt zu kommen, begab sich nach Careggi. Etwa zehn Tage später veranstaltete Lorenzo zu Ehren der Schwiegertochter und ihres Gefolges ein großes Gastmal, welchem außer den vornehmsten der Stadt auch die fremden Gesandten beiwohnten [2].

An Festen fehlte es überhaupt in Florenz nicht, und das Mediceische Haus trug nicht wenig zu deren Glanze bei. Maddalena Cybò war mit Mutter und Bruder und Schwägerin

---

1) A. Guidoni bei Cappelli a. a. O. S. 292. Fabroni a. a. O. Bd. I. S. 172, 173, Bd. II. S. 316. Ueber Roberto Orsini Litta Fam. Orsini Taf. 20.

2) A. Guidoni bei Cappelli a. a. O. S. 301.

angekommen, Franceschetto folgte ihr am 22. Juni. Giorgio Santacroce und Girolamo Tuttavilla, jener aus alter römischer Familie, dieser ein Sohn Cardinal d'Estouteville's, begleiteten ihn mit vielen Anderen. „Wir empfingen ihn, schrieb Lorenzo zwei Tage später an Lanfredini[1]), vielmehr herzlich als glänzend. Gestern stattete er der Signorie Besuch ab. Erscheinung, Haltung und Rede haben allgemein gefallen. Bis jetzt bin ich wenig mit ihm allein gewesen. Ich werde mich bemühen, des Papstes Absichten zu erfüllen; ihr werdet mir dann berichten, wie er bei diesem ersten Zusammentreffen mit uns zufrieden ist. Ich werde dafür sorgen, daß er Anlaß findet öfter zu uns zu kommen." Die Florentiner kamen ihm darin zu Hülfe. Die Anwesenheit seines Eidams zu ehren, wurden zahlreiche Volksbelustigungen, mit Schaugepränge verbunden, veranstaltet. Seit lange hatte man solche Pracht von Triumphzügen und improvisirten Gebäuden, Bogen und anderen Decorationen, wie sie längst bei den Florentinern Sitte waren, nicht gesehn. Franceschetto, welchem das Bürgerrecht verliehen worden war, that Alles sich beim Volke beliebt zu machen, was ihm gelang. Als er beim Johannesfeste durch die Straßen zog, riefen selbst die Kinder Cybò und Palle! Von dem Platze der Signorie bis zum Domplatz war ein solches Gedränge, daß man die großen Wachskerzen und andere Weihgeschenke nicht nach dem Baptisterium tragen konnte, und wenn die Straßenaufseher Raum schaffen wollten, rief das Volk, es wolle Lorenzo's Eidam, den Sohn des Papstes sehen. Bei dem öffentlichen Gastmal, das die Signorie zum Feste den anwesenden vornehmen Herren und den fremden Gesandten zu geben pflegte — von letzteren war, neben denen der befreundeten italienischen Mächte, noch der

---

1) Med. Arch. Filza 57.

türkische da — erhielt Franceschetto den Ehrenplatz neben dem Gonfaloniere. Giovanni Tornabuoni, Bernardo Rucellai, Lorenzo der Sohn Pierfrancesco's de' Medici u. A. gaben Gastmale und Feste. Letzterer auf seiner Villa von Castello, welche westlich von der Stadt das zu prächtiger Ebene sich erweiternde Arnothal überblickend am sanften Hügelabhange lag. Lorenzo sah Eidam und Tochter täglich. Aber an Sorgen aller Art fehlte es diesem nicht inmitten all des Festjubels, dessen Mittelpunkt sein Haus bildete. Der schlimmen Dinge in der Romagna wird alsbald gedacht werden. Häusliche Anlässe zu Verstimmung und banger Spannung traten dazu.

Lorenzo war leidend und mit Geschäften überhäuft. „Lorenzo, schreibt am 26. Juni Ser Piero da Bibiena nach Rom an Lanfredini[1]), ist nach Monte Paldi (einer heute den Corsini gehörenden Factorei in der Nähe von San Casciano) geritten, um etwas Luft zu schöpfen und sich von diesem Wust von Geschäften zu befreien. Seit zwei Monaten hatte er die Stadt nicht verlassen; Sonnabend denkt er wieder hier zu sein." Wenige Tage vorher hatte der ferraresische Gesandte geschrieben, er müsse nothwendig ins Bad gehn aber es werde ihm schwer sich zu entfernen. Nicht blos die eigene Gesundheit quäle ihn; seit längerer Zeit war Clarice krank. Man hatte gehofft die heimische Luft werde ihr wohlthun, aber ihr Zustand hatte sich nicht nur nicht gebessert, sondern war schon vor der Rückkehr aus Rom bedenklich geworden, und das Innere des Hauses mochte schlecht zu den durch die Anwesenheit zweier jungen Ehepaare veranlaßten Festlichkeiten passen. Die Mutter ertrug den Gedanken nicht, sich von der Tochter zu trennen. „Der Herr Francesco, schrieb Lorenzo am 30. Juni an Lanfredini[2]), denkt in acht Tagen

---

1) Bei Fabroni a. a. O. Bd. II. S. 346.
2) Med. Arch. Filza 57.

abzureisen und, wie ich vernehme, die Maddalena mitzunehmen. Ich habe noch nicht mit ihm darüber gesprochen, aber es wäre mir lieb, wenn ihr Er. Heiligkeit die Sache vortrüget und es dahin brächtet, daß sie den Rest des Sommers und den Herbst hier verweilen kann. Zwei Hauptgründe veranlassen mich zu diesem Wunsche. Zunächst der daß Clarice schwer leidend ist, sodaß die Aerzte im Zweifel sind, ob das Uebel bald einen tödtlichen Ausgang nimmt, oder ob es sich in die Länge zieht und die augenblickliche Gefahr vorübergeht. Der zweite Grund ist die dortige ungesunde Luft, an welche die Maddalena nicht gewohnt ist. Deshalb, und da ich noch nicht recht dazu gekommen bin meine Tochter zu sehn, bitte ich S. H. inständigst, mir dieselbe in seiner Güte noch auf wenige Monate zu lassen und dem Herrn Francesco in geeigneter Weise zu schreiben, sodaß es nicht scheine daß der Anlaß von hier aus gekommen ist."

Lorenzo's Wunsch ging auch in Erfüllung. Am 4. Juli erhielt er von Rom die Nachricht, der Papst habe beschlossen, Franceschetto mit einer Mission nach Perugia zu betrauen und dessen Frau einstweilen in Florenz zu lassen. Wie angenehm letzteres ihm war, begreift sich; ersteres weckte bei dem gereiften Politiker Bedenken. „Diese peruginische Angelegenheit, schrieb er sogleich an Lanfredini[1]), dünkt mich sehr schwierig und von der Art daß sie Verlegenheit bereiten kann, umsomehr als der Herr Francesco in solchen Dingen keine Uebung und niemanden in seiner Umgebung hat, dem man etwas Wichtiges anvertrauen könnte." Nachdem er dann gemeldet, wie er am Tage zuvor mit dem Schwiegersohn zu Careggi gespeist und sie dann die Petraja und andere Orte der Umgebung besucht, die ihm sehr gefallen, fährt er fort:

---

[1]) Med. Arch. Filza 57. Vgl. unten S. 380 ff.

„Die Maddalena wird hier bleiben womit der Herr Francesco ganz einverstanden scheint. Der Clarice könnte es nicht schlimmer gehn als in diesem Moment, und ich fürchte wir werden sie bald verlieren. Ihr könnt euch vorstellen welcher Trost die Gegenwart ihrer Tochter für sie ist, die mir immer als ihr Augapfel (l'occhio del capo suo) erschienen ist. So sind Beide Sr. H. sehr dankbar. Von mir selber sage ich nichts, denn ihr wisset wie ich meine Kinder liebe, namentlich in gegenwärtigem Falle."

Am 6. Juli verließ Franceschetto Cybò Florenz. Seiner Erlebnisse in Perugia wird noch gedacht werden. So der Zustand Claricens wie die Masse der Geschäfte aller Art hielten Lorenzo in der Stadt, sosehr er des Bades bedurfte. Endlich am Morgen des 21. Juli begab er sich nach Filetta im Merfethale im Sienesischen. Es ist ein in rings von Waldungen umgebenen Thalgrunde gelegenes, aus wenigen Häusern bestehendes Oertchen, wohin das Wasser der nahen Schwefelquellen von Macereto geleitet worden ist, die dort auch heutzutage gebraucht werden, einsam und unwirthlich, an der von Siena nach Grosseto und der Maremma führenden Straße. Im Sommer 1313 hatte Kaiser Heinrich der Luxemburger, schon den Tod in sich tragend, sich dorthin bringen lassen, im J. 1459 Papst Pius II., der die Bäder seines Heimatlandes wiederholt besuchte, diese Quellen gegen eingewurzeltes Gichtleiden gebraucht. Kaum war Lorenzo in Filetta, so erreichte ihn die Trauerkunde. In den Nachmittagstunden des 30. Juli starb Madonna Clarice. Tages zuvor hatte Ser Piero noch an Lanfredini¹) geschrieben: „Ich weiß nicht was ich euch von Madonna Clarice melden soll. Einen oder zwei Tage lang ist ihr wohler und dann geht's

---

1) Med. Arch. Filza 57.

wieder schlecht, sodaß sie sich langsam der Auflösung nähert." Die Auflösung kam jedoch weit rascher als man erwartete. Daß Lorenzo die Stadt verließ während ihr Zustand schon so bedenklich war, daß er auf die Nachricht von ihrer Verschlimmerung nicht heimkehrte, machte doch einen übeln Eindruck. „Wenn ihr vernehmet, schrieb Ser Piero am 31. Juli an Lanfredini, daß man Lorenzo tadelt, weil er beim Tode seiner Frau nicht zugegen war, so entschuldigt ihn. Leoni (der Arzt) hielt es für nöthig daß er die Bäder gebrauchen ging, und niemand glaubte daß der Tod so rasch eintreten würde." Der ferraresische Gesandte bestätigt, dem Rathe der Aerzte zufolge sei sein Verweilen im Bade nothwendig, und alle Freunde hätten ihn gebeten, vor Vollendung der Cur nicht zurückzukehren. Am Abende nach ihrem Hinscheiden wurde Clarice be' Medici ohne Pomp in San Lorenzo beigesetzt. Die in Florenz anwesenden Gesandten begaben sich am folgenden Morgen zu Piero, ihm ihr Beileid zu bezeugen. Am 1. August fanden die feierlichen Exequien statt, denen die ganze Stadt beiwohnte[1]). Lorenzo's Gemalin war nicht vierzig Jahre alt geworden. In seinen Aufzeichnungen finden sich keine Bemerkungen über die welche neunzehn Jahre lang Glanz und Wechsel des Lebens mit ihm theilte. Für die Beurtheilung des ehelichen Verhältnisses sind wir auf wenige von ihm herrührende Worte früherer Zeit und auf unzulängliche Zeugnisse von Zeitgenossen angewiesen, die nicht immer auf Uebereinstimmung in Ansichten und Neigungen schließen lassen. Der Zwist mit einem so berühmten Manne wie Polizian ist dazugekommen, bei Manchen einer unrichtigen Ansicht von Madonna Clarice Raum zu verschaffen. Aber die Tochter der alten römischen Baronenfamilie, jung und unerfahren in

---

[1]) Fabroni a. a. O. Bd. II. S. 244. A. Gaiboni bei Cappelli a. a. C. S. 302, 303.

eine ihr fremde Welt verſetzt, Gattin eines Mannes welchen
nicht eigne Wahl mit ihr verband, hat überall, wo wir ihr
begegnen, Tact und verſtändigen Sinn bewieſen, und ohne ſich
hervorzudrängen ihrer Stellung wie ihrem Gemal Ehre gemacht, ihre Kinder liebevoll und ſorgſam erzogen. Von ihrer
Geſinnung und ihrem Verhältniß zu Lorenzo giebt unter anderm ein Brief Zeugniß, den ſie während der Trennung des
J. 1478 von Cafaggiuolo aus am 13. December an dieſen
richtete, zu Gunſten eines Dieners des Hauſes, der wegen
irgendeines Vergehns entlaſſen worden war¹). „Erlauchter
Gemal, ſo ſchrieb ſie, Andrea euer Botenträger hat hier oben
zwei Tage lang verweilt und ſich mir bringend empfohlen,
damit ich ein gutes Wort für ihn einlegen möge, indem ſein
Vergehen ihn tief ſchmerzt. So bitte ich euch denn ihn bei
euch zu behalten oder ihm irgendeine andere Stellung zu ver-
ſchaffen. Denn da er früher Beweiſe von Treue gegeben hat,
würdet ihr nicht gemäß eurer Natur handeln, verziehet ihr
ihm nicht eine Verirrung, und trüget ihr Schuld daran daß
er auf ſchlimmere Abwege geriethe. Dadurch würdet ihr
möglicherweiſe Andern, die euch Treue bewahren, den Muth
nehmen. Er hat eine Mutter, welche, wie ſie über ſeine
Stellung bei euch hocherfreut war, gegenwärtig in gleichem
Maße betrübt iſt, indem ſie beſorgt daß dieſer Sohn, wenn
ihr ihn entlaſſet, ſchlimm fahren und ihr Kummer bereiten
werde. Für ſeinen Fehler hat er ſchon gebüßt durch Trauer
und Schande, denn ſeit ihr ihn weggeſandt iſt er wie außer
ſich geweſen und hat keinen frohen Moment mehr gehabt.
Mich dünkt es handelt ſich bei ihm beſonders um den Ehren-
punkt, was ein gutes Zeichen iſt und auch bei euch in Betracht kommen ſollte. So bitte ich euch denn auf ihn Rückſicht

---

1) Aus dem Med. Archiv bei A. Gelli Lorenzo de' Medici, im
Arch. stor. Ital. Serie III. Bd. XVII. S. 431.

zu nehmen, sei es um erprobter Treue willen, oder aus Mitleid mit der Mutter, oder weil er gute Gesinnung kundgiebt, oder endlich meiner Verwendung zu lieb, sei es nun daß ihr ihn wieder zu euch nehmet oder sonst für ihn sorget."

Ein am Tage nach Claricens Hinscheiden an P. Innocenz VIII. gerichtetes Schreiben[1]) zeugt von einer Wärme der Empfindung, die man, den erwähnten Aeusserungen gegenüber, Lorenzo nicht zugetraut hätte und die wohlthuend wirkt. „Zu oft, schreibt er, muß ich Eure Heiligkeit mit den Dingen belästigen, die das Geschick mir täglich sendet und Gottes Rathschluß bereitet, gegen welchen kein Widerstreben hilft, und welchem Jeder sich in Geduld und Demuth beugen und seine Fügungen als Ausfluß der Güte und Liebe annehmen sollte. Aber der eben erfolgte Tod meiner geliebten und süßen Gefährtin Clarice ist für mich aus unzähligen Gründen ein solcher Schmerz und Verlust, daß er meine Geduld und Ausdauer in den Prüfungen und Verfolgungen des Schicksals, gegen welche ich mich schon abgehärtet erachtete, besiegt hat. Meiner freundlichen Lebensgewöhnung und Gesellschaft beraubt, fühle ich daß die Grenze überschritten ist, und finde keinen Trost und keine Beruhigung meines tiefen Schmerzes. Wie ich aber nicht aufhöre Gott den Herrn zu bitten daß er mir Frieden verleihe, so hoffe ich fest zu seiner Güte, daß er diesem Schmerz ein Ziel setzen und mir ferner die Prüfungen ersparen wolle, die mich seit einiger Zeit heimgesucht haben. Demüthig und aus tiefstem Herzen bitte ich E. H., darum für mich zu beten, denn ich weiß wie dies Gebet mir zugute kommen wird. Filetta am 31. Juli." Am 6. August war Lorenzo wieder in Florenz, von wo er dem Gesandten in Rom inbetreff eines Engländers schrieb, der zur Erlangung

---

1) Lettere di Lorenzo il Magnifico al S. P. Innocenzo VIII. [herausgeg. von T. Moreni] Flor. 1830. S. 18.

eines päpstlichen Breves sich dorthin begab und ihm von der Königin Elisabeth von York besonders empfohlen worden war. Zwei Tage später entschuldigte er sich bei Lanfredini wegen seines Nichtantwortens auf geschäftliche Fragen¹). „Die Gründe kennt ihr. Ist mein Geist mit einem Dinge vollauf beschäftigt, so taugt er wenig für anderes."

Der Todesfall veranlaßte Lorenzo für seine Tochter eine Gesellschafterin zu suchen, welche sie nach Rom zurückbegleiten sollte. Es war eine entfernte Verwandte die er dazu erkor, Maria de' Medici, Wittwe Galeazzo Malatesta's. „Die Maddalena, schrieb Lorenzo am 3. September an Lanfredini²), reist morgen nach Rom ab. In ihrer Begleitung kommen mein Piero und mein Ohm Giovanni, die sie bis Acquapendente führen werden, gemäß der Anordnung des Herrn Francesco. Zur Gesellschafterin der Maddalena habe ich eine Madonna Maria de' Medici gewählt, Wittwe des Herrn Galeazzo Malatesta und Tochter der Madonna Cintia. Sie ist eine sehr gesittete und wahrhaft ehrwürdige Frau von über funfzig Jahren, welche, seit sie Wittwe geworden, gleichsam klösterlich gelebt hat. Ich glaube der Herr Francesco wird mit dieser Wahl von Tag zu Tage zufriedener sein." Maddalena blieb bei ihrem Gatten in Rom, von wo sie am 1. September des folgenden Jahres ihrem Vater meldete, daß sie sich Mutter fühle. Die Tage der jungen Frau scheinen gerade keine heitern gewesen zu sein. Als sie mit der Mutter nach Rom ging, hatte Lorenzo ihr einen vertrauten, seinem Hause treu anhänglichen Mann mitgegeben, jenen Ser Matteo Franco dessen Name in der Geschichte der burlesken Poesie eine Stelle bewahrt. Er war ihr Rath und Vertrauter, ihr

---

1) Med. Arch. Filza 57.
2) Ebdf. — Ueber Maria (nicht Maddalena) de' Medici, vgl. Litta Fam. Medici Taf. 7. und Passerini Fam. Malatesta Taf. 7.

Geschäftsmann, vielleicht ihr Hauscaplan, und die vielen von ihm an die mediceischen Hausgenossen gerichteten Briefe legen einen Antheil und eine Wärme des Gefühls an den Tag, die bei einem so jovialen Manne doppelt erfreulich ist. Franceschetto vernachlässigte seine junge Frau, die sich quälte während er die Nächte mit Spiel und Gelagen verbrachte, niemand hatte der sie begleitete, sich abhärmte und ihre Gesundheit verlor, indem sie des väterlichen Hauses und der anmuthigen Villen der Umgebung von Florenz gedachte, wo ihre Kindheit verflrichen war[1].

Wenige Tage nach dem Verlust Claricens ereignete sich ein anderer Todesfall, der das Mediceische Haus nicht in den eigenen Mitgliedern betroffen, aber in seinen Nachwirkungen auf Familienverhältnisse, die mit den nachmaligen politischen Ereignissen enge zusammenhingen, nicht geringen Einfluß geübt hat. Am 19. August starb im Castel Capuano zu Neapel im Alter von zweiundvierzig Jahren Jppolita Maria Herzogin von Calabrien[2]. Mit ihrem Hinscheiden zerriß das Band, welches die Aragonesen und die Sforza zusammenhielt. Man mag sich dies in jenem Momente nicht klar gemacht haben. Nicht nur blieb das Bündniß bestehn welches die Staaten zu einigen schien, sondern der Todesfall brachte auch keine Aenderung inbetreff der zwischen beiden Familien längst beschlossenen neuen Verschwägerung zuwege, welche deren Interesse noch fester miteinander verketten zu müssen schien. Aber mit der geistvollen und feingebildeten Frau verschwand das vermittelnde Princip zwischen zwei Männern, die ihrem Ehrgeiz, ihrer Habsucht, ihrem Hasse jede Rücksicht wie jedes Bedenken zu opfern willens und gewohnt waren, und einander seit dem ferraresischen Kriege mit steigendem Mistrauen

---

1) Del Lungo Lettera di Ser Matteo Franco a. a. O.
2) Cronaca di Notar Giacomo S. 167.

Vermälung Gian Galeazzo Sforza's.

und Widerwillen betrachteten, ihrem Bruder und ihrem Gemal. Je länger Lodovico il Moro's Herrschaft in Mailand währte, umsoweniger empfand er Neigung sie dem Neffen abzutreten, der, obgleich nun neunzehnjährig, nur den herzoglichen Titel führte. Ob die Anklage Grund hat, er habe die Bildung des Jünglings in dem Maße vernachlässigt, daß dieser, wol von Kindheit an schwächlich, zur Regierung unfähig geworden sein soll, mag dahingestellt bleiben. Jedenfalls aber blieb Gian Galeazzo den Geschäften ferne, und wenn Alles im Namen des Herzogs von Mailand ging, so ging Alles durch den Herzog von Bari. Seit seiner frühen Kindheit war Gian Galeazzo mit seiner Muhme Isabella verlobt. Oft schon hatte Alfonso von Calabrien auf die Vollziehung der Ehe gedrungen, und da die Braut das Alter von achtzehn Jahren erreicht hatte, mußte Lodovico diesem Drängen endlich nachgeben. Noch war die Trauer um die Herzogin nicht vorüber, als am 11. December Hermes Sforza, Gian Galeazzo's jüngerer Bruder mit sechs Galeeren und glänzendem Gefolge im Hafen von Neapel landete, seine künftige Schwägerin abzuholen, deren Vater ihm entgegen gefahren war und ihn nach dem Castelnuovo zu König und Königin führte. Am 21. desselben Monats steckte Hermes in seines Bruders Namen Isabellen den Trauring an. Die Hoftrauer verhinderte Festlichkeiten. So begann unter ungünstigen Auspicien eine Ehe, die nichts als Leid und Elend zu bringen, gewissermaßen im Kerker zu enden bestimmt war.

An Gepränge sollte es jedoch zu Anfang derselben nicht fehlen. Am 30. December schiffte sich die junge Herzogin von Mailand ein, bis zum Molo von Vater und Stiefmutter und deren Hofe begleitet. Mehre vornehme Mailänder und Genuesen hatten Hermes Sforza begleitet, unter ihnen Emiliano Borromeo, Gasparo Visconti, Ambrosio del Maino.

Giovan Francesco da Sanseverino Graf von Cajazzo Roberto's Sohn, mit denen nun zehn Galeeren das neapolitanische Gefolge aufnahmen, den Herzog und die Herzogin von Melfi, die Gräfin von Terranova, die Grafen von Potenza und Consa u. A. Bei Civitavecchia, Piombino, Livorno wurde angelegt. In ersterm Hafen empfingen die Cardinäle Sforza, Riario und de Foix mit dem Senator von Rom die Braut, in Piombino Jacopo IV. Appiani. In Livorno vertrat Piero be' Medici von Pier Antonio Carnesecchi und Alessandro Nasi begleitet, seinen Vater der wieder durch Gicht ans Haus gefesselt war. Die Republik hatte Jacopo Guicciardini, Pier Filippo Pandolfini und Paol' Antonio Soderini als Botschafter zu Bewillkommnung hingesandt, aber Lorenzo's Sohn stellte durch sein fürstliches Auftreten Alle in Schatten. So geschah es auch in Mailand, wohin Piero sich gegen Ende Januar 1489 begab, dem feierlichen Einzug Isabellens und der nochmaligen Trauung beizuwohnen, welche am Feste Mariä Lichtmesse stattfand. Als Piero die mailändische Grenze erreichte, empfingen ihn mehre Edelleute, die von Lodovico il Moro gesandt seine Begleitung bildeten. Bei der Trauung im Dome, welche durch Federigo Sanseverino, einen andern Sohn Roberto's und nachmaligen Cardinal vollzogen wurde, überstrahlte Piero Alle, obgleich die Pracht so groß war, daß, wie ein Berichterstatter an Lorenzo schrieb, selbst die Köche in Sammt und Seide gingen. Nach der Ceremonie sandte das Herzogspaar zu ihm und ließ seinen Anzug holen um ihn nochmals zu bewundern. Lodovico erschöpfte sich in Aufmerksamkeiten gegen den Sohn des Mannes, der die Geschicke von Florenz in der Hand hielt. „Allen diesen Lombarden, schreibt Piero Alamanni der florentinische Gesandte am 31. Januar 1489, sowie den Gesandten erscheint es ein Wunder, daß er, jung wie er ist, eine so würdige Haltung hat und über Alles mit

solcher Gewandtheit rebel. Gestern morgen sprach der Herr
Lodovico eine halbe Stunde lang zu seinem Lobe in Gegenwart der Gesandten, und wies ihm einen Ehrenplatz an neben
Messer Galeotto von Mirandola, Rodolfo Gonzaga und
Annibale Bentivogli." Alamanni wurde nach der Trauungs-
ceremonie von dem jungen Herzoge zum Ritter geschlagen und
mit einem prächtigen Gewande von Brocat beschenkt, worauf
Galeazzo und Gian Francesco da Sanseverino ihm die Sporen
anschnallten. Der Glanz des Festes entsprach dem welchen
der mailändische Hof seit Galeazzo Maria's Tagen zu entwickeln gewohnt war[1]).

[1] Cronaca di Notar Giacomo S. 169. Tristani Calchi
Nuptiae Mediolanens. Ducum, vgl. Ralli, Della Famiglia Sforza,
Bd. II. S. 54, 60. Fabronia. a. D. Bd. I. S. 168, Bd. II. S. 295—298.
Mehre auf diese Festlichkeiten bezügliche Briefe Alamanni's befinden sich
im Med. Archiv.

VIII.

Romagnolische Wirren. Toscanische und umbrische Nachbaren.

Das Jahr 1488, welches Lorenzo be' Medici Familienfeste und Familientrauer brachte, brachte ihm wie der Republik politische Verwicklungen, umso bedenklicher, weil die schwächste Seite des Gebietes, die romagnolische, dabei in Betracht kam, die Beziehungen zu den Bundesgenossen, namentlich zu Mailand, dadurch schwer gefährdet wurden.

Nach Sixtus' IV. Tode hatte Girolamo Riario sich in seinen kleinen Staat zurückgezogen. Mit seinen großen politischen Plänen war es vorderhand zu Ende, und er mußte froh sein, wenn er, zwischen Papst, Venedig und Florenz gestellt, seine Territorien behielt, die umso schwächer waren, da das Gebiet von Faenza sie voneinander schied. Zu Anfang seiner Regierung hatte Innocenz VIII. sich ihm sehr abgeneigt gezeigt. Als Lorenzo be' Medici durch Guidantonio Vespucci bei dem Papste vertraulich den Plan eines Unternehmens gegen ihn zur Sprache bringen ließ, schien dieser nichts wider die Sache selber zu haben, wol aber zu wünschen, Andere handeln zu lassen und persönlich beiseite zu bleiben. So die Schwierigkeiten, da Girolamo Riario wol auf seiner Hut war, und man Einschreiten Venedigs fürchtete, wie die Ungewißheit, wer mit den beiden Städten zu belehnen sein würde, ließen die Ausführung aufschieben, welche dann infolge der so für den Papst wie für Florenz eingetretenen Verwicklungen unterblieb¹). Erwägt man, daß in Sixtus' IV. letzter Lebenszeit Lorenzo sich der Vermittlung Girolamo's bediente, um vom Papste Gnadenbezeigungen sogar Beneficien für seinen jungen Sohn zu erlangen²), so wirft die ganze Intrigue auf ihn kein günstiges Licht.

Während der vier seitdem verflossenen Jahre scheint der Herr von Forli in leidlichem Verhältniß zu den Florentinern geblieben zu sein. Der alte Groll wegen der Ereignisse von 1478 und 1479 war aber bei diesen nicht vergessen, und eine wirkliche Stütze hatte der Graf nur an Lodovico il Moro, so wegen der Verwandtschaft, wie wegen der fortwährenden Besorgniß vor Ausdehnung der florentinischen Herrschaft auf der Nordseite der Apenninen. Auf engen Kreis beschränkt, lastete er nun umso schwerer auf seinen Unterthanen. Wenn er, an Glanz und Ausgaben gewohnt als die unermeßlichen Hülfsquellen Roms ihm zu Gebote standen, nun auf gleiche Weise fortzuleben suchte, wobei er seine beiden Städte Forli und Imola durch manche Bauten verschönerte, während er eine für den kleinen Staat drückende Militärmacht hielt, so mußte er, zur Bestreitung der Kosten, zu Abgaben und Zöllen greifen, welche die Abneigung gegen ihn, [die in Forli von vorneherein in der nicht geschwundenen alten Anhänglichkeit an die Ordelaffi Nahrung fand und durch sein roh willkürliches Schalten und grausame Strafen gesteigert wurde, mehrundmehr wach erhielt. Unter solchen Umständen war es leicht, daß in einer an Gewaltthaten und Selbsthülfe

---

1) Guidantonio Vespucci an Lorenzo, Rom 23. Sept. und 14. Dec. 1484, bei Fabroni a. a. O. Bd. II. S. 316—318.
2) Ricordi di Lorenzo bei Fabroni Bd. II. S. 249.

gewohnten Provinz eine Verschwörung sich bildete, deren Haupt Cecco dell' Orso, Hauptmann der Wache, wegen rückständigen Soldes und anderer Anlässe mit dem Grafen verfeindet und selbst bedroht, ihm zuvorzukommen beschlossen haben soll. Am 14. April trat Cecco, von zwei Vertrauten begleitet, in das Gemach Riario's, der keine Gefahr ahnte und unmittelbar darauf, unter den Augen seiner eigenen Leute, eine nackte und blutige noch zuckende Leiche aus dem Fenster auf die Straße hinabstürzte.

Im Nu erhob sich der Aufstand. Während das Volk, unter Freiheitsrufen den Todten durch die Gassen schleppte, fließen die Mörder den herbeieilenden Häscherhauptmann nieder, bemächtigten sich der Gemalin und drei Söhne des Grafen, eilten mit ihrem Anhang zum Castell, um dasselbe in ihre Gewalt zu bringen. Aber der Befehlshaber erklärte er werde die Burg nur der Gräfin übergeben, und zwar nicht der Gefangenen sondern der Freien. Hier zurückgewiesen, vermochten die Häupter der Verschwörung auch in der Stadt selbst nicht zum Ziele zu kommen, da sie, sich vor Verrath zu sichern, Wenige ins Einverständniß gezogen hatten. Nicht Viele hingen der neuen Herrscherfamilie an. Einige waren der alten Dynastie günstig, die Masse wollte die directe Herrschaft der Kirche. Der päpstliche Gouverneur von Cesena, Monsignor Savelli, wurde herbeigerufen, von der Stadt Besitz zu nehmen. Ohne die Veste war dieser Besitz unvollkommen, und da Unterhandlungen nicht zum Ziele führten, benutzte Riario's Wittwe die Verwicklung, sich zur Herrin der Lage zu machen. Von dem Prälaten und den Aufständischen gedrängt sich ins Mittel zu legen, versprach sie gegen Zusage einer Entschädigung den Castellan zur Uebergabe zu vermögen wenn man sie mit diesem reden lasse. Die Söhne, die in der Gewalt der Städtischen zurückblieben, sollten als

Geiseln dienen. Das Thor ward ihr geöffnet, aber sie ließ das Sforzasche Banner aufpflanzen. Trotzige Antwort auf die Drohung, die Knaben zu tödten wenn die Uebergabe nicht erfolge, begegnete dem Angriff. Die muthige Frau berechnete, daß jede Stunde Zögerung zu ihren Gunsten sei, während die Uneinigkeit der Gegner ihre Hoffnung belebte, daß man gegen ihre hülflosen Söhne nicht zum äußersten schreiten würde. Sie täuschte sich nicht. Auf allen Seiten setzte man sich in Bewegung. Lodovico il Moro schrieb nach Florenz, die Republik zum Schutz der Rechte der gefährdeten Söhne des Riario aufzufordern. Zugleich ließ er, ohne jedoch sich mit den Verbündeten darüber zu benehmen, Galeazzo da Sanseverino mit Reiterei und Fußvolk marschiren, während Giovanni Bentivoglio und Galeotto Pico von Mirandola mit ansehnlichen Schaaren gen Forli zogen. Die Florentiner, als sie von den kriegerischen Bewegungen vernahmen, sandten alsbald einen Theil der Truppen, die sie noch in der Lunigiana hielten, unter dem Grafen von Pigliano und Ranuccio Farnese nach ihrer romagnolischen Grenze. In Forli war man rathlos. Die Feinde der Riari hofften auf thätigen Beistand des Papstes, aber Innocenz VIII., obgleich er einige Mannschaft von Cesena vorrücken ließ, war entweder nicht willens oder nicht im Stande sich in ein Unternehmen zu ihren Gunsten einzulassen.

Auch nach Florenz hatten die Häupter der Bewegung ihre Blicke gerichtet, wohl wissend welche innerliche Abneigung zwischen den Medici und den Riari bestand. Der ferraresische Gesandte schrieb, man habe hier nichts von der Verschwörung gewußt, aber das Volk freue sich über das was dem Grafen zugestoßen sei, und würde es, des Vergangenen eingedenk, gerne sehn wenn seine Familie mit Stumpf und Stiel ausgerottet würde. Ein von den Anstiftern der That, am vierten

Tage nach derselben an Lorenzo gerichtetes Schreiben erklärt die Beweggründe und den Hergang wie den Entschluß der Bürgerschaft, keine Einzelherrschaft mehr zu dulden sondern sich der Kirche zu unterwerfen auf deren Beistand man rechnete. Lorenzo, heißt es in diesem Schreiben, müsse sich über ein Ereigniß freuen, das ihn und die Republik von einem arglistigen Feinde befreie, das unschuldige Blut seines Bruders räche, und die Bürger nährten somit Hoffnung auf kräftige Unterstützung von Florenz. Auf vorheriges Einverständniß deutet aber nichts hin. Lorenzo hatte einen Vertrauten, Stefano von Castrocaro, nach Forli gesandt, und dieser schilderte die Zustände der Stadt, das Vertrauen auf florentinische Hülfe, die Absicht unter directer Herrschaft der Kirche zu bleiben[1]. Lorenzo's spätere Aeußerungen über die Angelegenheit machen es klar, daß gerade diese entschiedene Hinneigung der Mehrzahl der Bevölkerung seinen Eifer, dieser gegen die Partei der Riari zu helfen, abkühlen mußte, wenn er überhaupt solches im Sinne hatte. Uebrigens war der Gang der Ereignisse rascher als man in Florenz erwarten mochte. Ehe die verschlungenen Fäden der Anträge und Unterhandlungen sich entwirrten, gab das Vorrücken der mailändischen und bolognesischen Truppen den Ausschlag. Die am meisten Compromittirten begaben sich auf das benachbarte florentinische Gebiet, und am 29. April wurde Ottaviano Riario, Girolamo's kleiner Sohn, als Herr von Forli und Imola proclamirt. Caterina Sforza, welche die Regentschaft übernahm, rächte Mord und Gefahren blutig an Denen die sie noch erreichen konnte.

Diese Angelegenheit führte aber für Florenz eine Verwicklung herbei, welche deutlich zeigt auf wie schwachen Füßen

---

[1] Schreiben Bobovico's und Cerco's dell' Orso vom 19. April und Stefano's von Castrocaro vom 21., bei Fabroni Bd. II. S. 318—325.

einerseits die Rechtsverhältnisse-andererseits die politischen Beziehungen standen. Im rauhen Apennin, im Thale des Sillaro, welcher seine Wasser mit denen des Reno, des Santerno und vieler andern im Po di Primaro vereint am südlichen Ende der Sumpfseen von Comacchio dem Adriatischen Meere zuführt, nordöstlich von der in die romagnolische Ebne hinabsteigenden Heerstraße von Florenz nach Bologna, liegt Piancaldoli, heute ein Gebirgsdorf von neunhundert Einwohnern, einst ein Castell wie die Mehrzahl der Orte der Grenzstriche. Streitiger Jurisdiction zwischen Romagna und Toscana, hatte es lange einer Linie der im Apennin mächtigen Ubaldini gehört, von welcher es an die Republik Florenz gekommen war, die aber noch zu Anfang des 15. Jahrhunderts Schwierigkeiten und Verdruß mit den Päpsten und ihren Legaten wegen dieses Oertchens hatte. Im Kriege des J. 1478 hatte Girolamo Riario sich desselben bemächtigt, und es war den Florentinern nicht gelungen ihn zur Herausgabe zu vermögen. Nun erachteten sie den Moment gekommen, sich Recht zu verschaffen und den Schimpf zu rächen. Ihre in der Richtung auf Imola zu nach der Romagna ziehenden Truppen erhielten Befehl sich Piancaldoli's zu versichern. Darüber gerieth Lodovico il Moro in heftige Aufregung, wol nicht so sehr des bedeutungslosen Ortes wegen als weil er argwohnte, es möchte der Anfang der Versuche größerer Erwerbungen sein. Giovan Pietro Bergomino, sein Commissar bei den gegen Forli bestimmten Truppen, kam zu ärgerlichen Worten mit dem florentinischen Commissar Averardo de' Medici. Man ereiferte sich gegenseitig so daß Ercole von Este sich ins Mittel legen zu müssen glaubte. Lorenzo de' Medici zeigte sich jedoch nicht im geringsten zum Nachgeben geneigt. Er sagte dem ferraresischen Gesandten, es müsse schlimm stehn, wenn die Republik nicht ihr Eigenthum mit ihren Leuten wiederzuerlangen suchen dürfte, ohne Zustimmung von Mailand, welches in diesem Augenblick ohne Einverständniß mit Florenz seine Truppen gegen Forli gesandt habe, während ein solches Unternehmen, von anderer Wichtigkeit als das von Piancaldoli, nur in Gemeinschaft mit der Republik auszuführen wäre.

Lorenzo's Unterredungen mit dem Gesandten legen an den Tag, wie auf allen Seiten nur Uebelwollen und Mißtrauen herrschte. Er vermied es sich darüber auszusprechen, ob die Republik eine Gebietsvergrößerung auf romagnolischer Seite beabsichtige, obgleich er aufmerksam gemacht wurde, daß man sich dadurch in unheilbaren Conflict mit dem Sforza verwickeln würde, der die Angelegenheit von Forli wie seine eigene betrachte und seine Ehre dabei auf dem Spiel glaube. Er versprach nur abzuwarten, wie die Dinge sich entwickeln würden. Die meiste Aussicht schien ihm der Papst zu haben, indem er meinte in Forli könne man sich den Riari nicht mehr fügen. Aber er verhehlte nicht daß eine Dynastenfamilie, möchten es Riari oder Andere sein, ihm ein geringeres Uebel erscheine als directe päpstliche Herrschaft, oder gesteigerter Einfluß der Sforza, deren Machtvergrößerung indeß immer noch minder schlimm sein würde als die der Kirche, indem sie sich vielleicht leichter dazu verstehn würden, Dynastenfamilien mit romagnolischen Orten zu belehnen, als die Kirche welche seit längerer Zeit ihren Baronen mehrundmehr abgeneigt sei, und nicht wieder aus der Hand geben werde was sie einmal hatte. Die Kirche, äußerte er einmal, sei gegenwärtig mehr zu fürchten als selbst Venedig, ein Umstand der ihn wesentlich bewogen habe, dem König Ferrante gegen den Papst beizustehn[1]). So war Lorenzo's Ansicht zu

---

1) A. Guiboni bei Cappelli S. 295—301. [Das Datum der Depesche S. 295 ist irrig; wahrscheinlich ist sie vom 23. statt 3. April.]

jener Zeit, wo ihm Alles daran lag, mit dem Papst in gutem
Einverständniß zu stehn — eine Ansicht, die der neapolitanische König stets mit ihm getheilt hat. Piancaldoli wurde
von den Florentinern genommen, zwei Tage bevor Forlì sich
mit den Riari vertrug. Wenige Jahre aber nach Lorenzo's
de' Medici Tode ereignete sich das was ihm am meisten
widerstrebte, denn alle kleinen Signorien der Romagna, deren
Interessen vielfach mit jenen der Republik verknüpft waren,
nahmen ein gewaltsames Ende.

Die Verstimmung gegen Mailand blieb, auch nach Erledigung dieser Streitfrage und nachdem man in Florenz aus
Rücksicht auf Lodovico il Moro den Mördern Riario's, die
sich dann nach Rom wandten, Aufnahme verweigert hatte.
Lorenzo äußerte, wenn der Herzog von Bari Billiges verlange, werde man ihm stets zu Willen sein, aber er dürfe
nicht mit Dingen kommen die der Ehre des Staates zuwiderliefen. Er ließ auch den Herzog von Ferrara bitten, solche
Forderungen nicht zu unterstützen. Als er um diese Zeit,
gegen Mitte Mai, ins Bad gegangen war, erwiederte Pier
Filippo Pandolfini, sein damaliger Vertreter in politischen
Geschäften, auf Lodovico's Drängen inbetreff der Rückgabe
Piancaldoli's, man möge ihnen nichts Ehrwidriges zumuthen:
Florenz sei kein Pavia oder Cremona, wo der Herzog von
Mailand befehle. Kaum waren die ersten schlimmen Eindrücke verschwunden, so ereignete sich ein ähnlicher Vorfall,
der die Republik noch weit mehr ins Mitleiden zog. Es
handelte sich um Faenza, den einzigen den Manfredi noch gebliebenen Staat, zu welchem Florenz, wie schon oben ausgeführt worden ist, im Verhältniß einer Schutzmacht stand.
Galeotto Manfredi war mit Francesca Bentivoglio, einer
der vielen Töchter des Herrn von Bologna vermält, eine
Heirat, zu welcher Lorenzo de' Medici wesentlich beigetragen

hatte¹). Untreue des Gatten reizte die leidenschaftliche Frau in dem Grade, daß sie ihn am 31. Mai 1488 in ihrem Schlafzimmer durch gedungene Mörder umbringen ließ. Darauf eilte sie mit ihren beiden Söhnen, deren ältester erst drei Jahre zählte, ins Castell und benachrichtigte ihren Vater von dem Vorgefallenen. Giovanni Bentivoglio verlor nicht einen Augenblick. Mit der bei den Wirren von Forli zusammengezogenen Mannschaft setzte er sich in Marsch, während er dem in gedachter Stadt noch verweilenden mailändischen Commissar Bergomino die Weisung zugehn ließ, sich mit ihm zu vereinigen. Im Anfang ging Alles gut. Der Herr von Bologna und die Truppen wurden in Faenza friedlich empfangen, und es hatte den Anschein, daß die Proclamation des kleinen Astorre Manfredi Alles ausgleichen werde, als irgendein Mißverständniß unter dem Volke und den in die Stadt geströmten rauhen Bergbewohnern des benachbarten Lamonethales einen Auflauf veranlaßte, wobei der mailändische Commissar und über funfzig der Seinen umkamen, und Giovanni Bentivoglio mit Mühe sein Leben rettete. Nachdem der ärgste Tumult sich gelegt, wurde Astorre proclamirt, unter dem Schutz der Republik Florenz, an deren Commissar Antonio Boscoli die Verständigeren sich alsbald mit dem Gesuch um Vermittlung und Beistand gewandt hatten.

In Florenz verursachten die Nachrichten aus Faenza große Aufregung. Man argwohnte daß bei dem ganzen Vorfall mailändische und bolognesische Intriguen im Spiele seien, und beschloß sogleich den von den Faentinern angerufenen Schutz so der Stadt wie dem jungen Manfredi zu gewähren und Truppen zu senden. Maßregeln, die man in

---

1) Schreiben Lorenzo's an Giovanni Bentivoglio, Cafaggiuolo 1. Juli 1488, bei A. Cappelli a. a. C. S. 242. Galeotto Manfredi war bei ihm auf der Villa gewesen und dort war die Sache abgemacht worden.

Betracht des alten Schutzverhältnisses billig nicht verübeln
konnte. Faenza wurde besetzt, der gefangene Bentivoglio
nach Mobigliana, dem benachbarten Hauptort der toscanischen
Romagna gebracht, Madonna Francesca nach Bologna zu
ihrer Mutter gesandt, eine aus Faentinern und Bewohnern
des Lamonethales gebildete Regentschaft eingesetzt. Den Bentivoglio der es übrigens nur den Florentinern zu danken hatte,
wenn er durch das Bergvolk ungefährdet blieb, dünkte es
hart daß man ihn auch auf florentinischem Gebiete in Verwahrsam hielt, und so Lodovico Sforza wie König Ferrante
und Ercole von Este verwandten sich für seine Befreiung,
während seine Gattin Alles mit Klagen erfüllte und bolog-
nesisches Kriegsvolk sich an der Grenze sammelte, die Stadt
Bologna eine Botschaft nach Florenz sandte. Aber Lorenzo
de' Medici welcher wußte daß die Grenzen hinlänglich
gesichert waren, erwiederte, bis die Dinge in Faenza geordnet seien, müsse Messer Giovanni sich gedulden.

Inderthat wurde nun; der Commissar in Mobigliana
Dionigi Pucci angewiesen, den Gefangenen in Freiheit zu
setzen und ihn zugleich zu veranlassen, sich nach Casaggiuolo
zu begeben, wo Lorenzo ihn erwartete. Dies geschah am
14. Juni. Lorenzo äußerte sich völlig befriedigt über die
Unterredung mit Giovanni und schien an eine Wiederherstellung des frühern guten Einvernehmens zu glauben. Als
aber einige Zeit darauf der Herr von Bologna die Einwilligung zur Rückkehr seiner Tochter nach Faenza zu erlangen suchte, und zugleich die Hand einer andern Tochter für
Giuliano de' Medici anbot, wurde beides entschieden abgelehnt,
was Jenen so erzürnte, daß man in Florenz Lorenzo's Aufenthalt zu Poggio a Cajano nicht für ungefährdet hielt indem
die Villa einem Handstreich von bolognesischer Seite bloßgestellt sei. Inderthat war er nicht ruhig, sosehr er sich

bemühte es zu verbergen. Als Giovanni Bentivoglio sich nachmals mit der Bitte an ihn wandte, für Madonna Francesca die päpstliche Absolution zu erlangen, damit sie sich wiederverheiraten oder ins Kloster gehn könne, erfüllte er diese Bitte, in der Hoffnung sich diesen wieder zu befreunden, und ein von ihm an Innocenz VIII. gerichtetes Schreiben [1]), in welchem er diesen an die von ihm an den Tag gelegte Bereitwilligkeit erinnert, beweist daß er sich die Sache angelegen sein ließ. Es seien Gnadenbezeugungen, sagt er, die er mit aller Inbrunst zu erbitten pflege.

Mit Caterina Riario Sforza stellte sich bald ein gutes Verhältniß her, und Lorenzo war nicht nur bemüht, Anschläge der Orbelaffi und ihrer Partei gegen sie zu hintertreiben, sondern auch eine Verlobung zwischen ihrer Tochter und dem jungen Manfredi zustande zu bringen, welchen die Republik ganz als ihr Mündel betrachtete und behandelte [2]). Die Zustände in der Romagna und namentlich in Faenza waren so schlimm, die Unsicherheit infolge der zwischen Familien und Personen herrschenden Feindschaft und blutigen Vendetten so arg und durch die politischen Wirren so gesteigert, die Versuche von Friedensschließung und Versöhnung, wie sie gerade damals, nach dem Vorgange Sanct Bernhardins von Siena und Anderer vor wie nach ihm, von kirchlicher Seite stattfanden, so unvermögend dauernde Ruhe zu sichern, daß der florentinische Einfluß in diesen kleinen Staaten doppelt nothhat, als besänftigendes Element für das schwer zu bändigende Volk, als Rückhalt für die Regierenden.

---

1) Florenz 26. März 1489. Bei Moreni Lettere cc. S. 21.
2) Schreiben Piero Nasi's und Dionigi Pucci's, bei Fabroni Bd. II. S. 325—328. Auf dies Projekt bezieht sich ein Schreiben Gio. Bentivogli's an Lorenzo vom 7. Sept. 1489, Med. Arch, und ein anderes Caterina's Riario Sforza vom 21. Jan. 1490, ebdf. Diese bittet um entschiedenen Bescheid „cum un bel si o cum bel non".

Lorenzo war es, der die Interessen Astorre Manfredi's schützte, als Cotignola, Heimat und Grafschaft der Sforza, sein kleines Gebiet auf Kosten Faenza's zu erweitern strebte. Zu Ende des J. 1489 versuchte Giovanni Bentivoglio nochmals, die Rückkehr seiner Tochter nach gedachter Stadt zu erlangen. „Ich habe, schrieb er an Lorenzo [1]), eine solche Rückkehr nie erstrebt noch erstrebe ich sie heute ohne Zustimmung Eurer Magnificenz, indem ich in dieser Sache wie in allen meinen Angelegenheiten nur nach eurem wohlwollenden und weisen Rathe verfahren will, wie es sich für unsere alte Freundschaft und Brüderschaft ziemt." Die Rückkehr Francesca's und die Uebernahme der Führung ihres Sohnes, meint er, werde das einzige Mittel sein, der herrschenden Verwirrung ein Ziel zu setzen, aber er werde nichts ohne Lorenzo thun.

Diese romagnolischen Wirren waren die letzten in denen, zu Lebzeiten Lorenzo's de' Medici, politisches wie militärisches Eingreifen in die Angelegenheiten von Nachbarstaaten in einer Weise stattfand, welche Verwicklungen mit andern Mächten heraufzubeschwören drohte. Völlig ruhig blieb es aber auch auf der Südseite der Apenninen nicht. Es ist eine auffallende aber nicht abzuweisende Thatsache, daß der Mann, dessen Streben im Ganzen und Großen darauf berechnet war, den Frieden zu bewahren und das politische Gleichgewicht zu sichern, sich doch nicht immer enthalten konnte, Ränke gegen benachbarte kleine Staaten zu schmieden und zu solchem Zwecke das nie ruhende Parteiwesen zu benutzen, von jener Sucht nach Gebietsvergrößerung getrieben, die bei der Republik und den Medici erblich gewesen ist wie bei Venedig und den Visconti. Die schönen Worte von Eintracht und Brüderlichkeit

---

1) Bologna 19. Dec. 1489. Med. Arch.

wurden leicht durch die Thatsachen Lügen gestraft. Allerdings war Lorenzo zu klug und zu behutsam, um fremden Verlockungen leicht nachzugeben. Aber er enthielt sich doch nur, wenn die Sache ihm nutzlos oder bedenklich vorkam. Als im März 1488 Franceschetto Cybò ihn in einen Anschlag gegen den schon von Sixtus' IV. Zeiten her mit Rom hadernden Jacopo IV. Appiani hereinzuziehen suchte, ein Anschlag für welchen er auch König Ferrante zu gewinnen hoffte, in der Meinung daß dieser gerne eine Gelegenheit zur Aussöhnung mit dem Papst ergreifen würde, zeigte er keine Lust darauf einzugehn. Wenn Piombino nicht für Florenz gewonnen werden konnte, mußte es ihm begreiflicherweise weit lieber sein, es in den Händen eines angestammten kleinen Signore zu wissen als in denen des Papstes, selbst wenn dieser, was unsicher war, es seinem Sohne hätte geben wollen, während es ihm ferne lag, den König von Neapel in toscanische Angelegenheiten zu verwickeln. Er erinnerte sich sehr wohl vernommen zu haben, wie des Königs Vater im J. 1448 sagte, nehme er Piombino, so hoffe er auch sich ganz Toscana's zu bemächtigen; Worte, die er den Sienesen, zu denen der kleine Staat im Schutzverhältnisse stand, ins Gedächtniß zurückrief, als er ihnen eine gute Meinung von seinen freundnachbarlichen Gesinnungen beizubringen suchte [1]). Gerade in Bezug auf Siena aber war seine Politik eine nichts minder als gerade.

Innere Ruhelosigkeit hatte hier nie aufgehört, und bereitete ein Regiment vor, ähnlich dem in Florenz herrschenden, nur daß es den in Siena emporkommenden Familien, den Petrucci und Piccolomini, nicht festen Fuß zu fassen gelang wie den Medici, während die Wandelbarkeit des unter

---

1) Schreiben Franceschetto's Rom 10. März 1488, bei Fabroni Bd. II. S. 334—337. Lorenzo an Andrea da Fojano ebds. S. 334.

sich heftig verfeindeten Adels und des Volkes die der Florentiner weit hinter sich ließ. Die einst von Alfons von Calabrien gestützte Adelspartei hatte im J. 1487 ihre Wiederaufnahme erlangt und eine dem Anschein nach umfassende Umgestaltung der Verfassung bewirkt, welche die längst in feindliche und exclusive Parteien ausgearteten alten Classen oder Monti aufhob, die Befähigung zu den Aemtern auf sämmtliche Theile ausdehnte. Die Verfassungsänderung wurde als Herstellung der Eintracht begrüßt und festlich begangen, aber es währte nicht lange bevor die bis dahin herrschende Faction der Reformatoren innewarb, daß sie bei den Wahlen den kürzern zog und alle Autorität an ihre alten Gegner kam. Unzufrieden wandten sie sich heimlich an Lorenzo de' Medici, und dieser, der doch nicht lange zuvor die Schwesterrepublik seines warmen Antheils an der Bewahrung ihrer Ruhe versichert hatte, zeigte sich auch geneigt den Klagenden zur Wiedererlangung der frühern Stellung zu helfen. Im März 1488 ließ er Mannschaft nach Arezzo und dem Chianathal rücken, und begab sich selbst nach gedachter Stadt. Aber in Siena kam man der Sache auf die Spur, zog eine Menge Verdächtiger ein von denen die am meisten Compromittirten verbannt wurden, sandte Messer Niccolò Borghese nach Arezzo, von Lorenzo Auskunft zu verlangen.

Indem dieser den Anschlag entdeckt sah, brachte er zugleich in Erfahrung daß der Papst, auf dessen Theilnahme er gerechnet zu haben scheint, sich nicht in die Sache mischen wollte und seinem Sohne sogar verwehrt hatte sich zu seinem Schwiegervater zu begeben, Neapel aber die alten Freunde in Siena zu unterstützen bereit war. So hielt er es für das Beste, seine Absicht, der Partei der Reformatoren zu der ihr vertragsmäßig gebührenden Stellung zu verhelfen, offen zu bekennen. Die in der Stadt Herrschenden, zu gleicher Zeit durch wiederholte Beunruhigung des Gebietes, so durch die Orsini von Pitigliano wie durch Ausgewanderte gereizt, befestigten ihre Grenzorte und lasteten noch schwerer als zuvor auf ihren Gegnern. Ein Bruch mit Florenz ward dennoch vermieden, und wenn Lorenzo seinen Zweck nicht erreichte, erkennt man doch an seinem Verhalten daß ihm daran lag, in auskömmlichen Beziehungen zu den Nachbarn zu bleiben. Dies gelang ihm. Seine Abgesandten wurden in Siena gut aufgenommen, und wenn er die Stadt oder ihr Gebiet berührte, wurde er jedesmal aufs ehrenvollste empfangen und reich beschenkt. Er mochte mit Franceschetto Cybò gleicher Meinung sein, der ihm einmal schrieb, Siena sei ein zu seltner Bissen [1]). Wie es mit den freundnachbarlichen Gesinnungen überhaupt stand, ergiebt sich aus dem Umstande, daß wegen einer Grenzstreitigkeit die florentiner Signorie einmal auf den Gedanken kam, die Passage auf der großen über Siena nach Rom führenden Straße geradezu unmöglich zu machen, indem sie einen unerschwinglichen Grenzzoll auflegte, für jeden Fußer ein Goldgulden, für den Reiter zwei, für eine Maulthierlast fünf [2]).

Etwas über ein Jahr nach den erwähnten Irrungen stand er zu der Signorie der Stadt wenigstens äußerlich wieder in so gutem Verhältniß, daß er eine Bitte um Schonung für einen ihrer verhasteten und verurtheilten Rebellen an sie richten konnte. „Ich weiß sehr wohl, meine Herren — so sind seine Worte — was es mit einem Vergehen wie das in Rede stehende für den Staat auf sich hat.

---

1) Pecci Memorie ec. della Città di Siena che servono alla vita civile di Pandolfo Petracci. Siena 1755. S. 64 ff. Schreiben Fr. Cybò's a. a. O. Andrea da Fojano an Lorenzo, Siena 19. Oct. 1489, ebdl. S. 331—334.
2) R. Rinuccini Ricordi zum J. 1470, bei Fabroni S. CXIII.

Andrerseits jedoch bedenke ich, welches Verdienst bei Gott und welches Lob bei den Menschen man sich erwirbt, wenn man Gnade und Barmherzigkeit gegen solche Delinquenten übt, namentlich wenn das Gemeinwesen dabei keine Gefahr läuft. Inständig möchte ich Eure Herrlichkeiten bitten, jetzt da mir für die Sicherheit des Staates Vorsorge getroffen scheint, Maestro Maurizio Gnade widerfahren lassen zu wollen." Als Lorenzo so schrieb, scheint er vergessen zu haben, daß er fünf Monate zuvor nicht gerade in Uebereinstimmung mit diesen Gesinnungen und Worten gehandelt hatte. Ein junger Mensch hatte in einem Streit mit einem Amtsdiener der Acht diesen getödtet, war nach Siena geflohen, von dort ausgeliefert und verurtheilt worden. Als man ihn zur Hinrichtung über den Platz führte, empfand das Volk Mitleid mit dem Unglücklichen, rief: Fliehe, fliehe, und suchte ihn aus den Händen der Häscher zu befreien. Lorenzo war eben im Palast. Die anwesenden fremden Gesandten und mehre Verwandte baten ihn den Jüngling begnadigen zu lassen. Er aber hielt sie mit Worten hin, ließ den Schuldigen an einem Fenster des Gerichtspalastes aufknüpfen, vier der Lärmmacher greifen, am Leibe strafen und auf mehre Jahre aus der Stadt verbannen. Er ging nicht nach Hause, bevor der Tumult sich ganz gelegt hatte[1]).

Zweideutig, wie gegenüber den Sienesen, war die florentinische Politik auch in den Beziehungen zu Lucca. Das wechselseitige Mistrauen und Uebelwollen gab sich auf alle Weise kund, und den weit schwächeren Lucchesen ist es nicht zu verdenken, wenn sie auf ihrer Hut waren. Der Haber wegen Pietrasanta kam nie zu wirklichem Austrag, und als es sich

---

1) Lorenzo de' Medici an die Signorie von Siena, Flor. 27. Juni 1489. Hl. im sienes. Arch. A. Guidoni, Flor. 10. Jan. 1489 bei Cappelli a. a. O. S. 305.

um eine Geldentschädigung für Lucca handelte, einigte man sich nicht inbetreff des Betrages. Ein zu Ende März 1490 entdecktes Complott welches nur die Absicht haben konnte, Lucca den Florentinern in die Hände zu spielen, und wobei ein mediceischer Gutsverwalter (Factor) betheiligt schien, veranlaßte zwischen den Anzianen der Stadt und Lorenzo eine Correspondenz, welche, aller rücksichtsvollen Behutsamkeit in der Form zum Trotz, den Mangel an Vertrauen nur zu sehr an den Tag legte. Deutlicher als in Briefen und in der Sendung eines Gesandten, sprach sich die Ansicht der Lucchesen von der florentinischen Freundschaft in den Gräben und Erdwällen aus, womit sie ihre unbefestigten Orte umgaben[1]).

Auch in Umbrien und in den Marken kamen florentinische Interessen ins Spiel, und der Gesandte bei König Ferrante, Paol' Antonio Soderini, hatte Recht indem er darauf hinwies, wie sehr es der Republik am Herzen liege, in Bologna, Perugia, Città di Castello, Faenza, Siena ebensowenig eine Störung bestehender Verhältnisse eintreten zu lassen wie im eigenen Staate, und wie ansehnliche Geldmittel sie darauf verwende. Franceschetto Cybò der sich nach allen Seiten umsah, hätte sich gerne zum Herrn von Città di Castello gemacht und stellte Lorenzo vor, beide Factionen, so die der Vitelli wie jene der Giustini, die einander unter einem päpstlichen Gouverneur das Gleichgewicht hielten, wünschten dies. Lorenzo aber hatte offenbar keine Lust, dem Schwiegersohn seinen Willen zu thun. Perugia war in beständiger Aufregung, wegen des ruhelosen Charakters seiner Bürger der in dem anhaltenden Streite der beiden mächtigsten

---

[1]) Tommasi a. a. O. S. 341. Mazzarosa Storia di Lucca Bd. II. S. 25. Die betreffenden Schriftstücke, 9. Juni bis 18. Juli 1490 im Lucche[s]. Staatsarchiv. Vgl. Bongi Inventario del R. Archivio di Stato in Lucca Bd. I. S. 164.

Familien, der Baglioni und Obbi gipfelte, welche die vornehmste Stadt Umbriens stets mit Tumult erfüllten, sodaß Tag nach Tag blutige Auftritte störten und heute die Einen morgen die Anderen ins Exil wanderten. Vergebens versuchte des Papstes Bruder, Maurizio Cybò, ein im Februar 1488 mit der Verwaltung betrauter verständiger und tüchtiger Mann, durch Uebereinkommen zwischen den Hadernden Ruhe und Ordnung herzustellen. Eine Vorladung der Parteihäupter nach Rom hatte nicht bessern Erfolg: mehre weigerten sich geradezu zu gehn, und wenn infolge der Citation eine Versöhnung stattfand, so war diese nicht von Dauer, und nach Herstellung augenblicklicher Ruhe durch allgemeines Waffenverbot ging der Lärm bald wieder ärger los.

Als Franceschetto Cybò im Juli gedachten Jahres in päpstlichem Auftrage als Friedensstifter[1]) in Perugia verweilte, begaben sich viele Bürger zu ihm, über den unerträglichen Zustand der Stadt Klage zu führen. Sie sagten, weder Recht noch Billigkeit gelte mehr und baten ihn um seine Verwendung zur Abhülfe der Uebel. Franceschetto mochte guten Willen haben, aber zum Heilen solcher Krebsschäden gehörte sich ein anderer Mann, und der Erfolg rechtfertigte Lorenzo's de' Medici Ansicht, die er in einem Briefe an Lanfredini aussprach, als der Papst seinem Sohne die schwierige Mission übertrug. Die von diesem veranlaßten Besprechungen mit den Repräsentanten der großen Familien waren ebenso vergeblich wie die in Rom verschiedenen edlen Perugiuern gemachten Vorstellungen. Zu Ende October kam es auf dem Platze vor dem Palast der Prioren und in der Nachbarschaft zu blutigem Kampfe, wobei selbst kleine Artillerie gebraucht, Häuser angezündet, den Dom von San Lorenzo als

---

1) So besagt das vom Papste an die Prioren gerichtete Breve vom 9. Juli 1484.

Veste benutzt, Parricaben gebaut wurden. An den folgenden
Tagen währte die Straßenschlacht mit Plünderung, Brand,
Erbrechung der Gefängnisse. Der Gouverneur, inmitten des
Tumults zurückgekehrt und mit dem Ruf: Kirche! Kirche!
empfangen, sah sich unvermögend etwas zu thun. Endlich
unterlagen die Obbi, mußten die Stadt räumen und sich
nach Castiglion del Lago am Trasimen zurückziehn, wo sie
mit ihren zahlreichen Anhängern ein Lager aufschlugen. Umsomehr drohte sich der Kampf über die ganze Landschaft zu
verbreiten, da die meisten Castelle dem Adel gehörten und
Spello, Fuligno, andere größere Orte bereits in Bewegung
waren und offnen Krieg gegeneinander führten, an welchem
die Vitelli, die Orsini u. A. sich betheiligten.

Schon zur Zeit der Pazzi'schen Wirren hatte Lorenzo
de' Medici so vielfach mit Perugia verhandelt und die Bedeutung der Stadt für Florenz so klar erkannt, daß ihm
daran liegen mußte, der grenzenlosen auch die Sieger
schwächenden Unordnung ein Ziel zu setzen. Er stand auf
Seiten der Baglionen, die überdies einen der Ihrigen zu
ihm gesandt hatten, und als der Cardinal von Siena, Francesco Todeschini Piccolomini, von Innocenz VIII. zum Legaten von Perugia ernannt, wo Maurizio Cybò nicht länger
bleiben wollte, am 16. November 1488 daselbst einzog,
suchte er diesen zu vermögen, sich für die gedachte Partei zu
erklären und deren Interessen zu fördern, nicht nur überhaupt in der Absicht, ihnen die Suprematie in Perugia mittelst päpstlicher Genehmigung zu sichern, sondern auch sie
von näherer Verbindung mit König Ferrante abzuhalten, dem
sie sich schon genähert hatten, zum Mißvergnügen Lorenzo's
welchem jede Einmischung desselben in die Angelegenheiten
Mittelitaliens verhaßt war. „Die Baglionen, schrieb er an
Lanfredini, würden sich, geschweige dem Könige, dem Teufel

zu eigen geben. So halte ich dafür, man müsse alles Mögliche zur Löschung dieses Brandes thun. Glaubet mir, wenn der Papst diese Gelegenheit benutzt, wird er die Baglionen ganz auf seine Seite ziehn und sie seinen Zwecken dienstbar machen. Es wäre gut dem Legaten anheimzustellen, mit den Ausgewanderten nach seinem Gutdünken zu verfahren: ich werde mich sodann bemühen, die Baglionen zu bewegen, sich dem Willen des Legaten zu fügen. Jedenfalls ist Heilung dieser Wunde nöthig." Schon hatte der Graf von Pitigliano mit florentinischer Mannschaft gegen die Obbi mitgeholfen. Cardinal Piccolomini mochte von Recht und Unrecht der Parteien wenig überzeugt und ebensowenig geneigt sein, ihrem Willen zum Werkzeug zu dienen. Lange widerstand er den wiederholten Zumuthungen, die Verbannung der Ausgewanderten auszusprechen, wozu die Baglionen im Verein mit den Commissaren von Florenz und Urbino, von den Orsinen und Vitelli (Lorenzo hatte Messer Niccolò Vettori gesandt) drängten. Als er endlich sah daß die Dinge nicht länger in der Schwebe bleiben konnten, ließ er die Häupter der herrschenden Partei auf das Evangelium schwören, die Stadt im Gehorsam gegen den Papst zu erhalten, die Waffen niederzulegen, die Justizverwaltung nicht zu hindern, die von ihnen besetzten Orte des Gebietes seinen Leuten zu übergeben. Dann bestätigte er am 22. Januar 1489 die Privilegien der Stadt und erließ das Verbannungsdecret gegen die Ausgewanderten, welche zunächst auf fünf Jahre nach verschiedenen Orten Toscana's, der Romagna und Marken confinirt wurden, unter Androhung der Acht wenn sie die angewiesenen Orte verließen.

Alles dies geschah unter Theilnahme der Commissare, welche sich sodann nach einem von der Signorie ihnen gegebenen festlichen Mittagsmal empfahlen. Nun fanden die

Magistratswahlen statt, die vom Legaten beorderte Mannschaft, zweihundertfünfzig Mann, besetzte Stadt und Umgebung, das Verbannungsdecret wurde am Dom und am Palast des Podestà angeschlagen und den vornehmsten der davon Betroffenen persönlich durch einen Vollzieher der Gemeinde verkündigt. Als dieser zu einem der Häupter der Partei der Obbi kam, Agamemnone della Penna, welcher sich zu Castiglioncello an der urbinatischen Grenze befand, ließ der Edelmann die Thüren schließen, zog seinen Dolch und sprach zum Boten: Eins von beiden, entweder du verschlingst das Mandat oder ich stoße dich nieder. Der Mann besann sich nicht lange; Agamemnone nahm ihm die übrigen für die meist in dem benachbarten Gubbio befindlichen Ausgewanderten bestimmten Zettel ab, und ließ ihn mit der angenehmen Kunde nach Perugia zurückkehren. Wiederum begann in der Landschaft die Fehde, wobei die Florentiner nicht müßig blieben, aber weder der Kampf noch die wiederholten Vermittlungsversuche des Legaten, der von einem Orte zum andern zog, führte eine Entscheidung herbei. Nur in der Stadt blieb, ungeachtet gelegentlicher Verstörung, die Ruhe einigermaßen hergestellt, während alle Gewalt in Händen der Baglionen war, die sich noch lange nachher auch durch fremden Zuspruch nicht zur Versöhnung mit den Gegnern vermögen ließen, sobaß es im Juni 1491 zum Angriff auf die Stadt und neuen Blutscenen kam. Lorenzo de' Medici, der durch Lanfredini's Verhandlungen mit dem Papste wie durch Vettori's Vermittlung in Perugia zum Siege der Baglionen wesentlich beigetragen hatte, und dem daran lag, daß dem h. Stuhl nur eine nominelle Autorität in Perugia blieb, mußte innewerden wie schwer es war, die gewaltsamen Zustände solcher durch wilde Leidenschaften zerfleischten Städte selbst nur zum geringsten Maß gesetzlicher Ordnung zurückzuführen¹).

Von ungleich geringerem Belang als die peruginischen Angelegenheiten waren für die Florentiner die Wirren des der neapolitanischen Grenze benachbarten Ascoli. Wegen ihrer die Straße vom Thale des Tronto nach Umbrien beherrschenden Lage war die Stadt jedoch der Republik nicht gleichgültig, und die Kämpfe in welche dieselbe sich vom J. 1484 an mit Fermo und andern Orten der Umgebung verwickelte, zogen umsomehr die Aufmerksamkeit auf sich, als einerseits der Papst andrerseits König Ferrante ins Mitleiden gezogen wurden, während die Herren von Urbino und von Camerino, so um ihrer eignen Staaten wie um ihrer Beziehungen zu Rom willen, sich zum Eingreifen veranlaßt fanden. Diese Kämpfe, welche nach momentaner Waffenruhe immer neu begannen und namentlich den kleineren Orten wie dem schutzlosen Lande entsetzlichen Schaden zufügten, waren unter andern Boccalino von Osimo zugute gekommen, welcher in der Mark Fermo viele Verbindungen hatte. Im J. 1487 versuchte Cardinal Giuliano della Rovere vergebens zwischen Ascoli und Fermo Frieden zu stiften. Man schlug sich mit solcher Wuth, daß bei einem von den Ascolanern im April gedachten Jahres versuchten Handstreich gegen das Castell Acquaviva sechzig Leute, die durch Verrath in ein Gebäude eingedrungen waren, in demselben verbrannt, die zu ihrer Hülfe herbeieilenden im Graben niedergemetzelt wurden. Nicht lange darauf griffen die Ascolaner das zwischen ihrer Stadt und dem Meere gelegene Offida an, vertrieben den Vicelegaten der Mark.

---

1) Cronaca del Graziani zum J. 1484 ff. in Cronache e Storie della città di Perugia Bd. I. S. 677 ff. Pellini Historia di Perugia Bd. II. S. 841 ff. Lor. de' Med. an Gio. Lanfredini 1489 bei Fabroni Bd. II. S. 329, 330.

erfüllten Alles mit Raub, Brand und Mord, schlugen die urbinatischen Truppen zurück die zur Hülfeleistung herangezogen waren. In Rom erkannte man die Nothwendigkeit dieser Anarchie Schranken zu setzen, und unterhandelte mit den Herren von Urbino und Camerino, um dem Widerstand Ascoli's ein Ende zu machen. So die Florentiner aber wie namentlich der König von Neapel, mochten sie auch die Beruhigung der abriatischen Gegenden wünschen, sahen es ungerne, daß der Papst dort größere Autorität gewann. „Dem Könige, schrieb der florentinische Gesandte Piero Nasi von Neapel aus an Lorenzo, liegt sehr daran daß der Papst sich Ascoli's nicht bemächtige. Geschähe es, so sieht der König ein, daß die Verbindung zwischen ihm und uns auf immer behindert sein würde. Wie es uns aber gelungen ist, den Papst zu hindern sich zum Herrn von Perugia zu machen, so sollte die Macht Sr. Maj. hinreichen, ein Gleiches in Ascoli zu bewirken."

So währten auch in dieser Friedenszeit allerseits Hader und Unordnung, Mißtrauen und Selbstsucht. Ferrante dachte gewiß sehr wenig an florentinische Interessen, wenn er Innocenz VIII. nicht an seiner Grenze festen Fuß fassen lassen wollte. Noch in Lorenzo's letztem Lebensjahre waren die märkischen Händel nicht beigelegt. Wie in der Romagna, schaffte auch hier erst Cesare Borgia auf seine Weise Ruhe[1]. Von anderer Seite erwuchsen dem Medici gleichfalls Sorgen und Belästigung. Nicht blos Familieninteressen verbanden ihn mit den Orsinen: die von diesem alten und mächtigen Geschlecht zu den Päpsten, zu Neapel, zu Siena, zu Florenz eingenommene Stellung mußte seine Aufmerksamkeit jederzeit

---

[1] Cronache della città di Fermo. Flor. 1870, S. 215 ff. Ugolini, Storia dei Conti e Duchi d'Urbino, Bd. II. S. 60, 65, Reposati Zecca di Gubbio Bd. I. S. 201, Fabroni a. a. O. Bd. II. S. 390.

in Anspruch nehmen. Die Orsinen dünkten sich souveräne Herren. Zahl und Bedeutung ihrer Besitzungen in der Umgebung Roms waren so groß, daß sie auch kräftigeren Regierungen, als die mancher Päpste, zu Besorgniß Anlaß geben konnten, während nur der fast anhaltende Hader mit den Colonna, die ihnen jedoch in der hier in Betracht kommenden Zeit nicht gewachsen waren, ihre Macht gelegentlich neutralisirte. Ihre vielen Lehen im Königreich Neapel brachten sie in enge Beziehungen zu den dortigen Herrschern. Zwischen dem Patrimonium Petri und dem Sieneserlande besaßen sie seit dem Anfange des 14. Jahrhunderts infolge von Erbschaft von einem Zweige des germanischen Dynastengeschlechts der Aldobrandeschi die Grafschaft Sorano-Pitigliano, wodurch sie für die Nachbaren Anlaß steter Unruhe wegen der dort herrschenden Unordnung wurden, eine Unruhe welche, bei dem unter den Familiengliedern unausgesetzt herrschenden Hader, auch durch das Schutzverhältniß (Accomandigia) zu Siena umsoweniger beschwichtigt ward, da Siena selbst so ruhelos war.

Wie viel in den Tagen des Haders zwischen Innocenz VIII. und Ferrante auf die Haltung der Orsinen ankam, haben wir gesehen. Das Verhältniß des mächtigsten Mannes der Familie, Gentil Virginio Herrn von Bracciano, einerseits zum Papste anderseits zum Könige hat Lorenzo de' Medici fortwährend beschäftigt, wovon seine Correspondenz mit den Gesandten in Rom und Neapel Zeugniß ablegt. „Wolle Se. Heiligkeit — so schrieb er am 24. März 1489 an Lanfredini[1]), als Innocenz VIII. einen Augenblick daran dachte, sich Gentil Virginio's wegen seiner verdächtigen Haltung inmitten der neapolitanischen Wirren zu versichern — auf angedeutete Weise verfahren, so würde er dadurch weiter nichts erreichen, als daß die ganze Familie sich zusammen-

---

1) Fabroni a. a. C. Bd. II. S. 359.

schaart und eine Beute des Königs wird. Antwortet der Papst, dies werde in jedem Falle bennoch geschehen, so erwiedere ich, es ist weit besser daß es geschieht ohne daß wir dabei ins Spiel kommen, als indem wir ihnen Anlaß zu Beschuldigungen gegen uns geben. Sinn und Wille dieser Herren Orsinen ziehen nie an demselben Strang. Sie halten schwer zusammen, und ihr werdet sehn daß sie dem Könige immer schlecht dienen wenn er ihrer bedarf, denn sie sind ehrsüchtig und gierig, und wo die Noth sie nicht zwingt ist kein Bestand in ihnen." Wenn in späterer Zeit Ferrante einmal äußerte, der Herr Virginio sei von Natur hartnäckig wenn er sich etwas vorgenommen habe, besonders wo er im Rechte zu sein meine [1]), so mag man sich vorstellen, wie große Mühe Lorenzo hatte, einen Mann zu lenken, der durch seine Stellung in Rom, sein neapolitanisches Generalcommando, seine Erfahrung im Kriegswesen, seinen großen Landbesitz mächtiger als mancher Fürst war. Zu den Medici ist er persönlich immer in gutem Verhältniß gestanden. In nähere Beziehungen zur Republik trat wie wir sahen Niccolò Graf von Pitigliano und Nola. Auch mit diesem von Charakter bedächtigen Manne entstanden jedoch Schwierigkeiten, wenn Interessen oder Launen des Dynasten mit der Stellung als Feldhauptmann eines größern Staates in Streit geriethen, und auch er hat, gleich allen Kriegsleuten der Zeit, unbeschadet persönlicher Tapferkeit und Ehrenhaftigkeit, sein Theil dazu beigetragen, das Verderbniß des damaligen Militärwesens und die Unverträglichkeit des herrschenden Söldnersystems mit der Convenienz ja mit der Sicherheit der Staaten ans Licht zu bringen.

[1] K. Ferrante an Antonio di Gennaro 24. April 1483, bei Trinchera Codice Aragon. Vol. II. Th. 1. S. 181.

Sechstes Buch.

Lorenzo's de' Medici letzte Lebensjahre.

I.

Florentinisches Staatswesen, öffentliche Zustände und Finanzen um das Jahr 1490.

Die im Sommer 1480 vorgenommene Verfassungsreform, welche den bestimmenden Antheil an den Staatsangelegenheiten in dem Rath der Siebzig concentrirte, hatte nun ein Jahrzehnt hindurch Geltung behalten. Diese zehn Jahre, den beinahe fünfzig hinzugefügt welche das Haus der Medici an die Spitze gebracht, hatten zur Ausschließung aller Familien führen müssen, die, von einer feindlichen nicht zu reden, noch eine unabhängige Stellung behaupteten. Wenn es in dem herrschenden Theile der Aristokratie, wie sie sich unterdeß mittelst Aufnahme mancher popolaren aber darum doch nicht freisinnigen Elemente gebildet und ergänzt hatte, Männer gab, die dem System wie dem vornehmsten Träger desselben im Herzen gram waren, so fand die Mehrzahl sich durch Interesse oder Bedürfniß der Thätigkeit an jenes wie an diesen gekettet. Andere nahmen stillschweigend hin, was ohne großen Umschwung, ohne äußern wol nur von Wenigen gewünschten Anstoß nicht anders werden zu können schien. Die unteren Classen standen zu sehr unter Einwirkung der Künste dieser Verwaltung, und die den Medici vorangegangenen Regierungen hatten sie zu sehr gedrückt, popolare Umwälzungen hatten einen zu tumultuarischen Charakter gehabt, in kürzester Frist der Gewaltherrschaft zu sehr das Thor geöffnet, um ernstlich an Wechsel denken zu lassen. Die an der Regierung im weitern Sinne betheiligte, in den Rathsversammlungen repräsentirte, zu den Aemtern herangezogene höhere Bürgerclasse begnügte sich mit dem durch die Constitution ihr gewährten Maß und Schein von Autorität und Einfluß und sonstigen Vortheilen. Unter den großen Familien waren die feindlichen durch Exil, Confiscation, Abgaben zugrunde gerichtet, nachdem ihre alten Häupter alle im Auslande gestorben, völlig einflußlos und nicht mehr zu fürchten, oder aber sie hatten sich auf eine oder die andere Weise gewinnen lassen und zogen an demselben Strang mit ihren vormaligen Gegnern.

Der Zeit ihres Sturzes nach, theilten diese Familien sich in drei Gruppen. Die Albizzi und ihre Anhänger waren im J. 1434, die Parteigenossen Diotisalvi Neroni's im J. 1466, die Pazzi im J. 1478 gefallen. Weder von den Einen noch von den Andern brauchte Lorenzo de' Medici irgendetwas zu besorgen. In welches Elend die Albizzi von Messer Rinaldo's Linie versanken, hat das erste Buch dieser Geschichte gezeigt. Vierundvierzig Jahre nach ihrer Verweisung, wurde einem Urenkel des vormaligen Hauptes der Republik, Alessandro, das Bürgerrecht zurückgegeben, weil er, von Florenz ferne, der Signorie ein Complott entdeckt hatte, welches in dem nach der Verschwörung der Pazzi ausgebrochenen Kriege die Stadt Pistoja dem Herzoge von Urbino in die Hände zu spielen beabsichtigte [1]). Die Linie von Rinaldo's Bruder war den Medici befreundet geblieben. Die Neronische Partei war seit der Colleonischen Schilderhebung ohnmächtig. Wenn bereits Piero de' Medici die Absicht hegte, sich mit Agnolo Acciaiuoli auszusöhnen,

---

1) Commissioni di Rinaldo degli Albizzi. Bd. III, S. 641.

Die Soderini und Pazzi.

von dessen Verwandten mehr als Einer zu seinen wärmsten
Anhängern gehörte, so konnte die Entzweiung der Nachkommen
nicht von Dauer sein. Ohne die Pazzischen Händel würden
die von den Aragonesen begünstigten Nachkommen Agnolo's
gewiß längst vor dem J. 1482 begnadigt worden sein. Die
Feindschaft zwischen den Medici und Soderini endete mit dem
im J. 1474 erfolgten Tode Niccolò's, freilich um in späterer
Zeit unter völlig veränderten Verhältnissen in den Söhnen
jenes Tommaso wiederaufzuleben, welcher Piero und Lorenzo
so nahe gestanden war. Mit den Pazzi war gründlich auf-
geräumt worden. Das Blutgerüst und der Kerker von Volterra hatten Schuldige und Unschuldige verschlungen, und auch
nachdem infolge der Verträge mit dem Papst und Neapel die
Ueberlebenden im J. 1482 den Kerker verließen, waren sie
noch mancherlei Beschränkungen ausgesetzt, die zum Theil bis
zur Umwälzung von 1494 währten. Am 25. Februar 1483
meldete Galeotto Manfredi, daß er Guglielmo de' Pazzi
(Lorenzo's Schwager!) bis zu seiner fernern Verfügung bei
sich in Faenza behalte, und am 18. Mai folgenden Jahres
bat Cardinal della Rovere um Erlaubniß für Niccolò de'
Pazzi, der im Bade von Viterbo gewesen war, sich in Geschäften nach Constantinopel begeben zu dürfen, statt nach dem
ihm angewiesenen Exilsorte Avignon zurückzukehren[1]). Politische Bedeutung haben die Pazzi nie wieder erlangt. Guglielmo, welcher nach dem Sturz der Medici wieder in Staats-
aufträgen gebraucht wurde, legte geringe Begabung an den
Tag, und dessen Sohn Alessandro, eilfjährig als sein Ohm
Lorenzo starb, war ungeachtet seines Scharfsinns und seiner
Erfahrung mehr zu gelehrten Arbeiten als zum öffentlichen
Leben geeignet. Die übrigen bei gedachten Schilderhebungen

---

1) Med. Arch. — Cosimo de' Pazzi, Alessandro's Bruder, wurde 1508
Erzbischof von Florenz.

gegen die Medici aufgetretenen Familien sind theils nie wieder
zu einer politischen Rolle gelangt, theils haben sie sich an den
Siegeskarren schmieden lassen. So ist es den Peruzzi, den
Gianfigliazzi, den Pitti und andern ergangen. Erstere, alt
und reich und berühmt, blieben seit Cosimo's de' Medici
Rückkehr von den Aemtern ausgeschlossen. Von den Strozzi
waren die beiden einst einflußreichen Linien gewissermaßen
fremde geworden, während die berühmteste erst jetzt zu vollem
Glanze gelangte.

Wenn Lorenzo de' Medici um sich blickte, brauchte er
keine Besorgniß vor Wiederholung solcher Opposition zu hegen,
wie sie die Autorität seines Großvaters und Vaters gefährdet hatte. Auch gewaltsamen Versuchen schien der Boden
entzogen, Tendenzen aber, wie sie nach seinem Tode hervor-
traten, waren kaum erst im Keime vorhanden. Francesco
Guicciardini hat diese Zustände in wenigen Sätzen geschildert.
„Die Stadt war in vollkommenem Frieden. Die Bürger, in
deren Händen die Verwaltung lag, hielten fest zusammen, die
von ihnen geführte und gestützte Regierung war so mächtig daß
keiner ihr zu widersprechen wagte. Täglich sah sich das Volk durch
Feste, Schauspiele, Neuigkeiten unterhalten; es kam ihm zugute daß die Stadt an Allem Ueberfluß hatte, Handwerke
und Geschäfte in vollem Flor standen. Die Männer von
Talent fanden ihre Rechnung dabei, daß Künste und Wissenschaften mit großer Liberalität gefördert, und die welche sie
ausübten geehrt wurden. Diese im Innern ruhige und fried-
fertige Stadt genoß im Auslande hoher Achtung und großen
Ansehens, weil sie eine Regierung mit einem Haupte voll
Autorität hatte, weil ihr Gebiet neuerdings erweitert worden,
weil die Rettung Ferrara's wie die des Königs Ferrante
wesentlich ihr Verdienst gewesen, weil sie über Papst Innocenz

völlig verfügte, weil sie, mit Neapel und Mailand verbündet, gewissermaßen ganz Italien im Gleichgewicht hielt."

Inmitten dieser glücklichen Verhältnisse fehlte es dennoch nicht an Symptomen, welche auf Unsicherheit der Grundlage hinwiesen. In den sittlichen Anschauungen verkündigten sich Contraste, deren Einfluß auf die gesammte Gestaltung und Beurtheilung der Dinge unvermeidlich war. Für den, der unter die glänzende Oberfläche schaute, mußten die Bedenken über die politische Lage sich mit jedem Jahre steigern. Abgesehen von der äußern Politik, boten die inneren Verhältnisse dazu zwiefachen Anlaß. Einmal wurde es immer deutlicher, daß Alles, Gegenwart wie Zukunft, von einem einzelnen Manne abhing. Sodann konnte man sich schwerlich verhehlen, daß die nothwendigen Consequenzen der Stellung wie der Geschicke dieses Mannes eine radicale Umgestaltung der Verfassung in, vielleicht nicht entfernte, Aussicht stellten.

Alessandro de' Pazzi hat die Schwierigkeiten der Stellung seines Oheims treffend geschildert[1]. „Als nach Piero's Tode Lorenzo an die Spitze der Partei trat, fand er eine ernste Aufgabe, und jung wie er war, bedurfte es bei ihm großer Klugheit, diese Partei zusammenzuhalten und zu lenken. Dies umsomehr weil die damaligen mächtigen Bürger sich in ihrer herrschenden Stellung erhalten zu können glaubten, ohne Lorenzo dieselbe Autorität zuzugestehn, wie sein Großvater und Vater sie gehabt hatten. Meiner Ansicht nach war dies ein Irrthum: Uneinigkeit würde sie bald getrennt haben. Aber seine Anstrengungen waren groß und sein Verdienst war's, daß damals keine Auflösung erfolgte. Die von ihm seinen Anhängern gegenüber geübte Geduld verdient gleiches Lob wie seine Klugheit, Thätigkeit, Liberalität, und ich weiß von

---

[1] Vgl. Bd. I. S. 282 und oben S. 28.

meiner Mutter daß er in den ersten Jahren Tag wie Nacht
auf nichts sann, als die Freunde für seine Zwecke zu gewinnen."
Und nachdem auf Gefahren und Erfolge der Jahre 1478—1480
hingewiesen worden: „Mit Geschick und Glück, ohne welches
nichts zu erreichen ist in menschlichen Dingen, consolidirte er
seine Stellung und bewahrte sie sein Lebenlang, nicht etwa
blos wie die seines Großvaters gewesen war, sondern um einen
Grad höher und mit größerer Machtvollkommenheit. Er
war gefährdeter als Cosimo, aber er stand so hoch, daß dies
die Gefahr aufwog. Und nichtsdestoweniger, bei allem Glück
und aller Gunst der Ereignisse, bei seinem göttlichen Verstande,
bei der großen Zahl zuverläßiger Freunde, ließ er es sich sehr
sauer werden. Mit größter Vorsicht ging er zu Werke, mit
vielen Künsten und geheimen Verbänden, von denen der eine
nichts vom andern wußte, mit unermüdlicher Gebuld und
Ausdauer. Zustatten kam ihm überdies seine wunderbar
scharfe Beurtheilung der auswärtigen Verhältnisse, die er vor
allen übrigen in Italien zu lenken und im Gleichgewicht zu
halten verstand. Auch darin war das Glück ihm hold, da
sein Leben in eine Zeit fiel, wo mehr denn sonst die Kräfte
gleichmäßig vertheilt waren, Gefahr fremder Einmischung
ferne lag. Vor allem war es glückliche Fügung, daß Cosimo
ihm als Begründer der Stellung der Familie vorangegangen
war, und man in Florenz seit vielen Jahren keine andere
und in gewissem Sinne volksthümlichere Regierungsform gekannt hatte. Zu eigenem Verdienste jedoch gereichten ihm
Wachsamkeit, Langmuth, Ausdauer, Glanz mit Eleganz vereint,
wodurch er sich bei den italienischen Fürsten und im Auslande einen großen Namen machte, während er zu Hause
Alles gewann und an sich zog. Auch das ist ihm hoch
anzurechnen, daß er seine Freunde bescheiden und mit
reinen Händen erhielt, sodaß, mit wenigen Ausnahmen, seine

habsüchtigen Uebergriffe vorkamen. In Wahrheit, er lenkte Staat und Partei auf die unter gegebenen Umständen bestmögliche Weise. Bei all seinem Glück und all seinen ungewöhnlichen Eigenschaften kostete es ihn aber größte Anstrengung, während er in Allem was vorfiel, auf dem Platz wie im Palast, sich nicht schonte und persönlich eingriff."

Obgleich die Geschäfte nicht im Mediceischen Hause sondern im Palast der Signorie abgemacht wurden, wo Lorenzo, als Mitglied von Rathskörpern und Commissionen manche Stunde zubrachte, war es innerthal mehr und mehr ein persönliches Regiment geworden. Der fortwährende Wechsel der Mitglieder der Signorie, welcher der Steigerung der Autorität Einzelner den Weg verlegen sollte, mußte dies persönliche Regiment fördern. Umsomehr als namentlich in der Leitung der an Continuität und Wichtigkeit zunehmenden auswärtigen Angelegenheiten, Consequenz und Tradition in der Behandlung nöthig wurden. Nur so konnte Florenz gegenüber den größeren italienischen und fremden Staaten, alle monarchisch mit Ausnahme des in seiner Constitution eine große Stetigkeit darbietenden Venedig, seine Stellung behaupten. Begreiflicherweise krankte doch ein solches persönliches Regiment an den schweren Mängeln aller politischen Zustände, die nicht auf wirklicher Legalität und ererbter Zustimmung beruhen, sondern deren inneres Wesen eine Negation ihrer äußern Erscheinung ist. In dem anscheinend auf breiter Basis constituirten Staate herrschte eine verhältnißmäßig wenig zahlreiche Partei und diese Partei hatte ein anerkanntes Haupt. Schon die Zeitgenossen sprachen es aus. Lorenzo de' Medici habe größere Autorität und mehr persönliche Machtfülle gehabt als irgend ein Gewaltherrscher[1]). Nichts geschah ohne seine

---

[1]) Gio. Cambi a. a. C. Bd. II. S. 65.

Initiative und Zustimmung. An ihn wandten sich Päpste, Könige, Fürsten, die Gesandten correspondirten mit ihm. Tausende bestürmten ihn mit ihren Anliegen, um Ehrenstellen, Aemter, Gnadenbewilligungen, Steuer- und Zollnachlässe, Interessen jeder Art so im Inlande wie in den Nachbarstaaten. Alle fanden ihn bereit: die Zahl von Briefen die er großentheils mit eigner Hand nach allen Seiten hin richtete, Hohen wie Niedrigen, Bekannten und Unbekannten, Handeltreibenden, Gutsverwaltern, Pächtern, Landleuten, kleinen Leuten jeder Art gefällig und behülflich zu sein, nimmt kein Ende. Neben den unzähligen Clienten der Familie finden sich deren Empfohlene; er nennt sie wol „meine guten, meine alten Freunde". Beim Herzoge von Ferrara verwendet er sich für Wechsler in Prato als für „diese Juden meine Freunde" [1]). Es ist die bunteste Reihe von Anlässen, Fällen, Personen. Contraventionen gegen die Zollverordnungen beim Durchzug der aus dem Casentino und den pistojeser Bergen in die sienesische Maremma zur Winterszeit herabsteigenden Heerden, Defraudationen seitens der Handelsleute, Diebstäle zum Nachtheil florentinischer Unterthanen, Differenzen mit dem Salzamte, Verwundungen und Mordthaten, neben Empfehlungen zu richterlichen Aemtern, zu denen des Podestà, des Appellationsrichters, des Capitano u. s. w. wie zu geistlichen Würden und Pfründen, Beilegung von Grenzstreitigkeiten, Vergünstigungen inbetreff des Getreidehandels, Verwendungen bei Truppen-Durchmärschen, Angelegenheiten der um das sienesische Gebiet sitzenden kleinen Dynasten, der Sforza von Santafiora, der Orsini von Piligliano u. v. a. Man erkennt das stete Bestreben, sich möglichst Viele zu verpflichten zu Hause wie im Nachbarlande. Zugleich jedoch ist klar, welchen Einfluß alles dies auf die persönliche Stellung haben mußte.

1) Bei Cappelli a. a. O. S. 248.

Diese Stellung war mit jedem Jahre, in den Augen des
Auslands wie der italienischen Fürsten, mehrundmehr eine
völlig exceptionelle geworden. Die Autorität, welche man
Lorenzo bei P. Innocenz VIII. zutraute — „weil ich, wie
er am 26. August 1489 an Lanfredini schreibt, Sr. Heiligkeit
äußerst ergeben und wegen vieler Vergünstigungen verpflichtet
bin" — bewirkte daß man ihn von allen Seiten in Anspruch
nahm, wenn man in Rom ein Anliegen hatte. Kurz nach-
einander ersucht ihn Guid' Antonio Arcimboldo um Für-
sprache für Verleihung des Erzbisthums Mailand, und der
Herzog von Bretagne durch einen Courier um seine Unterstützung inbetreff der Ernennung eines seiner Geheimschreiber
zum Bischof von Nantes. An ihn wendet sich Lodovico il
Moro, um für seinen Beichtvater das sienesische Bisthum
Pienza zu erlangen, an ihn Herzog Carl von Savoyen, um
seinen Ohm, den aus den Genfer Bischofswirren bekannten
Franz, zum Cardinalat befördert zu sehen. Wenn Federigo
Sanseverino, Monsignor de' Grassi, der Erzbischof von Auch
u. A. den Cardinalshut wünschen, soll er Vermittler sein.
Er ist es welcher dem Papste den jungen Alessandro Farnese
empfiehlt, der im J. 1489 in Pisa den Studien oblag und
eines der von Innocenz VIII. zu Ende 1487 creirten apostolischen Secretärsämter zu erlangen strebte. „Ich wünsche
daß ihr wisset, schrieb er am 10. April an Lanfredini¹), daß
dieser, abgesehen von seiner edlen Geburt (oltre allo esser
nato della casa che è) viele und ausgezeichnete Eigenschaften
hat, darunter ungewöhnliche gelehrte Kenntnisse und treffliche
Sitten, indem er sehr unterrichtet und ein Muster tugendhaften

---

1) Fabroni Bd. II. S. 376. In einem andern im Med. Arch.
Filza 51 aufbewahrten Schreiben zu demselben Zweck heißt es: „Alexandro
da Farnese, il quale dà opera alle lettere Greche et è persona dotta
e molto gentile."

Wandels ist. Um dieser Gründe willen, von denen ihr wisset wie viel sie über mich vermögen, empfehle ich ihn euch als wäre er mein Sohn und bitte euch ihn Sr. Heiligkeit vorzustellen, wofür ich euch größten Dank wissen werde." Vielleicht das erste jedenfalls ehrenvolle Zeugniß für den damals einundzwanzigjährigen vormaligen Zögling Pomponio Leto's, der fünfundvierzig Jahre später einem Medici als Papst nachzufolgen bestimmt war. Wenn der Herzog von Ferrara und der Herr von Camerino eine Verwendung in Rom wünschen, wenden sie sich an Lorenzo, wenn der Herzog von Savoyen einen Gesandten dahin schickt, empfiehlt er ihm denselben. König Johann von Portugal schreibt ihm von Santarem, König Carl VIII. von Amboise, die Herzogin Blanche von Savoyen, Anne de Beaujeu und ihr Gemal Pierre de Bourbon schreiben von Moulins an den „Seigneur Laurens". Von seinen freundschaftlichen Beziehungen zu Mathias Corvinus ist wiederholt die Rede gewesen, und es scheint denselben nicht geschadet zu haben daß dieser längere Zeit im gespanntesten Verhältniß zu den Sforza stand, wie er denn in dem im J. 1477 mit Kaiser Friedrich geschlossenen Frieden das Vorgehn gegen das vom Reiche nicht anerkannte mailändische Herrscherhaus zu Gunsten seines Schwagers Don Federigo von Aragon unter die Bedingungen aufnahm. Dem Papste empfiehlt Lorenzo die eigenen Unterthanen, wie Giovanni Savelli, „dem ich besonders wohlwill weil er in unserm Kriegsdienste steht, und mit dem mich jahrelange Freundschaft verbindet" und den verdienten Rechtsgelehrten Francesco de' Massimi. Man glaubte sich in Rom des Erfolges sicher, wenn er sich einer Sache annahm, und inderthat hat er viel erlangt, weil er sehr richtig berechnete, was innerhalb der Grenzen des Erreichbaren lag.

Zahlreiche theils durch ererbte Verhältnisse angesehene,

theils durch ihn gehobene Freunde und Anhänger stauben um
Lorenzo herum. Nur mit ihrer Hülfe konnte er diese Stellung
zu Hause behaupten und im Auslande seine Beziehungen im
Gange halten. Sie haben ihn so hier wie dort geschickt und
trefflich unterstützt, die Acciaiuoli, Pandolfini, Vespucci,
Soderini, Pucci, Guicciardini, Capponi, Vettori, Lanfredini,
Alamanni, Ridolfi, Gabbi und wie sie alle heißen mögen.
Sie wie ihre Familien haben an der Verwaltung, an Ehren
wie an Vortheilen, entsprechenden Antheil und eine bevorzugte
Stellung gehabt. So ist in der Folge unter ganz veränderten Umständen immer eine mächtige Mediceische Partei geblieben, welcher endlich äußere politische Verhältnisse den Sieg
verschafften, ein Sieg bei welchem der mit ihrem Beistande
groß gewordenen Familie begreiflicherweise der Löwenantheil
zufiel. Lorenzo aber, während er seine Anhänger förderte,
sorgte dafür, sie nicht zu selbständig werden zu lassen. Zu
diesem Zwecke bediente er sich vor allem des Mittels, auf
dieselbe Stufe mit den von altersher großen Bürgern andere
nur durch die Medici emporgekommene zu stellen. In Dingen,
wo er auf vollkommene Hingebung an seine Interessen rechnen
mußte, gab er diesen gerne den Vorzug. Der thätigste und
einflußreichste der florentinischen Diplomaten, Giovanni Lanfredini, einer ursprünglich römischen im letzten Jahrhundert
in einem Cardinal erloschenen Familie entstammt, war schon
in Cosimo's Zeit Handelsgenosse der Medici gewesen. Lorenzo
hielt die Einen durch die Andern in Schach. Argwöhnisch,
wie er vielleicht von Natur, jedenfalls mehrundmehr geworden
war, erachtete er sich aber auch dadurch noch nicht gesichert,
und die den Gesandten in Rom, Neapel, Mailand beigege-
benen Kanzleibeamten mußten ihm noch besonders berichten [1]),

---

[1] Fr. Guicciardini Del reggimento di Firenze S. 44; Storia fiorentina 9. Kap.

während seine Creaturen in Florenz, namentlich Ser Piero von Bibiena und Piero Michelozzi, nach manchen Seiten hin Correspondenz unterhielten. Daß der Kanzler der Signorie Bartolommeo Scala in den intimsten Beziehungen zu ihm stand, ist bereits gesagt worden. Die Kanzler der übrigen Behörden, die einzigen wirklich stabilen Beamten in denen die Tradition der Geschäfte fortlebte, waren in seinem Interesse, meist durch ihn zu den einflußreichen Posten gelangt. So ließ er keine Familie und keinen Einzelnen zu ihm unbequemen Einfluß gelangen und überwachte Alle. Selbst in Familienangelegenheiten mischte er sich, verhinderte Verschwägerungen, wo sie ihm bedenklich, förderte sie, wo sie ihm nützlich schienen. Solche, die durch die Umstände ungewöhnlich gehoben wurden, sogar wo er persönlich davon Nutzen zog, wie bei seines Vaters Tode mit Tommaso Soderini, mit Giovanni Morelli nach der Verschwörung der Pazzi der Fall war, hielt er später in auffallender Weise zurück, und von Ersterem ist weiter nichts zu sagen, als daß er, Mitglied des Rathes der Siebzig, im J. 1485 als Capitano zu Pisa starb. Er sah seinen Anhängern manches durch die Finger, doch steuerte er ihrer Willkür und sorgte dafür daß sie Stellung und Vortheile nur von ihm erkennen sollten. Ein Mann, der freilich wegen eines seine Familie betreffenden Vorfalls schlecht auf ihn zu sprechen war, bemerkt[1]): „Die großen Bürger hatten Lorenzo in seinen jungen Jahren emporgebracht und gehalten. Diejenigen, die ihm wie Väter gewesen, wollte er jedoch in späteren Zeiten nicht zu Gefährten haben sondern als Diener brauchen."

Der angedeutete Vorfall ist ein charakteristisches Zeichen der öffentlichen Zustände und der Stellung Lorenzo's be'

---

1) Gio. Cambi a. a. O. S. 68.

Medici zu den officiellen Repräsentanten des Staates. Es kommt nicht darauf an, ob man für oder wider den durch seine Ahndung Betroffenen Partei nimmt¹). Als zu Ende des J. 1488 unter dem Gonfalonierat des Neri Cambi degli Opportuni die Ziehung der Signorie für die Monate Januar und Februar des folgenden Jahres erfolgen sollte, fand sich daß die Mitglieder der Collegien nicht in gesetzlicher Zahl anwesend waren, indem mehre ohne Erlaubniß sich auf die Jagd begeben hatten. Die Ziehung konnte, zu großem Aergerniß des auf dem Platz versammelten Volkes nicht eher stattfinden bis man einen der Fehlenden von seinem Landhause herbeigeholt hatte, der in Mantel und schweren Reiterstiefeln in den Palast kam wo nun die Wahl vor sich ging. Ueber das Vorgefallene erzürnt, beschloß die abtretende Signorie die Nachlässigen zu strafen und verurtheilte vier derselben auf vier Jahre zur Ausschließung von den Aemtern. Lorenzo war in Pisa als die Sache vorfiel. „Ihm wie den Häuptern der Partei, erzählt Francesco Guicciardini, war die Sache höchst unangenehm, denn es schien ihnen daß, wenn einer Signorie die Befugniß des Ammonirens ohne vorherige Berathung mit den Gewalthabern zustände, ihr Regiment in der Luft schwebte (lo Stato loro fussi a cavallo in su uno baleno), und sechs Bohnen (Stimmen) hinreichten, sie selber eines schönen Morgens aus Florenz zu vertreiben. So wurde denn, nachdem diese Signorie abgetreten war, die Sache vom Magistrat der Acht und dem Rath der Siebzig wieder vorgenommen, das Decret gegen die vier Bürger cassirt, Neri Cambi aber auf Lebenslang für unfähig zu den Aemtern erklärt." Im

---

1) Gio. Cambi (Neri's Sohn) a. a. O. S. 41. Alam. Rinnerini Ricordi S. CXLIV. (Sehr feindselig gegen den Gonfaloniere.) Fr. Guicciardini Storia fior. 8. Kap.

Rathe war man keineswegs einig, aber Lorenzo setzte seinen Willen durch.

Es war ein deutlicher Wink, wie es mit den Befugnissen der obersten Behörden stand. Doch hiebei blieb es nicht. Die Theilnahme an der Leitung sollte noch beschränkt werden. Im Sommer 1490 ging eine Maßregel durch, welche Magistratswahlen und Finanzen einer Art von aus einer kleineren Mitgliederzahl bestehendem Staatsrath unterstellte. Statt des Rathes der Siebzig sollen besonders ernannte Wahlmänner das Wahlgeschäft vornehmen, während eine Commission von siebzehn Reformatoren, nicht wie gewöhnlich auf Stadtviertel und Zünfte vertheilt sondern nach Gutdünken bestellt sodaß auf die kleinen Zünfte nur Einer kam, das gesammte Finanzwesen, Zölle, Abgaben, Staatsschuld, Münze in die Hand nehmen sollte. Die Mitglieder, zu denen Lorenzo de' Medici gehörte, waren lauter Repräsentanten jener aus älteren wie neuen Familien gemischten Aristokratie, welcher wir in den noch folgenden vier Decennien der Republik wie bei Zusammensetzung des Senats im spätern Mediceischen Principat meist auf derselben Seite begegnen[1]).

Die erste Maßregel der neuen Commission betraf das Münzwesen. Der Form nach war sie eine verständige. Stadt und Land waren von einer Flut fremder geringhaltiger Scheidemünze namentlich sienesischer, lucchesischer, bolognesischer, überschwemmt. Am 28. August 1490 erging ein Verbot des Circulirens fremder Münze vom 8. September an. Es war, bemerkt Alamanno Rinuccini, nicht das erstemal, und wurde diesmal nicht mehr als früher beobachtet. Inderthat mochte es unmöglich sein, die fremden Qualtrini von den äußerlich gleichen florentinischen zu scheiden. So wurde am 1. Mai 1491

---

[1]) Weber bei Cambi S. 56 noch bei Guicciardini S. 80 sind die Zahlen vollständig.

eine durchgreifende Reform vorgenommen. Die alte einheimische Scheidemünze, die schwarzen Quattrine wie man sie nannte, sollte eingezogen und durch eine neue Billonmünze ersetzt werden, welche auf das Pfund Kupfer zwei Unzen Silbergehalt hatte und zu fünf Denaren ausgegeben wurde, während man die alte zum Satze von vier Denaren einzog. Die öffentlichen Cassen sollten künftig nur die neuen weißen Quattrine annehmen. Das Volk war damit zufrieden, weil es die bisherige Unordnung loszuwerden hoffte. Die Freude währte nicht lange. Statt die alte Münze einzuschmelzen, brachte man sie unter der Hand wieder in Cours, und der alte Quattrin blieb im Verkehr dem neuen gleich. Begreiflicherweise entstanden zahllose Weiterungen, und das Volk fand daß es bei Abgaben, Zöllen, Salz, bei Allem wovon der Ertrag in die Staatscassen floß, bedeutend zu kurz kam. Die Folge war allgemeine Unzufriedenheit, die sich in demselben Maße wider die Häupter der Regierung wandte, wie die Beschränkung der Zahl diese in größere Evidenz stellte [1]).

Das Uebel war groß, aber es war nicht das größte. Die fortschreitende Demoralisirung der Verwaltung in der Geldwirthschaft sprach sich noch in einer andern Weise aus, welche bei der ersten ernsten politischen Krisis den Staatscredit vollständig ruiniren mußte. Dies hing mit den Mediceischen Finanzen zusammen. Die pecuniären Schwierigkeiten Lorenzo's waren durch die Vorkehrungen des J. 1480 keineswegs gehoben worden. Lebensweise, Anlagen, Anschaffungen, Ausstattung der Kinder, nicht uninteressirte Freigebigkeit, der baarbezahlte Einfluß im Ausland erforderten große Summen. Den sich mehrenden Bedürfnissen mit dem Ertrage von Grundeigenthum begegnen zu wollen, weil er

---

[1] Gio. Cambi a. a. O. S. 60. Pagnini Della Decima Bd. I. S. 112 ff. wo Details über die Werthverhältnisse der Münzen.

diesen für sicherer und ehrenhafter hielt¹), wäre Chimäre gewesen. Er hatte seine Bankgeschäfte und Handelsspeculationen eingeschränkt; sie aufzugeben, konnte ihm nicht in den Sinn kommen. Noch in seinen letzten Jahren hat er in Rom große Geschäfte gemacht. P. Innocenz VIII. sah sich finanziell mehr noch auf ihn als auf seine genuesischen Landsleute angewiesen, und gewährte ihm entsprechende Vortheile. Im J. 1489 überließ er ihm 30,000 Centner Alaun zu niedrigstem Preise, als Ersatz für die in seines Vorgängers Tagen erlittenen Verluste, und der Alaunhandel kam sozusagen ganz in seine Hand. Die für die Werke von Tolfa von ihm gezahlte Pacht betrug 100,000 Gulden. Im Mai desselben Jahres machte Lorenzo dem Papste eine Anleihe zu gleichem Betrage auf ein Jahr, ein Drittel der Summe baar, die beiden andern Drittel in Seiden- und Wollenzeugen. Zum Behuf der Rückzahlung wurden zwei Zehnten auf den florentiner Clerus im Betrage von 60,000 Gulden, der Rest auf die Einkünfte von Città bi Castello angewiesen²). Im J. 1490 löste er von den Centurioni in Genua eine diesen in Versatz gegebene kostbare Tiara ein³). Cosimo Sasseti, einer der Mediceischen Bankgenossen in Lyon, war im J. 1490 zugleich päpstlicher Collector. Auch bei kleineren Anleihen sandten fürstliche Personen Kostbarkeiten als Pfänder, wie der Markgraf von Mantua einen Edelstein für die Summe von 4000 Goldgulden, wogegen dann, als er ihn bei einem Vermälungsfest wiederzuerhalten wünschte, sein Schwager Ercole von Este das modenesische Salzamt zur Sicherheit anwies.

---

1) R. Dalori a. a. C. S. 174. „Proventus certiores et instiores nec principe viro indigni." Ueber die Finanzen vgl. oben S. 234 ff.
2) R. Cappelli a. a. C. S. 315, 316. In dem Briefwechsel mit Lanfredini in Rom spielt der Alaunpacht eine bedeutende Rolle.
3) Gaye a. a. C. S. 582.

Unter Lorenzo's ältestem Sohne, auch später noch haben diese Geschäfte fortgewährt[1]). Aber der Ertrag war um so unsicherer, da nicht alle Compagnons gewandt und vorsichtig waren. Nimmt man nun auch an, daß Lorenzo vom ältern Grundbesitz des Hauses eine Einnahme von 15 bis 20,000, von dem neuerworbenen und allmälig vergrößerten im Pisanischen gegen 10,000 Goldgulden bezog, so erkennt man doch unschwer, wie wenig dies ausreichte. Auch sah er sich zu allerlei selbst kleinlichen Auskunftsmitteln genöthigt, die ihm zum Theil hart genug angekommen sein mögen, wie wenn er im J. 1484 von Lodovico Sforza ein Darlehn von 4000 Ducaten annehmen oder das von Herzog Francesco seinem Großvater geschenkte Haus um denselben Preis verkaufen mußte[2]). Während der Schwierigkeiten des J. 1478 hatte er sich genöthigt gesehen, bei seinen Mediceischen Vettern 60,000 Goldgulden zu borgen, zu deren Abzahlung er ihnen dann seine Besitzungen im Mugello anwies. Es gab florentinische Geschäftshäuser, die ihm jährliche Summen dafür zahlten daß er ihnen seinen Namen lieh.

Die Vermengung der Geldangelegenheiten eines Privatmanns mit denen des Staates zog stets schlimmere Folgen nach sich. Im Kriege von 1478 zahlte die Bank der Bartolini, deren Theilhaber Lorenzo war, den Sold der Truppen. Diese brachte acht Procent in Abrechnung, wogegen nun die Hauptleute nicht die Truppen stellten die auf dem Papier standen. Die Comune hatte den Ausfall zu decken. Die elende Verwaltung des Heerwesens hing damit zusammen. Aber Lorenzo glaubte sich noch zu ganz andern Operationen

---

1) Contracte und Quittungen der lyoner Bank Medici-Saffetti und Medici-Tornabuoni von 1478, 1485, 1494, in (Molini) Documenti di storia ital. Bd. 1. S. 13—16.
2) Fr. Guicciardini a. a. O. 9. Kap.

befugt. Die vornehmsten Finanzämter waren mit seinen Creaturen besetzt. Bei den Kämmerern (Camarlinghi) des Staatsschuldenamtes, der Steuerverwaltung, des Salzamtes, jenes der gerichtlichen Contracte u. a. erhob er die benöthigten Summen, welche sie ihm ohne Schwierigkeit einhändigten, sowol weil sie ihm überhaupt nichts verweigern konnten, wie weil sie ihre persönliche Verantwortlichkeit gedeckt erachteten und sich sicher glaubten. Denn der neueintretende Beamte mußte jedesmal für die von dem ausscheidenden hergegebene Summe aufkommen, und da diese Operation sich Jahrelang ohne Controle fortsetzte, so ist leicht erklärlich welches Deficit infolge der fingirten Rückzahlungen endlich entstand. Am schlimmsten ging es bei dem Staatsschuldenamte zu. Der oberste Provedditor Antonio di Bernardo Miniati, ein durch Lorenzo's Gunst aus dem Handwerkerstande emporgekommener Mann, den dieser selbst zum Mitglied der Siebzehner-Commission gemacht hatte, verfuhr völlig willkürlich, um seinem Patron gefällig zu sein und schreiende Veruntreuung zugleich zu ermöglichen und zu vertuschen. Bei der Umwälzung des J. 1494 fand sich das große Buch des Monte nicht, aber es kam doch an den Tag, wie viele Summen auch an die zahlreichen Schützlinge und Anhänger der Medici in wie außerhalb Florenz gegangen waren, zu deren Bereicherung es überdies ein anderes Mittel gab, das Lieferungswesen, wobei besonders die Tuchlieferungen an die Truppen großen Gewinn brachten [1]).

Alle Manöver und alle Gewandtheit konnten das Bekanntwerden der Uebelstände der gewissenlosen Geldwirthschaft doch nicht hindern. Wie sollte es auch, wenn, nur Eines Factums zu erwähnen, die Cardinalswürde Giovanni's de'

[1] Fr. Guicciardini a. a. O. 9. Kap. Jacopo Nardi Istorie di Firenze Buch I. (Ausg. von L. Arbib, Flor. 1842. Bd. I. S. 20).

Medici, abgesehn von den heimlich nach Rom gegangenen auf 200,000 Goldgulden berechneten Summen[1]), dem Staat eine Ausgabe von 50,000 Goldgulden verursachte. Am schlimmsten kamen die Staatsgläubiger weg, infolge der Verminderung des Zinsfußes durch die auf den Monte gelegten Abgaben wie der Zinsenrückstände. In Verbindung mit den unter verschiedenen Benennungen stets wiederholten außerordentlichen Steuerzuschlägen entwertheten diese Abgaben die Staatsschuld. Was die Bürgerschaft am meisten verletzte, und dem Ruf Lorenzo's mit Recht mehr als alles Andere geschadet hat, war die Plünderung des schon erwähnten Monte delle doti, der für die Aussteuer der Töchter bestimmten Creditanstalt, in welche Alles, Groß und Klein, Einzahlungen zu machen gewohnt war[2]). Eine Art Depositenbank nach Art heutiger Versicherungsanstalten, deren wohlthätige Bedeutung durch die in Republiken nur zu jähen Glückswechsel gesteigert wurde. Der Ursprung dieser Anstalt schrieb sich vom J. 1424 her, in welchem verordnet wurde, daß zur Amortisation des aus den J. 1325—1336 stammenden, ursprünglich achtzehn Procent Zinsen tragenden Theils der Staatsschuld den Gläubigern freistehn sollte, eine beliebige Quote ihres Guthabens in eine Aussteuer für Söhne und Töchter, nachmals seit 1468 für die Töchter allein, umzuwandeln. Die Bedingungen waren sehr liberal. Wer den Betrag von hundertundvier Goldgulden anwies oder einzahlte, und auf den Kopf eines Kindes einschreiben ließ, erhielt nach fünfzehn Jahren die Summe von tausend Gulden baar ausgezahlt, oder konnte sie nach Belieben zum Zins von fünf Procent stehn lassen. Im Fall des Ablebens der Eingeschriebenen wurde dem Vater die Hälfte der Summe, auf

---

1) Alam. Rinuccini a. a. O. S. CXLVIII.
2) Vgl. oben S. 24.

welche diese im Verhältniß zu der abgelaufenen Zeit Anspruch gehabt haben würden, zurückgezahlt, während die andere Hälfte der Creditanstalt zufiel. Die sogenannte Reform des Monte delle doti, welcher, wie alle solche Banken, allerdings einer Correction seiner Verwaltung bedurfte, war einer der eingestandenen Zwecke der Verfassungsänderung des J. 1480 gewesen, hatte aber den Eingriffen in dessen Vermögen Thüre und Thor geöffnet. Im J. 1485 erging ein Beschluß, gemäß welchem nur ein Fünftel der Mitgift, also zweihundert Gulden im obigen Falle, baar ausgezahlt, das Uebrige in ein Register, das Libro non ito, Buch des Nichtverabfolgten, eingetragen und nun mit sieben Procent verzinst werden sollte. Doch hiebei blieb es nicht. Sechs Jahre später wurde der Zinsfuß auf drei Procent herabgesetzt[1]). Dies kam einem Bankerott nahe, und dieser Bankerott berührte die Bürgerschaft aufs empfindlichste, während er den Staat in Miscredit brachte. Während bis dahin in den meisten Fällen die durch den Monte zahlbare Aussteuer genügt hatte, wurden jetzt die Zuschüsse zu derselben bedeutend, ja für manche Familien geradezu unerschwinglich. So nahm die Zahl der Heiraten ab; daß man sich zu denselben erst der Zustimmung des Oberhauptes des Staates versichern mußte, würde unglaublich klingen, gehörte es nicht zum System solchen Parteiregiments[2]). „Viele Jahre hindurch, sagt Alamanno Rinuccini[3]), war Lorenzo de' Medici eifrig darauf bedacht durch eine Reihe von Gesetzen und Verordnungen die große Creditanstalt der Gemeinde zugrundezurichten, zu dem Zwecke sich deren Verpflichtungen zum Zahlen von Renten und Aussteuer vom Halse zu schaffen, und über das Finanzwesen

---

1) Varchi Buch XIII. am Schlusse. (Bd. III. S. 97 ff.)
2) Canestrini a. a. O. S. 163. Gio. Cambi a. a. O. S. 55.
3) Ricordi S. CXLVI.

des Staates nach seinem Gutdünken zu verfügen. Zu solchem Werke sah er sich vornehmlich zwei Helfer aus, Antonio di Bernardo und Ser Giovanni von Pratovecchio (Kanzler der Risormagioni), nichtswürdige Gesellen, die ihm Tag für Tag die Wege zur Erreichung seines Vorhabens zeigten."

Wenn der Zweck, die Stellung der Medici zu sichern, momentan erreicht wurde, so konnte doch in ihren Vermögens-Verhältnissen das Gleichgewicht nicht wiederhergestellt werden. Die Banken von Lyon und Brügge, denen Leonello de' Rossi, Cosimo Sassetti, Tommaso Portinari u. A. vorstanden, haben sich nur durch ein Abkommen mit den Gläubigern retten können. Viele Fremde, die ihr Geld in den Banken hatten, sind dabei zu kurz gekommen, und als bei dem jähen Sturz der Medici, beim Einzuge König Carls VIII., ihr Palast geplündert wurde, suchte der königliche Quartiermeister, der Seigneur de Balassat, welcher zu solcher Plünderung das Signal gab, sich durch die Erklärung zu rechtfertigen, ihre Lyoner Bank schulde ihm bedeutende Summen [1]). Einer derjenigen die durch diese häßliche Geldwirthschaft litten, war ein Mann, welchem Lorenzo viel verdankte und der seinerseits durch die Rücksicht auf die Vortheile, welche dessen politische Stellung ihm gewähren konnte, in seinen Beziehungen zu ihm und seinen Geschäftsleuten beeinflußt worden ist. Es war Philippe de Commines, der durch die pecuniären Verwicklungen der Medici und ihre Säumigkeit oder ihr Unvermögen, ihren Verpflichtungen nachzukommen, gerade in einem der kritischsten Momente seines Lebens betroffen wurde. Denn als nach Ludwigs XI. Tode er, eines der Werkzeuge der Tyrannei des Königs und durch dessen Confiscationen bereichert, wegen Theilnahme an den Intriguen

---

[1]) Commines Mémoires Buch VII. Kap. 9.

der Prinzen gegen die Regentin Anne de Beaujeu erst vom Hofe weggesandt, dann in einem der Eisenkäfige von Loches eingesperrt und vom Parlament im Frühling 1488 zum Verlust eines Viertels seines Besitzes und Stellung einer Caution von zehntausend Ecus verurtheilt wurde, fand er es unmöglich seine Forderungen an die Mediceische Bank zu realisiren und die seit dem J. 1478 durch Ludwigs XI. Vertrauen, Du Bouchage, in derselben deponirten, im J. 1486 theilweise zur Nährung der Opposition gegen die Regentin gebrauchten Summen zu liquidiren¹). Auch nachdem Commines, aus seinen schlimmsten Verwicklungen gerettet, wieder auf dem Wege zu politischem Einfluß war, währten diese Schwierigkeiten, und ein von Lorenzo an ihn gerichtetes Schreiben²) eröffnet uns einen Blick in die Mediceische finanzielle Verlegenheit.

„Erlauchter Herr, so heißt es in diesem Schreiben, ich habe das Schreiben E. H. erhalten, und meine Seele ist von Schmerz durchdrungen, indem ich den gereizten Zustand gewahre, in welchen Cosimo Saffetti's letzte Rechnungslegung euch versetzt hat. Mein Leidwesen würde noch größer sein, könnte ich vermuthen daß ihr die Gesinnungen meines Hauses gegen euch in Zweifel gezogen, während ich euch aus so vielen Gründen verpflichtet bin, daß ich den Namen des undankbarsten Mannes verdienen würde, bezahlte ich euch gegenwärtig mit anderer Münze, als ich euch schulde um der in schlimmen wie in guten Tagen von euch empfangenen zahlreichen Wohlthaten willen. Indem ich in meinem Innersten meine Verpflichtung prüfe, kann ich E. H. versichern, daß

---

1) Molini a. a. C. Bd. I. S. 13. Kervyn de Lettenhove a. a. O. Bd. II. S. 19 ff.
2) Kervyn de Lettenhove a. a. C. S. 70. Von Ende 1489 oder Anfang 1490.

weder meinerseits noch durch Einen der Meinigen irgendetwas
geschehen wird, was euch gegen mich stimmen oder euch eine
ungünstige Meinung beibringen könnte. Wenn Cosimo
Saffetti's Aeusserungen inbetreff der Interessen E. H. eine
so traurige Wirkung hervorbringen sollten, so würde mich
dies aufs tiefste betrüben, weil es so dem wirklichen Stande
der Dinge wie meiner ernsten Absicht zuwider wäre. Ich
gestehe freilich, und E. H. weiß es, daß seit einiger Zeit unser
Lyoner Haus so schwere Einbuße erlitten hat, daß es unmöglich
gewesen ist, meinen früheren oder gegenwärtigen Geschäfts-
freunden gegenüber, zu denen E. H. gehört, sie zu verheimlichen und nicht darüber zu klagen, wie Cosimo gethan hat.
Dies mag euch schlimmen Eindruck gemacht haben, aber ihr
könnt versichert sein, daß inderthat kein Anlaß zu Differenzen
zwischen uns vorliegt, da ihr nicht blos über die zwischen
euch und Cosimo streitige Summe sondern über mein ganzes
Vermögen frei wie über euer eigenes verfügen könnt. So
bitte ich E. H. mir Glauben zu schenken, auf daß diese Angelegenheit ein Ende nehme, ohne ein Wölkchen zwischen uns
zurückzulassen. Denn die Freundschaft E. H., in Glück oder
Unglück, ist für mich von höherm Werth als irgendwelche
Geldsumme."

Allen diesen Betheuerungen zum Trotz, sind Commines'
Forderungen doch auf eine, nach dessen Ansicht für ihn sehr
unvortheilhafte Weise (apointement bien mègre) erledigt
worden[1]. Nur der hohe Werth, den er auf die Mediceische
Freundschaft legte, bewog ihn sich zu beruhigen. "Ich glaube,
schrieb zu Ende 1491 Lorenzo Spinelli, einer der Mediceischen
Geschäftsführer in Lyon[2], an Lorenzo, der Herr von Argenton

---

1) Kervyn de Lettenhove a. a. C. B. II. S. 71.
2) Bei Desjardins Négociations Bd. I. S. 417 findet sich ein
Schreiben Commines' an diesen Spinelli, Vienne 6. Aug. 1494, inbetreff
der Angelegenheiten Piero's be' Medici. Spinelli, welcher Commines

wird unser Freund bleiben. Um ihn nicht zu erzürnen, habe ich ihm immer gesagt daß, wenn Gott uns die Gnade gewährt gute Geschäfte zu machen und uns für einen Theil der in Leonetto's Zeit erlittenen Verluste zu entschädigen, ihr auch ihm sein Theil zukommen lassen werdet. Ich bin der Meinung, daß diese Hoffnung ihn vermögen wird, eure Interessen zu fördern, wenn er meinen Worten Glauben beimißt."
Lorenzo Spinelli hatte Recht. Die in Commines' Angelegenheiten, nach der zu Anfang September 1491 erfolgten Verständigung zwischen dem jungen Könige Carl VIII. und den Prinzen, eingetretene günstige Wendung wirkte auch auf seine Stimmung ein. In dem letzten Briefe, den er am 13. Januar 1492, „mehr als ganz der eurige" (plus que tout vôtre) an Lorenzo de' Medici schrieb¹), ist von Geldgeschäften nicht die Rede, wol aber von Carls Heirat mit der Erbin der Bretagne, von dem Zerwürfniß mit Maximilian und England, und von dem Anschlägen des Herzogs von Lothringen auf Metz, welches man durch Verrath und Ueberraschung zu nehmen gehofft hatte, ein Vorspiel zu Verrath und Ueberraschung, die nicht viel über ein halbes Jahrhundert später einem französischen Könige nur zu wohl gelangen.

(Mémoires B. VII. Kap. 7) homme de bien en son estat et assez nourri en France ennui, war damals bei beginnendem Kriege aus Frankreich ausgewiesen worden. Piero sandte ihn als Unterhändler zu Carl VIII. bei dessen Heranziehn.

1) Kervyn de Lettenhove, a. a. O. Bd. II, S. 83. — Es handelt sich, bei Metz, um den mislungenen und furchtbar bestraften Verrath Jeans de Landremont, eines der städtischen Dorsteher, worüber Philippe von Digneulles in dem von H. Michelant herausgegebenen Metzer Gedenkbuch, S. 115 ff.

II.

Florentinisches Leben.

Im J. 1472 richteten einige Venetianer an Lorenzo de' Medici und Niccolò Arbinghelli ein Pamphlet, in welchem sie die Vorzüge ihrer Stadt und ihres Gemeinwesens hervorhoben und auf Florenz, seine Verfassung, seine Politik, seinen Handel und Verkehr wie auf das Haus der Medici schmähten. Benedetto Dei, ein Sprößling einer alten Familie, in Staats- wie in Handelsgeschäften erfahren und mehre Jahre hindurch Gesandter der Republik in Constantinopel, von wo er mit einem Auftrage des Sultans nach Damascus ging, nahm den hingeworfenen Handschuh auf, und vertheidigte seine Vaterstadt in einer langen, keineswegs immer maßvollen Antwort, einem eigenthümlichen Zeugniß der tiefliegenden Differenzen zwischen zwei Staaten, welche oft bittere Feinde, kaum jemals rechte Freunde gewesen sind[1]). „Florenz, so sagt der gereizte Patriot, dem das vom Dogen Tommaso Mocenigo im J. 1420 im Großen Rath entworfene glänzende Gemälde von Venedigs Gewerbfleiß und Handel[2]) unbekannt geblieben zu sein scheint, ist schöner und um fünfhundert und

---

1) Aus der Cronaca di Benedetto Dei, 1470—1492, Hf. in der Magliabechiana, bei Paguini a. a. C. Bd. II. S. 135 ff.
2) Daru Histoire de Venise Bd. II. S. 295 ff.

vierzig Jahre älter als euer Venedig. Wir sind aus dreifachem ehrenvollem Blute hervorgegangen. Zu einem Drittel sind wir Römer, zum andern Franken, zum dritten Fiesolaner. Vergleicht damit, ich bitt' euch drum, die Bestandtheile aus denen ihr zusammengesetzt seid! Zuvörderst seid ihr Slavonier, zum zweiten Paduaner aus Antenors schmutzigem Verrätherblut, zum dritten Fischervolk von Malamocco und Chioggia. Bei uns gilt das Evangelium des Johannes, bei euch das des Marcus, das ist ein Unterschied wie zwischen französischer Wolle und jener die man in Matrazen stopft. Wir haben rings um uns dreißigtausend Besitzungen von Edelleuten und Kaufleuten, von Bürgern und Handwerkern, welche uns Brod und Fleisch, Wein und Oel, Gemüse und Käse, Heu und Holz geben, jährlich für neunhunderttausend Ducaten baares Geld, wie ihr Venetianer und Gennesen, Chioten und Rhobiser wisset die dafür zahlen kommt. Wir haben zwei Gewerbe, größer und reicher als deren vier zusammengenommen in Venedig, Wolle und Seide. Zeugniß leisten der römische Hof und jener des Königs von Neapel, die Marken und Sicilien, Constantinopel und Pera, Brussa und Adrianopel, Salonichi und Gallipoli, Chios und Rhodos, wo florentinische Consuln und Kaufleute, Kirchen und Häuser, Banken und Comtoire sind, zu eurem Neid und Aerger, und wohin mehr florentinische Waaren aller Art, besonders Seidenstoffe und Gold- und Silberbrocate gehn als aus Venedig, Genua und Lucca zusammengenommen. Erkundigt euch bei euren eigenen Kaufleuten, welche Marseille, Avignon, Lyon und die ganze Provence, Brügge, Antwerpen, London und andere Städte besuchen, wo große Banken, königliche Magazine mit schönen Wohnungen, würdige Kirchen sich befinden; fraget sie, die es wissen können da sie jedes Jahr zu den Messen ziehen, ob sie die Banken der Medici, der Pazzi, der Capponi und Buondelmonti, der Corsini und Falconieri, der Portinari und Ghini, ob sie die Bank der Medici und ihrer Genossen in Mailand und hundert andere gesehn haben, die ich nicht nenne weil ich ein Buch Papier brauchen würde. Ihr sagt, wir seien bankerott, seit Cosimo todt ist. Wenn wir Verluste gehabt haben, so ist eure Unehrlichkeit Schuld daran, die Schlechtigkeit eurer Kaufleute in der Levante, die uns um Hunderttausende gebracht haben, Leute mit berühmten Namen welche Constantinopel und Pera mit Fallimenten gefüllt, wovon unsere großen Häuser zu erzählen wissen. Wenn aber Cosimo todt und begraben ist, so hat er nicht seine Goldgulden und übriges Geld und Schuldscheine mit sich in die andere Welt genommen, nicht seine Banken und Vorrathshäuser, nicht seine Wollen- und Seidentücher, nicht sein Silberzeug und seine Juwelen, sondern er hat alles seinen würdigen Söhnen und Enkeln gelassen, die sich bemühen es zu bewahren und zu mehren, zum Aerger von Venetianern und andern neidischen Gegnern, die eine boshaft leichtfertigere Zunge haben, als wenn sie Sienesen wären." So antwortete der Florentiner auf Anklagen der Venetianer, die er dann seinerseits schwer verklagte, als sie im J. 1479 den unvortheilhaften Frieden schlossen, durch welchen sie Negroponte und andern levantinischen Besitz den Türken abtraten.

„Das schöne Florenz, sagt derselbe Chronist, hat in diesem J. 1472 zweihundertundsiebzig Buden der Wollenzunft im Innern der Stadt, welche ihre Waaren nach Rom und den Marken versenden, nach Neapel und Sicilien, nach Constantinopel und Pera, nach Adrianopel und Brussa und der ganzen Türkei. Es hat dreiundachtzig reiche und prächtige Magazine der Seidenzunft und liefert Gold- und Silberstoffe, Sammt, Brocate, Damaste, Taffte und satinirte Stoffe für Rom und Neapel, für Catalonien und ganz Spanien, namentlich

Sevilla, für Türkei und Berberei. Die vornehmsten Messen, wohin diese Waaren gehn, sind die Genua's, der Marken, Ferrara's, Mantua's, ganz Italiens, die von Lyon, Avignon, Montpellier, von Antwerpen und London." Die Zahl der großen Banken betrug dreiunddreißig, die der Tuchmagazine, welche Wollentuch jeder Art auch im Detail verkauften (tagliare), zweiunddreißig, die der Buden der Kunsttischler welche sich mit Schnitzwerk und eingelegter Arbeit (Tarsia) beschäftigten, vierundachtzig, jene der Werkstätten der Steinmetzen und Marmorarbeiter in Stadt und nächster Umgebung vierundfünfzig. Man zählte vierundvierzig Buden von Goldschmieden und Juvelieren, dreißig von Goldschlägern, Silberspinnern und Wachsfiguren-Fabrikanten, damals ein nicht uneinträglicher Kunstindustriezweig, da es Sitte war, in Kirchen und Kapellen Wachsfiguren aller Art (voti), großentheils Bildnisse zu weihen. „Gehe durch alle Städte der Welt, sagt der Chronist, nirgend wirst du Wachskünstler finden noch jemals finden können gleich denen, die wir heute in Florenz haben und für welche die Nunziata (die Servitenkirche) Zeugniß ablegt." Eine blühende Industrie war die der leichten und zierlichen Gold- und Silbergirlanden, welche vornehme junge Mädchen trugen, und die der Künstlerfamilie Ghirlandajo ihren Namen gegeben haben. Auf sechsundsechzig belief sich die Zahl der Buden der Apotheker und Spezereienhändler, auf siebzig die der Fleischer nebst acht großen Buden, in denen Geflügel aller Art, zahmes und wildes, wie Wildpret feil war. Letztere verkauften auch die einheimischen Weinsorten die man bei Wildpret vorzog, namentlich den prickelnden weißen Wein von San Giovanni im obern Arnothal, den man Trebbiano nennt; er könnte Todte erwecken, setzt Benedetto Dei rühmend hinzu. Mit Recht mochte der Florentiner stolz sein auf seine „schöne" Stadt. Vom J. 1422 an, in welchem Gino Capponi der Eroberer Pisa's die Kunst der Goldspinnerei einführte, während man sich bis dahin der Goldfäden von Cöln und der Insel Cypern bedient hatte [1]). Bis zu Lorenzo's Zeiten währte die glänzendste Epoche der Seidenfabrication, welche große Reichthümer nach der Stadt zog. Barbara von Cilly, Kaiser Sigmunds übelbeleumundete Gemalin, sandte einmal einen ihrer Leute mit zwölfhundert Goldgulden und drei Goldbarren um Seidenzeuge zu kaufen. In dem genannten Jahre 1422 war die erste bewaffnete Galeere zur Fahrt nach Alexandrien ausgerüstet worden, und als sie in See ging, erflehte eine feierliche Procession den Schutz des Himmels. So hatte man begonnen sich der Benutzung venetianischer und genuesischer Fahrzeuge zu entziehen, was die beiden Staaten nie verschmerzen konnten. Große Seefahrer sind indeß die Florentiner nie geworden. Mit der freiern Verbindung mit dem überseeischen Auslande hatte dann die Production im Innern Schritt gehalten. In Florenz scheint man nicht vor dem J. 1423 Seidenwürmer gezogen zu haben, in andern Theilen Toscana's, zu Modigliana, Pistoja, Pescia, Lucca u. s. w. war aber diese Industrie älter. In Lorenzo's Tagen begann übrigens schon das Auswandern der Handwerker, welche ihre Kunst nach dem Auslande verpflanzten. Die Beschränkung des Auswanderns durch die Statuten hat sich zuerst als unnütz, später schädlich erwiesen. Wie ansehnlich der florentinische Verkehr mit dem Auslande war, zeigen die Verzeichnisse der im J. 1469 in den verschiedenen Ländern etablirten Handelsfirmen, deren man in Frankreich vierundzwanzig, im Königreich Neapel siebenunddreißig, in der Türkei nicht weniger als fünfzig zählte, deren Obhut dem Consul Mainardo Ubaldini

---

[1] Scip. Ammirato Buch XVIII. Bd. II. S. 098. Pagnini a. a. O. Bd. II. S. 124.

anvertraut war und deren Verhältniß zu der türkischen Regierung sich im Allgemeinen umso günstiger gestaltete, je gestörter das der Venetianer war, deren politische Interessen zu oft mit den commerciellen in Collision geriethen. Lange nachher hieß es noch, die Florentiner hielten den ganzen französischen Handel in Händen, und als im J. 1521, beim Ausbruch des Krieges zwischen Carl V. und Franz I., die in Lyon befindliche florentinische Handels-Colonie sich gefährdet sah, waren es nicht weniger als dreißig Häuser, die dem Schatzmeister Robertet ein Memorial zur Erlangung von Geleitsbriefen zustellten, unter ihnen die Albizzi, Guadagni, Panciatichi, Salviati, Bartolini, Strozzi, Gondi, Manetti, Antinori, Dei, Ridolfi, Pitti, Tedaldi u. a., deren Namen uns geläufig geworden sind[1]). Wie manche von diesen Familien haben in Frankreich Linien zurückgelassen!

In einer Stadt, wo der Wohlstand so verbreitet war, ist es eine auffallende Erscheinung, daß der Geldzins ein so hoher blieb. Wenn man bedenkt, daß um das J. 1420 das Verbot an die Pfandleiher erging, mehr als zwanzig Procent zu nehmen, und daß man etwa zehn Jahre später in der Zulassung der bis dahin ausgeschlossenen Juden eine Abwehr christlicher Begehrlichkeit zu finden hoffte, so erkennt man unschwer, wie entsetzlich das Uebel war. Die Klagen über die Zwangsanleihen sind bei so hohem Zinsfuß erklärlich. Daß gedachte Abhülfe fruchtlos war und nun Juden wie Christen das Blut aussogen, liegt auf der Hand. Mehr denn einmal dachte man an eine öffentliche Leihanstalt. So im J. 1488, als der Volksredner Bernardino von Feltre vom Minoritenorden in Sta Croce predigte. Er versuchte Lorenzo de' Medici für die Errichtung eines Monte di pietà zu

---

[1]) Pagnini a. a. C. Bd. II. S. 203 ff. [Molini] Documenti di storia italiana Bd. I. S. 101 ff.

gewinnen, aber seine Bemühungen führten damals nicht zum Ziele. Daß Bestechung der Signorie durch einen reichen jüdischen Wechsler in Pisa, wo diese Geldindustrie sich vorzugsweise eingenistet hatte, die Ausführung verhinderte, war allgemeine verbreitete Sage [1]). Erst drei Jahre nach Lorenzo's Tode erfolgte die temporäre Ausweisung der Juden, deren Gewinn in Florenz allein auf fünfzig Millionen Goldgulden geschätzt wurde, und die Errichtung des städtischen Leihhauses mittelst freiwilliger Beiträge, eine Anstalt die in Verbindung mit der vom h. Antoninus gegründeten im Laufe der Jahre gleich andern ähnlichen mancherlei Wechseln ausgesetzt gewesen ist.

Es ist begreiflich, daß der Reichthum des Handelsstandes auf Leben und Sitte immer größern Einfluß übte, da die neue Aristokratie größtentheils durch Gewerbe und Handel emporgekommen war, nach dem Beispiel der an der Spitze des Staates stehenden Familie politische mit andern Geschäften zu verbinden fortfuhr, und nicht nur in Bauten, frommen Stiftungen, Kunstwerken sondern auch bei festlichen Anlässen des häuslichen Lebens ihren Mitteln entsprechenden Glanz zu entwickeln liebte. Die Ausstattung der Häuser war reich geworden. Nicht für Kirchen und Gemeindehäuser allein waren die vielen Kunsttischler und großentheils mit decorativen Werken beschäftigten Marmorarbeiter in Anspruch genommen; sie wie Maler und Bildhauer höhern Ranges wetteiferten in Ausschmückung der Wohnungen. Neben gemalten Bildnissen wurden Marmor- und Terracottabüsten häufig. Bei den festlichen Gastmalen harmonirte das feine Tischzeug mit dem kunstreichen Silbergeschirr. Noch war hierin jedoch kein übertriebener Luxus eingerissen. Dazu war die Mehrzahl doch zu berechnend und sparsam, und galt es vornehmen Gästen Ehre zu erweisen oder eine Hochzeit zu feiern, so liehen

---

[1] Wadding Annales minorum Bd. VII. S. 329.

die befreundeten Familien einander ihr Silbergeschirr, wie die Medici es bei den Alamanni, Della Stufa, Lanfredini, Nasi u. A. thaten¹) oder bei einem Male geschah, welches Messer Antonio Ridolfi, einst Gesandter in Neapel, dem Herzog von Calabrien gab, der bei ihm Gevatter gestanden war. Für den gewöhnlichen Gebrauch bediente man sich, neben silbernen Löffeln und Gabeln, nicht selten Geschenke der Comune wie von Befreundeten, meist messingenen Tischgeräths, Schüsseln, Kannen, Präsentirteller, mit silbernem Mittelstück und geschmelztem oder niellirtem Rande, mit dem Wappen des Besitzers, häufig auch mit dem der Frau²). Feines Krystallglas durfte auf wohlbesetzten Tafeln nicht fehlen. Venedig versorgte meist mit diesem Artikel; Glashütten fehlten aber auch in Toscana nicht.

Die in Lorenzo's und Giuliano's de' Medici Tagen immer häufiger werdenden Feste und wiederholter Fürstenbesuch mußten zur Steigerung von Pracht und Wohlleben beitragen. Mehr als einmal überstiegen die Kosten dann die Mittel. Wenn Luca Pitti weit über seine Mittel hinausging, so war es eine edle Leidenschaft, das Bauen, wodurch er verleitet wurde, und falsche Rechnung in der Politik war es was ihn niederwarf. Andere aber sind durch sinnlosen Luxus zugrundegerichtet worden. Ein auffallendes Beispiel davon ist Benedetto Salutati, den wir an dem Turnier Lorenzo's theilnehmen sahen. Er war ein Enkel des berühmten Kanzlers, und sein Vater Antonio hatte durch Handelsgeschäfte, in denen der Sohn ihm nachfolgte, ein ansehnliches Vermögen erworben. Benedetto, so lesen wir³), hatte sich eine schöne Stellung

---

1) L. Fibrario Lezione sopra alcuni vocaboli usati nei registri della guardaroba Medicea, im Arch. stor. Ital. Serie III. Bd. VI. S. 152 ff.
2) Borghini Discorsi. Flor. 1755, Bd. II. S. 164.
3) Borghini a. a. O. S. 166.

gemacht und wurde hoch geehrt, aber es fehlte doch viel
daran, daß er an Alter und Adel der Familie mit vielen
Andern hätte in die Schranken treten können, oder daß sein
Reichthum ihn in Stand gesetzt hätte, mit den Ersten auf
die Dauer zu wetteifern. Dennoch wetteiferte er mit ihnen.
Als er, damals fünfundzwanzigjährig, zu jenem Turniere ritt,
waren zur Verzierung von Schabracke und Pferdegeschirr
hundertachtundsechzig Pfund feinen Silbers zum Preise von
sechzehn Ducaten das Pfund verwendet, und man berechnete
auf achttausend Ducaten den Werth des Geschmeides. Daß
sein silberner Helm von der Hand Antonio's del Pollaiuolo
war, zeigt daß mit der Verschwendung Kunstliebe Hand in
Hand ging¹). Das Uebermaß von Luxus aber, zu welchem
er sich verstieg, lehrt uns die Beschreibung des Gastmals
kennen, welches er und seine Handelsgenossen am 16. Februar
1476 den Söhnen König Ferrante's in Neapel gaben, wo
die Salutati sich mit so vielen ihrer Landsleute niedergelassen
hatten, und schon durch ihre Verschwägerung mit dem obengenannten Antonio Ridolfi, dessen Tochter Benedetto's Frau
war, in Beziehungen zum Königshause standen. Es war als
habe ein florentiner Kaufmann mit dem von Cardinal Pietro
Riario bei der Anwesenheit der Braut Ercole's von Este in
Rom an den Tag gelegten Glanz sich zu messen gedacht.
Schon die Hauseinrichtung gab einen Vorgeschmack der Dinge,
die da kommen sollten. Die Treppe war mit gewirkten
Wandteppichen und Taxusgewinden behangen, der große Saal
mit figurenreichen Teppichen geschmückt, während von der mit

1) Ricordi d'una giostra u. s. w. (Vgl. Bd. I. S. 267). Borghini
a. a. O. Ueber die Familie Salutati vgl. Mazzuchelli in den Anmerkungen zu Filippo Villani's Vite d'uomini illustri Fiorentini.
Ausg. Flor. 1826, S. 83 ff., und G. Palagi in: Il Convito fatto ai
figliuoli del Re di Napoli da Benedetto Salutati e compagni mer-
canti fiorentini il 16 Febbraio del 1476. Florenz 1873.

Tuch in den aragonischen Farben mit dem Wappen des Herzogs von Calabrien überzogenen Decke zwei, Wachslichter tragende Kronleuchter von geschnitztem vergoldetem Holz hingen. Dem Haupteingange gegenüber stand auf mit Teppichen belegter Estrade die Speisetafel, feinste Leinwand über eine gewirkte Decke ausgebreitet. Eine andere Seite nahm der große Credenztisch ein, gefüllt mit etwa achtzig Schaustücken, Präsentirtellern, Becken, Obstkörben, Kannen, meist silbern einige golden, außer dem silbernen Tischgeräthe, gegen dreihundert Teller verschiedener Art, Näpfe, Becher, Schalen. An den Saal stießen zwei miteinander in Verbindung stehende Zimmer, mit Wandbekleidung von Laub darstellendem Wollentuch und figurenreichen Teppichen. Hier versammelte sich die Tischgesellschaft vor wie nach dem Essen, während verschiedene Musiker mit ihren Instrumenten zur Heiterkeit des Mals beitrugen.

Unter dem Schall der Trommeln und Pfeifen nahmen die Gäste Platz. Am Ende der Tafel saß der Graf von Altavilla, neben ihm Don Pietro von Aragon, des Herzogs von Calabrien jüngerer Sohn, ein vierjähriger Knabe. Nun folgten die vier königlichen Prinzen, zuerst Don Alfonso Herzog von Calabrien, dann Don Federigo Graf von Altamura, Don Giovanni und Don Arrigo [1]). Neben Letzterm saß der Graf von Belcastro, dann der Graf von Ventimiglia und Messer Carlo von Torallo. Tommaso Ginori der florentinische Consul und Lorenzo Strozzi hatten Marino Caracciolo in die Mitte genommen. Nach diesen kamen Francesco Nori (eines der Opfer der Verschwörung der Pazzi) und Andrea Spannocchi von Siena. Die äußersten Sitze bis zum andern Tischende wurden eingenommen durch den Comthur de Requesens,

---

1) Pietro d' Aragona starb neunzehnjährig 1491. Giovanni, Cardinal 1477, starb 1485. Arrigo, Ferrante's ältester natürlicher Sohn starb 1478.

Ferrante di Gennaro und Messer Federigo Carvajal, Comthur von Rimini. Die lange Außenseite der Tafel blieb für die Truchseße und Credenziere, welche die Gäste bedienten und bevor sie den Prinzen vorlegten, die Speisen kosteten. Neben ihnen standen Hofleute um den Tisch herum, theils zum Dienst, theils zur Unterhaltung. Die Tischordnung war folgende. Erst kam die Vorkost, für jeden der Gäste eine kleine Schüssel mit vergoldeten Kuchen von Pinienkernen und ein kleiner Majolicanapf mit einer, Nalta (Giuncata) genannten Milchspeise. Es folgten acht Silberschüsseln mit Gelatina von Kapaunbrust, mit Wappen und Devisen verziert, die für den Herzog bestimmte Schüssel mit einer Fontäne in der Mitte, welche einen Regen von Orangenblütenwasser sprühte. Die erste Abtheilung des Males bestand aus zwölf Gängen verschiedener Fleischgattungen, Wild und Kalb, Schinken, Fasane, Rebhühner, Kapaune, Hühner, Blancmanger; am Schlusse wurde vor den Herzog eine große silberne Schüssel hingestellt, aus welcher beim Aufheben des Deckels zahlreiche Vögelchen emporflogen. Auf zwei mächtigen Präsentirschüsseln sah man zwei Pfauen, dem Anschein nach lebend und das Rad schlagend, im Schnabel duftende brennende Essenzen, auf der Brust an seidenem Bande des Herzogs Wappenschild mit der Devise: Modus et ordo. Die zweite Abtheilung bestand aus neun Gängen süßer Speisen verschiedener Art, Torten, Marzipane, leichtes zierliches Backwerk, mit Hippokras, wie man den mit Zucker, Zimmt und andern Gewürzen versetzten Wein nannte. Die Weine, meist einheimische, italienische wie sicilische, waren zahlreich und zwischen je zwei Gästen lag eine Liste der fünfzehn Gattungen, unter denen die leichteren den meisten Zuspruch fanden. Am Ende des Males wurde Jedem wohlriechendes Wasser zum Händewaschen gereicht und dann das Tischtuch weggenommen, worauf man eine große Schüssel auf die Tafel stellte, darin ein aus grünen Zweiglein geformter Berg mit kostbaren Essenzen, deren Duft sich durch den Saal verbreitete.

Um die Mitte des Males wurde eine Mummerei[1]) angemeldet. Acht als Jäger gekleidete Jünglinge traten in den Saal, mit Jagdhörnern, Hunden und erlegtem Wild, Künstler der königlichen Kapelle, welche eine schöne Musik zum Besten gaben und sich hierauf empfahlen. Nach der Tafel traten die Gäste in die Nebenzimmer, wo lebendige Unterhaltung begann, und Gesang wie Musik nicht fehlten. Der Herzog und der Graf von Belcastro blieben im Gespräche mit den florentinischen Kaufleuten, und fast von nichts anderm war die Rede als von Florenz und von dem Aufenthalt des Königssohns in Toscana. Nach etwa einer Stunde trugen die Truchsesse den Nachtisch auf, für Jeden eine Silberschüssel mit verschiedenem Zuckerwerk, mit aus Wachs und Zucker geformten Deckeln, für die Prinzen und Ritter mit farbigem Wappen und Devise, für die Kaufleute mit Wappen und Waarenzeichen. Zugleich reichten Mundschenke in goldenen und silbernen Bechern zum Trinken. Gegen die fünfte Stunde der Nacht schieden die Gäste, nachdem sie beinahe vier Stunden verweilt hatten. Hofleute und Diener der Fürsten und Herren füllten das ganze Haus. Die Trefflichkeit der reichlichen Speisen wurde von Allen gerühmt; nie, so sagte man, sei ein glänzenderes Mal erlebt worden. Benedetto Salutati's Prunksucht strafte sich aber von selber, falls nicht etwa die von denselben neapolitanischen Prinzen und Herren nicht lange nachher über seine Heimat heraufbeschworenen schweren Drangsale seinen Wohlstand vernichteten. Denn vier oder fünf Jahre nach gedachtem Mal finden wir ihn, seiner den Katasterbeamten abgelegten

---

1) Die italienische Beschreibung hat den Ausdruck Mummeria, der mit dem teutschen englischen französischen übereinstimmt, aber nicht von der Crusca acceptirt ist. Annibal Caro hat Mommeare für Possenspielen

Erklärung zufolge, als vermögenslosen Mann in seiner Vaterstadt, mit der Absicht seine Geschäfte ganz einzustellen, indem er, unter den traurigen Zeitumständen und infolge der drückenden Gemeindelasten doch nur mit Schaden arbeite. Um diese Zeit verlegt er seinen Wohnsitz nach Rom, wo wir ihm noch im J. 1483 in Bankgeschäften begegnen ¹).

Dies waren aber begreiflicherweise Auswüchse, im Allgemeinen war in Florenz wie meist in Italien die Lebensweise einfach. Wo Vespasiano da Bisticci den englischen Bevollmächtigten schildert, der lange bei P. Eugen verweilte, bemerkt er, dieser habe der Sitte seines Landes, vier Stunden bei Tische zu sitzen, abgesagt und dagegen die italienische angenommen. Eine Schüssel und der ganze Hausstand vereint. Auch in den vornehmsten Häusern ging es ohne Aufwand zu: nur was die nächste Umgebung und namentlich der eigene Besitz gewährte. So kam es, daß Bereicherung der ländlichen Industrie doppelt erwünscht war. Noch in späterer Zeit ist von Filippo Strozzi dem ältern gerne erzählt worden, daß er die toscanischen Feigengattungen um eine treffliche vermehrte, und Cosimo wie Lorenzo de' Medici haben die landwirthschaftlichen Fortschritte aufmerksam verfolgt. Hatte man Gäste, so fehlte es an geistigen Genüssen, an Musik und Improvisation nicht. Polizian erzählt in einem Briefe an Pico von Mirandola von einem Gastmal bei Paolo Orsini, der im Solddienst der Republik stand, wobei dessen eilfjähriger Sohn stehend von ihm selbst componirte Verse sang. Sowol heitere wie zu gelehrter Unterhaltung bestimmte Male fanden aber vorzugsweise auf der Villa statt. Das Leben des reichern und vornehmern Florentiners war zwischen Stadt und Land getheilt. Wir sahen, wie die anmuthige, gesunde, fruchtbare Umgebung

1 Giorn. stor. degli arch. tosc. Bd. I. S. 96.

von Florenz, namentlich die für Füßer wie Reiter leicht erreichbaren Hügel, sich frühe mit Villen gefüllt, die dann allmälig aus der Nachbarschaft nach allen Seiten hin sich vermehrten, das Arnothal hinauf und hinab, über Fiesole wie über Ponte a Sieve hinaus nach dem ernstern für Sommeraufenthalt geeigneten Mugello, längs den Hügeln gegen Prato und das Bisenziothal zu, auf dem linken Arnoufer über die Flußthäler der Ema, Pesa und Elsa und durch das weinreiche Chianti bis zur sienesischen Grenze. Im Verhältniß zu der Zahl und Schönheit der Stadtwohnungen, stiegen auch Zahl und Reichthum der Landhäuser. Hier kehrten Päpste, Könige, Fürsten ein; hier wurde großartige und zugleich herzliche und heitere Gastfreundschaft geübt. Das Landleben hat nicht wenig beigetragen zur Weckung und Erhaltung der Lebendigkeit, Frische, Fruchtbarkeit, Elasticität des Geistes auch bei Leuten, die überhäuft waren mit ernsten Geschäften jeder Art. Mehr als die städtischen Wohnungen waren die Villen die Orte, wo man sich zu geselligem Verkehr zusammenfand, sowol weil man sich von Geschäften möglichst frei hielt, wie weil man mit der in der Stadt noch vorwaltenden Raumbeschränkung nicht zu kämpfen hatte. Des Villenlebens der Literaten ist schon gedacht worden. Was in der Zeit die uns hier beschäftigt, Leon Batista Alberti in seinem Buch vom Familienvater[1]) von Landbesitz und Landleben sagt, erläutert eine wichtige Seite der bürgerlichen Zustände, und läßt uns in Stimmung und Neigungen der Classen blicken, in deren Händen die Leitung des Gemeinwesens lag. Nicht um trägen Zeitvertreib handelte es sich bei diesen Männern, sondern ebenso um Sammlung und um Bewahrung freien Ueberblicks über persönliche und bürgerliche Verhältnisse wie um Förderung

---

1) Il Padre di famiglia. Ausg. von 1872. S. 67 ff. Ueber das Villenleben vgl. Bd. I. S. 509.

des eigenen Wohlstands und mit demselben des allgemeinen
durch verständige und über die Grenzen des gewohnten Wirth-
schaftbetriebs hinausblickende Cultur.

Eine der Schattenseiten des Landlebens ist das Spiel
gewesen. Schon im J. 1285 mußte ein Verbot der Würfel-
und anderer Hasardspiele erlassen werden[1]), und in dem der
Verschwörung der Pazzi vorausgehenden Jahre begegnen wir
einem ähnlichen[2]). Es ging jedoch solchen Verboten wie den
Luxusgesetzen, und die neapolitanischen Verbindungen des
14. Jahrhunderts haben ohne Zweifel auch in dieser Hinsicht
nicht vortheilhaft gewirkt. Doch ist man hier nie zu den
Excessen gelangt, wie sie in Rom in der zweiten Hälfte des
15. Jahrhunderts, in Sixtus' IV. und Innocenz' VIII. Tagen
die Gesellschaft von Cardinälen und großen Herren verun-
zierten, ja derselbe Alberti, der in einer andern seiner Schriften[3]) das Spiel und das dadurch entstehende Verderben, wie
bei Verlust so bei Gewinn, und die davon unzertrennliche
schlechte Gesellschaft schildert, hat wol mehr in Rom als in
der Heimat die Anschauung solchen Verderbens gewonnen.
Während man aber in der Stadt, wo man den Blicken mehr
ausgesetzt war, behutsamer vorging, und das Schachspiel meist
andere Spiele ersetzte, ist die Villa oft Schauplatz von Aus-
schweifungen dieser Art gewesen. Daß jedoch auch in der
Stadt diese Unsitte keineswegs ausgerottet war, zeigt die Geschichte des h. Antoninus. Als der heilige Erzbischof eines
Tages in der Kirche Sto. Stefano gepredigt hatte, ging er,
das Kreuz vorauf, durch Via delle Terme. Indem er an der
Loggia der Buondelmonti vorüberkam, sah er dort die Gesellschaft beim Spiel, trat ein und warf die Tische über den

---

1) Gaye a. a. C. Bd. I, S. 417.
2) Rinuccini Ricordi S. CXXV.
3) Cena di famiglia, in den Opere volgari. Bd. I.

Hausen. Beschämt stürzten die Anwesenden vor ihm nieder und baten um Vergebung¹).

Der Spiele, die zugleich Leibesübungen waren und in veränderter Gestalt im Giuoco del Pallone fortwähren, ist schon Erwähnung geschehen. Gefahrlos waren dieselben nicht, und im J. 1487 kam ein Sohn Ugolino Verino's durch einen Schlag des Balls beim Magliospiel um's Leben. Im ungewöhnlich strengen Winter von 1491 fanden diese Spiele auf der Eisdecke des Arno statt. Jagd aller Art war von jeher der Lieblings-Zeitvertreib, und man sieht bei vielen Landhäusern Ort und Vorkehrungen für den Vogelfang. Die Falkenjagd stand oben an. Mehr als die sorgsam angebaute und dichtbewohnte Umgebung der Stadt, boten das waldige Mugello, die pisanischen Niederungen, das Volterranerland und die anstoßenden Maremmenstriche Spielraum für ernstere Jagdübung. Blicken wir auf die Schauspiele, so war das profane, wie uns die Charakteristik Angelo Poliziano's gezeigt hat, eben erst im Entstehen, und in seiner antikisirenden Gestaltung nur für die höheren Kreise berechnet. So war es auch mit den lateinischen Dramen beschaffen, deren seit dem Anfang des 14. Jahrhunderts manche entstanden waren. Classische Comödien wurden von Studirenden aufgeführt, wie am 12. Mai 1488 die Menächmen des Plautus, ein beliebtes und vielfach nachgeahmtes Stück, unter Leitung Messer Paolo Comparini's, der wahrscheinlich einer der Lehrer an der Hochschule war. Poliziano dichtete den lateinischen Prolog zu der Aufführung welcher Lorenzo de' Medici beiwohnte²). Die geistlichen Schauspiele fuhren fort, höhere und niedere Classen

---

1) Vespasiano da Bisticci a. a. O. S. 178.
2) A. Cappelli a. a. O. S. 301. Prolog. in Plauti comoediam Menaechmos, in Prose volg. ec. S. 281 ff. Polizian macht einen Seitenhieb gegen die modernen Autoren die in Prosa schreiben.

Geistliche Schauspiele und Processionen. 431

anzuziehen, und abgesehen von Festtagen, an denen sie aufgeführt zu werden pflegten, versäumte man nicht, sie fremden Fürsten und großen Herren bei deren Besuchen zum Besten zu geben. Die Florentiner scheinen in diesen dramatischen Aufführungen besondere Gewandtheit gewonnen zu haben, denn ihre Compagnien spielen auch anderwärts, so in Rom. Berühmte Künstler wie Filippo Brunellesco und der geschickte Ingeneur Cecca, der in dem faentiner Feldzug des J. 1488 den Tod fand, ersannen Apparate für diese Mysterienspiele wie für die Processionen im Freien, bei denen wol auf der Ringhiera des Palastes der Signorie vor dem den Platz füllenden Volke die Messe gelesen wurde. Am feierlichsten war der Umzug am Vorabend des Johannesfestes, dessen Schauplatz die Umgebung von Dom und Baptisterium war, wo unter himmelhohen Leinwandbächern riesige Maschinerien von Wolken mit Engeln und Heiligen aufgebaut wurden[1]). Ueberhaupt waren die Kirchenfeste zahlreich und prächtig, vor allen das Johannesfest, von dem wir schon sahen, wie es mit der Geschichte von Stadt und Staat zusammenhing. Die Buden der Kaufleute und Künstler veranstalteten an diesem Tage wie zu dessen Vorabend eine Ausstellung ihrer schönsten Gegenstände, wozu Lorenzo den Befreundeten seine kostbarsten Schaustücke ließ[2]), und im Baptisterium sah man den großen silbernen Altaraufsatz mit seinen Statuetten und Reliefs. Der Glanz wurde durch die Theilnahme der zahlreichen geistlichen und Laien-Genossenschaften, durch Bedeutung und Einwirkung der Feste auf den patriotischen Sinn der Menge vermöge der Anknüpfung an glorreiche Ereignisse erhöht, deren Andenken beim Volke durch diese Wechselbeziehungen lebendiger blieb. Bis zu den

---

1) Vasari Bd. III. S. 232, Bd. V. S. 36 ff.
2) L. Cibrario a. a. O. S. 153.

ältesten halbmythischen Zeiten der Stadt stiegen diese historischen Erinnerungen hinauf. Mysterienspiele wie Schaustellungen und ähnliche Feste beschränkten sich nicht auf Kirchen, Compagnien und die Oeffentlichkeit, sondern fanden ebenfalls in den Häusern vornehmer Bürger statt, unter Theilnahme der Künstler, die auch dadurch in steter Berührung mit ihnen blieben. Wenn man bedenkt, daß zu Anfang des folgenden Jahrhunderts die Zahl der bürgerlichen Genossenschaften oder Compagnien zum Zweck geistlicher Uebungen, sich auf dreiundsiebzig theils für Kinder theils für Erwachsene belief[1]), so begreift man wie das häusliche Leben mit dem kirchlichen ineinandergriff.

Einige dieser Compagnien, Banner-Genossenschaften (Compagnie di Stendardo) genannt, schlossen heitere Geselligkeit nicht aus. Die Verbände des niedern Volkes zum Zweck von Festlichkeiten, Aufzügen, Spielen, Gelagen waren jedoch die sogenannten Potenze. Gewöhnlich der Zeit des Herzogs von Athen zugeschrieben, sind sie wol gleichzeitig mit der Ausbildung des demokratischen Elements im Gemeindewesen. Auch diese Gesellschaften, in deren Festen und Schaustellungen das Carnevalstreiben vorherrschte, waren auf geistliche Uebungen angewiesen. Ihre Zahl war zu verschiedenen Zeiten sehr verschieden, ihre Namen sind meist phantastische Ableitungen vom Stande oder von den Quartieren der Theilnehmer, wie wir denn einen Kaiser vom Prato von Ognissanti finden, einen König der Wollschläger von Orsanmichele und mehre andere mit gleichem Titel von Localitäten in Camaldoli, Monarchen von Sant' Ambrogio und Terrarossa, Herzoge von Via Guelfa, vom Arno, von Camporeggi, vom Monde, von der Taube, von der Eule, Fürsten vom Apfel und vom Fahnenwagen, Großherren von Pitti und der Färber, Herren der Kette, der

[1]) Varchi a. a. O. Bd. II. S. 107.

Schwalben, des Roſtes, des Schwertes, der Geißel, der Ulme und wie ſie immer heißen mögen. Alle hatten ihre Wappen in den Bannern, ſo der Kaiſer vom Prato einen Adler mit ausgebreiteten Flügeln, der Großherr der Färber einen auf einem Feuer ſtehenden Keſſel, der Herzog vom Arno einen Pfeiler der Rubaconlebrücke, darüber er ſelbſt majeſtätiſch inmitten von Spielleuten ſitzend. Hauptzweck waren Carnevals-Aufzüge, zum Theil mit Spielen die wol in wilde Rauferei ausarteten, wie denn namentlich im 16. Jahrhundert die Licenz ſich ſo ſteigerte, die Vergeudung von Geld und Zeit zugleich mit der Beläſtigung der Bürger ſo arg ward, daß, nachdem Beſchränkungen nichts gefruchtet, das ganze Weſen ein Ende nahm¹). Man hat Lorenzo de' Medici den Vorwurf gemacht, daß er, um ſich die Menge geneigt zu halten und zu beſchäftigen, Gepränge und Vergnügungen gefördert habe. Der Gedanke mag ihm ebenſowenig wie dem Herzog von Athen ferugelegen haben, und als die Medici im J. 1512 aus langer Verbannung heimkehrten, griffen ſein Sohn Giuliano und Lorenzo ſein Enkel zu demſelben Mittel der Compagnien und des Zeitvertreibs, vornehmlich um, wie ein Hiſtoriker mediceiſcher Partei Filippo de' Nerli geſteht, Bürgerſtand und niederes Volk mit Triumphen, Feſten und öffentlichen Schauſpielen bei guter Laune zu erhalten, und die vornehme Jugend an ſich heranzuziehen²). Neigung und

1) A. M. Biscioni in den Anmerkungen zu Lorenzo Lippi's Malmantile racquistato, Flor. 1731, Geſ. III. St. 8.
2) I Capitoli della Compagnia del Broncone pubblicati per cura di Giuseppe Palagi. Flor. 1872. (Vgl. J. del Lungo im Archivio stor. Ital. Serie III. Bd. XVII. S. 147 ff.) Vaſari im Leben Pontormo's, Bd. XI. S. 23 ff. — Die Compagnia del Broncone hatte Lorenzo d. J. zum Haupte, die del Diamante Giuliano. Man ſieht in Florenz noch einige Inſchriftstäfelchen, welche an die Potenze erinnern, an der Kirche Sant' Ambrogio, am Canto alla Mela, am Canto di Monteloro. Sie ſind jedoch aus ziemlich ſpäter Zeit.

Gewohnheit des Volkes machten Lorenzo aber jedenfalls das Erreichen seines Zweckes leicht. Der weitverbreitete künstlerische Sinn, der dem öffentlichen Schaugepränge besondern Reiz verlieh, hat einerseits nicht wenig dazu beigetragen.

Wie Lorenzo de' Medici die Carnevalslieder umgestaltete und ausbildete, ist schon berichtet worden. Der Novellendichter Lasca giebt uns Auskunft darüber [1]), wie er das Carnevalstreiben vorfand und was er aus demselben machte. Jünglinge und Männer pflegten die Frauen und Mädchen nachzuäffen, welche am Maifeste umhergingen, und zogen in Weiberkleidern durch die Straßen. Die Lieder welche sie sangen, waren ziemlich einförmig; die Mannichfaltigkeit, welche Lorenzo ihnen so dem Inhalt wie der Form nach gab, wurde durch die Melodien Heinrich Isaaks unterstützt. Die erste Mascarade dieser Art war die von Ripsfachen- und Backwerkhändlern, mit dreistimmigen Chören. Die Triumphe (Trionfi) waren große mythologische oder allegorische Aufzüge, die Wagen (Carri) Darstellungen von Gewerken und anderm. Reiter in reichem Aufzuge, bis zu dreihundert an der Zahl, begleiteten diese Wagen, die Nachmittags auszogen und oft bis tief in die Nacht hinein die Straßen belebten, wo dann Füßer mit weißen Wachsfackeln sie begleiteten. Die Klänge von Instrumenten erschollen dazu, und Gesang, vier- und achtstimmig, zu Zeiten selbst fünfzehnstimmig. Wie Formen und Inhalt der Lieder verschieden waren, war auch das Wesen dieser Volksbelustigungen wechselnd und bunt. In mehren der Faschingslieder Lorenzo's de' Medici tritt die herrschende Licenz nur zu sehr zu Tage. Es waren eben römische Saturnalien. Als die

---

[1]) Tutti i Trionfi Carri Canti carnascialeschi etc. Florenz 1559. (Auch Cosmopoli 1750.) Man nannte die Aufzüge selbst Canti nach diesen Gesängen. Vgl. oben S. 22, 23. Im J. 1475 stellten die Florentiner in Neapel Petrarca's Triumphe dar.

Reaction gegen diese Verweltlichung begann, ging man dem Carnevalstreiben am ersten zu Leibe. Daß diese Opposition längst ihren Anfang genommen hatte, ehe die Umwälzung der politischen Verhältnisse Italiens und die Ahnung des mehr und mehr hereinbrechenden Elends den Geistern eine veränderte Richtung gaben, werden wir noch sehen. Welche Ernüchterung dann eintrat, welcher Umschwung stattfand, spricht unter zahllosen anderen Zeugnissen aus den letzten Zeiten des Jahrhunderts ein dialogisirtes Spottgedicht gegen den Carneval aus, dem man Haus und Straße verbot, eine volksthümliche Production, die auch um deßwillen historischen Werth hat, weil in ihr sich das Vorgefühl der vielen Uebel ausspricht, welche Rom heimsuchen sollen, Rom die Heimat der Saturnalien, die dort das ganze Leben und Trachten in ihren Strudel herabzuziehen drohten [1].

„Seht ihr dort den Fasching gehen,
Dem das Hirn sitzt in den Zehen?
Ihm, durch den so manche Thoren
Capital und Zins verloren.
Wenn es ihnen schlecht bekommen,
Dient's zu Andrer Nutz und Frommen,
Da mit ihren Schofelwaaren
In Florenz sie schlimm gefahren.

Nun du ziehst, Glück auf die Reise!
Zeig' Italien deine Weise;
Rom, das gern' sich nennet heilig,
Warne, eh' es spät wird, eilig:
Wetter nah'n sich, wild Getümmel,
Zu erschrecken Erd' und Himmel,
Waffenlärm und Sturm von oben,
Seinen Glauben zu erproben."

---

[1] Canzona d'un Piagnone pel bruciamento delle vanità nel carnevale del 1498, aggiuntavi la descrizione del bruciamento fatta da Girolamo Benivieni (herausgeg. von Isidoro del Lungo). Flor. 1864.

Neben dem grobsinnlichen Treiben dieser Zeit mangelte es jedoch nicht an Festen, in denen, wenn übermäßige Pracht Bedenken wecken konnte, ein poetischer Sinn sich aussprach. Lorenzo be' Medici veranstaltete einmal während des Faschings einen glänzenden Festzug, welcher den Triumph des Paulus Aemilius darstellte und wobei der junge Maler Francesco Granacci die ersten Proben seines ungewöhnlichen decorativen Talents ablegte. Bei einem andren ähnlichen Zuge wurden die Planeten auf sieben Wagen personificirt, und durchzogen, durch Embleme Jedem kenntlich, unter dem Schalle von Musik und dazu componirten Gesängen die Straßen [1]. Bildliche Darstellungen dieser Art waren damals nicht selten. Raffael Sanzio hat denselben ein Paar Decennien später in seinen Planetenbildern die höchste künstlerische Weihe gegeben, und der Sinn für die Allegorie fehlte auch der Menge nicht. Mit solchen festlichen Scenen wetteiferte der Carnevalszug, welchen Bartolommeo Benci zu Ehren der Marietta Strozzi (Giachinotti, einer Enkelin Palla's gab [2]). Acht junge Männer aus vornehmen Familien, Pucci, Altoviti, Vespucci, Girolami u. a. waren Theilnehmer. Am Faschingsabende zogen sie sämmtlich nach den Wohnungen der Benci, die heute noch einer Straße im Viertel von Sta Croce den Namen geben, jeder in einem brocatnen Wamms, Silber und Carmesin, auf Rossen mit seidenen Schabracken, je mit acht Reitknechten und dreißig Fackelträgern. Nach dem Nachtmal bewegte sich der ganze Zug zum Hause der Dame, worauf ein zwanzig

[Canzona che fa uno Fiorentino a Carnescialc trovandolo fuggirsi con uno asinello carico di sue masserizie e col fardello in spalla."] Fasching klagt, seine Hosen seien zerschlagen, da das rothe Kreuz und Rival Christus gesiegt, und er müsse einem größern Könige weichen.
[1] Palati, Bd. IX. S. 218. Naldo Naldi Carmina VI. 436.
[2] Nach der HS. der Miscellanea Uguccioni Strozzi Bd. 105 im flor. Archiv, gedruckt von P. Fanfani im Borghini Bd. II. S. 542 ff.

Ellen hohes von vielen Männern getragenes Gerüst, aus Laub von Lorbeer, Taxus, Cypressen und anderen immergrünen Baumgattungen zusammengesetzt, mit einer Menge allegorischer, den Triumph der Liebe versinnlichenden Darstellungen, mit den Wappen der Dame und des Veranstalters des Festes, auf die Spitze ein brennendes blutendes Herz aus welchem Raketen emporschossen. Ringsum Pfeifer und berittene grün gekleidete Pagen. Bartolommeo Benci, vergoldete Flügel an den Schultern ritt ein schönes mit kostbarer Schabracke behangenes Roß, umgeben von fünfzehn Jünglingen aus guten Häusern in Carmesin, dazu einhundertundfünfzig Fackelträger in seinen Farben. Amerigo und Francesco Benci und die Brüder der Dame, Nanni und Strozza Strozzi hatten sich der Gesellschaft angeschlossen. Vor den Fenstern tummelten die Herren ihre Rosse, vergoldete Speere in der Hand. Nun löste Bartolommeo die Flügel von seinen Schultern und warf sie auf das Triumphgerüst, das in demselben Moment in Flammen aufzugehen begann, während zahlreiche Raketen aus demselben heraus theils hoch in die Luft theils gegen das Haus anschossen. Als das Feuerwerk zu Ende war, zog die Schaar ab, der Festgeber mit seinem Roß rückwärts schreitend bis er den Platz verlassen hatte. Hierauf zog man an den Wohnungen der Damen der verschiedenen Theilnehmer vorüber, und brachte zuletzt ein Ständchen (mattinata) vor dem Hause Marietta's, welche während der ganzen Scene zwischen vier Wachsfackeln am Fenster geblieben war, „mit so ehrbarer Anmuth, daß Lucretia sich deren nicht zu schämen gehabt hätte". Ein Frühstück bei Bartolommeo beendigte das Schauspiel als der Tag dämmerte. Alle Diener der Signorie, welche während der Nacht Ordnung gehalten, erhielten Strümpfe in den Farben der Benci.

Das Volk bewahrte seine unverwüstliche Heiterkeit, welche

Ariosto „lo spirito bizzarro fiorentino" nannte. Von jeher war es aufgeweckt, zum Spott geneigt, scharf im Angriff, rasch in der Antwort, dem Verdienste huldigend aber Schwächen luchsäugig erspähend. Die lustigen Gesellschaften, mit ihren Geschichten welche das Decameron nicht erfand sondern wobei es an die Sitte anknüpfte, arteten leicht in Possenreißereien aus wovon uns manche Proben geblieben sind. Wie die Florentiner als Lustigmacher an Fürstenhöfen umherzogen, so hatten sie in dem Herold oder Ritter der Signorie eine Art von officiellem Spaßvogel, der aber ebenso zu Ernst wie zu Scherz dienen mußte. Dem 15. Jahrhundert gehören die bekanntesten Possenreißer an, von denen der Barbier Burchiello mehr das literarische Genre vertritt, während die ordinäre Posse mit dem Wortwitz ihren vornehmsten Repräsentanten in dem Piovano Arlotto hat, Arlotto Mainardi, Pfarrer eines kleinen Ortes im Sprengel von Fiesole, dem wir in den Leoni Lorenzo's de' Medici begegnen, welche ein rechter Spiegel des meist grobkörnigen Witzes der lustigen Gelage sind. Im 15. Jahrhundert sind, abgesehn von Franco Sacchetti's Novellen, die auf dessen Grenze stehen und den Spott in der Handlung wie in der nur zu oft licenziösen Rede darstellen, die beiden bekanntesten schriftlichen Zeugnisse handgreiflicher über das erlaubte Maß hinausgehender Possenreißerei entstanden, beide in Novellenform. Die eine dieser Geschichten ist die vom dicken Tischler, Manetto Ammanatini, ein Scherz der den Gefoppten, einen in der Kunsttischlerei und Tarsia tüchtigen Meister, nach Ungarn getrieben haben soll. Filippo Brunellesco und seine Freunde im Künstlerkreise waren die Anstifter, und Ersterem hat man selbst die Autorschaft der Novelle zugeschrieben. Die andere Erzählung handelt von Bianco Alfani, den man glauben machte, er sei zum Podestà von Norcia gewählt worden, und dem zum Spott der schwere

Schaden nicht fehlte¹). Die hier ins Spiel kommende Waltung Humor, hat sich namentlich bei den Villeggiaturen lange erhalten. Wir werden sehen daß sie Lorenzo de' Medici nicht fremde war, und Leo X. hat sich ihr in der Geschichte Baraballo's in einem Maße hingegeben, wie es seiner Würde wenig anstand.

Gewiß, an moralischen Schwächen und Fehlern hat's dieser Zeit ebensowenig wie andern gemangelt, und man irrt wol kaum, wenn man derselben den Vorwurf macht, durch fortschreitende Gewöhnung an das herrschende System der Vernichtung der Republik zu Gunsten eines Mannes, der kein Lorenzo war, den Weg gebahnt zu haben. Klagen über die Corruption dieser Tage sind häufig ausgesprochen worden. „Du, o Stadt Florenz, rief im J. 1480 der ehrliche Vespasiano da Bisticci, bist voll Wuchers und unreblichen Gewinns. Einer zehrt den Andern auf, schnöde Habsucht hat Alles untereinander verfeindet. Uebelthun ist so zur Gewohnheit geworden, daß Keiner sich dessen schämt. In den jüngsten Zeiten hast du so unerhörte Dinge bei deinen Bürgern erlebt, solche Unordnungen und Fallimente, und dennoch erkennst du nicht, daß es eine Strafe Gottes ist, und beharrst in deiner Verstocktheit. Für dich giebt's keine Hoffnung, denn du denkst nur an Geldmacherei und siehst doch wie das Gut deiner Bürger in Rauch vergeht, kaum daß sie die Augen geschlossen

---

1) Ueber den im J. 1483 gestorbenen Piovano Arlotto s. W. Manni in den Veglie piacevoli (3. Aufl. Flor. 1816), wo überhaupt viel Detail über die Witze und Schwänke. Die Novella del Grasso Legnaiuolo, oft gedruckt und nachgeahmt, mit Einleitung von D. Moreni, Flor. 1820. Gaye, a. a. O. Bd. I. S. 149, hat die von Manni über den „dicken Tischler" beigebrachten Nachrichten durch Urkunden unsicher gemacht; die Autorschaft der Novelle ist neuerdings dem aus der Tantekiteratur bekannten Antonio Manetti (vergl. oben S. 81) vindicirt worden. Vgl. Papanti Catalogo dei Novellieri, Liv. 1871, Bd. II. 11. Die Novelle von Bianco Alfani in D. W. Manni's Ausgabe der Cento Novelle antiche, Flor. 1782, Bd. II. S. 211 ff.

haben". Wie immer aber die Dinge liegen mochten, buch=
stäblich darf man solche Worte nicht nehmen. Unendlich viel Gutes
und Tüchtiges war in dem Volke geblieben, das auf den
Pfaden geistiger Erkenntniß, bürgerlicher Ordnung, industrieller
Entwicklung allen übrigen vorangegangen war. Jenes eigenthümliche Verhältniß der Stände zu einander, das in conse-
quenter Entwicklung der Demokratie deren ernste Uebelstände
vielfach auswog, hatte die tiefsten Wurzeln geschlagen, welche,
auch nachdem die Jahrhunderte der Herrschaft spanischer Sitte
an ihnen gebohrt, gehackt und gedorrt, nicht haben ausgerottet
werden können. Wie der toscanische Landmann, durch das
uralte eine Art Mitbesitz bildende Colonensystem gehoben,
dem Herrn gegenüber eine freiere Stellung einnimmt, so hat
man hier nie die schroffen Standesunterschiede anderer Länder
gekannt. Der florentinische Adel hat nie vergessen, daß er
zum beiweitem größten Theile in Zeiten, die sich keineswegs
in die Nacht der Jahrhunderte verlieren, aus dem Volke hervorgegangen ist. Das Volk hat sich in ihm gewissermaßen
selbst geadelt gefühlt. Der Feudalismus ist hier nie zu rechter
Lebenskraft gelangt und ist auch dann, als in dem ganzen
übrigen Italien mit Ausnahme Venedigs seine Tendenzen
überwogen, hier kaum etwas anderes als Formenwesen geblieben. Bis zu seinem Aussterben hat das Mediceische Geschlecht mit geringen Ausnahmen die Tradition des bürger=
lichen Elements nicht verleugnet. So ist es denn auch hier
nie zu einer anderwärts durch die Schärfe der Contraste erzeugten Heftigkeit der Conflicte gekommen. Conflicte anderer
Art sind dadurch vermieden worden, daß der hohe Clerus seit
der Erstarkung der Comunen, ungeachtet ansehnlichen Besitzes,
keine eigentliche Territorialgewalt ausgeübt hat und fast immer
mit den Comunen ging, wie denn auch in der Besetzung der
Bischofsstühle das volksthümliche Element im Ganzen überwog.

mochten auch, wie es im 15. Jahrhundert wiederholt geschah, einzelne Ernennungen lediglich vom päpstlichen Gesichtspunkt ausgehn. Die Reaction welche, so kurz nach Lorenzo's Tode, sich gegen die Sitten-Erschlaffung erhob die man ihm Schuld gegeben hat, und die heldenmüthige Ausdauer, mit der man beinahe vier Decennien nach ihm die Unabhängigkeit vertheidigte, zeigen am deutlichsten, wie fruchtbar dieser Boden des wahren bildsamen kräftigen Bürgerthums geblieben war.

Die Schilderung welche ein Historiker des folgenden Jahrhunderts von den Florentinern der letzten Zeiten der Republik entworfen hat[1], paßt ebenso auf Lorenzo's Jahre. „Ich theile die Ansicht solcher nicht, welche, weil die Florentiner Kaufleute sind, ihnen Adel der Gesinnung absprechen und sie für niedrig und plebejisch halten. Oft habe ich mich im Stillen gewundert, wie Leute, die von Kindheit an sich mit Wollenballen und Seidensträngen umherzuschleppen oder gleich Sklaven den Tag und einen Theil der Nacht am Webstuhl und am Farbkessel ihre Arbeit zu verrichten pflegen, häufig, wo es noth thut, solche Hochherzigkeit und Seelengröße bekunden, daß sie so schön reden wie handeln. Die Luft, zwischen der scharfen von Arezzo und der schweren von Pisa die Mitte haltend, ist gewiß von Einfluß auf diese Erscheinung. Wer Natur und Sitte der Florentiner wohl beachtet, wird zum Schluß kommen, daß sie mehr zum Herrschen als zum Gehorchen geschickt sind. Ich leugne keineswegs daß es unter ihnen Hochmüthige, Geizige, Gewaltthätige giebt, wie überall. Ja sie sind hier schlimmer als an andern Orten, denn wie Talent und Verdienst glänzender zu sein pflegen als anderswo, so machen sich auch Untugenden bemerklicher, indem das Maßhalten ihnen schwer wird. Ihre Lebensweise ist einfach

---

[1] B. Varchi a. a. O. Buch IX (Bd. II. S. 122 ff.)

und sparsam, aber ausgezeichnet durch Reinlichkeit wie man sie sonst nicht antrifft. Man kann sagen daß Handwerker und Leute die von Tagesarbeit leben, hierin höherstehenden Bürgern vorangehn. Denn während letztere sich leicht verleiten lassen, in die Taverne zu gehn, wenn sie hören daß man guten Wein schenkt, um sich einen guten Tag anzuthun, bleiben jene zu Hause, mit der Sparsamkeit von Kaufleuten welche schaffen ohne den Genuß voranzustellen, mit bürgerlicher Bescheidenheit welche Maß, Regel und Zucht kennt und die Mitte nicht verläßt. Begreiflicherweise giebt's dann solche Familien, die großen Hausstand und reiche Tafel haben wie Edelleuten ziemt. Man nennt die Leute bei ihrem Taufnamen, auch bei ihrem Familiennamen, und sagt gewöhnlich Du, wenn nicht große Verschiedenheit des Standes oder des Alters das Ihr vorschreibt. Den Rittern, Doctoren und Dom- wie Stiftsherren giebt man den Titel Messere, den Aerzten Maestro, den Klosterleuten Padre."

Von der Ehrfurcht vor Eltern und Höherstehenden spricht Leon Batista Alberti, in Uebereinstimmung mit dem frommen Fra Giovanni Dominici[1]. Mein Vater, so läßt er seinen Vetter Francesco sagen, nahm bei öffentlichen Gelegenheiten nie Platz, wenn sein Bruder, dem die Ritterwürde zutheil geworden, anwesend war, und urtheilte, in Gegenwart von Vater oder Familienhaupt dürfe man sich nicht setzen. Deine Römer, setzte er zu Leon Batista gewendet hinzu, die heute in Allem verkommen sind (in ogni cosa mal corretti oggi) sind auch darin in grobem Irrthum befangen: sie ehren ihre Eltern weniger als ihre Nachbaren und wachsen so in Unordnung und Lastern auf. Fra Giovanni empfiehlt der Madonna Bartolommea degli Obizzi, ihre Kinder vor allem

---

[1] Leon di Famiglia a. a. O. S. 173. 174. Giovanni Dominici, Regola del governo etc. S. 164. Vgl. oben Bd. I. S. 518, 546.

Ehrfurcht gegen die Eltern zu lehren, um deren Glück auf Erden zu sichern. Wie Lorenzo de' Medici seinem Sohne einschärfte, älteren Personen schuldige Ehrerbietung zu erweisen, haben wir gesehen. Hierin ist er sich stets gleich geblieben. Die gute strenge Sitte wurde auch durch manche ausgezeichnete Frauen gewahrt. Aus Lorenzo's Zeit liegen uns keine so anziehenden Schilderungen vor wie jene aus seines Großvaters Tagen von der Hand des guten Vespasiano[1]). Aber Alessandra de' Bardi die Gattin Lorenzo Strozzi's, Francesca Giacomini Tebalducci mit Donato Acciaiuoli dem ältern vermält, Nanna Valori die Frau Giannozzo Pandolfini's, Caterina Strozzi Arbinghelli, Saracina Giacomini Acciaiuoli u. a. konnten nicht ohne gute Nachfolge bleiben, und die schönen und würdigen Frauenbilder, welche vor allen den Fresken Ghirlandajo's in Sta Maria Novella so seltenen Reiz verleihen, sprechen allein schon dafür daß deren Generation nicht ausgestorben war. Die Zeiten waren friedlicher und steter geworden, und seit dem J. 1478 hatte man keinen jähen Umsturz noch Glückswechsel mehr erlebt, wie sie bis dahin so rasch auf einander gefolgt. Auch in der nicht mehr gestörten Ruhe des Hauses fanden aber tüchtige Frauen vollauf Gelegenheit zur Ausübung der christlichen Tugenden, durch welche ihre Mütter und Großmütter, oft in der Jugend schon Wittwen oder heimatlos, in stürmischen bedrängten Tagen geglänzt hatten.

Wiederholt ist der Ritterwürde Erwähnung geschehen. Während der Geburtsadel mit bürgerlichen Nachtheilen verbunden war, bewahrte der persönliche Adel oder Ritterstand seine Geltung. Von Carls des Großen sageureichen Tagen leitete man diese Auszeichnung her: Kaiser und Könige nachahmend,

---

[1]) Notizie di illustri donne, im Archivio stor. Ital. Bd. IV. S. 430 ff.: Vite d' uomini illustri S. 525 ff.

beanspruchte die Gemeinde die Befugniß der Ertheilung derselben und im J. 1288 soll das erste Beispiel im Kriege gegen Pisa vorgekommen sein. Für das Amt des Podestà war die Ritterwürde erforderlich, und wurde den dazu Berufenen verliehen wenn sie dieselbe nicht schon besaßen. Solche Ritter hießen Cavalieri di popolo. Zwei eigenthümliche Ritterschlags-Ceremonien kommen im 14. Jahrhundert vor. Nach dem Aufstand der untersten Classen im J. 1378 wurden am 20. Juli über sechzig Bürger auf Begehren der Menge zu Rittern geschlagen, an ihrer Spitze Salvestro be' Medici. Als die Ruhe einigermaßen wiederhergestellt war, wurden diese Ritter der Ciompi, wie man sie nannte, zu der Erklärung aufgefordert, ob sie die tumultuarisch ihnen verliehene Würde zu behalten dächten, worauf ein neuer Ritterschlag durch einen Ritter-Syndicus der Gemeinde erfolgen sollte. Einunddreißig nahmen an und nachdem sie sich am 18. October in der Kirche der Annunziata versammelt hatten, zogen sie in Rittertracht nach dem großen Platze, wo, im Beisein der Signorie, der Podestà, ein venetianischer Edelmann, als Syndicus der Comune die Ceremonie vollzog, worauf sie den Treueid leisteten und vom Gonfaloniere Lanze, Fähnlein und Schild mit dem Wappen des Volkes empfingen [1]). Am 26. April 1389 wurden zwei aus der Familie Panciatichi, der eine derselben ein Kind von nicht viel über vier Jahre, zu Volksrittern gemacht. Man erwies ihnen große Ehre, und sie verbrachten mit vielen Angehörigen und Freunden, wie einst in Rom Cola di Rienzo,

---

1) Die Namen finden sich, nach einem Strozzischen Verzeichniß in der flor. National-Bibliothek (Magliabechiana), bei C. Branchi: Della croce vermiglia in campo bianco insegna dei Cavalieri di popolo, im Periodico di numismatica e sfragistica Bd. IV. S. 75 ff. (Flor. 1872.) Die Abhandlung enthält zahlreiche Stellen aus Chroniken und Historien über das Ritterwesen der Gemeinde, namentlich über die Dinge im J. 1378.

die Nacht im Baptisterium, wo sieben große Betten aufgeschlagen standen, worauf folgenden Tags im Kloster Sta Maria Novella ein Gastmal stattfand, an welchem zweihundertfünfzig Bürger theilnahmen¹).

Die Volksritter theilten sich in zwei Classen, Cavalieri di Corredo für bürgerliches, Cavalieri di Scudo für militärisches Verdienst, jene so nach dem Gastmal genannt welches sie nach der Aufnahme gaben, diese nach dem Schilde, wie in Frankreich die noblesse de robe und d'épée. Sie trugen auf Brustwams oder Helm, Schild u. s. w. das Wappen des Volkes, gewöhnlich mit rundem weißem Mittelschildchen mit der rothen Lilie der Gemeinde, manchmal auch mit dem Wappen der guelfischen Partei. Neben ihnen gab es die Ritter, denen besonders bei Gesandschaften Päpste und fremde Herrscher, namentlich die französischen Könige diese Auszeichnung zutheil werden ließen, und solche welche sie von den Generalcapitänen zum Lohn ihrer Tapferkeit auf dem Schlachtfelde empfingen, die Cavalieri b' arme wie man sie zur Unterscheidung von den Cavalieri bi Scudo nannte. Die goldnen Sporen, womit nachmals solcher Misbrauch getrieben wurde, waren das Vorrecht der militärischen Ritter.

Von jeher waren die Ambassaden für die Florentiner geschäftlich von Belang, persönlich Mittel sich auszuzeichnen gewesen, und wenn P. Bonifaz VIII. im ersten Jubeljahre sie das fünfte Element nannte, als er zwölf der Ihrigen als Vertreter verschiedenster Staaten vor sich sah, so ist ihnen der Ruhm, gewandte Unterhändler zu sein, zu allen Zeiten geblieben. Nicht nur alle Stände, Geistliche, Staatsmänner, Gelehrte betheiligten sich an der diplomatischen Thätigkeit; sie war auch dem von den Gemeindebeamten im engern Sinn

---

1) Memorie storiche di Ser Naddo da Montecatini (in den Delizie degli Eruditi toscani Bd. XVIII.] S. 99.

ausgeschlossenen Adel, den Grandi, ermöglicht. Im 15. Jahrhundert entsprach der Glanz, mit welchem die Botschafter auftraten, so der Bedeutung des Staates wie der persönlichen Stellung. Lucrativ waren jedoch diese Aufträge nicht, denn wenn auch, wie wir es im J. 1483 finden, täglich jeder Gesandte bis zu zehn Goldgulden erhielt, so waren die Kosten, abgesehen von denen die er in Anrechnung brachte, sehr beträchtlich. Neben den feierlichen Ambassaden bei besonderen Anlässen gab es schon stehende Gesandtschaften in Neapel, Rom, Mailand, Venedig. Jene waren theilweise zahlreich, immer glänzend, und bestanden außer den Botschaftern aus jüngeren Männern, nach späterer Regel nicht unter vierundzwanzig Jahren, welche die diplomatischen Geschäfte wie das Ausland kennen lernen sollten, wie einem Kanzler und andern Beamten. Daß die florentinischen Gesandten hoch geehrt wurden, ersieht man, nur zweier Beispiele zu erwähnen, aus Neri Capponi's berühmter Ambassade nach Venedig während des Viscontischen Krieges, und aus jener an Ludwig XI. bei seiner Thronbesteigung. „Nie, sagt Machiavell, wurde ein Fürst von jener Signorie mit so hohen Ehren empfangen, wie Neri." König Ludwig aber, in Begleitung des Herzogs von Bretagne und eines Gefolges von etwa vierzig Reitern, begrüßte zwei Lieues von Tours Monsignor Filippo de' Medici, Piero de' Pazzi und Buonaccorso Pitti Luca's Sohn, Botschafter der Republik, und behielt den Hut in der Hand, weil der Erstere sich nicht bedecken wollte¹). Das Reisen ging langsam. Am 27. October war die Gesandtschaft von Florenz ausgezogen, am 23. December langte sie in Tours an. Mit welchem Glanz Piero de' Pazzi nach Hause zurückkehrte, ist oben erzählt worden.

¹) Il viaggio degli Ambasciatori fiorentini al Re di Francia nel 1461, im Arch. stor. Ital. Ser. III. Bd. I. S. 7 ff. S. oben Bd. I. S. 203.

III.

Mediceisches Haus und Familie.

Das Mediceische Haus hatte in Florenz und wol in ganz Italien seines Gleichen nicht. Der würdigen und schönen Architektur entsprach die innere Ausstattung. Drei Generationen hochgebildeter und kunstliebender Besitzer hatten hier gewaltet und die ganze Welt war ihnen offengestanden. Nie hat es eine Familie gegeben, in welcher die Lust am Sammeln, die Freude am Besitz, das Verständniß des Werthes und der Bedeutung der verschiedenartigsten Dinge Jahrhunderte hindurch so lebendig, so warm, so wahr, so thätig geblieben wäre, wie bei diesen florentinischen Kaufleuten, aus denen ein mit Habsburgern, Lothringern, Bourbonen, Wittelsbachern verschwägertes Fürstengeschlecht wurde. Noch in den Zeiten als dies Fürstengeschlecht, getroffen von dem Fluche der beinahe alle italienischen Herrscherstämme verdorren ließ, in sich verkümmerte, um dann ruhmlos und doch von Tausenden beweint zu enden, ist diese glänzende Eigenschaft der Ahnen unversehrt geblieben, und nach allen Seiten hin erstreckten sich die Beziehungen von Großherzogen und Prinzen, von allen Seiten her wurde ihnen Schönes, Merkwürdiges, Seltnes jeder Art durch ihre Agenten, durch Diplomaten, Gelehrte, Künstler, Handelsleute gesandt, während sie im Inlande fortwährend Alles beschäftigten was Talent, Wissen, Fertigkeit an den Tag legte. Der colossale Reichthum der florentiner Sammlungen, größtentheils Erbtheil der Medici, zeugt ebenso davon, wie der plötzliche mit ihrem Erlöschen eintretende Stillstand den Contrast späterer Zeiten Jahrzehnte lang zu einem schneidenden gemacht hat.

Die Geschichte der künstlerischen wie der literarischen Bestrebungen seit Cosimo's Tagen hat uns gezeigt, was alles zusammenfloß in diesem Hause der Via Larga, an Bildern, Sculpturen, Münzen, geschnittenen Steinen, Kostbarkeiten jeder Art, Anticaglien, Handschriften. Philippe de Commines, wo er der durch die Franzosen begonnenen, von den Einheimischen fortgesetzten schamlosen Plünderung der Mediceischen Häuser im November 1494 gedenkt[1]), schätzt auf mehr als einmalhunderttausend Ecus den Werth der an einem Tage entwendeten Gegenstände, „die schönsten Ringe, Achatstücke, bewunderungswürdige Cameen, und an dreitausend goldner und silberner Medaillen, wie es deren eine ähnliche Sammlung nirgend in Italien gab." Galeazzo Maria Sforza hatte einst geäußert, Schätze könne auch er aufweisen, in Lorenzo's, eines Privatmannes Hause sei aber das Edelste der ganzen Welt vereinigt. Und was alles hatte sich hier gesammelt seit jenem Besuche des mailändischen Herzogs! „Lorenzo, sagt Niccolò Valori[2]), empfand das lebendigste Interesse für das Alterthum. Als er durch Girolamo Rossi von Pistoja ein in den Trümmern der athenischen Akademie

---

1) Mémoires Lib. VII. Kap. 9. Bernardo Rucellai, der im Raube wie in seinem eignen bekannt war, schildert in dem Commentar De bello italico S. 52 die Plünderung von Kostbarkeiten und Bücherschätzen. „quorum pars a Gallis, pars a paucis e nostris, rem turpissimam honestu specie praetendentibus, furacissime subrepta sunt, intimis abditisque locis aedium, ubi illi reconditi fuerant, permutatis."

2) R. a. C. S. 168.

gefundenes Brustbild Platons erhielt, nach welchem er sich lange vergeblich gesehnt hatte, war, wie ich durch Marsilio weiß, seine Freude überaus groß und er hielt dasselbe stets in hohen Ehren. Wer einem solchen Manne eine Freude zu bereiten wünschte, brachte ihm um die Wette durch Gehalt wie Arbeit ausgezeichnete Münzen, Broncewerke und was es sonst von Antiquitäten gab aus allen Welttheilen. Von Neapel in die Heimat zurückkehrend, sandte ich ihm die Brustbilder der Kaiserin Faustina und des Africanus und mehre schön gemeißelte Marmore. Mit welcher Miene er sie empfing, vermag ich nicht auszudrücken. Was er allerwärts gesammelt, bewahrte er zu Hause sorgfältigst. Nicht einem Jedem zeigte er es, wohl aber jedem Kenner, während er bei festlichen Gastmalen, seine Gäste zu ehren, die Tafel mit Kunstsachen schmückte. Als der treffliche Herzog Federigo von Urbino diese Kostbarkeiten bei Lorenzo sah, bewunderte er nicht blos Stoff und kunstvolle Arbeit sondern auch die ans Unglaubliche streifende Zahl der Gegenstände. Zu Lorenzo soll er gesagt haben: Wie viel vermögen Ausdauer und Liebe! Ich sehe hier einen königlichen Schatz, aber einen solchen, wie kein König ihn durch Geld oder Macht oder Krieg zusammenzubringen im Stande ist."

Auf verschiedenartigste Weise wurden diese Schätze gesammelt. Antiquitätenhändler brachten sie nach Florenz oder sandten sie aus der Ferne. Als nach P. Pauls II. Tode dessen reiche Sammlung von Edel- und geschnittenen Steinen verkauft ward, kam ein beträchtlicher Theil durch Giovanni Tornabuoni um mäßiges Geld in mediceischen Besitz. Der Marmorbüsten Augusts und Agrippa's, Geschenke P. Sixtus' IV., der in Rom gekauften Chalcedonschale und geschnittenen Steine hat Lorenzo selbst in seinen Aufzeichnungen gedacht. In den J. 1484, 1488, 1490 finden wir Luigi Lotti von Barberino,

Giovan Antonio von Arezzo, Andrea von Joiano mit Erwerbungen in Rom und Siena beschäftigt[1]). Als Giuliano
da Sangallo von Neapel zurückkehrte, gab ihm König Ferrante
für Lorenzo, der ihn zu der Reise veranlaßt hatte, eine Büste
Hadriano, eine unbekleidete weibliche Statue und einen
schlafenden Cupido[2]). Messer Zaccaria Barbaro, dankbar für
die seinem Sohne bewiesene Theilnahme, sandte eine seltene
griechische Vase. Carlo de' Medici kaufte Anticaglien, Münzen
u. a. in Rom. Neben den Handschriften und Kunstsachen sah
man eine Menge Curiositäten und prächtigen Hausgeräths
aller Art, Porzellan und Majoliken welche von den Malatesten geschenkt und von Lorenzo, wie er schreibt[3]), höher
geschätzt wurden als wären sie von Silber, da sie trefflich
und selten und in Florenz bis dahin unbekannt. Vieles von
dem was heute die große Sammlung der Uffizien schmückt,
ist damals nach Florenz gelangt. Die meisten Sculpturen
aber und größeren Kunstwerke wurden nicht im Hause der
Via Larga aufgestellt, wo der Raum nicht gereicht haben
würde, sondern in dem benachbarten Garten von San Marco.
Dem linken Seitenschiff der Kirche gegenüber, nahe dem Ende
der hier auf große Kloster- und andere Gärten stoßenden
Straße lag ein mediceisches Casino, welchem sich weite Anlagen und Baumgänge bis Via San Gallo anschlossen. Ca-
sinos dieser Art, zu geselligen Zwecken wie zum Lustwandeln
dienend, sind bis zum vorigen Jahrhundert bei den großen
florentinischen Familien Sitte geblieben. Alles ist hier verändert, seit, ein Jahrhundert nach Lorenzo's Tagen, Bernardo Buontalenti einen großartigen aber schwerfälligen, in
unseren Tagen zu verschiedenen Zwecken verwendeten Palast

---

1) Gaye a. a. C. Bd. I. S. 245, 286, 290.
2) Vasari im Leben Giuliano's Bd. VII. 213.
3) Gaye a. a. C. S. 364.

baute und nach dem Erlöschen der Medici ein Theil des
Raums dem hübschen Hause eingeräumt ward, das nach einer
Favorite Großherzog Leopolds I. den Namen des Casino
della Livia führt, während um dieselbe Zeit die anstoßende
Piazza San Marco durch die neue Façade der Kirche, die
neue Klosterfronte und den Bau der Akademie der Künste an
der Stelle des Spitals Lemmo Balducci's ein ganz anderes
Aussehen erhielt[1]). Hier waren in den Baumgängen die
antiken Sculpturen aufgestellt, hier im Hause die Cartons
und Bilder aufbewahrt die sich seit Jahren angesammelt,
hier studirten die jungen Künstler nach alten und neuen
Mustern. Lorenzo, der eifrigste Sammler, wußte an Anderen
Kunstliebe zu schätzen. Nicht befreundeten Fürsten allein hat
er in solchen Bestrebungen vielfach Hülfe geleistet. Als Commines von seiner Ambassade des J. 1478 zurückkehrte, brachte
er mehre schöne Denkmünzen mit, welche der Seigneur
Laurens ihm zum Geschenk gemacht hatte[2]).

Nicht die städtischen Wohnungen allein waren Schauplätze Mediceischen Glanzes. Lorenzo's Zeit war zwischen
Stadt und Land getheilt. Seine Empfänglichkeit für die
Schönheit der Natur mußte ihm den Aufenthalt auf der
Villa vor allem angenehm erscheinen lassen, und er folgte
dem Beispiele von Vater und Großvater, indem er häufig
in dem anmuthigen Careggi weilte, dessen Nähe ihm die Besorgung seiner Geschäfte erleichterte, oder in der heißen Jahreszeit zu dem ernstern und kühlern Cafaggiuolo oder dem benachbarten Trebbio hinaufstieg. Neben Careggi aber war sein
Lieblings-Aufenthalt Poggio a Cajano. Halbwegs zwischen
Florenz und Pistoja, zehn Millien von jeder der Städte

---

1) Vgl. oben S. 228. Wie der Platz früher aussah, zeigt die
Ansicht bei Richa, Bd. VII. S. 113.
2) Kervyn de Lettenhove Bd. II. S. 279.

entfernt, auf einem flachen Hügel, dem letzten auf der nord-
östlichen Abdachung des langgedehnten, die pistojesische Ebene
von dem Nievolethale und dem untern Arnothal trennenden
Monte Albano, erhebt sich Sangallo's schönes Bauwerk,
welches das vom Ombrone durchströmte grüne und fruchtbare, durch Lorenzo's Dichtung Ambra weithin berühmte
Tiefland überblickt; wo man heute gerne in dem großen noch
vor ein Paar Decennien von Goldfasanen, den Nachkommen
der von Lorenzo be' Medici aus Sicilien hiehergeschafften
Vögel, bevölkerten Park und in den wohlgepflegten Gründen
der Meierei wandelt und den Strom auf einer Hängebrücke
überschreitet. Angelo Poliziano hat am Schlusse der im
J. 1485 verfaßten Dichtung Ambra, Michele Verino in einem
an Simon Canigiani gerichteten Briefe so die Schönheit der
Lage geschildert, wie die großartigen Anstalten, welche der
Besitzer der Villa für landwirthschaftliche Zwecke hier vereinigt hatte. Ein Aquäduct brachte von der nahen Höhe von
Vonistallo reichliches Wasser. Neben den Obst- und Gemüse-
gärten erstreckten sich große Maulbeerpflanzungen zum Behufe der für diese Gegenden bis auf den heutigen Tag sehr
einträglichen Seidenwürmerzucht. In den auf flacher Erhöhung erbauten umfangreichen Ställen, deren Fußboden um
der Reinlichkeit willen mit Steinen belegt war und die mit
ihren vier Eckthürmen einem Castell ähnelten, fand eine ganze
Heerde schönster Kühe Raum, welche die üppigen Weideplätze
durchzogen und die Stadt Florenz mit Käse versorgten, den
man bis dahin aus der Lombardei geholt hatte. Kälber und
Schafe waren in Menge vorhanden, aus Calabrien hatte
man sich eine Gattung Schweine von ungewöhnlicher Größe
verschafft, aus Spanien eine Gattung Kaninchen. An Geflügel aller Art, namentlich an Wasservögeln wie an Wachteln
war Ueberfluß. Die Menge Wassers verlieh dem Boden

Fruchtbarkeit, aber für fleißiges Düngen war reichlich gesorgt¹). Gerne begegnet man dem Staatsmann und Förderer von Literatur und Kunst auf dem Felde landwirthschaftlicher Interessen, für die er von seinem Großvater Vorliebe geerbt und auf welche er sich schon durch seinen lebendigen Natursinn hingewiesen fand.

Bis auf unsere Zeit hat die Villa von Poggio a Cajano diese Traditionen neben ihren historischen Erinnerungen bewahrt. Das uralte Herrengeschlecht der Cabolingi von Fucecchio hatte hier Besitz, der an die mächtige pistojesische Familie der Cancellieri und im J. 1420 durch Kauf an Palla Strozzi kam²). Wie und wann die Medici in den Besitz gelangten, ist nicht bekannt; verwundern darf man sich nicht über zweimaligen Wechsel in einem Jahrhundert, wenn man den Glückswechsel der Familien in ereignißreicher Zeit im Auge behält. Nirgend wird man so wie hier an Lorenzo il Magnifico erinnert, der den Bau im Wesentlichen so aufführte wie wir ihn vor uns sehn. Als der zweite seiner Söhne den päpstlichen Stuhl bestiegen hatte, ließ dieser den großen Saal mit Fresken schmücken, welche, indem sie Scenen aus der Römerwelt darstellen, auf heimische Ereignisse anspielen. Paolo Giovio, einer der Clienten des Papstes und

---

1) Schilderung von „Ambra mei Laurentis amor" in der brillen Sylva B. 594 ff., Prose volgari ec. S. 365. G. Targioni Tozzetti Viaggi per la Toscana [Flor. 1773 ff.] Bb. V. S. 56 ff., wo auch Michele Verino's Brief. Vgl. oben S. 19.

2) Repetti a. a. C. Bb. I. S. 380. Palla Strozzi zahlte für Poggio a Cajano 7,190 Goldgulden, und seine schöne Villa Petraja, die er von den Brunelleschi gekauft hatte, diente als Pfand beim Ankauf. Die Petraja ist im folgenden Jahrhundert, nach dem Scheitern des Unternehmens der Strozzi und ihrer Freunde gegen Herzog Cosimo de' Medici durch Confiscation an den Staat gelangt. Anguilleti in seinen Notizie storiche dei palazzi e ville appartenenti alla R. Corona di Toscana, Pisa 1815, hat über die Vorgeschichte des Poggio a Cajano nichts.

des Cardinals Giulio de' Medici, wählte die Gegenstände, Andrea del Sarto malte die dem Cäsar Tribut darbringende Thierwelt, Franciabigio den Triumph Cicero's welchen schon Poggio Bracciolini mit Cosimo's Rückkehr verglichen hatte, Jacopo da Pontormo mythologische Darstellungen. Leo's X. Tod unterbrach das Werk, dessen Vollendung erst im J. 1580 durch Alessandro Allori erfolgte; einfach großartig in der harmonischen Leistung zweier Künste. In einem Altarbilde der Pietà in der Kirche des kleinen Ortes hat Giorgio Vasari die beiden Mediceischen Schutzheiligen neben den todten Heiland hingestellt [1]).

Die würdigen und schönen Localitäten, mögen Stadt oder Land in Betracht kommen, waren Schauplätze eines ihnen entsprechenden thätigen, herrschaftlichen, mancher Störungen ungeachtet behaglichen ja heitern Lebens. Lorenzo de' Medici hat sich nie sinnlosem Luxus hingegeben, wie er bei Fürsten und Cardinälen eingerissen war, aber er ist stets ein großer Herr im rechten Sinne des Wortes gewesen. Er hat nie vergessen daß er der florentiner Bürger war, wie er sich selber nannte, wie man auf den Briefadressen seiner Correspondenzen liest, wie er seinen Söhnen einschärfte. Ebensowohl aber ist er sich bewußt geblieben daß er es war, auf den im Innern Aller Blicke gerichtet waren, und der dem Auslande gegenüber den Staat vertrat. In diesem Hause und auf diesen Villen herrschte stete Bewegung. Alles ging ein und aus im Hause des Mannes der an der Spitze des Ganzen stand. Neben den politischen Geschäften, veranlaßten Familien-Beziehungen und der fortwährende Umgang mit

---

1) Vasari im Leben del Sarto's Bd. VIII. S. 276, Franciabigio's Bd. IX. S. 101, Pontormo's Bd. XI. S. 46. Die Compositionen beider Erstern sind gestochen in dem Flor. 1751 erschienenen Kupferwerk über die Fresken der großherzoglichen Paläste.

Gelehrten und Künstlern häufigsten Zuspruch. Der Angehörigen waren viele, und Lorenzo hat manche derselben gebraucht. Zahlreiche Familien standen in vertrautesten Beziehungen zu der seinigen. Wir sahen, wie manche durch ihn groß wurden; andere, die schon groß waren, suchte er sich mehrundmehr zu verpflichten. Nicht blos bei fremden Fürsten übernahm er Gevatterstelle, bei Landsleuten that er ein Gleiches. Als im J. 1490 Herzog Alfons von Calabrien den Sohn Giuliano Gondi's, eines mediceischen Geschäftsfreundes, aus der Taufe zu heben zugesagt hatte, bat er Lorenzo ihn dabei zu vertreten.

Im Mediceischen Hause war gewissermaßen offne Tafel. Aus Michel Angelo's Leben wissen wir, daß wer zu Anfang der Mahlzeit anwesend war, nach seinem Rang zu Seiten des Hausherrn Platz nahm, die Tischordnung aber wegen später Eintreffender, auch wenn sie höher standen, nicht geändert wurde. Alle nicht zur Dienerschaft gehörenden Hausbewohner speisten mit; der junge Buonarroti, erst im Beginn seiner Lehrzeit, ist der stete Tischgenosse seines Gönners gewesen [1]). Neben den akademischen und anderen Gelehrten-Symposien fanden häufig Festmale statt, so in der Stadt wie in Careggi, für fremde Herren und Gesandte oder bei feierlichen Anlässen. Cristoforo Landino hat uns von einem Gastmal Kunde gegeben, das zwischen einem gelehrten und einem Festmal die Mitte hielt, und welches Lorenzo in noch jungen Jahren veranstaltete, als ein vornehmer Grieche Philotimos, der seine Familie bis in die Constantinische Zeit verlegte und sich darauf gewaltig viel zugutethat, in Begleitung eines athenischen Philosophen Aretophilos von Rom nach Florenz kam, ihm sein Beileid über den Verlust seines Vaters zu bezeugen. Lorenzo, der den Besuchern bis zur vierten Miglie

---

1) A. Condivi im Leben Buonarroti's, vor den Rime e Lettere di M. A. B. Flor. 1858, S. 26.

entgegengeritten war, führte sie in seine Wohnung, und hier trafen sie beim Male mit den angesehensten Vertretern der Wissenschaft und den Freunden des Hauses zusammen. Da waren Gentile Becchi und Antonio degli Agli, Giorgio Antonio Vespucci, Leon Batista Alberti, Ficino, Landino, Polizian, Argyropulos mit seinen Schülern Piero und Donato Acciaiuoli und Wamanno Rinuccini. Die Tischunterhaltung und die Ansprüche des hochmüthigen Griechen boten Landino den Stoff zu seiner Abhandlung über den wahren Adel, die er Lorenzo de' Medici widmete¹). Bei solchen und ähnlichen Gelegenheiten waren Bewirthung und Einrichtung glänzend; im Täglichen aber blieb der Tisch innerhalb der Grenzen bürgerlicher Bescheidenheit.

Dies gewahrte Franceschetto Cybò, als er im Juni 1488 zum Besuche kam. Römische Herren und eine Menge Leute hatten des Papstes Sohn begleitet; sie wünschten den Glanz des Mediceischen Hauses kennen zu lernen, von dem alle Welt voll war. Franceschetto wohnte in diesem Hause, für seine Begleiter war ein schöner Palast angewiesen worden. Nachdem ein Paar Tage unter Festlichkeiten verstrichen waren, fand der Gast eine einfache Tafel. Er wunderte sich, und als es beim Mittags- wie beim Nachtmal sich wiederholte, stieg in ihm der Argwohn auf, bei seinen Begleitern möchte es ebenso gehn, ein Argwohn der ihn quälte, weil er wußte mit welchen Erwartungen diese nach Florenz gekommen waren. Umso größer war jedoch seine Freude als er vernahm, daß diese fortwährend aufs glänzendste bewirthet wurden. Als er im vertrauten Gespräche mit seinem Schwiegervater diesem die Sache entdeckte, antwortete Lorenzo ihm ruhig, er habe ihn in seinem Hause als Sohn aufgenommen, und demgemäß

---

1) Bandini Specimen Bd. II. S. 105 ff. Die Namen der beiden Griechen gleichen noms de guerre.

verfahre er mit ihm; handelte er anders, so würde er ihm fremd
bleiben. Fremde seien die zur Feier seiner Hochzeit mit ihm
gekommenen vornehmen Herren; als solche behandle er sie, in
dem Maße wie seine eigne Stellung und die ihrige es heische¹).

Zu Ende des Winters 1482 betrat ein vornehmer teutscher
Gast das Mediceische Haus. Eberhard im Bart Graf von
Württemberg, Schwiegersohn Lodovico Gonzaga's Markgrafen
von Mantua, und schon durch diese Verwandtschaft auf freund-
liche Beziehungen zu den Medici angewiesen. Von den gelehrten Begleitern des Grafen und nachmaligen Herzogs war
schon oben die Rede. Eberhard nahm den Reichthum des
Hauses in Augenschein, die schönen Säle mit den Kostbarkeiten
und dem Silbergeschirr, die Büchersammlung, die Terrasse
mit den immergrünen Fruchtbäumen, den Marstall. Für
den hochgebildeten Fürsten, der seine Vorliebe für einheimische
Literatur mit der Kenntniß der alten zu verbinden wußte,
eine schöne Büchersammlung besaß und vier Jahre früher
sein ihm anhängliches Land durch die Stiftung der Hochschule
zu Tübingen dauernd bereichert hatte, mußte was er hier
vereint fand, Quelle des Genusses sein. Er sah die ganze
Familie versammelt, Lorenzo mit den Söhnen, Clarice mit
den Töchtern, damals noch alle vereint. Er verhehlte den
günstigen wohlthuenden Eindruck nicht, den Alles, Haus wie
Bewohner, auf ihn machte; als er die seit Cosimo's Tagen
so umsichtig wie reichlich gemehrten Bücherschätze bewunderte,
erwiederte Lorenzo, mit einem Wortspiel über libri und liberi,
die Kinder wären der größere Schatz. Von Florenz ging Eberhard nach Rom, wo P. Sixtus IV. ihm die goldene Rose verlieh²).

1) Borghini a. a. C. Bd. II. S. 167.
2) Reuchlin, Widmung von: De arte cabalistica, 1517, an
P. Leo X. Manlius Locorum communium collectanea. Basel
1563, S. 271. Städlin Wirtemberg. Geschichte Bd. III. S. 591. Vgl.
oben S. 83.

Der leutsche Fürst bewunderte Lorenzo's Marstall, und wol mit Recht. Pferde, so Reit- und Jagdpferde wie Renner, gehörten zu seinen Passionen. Immer und immer wieder begegnen wir ihnen in seinem Briefwechsel, Geschenken, Ankäufen, Entlehnungen. Der Geschmack an den Pferderennen, mit wie ohne Reiter, Rennen für die es damals schon eigene Pferdeverleiher gab, hat sich bis zu unsern Tagen erhalten, und im Hause der Alessandri zeigt man einen Saal, dessen Wände ganz mit den von einem ihrer Pferde gewonnenen Preis-Brocaten bedeckt sind. Lorenzo hatte stets Rennpferde, darunter eines, nach seiner dunkeln Farbe Morello genannt, welches jedesmal Sieger blieb und zu seinem Herrn solche Zuneigung hatte, daß es zu kranken schien wenn er ihm nicht mit eigner Hand das Futter reichte, und bei seinem Nahen durch Bewegung und lautes Wiehern seine Freude kundgab[1]). Wie ihm schon in seinen Jünglingsjahren ein schönes sicilisches Pferd geschenkt ward, und seine Gegengaben den Werth desselben aufwogen, ist erzählt worden. Er selber machte Pferde zum Geschenk. Als ihm im November 1479 besonders daran lag, mit Lodovico il Moro auf gutem Fuße zu bleiben, sandte er an dessen damaligen Vertrauten Roberto Sanseverino ein schönes Pferd und einen Falken[2]). Zwischen König Ferrante, den Este, den Sforza von Pesaro u. A. und Lorenzo gingen Briefe inbetreff ihrer Pferde hinundher. Wenn der König im Januar 1473 Lorenzo für das Geschenk eines Pferdes dankte, worüber sein Gesandter Marino Tomacelli ihm geschrieben, so meldete er ihm vier Jahre später die Absendung von zwei Rennern, einem sicilianischen und einem andern aus seinem eignen Gestüt, wie von zwei Jagdpferden, Zeugnissen der Zuneigung die er zu ihm hege. Königliche

---

1) Nach Polizians Mittheilung bei N. Valori S. 177.
2) A. Montecatino bei Cappelli a. a. O. S. 252.

Pferde, für die florentinischen Rennen geliehen, waren noch zur Zeit der Pazzi'schen Katastrophe unterwegs¹). Es war überhaupt Sitte, befreundeten Herren oder Städten Pferde zum Abhalten von Wettrennen zu senden, und die der Medici gingen so nach Ferrara wie nach Lucca. Als zu Ende des Sommers 1489 Giovanni Sforza von Pesaro Hochzeit mit Maddalena Gonzaga halten wollte, bat er Lorenzo ihm eines seiner Pferde für das dabei stattfindende Turnier zu leihen. In Lorenzo's späteren Jahren hatte sein ältester Sohn die Verwaltung des Marstalls²).

In dem hübschen und heitern Gedichte auf die Falkenjagd hat Lorenzo seiner Jagdliebhaberei ein anmuthiges Denkmal gesetzt. Die Falkenjagd war alt und namentlich bei Fürsten und anderen Vornehmen beliebt. Brunetto Latini Dante's Lehrer handelt in seinem „Schatze" von sieben Gattungen Falken, die zum Fange dienten. Zwei von Lorenzo's Zeitgenossen verwandten besondere Sorgfalt auf die Abrichtung der Vögel, König Ferrante, der mit Erlaubniß der Johanniter-Großmeister die besten Falken von Rhodos bezog, und Ercole von Este, welchem Lorenzo Befugniß ertheilte, auf seinen Besitzungen im Pisanischen diese Vögel einzufangen. Dafür sandte ihm der Herzog dann wol seine gut dressirten Falken, sei es zur Jagd sei es zur Unterweisung seiner eigenen wilden, während der König ihm wiederholt Geschenke machte, wie er es bei Maximilian von Oestreich, Ferdinand von Castilien, Galeazzo Maria Sforza u. A. ja bei dem Sultan that³). Die große, wald- und wasserreiche pisaner Ebene

1) Med. Archiv passim. Gaye Carteggio Bd. I. S. 302.
2) Cappelli a. a. O. S. 303. (Jahr 1490.) Schreiben der Anzianen von Lucca 16. Sept. 1490, Lucch. Arch.
3) Lorenzo de' Medici an Ercole von Este 11. Febr. 1481, 9. Jan. 1482, bei Cappelli S. 242, 243 und Anmerk. ebd. K. Ferrante an Lorenzo 5 Juni 1477, bei Gaye a. a. O. Bd. I. S. 302. Derselbe an

und die Niederungen und Hügel bei Poggio a Cajano waren die Schauplätze der Jagd. „Gestern, so schreibt Angelo Poliziano[1]), der bei Studien wie bei Vergnügungen selten fehlte, am 1. December 1475 von Pisa an Madonna Clarice, welche eben ihrer Entbindung entgegensah (das Kind war Papst Leo), gingen wir auf die Vogeljagd. Es war windig, und wir hatten geringes Glück, denn wir verloren den Falken des Pilato, Mantovano genannt. Heute versuchten wir's aufs neue, und wieder war der Wind uns entgegen, doch sahen wir einige schöne Flüge, denn Maestro Giorgio ließ seinen Falken steigen, der auf das gegebene Zeichen gehorsam heimkehrte. Lorenzo ist verliebt in den Vogel, und nicht mit Unrecht, denn Maestro Giorgio sagt, einen schönern und größern habe er nie gesehen, und er hoffe ihn zum besten Falken der Welt zu machen. Während wir im Felde waren, kehrte Pilato vom Strande mit dem Flüchtling von gestern zurück, was Lorenzo's Freude verdoppelte. Morgens und Abends sind wir auf der Vogeljagd und thun nichts anderes. Montag soll, wie ich vernehme, mit Rehjagd gewechselt werden."

Abgesehen von der Jagd, war Lorenzo gerne in Pisa, und nicht an ihm hat es gelegen, wenn das Verhältniß der armen Stadt zu den Florentinern sich nicht besserte, wenn sie es nicht ertragen lernte, Unterthanenstadt zu sein. Auch wenn Geschäfte ihn nicht riefen, weilte er wiederholt dort, und von Jugend an sehen wir ihn Florenz häufig verlassen, zu gelegentlichen Begegnungen, zur Erholung, zum Jagdvergnügen, zur Beaufsichtigung seiner großen Besitzung in Agnano. Agnano, einst Castell dann Villa, um welche sich eine

---

die Johanniter Ferrante Ribadeneira, Juan Gaico u. A. 27. Dec. 1487, bei Trinchera Cod. Aragonese Bd. I. S. 373, in welchem Werke verschiedene auf die salcuni und girifalchi sich beziehende Schreiben.

[1]) Prose volgari ec. S. 45. Vgl. oben S. 20.

Agnano und andere Besitzungen im Pisanischen.

Einwohnerschaft von einigen hundert Köpfen gesammelt hat, liegt am westlichen Abhang des Monte San Giuliano, vier Miglien von der Stadt, in der Nähe von Sümpfen, von denen Niccolò Valori sagt, Lorenzo würde sie ausgetrocknet haben wäre ihm längeres Leben beschieden gewesen, und die heute großentheils trocken gelegt sind. Eine große Pinienwaldung macht einen Theil der Tenuta aus, welche schon in Lorenzo's Tagen ansehnlichen Ertrag an Getreide und Oel lieferte und mit anderen Besitzungen in der pisanischen Maremma, zu Colle Salvetti, einer der Stationen des diese Ebene durchschneidenden Schienenwegs nach Civitavecchia, zu Colmezzano u. s. w. zu den bedeutendsten Partien des Mediceischen Landbesitzes gehörte. Wie Spedaletto, kam Agnano an Maddalena Cybò, deren Sohn Lorenzo, welcher mit seiner Gemalin Ricciarda Malaspina Erbin von Massa und Carrara in geringer Eintracht lebte, hier im J. 1549 seine Tage beschloß¹). Nachdem Lorenzo die Hochschule wiederhergestellt, riefen deren Interessen ihn zu wiederholten Malen. Während des leidigen Kampfes um Sarzana ist Pisa eine Art Hauptquartier für ihn gewesen. Die damalige Wohnung der Medici, heute der Familie Pieracchi gehörend, liegt nicht ferne von der obern Arnobrücke, Ponte della Fortezza, auf dem rechten Ufer bei der Kirche von San Matteo. Hier soll, siebzig Jahre nach Lorenzo's Tode, jene häusliche Tragödie stattgefunden haben, welche, niemals aufgehellt, auf die Geschichte des ersten Mediceischen Großherzogs einen düstern Schatten geworfen hat.

In Lorenzo's Tagen ging es in diesem Hause heiterer zu: denn hier denken wir uns seine Unterredungen mit Federigo

---

1) N. Valori a. a. O. S. 174. Piani a. a. O. S. 24. Bei Fabroni Bd. II. S. 73 findet sich ein Verzeichniß der Mediceischen Besitzungen im Pisanischen nebst Schätzung des Einkommens.

b' Aragona über italienische Poesie, hier brachte er im April 1476 frohe Tage zu. Mit sechsundzwanzig Pferden war er über San Miniato, wo immer Halt gemacht wurde, dahin gelangt. „Wir ritten des Weges daher, schreibt Poliziano an Madonna Clarice¹), singend und bisweilen von theologischen Dingen redend, um die Fastenzeit nicht zu vergessen, Lorenzo triumphirend. In San Miniato versuchten wir etwas vom h. Augustinus zu lesen, aber die Lectüre verwandelte sich bald in Musik und ins Zustutzen eines Tänzermodells das wir hier getroffen haben." An Lust und Scherz fehlte es nirgends wohin Lorenzo ging, und die pisaner Studenten fanden an ihm einen bereitwilligen Förderer ihrer Faschings-Lustbarkeiten, wobei ihnen gestattet war, den Professoren die Lehrbücher wegzunehmen, um deren Erlös auf die Feste zu verwenden. Daß der Weltkampf auf der mittlern Arnobrücke (Ginoco del ponte), wobei bewaffnete Schaaren von hüben und drüben sich das Terrain streitig machten, ein Kampf welcher seiner halsbrechenden Zwischenfälle wegen von Großherzog Leopold I. untersagt wurde, sich von Lorenzo be' Medici herschreibe, ist eine irrige Meinung, da die Spuren desselben sich in weit früherer Zeit hinein verfolgen lassen.

Zu Ende Mai 1477 empfing Lorenzo in Pisa Eleonora b' Aragona Herzog Ercole's von Ferrara Gemalin, die mit glänzendem Gefolge über Lucca angelangt war, um sich zur Hochzeit ihres Vaters nach Neapel zu begeben, wohin sie eine königliche Galeerenflottille führte, die in Livorno vor Anker gegangen war²). So lange Filippo be' Medici Erzbischof der Stadt war, und dessen Bruder Tanai dort weilte, fehlte es nicht an großartiger Gastfreundschaft, und Luigi Pulci

---

1) 9. April. Prose volgari ec. S. 47.
2) Piero Parenti Chronik. Vgl. Poliziano a. a. O. S. 19. Vgl. Cronaca di Notar Giacomo S. 134 (zum 1. Juni 1477.)

gedenkt der Festlichkeiten während der Anwesenheit des Herzogs von Calabrien im Colleonischen Kriege¹). Nicht blos heitere Anlässe riefen Lorenzo nach Pisa. Er hat dort, in milder Luft, Linderung seiner Leiden gesucht, wie schon im Spätherbst 1474, nachdem er sich durch den Gebrauch des Wassers von Porretta vom Fieber befreit hatte. In einem kritischen Moment seines Lebens kehrte er in Pisa ein, bevor er sich nach Neapel einschiffte. In dem Kirchlein Sta Maria della Spina, das man mit seinen Spitzsäulchen und Tabernakeln dem Quai des südlichen Ufers gleichsam angeklebt sieht, hat er im J. 1485 für die Opfer des Kampfes um Sarzana Seelenmessen lesen lassen, denen er mit der Wittwe Bongianni Gianfigliazzi's beiwohnte, der sich in der ungesunden Luft der Küste der Lunigiana den Tod geholt hatte²).

Die Badereisen haben im Leben Lorenzo's de' Medici eine große Rolle gespielt, obgleich sie ihn nicht über die Grenzen Toscana's hinausführten. Wir sahen wie gichtisches Leiden in seiner Familie erblich war, bei Großvater, Vater, Oheim, wie auch seine Mutter davon nicht verschont blieb. Schon sechsundzwanzigjährig mußte er das Porrettawasser anwenden, das auch heute so viele Kranke nach dem Renothale, im Apennin an der Straße zwischen Pistoja und Bologna, führt. Am häufigsten war er im Bagno a Morba, wo wir wiederholt Madonna Lucrezia begegneten die dort ein Haus besaß, und wir sahen wie er in späteren Jahren das Wasser nach dem nicht gar zu fernen Spedaletto kommen ließ, welches ihm größere Bequemlichkeit darbot. Die meisten toscanischen Bäder waren nichts weniger als einladend, manche sind es auch heute nicht. Im Römischen war es noch schlimmer, und

---

1) Pulci Lettere S. 28, 31.
2 L. Tanfani Notizie inedite di Sta Maria del Pontenovo S. 143. Vgl. oben S. 208.

Ser Matteo Franco bemerkt einmal wo er das Bad von Stigliano in der Umgebung des Sees von Bracciano schildert, in Vergleich mit demselben sei das Bagno a Morba ein Careggi. Lorenzo versuchte andere Heilquellen. Im Spätherbste 1484 nach der Einnahme Pietrasanta's war er im Bade von San Filippo im Sieneserlande. Wenn man bei dem Oertchen Ricorsi am Fuße der unwirthlichen Höhe von Radicofani die alte römische Poststraße verläßt um sich durch das Orciathal der prachtvollen Gruppe des Mont' Amiata zuzuwenden, welche bis zu dem fünftausend Fuß hohen Gipfel mit Kastanien und Buchen belaubt von einem Gürtel von Ortschaften umgeben ist, gelangt man, in einer von Waldungen eingeschlossenen tiefen Schlucht, zu diesen merkwürdigen Thermen, deren Niederschlag von kohlensaurem Kalk marmorartige Krusten bildet, und die ein wirksames Mittel sind so gegen arthritische Leiden wie gegen Hautkrankheiten. Ein öder Ort von wenigen Häusern, die in dem engen Thale, wo drückendheiße mit feuchtkalter Luft wechselt, zur Aufnahme der Kranken bestimmt sind. Im Herbst des folgenden Jahres und später war er wiederholt hier. Im Frühling 1490 verweilte er längere Zeit im Bade von Vignone, welches in demselben Orciathale in geringer Entfernung südlich von San Quirico liegt. Kräftige Thermen, den obengenannten ähnelnd, welche aus einem Travertinhügel hervorsprudelnd inmitten des Ortchens ein großes Wasserbecken füllen und schon in den Römerzeiten bekannt waren. Hier war es wo Ermolao Barbaro Lorenzo besuchte und Franceschello Cybò mit seiner Frau ihm Gesellschaft leisteten, in jener Jahreszeit noch ungefährlich, während im Sommer die Luft selbst den Eingebornen schwer erträglich ist. Des Aufenthalts zu Filetta im Mersethale ist schon gedacht worden. Alle diese Curen brachten nur momentan Linderung, und wäre das Uebel selbst weniger

eingewurzelt und complicirt gewesen, so würde deren meist
kurze Dauer gründlicher Abhülfe im Wege gestanden sein.
Freilich war auch zur Zeit, als seine Gesundheit schon sehr
gelitten hatte, seine Lebensweise nicht gerade regelmäßig.
Nicht nur strengte er sich übermäßig an in der Besorgung
der wahrhaft auf ihn einstürmenden öffentlichen wie sonstigen Angelegenheiten aller Art, während vielerlei Sorgen
ihn umlagerten. Auch in Liebesintriguen war er fortwährend verwickelt. Bartolommea de' Nasi, die Frau Donato
Benci's, hielt ihn Jahrelang gefesselt. Sie war weder jung
noch schön aber anmuthig und einnehmend. Er ritt selbst im
Winter Abends nach ihrer Villa um vor Tagesanbruch wieder in
der Stadt zu sein. Zwei Vertraute, Luigi della Stufa und An-
brea de' Medici waren gewöhnlich seine Begleiter. Da es
ihnen lästig ward und ihre Bemerkungen der Dame zu
Ohren kamen, brachte diese es dahin, daß sie zur Strafe in
diplomatischen Aufträgen entfernt wurden, der Eine nach
Cairo, der Andere nach Constantinopel. Ein auch sonst wol
vorgekommenes Auskunftsmittel, das aber doch Aufsehen erregte, nicht zu Gunsten des hochstehenden Mannes, „der sich
wie ein unerfahrener Jüngling benehme" [1]).

Das fürstliche Ansehen, dessen Lorenzo be' Medici genoß,
trat so in seinen Beziehungen zu fremden Herrschern, wie in
seiner Stellung in der Heimat, zu Hause und auf Reisen ans
Licht. Von ersteren ist wiederholt die Rede gewesen. Alle
brauchten ihn, Alle wandten sich an ihn, Alle hatten für ihn
Taut und Geschenke, von Antiquitäten bis zu den wohl-
riechenden Essenzen, welche die Herzogin von Calabrien ihm
sandte. Ein Ereigniß, welches mittelst seiner Darstellung
in einem Fresco zu Poggio a Cajano auch in der Kunstgeschichte eine Spur zurückgelassen hat, war die Ambassade

---

[1] Guicciardini a. a. O. Kap. IX.

des Sultans von Aegypten, oder von Babylonien wie man ihn nannte, Abu Nasr Kaitbei, die am 11. November 1487 in Florenz eintraf, von den fremden Gesandten und zahlreichen Bürgern festlich und freudig empfangen[1]. Es war eine glückliche Zeit für die Republik, welche einige Monate früher die langwierige sarzanesische Angelegenheit erledigt hatte und nun in eine Epoche verhältnißmäßiger Ruhe eingetreten war, die bis zu dem Umsturz des J. 1494 nicht wieder gestört wurde. Für den ägyptischen Sultan waren die italienischen Verhältnisse keineswegs unwichtig, nicht blos des Handelsverkehrs wegen sondern auch politisch inbetracht seiner Beziehungen zu Neapel und zu Venedig, mit welchem Staate die dem Sultan zustehende Oberherrlichkeit über Cypern, wo Caterina Cornaro noch bis zum J. 1489 als Schattenkönigin unter venetianischer Aufsicht herrschte, leicht Zerwürfnisse herbeiführen konnte. Die Blicke des Sultans mußten sich aber umsomehr auf das Abendland richten, je näher die Fortschritte der Osmanen die Gefahr eines Angriffs auf das lose zusammenhängende Mameluckenreich rückten, das inderthat nach weniger als drei Decennien ihrer compacteren Macht unterlag. Florenz hatte mehrfach Handelsbeziehungen zu Aegypten gehabt, nachdem es Pisa unterworfen, und der Wunsch nach Erweiterung und Sicherung der Privilegien gab auch zu den Unterhandlungen Anlaß, die im J. 1487 einen ägyptischen Gesandten Malphei nach Florenz, im folgenden einen florentinischen, jenen Luigi della Stufa, nach Cairo führten[2]. Ersterer war zugleich an die Signorie der Republik und an

---

[1] Rinuccini Ricordi S. CXLIII. Cappelli a. a. C. S. 297.
[2] M. Amari, I Diplomi Arabi del R. Archivio fiorentino, Flor. 1863. LX, LXXXVI, und die arabischen und italienischen Urkunden S. 181, 184, 363, 372, 374, 382. Vgl. Pagnini a. a. C. Bd. II. S. 205 ff. Bandini Collectio veterum monimentorum S. 12 ff.

den „Hakim" (Herrn) Lorenzo be' Medici gewiesen und langte mit reichen Geschenken für beide an. Am Sonntag den 18. November hatte er feierliche Audienz bei der Signorie in Gegenwart vieler der angesehensten Bürger. Vor ihm führte man eine Giraffe und einen gezähmten Löwen, Geschenke des Sultans. Die Giraffe war den Florentinern nicht fremd, denn schon bei den zur Feier der Anwesenheit P. Pius' II. veranstalteten Festen hatte man hier eine solche gesehen, während der Löwe, das Sinnbild der Republik, hier lebend wie im Abbilde stets gepflegt wurde, wie denn der später nach dem Platz bei San Marco verlegte Löwenzwinger einer Straße hinter dem Palast der Signorie den Namen gegeben hat. Ein sicilischer Dolmetscher übersetzte das Gespräch, das sich auf die den Florentinern in Aegypten und Syrien in Aussicht gestellten Freiheiten bezog. Für Lorenzo brachte der Gesandte Geschenke verschiedener Art mit, ein arabisches Pferd, seltene Thiere darunter Widder und Schafe verschiedener Farbe mit langherabfallenden Ohren und Schwänzen, mehre Hörner mit Zibet, eine Ampel mit Balsam, eine Menge Aloeholz, prächtige bunte Porzellangefäße wie man sie hier noch nicht gesehen, Vasen mit Eingemachtem, reiche Seiden- und Leintücher von feinstem Gewebe[1]. Es war ein großes Fest im Mediceischen Hause, als all die seltenen Gegenstände dahingebracht wurden; Madonna Clarice fehlte dabei, da sie sich mit Mabdalena in Rom befand.

Wenn Lorenzo ins Bad ging, oder sonst Ausflüge machte, wurde er überall wie ein Fürst empfangen. Wie die Gemeinden des Gebietes der Republik gewohnt waren, jedes Jahr Geschenke zu den Festen nach der Hauptstadt zu senden, so unterließen sie es nicht, dem, der an der Spitze dieser

---

[1] Ser Piero Dovizi an Madonna Clarice. Fabroni Bd. II. S. 307.

Republik stand, ihre Huldigung darzubringen. Damaliger Sitte gemäß, bestanden die dargebrachten Gaben gewöhnlich in Lebensmitteln und Gegenständen fürs Haus. Als man ihn zu Anfang des Frühlings 1485 auf dem Wege nach dem Bagno a Morba in San Gemignano erwartete, er jedoch eine andere Straße einschlug, sandte die Gemeinde, welche eine Ausgabe von hundert Lire zu seinem festlichen Empfange decretirt hatte, eine Labung griechischen Weins, Kapaunen, Marzipan, Wachs nach Morba[1]). Die Signorie von Siena, die sich doch nicht selten über Lorenzo zu beklagen gehabt hatte, ehrte ihn auf gleiche Weise wenn er sich auf ihrem Gebiete befand. Bei seinem Aufenthalte im Bade von Vignone sorgte sie durch reichliche Spenden für seinen Tisch[2]). Sein Gefolge pflegte zahlreich zu sein. Ein Verzeichniß der Personen die er einmal nach Morba mitnahm[3]), zählt folgende auf: Ein Kaplan, Filippo (Ulbaldini) da Gagliano, Francesco degli Organi (Squarcialupi), ein Hausmeister, zwei Kanzler (Secretäre) zwei Sänger, der Gevatter, Bertoldo der Bildhauer, ein Barbier, zwei Kammerdiener, ein Kellermeister, fünf Armbrustschützen, zehn Reitknechte, ein Stallmeister, ein Koch, ein Küchenjunge, ein Fuhrmann. Für diese zweiunddreißig Leute waren vierzehn Betten erforderlich. Auch seine Familiengenossen, wenn sie ohne ihn reisten, wurden überall so glänzend wie möglich empfangen. Ein Brief Ser Matteo Franco's, des treuen und heitern Hausfreundes, entwirft eine lebendige Schilderung des Rittes, welchen im Mai des gedachten Jahres 1485 Madonna Clarice von Morba, wo sie

---

1) Pecori Storia di San Gemignano S. 285.
2) Med. Arch. Solche Sendungen waren nöthig an solchen Orten!
3) Aus dem Med. Arch. F. 68 bei Del Lungo, Un viaggio di Clarice Orsini de' Medici nel 1485 descritto da Ser Matteo Franco. Bologna 1868.

mit ihrem Gemal geweilt hatte, durch das volterranische Gebiet
und das Elsathal nach Florenz machte, und wir sehen wie
in den Orten, die man berührte, namentlich in Colle, wo
das erste Nachtquartier gehalten wurde (das zweite in Passignano, wo die große Giovanni de' Medici verliehene Abtei
lag), Alles auf den Beinen war, zugleich aber der vertrau-
liche Verkehr mit dem ceremoniösen Empfang vereint blieb.

In der Stadt wie auf dem Lande und auf Reisen sah
Lorenzo de' Medici sich von Freunden umgeben, deren Namen
unzertrennlich sind von seinem Namen. Mit den Meisten
sind wir bekannt geworden im Laufe dieser Geschichte: ver-
schiedene Naturen, von denen mehr als eine wechselndem
Urtheil Raum giebt, je nachdem wir sie im häuslichen
Leben und in vertrauten Beziehungen betrachten, oder in der
Oeffentlichkeit, als Schriftsteller wie in anderen Verhältnissen.
Zuerst die welche seine Jugend leiteten oder die er im
Vaterhause fand, Gentile Becchi, der auch als Bischof von
Arezzo Mitglied der Mediceischen Familie blieb, da man es
mit der Residenz der Bischöfe nicht strenge nahm; Ficino,
Landino, Poliziano. Solche sodann, die, schon mit den Eltern
befreundet, sich dem Jünglinge und Manne anschlossen, oder
aber mit ihm in schon reiferen Jahren in Berührung kamen,
Luigi Pulci, Matteo Franco, Bartolommeo Scala, Pico della
Mirandola, abgesehen von denen welche politische und mit
politischen verwandte Interessen zu ihm führten, und die,
sich selber nicht vergessend, ihm und in seinem Sinne dem
Staate eifrig gedient haben. Auf Alle hat Lorenzo den
tiefsten und nachhaltigsten Einfluß geübt — er ist der Mittelpunkt gewesen in welchem Alles sich zusammenfand, er das
Bindemittel welches Alles zusammenhielt, mochten die Divergenzen einzelner Reizbaren oder Unverträglichen immer so
groß sein. Ihre Zuneigung zu ihm war keine gemachte noch

selbstische; der Affect dem wir in Pulci's Briefen und Polizians Versen begegnen war kein künstlicher. Lorenzo de' Medici war ein genialer Mensch und dabei herzlich und gütig, ein geborner Fürst und dabei einfach und natürlich. Sein Umgang mit den Gelehrten und Künstlern, die in gewissem Sinne von ihm abhingen, ließ das Verhältniß des Herrn und Clienten vergessen. Ihre Briefe an ihn, ernste wie heitere, sind Zeugnisse des Vertrauens wie der Vertraulichkeit. Wenn sie ihn als „Magnifico" anreden, gleich folgt das einfache „Lorenzo." Donatello's Zögling Bertoldo richtet mitten in den Nöthen des Kriegs von 1479 an ihn ein Schreiben voller Witze die darauf hinauslaufen, es sei vortheilhafter, Koch als Künstler zu sein [1]), und der berühmte Niccolò Grosso genannt Caparra, in Wahrheit ein Grobschmied obgleich er wahre Kunstwerke lieferte, wollte ihn nicht eher bedienen bis er Andere bedient die vor ihm bestellt hatten [2]). Wie im Umgange mit ihm der Zwang gebannt war, zeigt auch das Gespräch mit dem Mosaicisten Graffione, einem Schüler Baldovinetti's. Er äußerte einmal, er wolle die Domkuppel im Innern mit Musiven schmücken lassen. Drauf Jener, dazu würde es euch an Meistern fehlen. Wir haben Geld genug, antwortete er, wol halb im Scherz, um Meister zu finden. Ei, Lorenzo, fiel der Künstler sogleich ein, nicht das Geld schafft die Meister, die Meister schaffen das Geld! Er ertrug ihre Launen wie ihre Seltsamkeiten: im Leben wie im Tode ehrte er sie, und ahnte es, wie ihr Ruhm seinen Ruhm mehren werde. Hätte er der Kunst auch keine andere Förderung angedeihen lassen, als die herzliche und gleichsam väterliche Aufnahme,

---

1) Gualandi Nuova Raccolta di lettere sulla pittura etc. Bologna 1844 Bd. I. S. 14.
2) Vasari im Leben Simon Pollaiuolo's Bd. VIII. S. 119.

die er, der gereifte mächtige beneidete Mann, dem kaum dem Knabenalter entwachsenen Michel Angelo gewährte, sie allein würde sein Andenken verklären. Auf seinem Sterbelager hat er nach den Freunden verlangt, in deren Umgang er seine glücklichsten Stunden zugebracht und deren Zuneigung ihm über das Grab hinaus geblieben ist.

Es war, wie gesagt, ungeachtet mancher durch politische Ereignisse, zunehmende Kränklichkeit, wiederholte Todesfälle veranlaßten Störungen ein heiteres Leben im Medicëischen Hause. Musik war hier tägliche Genossin. Lorenzo's Dichtergenius mußte ihn für diese Kunst gewinnen. Sein nicht angenehmes Organ verhinderte nicht seine Betheiligung am Gesange. Wir wissen durch Marsilio Ficino, daß er in dem geselligen Verein, der sich wahrscheinlich nach dem Namen einer noch nach Jahrhunderten bestandenen Osterie La Mammola (Veilchen) nannte, am Gesange theilnahm. So gab er eines Abends, als er die Mysterien der Liebe feierte, zu einer Discussion Anlaß, ob Stoffe, wobei Trauer mitunterlaufe, hiehergehörten, wobei Ficino sich bejahend entschied[1]). Bei seinen poetischen Productionen rechnete er vielfach auf musikalische Wirkung, wie sie bei den Tanz- und Faschingsliedern bedingt war. So lange seine Gesundheit aushielt, fehlte er nicht bei den heiteren Umzügen, auf welchen volksthümliche Melodien mit denen Heinrich Isaak's abwechselten, und auf Reisen wie bei Maifesten und sonstigen Vergnügungen fehlte Musikbegleitung nicht, welcher die Verse Polizians und anderer Freunde zur Unterlage dienten. Wenn von Guido von Arezzo an bis zum Vater Galilei's Toscana keinen namhaften Componisten oder Autor über Musikkunst aufzuweisen hat, musikalisch ist das Volk jederzeit gewesen. Ficino

---

[1] M. Ficino Epist. X. 97.

war zwiefach willkommen, wenn er mit seinem Plectrum
erschien, um den Lehren der alten Weltweisheit, nach dem
Vorgange der frühesten als Halbgötter verehrten Verbreiter
griechischer Cultur, durch seine das Ohr erfreuenden, das Herz
gewinnenden Klänge leichtern Eingang zu verschaffen. Wie
Baccio Ugolini in Polizians Orpheus die Ode zum Lobe
Cardinal Gonzaga's mit der Leier begleitete, so that er es
beim Extemporiren, worin er Meister war.

Einer von Lorenzo's Günstlingen war Antonio Squarcialupi der treffliche Orgelbauer, der als Cantor schon von
Piero's Tagen her zu den Familiaren gehörte. Sitten und
Lebensweise des Mannes scheinen nicht tadelfrei gewesen zu
sein, aber Lorenzo nahm ihn wegen seines ungewöhnlichen
Talentes in Schutz. Wüßtet ihr, äußerte er einmal gegen
die Tadler, was es heißt in irgendeinem Fache das Höchste
leisten, ihr würdet milder und bescheidener über ihn urtheilen[1].
Squarcialupi componirte manche Lieder seines Gönners, der,
so heißt es, die Inschrift seines Denkmals verfaßte. Der
Mediceïschen Freundschaft verdankte er das Sinngedicht Poli-
zians welches die Florentiner auffordert, im Marmor Den
zu ehren, der lange die Stimme ihres Tempels gewesen sei[2].
Inderthat mußte der Mann von seltnem Verdienst sein,
wenn, von König Ferrante an Lorenzo empfohlen, der Sohn
des Grafen von Altavilla, eines der Gäste beim Salutatischen
Gastmal nach Florenz kam, bei ihm die Orgel und andere
Instrumente spielen zu lernen, wie zehn Jahre später mit
Mathias Corvinus' Empfehlung ein Geistlicher Namens
Stephan aus Ofen eintraf, sich im Orgelbau zu unterrichten[3].

---

1) N. Valori a. a. C. S. 176.
2) „. . . diu templi vox fuit ille tui." Prose volgari inedite etc.
S. 155 Vgl. oben S. 177, 207.
3) Med. Arch. 5. Febr. 1473, 20. Aug. 1481.

Im J. 1477 kam ein Lautenschläger Lodovico Sforza's nach Florenz, um sich in Gegenwart des berühmten Meisters vernehmen zu lassen[1]). Unter den Dienstleuten befanden sich Musiker, und Abends wurde gespielt und zur Laute gesungen. Michel Angelo erzählte noch in späten Jahren von Einem, den man den Cardiere nannte und welcher wegen seiner wunderbaren Kunst improvisirten Gesanges zu Instrumentalbegleitung Lorenzo besonders lieb war[2]). Lorenzo sah auch auf die musikalische Ausbildung seiner Kinder. „Vorgestern Abends, schreibt Polizian an ihn am 5. Juni 1488) nach dem Bagno a Morba[3]), hörte ich unerwartet unsern Piero singen, und er rückte mir dann mit seiner Gesellschaft auf die Stube. Er gefiel mir ausnehmend, namentlich in den Motetten und im Antworten auf die Strophen, sowie durch Leichtigkeit der Aussprache. Mir war's als vernähme ich Eure Magnificenz." P. Leo X. hat sein ganzes Leben lang für Musik und Improvisation eine wahre Leidenschaft gehabt. Wie sein Cardinalspalast bei Sant' Eustachio (Pal. Madama) stets von Gesang und Instrumenten wiederhallte, wetteiferten im Vatican Musik und Poesie, und Stegreifdichter wie Tonkünstler haben bei ihm ihr Glück gemacht.

Es ist unnöthig darauf hinzuweisen, wie tief hier Poesie ins Leben eingriff. Der Geschmack an derselben war erblich. Wie Cosimo der Alte und mit Lorenzo sein Bruder Giuliano gedichtet hatte, so dichteten Piero der Jüngere und Andere der Familie. Als Kind wußte Lorenzo's Tochter

---

1) Brief Polizian's an Lorenzo, 17. Oct. 1477. Prose volg. ined. etc. S. 54.
2) A. Condivi a. a. O. S. 30. Dieser „Cardiere" — vielleicht von Cardatore, Wollkämmer? — war es, der eine Erscheinung des hingeschiedenen Lorenzo gehabt haben wollte.
3) Prose volg. ined. S. 75.

Lucrezia die geistlichen Gesänge ihrer Großmutter auswendig¹), und die Gesänge des Morgante sind unter Theilnahme Lucrezia Tornabuoni's, zuerst im Mediceischen Hause vernommen worden. Offenbar hat Polizian eine Menge seiner Poesien für den Vortrag bei seinem Gönner bestimmt, und wenn er in einem Briefe erzählt²), wie der Eine ihn um Predigten für die Brüderschaften bitte, der Andere um Carnevalsgesänge, dieser um Klagelieder für die Viole, jener um leichtfertige Serenaden, so denkt man zuvörderst an die Mediceische Gesellschaft. Man mag sich Pulci und Matteo Franco vorstellen, wie sie an und nach der Tafel satirische Pfeile in Sonettenform wider einander abschossen. Durch die Beoni und die Nencia, die offenbar für heitere Kreise bestimmt sind, hat Lorenzo wol persönlich das Signal zu den poetischsocialen Vergnügungen und Wettkämpfen gegeben. Pulci hat einmal mit der Beca da Dicomano geantwortet. Für die dichterische Begabung seines ältesten Sohnes legen die uns erhaltenen Producte desselben Zeugniß ab, und Verse, die er im Exil geschrieben, verkünden tieferes Gefühl als man ihm zutrauen sollte. Wenigstens in seiner Jugend scheinen die Zeitgenossen vortheilhaft von ihm geurtheilt zu haben. Ein Sonett des Antonio von Pistoja, das von den Dichtern der Zeit handelt, erwähnt seiner wie seines Vaters, und indem es Polizian über Beide stellt, gewinnt das diesen gespendete Lob nur Gewicht:

"Wer von Toscanern schreibt in Versen gut?
— Meinst du Vulgar? Vulgar so wie Latein! —
Lorenzo trefflich, Piero auch ganz fein,
Doch Polizian zuvor es Beiden thut"³).

1) Polizian an M. Lucrezia, Fiesole 18. Juli 1479 Prose volg Ined. S. 72.
2) Epist. l. II. ep. 13.
3) G. Carducci Einleitung zu Polliano Dichtungen S. CXXXII. Von diesem Antonio Cammelli sind die merkwürdigen von C. Targioni Tozzetti Livorno 1869 herausgegebenen politischen Sonette.

Piero's Briefe an seinen Vater, so über literarische
Dinge wie über Anderes legen durchweg gesundes Urtheil,
Kenntnisse und lebendiges Interesse an den Tag. Aus seinen
jugendlichen Briefen ist allerdings kein Schluß zu ziehen,
und wenn der Vierzehnjährige von der Villa aus dem im
Bade von San Filippo weilenden Vater von seinen Studien
und denen seines Bruders Giovanni Nachricht giebt, mit dem
er Virgils Bucolica lese und so zwiefachen Gewinn erlange¹),
so ist die Hand des Magisters zu kenntlich. Wohl aber
kommen Schreiben in Betracht, wie das über den Besuch
Ermolao Barbaro's. Wenn Polizians Schilderung seines
Zöglings ebenso wie später die des jungen Cardinals Giovanni, durch Ueberschwänglichkeit sich wie ihrem Gegenstande
schadet, so ist doch wol nicht in Abrede zu stellen, daß
Lorenzo's Sohn, wenn er des Vaters Klugheit und Berechnung nicht besaß (ein Mangel, für welchen in der Fülle von
Glanz, Glück und Größe, worin dieser Vater ihm das persönliche Regiment hinterließ, eine Erklärung vielleicht eine
Entschuldigung zu suchen ist), doch manche von dessen geistigen
Eigenschaften besaß. Die Zeit während deren er dies Regiment noch fortführte, war zu kurz, und durch die Vorboten
des nahenden Sturmes schon zu bewegt, um ein endgültiges
Urtheil über ihn zu gestatten, ein Urtheil für welches
ebensowenig sein Verhalten während des Exils, das auch
ein scharfes Auge beirren kann, maßgebend ist.

Piero's Gemalin kann kaum günstig auf ihn gewirkt
haben. Alfonsina Orsini paßte ungleich weniger für florentinisches Leben und Sitte als ihre Schwiegermutter.
Römischer Baronenstolz scheint sich bei ihr mit habsüchtiger
Härte verbunden zu haben, wodurch sie sich in späteren Jahren,

---

1) Poggio a Cajano 11. Sept. 1485, bei Fabroni a. a. O. Bd. II.
S. 298.

als ihr Schwager Papst geworden und sie viel in Rom war wo sie 1520 starb, sehr unbeliebt gemacht hat. Ueber ihr Verhältniß zur Familie in Lorenzo's Zeit ist nichts bekannt. Die drei Schwestern ihres Gemals, Lucrezia, Mabbalena, Contessina Gemalin Piero Ridolfi's, waren viel im väterlichen Hause. Mabbalena, welche zu Anfang des J. 1490 in Rom eine Tochter, Lucrezia, gebar, wurde am 25. August folgenden Jahres zu Florenz von einem Sohn entbunden, der nach dem Papste Innocenzo getauft, von Leo X. den rothen Hut erhielt und mit seinen beiden Vettern den Cardinälen Salviati und Ridolfi nach der Ermordung des ersten Herzogs von Florenz hier eine Rolle gespielt hat. Alle drei Schwestern haben sich nachmals dem Hofe Leo's X. in einer Weise angeschlossen, die auf dessen Finanzverwaltung kein günstiges Licht geworfen hat, und der Einfluß Lucrezia Salviati's, wol der begabtesten von ihnen, hat über das Leben des Bruders hinaus während der ganzen Regierungszeit ihres Vetters Clemens' VII. gewährt, welchem ihr Gemal Jacopo, des Cardinals Vater, sehr nahe stand, bis des Papstes Vorgehen gegen seine Vaterstadt im J. 1529 die nahen Verwandten einander entfremdete. Lodovico Ariosto hat in einer seiner für die Kenntniß der sittlichen wie der allgemeinen Zustände der Anfangsjahre des 16. Jahrhunderts unschätzbaren Satiren die Nachkommen Lorenzo's de' Medici und ihre Freunde vorgeführt, im Jubel über Leo's X. Erhebung, ein Jubel der kurz zu währen bestimmt war [1]). An anderen Mitgliedern der Familie, armen wie reichen, fernen wie nahen war kein Mangel. Die von Cosimo's Bruder Lorenzo stammende Linie, damals in erster Reihe durch den oftgenannten Lorenzo Pier Francesco's Sohn vertreten, stand begreiflicherweise

---

[1]) Satire VI. „Quella famiglia d' allegrezza piena."

am nächsten. Ein entfernter Vetter, Andrea, gehörte zu den Vertrautesten. So lange die Töchter noch im elterlichen Hause waren, hielt Lorenzo auf einfache bescheidene Tracht, wie sie den Luxusgesetzen entsprach. So erlaubte er ihnen nie gewisse Tuche, weil sie dem verbotenen Carmesintuch ähnelten, obgleich viele andere Vornehme sich ohne Scheu darin zeigten. Er selbst unterschied sich in äußerer Erscheinung nicht von der Gesammtheit. Im Winter ging er im violetten Kapuzenmantel, zur Sommerzeit im Lucco, dem heute noch bei den Magistralen üblichen langen rothen Talar der vornehmen Bürger. Aelteren Leuten gab er immer die Rechte und den Ehrenplatz, und befolgte das was er seinen Söhnen vorschrieb.

Lorenzo be' Medici traf in seinen Bemerkungen stets das Richtige ohne in die Sarcasmen seines Großvaters zu verfallen. Als der Sienese Bartolommeo Sozzini, der schon genannte Rechtslehrer den alten Vorwurf gegen die florentiner Luft, daß sie dem Gesicht schädlich sei („Ein altes Wort nennt in der Welt sie Blinde") vor Lorenzo wiederholte der an Augenschwäche litt, erwiederte dieser, mit der sieneser stehe es schlimmer: sie bringe dem Gehirn Nachtheil. Als derselbe, eingegangene Verpflichtung brechend, Pisa heimlich verließ, ergriffen und verhaftet über die Strafe als seiner Stellung unwürdig klagte, gab Lorenzo zur Antwort, nicht in der Strafe liege die Unehre, sondern in der strafbaren Handlung. Von denen die in den Tag hinein bauten, sagte er sie kauften die Reue theuer, und als sein Vetter Pier Francesco zu Majano einen Bau aufführte, an dem er während der Arbeit immerfort änderte so daß er über die den Anschlag weit übersteigenden Kosten klagte, erwiederte er ihm: das darf dich nicht Wunder nehmen: Andere bauen nach einem Plan, du machst den Plan nach dem Bau. Als Carlo be' Medici, der es beim Gelderwerb nicht allzugenau genommen zu haben scheint, die Fülle Wassers auf seiner Villa rühmte, bemerkte Lorenzo, dann müsse er um so reinere Hände haben. Daß es bei ihm auch an den handgreiflichen Scherzen nicht fehlte, welche wie wir sahen zu den Ingredienten des florentiner Lebens gehörten, zeigt die Geschichte des lästigen und parasitischen Arztes Maestro Manente, den er eines Abends in trunkenem Zustande durch zwei Vermummte an einem ihm unbekannten Orte vor der Stadt einsperren und für todt ausgeben ließ, sodaß der Todtgeglaubte, als er endlich heimkehrte, von seiner Frau, die ihn für einen Geist hielt, nicht eingelassen wurde, bis der angebliche Zauber, dessen Opfer er gewesen sein sollte, durch fremde Intervention aufgeklärt ward[1]). Ein Schwank der zu offenbar an die Geschichte vom dicken Tischler erinnert.

In einem Briefe an Lodovico Odasio hat Angelo Poliziano seinen Gönner und Freund in ernsterer Unterhaltung geschildert[2]). „Wähnet nicht daß irgendeiner unserer gelehrten Genossen, selbst Solche nicht denen die Studien Lebensaufgabe sind, Lorenzo de' Medici im Scharfsinn der Disputation, im Formuliren einer Schlußfolgerung überträfe, oder daß dieser Jemandem im leichten zierlichen mannichfaltigen Ausdruck seiner Ideen nachstände. Historische Beispiele sind ihm so geläufig wie dem Gewandtesten seiner Tischgenossen, und wo der Gegenstand des Gespräches es zuläßt, ist seine Conversation reichlich mit dem Salze des Oceans gewürzt aus welchem Venus auftauchte." Polizian, der Vertraute des Hauses, der bei den literarischen Symposien wie im engsten Kreise, in Freude wie Trauer nicht fehlte, kannte Lorenzo wohl und wir dürfen sein Urtheil annehmen. Manches Wort ist uns von diesem Manne aufbewahrt, welches von seinem gesunden Urtheil zeugt oder sonst

---

1) Lasca Le Cene III. 10.
2) Epist. l. III. 6.

ihm Ehre macht. Wie ein gesunder Körper, sagte er einmal, Witterungseinflüssen widersteht, so trotzt ein Staat Gefahren wenn die Bürger einmüthig sind. Als Filippo Valori, der Bruder von Lorenzo's Biographen, den Antonio Tebalbucci, über welchen dieser sich zu beklagen hatte, mit ihm zu versöhnen wünschte und sich doch scheute, sagte Lorenzo zu ihm: Mir einen Freund empfehlen, wäre kein Verdienst, dafür aber, daß du mir den Gegner zum Freunde machst, danke ich dir und bitte dich es in gleichem Falle zu wiederholen[1]). Nur der verstehe zu gewinnen, sagte er, wer zu verzeihen wisse[2]). Ebensowie die Vereinigung von Fürst und Bürger, von Staatsmann und Literat, macht das Gemisch von Ernst und Heiterkeit, von geistiger Hoheit und freudiger Theilnahme am Alltagsleben, von Vornehmheit und Anspruchlosigkeit in Haus und Familie, von scharfsinniger Berechnung und herzlich ungeheucheltem Wohlwollen Lorenzo be' Medici zu einer so ungewöhnlichen und in ihrer Eigenthümlichkeit fesselnden Erscheinung, und rechtfertigt den Eindruck, den er auf Alle hervorbrachte, vor allem und am nachhaltigsten auf die, welche seinem Hause nahestanden und ihn in dessen Innerm zu beobachten Gelegenheit hatten.

1) N. Valori a. a. O. S. 167.
2) Fabroni a. a. O. Bd. I. S. 22.

IV.

Cardinalat Giovanni's de' Medici.

Gleichzeitige wie Spätere haben P. Innocenz VIII. ungünstig beurtheilt. „Wenn das Leben Innocenz' VIII., bemerkt Francesco Guicciardini zu Anfang seines großen Geschichtswerkes, für das allgemeine Beste unnütz war, so war es wenigstens insofern nützlich, als er, abgeschreckt durch den unglücklichen Versuch der Einmischung in den Baronenkrieg, im weitern Verlauf seines Pontificats den Sinn auf Kleinigkeiten richtete, statt für sich und die Seinigen Dinge zu planen, welche die Ruhe Italiens stören konnten." Ein negatives Lob, das nicht ohne Wahrheit ist, ohne uns eine Einsicht in Charakter und Streben dieses Papstes zu gestatten. Der Hauptfehler desselben war Schwäche und Mangel an Folgerichtigkeit. Daher die traurige Rolle die er, sonst mit richtigem Urtheil und nicht nepotistisch gesinnt, als Regent gespielt hat, das Fallenlassen der Sache der Aquilaner und Barone, das fortwährend schwankende Verhalten gegenüber dem Könige Neapels der ihn bald köderte und bald ihn verachtend trotzte, die Unsicherheit in der Behandlung seiner eigenen ruhelosen Lehnsträger und die damit zusammenhangenden Unruhen in Rom, die Beraubung des päpstlichen Schatzes durch seinen Sohn. Diesen Sohn hat er, wenn man ihn mit seinem Vorgänger und dessen Nepoten, geschweige mit seinem Nachfolger vergleicht, doch nur sehr bescheiden ausgestattet, so daß ohne den Rückhalt der Medici Franceschello Cybò bei des Papstes Tode im Verhältniß zu seiner Stellung ein armer Mann gewesen wäre. Es währte überhaupt lange bevor Innocenz sich entschloß etwas Ernstliches für ihn zu thun, und bringt man die Tradition päpstlicher Nepoten, der Colonna, Piccolomini, Della Rovere, Riari in Anschlag, so kann man sich vorstellen daß Franceschello ungedulbig war. Umsomehr als des Papstes Gesundheit elend, er schon im Januar 1485, dann wieder im Februar folgenden Jahres schlagähnliche Anfälle hatte und todt gesagt wurde. „Solche Zufälle, bemerkt sein Biograph [1]), weckten bei den Seinigen den Wunsch, ihre Stellung für die Zukunft sicher zu stellen, und sie baten den Papst dafür zu sorgen solange es noch Zeit sei".

Aber sie erreichten wenig, und erst nach Franceschello's Vermälung besserten sich dessen Umstände wesentlich. Lorenzo de' Medici ließ es an Ermunterung und Zureden nicht fehlen. „Nicht ohne Erröthen, schrieb er am 26. Februar 1488 [2]), empfehle ich Eurer Heiligkeit die Angelegenheit des Herrn Francesco, da es mir widersinnig scheint, E. H. etwas zu empfehlen, was Derselben um natürlicher Gründe willen mehr als irgendetwas anderes am Herzen liegen muß. Vernünftigerweise dürften meine Briefe und Verwendungen nicht größere Kraft haben, als das natürliche Verhältniß zwischen E. H. und dem Herrn Francesco, aber da ich seine Angelegenheit sich in die Länge ziehen sehe, glaube ich ihm diese Empfehlung und jeden andern Beistand nicht verweigern zu dürfen. Da er sich, wie er mir meldet, im Besitz der Maddalena sehr glücklich

---

1) Fr. Serdonati Vita di P. Innocenzo VIII. Mail. 1829. S. 75.
2) Moreni Lettere S. 5.

fühlt, so sollte dies für E. H. ein Anlaß sein ihn so zu behandeln, daß auch ich zufriedengestellt werde. Dies wird der Fall sein, wenn seine Stellung eine solche wird, daß sie der Würde E. H. entspricht und zu meiner Beruhigung beiträgt. Es ist mir nie in den Sinn gekommen, daß um ihn groß zu machen, E. H. Anderen etwas nehme oder ein Aergerniß gebe. Wie solches unehrenhaft und der Natur E. H. zuwider sein würde, so dünkt mich andrerseits daß es mit Deren angeborner Güte und Milde nicht in Einklang zu bringen wäre, wenn E. H. nicht für ihn sorgte, wo ohne fremde Beeinträchtigung seine standesgemäße Ausstattung leicht ist. E. H. bitte ich bemüthig sich wie mir diese Mühe abzunehmen und ihn so zu stellen, daß fernere Belästigung vermieden wird. So wird E. H. ein Ihrer Güte würdiges, nicht blos verständiges und frommes sondern nothwendiges und mir höchst erwünschtes Werk thun, zum guten Beispiel für Alle die auf Dieselben ihre Hoffnung setzen."

Der Papst war jedoch viel zu langsam für Franceschetto's Ungeduld, und scheint auf dessen Urtheil nicht viel gegeben zu haben. Die von dem Eidam an den Schwiegervater gerichteten Briefe sind mit ihrem Klagen ehrenvoller für Innocenz VIII. als für die welche ihn bestürmten. „Gleich dem Stier bedarf er des Stachels". So schreibt der Sohn vom Vater und dieser Vater war Papst! Lorenzo stand dem Schwiegersohn kaum nach. Ein von ihm an den Papst gerichtetes Schreiben[1]) ist leider zugleich Zeugniß des profanen Tons welchen ein Mann, der sonst für das Decorum so feinen Sinn an den Tag legte, selbst dem Oberhaupt der Kirche gegenüber mit größter Unbefangenheit anschlug. Innocenz VIII. hatte wieder einen seiner gewohnten Krankheitsanfälle

---

1) Fabroni a. a. O. Bd. II. S. 389—391.

gehabt, und Lorenzo wurde ängstlich. „Wie Sanct Franciscus mittelst der Wundmale Christi Passion in sich empfand, so fühle ich in und an mir selber alles Leiden Eurer Heiligkeit. Denn abgesehn von anderen Anlässen geht die Lage unseres Herrn Francesco und vieler anderen Diener E. H. mir sehr zu Herzen. Die gewissenhafte Zurückhaltung E. H. ist Ursache, daß diese gleichsam noch mit leeren Händen und mit geringfügigster Betheiligung an dem von Gott E. H. nach Verdienst verliehenem Glück und Gnade bastehn, sodaß sie in dem Moment, wo, was Gott verhüte, E. H. abberufen würde, gleichfalls ins Grab hinabsteigen müßten. Am meisten aber bewegt mich, wie es auch bei E. H. der Fall sein sollte, die Lage des armen Herrn Francesco, der nach fünf Jahren Pontificats erst zu beginnen hat, in Wahrheit irgendetwas sein zu nennen. Besser als mir, ist E. H. bekannt, welche Stützen er im heil. Collegium hat. Die Papstgeschichte zeigt, wie Wenige zu fünf Regierungsjahren noch viel hinzuzusetzen gehabt, wie Manche aber nicht so lange gewartet haben, sich als Päpste zu zeigen, ohne solcher Rücksicht und Enthaltsamkeit Raum zu geben, die bei Gott und den Menschen wohl gerechtfertigt ist, aber bei zu langer Dauer verkehrt gedeutet werden könnte. Vielleicht erscheine ich zu dreist, aber Eifer und Gewissen legen mir die Pflicht auf, frei zu reden und zu mahnen, daß die Menschen nicht unsterblich sind, daß ein Papst ist was er sein will, daß er den Pontifical nicht vererben, daß er nichts sein nennen kann als Ehre und Glorie und was er für die Seinen thut. Statt auf Glück und Gesundheit zu bauen, solle E. H. das nicht verschieben was Dieselbe beabsichtigt und wozu später vielleicht Gelegenheit mangelt. Vor allem empfehle ich ihnen wie meinem Herrn Francesco und die Maddalena, welche zu Gott beten, er wolle E. H. langes Leben schenken, auf daß Dieselbe ihre Angelegenheiten ordne. Jetzt ist's an der Zeit, diese heiligen Väter aus der Vorhölle zu befreien, damit es ihnen nicht ergehe wie den Juden die auf den Messias warten."

Während man dem Papste so in weltlichen Angelegenheiten zusetzte, ging es in Bezug auf die geistlichen nicht anders: Geistliches wie Weltliches hatte im Grunde nur Einen Zweck, Bereicherung und Machtvergrößerung. Von diesem Gesichtspunkt aus wurde Alles betrachtet und behandelt; für das, was darüber hinauslag, hatten Politiker, selbst so begabte Naturen wie Lorenzo de' Medici, kein Verständniß. Wie dieser ungeduldig ein Besitzthum für Franceschetto Cybò erwartete, so erwartete er noch ungeduldiger den rothen Hut für seinen Sohn. Giovanni war am 11. December 1475 geboren und stand somit im neunten Jahre als Innocenz VIII. zur Regierung gelangte. Schon war vorgearbeitet worden. „Mein Vetter, erwiederte König Ludwig XI. am 3. Februar 1483 von Schloß Plessis aus an Lorenzo der sich beim Tode Cardinal d'Estouteville's an ihn gewandt hatte¹), ich habe gesehn was ihr mir inbetreff der Beneficien des Cardinals von Rouen schreibt, und bedaure sehr nicht früher darum gewußt zu haben. Denn es würde mir sehr lieb sein, wenn euer Sohn irgendeine gute Provision und Pfründe in meinem Reiche erhielte."

Der König hielt Wort. In demselben Frühling verlieh er dem Kinde nicht blos die Abtei von Font Douce im Sprengel von Saintes sondern auch das für vacant erachtete Erzbisthum von Aix-en-Provence. „Am 19. Mai 1483, schreibt Lorenzo in seinen Aufzeichnungen²), kam die Nachricht,

---

1) Trésjardins a. a. O. S. 189. Ebendaselbst und bei Fabroni a. a. O. Bd. II. S. 295 zweites Schreiben Ludwigs vom 17. Februar.
2) Fabroni a. a. O. Bd. II S. 299.

daß der König von Frankreich unserm Giovanni aus freien Stücken die Abtei von Font Douce verliehen, und am 31. von Rom die Kunde, daß der Papst (Sixtus IV.) die Verleihung bestätigt, ihn mit sieben Jahren zur Erlangung von Beneficien fähig erklärt und zum Protonotar ernannt hat[1]). Am 1. Juni traf Giovanni in meiner Begleitung vom Poggio (a Cajano) in Florenz ein, worauf er vom Herrn Bischof von Arezzo gefirmt und tonsurirt wurde und fortan Messer Giovanni hieß. Die gedachten Ceremonien fanden in unserer Hauskapelle statt und Abends kehrten wir nach dem Poggio zurück. Am 8. Juni Morgens kam Jacopino der Courier mit einem Schreiben des französischen Königs an, des Inhalts, daß er unserm Messer Giovanni das Erzbisthum Air in der Provence verliehen habe. Abends ging er weiter nach Rom mit Schreiben des Königs an den Papst und den Cardinal von Macon [Philibert Hugonet], während ein Schreiben an den Grafen Girolamo um dieselbe Stunde durch einen Courier nach Forli gesandt ward. Am 11. kam der Courier von Forli zurück mit Briefen des Grafen an den Papst und San Giorgio (Card. Riario), die mit der mailändischen Post nach Rom befördert wurden. Gott wende Alles zum Guten. An demselben Tage nach der Messe empfingen sämmtliche Kinder, Messer Giovanni ausgenommen, in der Hauskapelle die Firmung. Am 15. um die sechste Abendstunde traf von Rom die Nachricht ein, der Papst mache Schwierigkeiten inbetreff der Verleihung des Erzbisthums, der Jugend Messer Giovanni's wegen, was sogleich dem Könige durch denselben Boten gemeldet wurde. Am 20. kam von Lionetto (be' Rossi)

---

[1] In einem an Gio. Lanfredini gerichteten Schreiben vom 16. Februar 1489 zur Empfehlung eines Erzdiacons Mario von Osimo (Med. Arch. F. 57) lautet die Unterschrift: Johannes Laurentii de Medicis prothonotarius apostolicus.

die Anzeige, der Erzbischof sei noch am Leben! Am 1. März 1484 (1485) starb der Abt von Passignano, und es ward eine Staffette an Messer Giovan Antonio Vespucci Botschafter in Rom gesandt, die Abtei für unsern Messer Giovanni vom Papste (Innocenz VIII.) zu erbitten. Am 2. wurde gemäß Erlaß der Signorie Besitz davon genommen, kraft der von P. Sixtus ertheilten Reservation zu Gunsten Messer Giovanni's, welche P. Innocenz bei unseres Piero Anwesenheit in Rom zum Behuf der Obedienzleistung bestätigt hatte." Aufzeichnungen welche nur zu sehr an den Tag legen, wie man mit den Pfründen verfuhr, und wie weltliche Herrscher, auf das bloße Gerücht des Todes eines Prälaten hin, über ein hohes Kirchenamt zu Gunsten eines Kindes verfügten. Wenige Jahre später verlieh König Mathias Corvinus einem siebenjährigen Knaben, Ippolito von Este seinem Neffen, die Primatialwürde Ungarns, das Erzbisthum Gran. P. Innocenz VIII. verweigerte gleich Sixtus IV. die Bestätigung, die er endlich doch ertheilte.

Die schon erwähnte Vallombrosanerabtei von Passignano war eine der reichsten Toscana's, und der junge Abt blieb in deren Genuß bis zum J. 1499, wo er sie dem General des Ordens gegen eine Pension von zweitausend Scudi abtrat. Im Pesathale, sechzehn Miglien südlich von Florenz, zur Linken der römischen Heerstraße, sieht man das großartige festungsähnliche Gebäude, das bis auf unsere Tage im Besitz des Ordens blieb, und dessen Kirche mit Gemälden Domenico Cresti's geschmückt ist, der mit der Carraccischen Schule verwandt nach seinem Geburtsorte den Namen Passignano erhielt. Was nur immer von Beneficien jeder Art, Commenden, Rectoraten und wie sie heißen mochten, in den Bereich der Medici kam, fiel dem Sohne Lorenzo's zu, der im J. 1486 selbst die Abtei Monte Cassino als Commende erhielt, als

König Ferrante, um sich mit P. Innocenz zu versöhnen, diesem über Sanct Benedict's berühmtes Kloster freie Verfügung gelassen hatte¹). Wie sehr auch dieser König darauf bedacht war, den mediceischen Heißhunger nach Pfründen zu stillen, zeigt eine am 23. August 1486 von ihm an Lorenzo gerichtete Antwort auf dessen Dank²). „Ein Dank eurerseits war nicht nöthig, denn Gott weiß wie wir bereit und Willens sind, Alles auf der Welt zu thun, euch unsere Erkenntlichkeit für das zu bezeugen, was ihr fortwährend für unser Bestes und das unseres Staates gethan habet, auf den ihr wie auf euer Eigenthum rechnen könnt. Unsere Verpflichtung gegen euch erfordert dies, und nie können wir zu euren und eures Hauses Gunsten genug anbieten, um nur dem tausendsten Theil unseres Verlangens zu genügen, wie ihr hoffentlich täglich mehr und mehr erkennen werdet." In ähnlicher Weise antwortete Lodovico il Moro auf Lorenzo's Dank für die seinem Sohne verliehene Abtei Miramondo³).

Alles dies war aber nur ein Vorspiel. Die Ungeduld, mit welcher Lorenzo der Cardinalswürde entgegensah und den Papst drängte, hat etwas tief Verletzendes. Für die Gesandten der Republik schien es nichts Wichtigeres zu geben. Lorenzo sorgte immer dafür, bei den Päpsten vor allem Männer seines engsten Vertrauens zu haben. Als im Frühling 1487 Innocenz VIII. die Ernennung Pier Filippo Pandolfini's, der schon in Rom gewesen war, zu dem erledigten Gesandtschaftsposten wünschte, dieser jedoch Florenz nicht verlassen konnte, ging statt seiner Giovanni Lanfredini, dessen Tüchtigkeit neuerdings

---

1) Fabroni a. a. O. Bd. II. S. 374; Vita Leonis X. P. M. S. 245. Tosti Storia della Badia di Monte Cassino Bd. III. S. 199. Wie sehr das Kloster infolge des Commenden-Unwesens verkam, ist nur zu sehr bekannt.
2) Desjardins a. a. O. S. 214.
3) Fabroni a. a. O. Bd. II. S. 374.

wieder im J. 1485 in Neapel erprobt worden war. „Ich habe mich, schrieb Lorenzo am 6. Mai dem Papste¹), bei der Signorie für die Ernennung eines Mannes verwandt, mit welchem Eure Heiligkeit völlig zufrieden sein wird. Denn abgesehn davon, daß Giovanni Lanfredini, der für Rom bestimmt worden, ein trefflicher, braver, geschäftskundiger Mann ist, besitzt er auch mein Herz (el core mio), da ich seiner Verdienste wegen große Zuneigung zu ihm hege". An diesen schrieb Lorenzo am 16. Juni des folgenden Jahres²): „Ich habe vernommen, was S. H. euch inbetreff der Cardinalscreirungen gesagt hat. Mich dünkt, der Papst darf die Ernennungen nicht länger als durchaus nothwendig aufschieben. Meiner Ansicht zufolge, wird S. H. nach denselben ein anderer Papst sein. Denn während er bis jetzt Haupt ohne Glieder war, muß er sich diese schaffen; während er Anderer Geschöpf war, müssen Andere seine Geschöpfe sein. Deßhalb ermuntert ihn, ja drängt ihn, den nöthigen Entschluß zu fassen, je eher je lieber. Periculum est in mora: wie er durch Handeln gewinnt, verliert er durch Zaudern. Setzet all euren Einfluß ein, damit diese gebenedeite Promotion sobald als möglich erfolge. Da diese Sache dem h. Collegium vorliegt, läßt sie sich ohne schwere Einbuße an Würde und Macht des h. Vaters nicht aufschieben. Inbetreff der zu ernennenden Personen stimme ich allen mit einem Zeichen begleiteten Namen bei. Es sind die, über welche ihr mit mir gesprochen habt. Kann er uns die Freude machen, so möge er's thun. Würde um unser willen die Promotion aufgeschoben, so sagt ihm, er möge nach seinem Ermessen verfahren. Scheint es ihm passend, mit einem Einzigen zu beginnen, um zu zeigen, daß

---

1) Moreni Lettere ꝛc. S. 8. Vgl. oben S. 401.
2) Roscoe Life and Pontificate of Leo X. Append. Nr. 2. [Bd. III. S. 395.]

es in feiner Macht steht, so kann er allmälig mehre ernennen und Jeden befriedigen."

Monate verstrichen. Des Papstes Unentschlossenheit war unüberwindlich, Lorenzo's Ungeduld stieg immer höher. "Da ich, schrieb er am 1. October desselben Jahres 1488 an Innocenz VIII.[1]), durch unsern Gesandten vernehme daß Eure Heiligkeit binnen kurzem eine Cardinalscreation beabsichtigt, würde ich ernsten Tadel zu verdienen glauben, brächte ich derselben nicht die Ehre dieser Stadt wie meine eigne in Erinnerung obschon ich gewiß bin, daß E. H. in ihrer Milde deren gedenkt. Ich glaube nicht daß Dieselbe in der ganzen Zeit ihres Pontificats irgendetwas thun könnte, was die Stadt mehr zu Dank verpflichtete. Und wie die Cardinalswürde eine hohe und eine viel umworbene ist, so würde diese Stadt es schwer empfinden, wenn ihre Hoffnung nicht in Erfüllung ginge." Die Ehre von Florenz war dabei betheiligt, daß ein Sohn Lorenzo's, ein Knabe, in den Senat der Kirche aufgenommen wurde! Während er aber so unablässig drängte, bemühte er sich die Verleihung derselben Würde an irgendeinen ihm nicht bequemen Landsmann zu verhindern. "Der Papst, schrieb er dem Gesandten[2]), kennt unsere Leutchen (e polli nostri) nicht wie wir, und nicht nur der Cardinalat, sondern jeder Zuwachs an Stellung und Ansehn wäre gefährlich, käme er auf anderm als dem richtigen Wege." Wer weiß, ob der Strupel Innocenz' VIII., ein Strupel der mit politischen Rücksichten kämpfte, nicht Hauptgrund der langen Verzögerung der einzigen von diesem Papste vorgenommenen Promotion gewesen ist. Er hatte selber bestimmt daß ein Alter von wenigstens dreißig Jahren zum Cardinalat erforderlich sein sollte, und Giovanni be' Medici zählte keine

---

1) Ebendaselbst App. Nr. III. S. 397.
2) Fabroni a. a. O. Bd. II. S. 374.

vierzehn. Lorenzo ließ nicht ab zu schreiben¹), Lanfredini zu reden. Die Cardinäle Sforza, Borgia, La Balue, Zeno wurden ins Interesse gezogen. „Die von Monsignor Ascanio täglich uns geleisteten Dienste, so heißt es in einem Briefe vom 21. Februar 1489 an den Gesandten, verdienen andern Dank als Worte. Meine Verpflichtung gegen ihn könnte nicht größer sein, wenn ich vom Tode zum Leben wiedererweckt würde." Was man in Florenz, vielleicht übertrieben, von den bei dieser Gelegenheit verausgabten Summen gesagt hat, liefert den Commentar.

Endlich fand am 9. März gedachten Jahres die Promotion statt²). Es waren fünf Cardinäle die aus derselben hervorgingen, unter ihnen des Papstes Verwandter Lorenzo de' Mari der den Namen Cybò annahm, und der Johanniter-Großmeister Pierre d'Aubusson, der heldenmüthige Vertheidiger von Rhodos. Neben diesen fünf aber verlieh Innocenz VIII. in demselben Consistorium drei anderen dieselbe Würde ohne sie zu publiciren, was man heute in petto reserviren nennt. Der Eine war Maffeo Gherardi Camaldulenser und Patriarch von Venedig, der zweite Federigo Sanseverino, Roberto's Sohn. Der dritte Giovanni de' Medici.

Es liegt auf der Hand, der Papst schämte sich. In den schlimmsten Zeiten der Kirche war kein Kind Cardinal geworden. Drei Jahre lang sollte die Ernennung geheim bleiben, Excommunication den treffen, der sie veröffentlichte. Wie es

---

1) Verschiedene Schreiben aus dem Med. Archiv bei Fabroni Vita Leonis X. und Roscoe a. a. O. App. Nr. IV. V. VI. VII.
2) Burcard a. a. O. 110—112. Er nennt die fünf publicirten Cardinäle. Ciacconio Vitae Pontif. Bd. III. Col. 124—144, wo alle acht aufgeführt sind. Der ferraresische Gesandte in Florenz meldete am 9. März die Unterzeichnung der Bulle für Giovanni durch die Cardinäle, und meinte die Publication werde mit jener der Uebrigen erfolgen. — Vgl. oben S. 408.

damit gehalten ward, wurde allsogleich klar. Am Tage der Promotion zeigten die Cardinäle Sforza und La Balue, der Bischof von Cortona Präfect der apostolischen Kammer und der Gesandte, Lorenzo an, daß sein Sohn Cardinaldiacon von St. Maria in Domnica geworden sei [1]). „Gott sei gedankt, antwortete Lorenzo Letzterem [2]) für die gestern erhaltene gute Nachricht inbetreff Messer Giovanni's, eine Nachricht die mir um so größere Freude bereitete, je weniger ich sie wegen der Bedeutung der Sache und die ans Unmögliche grenzende Schwierigkeit erwartete, da dieselbe meine Verdienste weit übersteigt... Ich weiß nicht, ob dem Papste die Freudenbezeugungen mißfallen haben, welche hier allerwärts, in einem Maße wie ich nie ähnliches gesehn, stattfanden und noch weit glänzender geworden wären im Ausdruck allgemeiner Freude, wäre ich nicht eingeschritten. Es zu hindern stand nicht in meiner Macht. Da Messer Giovanni's Promotion eine geheime ist, so scheinen diese Festlichkeiten allerdings unstatthaft. Aber ihr habt das Ereigniß in Rom so bekannt werden lassen, daß es hier nicht anders ging, und es wäre mir nicht möglich gewesen, den Glückwünschen der ganzen Stadt, von Groß und Klein, aus dem Wege zu gehn. Ist's ein Uebelstand, so ist er unvermeidlich. Für jetzt wünsche ich zu erfahren, wie wir uns künftig zu verhalten haben, und wie Messer Giovanni's Lebensweise, Anzug, Dienerschaft einzurichten ist, denn ich möchte nicht eine so große Wohlthat mit einer den päpstlichen Absichten widersprechenden Anwendung derselben erwiedern. Messer Giovanni bleibt zu Hause, wo Alles voll Menschen ist. (Die fremden Gesandten waren sogleich zur Gratulation

---

[1] Schreiben im Med. Archiv, das von La Balue (Andegavensis -- Bischof von Angers) bei Roscoe a. a. O. App. Nr. VIII.
[2] Bei Fabroni Laur. Med. vita Bd. II. S. 300.

erschienen.) Ich warte auf Nachricht von euch, ob ich, wie euch gemeldet, Piero nach Rom senden soll. Die Bedeutung der Gnadenbezeugung läßt vielleicht meine eigene Reise dahin passender erscheinen". Poliziano hatte ein Schreiben an den Papst gerichtet, diesen aus Anlaß der Ernennung zu preisen und den Jüngling als der Auszeichnung würdig zu schildern, und wünschte es im Consistorium vorlesen zu lassen. Lorenzo hatte zu viel Tact, sich an einer solchen Lächerlichkeit zu betheiligen, und indem er dem Gesandten den Brief zustellte und seine ablehnende Meinung nicht verhehlte, überließ er diesem zu thun was er passend erachtete¹).

An demselben Tage, dem 14. März, richtete Lorenzo an den Papst nachstehendes Dankschreiben²). „Mit größter Ehrfurcht habe ich Eurer Heiligkeit Breve vom 9. d. M. inbetreff der Promotion Messer Giovanni's empfangen. Da diese Nachricht mir vorher durch unsern Gesandten zuging, schrieb ich sogleich an E. H., vielmehr um dem Unvermögen gebührenden Dankes Worte zu leihen, als um meiner Erkenntlichkeit Ausdruck zu geben. Dies vermag Gott besser als ich. Nur das bleibt mir inbetreff dieser unsterblichen Wohlthat zu sagen, daß E. H. durch das was Dieselbe an meinem Sohne gethan, zugleich mich erhöht hat, und daß ich diesen Zuwachs an Autorität wie Alles was mir sonst zufließen mag, E. H. zur Verfügung stelle, der es mehr als mir selber gehört." Nun folgt die Entschuldigung wegen der Veröffentlichung der Nachricht, die nicht von Lorenzo sondern von Rom ausgegangen sei. Die italienischen Fürsten unterschätzten keineswegs den neuen Beweis des von Lorenzo auf den Papst ausgeübten

---

1) Ang. Politiani Epist. L. VIII. ep. 5. Cor. de' Med. an Lanfredini 14. März 1489 bei Roscoe a. a. C. App. Nr. XI.
2) Moreni Lettere etc. S. 14. [Mit unrichtigem Datum und Reihenfolge.]

Einflusses. Der Herzog von Calabrien sagte zu dem Gesandten Pier Vettori¹), man erkenne wie viel jener vermöge, und daß der florentinische Gesandte Innocenz lenke. Er wünsche sich mit ihm und dem Sforza in einem Zimmer zusammenzufinden, um sich über den Streit mit Rom zu besprechen. Er glaube es würde ihm nicht schwer fallen darzuthun, daß das Bündniß der drei Staaten sich in der ganzen Haltung derselben kundgeben müsse. Man sehe wie viel der Papst für Lorenzo thue und wie er seinen Sohn in wol nie erhörtem Alter zum Cardinal gemacht habe, sodaß man schließen dürfe, Alles würde sich beilegen lassen, wenn er unternehme was er vermöge.

Der Mann der das Meiste beigetragen hatte, des Papstes Bedenken zu überwinden, Giovanni Lanfredini, überlebte seinen Erfolg nur um einige Monate. Im November 1488 hatte er seinen ältesten Sohn Orsino, einen sechzehnjährigen Jüngling in Rom verloren²). „Mit großem Leidwesen, schrieb ihm Lorenzo³), habe ich den Tod eures Sohnes vernommen, eine mir um so peinlichere Nachricht, da ich nichts von seiner Krankheit wußte. Kennte ich nicht eure Charakterstärke, und wie ihr gewohnt seid an Gutes wie Schlimmes, so würde ich mehr Trostworte brauchen als ich heute thue, und euch meine eigenen schweren Verluste vorhalten, die euch nur zu bekannt sind. Ergebet euch in Gottes Rathschluß, umsomehr als euer Sohn vielmehr zu beneiden als zu beklagen ist. Euch wie den Eurigen wird es nie an Solchen fehlen, die eure Angelegenheiten wie die eigenen betrachten werden. Was mich

---

1) Desjardins a. a. O. S. 215.
2) Burcard a. a. O. S. 110. Die Andeutungen über die Ursache des Todes sind ein sauberes Pröbchen des von einem päpstlichen Ceremonienmeister registrirten Stadtklatsches.
3) Roscoe Bd. IV, S. 318. (Mit unrichtigem Datum.)

betrifft, so werde ich infolge des euch gewidmeten Antheils wie wegen eurer alten erprobten Anhänglichkeit mich stets so gegen euch benehmen, wie eure Gesinnung und Handlungen, meine Pflicht und Dankbarkeit mir vorschreiben. Tröstet euch, Giovanni, fasset Muth, hoffet auf Gott und zählet auf eure Freunde." Ein späteres Schreiben[1]) drückt sich nicht weniger herzlich aus. Aber der Verlust des Sohnes brach des Vaters Herz. „Giovanni Lanfredini, meldete der ferraresische Gesandte am 16. März 1489[2]), ist in Rom bettlägerig, und da die Geschäfte drängen, hat die Signorie Pier Filippo Pandolfini, der sich in Pitigliano befindet, den Befehl ertheilt sich sogleich dahin zu begeben. Lanfredini hatte für alle Fälle um Urlaub gebeten. Er scheint seine Stellung satt zu haben, und ich glaube er ist der Meinung, daß er dieselbe jetzt mit allen Ehren aufgeben kann, nachdem er dem Sohne des erlauchten Lorenzo zur Cardinalswürde verholfen hat." Wie sehr Lorenzo anerkannte was er ihm schuldete, hatte er schon ausgesprochen, als die Cardinal-Promotion erfolgte[3]). „Ich erkenne meine Pflicht, mich stets dessen zu erinnern, der die Sache geleitet hat, und die, welche nach mir kommen werden, daran zu mahnen. Denn unserm Hause ist nie Größeres geschehen, und eurem Eifer wie eurer Zuneigung habe ich es mehr als zu drei Vierteln zu danken." Sein Zustand besserte sich, sodaß er die Geschäfte wieder übernehmen konnte, aber es war nicht von Dauer. Am 5. Januar 1490 starb er im Hause der Acciaiuoli in der Leostadt[4]). „Nun ist Derjenige todt, schrieb der Bischof von Rimini an

---

1) 21. Jan. 1489. Ueb. Arch.
2) Bei Cappelli a. a. O. S. 307.
3) Roscoe a. a. O., App. Nr. X.
4) Burcard a. a. C. S. 133. Adinolfi, Portica di S. Pietro, nennt das Acciaiuolische Haus nicht.

Lorenzo¹), der diesen Hof euch zu Dienste hielt. Fürder mögen die Dinge eine andere Wendung nehmen, und sie versteigen sich schon zu der Aeußerung, daß ihr nicht mehr Alles nach eurem Willen haben werdet." Inderthat scheint der Papst in seiner Charakterschwäche sich zu verfänglichen Aeußerungen gehn gelassen zu haben, als könne er nicht fest auf Florenz bauen, wo Sonderinteressen überwogen. Aeußerungen welche Lorenzo bewogen, Bernardo Dovizi nach Rom zu senden, um sich mit Pandolfini zu besprechen. Die von Lorenzo aufgesetzte Instruction²) zeigt wie empfindlich er über des Papstes Wankelmuth war. „Solche die mich nie persönlich gekannt noch gesehn, haben einem Worte von mir Glauben geschenkt, und nun kommt mir Mangel an Vertrauen entgegen nach so vielen Mühen und Anstrengungen und nach der Erfahrung die man inbetreff meiner Gesinnung gewonnen haben kann." Die Verstimmung ist aber wol nur eine vorübergehende gewesen.

Eine der letzten Angelegenheiten, welche Lanfredini zu verhandeln hatte, war die Canonisation des Erzbischofs Antoninus, für welche sich auch Kaiser Friedrich III. interessirte. Die Bischöfe von Arezzo und Volterra sollten, so schlug Lorenzo vor, mit dem Proceß beauftragt werden. Lanfredini's Nachfolger Pandolfini setzte die Verhandlung fort, aber erst P. Hadrian VI. hat im J. 1523 der Verehrung des florentinischen Volkes für diesen frommen und verdienten Mann die kirchliche Weihe ertheilt.

---

1) Bei Fabroni a. a. O. S. 375.
2) Med. Arch. F. 72 bei Fabroni a. a. O.

V.

Austrag des Streites zwischen Innocenz VIII. und Ferrante von Aragon.

Der Conflict zwischen Papst und König hatte währenddessen immer bedenklichere Dimensionen angenommen. Kaum konnte es anders sein, wo zwei Charactere zusammentrafen, deren einer mit dem vollen Begriff hoher Würde das Bewußtsein geringer factischer Macht, mit leichter Erregbarkeit Mangel an Ausdauer sowie rasche Uebergänge von einem zum andern Extrem verband, während der andere bei schlauer Berechnung und zunehmender Angewöhnung gewissenloser Ueberlistung Neigung zur Unterschätzung des Gegners empfand, wenn günstiger Wind blies. Als der König sich der Gegner und Verdächtigen im eigenen Lande entledigt zu haben glaubte, hatte er sich ohne Scheu über die im August 1486 verabredeten Stipulationen hinweggesetzt und der päpstlichen Autorität Hohn gesprochen. Im J. 1488 hatte der Hader fortgewährt und es war zur Verhängung der geistlichen Censuren gekommen. Aus mehren Gründen war es Lorenzo unlieb. „Ich fürchte, hatte er am 3. September an Lanfredini geschrieben[1], man wird glauben, es sei Mehl aus meinem Fasse, und ihr wißt doch daß der Papst nicht blos ohne mich

[1] Med. Arch. F. 59.

sondern gegen meinen Rath gehandelt hat. Nicht nur ist der
König zu einem Angriffsversuch bereit und geneigt, sondern
der Papst ist ohne irgendwelche Vorkehrung, ja bei ihm
herrscht solche Unordnung daß der schlimmste Krieg daraus
entstehen kann." Sein Schwiegersohn hatte ihm angelegen
im Herbste nach Rom zu kommen, aber er hatte es abgelehnt,
falls nicht eine Verständigung zwischen Papst und König
erfolgte. Als im Frühling 1489 der spanische Hof durch
Gesandte in Rom eine Vermittlung versuchte, schien Ferrante
darauf auszugehen, durch persönliche Angriffe auf den Papst
und die Seinigen dessen Groll zu steigern, ja augenblicklichen
Bruch herbeizuführen. Ein Verfahren, das man nur durch
die Annahme erklären kann, daß er dem Gegner Alles, auch
das Unwürdigste, ohne Gefahr bieten zu können glaubte,
oder daß er entschlossen war es auf einen Kampf ankommen
zu lassen, der ihn leicht bis vor Roms Thore führen aber ebenso
leicht das Ausland herbeirufen konnte. Was im J. 1495
zum Schaden von Ferrante's Dynastie und Reich geschah,
hat dieser sechs Jahre vorher eigenwillig provocirt. Nicht
an ihm noch an dem schlimmern Sohne, auch nicht am Papste
hat es gelegen, daß nicht damals schon das Unglück herein-
brach, von welchem Beide, der eine in seinem habsüchtig
tyrannischen Trotz, der andere in seiner berechnungslosen
Schwäche, keine rechte Ahnung zu haben schienen. Daß es
einstweilen noch vermieden ward, ist vor allem das Verdienst
Lorenzo's de' Medici, ein Verdienst welches Manches auf-
wiegt was er gesündigt hat.

Nach dem fruchtlosen spanischen Vermittlungsversuche,
und während Ferrante sich nicht scheute selbst den römischen
König Maximilian wider den Papst aufzuhetzen, beschloß
dieser zu handeln. Am 27. Juni 1489 traf Niccolò Orsini
Graf von Pitigliano in Rom ein. Ein Zerwürfniß dieses

tüchtigen Kriegsmanns mit der Republik Siena hatte im vorhergehenden April dessen Entlassung aus dem florentinischen Dienst zur Folge gehabt, worauf der Papst ihm die Charge des Generalcapitäns der Kirche anbieten ließ. Da die Astronomen die Constellation für günstig erklärten, verlieh der Papst dem Grafen noch am Tage der Ankunft die Insignien, Tunica, Hut, Degen, Commandostab, indem er, während der Orsini vor ihm kniete, die beiden Banner segnete. Am folgenden Sonntag hielt der neue Generalcapitän vom Monte Mario her seinen feierlichen Einzug in Rom. Er war damals achtundvierzigjährig, aber man mag ihn sich vorstellen wie ihn sein Denkmal in SS. Giovanni e Paolo zu Venedig zeigt, das ihm errichtet ward, nachdem er zwanzig Jahre später den Anstrengungen des Krieges der Ligue von Cambrai erlegen war; ein wohlgebildeter sicherer Reitersmann, mit wallendem Helmbusch und reicher Schärpe, gleichsam im Sinnen und halbgeneigten Hauptes nach rechts blickend, in der Hand den Commandostab, zwischen den allegorischen Statuen der Prudentia und Fides. Am 30., nach dem Hochamte, erfolgte die Vorladung des neapolitanischen Königs. Eine Frist von drei Monaten wurde ihm gestellt, seiner Lehnspflicht zu genügen. Daß er sich fügen würde, stand nicht zu erwarten. Mit großem Eifer wurden die Rüstungen betrieben; ein Zusammenstoß schien unvermeidlich. So Cardinal Ascanio Sforza im Auftrage Lodovico's il Moro, wie Lanfredini, damals schon leidend, suchten den Papst von den äußersten Schritten zurückzuhalten. Auf florentinischer Seite war die Vermittlung gewiß ehrlich gemeint.

Lorenzo war im Juli ins Bad gegangen, von wo er, wie der neue ferraresische Gesandte Manfredo Manfredi meldete [1]),

---

[1] 11. Aug. 1489, bei Cappelli a. a. O. S. 307.

am 6. August frisch und gesund zurückkehrte. Kaum war er zu Hause, so ging er an die römische Angelegenheit. „Was die dortigen Besprechungen betrifft, schrieb er am 8. desselben Monats an Lanfredini¹), so bin ich der Meinung, daß man bei den Vorschlägen des Herrn Lodovico immer im Auge zu behalten hat, daß er nach Umständen umfallen kann und möglicherweise Nebenabsichten nährt, indem der Streit zwischen Papst und König ihm in Vielem sehr zu paß kommen mag. In Betracht seiner Natur dürfen wir uns somit nicht auf ihn verlassen sondern müssen seinem Beispiel folgen, indem wir von seinem Vorgehn Nutzen ziehen wo es unsern Zwecken entspricht, aber im Sattel sind, wenn es ihm zu ändern einfällt. Vorerst wünsche ich daß der h. Vater die Venetianer wissen lasse, daß so der Herr Lodovico wie wir ihn veranlaßt haben, der Republik inbetreff seiner Stellung zum Könige nichts zu verhehlen. Dies sage ich, weil es mir für alle Fälle wichtig scheint, daß der Papst die Venetianer mindestens bei ihrer gegenwärtigen Gesinnung erhalte, bis man klarer sieht. Es ist kein rechtes Verlaß auf diese Leute, aber ihre Autorität nutzt, und ein auskömmliches Verhältniß zu ihnen läßt sich ganz gut bewahren, ohne den Herrn Lodovico scheu zu machen. Vor allem wünsche ich jedoch vergewissert zu werden, ob der Papst bei den gestellten Bedingungen zu verharren entschlossen ist, oder aber ob er in Modificationen zu willigen denkt. Was den Lehnzins betrifft, so halte ich einen Ausgleich für möglich; was die Barone angeht, sehe ich kein Mittel, da der König zu weit gegangen ist um zurück zu können. In Bezug auf geistliche Dinge wird der Austrag leicht sein, denn der König wird wol kaum Schwierigkeiten erheben, wo es sich darum handelt

---

1) Fabroni a. a. C. Bd. II. S. 361. Das Schreiben verbreitet sich über manches Andere.

Zusagen zu geben. Kommt es dann aufs Halten an, muß Einer dem Andern nachsehn, wie alle Päpste es mit allen Königen thun. Es handelt sich somit darum, genau zu wissen, woran man sich zu halten hat ehe man einen Entschluß faßt, der nach meiner Ansicht von dem abhangen muß was der Papst wirklich beabsichtigt, dessen Willen man keinen Zwang anthun kann, namentlich wenn der Friede in Frankreich sich befestigt. Darum tragt Sorge, mir möglichst sichere Auskunft zu ertheilen. In jedem Falle steht meine Ansicht fest, daß des Papstes Ehre unverletzt bleiben muß. Hierin stimmt der Herr Lodovico mit mir überein, welchem freilich, wie gesagt, nicht recht zu trauen ist. Mit den Venetianern muß man in gutem Einvernehmen bleiben, um einen Rückhalt zu haben. Mir scheint daß ihr Sr. H. für den Vorschlag, mir die betreffende Verhandlung anzuvertrauen, ablehnend danken müsset. Für mich wäre es eine Auszeichnung, für Se. H. jedoch schwerlich zweckdienlich. Ich aber setze gerne das was mir persönlich zur Ehre gereichen würde, dem Vortheil Sr. H. hintan. Bei jedem künftigen Abkommen mit dem Könige werden die Bedingungen des letzten Friedens in Einzelnem zu modificiren sein, und da bedarf es stärkerer Schultern als der meinigen die Last zu tragen. Ich werde mich hinlänglich geehrt erachten, wenn die Interessen Sr. H. mit Ehren gesichert sein werden." Lorenzo's Abneigung gegen Betheiligung an Verhandlungen zwischen dem Papste und Venedig beruhte auch darauf, daß er sehr gut wußte, wie wenig man ihm an beiden Orten wohlwollte. „Die Venetianer, schrieb ihm zwei Jahre später der befreundete ferraresische Gesandte Guidoni, der seinen Posten in Florenz mit dem schwierigeren in der Lagunenstadt vertauscht hatte, verabscheuen euren Namen mehr als Satan das Kreuz."

Da Ferrante keine Miene machte einzulenken, so ging Innocenz VIII. gegen ihn vor. Am 11. September 1489 wurde in Gegenwart des neapolitanischen Gesandten Antonio d'Alessandro der Rückfall des Königreichs an den h. Stuhl wegen nichterfüllter Lehnspflicht feierlich erklärt¹), wogegen der Gesandte protestirte und Berufung an das Concil einlegte. Am folgenden Tage erschien er, gleichsam als wäre gar nichts vorgefallen, mit den übrigen Gesandten in der Sixtinischen Kapelle zur Feier des Jahresgedächtnisses der päpstlichen Krönung. Aber er war doch betreten, als am 13. ein französischer Botschafter mit großem Pomp im Vatican eintraf, Guillaume de Poitiers aus der Familie der Grafen von St. Vallier²). Seit lange unterhandelte der Papst mit Frankreich, und die zu Ende des Winters erfolgte Auslieferung des türkischen Prinzen Dschem an Innocenz VIII. hatte gezeigt, daß den Franzosen an gutem Einvernehmen mit Rom gelegen war. Man ahnte schon, daß nach Schlichtung der Angelegenheiten der Bretagne, deren Widerstand damals schon gebrochen, deren letzter Herzog todt, deren Vereinigung mit der Krone im Werke war, der neunzehnjährige König seine Blicke nach Italien richten würde. Während man aber in Rom, im Bewußtsein eigener Schwäche, auf das Ausland zählte, ja zwei Sehnen am Bogen zu haben glaubte, Frankreich und Spanien die man beide mit Ferrante unzufrieden erachtete, war die Aussicht auf Krieg in Italien und Einmischung des Auslands, von wo immer sie kommen, welches immer das Ergebniß sein mochte, Lorenzo de' Medici höchst unerwünscht. Stets von neuem suchte er den Papst auf andere Gedanken zu bringen.

1) Bulle bei Fabroni a. a. O. Bd. II. S. 340.
2) Burcard S. 126, 127. Die Nachrichten über diese Vorgänge sind durch Infessura zu ergänzen.

„Aus einem Schreiben vom 13. October, so beginnt ein vier Tage darauf von ihm an Lanfredini gerichteter Brief[1], ersehe ich, daß S. H. meine Vorstellungen gegen den Fortgang der Citationen mit einiger Empfindlichkeit aufgenommen hat. Jede Belästigung des h. Vaters schmerzt mich, sehr aber würde es mich schmerzen, wenn derselbe glaubte, anderes als Eifer für sein Wohl bestimmte mein Verathen und Handeln. Ich wiederhole, der Papst muß in sich über drei Wege clar werden. Er muß sich mit Gewalt vom Könige Recht verschaffen, oder aber sich möglichst gut mit ihm vertragen, oder endlich, geht dies nicht mit Ehren zu, temporisiren und günstigere Umstände abwarten. Das Erste wäre das Ehrenvollste, aber ich halte es für gefährlich und kostspielig, und glaube es läßt sich nicht ausführen, ohne eine fremde Macht nach Neapel zu rufen. Hiezu sind aber drei Dinge nöthig. Erstens die Zustimmung von Venedig und Mailand, zweitens hinreichende selbständige Mittel, so an Leuten wie an Geld, bei besagter Macht, drittens großartiger Kostenaufwand seitens des Papstes. Denn es kommt darauf an dem Könige überlegen zu sein, welchem Mailand vielleicht Beistand leistet wenn Venedig sich gegen ihn erklärt, sodaß auch Mailand ein Zügel anzulegen ist. Einverständniß mit den Baronen und Aehnliches würde in solchem Falle von Nutzen sein. Nun mag ich mich irren, aber ich vermag diese Voraussetzungen hier nicht zu erkennen und habe deshalb Sr. H. abgerathen. Von auswärtigen Mächten können nur Spanien und Frankreich in Betracht kommen. Spanien dünkt mich in diesem Moment weder zu handeln noch zu zahlen fähig[2]. Wie man auf Frankreich bauen kann, sehe ich nicht ein. Gesetzt aber, es veränderte seine Natur, so würde ich mit

---
1) Fabroni a. a. O. S. 365.
2) Die Krisis mit Granada hatte damals begonnen.

Sr. H. übereinstimmen, in der Voraussetzung daß es sich bei einem Unternehmen gegen Neapel um einen Machtzuwachs des Herzogs von Lothringen (als Erben der Anjou) handelt, was immer das minder gefährliche wäre. Denn der Herzog von Lothringen ist nicht König von Frankreich, und sein Verwandschaftsverhältniß zum königlichen Hause fällt nicht schwer ins Gewicht. Neapel und Spanien sind viel nähere Verwandte und doch keine Freunde, und wer einmal König von Neapel ist, geht seinen eignen Weg.

„Alle diese Gründe dünken mich von einem Unternehmen dieser Art abrathen zu müssen. Unter solchen Umständen dient es zu nichts, den König durch Citationen und ähnliches zu erbittern. Ja, wäre man gerüstet und bereit, so würde es mir dennoch gerathen scheinen solche Herausforderungen zu unterlassen, um die Gefahr des Uebergangs von Worten zu Thaten auf Seiten des Königs zu vermeiden, eine Gefahr die nicht zu unterschätzen ist. Besser sich in der Stille rüsten, als durch Ausdruck von Böswilligkeit Andere zum Angriff reizen. Was den zweiten Fall, den eines Vergleichs betrifft, so rede ich vielleicht ohne genaue Kenntniß der Sachlage, indem möglicherweise Bedingungen gestellt werden, bei denen die Maßregel des Vorladens nutzen kann. Was ich aber weiß läßt mich glauben, daß ein solches Verfahren, statt einen Vergleich zu erleichtern, nur dazu dient, Aergerniß zu geben und einen Bruch herbeizuführen. Ueber das Temporisiren rede ich nicht, indem ein sofortiger möglichst ehrenvoller Austrag mir beiweitem zweckdienlicher erscheint als das Warten auf günstige Conjuncturen, umsomehr als, wie ihr besser wißt als ich, der König manche Mittel zu schaden hat. Anderes kann ich für jetzt nicht sagen, da ich mit den Einzelheiten nicht hinlänglich vertraut bin. Beruht des Papstes Furchtlosigkeit auf irgendeinem sichern Grunde, so sorgt dafür daß er auch mir bekannt werde, um mich dieser Sorgen zu entheben. Denn obgleich ich nicht gerade kleinmüthig bin, bereiten, infolge des vom Papste mir geschenkten Vertrauens, seine Angelegenheiten mir doch mehr Sorge als meine eigenen. So lange ich kein besseres Fundament seiner Sicherheit kenne, kann ich unmöglich ruhig sein. Ueber den Herrn Lodovico und seine Natur habe ich meine Ansicht offen ausgesprochen. Ich bin mir bewußt, daß ich den geraden Weg wandle und nur des Papstes Interesse im Auge habe. So wiederhole ich was ich mehrmals gesagt: ehrenvoller Vergleich dünkt mich besser als glücklicher Krieg. Ist dies nicht möglich, so muß man temporisiren, vorausgesetzt daß nicht die oben angedeuteten günstigen Bedingungen vorhanden sind. Wäre dies jedoch der Fall, so würde auch der König sich nachgiebiger zeigen, denn er weiß sehr wohl, wo man ihm beikommen kann."

Lorenzo's Vorstellungen blieben nicht ganz ohne Eindruck. Innocenz VIII., davon unterrichtet, wie die neapolitanischen Ausgewanderten, namentlich die Sanseveriner, am französischen Hofe gut aufgenommen waren und der junge König sie in ihre Heimat zurückzuführen versprach, ging wenigstens dem Auslande gegenüber vorsichtig zuwege. „Ich höre die Erbietungen an, so äußerte er[1]), aber ich dränge nicht und gehe auf nichts ein, sondern lasse sie ihren natürlichen Weg nehmen. Der Eine zielt auf Genua, der Andere auf Neapel, und ich möchte, was auch Lorenzo's Meinung ist, weder den Einen noch den Andern zum Nachbar haben. Ließe ich mich mit Frankreich oder Spanien ein, so fürchte ich sie würden Dinge von mir verlangen, die ich ihnen verweigern müßte, und dann würde mein Verhältniß zu

---

1) Gio. Lanfredini an Lor. de' Med. Rom 23. Oct. 1489, bei A. Gelli. Arch. stor. Ital. Serie III. Bd. XV, S. 298, Bd. XVI, S. 396.

ihnen darunter leiden. Ich beschränke mich darauf, bei Frankreich als einem christlichen Herrscher mich über das Unrecht zu beklagen, welches der König von Neapel gegen mich begeht, und warte das Weitere ab. Spanien gegenüber verfahre ich auf ähnliche Weise, wie mir hier noch in höherm Grade geboten ist." Von französischer Seite ergingen auch, durch besondere Gesandte, Abmahnungen an den König, aber dieser, der an den fremden Höfen die angebliche Gerechtigkeit seiner Sache zu vertheidigen nicht aufhörte, und berechnete daß man in Frankreich die Hände voll halte, zeigte keine Lust zum Nachgeben. An ihn gerichtete Schreiben des Kaisers, des Königs Maximilian, des Herzogs von Sachsen machten ebensowenig Wirkung[1]). Der Herzog von Calabrien erklärte dem florentinischen Gesandten, sein Vater werde auf vernünftige Forderungen des Papstes eingehen, nicht auf Dinge die seiner Ehre zuwiderliefen. Den Zelter als Zeichen des Lehnverhältnisses werde er stellen, aber nicht einen Soldo Tribut zahlen und keinem der schuldigen Barone verzeihen[2]). Die Sache schleppte sich hin. Im Mai 1490 verweilte ein nach Mailand bestimmter neapolitanischer Gesandter, Messer Camillo Scrucciali in Florenz[3]). Der König ließ durch ihn der Signorie und Lorenzo melden, er habe bis jetzt viele Schmach und Injurien von Seiten des Papstes erduldet. Wenn dieser aber in pflichtwidriger Verstocktheit und Feindseligkeit verharre und vom Drohen mit Citation und Excommunication nicht ablasse, so sei Se. Maj. nicht gesonnen, solche Beleidigungen ferner zu ertragen. Ohne mehr Worte

---

1) Januar 1490. Burcard S. 135, 136. [„Portavit (heraldus) literas regi, a quo penitus nihil habuit, neque bonum verbum."]

2) 29. Januar 1490. Bei De Cherrier Bd. I. S. 341.

3) M. Manfredi Flor. 4. Mai 1490. bei Cappelli a. a. O. S. 307. 308.

zu verlieren, denke der König, die Lanze am Bügel, in Rom zu erscheinen, und dem Papste auf eine Weise zu antworten, die ihm seinen Irrthum begreiflich machen werde. Sein Gesandter in Rom drohte, den ihm verweigerten Zutritt zur päpstlichen Kapelle am Vorabend des Pfingstfestes mit bewaffneter Hand zu erzwingen. Um Scandal zu vermeiden, veranlaßte man sämmtliche Diplomaten an dem Tage nicht zu erscheinen¹). Französischerseits scheint man aber doch die Sache etwas mehr ins Auge gefaßt zu haben, als Ferrante vermuthete. Am 8. Juni sagte der Papst zu Lanfredini's Nachfolger²), wenn er nicht von Natur ruhig und ein guter Italiener wäre, würde er Mittel in der Hand haben, sich am Könige zu rächen. Schon vor Monaten habe Madame de Beaujeu bei ihm den Antrag stellen lassen, den Herzog von Lothringen mit Neapel zu belehnen, wogegen dieser seinen Anspruch an die Provence und andere Provinzen an ihren Gemal den Herzog von Bourbon³) abtreten, der König von Frankreich hingegen ihm zur Erwerbung von Neapel behülflich sein würde. Der Antrag sei kürzlich erneuert worden, er, der Papst, habe jedoch nur ein paar Worte geantwortet, um nicht die Franzosen nach Italien zu ziehen. Er wünsche daß Lorenzo von der Sache Kunde erhalte.

Mit jedem Tage verschlimmerte sich die Lage. An der Grenze kam es schon zu ärgerlichen Händeln. Päpstliche Couriere, Ueberbringer von Breven die ohne Antwort blieben, wurden durchsucht und schnöde behandelt; vom Papste nach Benevent gesandte Leute und Bewohner von Pontecorvo, die um ihre Andacht zu verrichten nach Montecassino gingen,

---

1) Burcard a. a. O. S. 143.
2) Pier Filippo Pandolfini, bei Fabroni a. a. L. S. 352.
3) Pierre de Beaujeu, Gemal der Schwester Carls VIII., seit 1485 Herzog von Bourbon infolge des Todes seines Bruders Jean II.

wurden aufgegriffen¹). Innocenz klagte, den Vorstellungen der italienischen Mächte zulieb habe er gegen den König Nachsicht geübt, die Nachsicht habe diesen nur frecher gemacht; die Mächte ständen da und sähen zu, wie er beschimpft werde. Wenn die Italiener sich so wenig um seine Ehre kümmerten, müsse er sich an das Ausland wenden. Nie, fügt Pandolfini hinzu, habe er den Papst so aufgeregt gesehen. Der Gesandte that was er vermochte, ihn zu beschwichtigen, stellte ihm vor, die dem Könige gegenüber bewiesene Mäßigung habe seiner Sache nur genutzt; auf Unterstützung von Florenz, Mailand und Venedig könne er bauen. Der Papst ließ ihn nicht ausreden. Nur mit Redensarten werde er abgespeist. Wirklichen Beistand könne er von Florenz allein erwarten. Des Wankelmuths des Sforza wegen sei auf Mailand nicht zu zählen, Venedig schreite nie zum Handeln. Er sei entschlossen ein Ende zu machen. Er werde den König excommuniciren, ihn der Häresie schuldig erklären, das Reich mit dem Interdict belegen. Er habe dazu volles Recht. Den verbündeten Staaten werde er von Allem Anzeige machen. Wenn der König ihn gemäß seiner Drohung mit Krieg überziehe und man ihm keinen Beistand leiste, werde er ins Ausland gehen, wo man ihn mit offnen Armen empfangen und zur Wiedergewinnung des Seinigen, zur Beschämung und zum Schaden Anderer unterstützen werde. In Italien könne er nicht bleiben, außer mit jener Würde die einem Papste zieme; Widerstand gegen den König sei unmöglich, wenn man ihn im Stich lasse, so wegen der geringen Kriegsmacht der Kirche wie wegen der Unzuverlässigkeit der Barone, die sich über seine Verlegenheit nur freuen würden. Er halte sich für vollkommen gerechtfertigt, wenn er sich ans Ausland

---

1) P. F. Pandolfini, Rom 28. Juni 1490, a. a. O. S. 353.

wende, falls die Würde des h. Stuhls sonst nicht zu retten sei. Andere Päpste hätten dies gethan, und sie seien mit Ehre und Ruhm zurückgekehrt.

„Ich sah, bemerkt Pandolfini, daß er die Sache reiflich erwogen hatte, und nicht etwa blos sprach um mich zu einer Aeußerung zu veranlassen, da er in unsere Anhänglichkeit und Treue keinen Zweifel setzen konnte. Ich stellte ihm vor, er möge wohl mit sich zu Rathe gehn, und nicht einen Entschluß fassen, der ihm zum Tadel gereichen könnte, ohne vielleicht seinem Zwecke zu dienen. Das Ausland sei voll Haber, und die Verhältnisse so der Kirche wie der Staaten seien sehr verschieden von denen der Zeiten Innocenz' IV. und anderer Päpste, welche Zuflucht gesucht jenseit der Berge." Aber der Papst ließ sich nicht einreden. Er verkündete, er werde die Gesandten aller Mächte berufen, seine zwingenden Gründe und seinen Entschluß erklären und gegen den König einschreiten. Der neapolitanische Gesandte wurde abgewiesen. Der Papst sagte noch zu Pandolfini: „Gehe ich mit dem Hofe nach Frankreich, so werdet unter den italienischen Mächten ihr den meisten Vortheil davon ziehen, nicht blos für euren Handel, sondern weil ich auf euch alle Rücksicht nehmen, und mich über Alles mit Lorenzo berathen werde. Meldet ihm diese meine Worte."

Man hätte nun an nächste Entscheidung glauben sollen. Aber ein Jahr verging und die Dinge waren noch auf demselben Fleck. Am Peters- und Paulsfeste 1491 präsentirte der Gesandte des Königs wieder den Zelter als Lehnzins, wurde wieder abgewiesen und protestirte von neuem[1]). Kurz darauf hatte der florentinische Gesandte in Neapel, Piero Nasi, eine Unterredung mit Gioviano Pontano, damals

---

1) M. Mantredi 3. Juli 1491, bei Cappelli S. 309.

Ferrante's vornehmster Rath in politischen Dingen, der den Vertrag mit Rom im August 1486 abgeschlossen hatte¹). Pontano mußte sich allerdings persönlich ins Mitleiden gezogen fühlen, umsomehr wenn, wie es heißt, Innocenz VIII., während der Unterhandlung mit ihm vor des Königs Treulosigkeit gewarnt, zur Antwort gab: Wie soll ich Mistrauen hegen, wenn ich mit dem Manne abschließe, der sein Wort nie verletzt hat? Botschafter, sagte er, ich wünsche sehnlich die Beilegung dieses Streites, so um eurer Signorie wie um meiner selbst willen. Wenn euch in Florenz die Sache quält, mich quält sie doppelt. Mir wird Schuld aufgebürdet ohne daß ich's verdiene. Was ich damals in Rom versprach, konnte ich versprechen, und es wäre gehalten worden. Aber kaum war ich weg (wollte Gott, ich wäre nicht so rasch gegangen!), so traf Cardinal della Rovere aus Genua ein, und sie legten sich dann die Bedingungen nach ihrem Gutdünken zurecht. Ich versprach allerdings die Zahlung des Lehnzinses, aber der Papst selbst ließ mich merken daß er nicht darauf bestehn werde, und äußerte: ich werde mich mit dem Könige darüber verständigen. Ascan (Sforza) aber und andere Cardinäle lachten und sagten, ich möge frischweg versprechen, gehalten werde doch nichts. Dann ging Pontano auf die Angelegenheit der Barone über, deren Unglück er ihrer eigenen Kopflosigkeit zuschrieb. Der König, sagte er, habe nicht daran gedacht sie gefangenzunehmen, nachdem er durch Besetzung ihrer festen Plätze sie unschädlich gemacht und die Justizverwaltung in ihren Territorien in seine Hand bekommen habe. Aber sie selbst hätten ihn genöthigt gegen sie einzuschreiten. Denn nachdem der Fürst von Salerno nach Rom gegangen und dort dem Papst eine Menge Dinge

---

¹) Neapel 7. Juli 1491, bei Fabroni a. a. O. S. 350.

vorgespiegelt, habe er die Barone in das Complott hineingezogen, was dem Könige alles bekannt geworden sei. Dennoch habe dieser ihnen vollständig Zeit vergönnt, sich in
Sicherheit zu bringen, aber sie hätten abwarten wollen und
so sei es ihnen endlich schlecht ergangen. Der Mann, von
dem diese Apologie des Königs ausging, hat aber später
selber die Grausamkeit und Habsucht Ferrante's und Alfonso's
verklagt¹)! Diese Angelegenheit, meinte Nasi, liege dem
Papste weit mehr am Herzen als die Geldfrage. König
Alfons habe einst P. Pius II. dreißigtausend Ducaten gezahlt.
Man behaupte zwar, es sei kein Lehnzins gewesen, aber man
werde doch wol eine gleiche Summe bewilligen. Für die auf
den Herzog von Calabrien auszudehnende Investitur wäre
man fünfzigtausend zu zahlen bereit. Der Papst könnte dann
wol die Bulle Sixtus' IV. bestätigen und sich für seine
Regierungszeit mit dem geschmückten Zelter begnügen. Lorenzo möge die Sache reiflich überlegen.

Im Herbst 1491 wurde Giacomo Pontano nach Rom gesandt, einen Ausgleich zustande zu bringen. Die Andeutung
daß man in Neapel zahlen wolle, scheint gewirkt zu haben.
Es ist begreiflich, wenn man bedenkt, in welcher Geldverlegenheit Innocenz VIII. sich befand, wie Lorenzo be' Medici ihm
Geld leihen und versetzte Kostbarkeiten einlösen mußte, wie
schon Lanfredini gemeldet hatte, er gehe alle Souveräne um
Zehnten an und habe 300,000 Ducaten Schulden gemacht²).
Aber immer traten wieder Zwischenfälle ein, namentlich
durch die Doppelzüngigkeit Ferrante's veranlaßt, dem man
selbst dann nicht traute, wenn er es ehrlich meinen mochte.
Es hieß in Rom wie in Florenz, er bereite dem Papste

---
1) Schreiben an K. Ferrante II. (Ferrandino) 9. Febr. 1495, bei
Colangelo, Vita del Sannazzaro, 2. Aufl. Neapel 1819.
2) Fabroni a. a. O. Bd. II. S. 350.

Verlegenheit im Kirchenstaate und bestärke die Bewohner von
Ascoli in ihrer Rebellion wider den h. Stuhl, zu welchem
Zwecke seine Truppen zahlreich am Tronto ständen¹). Lorenzo
ließ nicht ab, zur Versöhnung zu ermuntern. Seitens des
Kriegsvolkes, schrieb er an Innocenz, geschehe manches, was
nicht verhindert zu haben sich für einen weisen Fürsten und
besonnenen Papst nicht zieme, und der Friede von ganz
Italien laufe Gefahr, wenn dem Zerwürfniß nicht ein Ende
gemacht werde²). Mitte Novembers drückte der König seine
Erkenntlichkeit gegen Lorenzo aus, der sich in diesen Differenzen
als wahrer Freund und Vermittler beweise. Er hoffte bald
zu einem Ausgleich zu gelangen³). Zu Anfang December
war man in der That damit zustande gekommen; zwei Monate
später wurde im Consistorium der Friede verkündigt⁴). In
die dem Herzog von Calabrien zu ertheilende Investitur, für
welche die obenbezeichnete Summe gezahlt werden solle,
wurde dessen Sohn der Prinz von Capua miteingeschlossen.
Der neue Vertrag solle alleinige Geltung haben. Den aus
der Haft entlassenen Baronen versprach der König jährlich
ein Gewisses zu zahlen. „Wie viel, fügt der ferraresische
Gesandte hinzu, weiß man nicht, und hält dafür, es sei um
der Ehre des Papstes willen ausgemacht worden. Ob es gehalten werden wird, muß die Zukunft lehren." Die Zukunft
aber, und zwar eine wenig fernliegende, brachte für den
neapolitanischen König ganz andere Verwicklungen als die
welche der Hader mit dem Papste veranlaßt hatte! Kaum

---

1) K. Ferrante an Giac. Pontano 2. Oct. 1491, und verschiedene
andere auf diese Wirren bezügliche Schreiben, Codice Arag. Bd. II.
Th. I. S. 1 ff. Vgl. oben S. 385.

2) 5. Oct. 1491. Banbini, Collectio vet. mon. S. 20.

3) Piero Nasi an Lor. de' Med. Neapel 18. Nov. 1491, bei Fabroni
a. a. O. Bd. II. S. 369.

4) Burcard a. a. O. S. 157. Vl. Manfredi bei Cappelli a. a. O. S. 310.

war dieser Haber zu Ende, kaum war der Abschluß, zu welchem Gioviano Pontano nach Rom ging, zustande gekommen¹), so erschöpfte sich der König in Dankes- und Freundschaftsbezeugungen gegen den Papst, von dessen Segen er seine und der Seinigen Wohlfahrt erkannte, dem er Hippokras und vierundzwanzig Tonnen auserwählter neapolitanischer Weine sandte, und mit dem er sich durch die Verlobung seines Enkels des Marchese von Gerace mit Batistina Usobimare, der Tochter Teodorina Cybò's verschwägerte²). Ueberhaupt mußte Ferrante herausfühlen, daß der Moment der Versöhnung drängte. Die französischen Angelegenheiten gaben ihm zu denken. Carl VIII. hatte nicht nur, Dank seiner Schwester, eine gefährliche Opposition besiegt, sondern den Herzog von Orleans sich und seinem Hause versöhnt und die Bretagne erobert, deren Erbin ihm am 4. December 1491 die Hand reichte. Eine zwiefache päpstliche Dispensation war nöthig, denn Carl war mit Margareten von Oe[...] Anna von Bretagne, die schon den Titel einer Königin der Römer trug, mit deren Bruder Maximilian verlobt, während die beiden Neuvermälten überdies nahe Verwandte waren. Schon war, wol in der Voraussicht des Kommenden, eine aus zehn Personen bestehende französische Gesandtschaft, an ihrer Spitze der nachmals in Rom vielvermögende Bischof von Lombes und Abt von St. Denis, Jean de Villiers et La Groslaye, in Rom angelangt und am 10. November empfangen worden. Am 3. December überbrachte ein Courier die Nachricht von der Heirat, die großen Anstoß erregte,

---

1) Wie, in Betracht dieses langen Zerwürfnisses, Giannone (Storia civile Buch XXVIII) sagen konnte, seit dem Frieden von 1486 sei Innocenz VIII. während seiner noch übrigen Jahre des Königs Freund geworden, ist unverständlich.

2) Codice Aragon. Bd. II. Th. 1. S. 43–46, 49, 52–54.

wofür aber die päpstlichen Dispensationen nachmals ertheilt wurden¹). Ein neuer Kampf mit König Maximilian war unvermeiblich. Frankreich war aber in seinem Innern geeinigt und beruhigt, das letzte große Lehn mit der Krone vereint, das von Ludwig XI. begonnene Werk vollendet. Italien mußte fürchten, einen jungen König, dessen Ehrgeiz größer war als seine Geistesgaben, Ansprüche annehmen zu sehen, die inderthat nie geruht hatten. In demselben Jahre an dessen Schluß der Ausgleich zwischen Innocenz VIII. und Ferrante erfolgte, war die Erklärung der Rechte Carls VIII. an die von Letzterm getragene Krone formulirt worden, nachdem der Herzog von Orleans schon fünf Jahre früher seinen Anspruch an Mailand vorgebracht hatte, den er nachmals als König geltend machte²).

Wenn es im Interesse Frankreichs lag, sich mit dem Papst gut zu stellen, so hatte auch Ferrante mehr als einen Anlaß dazu. Seine Tochter Beatrice, Mathias Corvinus' Wittwe, wurde von ihrem zweiten Gemal, dem polnischen Labislav, zu dessen Erhebung auf den Thron von Ungarn sie wesentlich beigetragen hatte, mit Auflösung der Ehe bedroht, und es kostete ihren Vater Sorgen und Mühen in Menge, eine Entscheidung hinzuhalten bei welcher seine eigene Ehre wie die seines Hauses betheiligt war. Aber eine andere Familienangelegenheit nahm den alternden König noch unendlich mehr in Anspruch. Die Ehe seiner Enkelin mit dem jungen Herzog von Mailand wurde wenn nicht vornehmster

---

1) Puccard S. 154, 155.
2) Traité des droits du Roy Charles VIII. aux royaumes de Naples, Sicile et Aragon, mis par escript en 1491 du commandement du Roy par Léonard Baronnet maistre des comptes, bei Godefroy Histoire de Charles VIII., Preuves S. 675 — Ascanio M. Sforza an den Herzog von Mailand, Rom 6. März 1490, Arch. stor. Ital. Bd. IV. Th. II. S. 70.

doch nächster Anlaß zu einem Zerwürfniß, welches weit hinaus über Paläste und Dynastien Verderben gesäet hat. Der Gesandte, von dessen Eintreffen in Florenz zu Anfang Mai 1490 die Rede war, sollte nach Mailand gehn, „um in Erfahrung zu bringen, in welchem Verhältniß die Frau Herzogin sich zu ihrem durchlauchtigsten Gemal befinde¹)." Die ungünstigen Nachrichten über Gian Galeazzo Sforza's Gesundheitszustand erwiesen sich als unbegründet, und Isabella hatte bald darauf Hoffnung Mutter zu werden. Aber die Dinge blieben unverändert. Gian Galeazzo, einundzwanzigjährig, war nur dem Namen nach Herzog. Nach wie vor lag die Verwaltung in der Hand seines Oheims, der alle Staatsämter und militärischen Chargen mit seinen Vertrauten besetzt hatte. Mit letzterem Umstande hing es zusammen, daß schon im Juni 1488 Gian Jacopo Trivulzio, wie es scheint vom Moro der Parteinahme für Gian Galeazzo beargwohnt, den mailändischen Dienst aufgegeben und eine vom Könige Ferrante ihm angetragene Condotta angenommen hatte²).

Die Lage verschlimmerte sich, als am 18. Januar 1491 Lodovico Sforza heiratete. Beatrice von Este war die nächste Blutsverwandte Isabella's von Aragon, denn der Einen Vater, der Andern Mutter waren Geschwister, aber das Verhältniß der jungen Frauen zueinander wurde bald ein unleidliches. Beatrice, um fünf Jahre die jüngere, schön und geistig begabt und nicht minder ehrgeizig und stolz, erlangte bald großen Einfluß auf ihren nunmehr vierzigjährigen Gemal, und wenn sie mit diesem in seinen hochstrebenden Plänen Hand in Hand ging, vermochte sie ihn auch ihren Wünschen inbetreff äußerer Stellung mehr nachzugeben, als vielleicht in der Absicht des schlauen und versteckten Mannes lag. Bald

---

1) M. Manfredi Flor. 4. Mai 1490; bei Cappelli S. 307, 308.
2) Rosmini a. a. O. Bd. I. S. 189, Bd. II. S. 190.

kam es zwischen Isabella und Beatrice zu offnem Hader.
Die Herzogin von Mailand machte begreiflicherweise Anspruch
auf die erste Stellung: die Herzogin von Bari war nicht
gesonnen sich mit der zweiten zu begnügen. Lodovico's
Autorität erleichterte die Befriedigung ihrer Herrschaftsgelüste.
Mit steigender Ungeduld ertrug Isabella tägliche Kränkungen
wie die unwürdige Stellung ihres Gemals, von welchem uns
zu wenig bekannt ist, um über seine Stimmung wie über
seine Fähigkeiten ein sicheres Urtheil zu gestatten. Endlich
wandte sie sich an ihren Vater ihm ihre Lage darzustellen
und um Intervention zu bitten[1]).

Schon vom ferraresischen Kriege her waren Alfonso und
der Moro übel auf einander zu reden. Wenn auch in dem
Zerwürfniß zwischen dem Papst und dem Könige die Sforza
den Absichten Frankreichs gegen Ferrante keinen Vorschub
geleistet hatten, so war doch die Haltung des Moro zweideutig geblieben. Wäre es nach dem Sinn des Herzogs von
Calabrien gegangen, so stand schon um die Zeit, wo der
Abschluß mit dem Papste erfolgte, Italien in Flammen, denn
sein Rath war, mit dem Heere über den Tronto zu gehn
und Lodovico zur Niederlegung der usurpirten Gewalt zu
nöthigen. Der alte König scheute aber einen Schritt, der
unberechenbare Folgen nach sich zu ziehen drohte, umsomehr,
als des Moro genaue Beziehungen zu Frankreich, deren erste
Frucht das vollständige Aufgeben der französischen Ansprüche
an Genua zu Gunsten Mailands war, und florentinische
Ereignisse, deren bald gedacht werden wird, zu größter

---

1) Man findet bei Giovio wie bei Corio, und den Nrueren
[Ralli Faul Sforza, Bd. II. S. 63, Niccolini Lodovico Sforza
Trag. Opere Bd. 1. S. 242] Isabella's Brief an ihren Vater, dessen
rhetorische Form in beiden von einander abweichenden lateinischen und
italienischen Exemplaren aber an nachgeahmte Documente erinnert.

Behutsamkeit mahnten. Statt der Waffen wurden Unterhandlungen versucht. Eine neapolitanische Gesandtschaft ging nach Mailand¹). Sie erlangte nichts als leere Worte. Lodovico erwiederte, sein Neffe sei Herzog und genieße aller Vorrechte seiner Würde. Er habe seit Jahren nur die Last der Geschäfte getragen, die er niederlegen werde, sobald die Umstände es erlaubten. Die einzige Folge der Verwendung war, daß das ungeachtet des noch fortbestehenden ostensibeln Bündnisses schon sehr gefährdete gute Einvernehmen zwischen den Aragonesen und den Sforza den härtesten Stoß erlitt. An Freundschaftsbetheuerungen hatte es allerdings auf beiden Seiten nicht gefehlt, und noch am 8. Februar 1492²), nicht lange vor der Absendung gedachter Ambassade, schrieb Ferrante seinem Gesandten in Mailand, er betrachte den Herzog von Bari wie seinen eigenen Sohn (freilich hatte dieser seine Enkelin geheirathet), seine Interessen wie die seinigen, und ließ ihm zu seinem guten Einverständniß mit Frankreich Glück wünschen. Lodovico il Moro, um sich die Fortdauer einer Gewalt zu sichern, mit deren Verlust er früher oder später bedroht war, verwickelte sich bei der Anwendung aller Mittel seines versatilen erfindungsreichen Geistes wie in der Selbsttäuschung des gesteigerten Bewußtseins seiner Superiorität über alle italienischen Herrscher, unrettbar in die Machinationen, die das schwache politische Gebäude Italiens über den Haufen warfen.

1) Scipione Ammirato Buch XXVI. (Bd. II. S. 187).
2) Codice Aragonese a. a. O. S. 35.

VI.

Oppositions-Tendenzen.   Fra Girolamo Savonarola.

Vonjeher hatten die Medici sich auf den Clerus gestützt. Man würde ihnen Unrecht thun, schöbe man ihnen lediglich selbstische Absichten unter. Noch andere und edlere Zwecke schwebten ihnen vor, als der, die Menge im Verein mit der Geistlichkeit leichter zu lenken. Noch andere Beweggründe als Gewissensskrupel sind bei ihren Kirchen- und Klosterbauten bestimmend gewesen. Mit einem Theile der Aristokratie repräsentirte der Clerus, namentlich der reguläre, noch vielfach die höhere wissenschaftliche und literarische Bildung. Wie Cosimo fand sein Enkel im Umgang mit Camaldulensern, Dominicanern, Augustinern, Serviten Belehrung, Unterhaltung, geistige Anregung. Wie Lorenzo aber die Bischofssitze des Gebietes in der Hand zu halten suchte, brauchte er auch die Klostergeistlichkeit. Er bediente sich ihrer unterderhand, um die Strömungen der Volksmeinungen und Volksneigungen zu erkennen und zu lenken. Vermöge ihrer Constitution, ihrer bunten Zusammensetzung, ihres Zusammenhangs mit allen Classen, ihrer relativen Unabhängigkeit, war sie für ihn ein zuverlässigeres und zugleich ungefährlicheres Werkzeug, als die Laienvereine verschiedenster Art, die er durch seine Vertrauten, vornehme wie niedere beherrschte. Diese konnten ihn selber durch Sectenwesen und Geheimbündlerei bedrohen, welche nachmals in manchen Fällen offenbar und von den Beherrschern Toscana's eifrig bekämpft worden sind. Die geistlichen Orden, wenn sie sich zur Förderung Medicëischer Zwecke hergaben, hatten noch einen Vorzug vor den Compagnien. Die vielfachen sie voneinander trennenden Eifersüchteleien und Feindschaften sicherten besser das Geheimniß der Beziehungen, und es liegt auf der Hand wie viel darauf ankam. Auch hierin findet die großartige Freigebigkeit gegen die Klöster eine Erklärung.

Dennoch wäre die Annahme, Lorenzo habe auf den Clerus unbedingt zählen dürfen, selbst für die Zeit, als seine Beziehungen zum Papstthum intim geworden waren, eine irrige. So die erwähnten Zerwürfnisse zwischen den geistlichen Orden waren ihm hinderlich, wie der in denselben herrschende demokratische Geist, der die Tendenzen des bestehenden Regierungssystems durchfühlte, auch da wo dasselbe scheinbar volksthümliche Zwecke begünstigte. Ein innerer Widerspruch mußte sich aber auch stärker entwickeln, wenn eine ernstere Gesinnung wieder mehr Boden gewann, wie die frommen Oberhirten Antoninus und Orlando Bonarli sie einst gefördert, während ihre Nachfolger, unter denen der florentinische Sprengel meist durch Vicare verwaltet wurde, nichts in deren Sinne gethan hatten. Es war um das Jahr 1490 als gegen das Genußleben und weltliche Treiben eine Opposition wenn nicht begann doch kühner hervortrat, deren spätere Tragweite und Wirkungen niemand voraussehn konnte, die sich jedoch alsbald in einer Weise kundgab, welche die Aufmerksamkeit dessen auf sich ziehen mußte, der zu gewohnt war die Dinge zu lenken, und in der Beurtheilung der geistigen Tendenzen zu viel Uebung und einen zu feinen Tact besaß, um nicht die Vorboten einer conträren Strömung zu erkennen. Er mußte ihre Bedeutung umsomehr ahnen, da sie sich auf einem Gebiete kundgab, welches er ebensowie das politische und das literarische zu beherrschen glaubte, das sich aber seinem Einfluß entzog, sobald die vorherrschende materialistische Richtung durch innerliche sittliche Regungen und Anschauungen bekämpft wurde. Ein Widerstand, der den Medici am gefährlichsten ward, weil er aus dem künstlich unterdrückten oder eingeschläferten, dann zu neuem Leben wiedererwachten moralischen Bewußtsein des Volkes seine beste Kraft zog, und sich deshalb auch, lange nachdem er besiegt schien, am nachhaltigsten und zähesten erwies. Es war das Geschick der Medici, daß dieser Widerstand von einem Boden ausging, den sie längst als ihren eigenen zu betrachten, gewissermaßen als ein Erbgut zu behandeln sich gewöhnt hatten.

In das Kloster von San Marco war im J. 1482 ein Ordensbruder eingetreten, welchen der zu jener Zeit seine Vaterstadt Ferrara umtobende Kriegssturm zum Aufsuchen eines ruhigeren Wirkungskreises über den Apennin trieb, ohne daß er ahnte, welchen andern Stürmen er hier entgegengehn würde. In Padua erinnert die Porta Savonarola an die benachbarten Wohnungen einer edlen Familie, und im Prato della Valle steht die Statue Antonio Savonarola's, der um die Mitte des dreizehnten Jahrhunderts die Vaterstadt mannhaft vertheidigte. Im J. 1440 wurde Michele Savonarola nach Ferrara berufen, wo er vom Markgrafen Liouello von Este mit dem Bürgerrecht beschenkt, als Leibarzt und Lehrer an der Hochschule wie als Schriftsteller in hohem Ansehen stand[1]). Sein Sohn Niccolò heiratete Elena Bonacossi, deren

---

1) A. E. Cittadella, La nobile Famiglia Savonarola in Padova ed in Ferrara, Ferrara 1867. Pl. La Casa di Fra Girolamo Savonarola in Ferrara, ebdl. 1873. [Das Haus, in welchem Fra Girolamo zur Welt kam, wurde später in eines der Strozzi hineingezogen das gegen-

männlicher Geist auf ihren Sohn Girolamo überging, welcher den Namen seines Geschlechts in aller Welt berühmt gemacht hat. Dreiundzwanzigjährig trat dieser Sohn ohne Vorwissen der Eltern im Frühling 1475 zu Bologna in den Predigerorden. In einem Schreiben an den Vater erklärte und rechtfertigte er den Schritt mit dem Angstschrei seiner Seele wider die Verweltlichung, der er Italien anheimgefallen sehe. „Ich konnte das tiefe Verderben des verblendeten Volkes, die Unterdrückung der Tugend, die Erhöhung des Lasters nicht mehr anschauen; es war meine unsägliche Qual, und täglich flehte ich zu Gott, er möge mich hinwegnehmen aus diesem Pfuhl. Jetzt hat er in seiner unendlichen Güte mir diese Gnade erzeigt trotz meiner Unwürdigkeit." Aber es war nicht blos die Verweltlichung des Laienstandes was ihn schreckte: das Verderben in der Kirche stand in noch grelleren Farben vor seinem Geiste, und er beklagte es in seinen Dichtungen, phantasiereiche hochfliegende Ergüsse einer vom Feuer der Liebe erfüllten, vom Bewußtsein der Nothwendigkeit der Besserung durchdrungenen, von der Ahnung des nahenden Gerichts geängsteten Seele [1]). Seine anfängliche Absicht war, sich vielmehr dem Lehramt als dem der Predigt zu widmen, aber im siebenten Jahre nach seinem Eintritt in den Orden wurde er nach seiner Vaterstadt gesandt, wo er wie ein Fremder lebte, selbst die nächsten Angehörigen selten sah, als Redner wenig Beachtung fand. Dennoch muß es ihm an Beredsamkeit

wärtig der Gemeinde gehört.] P. Villari, La storia di Girolamo Savonarola. Flor. 1859—61. — Gegen 1810 erlosch der paduanische, 1844 der ferraresische Zweig.

[1] Unter den von Cesare Guasti nach den im Hause Borromeo zu Mailand befindlichen Autographen herausgegebenen Poesie di Fra Girolamo Savonarola, Florenz 1862, vor allem die um 1475 gedichtete Canzone: De ruina Ecclesiae („Vergine casta, benchè indegno figlio .. Pur son di membri dell' eterno Sposo".).

nicht gefehlt haben wenn er eines Tages von Ferrara nach Mantua fahrend, auf die mit ihm in der Barke befindlichen spielenden und lästernden Kriegsknechte durch seine Mahnung solchen Eindruck machte, daß sie reuig vor ihm auf die Kniee fielen.

Die von Fra Girolamo in Florenz gefundene Aufnahme war nicht ermuthigend. Der Mann und die Stadt konnten einander nicht anziehen. Ersterer neigte sich mehr und mehr zur Ascese, letztere zu Genußsucht hin. Jener hielt sich vor allem an die heilige Schrift und entwickelte die Lehren derselben in zwar schwungvoller aber ungeschminkter Sprache deren rauhe und nachlässige Form durch seinen lombardischen Accent, sein heiseres Organ, und die Heftigkeit seines Vortrags nicht gewann; diese theilte das allgemeine Loos, von der Bibel wenig zu wissen, und war an geistliche Redner gewohnt, bei denen die Kunst der Phrase an den feinen Ton der literarischen Palästra erinnerte. Im eigenen Kloster fand der Fremde geringen Anklang. Das Philosophiren überwog in der Unterhaltung, und dem Ferraresen, dessen Jugendbildung doch auch eine philosophische gewesen war, mochte die Verwendung der altclassischen Weltweisheit Bedenken wecken. Die Wirkungen des doppelten Zwiespalts konnten nicht ausbleiben. Bei den Fastenpredigten des J. 1483 in San Lorenzo war die Zuhörerzahl äußerst gering. Savonarola machte sich selber keine Illusion über die Mängel seines Vortrags. Die mich damals gekannt haben, sagte er zehn Jahre später, wissen daß ich weder Stimme noch Brust hatte und vom Predigen nichts verstand, so daß ich Allen zur Last wurde. Es bedurfte für ihn noch längerer Lehrzeit. Zwei Jahre hindurch predigte er während der Fasten zu San Gemignano. Dann wurde er nach Brescia berufen, wo er im J. 1486 die Predigten über die Apokalypse hielt, welche zuerst seinen auf in weiteren Kreisen verbreiteten und mit ihrer Verkündigung göttlicher Strafgerichte und Mahnung zur Buße sechsundzwanzig Jahre später dem Volke wieder lebendig vor die Seele traten, bei der Plünderung durch das französische Heer, deren Gräuel in christlichen Zeiten selten erreicht worden sind. Ein in Reggio gehaltenes Ordenscapitel brachte ihn in Berührung mit Giovanni Pico, und dieser gewann ein solches Interesse an dem kühnen und schwungvollen Redner, daß er dessen Rücksendung nach Florenz durch Verwendung Lorenzo's de' Medici veranlaßte. Im J. 1490 traf er wieder in San Marco ein, um dort jene Thätigkeit zu beginnen, die in der kirchlichen wie in der politischen Geschichte Italiens eine so tiefe wie breite Spur zurückließ, und, wenn sie nicht immer ohne seine Schuld zu harten Kämpfen führte und ihn endlich zum Märtyrer machte, sein Haupt mit einer Aureole umgab, die vor keiner Widerrede und keinem Wechsel von Zeiten und Ansichten erblichen ist.

In Florenz fand Savonarola einen Nebenbuhler, sein rechtes Widerspiel in Vortrag und Meinungen. Fra Mariano von Genazzano stammte aus dem am Abhang der Aequerund Herniterberge gelegenen Orte, welchem der mächtige Palast der Colonna Bedeutung verleiht. Dem Augustiner-Eremitanerorden angehörend, weilte er im Kloster von Slo Spirito, bis Lorenzo de' Medici, bei welchem er sich in Gunst zu setzen verstanden hatte, vor dem Thore San Gallo, wo eine alte Kirche mit einem damals verfallenen Spital und Findelhaus lagen, ein großartiges Kloster errichten ließ. Im Herbste 1529 dem Erdboden gleich gemacht, als der Kaiser und ein Mediceischer Papst ihre Heere gegen Florenz sandten, ist dieser Bau spurlos verschwunden, und die Baumreihen und Boskete des Spazierganges, den man das Parterre nennt, wie die an ein unter den Trümmern stehn gebliebenes Tabernakel erinnernde kleine Kirche der Madonna della Tosse nehmen dessen vormaligen Raum ein¹). Um das J. 1488 muß das Kloster vollendet gewesen sein, und Lorenzo, der es mit einer gewählten Büchersammlung versah, besuchte es oft mit vertrauten Freunden und unterhielt sich gerne mit Fra Mariano über philosophische und theologische Fragen. Es ist begreiflich daß der Augustinermönch zu sagen pflegte, er habe unter so hochstehenden Männern keinen so gottesfürchtigen gekannt. Als Prediger war Fra Mariano in demselben Maße der Mann des Volkes wie der Literaten. Er war klein von Gestalt, aber seine Stimme war voll und wohlklingend, seine Aussprache angenehm; er erschreckte und erheiterte, machte weinen und lachen. Angelo Poliziano schildert den Eindruck welchen Haltung, Miene, Gebehrden, die ganze Erscheinung auf ihn machten, sonore Stimme, gewählter Ausdruck, majestätische Sentenzen, daneben Kunst des Phrasenbaus, Harmonie der Cadenzen, Bilderreichthum, Klarheit und Macht der Gegensätze, Anmuth der Erzählungen, leichter Wechsel der Stimmung, welcher der Monotonie vorbeugte. Das Bild, welches er von diesem geistlichen Redner, an dem er nur die bei einem weltlichen wünschenswerthen Eigenschaften rühmt, in Bezug auf dessen Haltung in Leben und Umgang entwirft, zeigt daß dieser der rechte Mann war, die Klippen zu umschiffen welche Fra Girolamo bedrohten: „Ich habe ihn wiederholt auf der Villa getroffen und mich in vertraute Unterhaltung mit ihm eingelassen. Einen zugleich einnehmenderen und behutsameren Mann habe ich nie gekannt. Weder stößt er mit übermäßiger Strenge zurück, noch täuscht und verführt er durch übertriebene Nachsicht. Manche Prediger halten sich für Gebieter über Leben und Tod der Menschen. Indem sie ihre Gewalt mißbrauchen, schauen sie stets mit

---

¹) Moreni Contorni di Firenza, Bd. III. S. 34 fl. Vgl. oben S. 195.

finsterm Blick und ermüden durch fortwährenden Sittenrichterton. Dieser jedoch ist ein Mann der Mäßigung. Auf der Kanzel strenger Censor, ergeht er sich, von derselben herabgestiegen, in gewinnenden freundlichen Reden. Deshalb gehen ich und mein trefflicher Pico viel mit ihm um, und nichts erfrischt uns so wie seine Unterhaltung nach unsern literarischen Arbeiten. Lorenzo be' Medici aber, dieser geübte Menschenkenner, legt an den Tag wie er ihn hochhält, nicht nur indem er ihm ein prächtiges Kloster gebaut hat, sondern mehr noch indem er ihn oft besucht, während er die Unterredung mit ihm beim Lustwandeln jeder andern Erheiterung vorzieht" 1).

Wenn Savonarola's Biograph, Fra Pacifico Burlamacchi, an Fra Mariano mehr die Eloquenz als die Doctrin rühmt und dessen für das Volk berechnete oratorische Kunststückchen schildert, so fällt er ohne Zweifel ein richtiges Urtheil. Aber die Virtuosität des Mannes muß doch nicht gering gewesen sein, wenn Girolamo Benivieni einst zum Ferraresen sagen konnte: "Vater, eurer Lehre läßt sich Wahrheit, Nützlichkeit, Nothwendigkeit nicht absprechen. Aber euer Vortrag ermangelt der Anmuth, namentlich da man täglichen Vergleich mit Fra Mariano anstellen kann". Worauf der Angeredete erwiederte, die Eleganz des Ausdrucks müsse der Einfachheit des Predigens gesunder Doctrin weichen 2). Doch es währte lange, ehe

---

1) Angelo Poliziano an Tristano Calco, Florenz 22. April 1489 (Fra Mariano predigte damals in Mailand). Polizian hatte schon, worauf er sich in diesem Schreiben bezieht, in der Einleitung zu seinen Miscellaneen die Gelehrsamkeit, Eloquenz und Sitten des Augustiners gerühmt. Niccolò Valori spricht von ihm, a. a. O. S. 170. Vgl. Tiraboschi Bd. IX. (VI. 3) S. 1677—1685.

2) Baluz. Miscellan. ed. Mansi Bd. I. S. 550. [„A sua posta (Fra Mariano) aveva le lagrime, le quali cadendogli dagli occhi per il viso, le raccoglieva talvolta, et gittavale al populo.] Benivieni über Savonarola's Lehre und Weissagungen, Brief an P. Clemens VII. (Villari Bd. I. S. 70.)

Savonarola durchdrang. Noch als sein Ansehen in raschem
Steigen war, schaarten sich die Bewunderer um Fra Mariano,
und Fürsten wie Gemeinden wandten sich an Lorenzo de'
Medici mit der Bitte, dem Augustiner, den man wie zu
seinem Hause gehörig zu betrachten schien, die Erlaubniß zu
ertheilen, bei ihnen zu predigen. Lodovico il Moro bewarb
sich darum, nicht blos als persönliche Gunst sondern weil
Stadt und Volk auf Erfüllung eines Versprechens harrten,
und die Consuln des sabinischen Norcia, der Heimat Sanct
Benedicts nannten in ihrem Schreiben Fra Mariano den
Engel Gottes auf Erden[1]).

Es scheint daß Fra Girolamo durch frühern Mißerfolg
auf diesem Boden und den noch immer steigenden Succeß
des Augustiners entmuthigt, anfangs sich auf den philosophischen und theologischen Unterricht der Novizen zu beschränken
dachte. Seine kurzen philosophischen Compendien, heute
vielleicht nur wegen des aus ihnen hervorleuchtenden Geistes
des Rechts und der Nothwendigkeit der Forschung an Stelle
des Autoritätsglaubens in menschlicher Wissenschaft, und des

---

1) Die Schreiben der Gemeinde Norcia und des Moro vom 1. Mai
1489 und 10. Jan. 1490 im Med. Archiv. mögen hier, als für Zeit
und Stimmungen bezeichnend, im Original folgen:

„Magnifice vir tanquam frat. hon. sal. Inteso lo affettuoso scri-
vere di Vostra Magnificenza circha lo venire dello Angelo de Dio
in terra Magistro Mariano de Gennazano In questa notra patria
ringratiamo quella infinitamente della bona et accurata diligentia
usata che de sua paternità ne sia suta facta copia per alcuno jorno.
Et de bel novo la preghiamo ex intimis, se digne interponere le sue
parti et operare, che per questa vostra mezanità satisfaccia allo nostro
honesto et ardente desiderio, e godiamo la presentia de tanto padre.
Che lo receperimo ad tanta singolar gratia quantamai potessimo
recepere per una fiata dalla M. V. alla quale per la grande et
antiquata benevolentia, che semper avemo postata ad quella et sua
inclyta casa. et offeremo di continuo paratissimi in tucte cose

analytischen Fortschritts vom Bekannten zum Unbekannten beachtenswerth, seine kleineren ascetischen wie moralischen Tractate gehören größentheils in die ersten Zeiten nach seiner Rückkehr. Schon verkündete sich in ihnen der mystische Enthusiasmus, welcher bald mehr und mehr in Predigten, Bibelerklärungen, größeren Schriften, Dichtungen hervorbrach. Im Verein mit diesem Mysticismus zeigte sich auch bald das Bestreben, Ansichten wie Verkündigungen der Zukunft mit der Autorität der h. Schrift zu decken, die er vielleicht besser kannte als Irgendeiner seiner Zeit, in deren Interpretation er aber eine Freiheit walten ließ, die er mit vollkommner Ehrlichkeit anwandte, die jedoch Bedenken wecken mußte, weil sie ein schrankenloses Feld eröffnete, auf welchem eine erhitzte Phantasie oder Nebenabsichten irre führen konnten; eine Gefahr, um so größer, da er bald sich vorzugsweise der Apokalypse zuwandte. Es war im Sommer 1490, als verschiedene Bürger um Zulassung zu den Lehrstunden der Novizen nachsuchten. Da die Klosterräume zu eng waren, setzte er die Vorträge erst im Hofraum, dann bei rascher Zunahme der Zuhörerzahl vom 1. August an in der Kirche fort. Ein Rosenstrauch bezeichnet bis auf unsere Tage die Stelle, wo Fra Girolamo im Klosterhofe lehrte, während die jüngste

concernenti la exaltatione di quella Nursie die 1. Mail 1489. Vri Consules popull vetuste Nursie."

„Magnifice tamquam frater honorande. Se devi ricordare la Magnificenza Vostra de la promessa che me fu facta l'anno passato, che 'l venerando maestro Mariano de l'ordine heremitano venesse a predicar l'ano presente in questa città, et desiderando io summamente che li venghi per satisfactione mia et per la promessa et speranza che ne è data a questo populo de la venuta sua qua, prego la M. V. che per mio rispecto non voglia manchar de fargli omne persuasione et conforti ad ciò che 'l venga, perche per una cosa non me poria far la più grata, offerendomi a tucti li soi piaceri. Datum Mediolani X. Jan. 1490. Frater Ludovicus Maria Sfortia Viccecomes."

Zeit hier seine Statue zu errichten beschlossen, in der von ihm bewohnten Zelle sein Brustbild aufgestellt hat. Denkmale dessen, der da wo Alles an ihn erinnert, keines Denkmals bedurfte, jedenfalls aber Zeugnisse der Verehrung, welche die Nachwelt ihm, unbeirrt durch Schwächen und Irrthümer zollt.

Die einmal eingeschlagene Richtung mußte bald weiter führen, als sich berechnen ließ und vielleicht in der Absicht lag. Die durch Fra Girolamo's Reden hervorgebrachte Wirkung ist erklärlich, wenn man deren Charakter mit jenem der gewohnten geistlichen Eloquenz vergleicht und zugleich die herrschenden Stimmungen in Anschlag bringt. In beiden Fällen begegnen wir eigenthümlichen Contrasten. Zugleich mit gekünstelten wortprangenden Reden war man gewohnt die populären Predigten der Nachfolger Bernardino's von Siena zu vernehmen, neben der oft einbringlichen einfachen Moral ein Gemisch von abstruser Scholastik, Ascetik und Erzählungen, für die Menge berechnet welcher ein Theil des Inhalts dennoch fremd blieb, während sie bald weinte bald lachte und sich in den gewohnten Anschauungen von den Devotions-Praktiken und Werken bestärkt fand, die den Schwerpunkt zu oft in Aeußerlichkeiten zu legen drohten. Die Herrschaft wozu die von den Medici begünstigten Tendenzen, moralische wie politische, beim Volke gelangt waren, erwies sich jedoch bei weitem nicht so durchgreifend, daß nicht widerstrebende Ansichten Raum gewonnen hätten, deren innere Kraft mit dem äußern Widerstande wuchs auf den sie stießen. So Stoffe wie Beweisführung und Vortrag des Dominicaners waren von der Art, daß sie auch auf Gegner Eindruck machen mußten. Die Bibel war für die Meisten, Prediger wie Zuhörer, ein verschlossenes Buch. Ward das Buch aufgeschlagen, so wurde sein Wort lebendiger Quell, der sich als gewaltiger befruchtender Strom ergoß, die Wunderkraft entfaltend die ihm nimmer, wo es vernommen ward, gefehlt hat. Savonarola war sich dieser Kraft vollkommen bewußt. Wenn er fehlte, ging es aus dem geraden Gegentheil dessen hervor was man bei den Andern fand. Ihnen mangelte das Gefühl, die rechte Erkenntniß dessen, was ihrer Lehre den wahren, tiefen, für alle Zeit geltenden Inhalt geben konnte. Ihm mangelten Maß und Fähigkeit das Erkannte und Gewonnene und dabei sich selber zu beherrschen. Dies ist die Klippe gewesen, an der er endlich scheiterte. Ein Mann, dessen Jugend in die Jahre von Fra Girolamo's durchgreifendster Wirksamkeit fiel, frühe mit offnem Blick für Alles um ihn Vorgehende, Francesco Guicciardini, zehnjährig als Lorenzo de' Medici starb, spricht von der natürlichen, nicht gesuchten Eleganz der Predigten die er hörte und las, und bemerkt, nie sei ein in der h. Schrift so bewanderter Mann gesehn, nie solche Fülle verbunden mit so bleibendem Eindruck gefunden worden[1]). Wie dieser aber in späteren Zeiten, als seine Anklagen gegen die Corruption in der Kirche in dem unwürdigen Haupte derselben ein persönliches Ziel suchten und fanden, in der Feindschaft anderer religiösen Genossenschaften auf ein Hemmniß stieß, das nicht wenig zu seiner Katastrophe beitrug, so hatte er längst schon Contraste geweckt, die zum Theil, weil sie rein innerlichen Grund hatten, unvermeidlich waren, während eine in ihrem Enthusiasmus minder schroffe Natur manchem die Spitze hätte abbrechen können.

Die große Zeit Fra Girolamo's lag noch ferne. Thätigkeit und Einfluß auf dem Felde des sittlichen Lebens, durch

---

1) Die Storia fiorentina enthält in Kap. XII—XVII manche Urtheile über Savonarola, die in Betracht der Stellung und übereinstimmenden Ansichten des Verfassers von besonderer Wichtigkeit sind.

Predigten, Unterweisung im Kloster, wie durch seine und seiner Schüler Einwirkung auf alle Stände fingen aber bereits in jenem Jahre Wurzel zu schlagen an, als er ernstere Leute, Männer wie Jünglinge, in San Marco um sich versammelte und dem überwiegend auf sinnlichen Genuß berechneten Treiben entgegenzuwirken sich anschickte, welches die Energie des Volkes zu lähmen drohte. Eine Thätigkeit und ein Einfluß, welche, nachdem ihr vornehmster Urheber und Träger persönlich unterlegen, sein Werk aber nur scheinbar vernichtet war, der eben genannte Historiker, ohne über den Charakter des Mannes mit sich einig zu sein, in warmen Worten schilderte. „Was er für Sittenverbesserung gewirkt, war wunderbar und heilig. Nie hat in Florenz solche Ordnung und Gottesfurcht geherrscht, wie zu seiner Zeit, während die nach seinem Tode eingetretene Verschlimmerung an den Tag legt, wie Alles sein Werk, Frucht seines Bemühens war. Oeffentlich spielte man nicht mehr, im Innern der Wohnungen nur mit Scheu; geschlossen waren die Tavernen, gewohnte Schauplätze des wüsten Treibens einer ausgearteten Jugend; die schlimmsten Laster waren infolge des geweckten Abscheus unterdrückt. Die meisten Frauen legten die anstößigen Trachten ab; die Jugend war der Verwilderung entzogen und zu gesittetem Leben angeleitet, während sie compagnieweise die Kirchen besuchte. Spieler und Gotteslästerer wie lüderliche Weiber liefen Gefahr, mit Steinwürfen verfolgt zu werden. Im Carneval wurden Spielkarten, Würfel, unanständige Bilder und Bücher gesammelt und auf dem Platze der Signorie verbrannt, und an dem früher jeder Ausgelassenheit gewidmeten Tage fand ein großer kirchlicher Umzug statt. Die älteren Leute wandten sich religiösem Leben zu, besuchten fleißig Messe, Vesper, Predigt, empfingen die Sacramente, zeichneten sich durch Wohlthätigkeit aus. Zahlreiche Jünglinge aus den ersten Häusern, mit ihnen Männer in reiferen Jahren traten in den Predigerorden ein. In Italien hat man nie ein Kloster gesehen wie das von San Marco, wo der treffliche Unterricht in der lateinischen, griechischen und hebräischen Sprache und Literatur dem Orden neue Zierden zu bereiten verhieß."

Wenn in der letzten Lebenszeit Lorenzo's de' Medici eine Thätigkeit, welche solchen Wechsel herbeiführte und ein Verdammungsurtheil über ein Jahrelang mit gleicher Gewandtheil und Beharrlichkeit durchgeführtes System aussprach, erst im Beginnen war, so mußten doch schon ihre Anfänge den scharfsinnigen Mann zum Nachdenken auffordern. Bereits vor dem gedachten Jahre 1490 hatten sich ähnliche Symptome gezeigt, von denen es wenn nicht gewiß, doch höchst wahrscheinlich ist, daß sie mit Savonarola's frühestem Wirken zusammenhingen. Polizians Prolog zu den im Mai 1488 aufgeführten Menächmen des Plautus enthält eine heftige Diatribe gegen die Tadler dieser scenischen Darstellungen, solche, die sich gegen das Verwenden der Jugend zum Recitiren der nur zu oft schlüpfrigen Verse des classischen Lustspiels aussprachen¹). Es sind Klosterbrüder welche der Dichter angreift, Klosterbrüder die seinem Fra Mariano nicht glichen.

"Die uns verklagen, arge Comödianten sind's,
Anscheinend Heil'ge. Schlemmer überthat,
Vor Allen jene rohen Polternden,
In Kutten und Sandalen Strickumgürteten,
Ein naseweis zugleich und störrisch Vieh,
Durch Lebensart sich sondernd ab und Tracht,
Heilmittel uns verhandelnd trüben Blicks,
Anmaßend sich Censur und Tyrannei,
Durch Drohungen zu ängstigen das Volk."

1) Prose volgare inedite etc. S. 283. Vgl. oben S. 410.

Vorstellungen bei Savonarola.

Wer erkennt nicht in diesen in Lorenzo's de' Medici Gegenwart vorgetragenen Sätzen das Vorhandensein der Opposition, die mit jedem Jahre an Stärke zunahm und von deren Einfluß auch manche derjenigen nicht frei geblieben zu sein scheinen, die zur herrschenden Partei hielten. Als während der Fasten des J. 1491 Fra Girolamo, des nun auch für die Klosterkirche übermäßigen Andrangs wegen, in Sta Maria del Fiore zu predigen begann, die Zuhörerzahl täglich wuchs, die Eindrücke der Vorhersagungen nahender Uebel und Strafen immer lebendiger wurden, schien es Lorenzo gerathen, einer sich steigernden Aufregung zu steuern zu suchen, die seinem Wirken wie seinem Einfluß Gefahr zu bringen drohte. Denn in diesen Prophezeihungen nahender Strafurtheile lag eine, mehr als indirecte Anklage der gegenwärtigen Zustände, und die durch den Prediger geförderte ernstere Richtung mußte manche der Mittel, die zur Aufrechthaltung dieser Zustände dienten, ihrer Kraft berauben.

Fünf der angesehensten Bürger der herrschenden Partei, Männer, die mit Einer Ausnahme nachmals selber dem gewaltigen Einfluß Savonarola's verfielen, Domenico Bonsi, Guid' Antonio Vespucci, Paol' Antonio Soderini, Bernardo Rucellai und Francesco Valori begaben sich nach San Marco, den Prediger zur Mäßigung zu mahnen. Dieser aber erwiederte ihnen, sie möchten Lorenzo, der sie gesandt, zur Buße für seine Sünden ermahnen; Gott verschone keinen. Und auf die Warnung, daß Exil ihn treffen könne, antwortete er, Lorenzo sei florentiner Bürger, er ein Fremder, aber Jener werde gehn, er bleiben. Er sagte Lorenzo's baldigen Tod wie den des Papstes und König Ferrante's voraus. Das steigende und sehr erklärliche Mißvergnügen unter den Mediceischen Parteigenossen, das ihm nicht verborgen bleiben konnte, veranlaßte ihn doch, die zu häufigen aufregenden

Weissagungen einstellen und sich mehr auf moraltheologische Vorträge beschränken zu wollen. Sein ungestümer Geist riß ihn jedoch wieder fort. Ein Glück für ihn, hätte er Mäßigung gekannt. Aber wie sein zugleich glanzvoller und regelloser Bilderreichthum vielmehr verwirrend und betäubend als erhebend wirkt, wie der Schrecken seines Fluches sich durch Wiederholung abstumpft, wie die Vorschriften zu christlichem Leben sich zu einer Ascetik steigern die den innern Widerspruch in dem eignen Uebermaß birgt, wie seine in Grundzügen und Anwendung wahrhaft evangelische Lehre von ihrer eindringlichen Wirkung einbüßt indem sie sich auf fremdes Gebiet verliert, so ging es auch mit seiner Haltung im Leben. Er reizte unnöthig, ja zwecklos. Die Verdienste der Medici um das Kloster wie um den ganzen Orden hatten ein Clientel-Verhältniß begründet, in welchem nichts Anstößiges lag, wenn auf beiden Seiten jenes Maß beobachtet wurde, für welches einst Cosimo's Behutsamkeit, jetzt Lorenzo's Tact und Weltklugheit bürgten. Der neuernannte Prior pflegte dem Haupte des Hauses einen Besuch abzustatten. Fra Girolamo, im Juli 1491 gewählt, weigerte sich dessen. „Nur von Gott, sprach er, erkenne ich meine Wahl: ihm allein gehört meine Obedienz." Es ist begreiflich, daß Lorenzo es ihm verdachte und nun seinerseits in Worten zu weit ging. „Ein Fremder ist in mein Haus gekommen, und würdigt mich nicht eines Besuches." An seinem Verhalten dem Kloster gegenüber änderte er aber nichts. Er sandte wie früher Geschenke und Geld. Einmal fand man Goldgulden im Almosenstock der Kirche. Fra Girolamo, der schon auf der Kanzel anzügliche Bemerkungen gemacht hatte, ließ das Gold den Buonuomini von San Martino zustellen, indem er sagte, dem Kloster genüge Silber und Kupfer. Wenn Lorenzo, wie er wol zu thun pflegte, im Klostergarten lustwandelte, ließ der Prior sich nie sehen. Seine Bewunderer haben ihm sein Verfahren, gegenüber einem Manne von dem ihn ein tiefer innerer Zwiespalt trennte, zum Lobe angerechnet. War es seine Absicht, statt auf diesen Mann in seinem Sinn zu wirken und andere Zustände einzuleiten, einen gewaltsamen Conflict herbeizuführen, so hatte er Recht.

Lorenzo de' Medici hat sich Savonarola gegenüber stets verständig benommen. Die Biographen des Dominicaners berichten, der mächtige Mann, von diesem zurückgewiesen, habe Fra Mariano veranlaßt, ihn auf der Kanzel anzugreifen. Es bedurfte wol solcher Anregung nicht. Der die beiden trennende Zwiespalt war älter als die Personen; der Antagonismus der Orden fand nur individuellen Ausdruck in den grundverschiedenen Männern. In der am Himmelfahrttage gehaltenen Predigt über den Text: „Nicht an euch ist es, Zeiten und Momente zu kennen", verklagte der Augustiner den Prior von San Marco als falschen Propheten, Aufwiegler des Volkes, Anstifter von Aergerniß und Unordnung. Seine Heftigkeit und die gehäuften Persönlichkeiten sollen sein zahlreiches Auditorium verletzt, ihn selber um seinen oratorischen Ruhm gebracht haben. Sieben Jahre später, als der römische Hof wegen der florentiner Vorgänge in äußerster Aufregung, Savonarola im Kirchenbann, seine Sicherheit ja sein Leben nur von dem momentanen Ueberwiegen dieser oder jener Partei in der leidenschaftlich bewegten, schon mit edlem Bürgerblut befleckten Stadt abhängig war, predigte derselbe Fra Mariano in Sant' Agostino in Rom mit solcher Maßlosigkeit und dem Aufwande banalster Ausdrücke gegen den Verhaßten, daß, nach dem Urtheil selbst ungelehrter Zuhörer, seine Rednergabe in Parteigeist aufgegangen schien, und die anwesenden Cardinäle sich von ihm abwandten. Eine Widerlegung der Lehren des Dominicaners hatten sie erwartet, und

vernahmen nichts als lobende Anklagen mit pöbelhaften
Gesten¹). „Wollt ihr einen Mönch kennen lernen, so befragt
einen Mönch". So sprach der Augustiner selbst zu seinem
Auditorium. Nach dem in Florenz erfolgten persönlichen
Angriff soll Fra Mariano, scheinbar über seine Niederlage
sich hinwegsetzend, seinen Nebenbuhler nach San Gallo eingeladen haben, wo Beide ein feierliches Amt mit einander
celebrirten und gegenseitige Höflichkeiten austauschten. Die
Erzählung stimmt aber wenig mit dem Charakter Savonarola's und mit der Offenheit, welche dessen Biographen in
seinen Beziehungen zu Lorenzo be' Medici an ihm rühmen.

1) Lettera di un Anonimo circa alcune prediche fatte da Frà
Mariano da Genazzano in Roma, bei Villari Bd. II. S. CLXXVI.

VII.

Veröffentlichung der Cardinalswürde Giovanni's de' Medici.

Es war ein verständiger Entschluß Lorenzo's, für seinen Sohn Giovanni Pisa zum Aufenthaltsorte zu wählen. Wie unabläßig seine Sorge war, diese unglückliche Stadt wiederzuheben und, soviel an ihm lag, die tiefe Kluft zwischen ihr und Florenz auszufüllen, haben wir gesehen. Dem Jüngling aber bot Pisa nicht nur in seinen gelehrten Männern reiche Hülfsquellen für wissenschaftliche Ausbildung dar: es gewährte ihm auch die nöthige Ruhe, die er, namentlich unter obwaltenden Umständen, während seine Erhebung zu so hoher Würde ein öffentliches Geheimniß war, in dem stets mit Freunden und Clienten gefüllten Vaterhause nicht finden konnte. Philosophie und Recht scheinen neben den schönen Wissenschaften die vornehmsten Studien Giovanni's gewesen zu sein, dessen ganzes nachmaliges Leben andeutet, daß Theologie ihn nicht sehr in Anspruch nahm. Filippo Decio und Bartolommeo Sozzini waren seine hervorragendsten Lehrer im bürgerlichen und Kirchenrecht. Sein lebendiger Geist fand in den Studien reiche Nahrung, und die ungewöhnliche Befähigung in literarischen Dingen die er stets an den Tag gelegt hat, abgesehen von seinem von dem Vater geerbten

sichern Geschmack und von der vollkommenen und raschen
Handhabung der lateinischen Sprache, zeigt zur Genüge daß
er seine Zeit hier ebensowenig verlor wie einst auf der Villa
und im florentiner Hause. Auf die Latinität hat er stets
großen Werth gelegt, wovon die Wahl seiner Geheimschreiber,
als er Papst geworden, Zeugniß giebt und wenn er in einem
Breve vom J. 1517 von Bereicherung der lateinischen Sprache
redet, so bezieht sich dies wol ebenso auf die gemehrte Veröffentlichung ihrer Meisterwerke, wie auf die Bemühungen,
im Sinne Polizians dieser Sprache, statt der Beschränkung
auf bloße Nachahmung, Anwendung für die Zwecke moderner
Wissenschaft und des Lebens ohne Verletzung der Classicität
zu sichern. Seines Erziehers Bernardo Michelozzi wurde
schon gedacht. Als seine Lehrer im Griechischen werden
Challondylas und Petrus von Aegina genannt. Sein steter
Begleiter war Bernardo Dovizi, auf welchen er das Vertrauen übertrug, welches Lorenzo dem Vater geschenkt hatte
und dessen auch der Sohn sich schon erfreute. Die Doctor-
würde im canonischen Recht war ihm bereits verliehen worden. In der letzten Zeit seines pisanischen Aufenthalts hatte
er einen seltsamen Studiengenossen, Cesare Borgia, des Car-
dinal-Vicekanzlers Rodrigo Sohn, welcher unter Leitung der
nachmaligen Cardinäle Vera und Romolino der Rechtswissenschaft oblag und zu Filippo Decio's Zuhörern zählte[1]).

Daß Giovanni be' Medici eine bevorzugte Stellung hatte,
und man zu Gunsten von Stadt und Schule wie für Privatpersonen auf seine Verwendung zählte, ist begreiflich. Seine
meist kurzen Briefe an den Vater sind in jenem Tone der
Ehrerbietung und Obedienz abgefaßt, der damals allgemein,

---

1) Cesare Borgia's Brief an Piero de' Medici, nach Alexanders VI.
Erhebung von Spoleto aus am 5. October 1492 geschrieben, aus dem
Med. Archiv. im Arch. stor. Ital. Serie III. Bd. XVII. S. 510.

zum großen Theil heute noch das Verhältniß der Kinder zu den Eltern in Italien kennzeichnet¹). Daß er gelegentlich sich in die Einsamkeit von Camaldoli zurückzog, zum Zweck der Sammlung und geistlicher Uebungen, wie sie unter solchen Verhältnissen gebräuchlich sind, haben wir schon gesehn. Auch jetzt ließ Lorenzo nicht ab, auf Pfründen für den Sohn Jagd zu machen. Als im Mai 1489 ein toscanischer Abt im Sterben lag, hatte er an den Gesandten in Rom geschrieben²): „Vermöget den Papst das Benefiz seinem Messer Giovanni zu verleihen. Ich sage seinem, weil er vielmehr sein Diener als mein Sohn ist. Der Wichtigkeit desselben wegen sollte S. H. es nur einem der Unsern (Florentiner) verleihen, und wird es einem der Unsern verliehen, so kann es an Niemanden kommen, der dafür dankbarer sein wird."

Die vom Papste inbetreff der verzögerten Publication des Cardinalats gemachte Klausel war Lorenzo sehr unbequem, und er gab sich nicht die Mühe es zu verbergen. Noch war kein Jahr seit der Ernennung verstrichen, so drang er schon auf Beschleunigung. Aber Innocenz VIII. war nicht dazu zu bewegen. „Ich dankte Sr. Heiligkeit, so meldet am

---

1) Ein Briefchen aus dem Med. Archiv möge hier stehn, nicht um seines Inhalts willen, sondern als Probe wie der junge Cardinal an seinen Vater schrieb.

Magnifice pr. hon. Viene costi Loysetto da Messina prnte apportatore, il quale m' è stato molto raccomandato dalla M. dello rectore qui dello studio. Lui ve farà intendere a bocca il bisogno: desidero in quello ch' si può honestamente p satisfare alla M. del rectore lo voglia havere p raccomandato prestandoli il patrocinio vro, in modo intenda qsta mia intercessione esserli giovata. Altro p hora no mi accade. Stiamo tucti bene et alla M. V. ci raccomandiamo. Pisis di XI Januarij 1489 (1490). Filius Joannes de Medicis.

Magnifico pri optimo Laurentio de Medicis Florentie.

Auf der Rückseite des Blättchens steht von Lorenzo's Hand: 1489. Da M. Giovanni mio figlo a di 12. di Gennaio.

2) Med. Arch. F. 51.

8. Januar 1490 Piero Alamanni¹), welcher den drei Tage vorher gestorbenen Lanfredini einstweilen ersetzte, für die Beförderung Messer Giovanni's, und sprach es aus, wie erfreulich sie unserm ganzen Volke gewesen und wie dankbar dasselbe dem h. Vater sei, wobei ich mit den geeignetsten, mir zu Gebote stehenden Worten darauf hinwies, wie wünschenswerth die Verkürzung der gestellten Frist sei. In seiner ausführlichen Erwiederung bemerkte der Papst zuvörderst, was er thue sei wohlgethan, wegen der Anlässe und Gründe, die er euch durch M. Pier Filippo (Pandolfini) mitgetheilt habe. Hierauf lenkte er das Gespräch auf M. Giovanni, und äußerte sich über ihn in einer Weise, als wäre dieser sein eigener Sohn. Er sagte es sei ihm berichtet worden, welche Fortschritte er in seinen Studien zu Pisa mache und wie er sich bei mehren Disputationen ausgezeichnet habe, worüber er die größte Freude an den Tag legte. Endlich sagte er folgendes: Ueberlasset mir, für die Interessen Messer Giovanni's zu sorgen, denn ich betrachte ihn wie meinen Sohn, und werde aus eigenem Antriebe seine Publication vornehmen, wenn ihr gar nicht daran denket. Ich beabsichtige noch anderes was ihm zur Ehre und zum Nutzen gereichen kann." Dies war alles recht schön, aber es war umsoweniger geeignet, Lorenzo's Ungeduld zu beschwichtigen, da des Papstes Gesundheitszustand zu den ernstlichsten Besorgnissen begründeten Anlaß bot.

Am 23. September wurde Innocenz VIII. von neuem Schlaganfall betroffen. Ganz Rom gerieth in die größte Aufregung. Es hieß der Papst sei todt. Alle Buden wurden geschlossen, Alle die bei Feld- oder Weinbergarbeiten waren, eilten heim. Franceschello Cybò suchte sich des Kirchenschatzes wie des Prinzen Dschem zu bemächtigen, was die

---

¹) Bei Fabroni a. a. O. Bd. II. S. 301.

Cardinäle veranlaßte, am folgenden Tage, während Innocenz noch in Lethargie lag, Vorsichtsmaßregeln zu treffen, freilich erst nachdem, wie es hieß, ein Theil des Schatzes schon nach Florenz gesandt worden war[1]). Der Kranke erholte sich; am 27. schrieb Pier Filippo Pandolfini, er sei in der Besserung begriffen und vertraue auf seine Wiederherstellung. Man erzählt er habe über Cardinal Savelli und dessen Collegen, die im Moment der Gefahr im Palast erschienen waren um sich des Schatzes zu versichern, geäußert, er hoffe sie noch Alle zu beerdigen. In Florenz war man doch sehr erschrocken. Sobald die Nachricht von der bedenklichen Lage des Papstes eingetroffen war, hatten Guid' Antonio Vespucci und Piero Guicciardini den Auftrag erhalten, sich nach Rom zu begeben, um im Namen der Stadt die Zulassung Giovanni's be' Medici zum künftigen Conclave zu erlangen. Günstigere Kunde machte die Sendung unnöthig[2]). Aber Lorenzo beschloß das Mögliche zu versuchen, um sich seinen Erfolg nicht verkümmern zu lassen. Sein eben anwesender Schwager der Erzbischof, ging auf seinen Wunsch nach Rom. Es gelang ihm durch Franceschetto's Vermittlung beim Papste vorgelassen zu werden, den er am Quartanfieber leidend fand, und dessen Zustand ihm keine Zuversicht einflößte. Seine Mission bei den einflußreichen Cardinälen hatte keinen Erfolg; aus seinem Schreiben an Lorenzo[3]) ergiebt sich wie geringschätzig man ihn behandelte. Alles was er erlangte war die Versicherung, man werde auf die Familie und namentlich auf Lorenzo Rücksicht nehmen und sie nicht kränken. Als er inbetreff des Conclave bringender ward, hieß es, so weit sei man noch nicht. Der Papst befinde sich wohl, und begegne ihm etwas

---

1) Vgl. oben S. 831.
2) Guicciardini a. a. O. K. VIII.
3) Rom 5. Oct. 1490, bei Roscoe Leo X., App. No. XIII.

Menschliches, so werde man rücksichtsvoll verfahren. Auch Pandolfini erlangte nichts. Seitens der Cardinäle, schrieb er[1]), würde keine ernste Schwierigkeit obwalten, wohl aber seitens des Papstes, der die Veröffentlichung in dem Einzelfalle scheue, um nicht Andere zu kränken. „Glaube nicht, daß es zum Ziele führen würde, spräche man von der Sache im gegenwärtigen Moment. Alle sind gewarnt, nur von heiteren Dingen mit ihm zu reden, und dies nur im Beisein Anderer. Wolle man eine Unterredung ohne Zeugen zu erlangen suchen, so würde man sich dem Verdacht bloßstellen, es handle sich um etwas von Wichtigkeit. Seit mehr als einem Monate hat kein Cardinal mit ihm gesprochen, die zum Palast gehörenden ausgenommen, und von Prälaten läßt man nur die zu welche ihn erheitern."

Wirklich kräftigte sich des Papstes Gesundheit wieder, und da er fest blieb, mußte Lorenzo sich gedulden, bis die dreijährige Frist vorüber war. Als dieser Moment herannahte, durften weder Innocenz VIII. noch der Vater des jungen Cardinals sich längeres Leben mehr versprechen. Am Nachmittage des 8. März 1492 begab sich Giovanni de' Medici, welcher unterdeß Pisa verlassen hatte, mit kleinem Gefolge nach der Abtei von Fiesole. Kloster und Kirche, wo Alles an die Munificenz der Medici erinnerte, waren ausersehen worden, Schauplatz der Verleihung höchster Ehren an einen ihrer Sprößlinge zu sein. Am folgenden Morgen erschienen Giovanni Pico von Mirandola und Jacopo Salviati mit dem Notar Simone Staza und geleiteten um die sechste Tagesstunde den Jüngling in die Kirche. Dem feierlichen Absingen des Officiums der Madonna folgte das Meßopfer, indem der Celebrant, Matteo Bosso der Prior, dem auf den Stufen des Altars Knieenden die Hostie reichte. Hierauf

---

[1]) Rom 19. Oct. 1490, bei Fabroni a. a. O. S. 302.

segnete derselbe die Cardinalsgewänder, nahm Bulle und
Breve des Papstes in die Hand und sprach: Möge es der
Kirche Gottes wie dem Vaterland und deinem Hause zum
Heil gereichen! Heute, Giovanni Medici, ist die deiner Car-
dinalswürde durch die Bulle und dies Breve gestellte drei-
jährige Frist abgelaufen. Wer lesen will, lese: Alles ist erfüllt. Nimm du, Simone, darüber öffentlichen Act auf.
Nun überreichte er dem Knieenden die Insignien, Pallium,
Baret, Hut und Ring, worauf die Chorherren das Veni
creator spiritus anstimmten. Nachdem dann der Cardinal
die ihm zustehenden Indulgenzen verkündigt, ging er mit
Allen ins Kloster zurück. Hier traf nach dem Mittagsmal
Piero be' Medici, ein schönes mit goldglänzendem Geschirr geschmücktes Roß reitend, mit einigen Freunden des Hauses ein,
und Alles stieg zu Pferde um sich nach der Stadt zu begeben.

Des Regenwetters ungeachtet waren Tausende hinaus-
geströmt durch Porta San Gallo, den Zug zu sehen. Das
Gedränge zu vermeiden, war die Anordnung getroffen worden,
daß niemand die Mugnonebrücke überschreiten sollte: so war
der ganze Raum vor Thor und Kloster mit Menschen gefüllt.
Als der Cardinal und seine Begleiter heranritten, fanden sie
den gesammten Clerus, die Protonotare und übrigen Prälaten, die vornehmsten Bürger und die fremden Gesandten.
So erreichte der Zug die Stadt und wandte sich zunächst
nach der Servitenkirche, wo Giovanni be' Medici in der
Kapelle der Annunziata betete, dann nach Sta Maria del
Fiore. Hierauf stattete der Cardinal der Signorie einen
Besuch ab und ritt in Begleitung der Gesandten nach dem
väterlichen Hause wo Lorenzo den Sohn empfing. Die Straßen
durch welche der Zug ging, waren festlich geschmückt, Fenster
wie Dächer mit Menschen gefüllt. Die ganze Bevölkerung
war auf den Beinen. Als die Nacht anbrach, erglänzten die

Häuser und zahlreichen Thürme von Lichtern, während auf den Plätzen Freudenfeuer brannten, so daß Tageshelle verbreitet war, und Freudenrufe und der Schall von Instrumenten so lange währten, daß der Schlaf vergessen schien. Am nächsten Morgen, Sonntag 10. März, fand in Sta Maria del Fiore die große kirchliche Feier statt, zu welcher der Cardinal sich mit den Gesandten und vornehmsten Bürgern begab. Die Signorie war anwesend in der mit Menschen gefüllten Kirche; acht Bischöfe sangen die Heiligegeistmesse. Nicht vierzehn Jahre waren vergangen, seit an derselben Stelle, in Gegenwart eines andern jugendlichen Cardinals, Mediceisches Blut geflossen war. Nach dem Hochamte verabschiedete Giovanni sich bei den Signoren, und kehrte nach Hause zurück, wo ein glänzendes Festmal von sechzig Gedecken stattfand. Die fremden Diplomaten und Ersten der Stadt waren die Gäste. Lorenzo war so leidend am Ehrentage seines Sohnes, daß er weder an der kirchlichen Feier noch an dem Male theilnehmen konnte. Er ließ sich in den Saal führen, die glänzende Gesellschaft bei Tafel zu sehen: das war Alles, was er vermochte. Vor dem Schlusse des Festmals ließ die Signorie dem neuen Kirchenfürsten ein Ehrengeschenk überreichen, silberne Prachtgefäße von schönster Arbeit und mehr als tausend Pfund Gewicht, deren Werth auf mindestens zehntausend Goldgulden geschätzt wurde. Nachdem Giovanni sich mit den Gesandten und den Signoren in seine Gemächer zurückgezogen hatte, wurden ihm von den verschiedenen Gemeinden des Staates und der florentiner Judenschaft prächtige silberne Gefäße überreicht, die er jedoch ebensowenig wie Geschenke von Privatpersonen, ausgenommen jene seiner Angehörigen annahm, sondern sogleich mit Dank zurücksandte[1]).

1) Matteo Bosso an den Canonicus Arcangelo von Vicenza, Fiesole 14. März 1492, in den Recuperationes Fesulanae Ep. CX. und bei

Nicht viel über dritthalb Jahre waren seit diesem glanzvollen Tage verstrichen, als Der, dem jetzt ganz Florenz entgegenjubelte, in einem Franciscanerhabit das verödete väterliche Haus verließ, und, von dem Thore des von seiner Familie erbauten Sanct Marcusklosters zurückgewiesen, als scheuer Flüchtling den Apennin hinanstieg, ein Exil beginnend welches achtzehn Jahre zu währen bestimmt war, um am Vorabend einer noch größern, in ihrer Art unerhörten Glanzperiode zu enden.

Nur einen einzigen Tag noch verweilte Giovanni de' Medici in seiner Vaterstadt. Es lag ihm ob sich nach Rom zu begeben, dem Papste Dank zu sagen und seinen Platz im h. Collegium einzunehmen. Am Dienstag den 12. März nahm er Abschied von dem kranken Vater und stieg zu Pferde mit seinem Gefolge, wozu der Camaldulenser-General Pietro Delfino gehörte, welchem seine Erziehung viel verdankte. Ein von diesem von Rom aus an Guido, den Prior des Klosters der Angeli gerichtetes Schreiben giebt Auskunft über Reise und Empfang. Bis zur zweiten Millie von Porta Romana, nahe bei der Karthause, gab eine Menge vornehmer Bürger dem Scheidenden das Geleite, um nach der Stadt zurückzukehren, während dieser nach seiner Abtei Passignano ritt. Der größere Theil des Gefolges ging nach Poggibonsi, dort zu übernachten, und erreichte am folgenden Morgen Siena, wo der Cardinal erst Nachmittags eintraf, vom ganzen Volke festlich und freudig empfangen. Am 16. März wurde die Reise fortgesetzt, in Buonconvento zu Mittag gespeist, in San Quirico und am nächstfolgenden Tage in Acquapendente

---

Roscoe Lor. de Med. App. No. XXV. Pietro Delfino an Giovanni den Vorsteher des Eremo von Camaldoli, Flor. 11. März 1492, bei Fabroni a. a. O. Bd. II. S. 305. M. Manfredi Flor. 13. März, bei Cappelli a. a. O. S. 311.

übernachtet. Ueberall auf fienefifchem Gebiete gefchah die Bewirthung auf öffentliche Koften. Schon in Acquapendente waren verfchiedene Prälaten dem Cardinal entgegen gekommen, auf dem Wege nach Viterbo begrüßten ihn mehre der Orfinen, deren Territorien in der Umgebung des Sees von Bolfena an das Sienefifche grenzten.

In Viterbo empfing Francefchetto Cybò feinen Schwager, und Alle ritten nach Bracciano, deffen Herr, Gentil Virginio, den willkommenen Gäften auf acht Millien bis an den Fuß der Viterbeferberge entgegengegangen war. Die mächtige Orfinenburg, dies riefige Fünfeck, das damals uneinnehmbar und heute noch überrafchend in feiner ernften Größe den in der Tiefe fchlummernden See weithin überfchaut, hatte Raum für das ganze Gefolge. Einen vollen Tag verweilten die Reifenden bei dem vielvermögenden Dynaften, welchem nach wenig Jahren derfelbe Sturm, der die Medici umwarf, den Untergang bereitete. Am folgenden Tage, den 22. März, ließ der Papft den Cardinälen und Botfchaftern die bevorftehende Ankunft des neuen Mitglieds des h. Collegiums anfagen. Diefe erfolgte denn auch nach Mittag bei ftrömendem Regen. Giovanni be' Medici ftieg an Sta Maria bel popolo ab, betete in der Kirche, übernachtete im Klofter und wurde am nächften Morgen von feinen Collegen und den Gefandten abgeholt. Francesco Piccolomini und Raffael Riario eröffneten den Zug, er felber ritt zwifchen den Cardinaldiaconen Giovan Batifta Sabelli und Giovanni Colonna. Im Confiftorium empfing Innocenz VIII. den neuen Cardinalsdiacon von Sta

---

1) Rom 7. April 1492, bei Fabroni a. a. O. Bd. II. S. 306 ff. (Auch bei Roscoe Leo X. und in Gennarelli's Burcard.) Ueber den Empfang in Rom und die dortigen Feierlichkeiten Burcard S. 166 ff. Schreiben Giovanni's an feinen Vater, Rom 25. März, bei Roscoe a. a. O. App. No. XVII.

Maria in Domnica. Nach der Ceremonie begleiteten ihn Alle nach seiner Wohnung auf Campo di Fiore. Es regnete unabläßig. Daß der Jüngling durch Haltung und Benehmen auf Alle einen günstigen Eindruck machte, und man ihn reifer fand als sein Alter erwarten ließ, berichtet Pietro Delfino, dem man Glauben zu schenken geneigt ist, wenn man bedenkt, wie große Sorgfalt der Vater, selbst frühreif, auf die Erziehung des Sohnes verwandt, und welche nachhaltige Einwirkung das väterliche Beispiel bei diesem zurückließ.

Das Schreiben welches Lorenzo an diesen Sohn richtete[1]), ist ein ehrenvolles Zeugniß nicht blos politischer Weisheit und vollkommener Kenntniß menschlicher Dinge, sondern auch eines ächten Sinns für Anstand und eines sittlichen Gefühls, welches die Erfahrung vorrückender Jahre und seine persönlichen Umstände gekräftigt zu haben scheinen. „Messer Giovanni, so lauten seine Worte, ihr seid unserm Herrn Gott, wir sind es um euretwillen, zu wahrer Dankbarkeit verpflichtet. Denn abgesehen von vielen unserm Hause verliehenen Wohlthaten und Ehren, hat Er demselben in euch die höchste Würde zutheil werden lassen wozu es emporgestiegen ist. An sich schon groß, wird die Sache noch weit größer durch die Umstände, namentlich durch eure Jugend und unsere Stellung. Meine erste Mahnung geht also dahin, daß ihr euch bemühet, Gott dankbar zu sein. Denn nicht euer Verdienst, eure Klugheit und Vorsorge haben euch zum Cardinal gemacht, sondern Gottes wunderbare Gnade. Dies sollt ihr erkennen, und eure Erkenntniß sollt ihr bewahrheiten durch ehrbares, musterhaftes, tugendliches Leben. Dazu seid ihr umsomehr verpflichtet, da ihr schon in eurer Jugend eine Meinung von euch geweckt habt, die reifere Früchte erwarten läßt. Für

---

[1] Bei Fabroni a. a. O. Bd. II. S. 308 ff.

euch würde es eine Schmach, für mich traurige Täuschung sein, vergäßet ihr guter Anfänge in dem Alter, in welchem Andere zu Vernunft und geregeltem Leben zu gelangen pflegen. Ihr müßet folglich die Last der euch verliehenen Würde durch sittlichen Lebenswandel und Ausdauer in den für eure Lebensbestimmung sich ziemenden Studien zu erleichtern bedacht sein. Im vergangenen Jahre war es für mich ein großer Trost zu vernehmen, daß ihr, ohne von Andern gemahnt zu werden, wiederholt zur Beichte und zum Tische des Herrn gegangen seid, und ich glaube, es giebt kein besseres Mittel in Gottes Gnade zu bleiben, als beständiges Verharren in dieser Praxis. Mich dünkt, ich kann euch keine nützlichere und geeignetere erste Ermahnung zutheil werden lassen als diese. Indem ihr nach Rom geht, dem Pfuhle aller Uebel, mehrt sich natürlich die Schwierigkeit, zu thun was ich euch anempfehle. Denn nicht nur wirkt das Beispiel, sondern es wird euch persönlich an schlimmen Räthen und Verführern nicht fehlen. Wie ihr von selbst versteht, weckt eure Erhebung zum Cardinalat so wegen eurer Jugend wie wegen der angedeuteten sonstigen Umstände großen Neid. Solche, welche diese Erhebung nicht zu hindern vermocht, werden verschmitzterweise den Werth derselben zu schmälern sich bemühen, indem sie versuchen euren Lebenswandel in nachtheiligem Lichte erscheinen zu lassen und euch in die Grube herabzuziehen, in welche sie selber gestürzt sind. Sie verlassen sich darauf, daß eure Jugend ihnen dies erleichtern werde. Umsomehr müßt ihr euch angelegen sein lassen, diese Hoffnung zu Schanden zu machen, je ärmer heute das Cardinal-Collegium an ausgezeichneten Mitgliedern ist. [„Quanto nel Collegio hora si vede manco virtù."] Ich erinnere mich dies Collegium voll gelehrter und tugendhafter Männer gesehen zu haben, und es ist rathsam deren Beispiele zu befolgen. Denn ihr seid umso gewisser geliebt und geschätzt zu werden, jemehr euer Wandel sich von jenem Anbeter unterscheidet. Wie Scylla und Charybdis müsset ihr aber den Vorwurf der Gleisnerei ebenso fliehen wie den des bösen Leumunds. Ihr müsset euch der Mäßigung befleißigen, so in eurem Verhalten wie in euren Reden Alles vermeiden was Andere kränken kann, und nicht mit Austerität und Strenge prunken. Dies sind Dinge, die ihr mit der Zeit kennen lernen und worin ihr besser, als ich euch heute anweisen kann, nach meinem Sinn handeln werdet.

„Es wird euch nicht schwer fallen zu erkennen, wie viel auf Person und Beispiel eines Cardinals ankommt. Wären die Cardinäle wie sie sein sollten, so würde es besser stehn um die Welt, denn sie würden immer einen guten Papst wählen und so die Ruhe der Christenheit sichern. Darum bemühet euch so zu sein, daß, wenn euch die Uebrigen glichen, das allgemeine Beste daraus entspringen würde. Da auf der Welt nichts schwerer ist, als mit Leuten verschiedener Art passendes Gespräch führen, so kann ich euch darin keine ausführliche Anweisung geben. In jedem Falle aber habet ihr darauf zu achten, in eurer Unterhaltung mit den Cardinälen und Andern von hohem Rang achtungsvoll und ohne Anmaßung zu sein, indem ihr die Dinge gemäß ruhigem Urtheil und nicht nach den Leidenschaften Anderer bemesset, denn Viele thun der Vernunft Gewalt an indem sie Unerlaubtes sich zum Ziel setzen. Befriediget somit euer eignes Gewissen, indem ihr in eurem Gespräche beleidigenden Dingen keinen Raum gewährt. Dies dünkt mich in eurem Falle die erste und wichtigste Vorschrift, denn wenn auch Irgendeiner sich durch Leidenschaft zu Feindschaft verleiten läßt, so ist doch die Rückkehr leicht bei Solchen, die zu einem Zerwürfniß keinen triftigen Grund gehabt haben. Bei dieser eurer ersten Anwesenheit in Rom glaube ich ihr werdet wohl daran thun, euch mehr der Ehren als der Zunge zu bedienen.

„Heute habe ich euch ganz Gott und der heiligen Kirche übergeben. Drum ist es nöthig, daß ihr ein braver Geistlicher werdet und Jedem die Ueberzeugung einflößet, daß ihr Wohl und Ehre der Kirche und des apostolischen Stuhls allen Dingen dieser Welt und allen sonstigen Rücksichten und Interessen voranstellt. Behaltet ihr dies im Auge, so wird euch die Gelegenheit nicht fehlen, dieser Stadt wie unserm Hause nützlich zu sein. Denn die Verbindung mit der Kirche gereicht der Stadt zum Vortheil, ihr aber müsset das Band zwischen beiden bilden, während das Haus mit der Stadt geht. Und obgleich die Zukunft sich nicht voraussehn läßt, glaube ich doch so im Allgemeinen daß es uns an Mitteln nicht fehlen wird, uns nach beiden Seiten hin zu sichern, wenn ihr fest bei dem vornehmsten Entschlusse beharrt, die Kirche allem Uebrigen vorangehn zu lassen.

„Ihr seid das jüngste Mitglied des Collegiums, nicht blos des gegenwärtigen sondern überhaupt von Allen die bis jetzt creirt worden sind. Deßhalb ist nothwendig, daß, wenn ihr mit andern Cardinälen zusammenkommt, ihr so aufmerksam wie respectvoll seid, und nie in Kapelle oder Consistorium oder Deputation auf euch warten lasset. Bald werdet ihr die mehr oder minder Empfehlungswerthen unter euren Collegen kennen lernen. Mit denen von unregelmäßigem Wandel werdet ihr vertrauten Umgang zu meiden haben, nicht blos der Sache an sich sondern auch der öffentlichen Meinung wegen. Eure Unterhaltung mit Allen soll möglichst allgemeine Gegenstände berühren. Bei eurem Auftreten bei festlichen Anlässen dünkt es mich rathsamer unter der Mittellinie zu bleiben als sie zu überschreiten. Ich würde einen gutbesetzten Pferdestall und gutgeordnete reinliche Dienerschaft

dem Reichthum und Pomp vorziehen. Suchet regelmäßig zu
leben und nachundnach feste Ordnung einzuführen, was heute,
wo Herr und Hausstand neu sind, unerreichbar ist. Seide
und Juwelen passen nur in wenigen Fällen zu eurer Stellung.
Vielmehr einige treffliche Antiquitäten und schöne Bücher,
und besser anstaubvolle und gelehrte als zahlreiche Genossenschaft. Ladet lieber des öftern Leute zu euch statt viele Gastmale zu besuchen. Doch auch darin ist mit Maß zu verfahren. Bedient euch für eignen Gebrauch einfacher Speisen
und macht euch viel Bewegung, denn in eurer jetzigen Stellung
holt man sich durch Mangel an Vorsicht leicht irgendein
Leiden. Diese Stellung ist nicht minder gesichert als erhaben,
sodaß es oft geschieht daß Solche, die dazu gelangt sind,
nachlässig werden, indem sie sich sagen daß sie ein hohes Ziel
erreicht haben und es ohne große Anstrengung bewahren zu
können meinen, was oft so der Stellung selber wie ihrer
Gesundheit Nachtheil bringt. In Bezug auf letztere rathe
ich euch so behutsam wie möglich zu sein und vielmehr zu
wenig als zu viel zu vertrauen.

Eine Lebensregel empfehle ich euch vor allen andern:
stehet jeden Morgen zeitig auf. Abgesehen vom Nutzen für
die Gesundheit, gewährt es Zeit alle Tagesgeschäfte zu besorgen, und ihr werdet es sehr vortheilhaft finden eure verschiedenen Obliegenheiten zu erfüllen, da ihr das Officium zu
beten, zu studiren, Audienz zu ertheilen und sonstiges zu thun
habt. Ein anderes noch ist für Euresgleichen von Belang:
stets und namentlich jetzt in dieser Anfangszeit Abends zu
überlegen was ihr am nächsten Tage zu thun habt, damit
die Geschäfte euch nicht unvorbereitet finden. Was das Reden
im Consistorium betrifft, so bin ich der Ansicht daß es in
allen vorkommenden Fällen am löblichsten und den Umständen
am entsprechendsten sein wird, daß ihr euch, eurer Jugend und

Unerfahrenheit wegen, dem h. Vater und deſſen weiſem Urtheil anſchließt. Ohne Zweifel werdet ihr oft angegangen werden, in Einzeldingen mit Sr. H. zu reden und euch zu verwenden. Laſſet euch angelegen ſein, in dieſen erſten Zeiten ſo wenig wie möglich zu erbitten und dem h. Vater nicht zur Laſt zu fallen, denn er iſt von Natur geneigt Dem am meiſten zu willfahren, der ihm am wenigſten die Ohren betäubt. Mir ſcheint erſprießlich darauf zu achten, daß man ihn nicht beläſtige ſondern ihm angenehme Dinge vortrage, während eine mit Beſcheidenheit vorgebrachte Bitte ſeiner eignen Natur mehr entſpricht und ihn beſſer ſtimmen muß. Hallet euch geſund."

VIII.

Lorenzo's de' Medici Tod.

Als Lorenzo be' Medici dies Schreiben an seinen Sohn richtete, war sein Zustand sozusagen hoffnungslos.

Schon von jüngeren Jahren an war er, wie wir sahen, von ererbten körperlichen Leiden heimgesucht worden. Mit der Zeit hatten sich die Anfälle gemehrt, so daß seine ursprünglich kräftige Constitution geschwächt ward. Die gegen die in verschiedenen Formen auftretende Gicht häufig und abwechselnd angewandten Heilquellen vermochten umsoweniger dauernd Linderung zu verschaffen, da er sich nicht die Zeit nahm sie durchgreifend wirken zu lassen. Er scherzte wol über sein Leiden. „Schmerzen in den Füßen, schrieb er im August 1489 an Lanfredini, haben mich an der Correspondenz mit euch behindert. Füße und Zunge sind zwar voneinander weit entfernt und stören einander doch." Zu Ende August 1491 war er so leidend, daß er sich nach Spedaletto in der Sänfte mußte tragen lassen[1]). Die Wirkung des Wassers von Morba war nur vorübergehend. Im Spätherbst stellte sich schleichendes Fieber mit bedenklichen Symptomen ein. Sein ganzer Organismus erschien mit einem-

---

[1]) M. Manfredi Flor. 31. Aug., bei Cappelli a. a. C. S. 309.

male angegriffen, Eingeweide, Gliedmaßen, Nervenshstem. Zu den arthritischen gesellten sich Knochenschmerzen, die ihm bei Tag und Nacht die Ruhe raubten. Die Gicht hatte sich auf die edleren Organe geworfen. Die Aerzte waren rathlos. Als das Jahr 1492 herankam, konnte er niemand sehn obgleich wichtige politische Dinge vorlagen. Ein mailändischer Gesandter harrte über vierzehn Tage auf Audienz. Die Besserung, die ihm wieder das Haus zu verlassen erlaubte, war nicht von Dauer. „Der erlauchte Lorenzo, schreibt der ferraresische Gesandte am 11. Februar[1]), ist seit mehren Tagen wiederum sehr von Schmerzen gequält, die ihm, den Kopf ausgenommen, den ganzen Körper angreifen. Zu Zeiten leidet er so heftig, daß man kaum begreift wie er es aushält. Die Aerzte halten zwar die Krankheit nicht für tödlich, aber er wird gar übel zugerichtet, da er nur wenig Ruhe genießt. Gott schenke ihm die Gesundheit wieder, denn die Nachrichten über seinen Zustand sind wahrhaft Mitleid erregend." Am 8. desselben Monats hatte König Ferrante seinem Gesandten Marino Tomacelli geschrieben[2]): „Wir haben mehre Briefe von euch erhalten, antworten jedoch heute nur inbetreff des andauernden Leidens des erlauchten Lorenzo, welches uns in tiefster Seele geschmerzt hat und schmerzt. Wollte Gott wir könnten ihm Heilung oder auch nur Erleichterung verschaffen! Redet Sr. Magnificenz zu, sich in Geduld zu fassen und so das Uebel zu besiegen, umsomehr als wir besseres Wetter erwarten dürfen, nachdem die jüngsten Tage in Wahrheit schlimme gewesen sind. Theilet auch S. M. mit, wie wir uns zur Beilegung des Zwistes mit Sr. Heiligkeit Glück wünschen, die ihm ebenso erfreulich sein

---

[1] Bei Cappelli a. a. O. S. 310. Die Berichte Manfredi's geben das meiste Detail, leider mit einer Lücke in Lorenzo's letzten Tagen.
[2] Cod. Aragonese a. a. O. S. 39.

wird wie uns selber, da er daran so großen Antheil gehabt wie uns und Allen bekannt ist. Möge er mit Gottes Hülfe, dem Rath guter Aerzte und eigner Vorsicht seine Gesundheit wiedererlangen, damit wir selbander der Ruhe, namentlich der Seelenruhe, genießen können."

Der König täuschte sich nicht, indem er erkannte wie viel an Lorenzo's Leben und Thätigkeit lag. Mitte Februar trat Besserung ein, aber sie war auch diesmal nicht von Dauer. Bei anhaltend schlechtem Wetter kehrten Anfang März die Schmerzen zurück; niemand, Familie und die intimsten Freunde ausgenommen, wurde zu dem Kranken gelassen. Wir sahen wie er an den Feierlichkeiten bei der Verkündigung der Cardinalswürde seines Sohnes nicht theilnehmen konnte: sein sehnlichster Wunsch war nun vollständig erfüllt, und er befand sich in der Ebbe seines Lebens. Als am 12. März der junge Cardinal abreiste, scheint er sich über seinen Zustand klar gewesen zu sein. Zu Filippo Valori dem Bruder seines Biographen, und Andrea Cambini, von denen jener Giovanni de' Medici nach Rom begleiten sollte, dieser seinem Hausstande beigegeben war, sagte er: Ich vertraue euch die Jugend des Sohnes an, mich werdet ihr nicht wiedersehn. Wer weiß, mit welchen Gefühlen er ihm den schönen Brief geschrieben hat. Noch einmal kündigte sich Besserung an. Es war die letzte. Das Uebel machte rasche Fortschritte. Der Kranke ließ sich am 21. nach Careggi bringen, wo er am liebsten weilte, wo er so manches geplant und geschaffen und Luft und Sonne ihm zuträglicher waren als in der Stadt. Zu Anfang April traf Herzog Ercole von Ferrara in Florenz ein [1]), auf der Reise nach Rom, wohin

---

[1]) M. Manfredi an die Herzogin von Ferrara, Flor. 5. April 1492, bei Cappelli a. a. C. S. 312. Ercole traf erst am 13. April in Rom ein. Burcard a. a. O. S. 127.

angeblich Andachtsübungen, inderthal politische Zwecke wie
der Wunsch, seinem Sohne Ippolito die Cardinalswürde zu
verschaffen, ihn riefen. Der Jüngling war erst dreizehn Jahre
alt, aber er war schon seit sechs Jahren Erzbischof von Gran,
und wenn ein Medici mit vierzehn Jahren den Purpur erlangt hatte, warum nicht ein Este, der Sprößling eines der
ältesten italienischen Geschlechter? Hätte Innocenz VIII. länger gelebt, er würde sich auch dieser Ernennung nicht zu entziehen vermocht haben. Der Herzog konnte Lorenzo nicht
sehen, aber dieser hatte ihm bereits die Stimme seines
Sohnes im künftigen Consistorium zusagen lassen.

Die Tage des Kranken waren gezählt. Er machte sich
auf das Schlimmste gefaßt. Er bestellte sein Haus und
ordnete an was an ihm lag, die Stellung, die er eingenommen hatte, seinem Sohn zu sichern. Aber er war zu scharfsinnig, um nicht die Gefahren zu erkennen, welche die alten
Freiheitsgelüste und die Ungeduld über die lange und stets mehr
befestigte Supremalie einer einzelnen Familie im Verein mit
der geringen Erfahrung und dem hochfahrenden Wesen Piero's
heraufbeschwören mußten. Zwar erzählt Polizian, Lorenzo
habe die Absicht gehegt, sich zurückzuziehen und dem Sohne
die Leitung der Angelegenheiten zu übertragen. Etwa zwei
Monate vor seinem Tode, so berichtet er, saß ich bei ihm in
seinem Schlafzimmer, und wir sprachen wie gewöhnlich über
Philosophie und Literatur. Da äußerte er, er beabsichtige
den Rest seiner Tage mit Ficino, Pico und mir ferne vom
Geräusch der Stadt in den Studien zu verbringen. Auf
meinen Einwand, dies werde unmöglich sein, da die Bürgerschaft seines Rathes und seiner Autorität von Tag zu Tage
mehr bedürfe, antwortete er lächelnd: Ich werde mir in
deinem Zögling einen Stellvertreter geben und seinen Schultern die Last anvertrauen. Als dann Polizian dem Zweifel

Worte ließ, ob Piero's Jugend ihn dazu befähige, lobte er des Sohnes Geist und Haltung und das gute Fundament, welches dieser gelegt habe. Die Erzählung mag wahr sein, ungeachtet der sichtlichen Neigung des Freundes zum Ausschmücken von Thatsachen und Reden. Aber Lorenzo hat jedenfalls wol nur vernehmen wollen was man zu solcher Absicht sagen werde. Im Ernste hat er schwerlich an den Rücktritt aus dem öffentlichen Leben gedacht, am wenigsten in solcher Zeit.

Indem er zurückblickte auf seine nicht lange aber schicksalreiche Laufbahn, erkannte er mehr denn je, welche unabläſſige Sorge und Mühe, welche Kenntniß der Charaktere und Berechnung der Stimmungen und Umstände nöthig gewesen waren, die Parteien zu beherrschen, die Gegner niederzuhalten ohne sie zum äußersten zu treiben, die Anhänger zu brauchen und zu lenken ohne sie sich über den Kopf wachsen zu lassen. Er wußte nur zu wohl, wie ein einziger Fehltritt Alles umwandeln konnte. In seinem Innern vernahm er die tiefen Dissonanzen, die durch Denken und Empfinden der Gesammtheit gingen. Er ermaß das Anschwellen der kaum noch verborgenen moralisch-religiösen Strömungen, die hervorzubrechen drohten. Sah er um sich, faßte er, der erfahrene Staatsmann, die politische Lage Italiens ins Auge, so schreckte ihn das schwache Fundament des Baues, welchen zu stützen ihn so viele Anstrengung in Rath und That gekostet hatte. Eben erst hatte er den langen schlimmen Hader zwischen Papst und König beigelegt, aber wer bürgte für die Zukunft? Und wenn der bestandlose Papst, der gewissenlose König abtraten, wer kannte des Erstern Nachfolger, wer durfte sich mit der Hoffnung schmeicheln, daß des Letztern Thronerbe, in jeder Beziehung schlimmer als er, auch nur sein eigenes ihm abgeneigtes Land in Ruhe halten, die längst ausgestreute Saat der Zwietracht mit dem Auslande nicht wuchern lassen werde? Das Bewußtsein des Ueberwiegens schlimmer Elemente im Collegium, der Gedanke an Alfonso von Aragon, an Lodovico il Moro, an die Abneigung Venedigs ist von dem Sterbelager des Medici vielleicht noch weniger gewichen, als die Besorgniß vor florentinischen Neuerungsversuchen.

In seinen religiösen Anschauungen und in deren Kundgebungen war Lorenzo be' Medici vonjeher ein ächtes Kind seiner Zeit gewesen, welche profane Gesinnung mit einem Anflug von ungeheuchelter Religiosität vereinte und inmitten ihrer bedenklichen geistigen Irrgänge nicht ohne moralisches Bewußtsein war. Daß dies moralische Bewußtsein in Lorenzo lebendig war, zeigen viele seiner Aeußerungen, nicht blos aus seinen letzten Zeilen. Von einer tüchtigen und frommen Mutter her hatte er die Tradition der Beschäftigung mit religiösen Dingen, die nicht etwa nur eine literarische war. Von seinen Vorfahren hatte er die Tradition des innigen und thätigen Zusammenhangs mit kirchlichen Stiftungen und Interessen, die er, wie wir sahen, auf eine Weise förderte, welche die Annahme blos politischer Beweggründe ausschließt. Sein sinnliches Temperament, die frühe Gewöhnung einer Autorität, wie niemand vielleicht in Privatverhältnissen in einer vom frischesten Lebenshauche durchwehten Stadt sie genossen hat, zogen ihn in mancherlei sittliche Verirrungen hinein. Wie aber in ihm neben dem Verfasser der Carnevalslieder der Dichter der philosophischen und geistlichen Gesänge steht, so hat er inmitten solcher Verirrungen und ungeachtet des von Jugend an bei ihm maßgebenden Einflusses der antiken Philosophie sich ebensowenig vom Christenthum abgewandt, wie sein Lehrer Ficino und sein Freund Pico von Mirandola. Wenn Lorenzo be' Medici sich in seinem ganzen Leben in der Beobachtung der religiösen Vorschriften aufmerksam gezeigt hatte, so war dies auch jetzt der Fall, als dies Leben seinem Ende nahte. Seine Schwester Bianca de' Pazzi die ihn nach Careggi begleitet hatte, war es, die ihm die drohende Gefahr verkündete. Mein Bruder, sprach sie, du hast als hochsinniger Mann gelebt: nicht muthig nur, auch fromm mußt du dies Dasein verlassen. Wisse, alle Hoffnung ist geschwunden¹). Er schien es schwer zu empfinden, daß man diese Hoffnung zu lange genährt, dann verlangte er nach kirchlichem Beistande. Es war spät Abends, als der von San Lorenzo herbeigerufene Priester die Villa erreichte. Der Todkranke wollte ihn nicht im Bette liegend erwarten. Den Vorstellungen der Umstehenden zum Trotz stand er auf und kleidete sich; von den Dienern unterstützt trat er in den Saal, wo er vor dem Ciborium auf die Kniee sank. Den Zustand der Schwäche erkennend, drang der Geistliche darauf daß er sich wieder legen sollte; mit Mühe war er dazu zu bewegen. Dann empfing er die Wegzehrung mit einer Andacht, die auf Alle Eindruck machte²).

Von den ihm Zunächststehenden waren sein ältester Sohn, seine Schwester und Angelo Poliziano fast anhaltend in seiner Nähe. Nach der religiösen Ceremonie blieb nur Piero an seinem Lager. Er sprach ihm Trost zu und richtete Ermahnungen und treffliche Lehren an ihn inbetreff seines Verhaltens in Stadt und Staat, nachdem sein Heimgang erfolgt sein würde. Die Bürger, sprach er zu ihm, werden

---

1) N. Valori a. a. O. S. 161.
2) Ueber Lorenzo's letzte Tage liegt der von Angelo Poliziano am 18. Mai 1492 von der Villa zu Fiesole an den Peruginer Jacopo Antiquario gerichtete lange Brief vor, Pol. Epist. l. IV. ep. 2, bei Fabroni a. a. O. Bd. I. S. 199—212, bei Roscoe App. No. LXXVII. Vgl. G. F. Vermiglioli, Memorie di Iacopo Antiquario. Perugia 1813. Ein rhetorisch gekünsteltes Schriftstück mit salbungsvollen Phrasen, aber als Zeugniß eines Augenzeugen höchst beachtungswerth.

dich, mein Sohn, so glaube ich, in der Stellung anerkennen, die ich eingenommen habe, und ich zweifle nicht daran, daß dir dieselbe Autorität im Gemeinwesen zu Theil werden wird, in deren Genuß ich bis heute geblieben bin. Da aber dies Gemeinwesen nach gewöhnlichem Ausdruck ein Leib mit vielen Köpfen, es Allen recht zu machen eine Unmöglichkeit ist, so bedenke daß in allen verschiedenen Lebenslagen die als die ehrbarste erscheinende Richtung einzuhalten ist, und ziehe jederzeit das allgemeine Wohl Personen- und Partei-Interessen vor. Ein weiser Rath, dessen strengere Befolgung Den, der ihn ertheilte, vor schwerem und nur zu begründetem Tadel geschützt haben würde! Er legte ihm ans Herz, bei seinem jungen Bruder Giuliano Vatersstelle zu vertreten; seinen damals vierzehnjährigen Neffen Giulio, für den er schon die geistliche Laufbahn beabsichtigt zu haben scheint, ließ er dem Cardinal empfehlen. Auch inbetreff seiner Leichen-feier sprach er mit dem Sohne, und verordnete, daß man sich nach der Beisetzung seines Großvaters richten und nicht über die bei einem Privatmann gebotene Grenze hinausgehn sollte.

Unterdessen war, von Lodovico il Moro gesandt, ein berühmter lombardischer Arzt, Lazaro von Pavia in Careggi angelangt. Als der Kranke die Diener frug was er beginne und vernahm, daß er aus geflößenen Perlen und Edelsteinen nebst andern kostbaren Substanzen einen Trank zusammensetze, sprach er mit lebhafter Stimme und heiterm Blick zu dem neben dem Lager stehenden Polizian: Hörst du, Angelo, hörst du? Darauf ergriff er, die ermatteten Arme ausstreckend, dessen beiden Hände, die er mit Macht festhielt, während dieser, seine hervorbrechenden Thränen zu verbergen, sich abzuwenden suchte, bis er, des Freundes Bewegung erkennend, ihn losließ, worauf dieser in seine Kammer eilte, seinem Schmerz freien Lauf zu lassen. Als er zurückkehrte, frug

Lorenzo ihn, weshalb Pico ihn nicht besuche, und auf die Antwort, dieser fürchte wol ihm zur Last zu fallen, bemerkte er, vielmehr müsse er fürchten, daß die Entfernung der Villa von der Stadt ihn belästige. Der Gerufene erschien, und der Kranke empfing ihn mit aller Herzlichkeit: Er bat ihn um Entschuldigung, wenn er ihm diese Mühe mache: seiner Zuneigung zu ihm müsse er es zuschreiben, denn er sterbe zufriedener nachdem er ihn noch einmal gesehen. Dann ging er auf verschiedene Gegenstände über, Allgemeines wie Besonderes betreffend, und sagte, die Beiden anschauend: Ich wollte der Tod hätte mich so lange verschont, bis es mir vergönnt gewesen wäre, eure Büchersammlung zu vervollständigen. Poliziano kniete neben dem Bette, die schon undeutlich werdenden Worte besser zu verstehen.

Kaum hatte Pico Careggi verlassen, so trat ein anderer Mann in das Gemach des Sterbenden[1]). Wenn dieser Girolamo Savonarola zu sich beschieden hat so kann er in seinem Gewissen nicht ruhig gewesen sein. Die Umstände sind jedoch, in ihren verschiedenen Versionen, von Solchen die beiden Personen, Lorenzo wie dem Dominicanerprior nahe standen, so wenig miteinander auszugleichen, daß nur größere oder geringere Wahrscheinlichkeit den Ausschlag zu geben vermag. Fra Girolamo von Ferrara, erzählt Poliziano, ein durch Gelehrsamkeit und Gottesfurcht ausgezeichneter Mann und trefflicher Prediger der göttlichen Lehre, trat ins Zimmer und ermahnte den Kranken, festzuhalten am Glauben, worauf dieser erwiederte, er beharre bei demselben unerschütterlich. Hierauf redete er ihm zu, ferner ein tugendhaftes Leben zu führen, worauf die Antwort, er werde sich dessen befleißigen. Zum dritten empfahl er ihm, den Tod, wenn es so sein

1) S. Beilage III. S. 590.

müsse, mit Standhaftigkeit zu ertragen. Nichts, versetzte der Kranke, ist mir süßer, so es Gottes Wille ist. Schon entfernte sich der Klosterbruder, als Lorenzo zu ihm sprach: Gieb mir den Segen, Vater, bevor du von mir scheidest. Und mit gesenktem Haupt und Antlitz, in der Miene religiösen Ernst, antwortete er richtig und vollbewußt auf dessen Worte und Gebete, ungestört durch die nun nicht verhehlte Trauer der Hausgenossen.

So berichtet der vieljährige Freund, der diesen Sterbenden besser vielleicht als Irgendeiner kannte. Eine andere Erzählung steht der seinigen entgegen. Lorenzo, so besagt sie, wollte noch eine letzte Beichte ablegen vor dem Dominicaner. Dreier Dinge klagte er sich an, der Plünderung von Volterra, der Verschleuderung der Mitgiftgelder, des bei der Verschwörung der Pazzi vergossenen Blutes. Die Aufregung des Todtkranken war peinlich. Gott ist gütig, Gott ist barmherzig, sprach der Klosterbruder ihn zu beruhigen. Dann aber, als Jener zu Ende war, sprach er zu ihm: Drei Dinge thun euch noth. Zum ersten, wahres und lebendiges Vertrauen auf die göttliche Gnade. Darauf der Kranke: Ich bin davon durchdrungen. Zum andern müßt ihr zurückerstatten, was ihr widerrechtlich euch zugeeignet, euren Söhnen die Wiedererstattung zur Pflicht machen. Lorenzo besann sich einen Augenblick, dann bejahte er es mit dem Kopfe nickend. Das letzte ist, ihr müßt das Volk von Florenz wiedereinsetzen in seine Freiheit. Der Kranke wandte das Haupt weg ohne zu antworten. Der Mönch verließ ihn ohne ihm die Absolution zu ertheilen.

Lorenzo's Tod — wir nehmen Polizians Bericht wieder auf — war ruhig. Nicht er schien vom Loose der Sterblichen bedroht, sondern die sein Lager umstanden. Was die Aerzte verfügten wies er nicht ab, ohne Wirkung davon zu erwarten. Selbst die alte Heiterkeit verließ ihn nicht ganz, und als man, nachdem er noch etwas Nahrung zu sich genommen, ihn frug, wie sie ihm munde, erwiederte er: wie einem Sterbenden. Er umarmte Angehörige und Hausgenossen und bat sie um Verzeihung, wenn er sie gekränkt oder während seines langen Siechthums Ungeduld gezeigt habe. Dann ließ er sich aus dem Evangelium die Erzählung vom Leiden und Tode des Herrn vorlesen, indem er anfangs die Worte der Schrift wiederholte, dann, schwächer werdend, die Lippen, endlich noch die Finger bewegte, zum Zeichen daß der Sinn ihm klar sei. Als der Tod nahte, hielt man ihm ein Crucifix hin, er öffnete die Augen, küßte es und verschied. Es war am 8. April 1492, einem Sonntage, um die fünfte Stunde der Nacht.

Welche Fülle und welches Gemisch von Sorge und Freude, von Mühen und Genuß, von Sinnen und Schaffen, von Poesie und Realismus, von Gefahr und Erfolg, von Schlimmem und Gutem waren in den Raum dieses Lebens zusammengedrängt, das kaum über dreiundvierzig Jahre währte!

Es ist begreiflich daß die Todeskunde ganz Florenz in Aufregung versetzte. Fast zugleich mit derselben traf die Nachricht ein, Piero Leoni der Arzt habe sich in einen Brunnen der Villa Francesco Martelli's zu San Gervasio vor Porta Pinti gestürzt, wohin man ihn heimlich gebracht hatte, weil sein Leben zu Careggi bedroht war, indem man ihn im Verdacht der Giftmischerei hatte. Man wußte nicht ob der Unglückliche durch eigenen Entschluß oder fremde Hand geendet habe[1]). Wie gewöhnlich, deutete man Prodigien auf das Ereigniß, das Alle beschäftigte. In Sta Maria Novella war während der Predigt ein Weib aufgesprungen, schreiend daß

---

[1]) S. Beilage III. S. 590.

sie einen wüthenden Stier sehe, der mit brennenden Hörnern die Kirche umstürze. Drei Tage vor Lorenzo's Ende hatte ein Blitzstral die Laterne des Doms getroffen und nach Nordwesten, wo die Medici wohnten, schwere Marmorstücke herabgeschleudert, von denen eines in das Gewölbe einschlug, ein anderes das Haus Luca Rinieri's zertrümmerte. In der Todesnacht wollte man ein Meteor über Careggi erglänzen und verschwinden gesehen haben[1]. Drei Stunden nach dem Hinscheiden wurde die Leiche von Careggi nach San Marco getragen und dort blieb sie in der Kapelle einer Laienbrüderschaft, bis am folgenden Tage die Geistlichkeit von San Lorenzo sie in feierlichem Zuge bei Anbruch der Nacht abholte und nach der Sacristei der Basilika brachte. Die kirchliche Feier war einfach wie er gewünscht hatte. Die Trauer war allgemein. Die höhern Stände, überwiegend an das Mediceische Interesse gekettet, empfanden schwer den Verlust des Mannes, dessen sichere geübte Hand das Steuer so lange gelenkt hatte, während Untugenden durch glänzende Eigenschaften aufgewogen wurden. Wer sagte ihnen vorher, wie die Dinge gehen würden? Am 10. April, schreibt Bartolommeo Cerretani, war die ganze Stadt bei Piero. Das Volk beklagte den Verlust dessen, der ihm, was immer es kosten mochte, Frieden und Wohlleben verschafft hatte[2]. Manche mochten sich über seinen Tod freuen und Heil davon erwarten; an Zeugnissen solcher Gesinnung in Aufzeichnungen, nicht für fremde Blicke bestimmt, fehlt es nicht. „Da ich weiß, schreibt Alamanno Rinuccini indem er des Medici Vorzüge und Gebrechen schildert, daß Schmeichler und Fälscher der Wahrheit, meist von ihm durch

---

1) Ueber die Prodigien s. Polizian's Brief wie Rinuccini a. a. C. und Cambi S. 67, wo ausführlich über die verheerende Wirkung des Blitzstrals. Auch Burcard S. 175.
2) Guicciardini a. a. C. Kap. IX.

Ehren und Gewinn auf öffentliche Kosten erkauft und bestochen, viel Unwahres in Augendienerei und Trug über ihn verbreiten, so will ich von ihm, seinem Leben, seinen Sitten die ich genau kennen gelernt, in der Kürze berichten, nicht zu übler Nachrede noch aus Haß gegen ihn, von dem ich verschiedene Auszeichnungen empfing auf welche ich Anspruch halte, sondern um der Wahrheit die Steuer zu geben. Die Zeichen vor seinem Tode erachtete die Menge als Vorherverkündigung großer Uebel: sie wären Verkündigung großen Heils gewesen, hätten die Bürger die Gelegenheit zu benutzen verstanden [1]."

Am 13. April, drei Tage nach der Beisetzung, erließen Rathsversammlungen und Volk im Verein mit der Signorie folgendes Decret [2]: „Da der vornehmste Mann unserer Stadt, der kürzlich verstorbene Lorenzo de' Medici während seines ganzen Lebens keine Gelegenheit, diese Stadt zu schützen, zu mehren, zu schmücken, zu erhöhen ungenutzt gelassen, sondern stets mit Rath, Autorität und Mühewaltung, mit Sinnen und Thun bereit gewesen ist, sein persönliches Interesse dem Vortheil und Besten der Gesammtheit untergeordnet, für das Wohl des Staates und seine Freiheit nicht Mühen noch Gefahren gescheut und zu solchem Zwecke alle seine Gedanken und seine Kraft aufgewandt hat, indem er die öffentliche Ordnung durch treffliche Gesetze sicherte, einen gefahrvollen Krieg durch seine Gegenwart zur Entscheidung brachte, die im Kampfe verlornen Ortschaften wiedergewann, feindliche nahm, da er ferner, nach seltenen vom Alterthum uns gebotenen

---

[1] Ricordi S. CXLVI.
[2] Bei Fabroni a. a. O. Bd. II. S. 398. Cerretani meldet, daß in den Rathsversammlungen im Ganzen 483 zu Gunsten, 63 mit Nein stimmten. „Man sah darin Zeichen der Eintracht und feste Hoffnung für die Zukunft, aber Alles schrieb sich von der Beliebtheit Lorenzo's her, welchen mit seinen Mitbürgern und dem Volke ganz Italien beweinte."

Mustern, für der Bürger Heil und des Vaterlandes Freiheit sich selbst in der Gegner Gewalt begab und von Liebe zur Heimat erfüllt die allgemeine Gefahr auf sein Haupt ablenkte, da er endlich nichts unterließ was zur Erhöhung unseres Ansehens und zur Erweiterung unserer Grenzen dienen konnte, so ist es, auf den Vortrag des obersten Magistrats, dem Senat und Volke von Florenz geeignet erschienen, dem Andenken eines solchen Mannes ein öffentliches Zeugniß der Dankbarkeit zu stiften, auf daß bei den Florentinern die Tugend nicht ungeehrt bleibe, und in künftigen Tagen andere Bürger dadurch angetrieben werden, dem Gemeinwesen zu dienen mit Kraft und Weisheit. Da nun aber Lorenzo's Andenken äußerer Zierde nicht bedarf, indem es tiefe Wurzeln geschlagen und täglich frischer aufblüht, so ist beschlossen worden, auf des Verblichenen ältesten Sohn Piero, Erben der väterlichen Würde und Nachfolger in seinem Ruhm, diese öffentliche dem Vater und seinen Vorfahren schuldige Ehre zu übertragen. Umsomehr als Piero schon in seiner Jugend des Vaters Gaben an den Tag legt und gewissermaßen dessen Ebenbild ist, und sich bereits so gezeigt hat, daß wir hoffen dürfen, er werde, unter Gottes Beistand, in die väterlichen Fußstapfen treten."

Am 10. April, vor Tagesanbruch, hatte ein Eilbote dem Cardinal die bereits seit einigen Tagen erwartete Todeskunde überbracht. Sogleich legten Giovanni de' Medici, seine Hofleute und Dienerschaft Trauer an, die Wohnung wurde schwarz verhängt, alle Cardinäle, Francesco Piccolomini voran, statteten ihrem jungen Collegen Beileidsbesuche ab. Vier Tage darauf wurde in Sta Maria sopra Minerva ein Todtenamt gehalten. Franceschetto Cybò und der Graf von Pitigliano waren zugegen, in bis zum Boden reichenden Mänteln von grobem schwarzem Tuche, und Cnostio Tornabuoni, der Medici

Geschäftsführer bei der Curie mit vielen Prälaten und Herren. Am folgenden Tage veröffentlichte Innocenz VIII. die Ernennung Giovanni's de' Medici zum Legaten in Toscana, wohin dieser infolge des Todesfalls zurückzukehren wünschte, mit seinem Bruder, an den er mehre Briefe richtete, die Lage der Dinge zu berathen. Der Cardinal war so angegriffen, daß er sich während der Messe eine Zeitlang zurückziehen mußte¹). Von den Aeußerungen des Papstes, der einen Orator nach Florenz sandte, über den Verlust des Mannes, der ihm so nahe stand, obgleich er ihn während seines Pontificats nie gesehen, ist nichts bekannt. Anders ist es mit König Ferrante. Als er am Morgen des 11. April in der Nähe von Palma, wo er sich befand, durch ein Schreiben Marino Tomacelli's vernahm, daß alle Hoffnung aufgegeben sei, schrieb er an Giacomo Pontano nach Rom, er solle dem Papste alle ihm zu Gebote stehenden Mittel anbieten, um Ruhestörung in Italien zu verhindern, und ihm die von Virginio Orsini befehligte Mannschaft zur Verfügung stellen. An Virginio schrieb er noch an demselben Abend, nachdem die Todeskunde („die uns im tiefsten der Seele betrübt") ihn erreicht hatte, mit dem Auftrag ohne weitern Befehl sich nach des Papstes Verfügungen zu richten, falls dieser seiner bedürfe²). Zu seiner Umgebung soll der König geäußert haben: Für seinen unsterblichen Ruhm hat dieser Mann lange genug gelebt, für Italien kurz. Gott gebe, daß, nun er todt, nicht versucht werde, was bei seinem Leben nicht gewagt ward³).

1) Burcard S. 171—175. Ueber die Ernennung zum Legaten vgl. Stefano's da Castrocaro Schreiben an Piero, Rom 15. April 1492, Fabroni Vita Leonis X. S. 13 und Anm. 10, Roscoe Leo X., App. Nr. XXIV.

2) Codice Aragonese a. a. O. S. 74, 75.

3) Fabroni Laur. Med. Vita Bd. I. S. 212. Die Rede ist ebenso unverbürgt wie diejenige bei Alexanders VI. Papstwahl.

Daß Innocenz VIII. mit Ferrante von Aragon darin vollkommen einig war, die Erhaltung des Mediceischen Hauses in der bisherigen Stellung sei nothwendig zur Bewahrung des bestehenden politischen Systems, erkennt man aus der Antwort, welche Lodovico il Moro im Namen seines Neffen Gian Galeazzo von Vigevano aus am 20. April an den Papst richtete¹). Welche immer die wahre Gesinnung des Sforza sein mochte, der schon seit zwei Monaten die Instructionen für die Gesandtschaft an Carl VIII. ausgefertigt hatte, die der erste Schritt zum Ruin Italiens war: auf des Papstes Absichten kann sein Schreiben nur ein günstiges Licht werfen. „Eure Heiligkeit hätte mir nichts Erwünschteres schreiben können, als was Dieselbe mir kürzlich über den Wunsch, in Italien Frieden zu halten und den Söhnen Lorenzo's de' Medici ihre Stellung zu bewahren, mitgetheilt hat. Denn nichts liegt mir mehr am Herzen als die Fortdauer der Ruhe Italiens, für welche ich unerträglichen Lasten und Kämpfen mich wiederholt zu unterziehen nicht gescheut habe, während zwischen mir und der Mediceischen Familie ein öffentlicher wie ein persönlicher Freundschaftsbund besteht. Mein Gedächtniß wiederholt mir, wie der erlauchte Fürst mein Großvater [Francesco] durch Cosimo's de' Medici Geldmittel unterstützt den Staat unserer Ahnen wiedererlang, welcher nach seines Schwiegervaters Tode sozusagen verloren war. Ich erinnere mich gleichfalls daran, wie Florenz und das Mediceische Haus sich seitdem nie in der Lage befunden haben unseres Beistandes zu bedürfen, ohne daß wir ihnen Waffen und Geld zur Verfügung gestellt hätten. Es ist mir folglich lieb, daß inmitten der tiefen Trauer welche der Tod des erlauchten Lorenzo in mir weckt, E. H. Schreiben mich zu

---

1) Fabroni a. a. O. Bd. II. S. 396.

dem auffordert, wozu ich aus eigenem Antriebe geneigt war, und was mir so nahe liegt, als handelte es sich um mein persönliches Heil. Denn nicht nur E. H., welcher meine Anhänglichkeit an die Mediceische Familie bekannt ist, sondern Alle die etwas von italienischen Angelegenheiten wissen, müssen sich überzeugt halten, daß ich mich so gegen Lorenzo's Söhne zu verhalten fortfahren werde, wie ich mich bisher gegen ihn, wie meine Vorfahren sich gegen seinen Vater und Großvater verhalten haben. Keinem kann es einfallen, daß ich nicht wie bisher in die Fußstapfen meiner Altvordern treten werde, indem diese zu allen Zeiten gepflegte und durch gegenseitige thatsächliche Beweise bewährte Freundschaft mit den Medici bis zu dieser Stunde nicht nur keine Störung erfahren hat, sondern zu beider Frommen und Freude immer gekräftigt worden ist. Das Beharren in dieser Gesinnung wird mir zwiefach zur Pflicht gemacht, so durch alle zugleich und neue Beziehungen zu den Medici, wie durch den Umstand daß ich dadurch den Absichten E. H. entsprechen werde."

Lorenzo be' Medici wurde in der Sacristei von San Lorenzo beigesetzt, wo sein Vater, Oheim, Bruder, seine Großeltern und andere Angehörige ruhen. Als sein Sohn Giovanni, der am 11. Mai 1492 Rom verließ um sich nach der Heimat zu begeben, hier vor der Gruft des Vaters stand, ahnte er nicht daß er, mehr als dreiundzwanzig Jahre später, am ersten Adventsonntage 1515, als geistliches Haupt der Christenheit in Thränen auf dieser Stelle niederzuknieen bestimmt war[1]). Inmitten alles Glanzes und aller Größe wozu die Medici emporstiegen, scheint keiner daran gedacht zu haben, dem berühmtesten Manne der Familie ein Denkmal zu errichten,

---

[1] Nach dem Diarium des Paris de' Grassi bei Fabroni Vita Leonis X. S. 95.

während der größte Bildhauer des Jahrhunderts zwei unbedeutenden Mitgliedern dieser Familie durch Monumente zur Unsterblichkeit verhalf. Im J. 1559 ließ Herzog Cosimo I. die sterblichen Reste Lorenzo's und seines Bruders Giuliano in die Porphyrlade legen, welche sie selber ihrem Vater und Oheim hatten aufstellen lassen¹).

Angelo Poliziano hat bei dem Tode des Mannes, dem er im Leben so nahe stand, nachfolgenden Gesang²) gedichtet, welchen Heinrich Isaak in Musik setzte.

  Wer giebt zur Klage Stimm' und Muth,
 Wer meinem Aug' die Thränenflut,
 Daß ich bei Tag in tiefem Weh',
 Im Jammer mich bei Nacht ergeh'?
 So klagt der Tauber, einsam, müd',
 So singt der Schwan sein Sterbelied,
 Die Nachtigall, wenn Lenz entflieht;
 O weh mir Armen, trüb und bang,
 O bittrer Schmerz, der mich durchdrang!

---

1) **Moreni** Descrizione istorico-critica delle tre Cappelle Medicee in S. Lorenzo. Flor. 1813. S. 103. — Bei der Umwälzung des J. 1494 verschonte die den Medici feindliche Partei selbst die Monumente nicht völlig, denn die Inschrift über dem Grabe Cosimo's des Alten wurde entfernt, des Pater patriae wegen, und im J. 1497, in der Savonarola'schen Zeit, wurden alle Mediceischen Wappenschilder weggenommen oder verdeckt, und durch das rothe Kreuz des Volkes ersetzt. Auf das Wiedererscheinen des Kugelwappens nach der Umwälzung des J. 1512, bezieht sich ein Epigramm von Benvenuto Cellini's Vater, das die Papstwürde in der Familie prophezeit:

  Quest' arme, che sepolta è stata tanto
  Sotto la croce mansueta,
  Mostra hor la faccia gloriosa e lieta,
  Aspettando di Pietro il sacro ammanto.

2) Die eigenthümliche Monodia in Laurentium Medicem („Quis dabit capiti meo aquam"), von Polizian's lateinischen Compositionen so verschieden, steht am Schlusse der Ausgabe seiner Werke von 1499. [Bei del Lungo S. 274.] Die in der florentiner Ausgabe der italienischen Dichtungen von 1814 nach einer Riccardischen Handschrift gedruckten Terzinen auf Lorenzo's Tod (in Carducci's Ausg. S. 392 ff.) sind ohne Zweifel nicht von Polizian.

Vom Blitze liegt da jäh gefällt
Der Lorbeer, Zierde dieser Welt,
Der Lorbeer, den der Musen Chor
Und Nymphen pries vor unserm Ohr;
In dessen Schatten Poesie
Und alles Schönen Harmonie
In froher Herrlichkeit gedieh;
Stumm ist nun Alles rings umher,
Taub ist es wie auf ödem Meer!

Wer giebt zur Klage Stimm' und Muth,
Wer meinem Aug' die Thränenflut,
Daß ich bei Tag in tiefem Weh',
In Jammer mich bei Nacht ergeh'?
So klagt der Tauber einsam, müd',
So singt der Schwan sein Sterbelied,
Die Nachtigall, wenn Lenz entflieht;
O weh mir Armen, trüb und bang,
O bitter Schmerz, der mich durchdrang!

Schluß.

Erst dreiundvierzig Jahre alt, ist Lorenzo de' Medici abberufen worden. Eine kurze Spanne Zeit für so große wie vielseitige Thätigkeit, für so dauernden Nachruhm. Ein bedeutender Mensch, der glänzendste Repräsentant einer bedeutenden Zeit, deren Eigenschaften und Vorzüge wir bei keinem andern zu einem so harmonischen Ganzen verschmolzen finden. Lebendiger selbstbewußter Drang des Schaffens mit dem Streben nach Erkenntniß der Phasen des Entwicklungsganges zur Fundamentirung des Neuen, regste Empfänglichkeit und rascheste Auffassung mit dem Ernst und der Sorgfalt des Studiums, frischer freudiger Kunstsinn mit der Fähigkeit unmittelbarer Anwendung auf das Leben, alles das finden wir bei ihm vereint, die Eigenschaften des Dichters und des Staatsmanns, des Kenners und des unermüdeten Förderers, des Bürgers und des Fürsten, Phantasie und klaren Verstand, große Pläne und geduldige Berechnung. In den durch die Leitung eines eigenthümlich constituirten Staatswesens ihm überwiesenen zahllosen Geschäften unermüdlich, ausdauernd, mit sicherm und raschem Blick das Ganze überschauend und das Kleinste beachtend, in reiferen Jahren vorsichtig und besonnen, das Ziel unverrückt im Auge, ohne blindes Selbstvertrauen und ohne Ueberhebung wenngleich mit dem lebendigen Gefühl der eigenen Stellung wie jener des von ihm vertretenen Staates. Mit wunderbarer Leichtigkeit von practischer Politik zu Speculation, Wissenschaft, Poesie übergehend, und auch hier umfassend, vielseitig, schöpferisch wie Wenige, mit regstem Interesse und feinstem Schönheitsinn und tiefer Einsicht in Wesen und Aufgaben der Kunst. In häuslichen und Familien-Beziehungen freundlich, gesellig, heiter, selbst inmitten körperlicher Leiden, nicht frei von Verirrungen die damals schon und später weit mehr das eheliche Verhältniß lockerten, doch mit ungeheuchelter Anhänglichkeit für die Seinen, für die treffliche Mutter mit der er manche Eigenschaften theilte, für die Gattin die er nicht gewählt hatte, für die Kinder denen er ein zärtlicher aber nicht schwacher Vater, ein verständiger und vorsorglicher Berather war. Ein warmer, aufmerksamer, standhafter Freund, als solcher verschiedenartigste Naturen an sich heranziehend und fesselnd, stets zu helfen bereit durch Rath und That, inmitten von tausend Geschäften mit gleichem Eifer einschreitend und sich verwendend für Hohe und Niedrige. Mit feinem Gefühl für das Schickliche begabt, wenn er sich gleich nicht frei zu halten vermochte von dem Epikuräismus der Zeit, die auch von diesem erlesenen Geiste Opfer verlangt hat, und auch dann noch mit lebendigem Bewußtsein der Macht der Culturtendenzen auf dem Boden der Kirche, wenn frivoler Materialismus diese zu schwächen, ihn selbst in den Lebens-Anschauungen auf bedenkliche Abwege zu führen drohte.

Die Schwächen und Untugenden seiner Zeit haben ihm auch sonst nicht gefehlt. Sie haben seine Politik beeinträchtigt, obgleich sie hoch steht über jener der meisten Fürsten und Staatsmänner seiner Tage, der italienischen wie der auswärtigen, so in der Ehrlichkeit wie in der Folgerichtigkeit, und, wenigstens in seinem letzten Decennium, in unwandelbarem Festhalten an der Nothwendigkeit der Bewahrung von Frieden und Eintracht, in jenem Nationalitätsbewußtsein, wie es überhaupt der Auffassung der Epoche entsprach, an welche man, ohne Unbilligkeit, das Verlangen nach ihr fremden Anschauungen nicht stellen darf. Seine innere Politik hat schärfster Tadel getroffen, so in Bezug auf fortschreitende Fälschung des Wesens der Verfassung zur Mehrung persönlicher Autorität, wie inbetreff der Corruption zur Erlangung unbehinderter Befugniß im Verwenden der Geldmittel. In letzterem Falle ist kaum abzusehen wie er bei längerem Leben einem Zusammenbrechen hätte vorbeugen können, falls nicht ihm und dem Staate vergönnt worden wäre, durch Erhaltung sichern Friedens ein Gleichgewicht im Innern herbeizuführen, wozu allerdings in den letzten Jahren Grund zu legen begonnen worden war. In Bezug auf ersteres, haben manche seiner Zeitgenossen der Ansicht Ausdruck geliehen, daß er auf einen eigentlichen Principat hinsteuerte, und um zum Ziel zu gelangen nur auf einen geeigneten Moment wartete, etwa auf den Antritt des Gonfalonierats, sobald diese Würde ihm nach Erreichung des gesetzlichen Alters zugefallen wäre. Und doch hätten ihm, der Alles vermochte, auch sonst Anlässe und Mittel nicht mangeln können, wenn dies Ziel ihm vorschwebte. Aber er kannte Stadt wie Volk zu gut, um sich der Erkenntniß der Hindernisse und Gefahren zu verschließen, die ihn auf diesem Wege bedrohten.

Der Freiheitssinn dieses Volkes wurzelte tief. Glaubte man ihm auch durch politische Manöver beigekommen zu sein, durch bisweilen mehr scheinbare als wirkliche Förderung materieller Interessen sein moralisches Bewußtsein eingeschläfert, durch Gewährung von Formen statt der Wirklichkeit seinen Scharfsinn getäuscht zu haben, lange hielt es nicht vor. Die Masse, so wenig sie politisch practisch in Betracht kam, war so luchsäugig wie eifersüchtig, so ferne es sich um den Schein von Freiheit handelte. Die herrschende Classe oder Faction ist nie des Willens gewesen, sich ohne weiteres lenken zu lassen. Als die Verschwörung der Pazzi den Staat in die Hand Lorenzo's be' Medici gab, war es gerade ein Jahrhundert, seit man sich an die beinahe unbeschränkte Herrschaft einer Faction hatte gewöhnen müssen. Die J. 1378 und 1478 sind, abgesehen von ihren Blutscenen, verhängnißvoll geworden in der florentinischen Geschichte. Doch selbst zur Zeit ihrer höchsten Macht sind diese Factionen nicht sicher noch ruhig gewesen. Große Gefahren wie große Erfolge, angestrengte Thätigkeit im Innern wie Reputation im Auslande waren nöthig ihr Regiment zu stützen. Ebensowenig aber ist auf ihre Stetigkeit zu zählen gewesen. Jeder dünkte sich dem Andern gleich, und nachdem in der Zeit der Albizzi mehr als in irgendeiner andern persönliches Verdienst den Ausschlag gegeben, hat die Mediceische Epoche nur zu sehr die Herrschaft persönlicher Interessen an den Tag gebracht. Nur durch Befriedigung letzterer, namentlich durch materielle Vortheile, ist es Lorenzo gelungen, Zerwürfnissen vorzubeugen wie sie seinen Vater und Großvater gefährdet haben, aber gerade dadurch ist seine Herrschaft auf die Abwege gerathen, auf denen kaum noch seine seltenen Geistesgaben und reife Erfahrung wie der Zauber seines Namens sie vor dem Straucheln bewahrten, während bald nachher der betäubende Sturz erfolgte.

Vielleicht der schlimmste Uebelstand des Regiments Lorenzo's il Magnifico hat in dem zunehmenden Misverhältniß zwischen der äußern Form und der realen Macht gelegen, in der Verrückung der Autorität von ihrem legalen Centrum, wodurch zugleich Recht wie Maß in Frage gestellt wurden. In Allem hat das Persönliche den Ausschlag gegeben, in der Politik wie in der Verwaltung, in den Finanzen, selbst in

der Justiz. Die Einsichtigen unter den Zeitgenossen haben
diesen radicalen Uebelstand nicht verkannt und sich selbst in
bittersten Worten darüber ausgesprochen. Wenn man hier
jedoch nicht blos solchen Excessen entging wie sie in allen
italienischen Staaten, mit kaum einer Ausnahme, vorgekommen sind, sondern wenn Lorenzo's Regiment im Ganzen von
jener Gewaltsamkeit frei blieb welches jenes Cosimo's des
Alten bezeichnet hatte, so haben dazu allerdings die ruhigere
Zeit, die gesichertere Stellung, die längere Angewöhnung an
diese Herrschaft beigetragen, aber auch die Sinnesart des
Mannes der an der Spitze stand. Lorenzo be' Medici wollte
herrschen, aber er ist kein Tyrann gewesen. Er war dazu
einestheils zu scharfsinnig und ermaß zu gut Charakter und
Traditionen des Volkes, anderntheils war er eine zu reich und
groß angelegte Natur, zu offen, zu hochsinnig, zu freundschaft-
bedürftig, ja zu genußliebend. Endlich war er zu sehr florentiner Bürger. Nicht blos dem Aeußern nach war er's,
in seiner Erscheinung, seiner Tracht, seinem Verhalten. Durch
nichts würde er sich von der Gesammtheit unterschieden
haben, hätte man ihm nicht, freilich ein arger Verstoß gegen
die bürgerliche Gleichheit, seit der Verschwörung der Pazzi
jenes Gefolge zugestanden oder beigelegt, anfangs vier seiner
Vertrauten, später zwölf von der Signorie bezahlte Leute.
Bei Lorenzo's Sohne hat das bürgerliche Wesen nicht Stand
gehalten — man sagte von Piero er sei keine florentinische
Natur — ganz verschwunden ist es kaum bei Einem oder
dem Andern des Geschlechts. In der eigenen Familie sahen
wir Lorenzo Einfachheit aufrechthalten, in den Geschäften
hat er den Schein zu wahren gesucht, mochte er noch so sehr
die Dinge lenken, ohne freilich vermeiden zu können daß
man klagte, Ser Piero da Bibiena ziehe in seine Kanzlei
was vor das Polizeigericht der Acht gehöre. Bei wichtigen

Anlässen liebte er es sich mit Vielen zu besprechen, aber mit Jedem einzeln, worauf er ohne Zuziehung Anderer den Entschluß faßte.

Ueber sein eigenmächtiges Verfahren in Geldangelegenheiten gingen schon in seiner Zeit die Meinungen sehr auseinander. Ohne die Verwendung der Staatsgelder wäre er ruinirt gewesen, aber man urtheilte, sein Ruin würde Aller Ruin nach sich gezogen haben. Alles was Lorenzo genommen, so um seinen Credit zu retten wie um ein glänzendes Leben zu führen, sei nichts im Vergleich mit Verlusten, denen ein Staat durch unfähige Verwaltung ausgesetzt werde, ja eine einzige ungeschickte oder verschleppte Maßregel könne einem Staate theurer zu stehn kommen als Lorenzo's ganzes Regiment. Die Medici, so hieß es, hätten allerdings eigenen Vortheil zum letzten und höchsten Endzweck wonach sie Thun und Lassen bemessen, aber sie seien florentiner Bürger gewesen und geblieben, und in den meisten Fällen habe ihr Interesse und das des Staates sich gedeckt. So urtheilten nach Lorenzo's Tode und Piero's Sturz die Günstigen, denen dann freilich die Antwort ward, ihr Endzweck sei denn doch nur Alleinherrschaft gewesen, zu der sie unter der Form der Demokratie mittelst Beseitigung des Einflusses der edlen Familien und Begünstigung Vieler aus den unteren Ständen emporzusteigen gesucht hätten, nicht die Suprematie in einem mehrundmehr aristokratisch sich gestaltenden Staatswesen wie bei den Albizzi. Eine schlaue Tyrannei wie jene Cosimo's, eine durch Leutseligkeit und Generosität gemäßigte wie die Lorenzo's sei um so schlimmer, weil sie das Volk vergifte, indem sie es darauf vorbereite, Härteres zu ertragen. Ein Ausspruch, der sich in nicht ferner Folgezeit nur zu sehr bewährt hat.

Mit ihrem Guten und Schlimmen haben die Medici in

Florenz die tiefsten Wurzeln geschlagen. Sie haben die Republik auf die Dauer unmöglich gemacht. Wir haben, so lauten die Worte welche Francesco Guicciardini nach ihrer Vertreibung im J. 1494 einem in dieser Geschichte wiederholt genannten Manne Paol' Antonio Soderini in den Mund legt, zwei tödliche Wunden, den Pisanerkrieg und die Medici im Exil. Mit ihren zahlreichen Freunden in Stadt und Landschaft und der Größe ihres Namens im Auslande werden sie uns viel zu schaffen machen. Er hatte Recht. Die Municeische Partei würde der Republik von 1495 wie der von 1527 den Todesstoß gegeben haben, wären ihr auch nicht äußere Verhältnisse zu Hülfe gekommen. Das Werk ist ihr dadurch erleichtert worden, daß, wie in manchen andern Republiken, das Verhältniß der herrschenden Gemeinde zu den unterthänigen Städten und Ortschaften ein unnatürliches und unendlich drückendes war, letztere unter dem Einfluß der Traditionen ihrer alten Freiheit nur gezwungen gehorchten, und ein persönliches Regiment, wie es vierzig Jahre nach Lorenzo's Tode dauernd aufkam, leichter ertrugen als ihre frühere Stellung, vielleicht schon aus dem Grunde, weil nun auch die alten Herren ihren Nacken unter das gleiche Joch beugen mußten.

Im neunten Kapitel seiner florentinischen Geschichte hat der große Historiker, dessen eben gedacht worden ist, seine meisterhafte Schilderung Lorenzo's de' Medici in der Einwirkung auf seine Vaterstadt am Schlusse in wenige Worte zusammengefaßt. Die Stadt, sagt er, ist unter ihm nicht frei gewesen, aber einen erträglichern und bessern Herrn hätte sie nicht finden können. Denn wenn von ihm, infolge angeborener Güte und Neigung, unendlich viel Gutes ausging, so waren die Uebel, insoferne sie sich von der Natur der Tyrannis selber herschreiben, gering und auf die Nothwendigkeit beschränkt, unendlich geringer aber, wo sein eigener Wille ins Spiel kam. Mochten deshalb auch Manche sich über seinen Tod freuen, so betrübte er doch die welche am Regiment Antheil hatten, solche selbst die sich über ihn zu beschweren Grund hatten, denn niemand wußte wohin der Wechsel führen würde.

Dies erfuhr man allerdings bald. Kaum dritthalb Jahre lag Lorenzo il Magnifico im Grabe, und noch hatten seine Söhne nicht Zeit gefunden ihm ein Denkmal zu errichten, so brach der stolze Bau zusammen, wozu Giovanni d'Averardo den Grundstein gelegt, welchen Cosimo aufgeführt, Piero und Lorenzo erweitert und geschmückt hatten. Am 9. November 1494 schloß Luca Corsini, einer der Prioren, dem aus dem französischen Lager bei Sarzana zurückgekehrten Piero de' Medici das Thor des Palastes der Signorie ins Gesicht zu, und gab so das Signal zu der großen Umwandlung in den Geschicken des Freistaats. Weder durch des Vaters Scharfsinn und Erfahrung berathen, noch durch dessen Autorität bei den Großen und die Zuneigung der Menge getragen, hatte Lorenzo's Sohn und Nachfolger in dem seit lange drohenden Zwiespalt, welcher Frankreich in die dynastischen Zerwürfnisse Italiens hineinzog, die aragonischen Interessen gegen die des Moro und des französischen Königes zu den seinigen gemacht, und dann in dem Moment, wo letzterer, nachdem er unbehindert den Apennin überstiegen, Florenz bedrohte, kopf- wie muthlos und ohne einen Schatten von Befugniß, die Vesten des Staates, Sarzana, Pietrasanta, Pisa, Livorno den Fremden überliefert. Als bei Ausbruch des Zornes über das unerhörte Verfahren der alte Ruf: Volk und Freiheit! erscholl, stieg Piero de' Medici zu Pferde, und war froh die Straße nach Bologna zu gewinnen, wohin seine Brüder und die am meisten Compromittirten unter seinen Anhängern ihm folgten, während der Pöbel den Mediceischen Palast und die Häuser der verhaßtesten Werkzeuge der Finanzverwaltung plünderte. So war in einem Nu die Umwälzung da, welche unter den Augen eines fremden Herrschers (an demselben 9. November war Carl VIII. in Pisa eingerückt wo der Aufstand gegen Florenz begann, acht Tage später war er im Palast der Via Larga) einen neuen popolaren Staat schuf. Dieser Staat währte unter den größten inneren wie äußeren Schwierigkeiten beinahe achtzehn Jahre, um einer neuen Mediceischen Suprematie Platz zu machen, die nach einer zweiten durch ähnlichen äußern Anlaß herbeigeführten dreijährigen Unterbrechung sich zu erblicher Alleingewalt gestaltete und Dauer gewann, bis, nach vollen zwei Jahrhunderten, die umgewandelte Familie in dem umgewandelten Lande zu Ende ging, auch dann noch betrauert, als wenig mehr geblieben war von den Eigenschaften die ihr einst hellen Glanz verliehen hatten.

Die Männer welche Lorenzo il Magnifico am nächsten standen, haben verschiedene Geschicke gehabt. Von den Häuptern der Partei sind mehre, nun auf die eigenen Füße gestellt, einflußreich und mächtig geworden in dem neuen Gemeinwesen, Andere blutigem Loose verfallen. Von den Freunden die sein Sterbebette umgaben, erlebte der Eine, Angelo Poliziano, die Katastrophe nicht, die das glänzende Haus traf. Am 24. September 1494 ward er abberufen, im Tode nicht verschont von dem bösen Leumund den das Leben des geistvollen Mannes gewissermaßen herausgefordert hatte. Giovanni Pico von Mirandola starb am Tage des Einzugs des fremden Königs, und der Mann welchen Lorenzo de' Medici in der Todesstunde zu sich beschieden, der Predigermönch von Ferrara welcher Florenz in seinen tiefsten Tiefen umzuwühlen bestimmt war, um inmitten des von ihm selber entzündeten Brandes umzukommen, war der Tröster seiner letzten

Augenblicke. Marsilio Ficino und Christoforo Landino ist es beschieden gewesen, Zeuge des Unglücks der Familie zu sein der sie Alles verdankten und mit erblicher Zuneigung anhingen, und das Blutgericht über manche Freunde, die Zerstreuung der reichen künstlerischen und gelehrten Schätze des Hauses zu erleben, das sie groß gezogen hatte. Von den Jüngeren haben Verschiedene, achtzehn Jahre in Exil- und Geschickswechseln zugebracht, um sich endlich in dem allerdings hellen aber nicht minder verzehrenden Glanze des Pontificats Leo's X. zu sonnen, als in Literatur und Kunst, in Ariosto's und Machiavelli's, in Raffael's und Buonarroti's Werken die in Lorenzo's de' Medici Zeit ausgestreute Saat aufschoß, das politische Gebäude aber, dessen vornehmste Stütze er gewesen, und die nationale Politik unrettbar vernichtet, Italien Kampfplatz für die ganze Welt geworden, die Lombardei von Franzosen, Neapel von Spaniern beherrscht, die romagnolische Dynastenschaar weggeschwemmt war, nachdem von Jenen, die einst über Wohl und Wehe der Halbinsel entschieden, Ferrante und Alfons von Aragon in Noth und Gewissensangst, Lodovico il Moro in einem französischen Kerker geendet hatte.

Beilagen.

Chronologische Uebersicht[1].

1378 Gonfalonierat Salvestro's de' Medici. Aufstand und Herrschaft der untersten Volksclasse (Tumulto dei Ciompi).
Ambrogio Traversari geb. [† 1439.]
1379 Hinrichtung Piero's degli Albizzi.
Filippo Brunellesco geb. [† 1446.]
1380 Poggio Bracciolini geb. [† 1459.]
1381 (?) Lorenzo Ghiberti geb. [† 1455.]
1382 Ende der Pöbelherrschaft. Aufkommen der Macht der Albizzi.
1386 Donatello geb. [† 1466.]
1387 Exil Benedetto's degli Alberti und der Seinigen.
Fra Giovanni von Fiesole geb. [† 1455.]
1388 Salvestro de' Medici †.
1389 Cosimo de' Medici geb. [† 1464.]
1391 Neri Capponi Gino's Sohn geb. [† 1457.]
(?) Michelozzo Michelozzi geb. [† 1472.]
1393 Gewaltherrschaft Maso's degli Albizzi. Vieri de' Medici.
1394 Luigi Marsigli †.
1396 Emmanuel Chrysoloras nach Florenz berufen. [† 1415.]
Giannozzo Manetti geb. [† 1459.]
1399 Bittzüge der Weißen Büßenden. Große Sterblichkeit.
Carlo Marsuppini geb. [† 1453.]
1400 Krieg mit Gian Galeazzo Visconti. Bündniß mit König Ruprecht von der Pfalz. [Gian Galeazzo † 1402.]
Luca della Robbia geb. [† 1482.]
1401 Masaccio geb. zu San Giovanni im Valdarno. [† 1428.]
1403 Bündniß mit P. Bonifaz IX. u. A. gegen die Visconti.
L. Ghiberti erhält den Auftrag zur ersten Thüre des Baptisteriums.
1404 Anfang des Unternehmens gegen Pisa.
1405 Kampf um Pisa. Gino Capponi.
Matteo Palmieri geb. [† 1475.] L. B. Alberti geb. [† 1472.]
1406 Einnahme von Pisa.
Coluccio Salutati † [geb. 1330.]
1408 Bemühungen zur Wiederherstellung der kirchlichen Einheit.
1409 Concil zu Pisa. (P. Alexander V.)
Bernardo Rossellino geb. [† 1464.]

---

1) Gegenwärtige Chronologie hat lediglich den Zweck, die Uebersicht des zeitlichen Zusammenhangs in den verschiedenen Theilen des Werkes zu erleichtern.

1410 Bündniß mit P. Johannes XXIII. [Balthasar Cossa.]
Fra Belcari geb. († 1484.]
1411 Vertrag mit K. Ladislaus von Neapel. Raul von Cortona. Einsetzung des Raths der Zweihundert.
1412 (?) Fra Filippo Lippi geb. [† 1469.]
1414 Neues Abkommen mit K. Ladislaus, dann nach Ladislaus' Tode mit dessen Schwester Königin Johanna II.
Cosimo de' Medici mit P. Johannes XXIII, in Constanz.
1415 Benedetto Accolti geb. [† 1466.]
1416 Pest in Florenz.
Piero de' Medici geb. († 1469.]
1417 Maso degli Albizzi †. Rinaldo dessen Sohn und Niccolò da Uzzano an der Spitze des Gemeinwesens.
1419 P. Martin V. in Florenz. Versöhnung und Tod Johannes' XXIII. Erzbisthum Florenz. Amerigo Corsini.
1420 Filippo Brunellesco. Architekt der Domkuppel.
Benozzo Gozzoli geb. [† 1498.]
1421 Ankauf von Livorno. Gino Capponi †.
1422 Blüte des Handels. Verbindungen mit der Levante.
1423 Anfang des Krieges gegen Filippo Maria Visconti.
1424 Niederlage bei Zagonara.
Cristoforo Landino geb. [† 1504.]
1425 Niederlage bei Anghiari.
Lorenzo Ghiberti erhält den Auftrag zur zweiten Thüre des Baptisteriums.
1426 Mißverständnisse wegen der Steuern und Kriegslasten. Die Albizzi und Giovanni de' Medici.
1427 Erstes Kataster.
Antonio Rossellino geb. († 1478.]
1428 Friede mit Filippo Maria Visconti.
Reform der Hochschule. Palla Strozzi.
1429 Giovanni de' Medici †. Aufstand Volterra's wegen Einführung des Katasters.
Francesco Filelfo in Florenz.
Antonio Pollaiuolo geb. [† 1498.]
1430 Krieg gegen Lucca. Die Juden in Florenz.
Bartolommeo Scala geb. († 1495.]
1431 P. Eugen IV. — Luigi Pulci geb. [† 1486.]
Mino da Fiesole geb. [† 1484.]
1432 Giuliano da Maiano geb. († 1490.] Niccolò da Uzzano †.
K. Sigmund in Italien. [Römische Kaiserkrönung 1433.]
1433 Der Krieg gegen Lucca durch den Frieden mit Mailand beendigt.
Exil Cosimo's de' Medici.
Marsilio Ficino geb. [† 1499.]

1434 Rückberufung Cosimo's de' Medici. Exil Rinaldo's degli Albizzi, Palla Strozzi's und ihrer Freunde. P. Eugen IV. in Florenz. Beendigung der Domkuppel.
1435 Cosimo de' Medici Gonfaloniere.
Andrea del Verrocchio geb. [† 1488.]
1436 Einweihung des Doms durch P. Eugen IV. Kloster und Bibliothek von San Marco. Palast Medici.
1439 Florentiner Unionskoncil. Die Griechen in Florenz.
1440 Viskontischer Krieg. Schlacht bei Anghiari. Ende der Herrschaft der Guidi im Casentino.
1441 Job Balbaccio's da Anghiari.
Pietro Pollaiuolo geb. [† 1498?]
(?) Luca Signorelli geb. [† 1523.]
1442 Benedetto da Maiano geb. [† 1498?].
Rinaldo degli Albizzi † in Ancona.
1445 Giuliano Giamberti da Sangallo geb. [† 1516.]
1446 S. Antoninus Erzbischof [† 1450.]
1447 Krieg im Chianathal gegen Alfons von Aragon König von Neapel — P. Nicolaus V.
1449 [1. Januar] Lorenzo de' Medici geb. [† 1492.]
Bernardo Rucellai geb. [† 1514.]
Domenico Ghirlandaio geb. [† 1494.]
1450 Zerwürfniß mit Venedig. Francesco Sforza Herzog von Mailand.
1451 Amerigo Vespucci geb. [† 1512.]
1452 Kaiser Friedrich III. in Florenz. — Die Neapolitaner im Chianathal.
Leonardo da Vinci geb. [† 1519.]
1453 Giuliano de' Medici geb. [† 1478.]
Girolamo Benivieni geb. [† 1542.]
1454 Friede von Lodi zwischen Florenz, Mailand, Venedig, Neapel.
Angelo Ambrogini Poliziano geb. [† 1494.]
1455 Intriguen gegen Cosimo de' Medici. Luca Pitti. — P. Calixtus III.
1456 Berufung des Johannes Argyropulus nach Florenz.
1457 Simon Pollaiuolo Cronaca geb. [† 1508.]
Filippino Lippi geb. [† 1504.]
1458 Verfassungsänderung Luca Pitti's. — P. Pius II.
1459 P. Pius II. in Florenz.
Benozzo Gozzoli malt die Kapelle im Pal. Medici.
1461 Piero de' Medici Gonfalonier.
1463 Giovanni Pico della Mirandola geb. [† 1494.]
1464 Cosimo de' Medici, pater patriae, †. — P. Paul II.
Marcello Virgilio Adriani geb. [† 1521.]
1465 Anfang der Pittischen Händel.
1466 Verschwörung Diotisalvi Neroni's, Luca Pitti's und ihrer Freunde gegen Piero de' Medici.

1467 Colleonischer Krieg.
1468 Friede mit Venedig. Kauf von Sarzana.
Turnier und Vermälung Lorenzo's de' Medici.
1469 Piero de' Medici †. Autorität Lorenzo's. Tommaso Soderini.
1470 Aufstandsversuch in Prato.
Bernardo Dovizi von Bibiena geb. († 1520.]
1471 Galeazzo Maria Sforza in Florenz. Lorenzo de' Medici in Rom bei P. Sixtus IV. Piero de' Medici geb. († 1503.]
Bernardo Cennini erster florentinischer Typograph.
1472 Aufstand und Eroberung von Volterra.
1473 Wiedereröffnung der Universität Pisa.
1474 K. Christiern von Dänemark in Florenz.
1475 Giovanni de' Medici (P. Leo X.) geb. († 1521.] Michelangelo Buonarroti geb. († 1564.]
Mord Galeazzo M. Sforza's. Regentschaft Bona's von Savoyen.
1478 Verschwörung der Pazzi. Tod Giuliano's de' Medici. Krieg mit Rom und Neapel. Giulio de' Medici [P. Clemens VII.] geb.
1479 Niederlage bei Poggibonzi. Lorenzo de' Medici in Neapel.
Lodovico il Moro Regent von Mailand.
1480 Friede zwischen Florenz, Neapel und dem Papst. Einsetzung des Raths der Siebzig.
1481 Cristoforo Landino's Ausgabe des Dante.
1482 Ferraresilcher Krieg. Francesco Guicciardini geb. († 1540.]
1483 Fra Girolamo Savonarola in Florenz.
Ludwig XI. König von Frankreich †. Carl VIII.
1484 Friede von Bagnolo. P. Sixtus IV. †. P. Innocenz VIII.
1485 Die Florentiner im neapolitan. Baronenkriege gegen Innocenz VIII.
1486 Friede zwischen dem Papst und K. Ferrante.
1487 Wiedereinnahme von Sarzana durch die Florentiner.
1488 Familienverbindung zwischen den Medici und Innocenz VIII. Clarice de' Medici †.
Erster Druck von Homers Werken. Kloster San Gallo.
Mord Girolamo Riario's und Galeotto Manfredi's.
1489 Cardinalswürde Giovanni's de' Medici.
Fra Girolamo Savonarola wieder in San Marco.
Anfang des Baues des Palastes Strozzi. Benedetto da Majano.
1490 Neue Verschwörungsform. Lorenzo de' Medici Vermittler zwischen Innocenz VIII. und König Ferrante.
Dom. Ghirlandaio's Chor von Sta Maria Novella. Verhandlungen inbetreff der Vollendung der Domfaçade.
1491 Versöhnung zwischen dem Papst und Neapel.
1492 Veröffentlichung der Cardinalskreirung Giovanni's de' Medici. Lorenzo de' Medici † 8. April.

Medici.

Giovanni b' Averardo geb. 1360 † 1429 — Piccarda Bueri.

- **Cosimo pater patriae** geb. 1389 † 1464 — Contessina de' Bardi † 1473.
- **Lorenzo** geb. 1395 † 1440 — Ginevra Cavalcanti. Großherzogliche Linie erloschen 1737.

Cosimo's Linie:

Piero geb. 1416 † 1469 — Lucrezia Tornabuoni † 1482.
Giovanni † 1469 — Ginevra degli Albizzi.
Carlo (nat.) † 1492.

Lorenzo il Magnifico geb. 1449 † 1492 — Clarice Orsini † 1488.
Giuliano geb. 1453 † 1478.
Giulio geb. 1478 † 1534, Papst Clemens VII.

Piero geb. 1471 † 1503 — Alfonsina Orsini † 1520.
Giovanni geb. 1475 † 1521, Papst Leo X.
Giuliano geb. 1479 † 1516, Herz. v. Nemours — Filiberta v. Savoyen.
Ippolito (nat.) Card. † 1535.
Bianca — Guglielmo de' Pazzi.
Nannina — Bernardo Rucellai.
Maria (nat.) — Lionetto de' Rossi.

Lorenzo geb. 1492 † 1519, Herzog v. Urbino — Madeleine de La Tour d'Auvergne † 1519.
Clarice † 1528 — Filippo Strozzi d. J.
Luisa verlobt mit Giovanni de' Medici.
Maddalena — Franceschetto Cybo.
Contessina — Piero Ridolfi.

Caterina Königin von Frankreich geb. 1519 † 1589.
Alessandro (nat.) erster Herzog von Florenz † 1537.

Pazzi.

Guidotto
kämpfte bei Monteratini 1315, exiliert nach der Zeit des Herzogs von Athen, † 1348.

Guglielmo
verurtheilt 1345, dann in Staatsämtern, Camerlingo 1374, 1377
— Costanza de' Barbi.

Andrea
geb. 1372, Capitano di parte Guelfa 1413, zu den Gemeinde-Aemtern befähigt durch Cosimo de' Medici 1434, Ritter durch René von Anjou 1442,
† 1445.
— Caterina Salviati.

Jacopo	Piero	Antonio † 1458		
Gonfaloniere 1469 † 1478 — Maddalena Serristori.	Botschafter in Neapel und 1461 bei Ludwig XI. — Fiammetta Giugni.	— Cosa degli Alessandri.		
		Guglielmo † 1516	Giovanni † 1481	Francesco † 1478.
Caterina geb. 1469, Aebtissin von Sta Maria di Montecelli † 1490.	Renato † 1478 Andrea Niccolò Leonardo Galeotto	Bianca de' Medici.	Beatrice Borromeo	
		Cosimo Erzb. v. Florenz † 1513.		Alessandro † 1530.

Soderini.

Tommaso
1377—78 Capitano di parte Guelfa dann verbannt, 1381 zurück, 1395 Gonfaloniere, † 1402.

Lorenzo	Francesco
natürl. legitimirt, 1397 Ritter durch K. Carl V., † 1405 — Ghita Cambi.	Sohn Elisabetta Altoviti's 1376, 1433 im Magistrat der Achtl — Margherita, T. Palla Strozzi's.
Niccolò geb. 1401, 1451 und 1465 Gonf., infolge der Verschwörung Dietisalbi Neroni's verbannt, † zu Ravenna 1474.	**Tommaso** geb. 1403, wiederholt Botschafter und fünfmal Gonfalon. † 1485 — Dianora Tornabuoni.

Francesco	Piero	Paol' Antonio	Tommaso	Gian Vettorio
geb. 1453 Cardinal Bischof von Volterra † 1524.	lebenslängl. Gonfalon. 1502 † 1522.	wiederholt Botschafter † 1499.	Ritter durch Leo X.	Rector von Pisa Botschafter.

Visconti und Sforza.

Gian Galeazzo Visconti Herzog von Mailand † 1402.
∞ Isabella von Frankreich.

- **Valentina** ∞ Ludwig von Orleans
  - Carl von Orleans
    - K. Ludwig XII.
- **Giovanni Maria** † 1412.
- **Filippo Maria** † 1447.
  - **Bianca Maria** (nat.) ∞ **Francesco** geb. 1401 Herzog von Mailand 1450 † 1466.

Muzio Attendolo von Cotignola genannt Sforza † 1424.

- **Francesco** geb. 1401, Herzog von Mailand 1450, † 1466.
- **Alessandro** Herr von Pesaro † 1473.
  - Costanzo † 1481.
- **Bosio** Graf von Santa Fiora † 1476.
- **Lisa** ∞ Leonello da Sanseverino
  - Roberto da Sanseverino

Kinder von Francesco und Bianca Maria:

- **Galeazzo Maria** † 1476 ∞ Bona von Savoyen
  - Giovanni Galeazzo Herzog von Mailand † 1495 ∞ Isabella v. Aragona, T. Alfonso's v. N. und Ippolita Maria Sforza's.
- **Sforza** Herzog von Bari † 1479.
- **Lodovico II Moro** Herzog von Bari und Mailand † 1510 ∞ Beatrix d'Este T. Herzog Ercole's und Eleonora v. Aragona.
- **Ottaviano** † 1477.
- **Ascanio Maria** Card. 1444 † 1505.
- **Ippolita Maria** † 1485 ∞ Alfonso d'Aragona nachmals K. von Neapel.

Lorenzo's de' Medici letzte Stunden.

[Zu Buch VI. Kap. VIII.]

Die Zusammenkunft Savonarola's mit Lorenzo de' Medici hat zu einer Controverse Anlaß gegeben, die nicht endgültig entschieden ist. Der Bericht der Biographen des Ferraresen, Giovan Francesco Pico und Pacifico Burlamacchi, ist mit der Erzählung in Polizians erwähntem Schreiben nicht in Einklang zu bringen. Letztere macht freilich den Eindruck einer Abschwächung des Thatbestandes, darauf berechnet, den schlimmen Eindruck der über die Sache verbreiteten Nachrichten zu verwischen, und Polizians brillet, dem Mönch in den Mund gelegtes Wort: er möge den Tod mit Geduld ertragen, klingt beinahe wie ein Gemeinplatz gegenüber dem ernsten Moment und dem Charakter der beiden Personen. Wie C. Fr. Meier in seiner Geschichte Savonarola's, S. 52 u. A. hat auch Villari, La Storia di Girolamo Savonarola Bd. I S. 130 die Version der ältesten Biographen des Ferraresen acceptirt und in einer längern Anmerkung S. 155--158 begründet. Aber diese Version leidet doch an argen Unwahrscheinlichkeiten. Wie sollte der Sterbende, der die Wegzehrung eben empfangen, noch einmal eine Beichte ablegen? Und was konnte Savonarola mit der berühmten dritten Forderung meinen — welche practische Bedeutung und Wirkung konnte er von derselben, von dem möglichen Ja dieses Sterbenden erwarten? Die Erzählung sieht wie eine in der Zeit der nachmaligen Aufregung aufgekommene Erfindung aus. Die Zweifel an der Authentität der Bücher Burlamacchi's und Pico's, welche, so argwohnt man, im Kloster San Marco fabrizirt und mit vielen Autornamen geschmückt worden sein sollen, sollen hier weniger ins Gewicht, da es sich jedenfalls um die bei den Zeitgenossen des Frate geltende Tradition handeln würde.

Bartolommeo Cerretani hat im 3. Buche seiner handschriftlichen Chronik Folgendes über Lorenzo's letzte Stunden. „Am 7. April um die fünfte Stunde empfing Lorenzo das Abendmal. Als das Uebel so rasche Fortschritte machte, verlor Messer Piero Leoni, sonst ein trefflicher Arzt, den Muth; man sandte sogleich nach andern Aerzten, aber es war nicht mehr an der Zeit. Im Gefühl seines nahen Endes ließ der Kranke seinen ältesten Sohn Piero rufen, richtete verschiedene Mahnungen an ihn und landte ihn weg. Um die zwanzigste Stunde begann er zu schreien: Ich sterbe und niemand hilft mir! Alles eilte zu ihm. Er sagte er wolle etwas aufstehn, ließ sich aus dem Bette heben, gleich darauf aber wieder hinlegen. Die Schmerzen waren so heftig, daß er die Besinnung verlor. Die um ihn Stehenden begannen zu weinen, denn man hielt ihn für todt. Ein anwesender Camaldulenser nahm die Brille ab, und indem er sie ihm vor den Mund hielt, sah er daß er noch athmete. Man flößte ihm etwas Stärkendes ein und er kam wieder zu sich. Nun rief er seinen Sohn wieder zu sich und sprach leise zu ihm, sodaß von den Andern niemand es vernahm. Darauf verschlimmerte sich sein Zustand rasch, sodaß er am 8. um die vierte Abendstunde in den Armen eines Kammerdieners den Geist aufgab."

Der Arzt, welcher Lorenzo's Krankheit jedenfalls falsch beurtheilt zu haben scheint, obgleich er ein gelehrter Mann war, endete wie erzählt worden ist (S. 561) am folgenden Morgen im Brunnen der Martellischen Villa zu San Gervasio vor Porta Pinti.

Sannazzaro Gedicht in Terzinen auf den Tod Piero Leoni's, bei Roscoe App. No. LXXVIII, schreibt die Anstiftung Piero de' Medici zu. Das bei Fabroni a. a. L. Bd. II. S. 397 mitgetheilte, angeblich von einem Anonymus in der Magliabechiana herrührende Fragment: „Fu trovato essere stato gettato in un pozzo" u. s. w. ist aus den Ricordi Alamanno Rinuccini's (S. CXLVI) entlehnt. Petrus Crinitus wie Valerianus De literatorum infelicitate nehmen an, der Arzt habe sich in seiner Aufregung selber das Leben genommen, und allerdings deutet Cerretani darauf hin, daß dieser, der noch bis kurz vorher gute Hoffnung hatte, den Kopf verlor. Er meldet überdies, die mediceischen Reitknechte hätten den Arzt bedroht, den man deshalb nach San Gervasio gebracht habe, und das Gerücht seines Todes durch fremde Gewalt sei alsbald verbreitet worden aber grundlos gewesen. Burcards lückenhafter Bericht, S. 175, indem er auf Piero's de' Medici Klage, der tödtliche Ausgang der Krankheit sei der falschen ärztlichen Behandlung beizumessen, hindeutet, läßt vermuthen daß man in Rom an einen Mord glaube.

Demetrius Chalkondylas schrieb im Mai von Mailand aus an Marcello Virgilio Adriani: „Zwei traurige Vorfälle meldest du mir, den Blitzstral der die Hauptkirche der Stadt traf, so großen Ruin veranlaßte, so schlimme Dinge verkündete, und den Tod Lorenzo's, des berühmtesten Mannes unserer Zeit, der in vielen Dingen ausgezeichnet war. Sein Ableben bereitet mir tiefen Schmerz, nicht blos des Verlustes wegen der in nicht geringem Maße Alle trifft, sondern auch wegen dessen was ich persönlich einbüße, da ich ihn stets als gütigen Gönner erfunden habe. Dazu kommt das traurig entsetzliche Ende Piero Leoni's, welches mich, wie seit lange nichts anderes, ergriffen hat. Glaube mir, Marcello, dies Ende wirft einen Schatten auf Lorenzo's Tod, und ist eine Unehre für die Familie wie für die ganze Stadt. Denn obschon du gleich den Andern schriebest, er habe sich selber in den Brunnen gestürzt, so hält es doch schwer verständige Leute zu überzeugen, daß ein so weiser und gelehrter Mann, der, wie auch du mir meldest, Lorenzo in seiner Krankheit mit so großer Sorgfalt behandelt hat, von solchem Wahnsinn ergriffen worden sein sollte, daß er einen so schmachvollen Tod gewählt habe." (Bandini Collectio etc. S. 22.)

Bei Fabroni a. a. O. S. 395 und Roscoe Life of Leo X. App. No. XXIII. finden sich Briefe welche der Cardinal Giovanni nach des Vaters Tode an seinen Bruder richtete. Der erste derselben möge hier stehn. Das Original ist in der seltsamen Mischung lateinischer und italienischer Phrasen geschrieben die noch immer im Schwange war.

„Mein geliebter Bruder, jetzt unseres Hauses einzige Stütze. Was soll ich dir schreiben, während mir nur Thränen bleiben? Denn wenn ich betrachte, daß unser Vater gesegneten Andenkens von uns hinweggenommen worden ist, liegt Weinen mir näher als Reden. Welcher Vater! Keiner war gütiger als er gegen seine Kinder: Zeugniß liefern die Thatsachen. So ist's kein Wunder wenn ich klage und keine Ruhe finde, und mein einziger Trost ist, daß ich dich, mein Bruder, an Vaters Stelle habe. An dir ist's zu gebieten, an mir zu gehorchen, wie denn deine Befehle mir immer größte Freude machen werden. Prüfe mich, nichts wird mich säumig finden. Aber ich bitte dich, mein Piero, sei gegen Alle, namentlich gegen die Deinen, so wie ich dich wünsche, wohlthätig, freundlich, entgegenkommend, gütig: dadurch erlangt, dadurch bewahrt man sich Alles. Nicht weil ich dir mißtraue, erinnere ich dich daran, sondern weil es mir obliegt. Mich tröstet und erhebt der Zulauf der Leidtragenden zu unserm Hause, der allgemeine Antheil, die Trauer der ganzen Stadt, Anderes was den Schmerz lindern mag. Was mich aber über alles tröstet, ist daß ich dich habe, dem ich mehr vertraue als meine Worte auszusprechen vermögen. Von dem, was du bei Sr. Heiligkeit ausgerichtet zu sehn wünschtest, ist nichts geschehen, indem es besser schien, einen andern Weg einzuschlagen, worüber dir der Gesandte berichten wird, und der leichter zum Ziele führen zu müssen scheint. Rom 12. April 1492."

Literarische Notiz.

In bibliographisches Detail einzugehen, ist weder Zweck gegenwärtiger Notiz noch des vorliegenden Buches. D. Moreni's Bibliografia della Toscana ist bis auf den Anfang des Jahrhunderts ziemlich vollständig. Alles auf die Medici Bezügliche hat derselbe fleißige aber kritiklose Mann Johann zusammengestellt in der Serie d'autori di opere risguardanti la celebre famiglia Medici (Flor. 1826, mit dem Unterstitel: Glorie della Casa Medici). Das Wichtigste giebt Litta zu der Genealogie der Medici in den Famiglie celebri Italiane. Von Neuerem findet man vieles in den Anmerkungen zu Roscoe's unten zu bezeichnendem Buche. Für die Zeit welche, mit dem Auftommen der Medici in der Person Giovanni's di Bicci beginnend, mit dem Tode Lorenzo's il Magnifico endet, kommt von gleichzeitigen Historikern in erster Linie Giovanni Caval- canti in Betracht, dessen Storia fiorentina von F. L. Polidori Flor. 1838 gedruckt wurde. (Vgl. Gervinus Florentin. Historiographie, in den Histor. Schriften S. 73 ff. S. oben Bd. I. S. 44, 605 und anderwärts.) Machiavelli ist ihm fast überall gefolgt, aber man muß ihn mit Vor- sicht gebrauchen. Alle Uebrigen behandeln entweder nur einzelne Par- tien, wie Poggio Bracciolini, dessen mit dem J. 1350 beginnende Historia Florentina (vgl. Moreni Bibliografia Bd. I S. 162) bis 1455 geht, oder in annalistischer Form wie Benedetto Dei, Barto- lommeo Cerretani, Giovanni Cambi u. A., oder in Biographien wie vor allem Vespasiano da Bisticci (Vite d'uomini illustri del secolo XV., zuerst von A. Mai Rom 1839, dann von A. Bartoli Flor. 1859, und theilweise im Archivio storico Italiano Bd. IV. Flor. 1843. Vgl. oben Bd. I. S. 570, 579 ff. Bd. II. S. 141, 142) oder endlich sie gehören späterer Zeit an. Von letzteren giebt Fr. Guicciardini's unvollendete Storia fiorentina (vgl. Bd. I. S. 130) für die Zeiten bis zum zweiten Exil der Medici allerdings nur einen Abriß, vereinigt aber mit der diesem ausgezeichneten Manne schon in früheren Jahren eigenen poli- tischen Einsicht den unschätzbaren Vortheil von Familien-Traditionen. In geringerem Grade ist dies der Fall in der für diese Zeit noch weit kürzeren aber immerhin beachtenswerthen Istoria fiorentina di Iacopo Pitti (Flor. 1842 als Bd. I. des Arch. stor. Ital.], deren Verf. erst 1519 zur Welt kam. Gio. Michele Bruto, geb. in Venedig 1515, gestorben in Siebenbürgen gegen 1594, hat für seine Florentinae Historiae l. VIII. Lyon 1562, mit ital. Uebers. von St. Gatteschi Flor. 1838. Vgl. oben Bd. I. S. 231] welche die Zeiten Cosimo's, Piero's, Lorenzo's ausführlich behandelt, nur fremdes Material benutzt und rhetorisch verwerthet. Für die urkundliche Grundlage ist seit den letzten Decennien des vorigen Jahrhunderts in steigendem Maße geschafft worden. Die von Cesare Guasti musterhaft edirten Commissioni di Rinaldo degli Albizzi (vgl. Bd. I. S. 115, 116, 546) sind unschätzbar für die Kenntniß der politischen Verhältnisse in den drei ersten Jahrzehnten des 15. Jahrhunderts. Das Meiste für Cosimo's Zeit leistete Monsignor Angelo Fabroni Provveditor der Universität Pisa (gest. 1803) in: Magni Cosmi Medicei Vita, Pisa 1789, einem Buche dessen Text zwar seinen Gegenstand umfassender und genügender behandelt als bei dem um vier Jahre ihm vorausgegangenen Leben von Cosimo's Enkel der Fall ist, dessen Hauptverdienst aber doch in dem reichen mit Geschick und richtigem Urtheil gewählten Urkundenschatz besteht. Der erste Band von Canestrini's und Desjardins' im Auftrage der napoleonischen Regierung herausgegebenen Négociations de la France avec la Toscane (Paris 1859) ergänzt diese Sammlung von Schriftstücken. Die Zahl einzelner Urkunden, in Sammelwerken oder sonst gedruckt, ist begreiflicherweise sehr groß und mehrt sich täglich.

In die Verfassungszustände gewährt Fr. Guicciardini's erst vor wenigen Jahren bekanntgewordene Schrift: Del reggimento di Firenze (Band II. der Opere inedite, Flor. 1858, welche gesprächsweise Männer verschiedener Ansichten Piero Capponi, Bernardo del Nero, Paol' Antonio Soderini u. A. in der auf die Umwälzung von 1494 folgenden Zeit redend aufführt und sichtlich auf dem vom Vater und Oheim des Verfassers Vernommenen beruht, unendlich tieferen Einsicht für diese Mediceischen Zeiten als Donato Giannotti's Buch: Della Repubblica fiorentina, nach dem Umsturz des Freistaates geschrieben und dem Cardinal Niccolò Ridolfi Leo's X Vetter gewidmet. Zuerst Venedig 1721, zuletzt in F. L. Polidori's Ausgabe von G.'s Werken, Flor. 1850 gedruckt, ist diese Schrift für die Kenntniß der inneren Zustände sehr wichtig, aber man wird durch zu viele allgemeine politische Betrachtungen, wie dieser Nebenbuhler Machiavelli's (im J. 1527 Secretär des Rathes der Zehn) sie liebt, abgezogen, durch die nicht hinlänglich scharfe Trennung der verschiedenen Epochen und ihrer Formen leicht verwirrt. Die Bildung des Gebietes der Republik wird aufs vollständigste erläutert durch das reichhaltige Regestenwerk C. Guasti's: I Capitoli del comune di Firenze, Bd. I. Flor. 1866. [Vgl. Bd. I. S. 131 ff. H. v. Sybels Historische Zeitschrift Bd. XIX. S. 356 ff.] Ueber das Steuerwesen ist, nach G. Fr. Pagnini's großem Sammelwerk Della Decima e della Mercatura dei Fiorentini (Lucca 1765) die weitaus ergiebigste Arbeit G. Canestrini's Scienza ed arte di Stato, Flor. 1862, leider Fragment, indem es dem ursprünglichen Plan zufolge das gesammte Finanzwesen der Republik umfassen sollte, aber nur von den directen Steuern, dem Estimo, dem Catasto und der Decima handelt. [Vgl. Bd 1. S. 36. 44.] Für die in der Geschichte einer so thätigen und beweglen Republik sehr in Betracht kommende Familiengeschichte ist in den letzten Decennien viel geschehen, namentlich von Pompeo Litta und dessen Fortsetzer Luigi Passerini[1]), der überdies, neben der Umarbeitung von Ademollo's Marietta de' Ricci (Flor. 1845) eine Reihe von Arbeiten über einzelne Geschlechter geliefert hat, über die Altoviti, Corsini, Niccolini, Panciatichi, Pecori, Ricasoli, Rucellai, denen gegenwärtig (1873) die Guadagni sich angeschlossen haben, welche namentlich bei Bd. 1. S. 124 zu vergleichen sind. Bernardo Guadagni (Passerini S. 42 ff.), der sich von Cosimo de' Medici mittelst des Spitalverwalters (Spedalingo) von Sta Maria Nuova für 1000 Goldgulden kaufen ließ, was allerdings wohlfeil war wie Cosimo selber sagte, war 1367 geboren und starb schon 1434 als Capitano zu Pisa, ein Amt das er sich nach dem Gonfaloniernat zum Lohn für sein Verhalten hatte verleihen lassen. Seine Angehörigen wurden nach Cosimo's Rückkehr verbannt.

Die Mediceisch-Laurentianische Bibliothek bewahrt Gio. Mario Filelfo's, des Sohnes Francesco's, Cosmiades sive de laudibus Cosmi Med. sen. l. II. heroico carmine etc. (Moreni a. a. O. Bd. I. S. 370) so wie ein herametrisches Gedicht Amerigo Corsini's De vita Cosmi Med. patris patriae, Lorenzo il Magnifico gewidmet, von welchem A. M. Bandini in seinem Handschriften-Catalog der Bibl. Suppl. Bd. II. S. 432 ff. ein längeres Fragment mittheilt. Ugolino Verino gedenkt desselben in seiner Dichtung De illustratione Urbis Florentinae (vgl. Bd. II. S. 120); „.. quin inclyta Cosmi — altiloquo crevit Corvinus gesta cothurno." Die Magliabechiana (Bibl. nazionale) bewahrt Francesco Filelfo's Schmähschrift gegen Cosimo de' Medici: Commentationum florentinarum l. III. ad Vitalianum Borrhomaeum, nur drei Bücher statt der beabsichtigten zehn [Vgl. Bd. I. S. 548. Apostolo Zeno in den Dissertazioni Vossiane und Rosmini in der Vita di Fr. Filelfo Bd. I. handeln davon; Moreni Bibliografia Bd. I. S. 369.] Die in der Literär- und Kunstgeschichte in Betracht kommenden Einzelwerke sind in den Anmerkungen zum IV. Buche verzeichnet. Auf die inhaltreichen aber völlig formlosen Mehus'schen Bücher, welche, wie die 464 Imperialfolioseiten lange Einleitung zu Tra-

---

1) Die in dem Litta'schen Werk enthaltenen florentinischen oder zu Florenz in genauer Beziehung stehenden Familien sind außer den Medici: Acciaioli, Albobrandini, Alighieri, Buonarroti, Buondelmonti, Capponi, Gaddi, Guicciardini, Guidi, Machiavelli, Martelli, Monte Sta Maria (Bourbon del Monte). Pazzi, Soderini, Strozzi, Tornabuoni, Dolci, Vettori, Villani.

verfaßt'à Briefen, bloße Aneinanderreihung verschiedenartigster Materialien sind, folgten, oder waren theilweise mit denselben gleichzeitig. A. M. Bandini's Specimen litteraturae Florentinae, Flor. 1749—51. [Vgl. Bd. I. S. 561] und übrige Werke, unter denen der große Handschriftencatalog der Laurentiana, des unermüdlichen D. M. Manni zahlreiche historische biographische und culturgeschichtliche Arbeiten, Fabroni's und Carlo's de' Rosmini Literaten-Biographien [von letzteren berührt nur die des Filelfo unsern Gegenstand näher]. W. Shepherds Leben Poggio's [vgl. Bd. I. S. 528], unter Roscoe's Einfluß entstanden u. m. a. Erst Vespasiano's da Bisticci Charaktere und Lebensbilder haben rechte Einsicht in Wesen und Verhältnisse so der eigentlichen Literaten wie der literarisch gebildeten vornehmen Bürger gewährt. G. C. Galletti hat in dem Bande, welcher den Titel führt: Philippi Villani liber de civitatis Florentinae famosis civibus et de Florentinorum litteratura principes fere synchroni scriptores, Flor. 1847, eine Menge hieher gehöriger Biographien gedruckt. Auf die flüchtigen teutschen Arbeiten über die Epoche der Renaissance, über das erste Jahrhundert ihrer Literatur von G. Voigt, über ihre Erscheinungen im gesammten Culturleben von Jac. Burckhardt, über die Arbeiten italienischer Philologen für Wiederbelebung der classischen Studien von G. Bernhardy u. a. braucht hier nicht verwiesen zu werden. Verschiedenen neueren Forschungen über das Unionsconcil schließen sich jetzt die erst in ihren Anfängen bekannt gemachten von W. v. Goethe über Bessarion an. Die Geschichte der Platonischen Akademie, deren Glanzperiode mehr als in Cosimo's Zeit in die seines Enkels fällt, hat Sieveling im Anhang seiner wenigverbreiteten Geschichte von Florenz, Hamburg 1844, im lebendig-anschaulichen Umriß dargestellt. Ueber das Handschriftenwesen des 15. Jahrhunderts und das Verhältniß der ersten Herausgeber zu den Handschriften haben neuerdings in England J. Taylor 1859, E. Botfield 1861, W. Forsyth 1872 und die Edinburgh-Review Bd. 137 gehandelt. [S. unten.]

Für die Zeit Piero's de' Medici kommen mehre der schon Genannten in Betracht, so Guicciardini, Jac. Pitti, der u. a. für die Verschwörung von 1466 gute Nachrichten hat. G. M. Bruto und, gleichfalls ein Späterer, Scipione Ammirato, so in seiner unentbehrlichen florentinischen Geschichte [in der von seinem Adoptivneffen Cristoforo del Bianco genannt Scipione Ammirato il Giovine vervollständigten Ausgabe Flor. 1647 ff.] wie in den Ritratti d'uomini illustri di Casa Medici, Flor. 1758. Ihrer Kürze ungeachtet, geben eine Menge brauchbarer Details die mit dem J. 1461 beginnenden Aufzeichnungen des Alamanno Rinuccini als Fortsetzung jener seines Vaters Filippo, herausgegeben von A. Ainazzi: Ricordi storici di Filippo di Cino Rinuccini colla continuazione di Alamanno e Neri suoi figli fino al 1506, Flor. 1840. [Vgl. Bd. II. S. 90]. Sie sind auch beachtenswerth wegen des Ausdrucks der Gesinnung bei einem ansehnlichen Theil der zu den Medici haltenden aber im Herzen ihnen abgeneigten Aristokratie. Für den Colleonischen Krieg ist von höchstem Werth Fr. Trinchera's Codice Aragonese (vgl. Bd. I. S. 251). Vespaliano da Bisticci giebt in der Biographie des Erzbischofs von Colocza (Georg Haèznoz [Vite S. 228] hübsche Details über dessen Sendung nach Venedig durch K. Mathias Corvinus zum Zweck der Abmahnung der Venetianer von Begünstigung Colleone's und der Ausgewanderten, wie über dessen Reise nach dem Colleonischen Lager und nach Florenz und Rom. Ueber den Anlaß zum Colleonischen Kriege, die Verschwörung Diotisalvi Neroni's, hat Jacopo Pitti S. 19 ff. gute Nachrichten, und man erfährt durch ihn unter anderm, daß an der schwer erklärlichen Kraft- und Entschluß- losigkeit, womit seitens der Verschworenen das ganze Unternehmen be- trieben ward, Diotisalvi's Besorgniß vor Plünderung durch das niedere Volk (seine Wohnung lag in der Nähe der Mediceischen) nicht geringen Antheil hatte, und Luca Pitti anfangs glauben gemacht wurde, seine Tochter Francesca, die nachmalige Frau Giovanni Tornabuoni's (vgl. Bd. II. S. 205] werde mit Lorenzo be' Medici vermält werden. Urkund- liches sonst bei Canestrini-Desjardins wie in Fabroni's Buch über Piero's Sohn.

Die älteste Biographie Lorenzo's il Magnifico ist von Niccolò Valori. [Vgl. Bd. I. S. 199. Die ital. Uebersetzung von Filippo Valori des Verfassers Sohn gedruckt Flor. 1568; franz. Uebersetzung Paris 1761]. Der Autor gehörte zu der vornehmen Familie Mediceischer Partei die in Florenz im J. 1687 erlosch, aber in einem im 14. Jahrh. nach Frankreich verpflanzten Zweige [Prince de Valori] fortbesteht. Sein Vater Bartolommeo (Baccio), † 1477, war einer der eifrigsten Zög- linge der platonischen Schule; seine Mutter war Caterina de' Pazzi. Sowol er wie sein Bruder Filippo, der zu den Vertrauten Lorenzo's be' Medici gehörte (er ließ Ficino's Uebersetzung des Platon drucken, vgl. Bd. II. S. 92), Rector der Universität Pisa war und mit Alessandra Salviati verheiratet 1494 als florentinischer Gesandter in Neapel starb, waren classisch gebildete Männer und thätige Mitglieder des literarischen Kreises. Nach mehren während der auf die Vertreibung der Medici fol- genden Zeit verwalteten Aemtern wurde Niccolò wegen Theilnahme an einem Complott gegen die Medici 1513 zu Gefängniß auf Lebenszeit in Volterra verurtheilt. Sein Brudersohn Baccio, derselbe welcher in den letzten Zeiten der Republik eine für sein Vaterland wie endlich für ihn selber verhängnißvolle Rolle spielte [† 1538], soll seine Befreiung erlangt haben, indem er P. Leo X. die Biographie seines Vaters überreichte; der Autor aber nennt in der Widmung an den Papst dessen Vetter, den Cardinal Luigi be' Rossi als denjenigen, der ihn zu der Veröffentlichung veranlaßt habe, welche somit nicht vor 1517, dem Jahre von be' Rossi's Cardinalat erfolgt sein kann. Die zierliche mit Miniaturbildnissen ge- schmückte, Leo X. überreichte Handschrift befindet sich in der Mediceisch-

Laurentianischen Bibliothek. Eine Biographie im eigentlichen Sinne des Wortes haben wir hier nicht, wohl aber ein gutgezeichnetes wenngleich geschmeicheltes Charakterbild von einem mit Personen und Umständen vertrauten Manne, dessen Werk noch den Vorzug hat, bald nach Lorenzo's Tode, 1492, geschrieben worden zu sein, als die Erinnerungen noch lebendig waren. Von Zeitgenossen die den Dingen entweder persönlich nahestanden oder sie aus Familien-Tradition kannten, haben Alamanno Rinuccini, Piero Parenti der mit 1476 beginnt leider jedoch eine beträchtliche Lücke hat, Giovanni Cambi seit 1480, Francesco Guicciardini u. A. Lorenzo's wiederholt gedacht. Das herbste der Urtheile über ihn ist das Rinuccini's [Morte di Lorenzo de' Medici maligno tiranno. CXLVI IV], worin sich der Parteistandpunkt des Optimaten aufs entschiedenste kundgibt, während Guicciardini [S. 82—94] mit staatsmännischem Geiste das Gute und Schlimme wie die unabweislichen Nothwendigkeiten der Lage des Staates und der Stellung des Mannes abwägt. [Vgl. oben Buch VI. am Schlusse.] Auf sie folgt Alellandro de' Pazzi [Vgl. Bd. I. S. 289, Bd. II. S. 288, 395]. Paolo Cortesi's [† 1510] Widmung des Dialogs: De hominibus doctis von 1490, gedruckt von A. Politi und D. M. Manni Flor. 1734 und bei Galletti S. 215 ff., an Lorenzo, ist eine Art Elogium. Spätere Zeiten haben nichts Eigenthümliches gebracht, bis auf Angelo Fabroni, dessen Laurentii Medices magnifici vita, Kaiser Joseph II. gewidmet, im J. 1784 zu Pisa in zwei Quartbänden erschien. Französische Uebersetzung von de Serionne, Berlin (?) 1791, ohne die Documente.] Er war der Erste der, mit gleicher Ein- wie Umsicht, das Mediceische Archiv benutzt hat. Wenn die Form des Buches, eine sonst gutgeschriebene lateinische Biographie zweihundertzwanzig Seiten lang ohne Kapitel-Eintheilung noch Absatz, nicht glücklich, diese Biographie überhaupt nicht geeignet ist dem größern Publicum eine rechte Anschauung von Lorenzo's Leben und Thätigkeit zu verschaffen, so fußt dieselbe andererseits überall auf Documenten, deren der Verfasser im zweiten, 399 enggedruckte Seiten enthaltenden Theile eine so reichhaltige wie treffliche Auswahl beigebracht hat. Hier ist der feste Grund gelegt. Fabroni erklärt selbst daß er nicht daran habe denken können das ihm vorliegende colossale Material auch nur annähernd dem Leser vorzuführen, aber zumeist hat er mit dem ihm eigenen Tact und seiner großen Gewandtheit das Richtige getroffen, so wenig er den Stoff zu erschöpfen vermochte. Rainaldi's Annales ecclesiastici haben dazu aus dem Vaticanischen Archiv für die Pontificate Sixtus' IV. und Innocenz' VIII. Manches gebracht, was für letztern durch S. Volpicella's immer noch unvollendetem Druck von Regis Ferdinandi I. Instructionum liber (Neapel 1861) ergänzt worden ist. Angelo Poliziano's Coniuratio Pactiana (vgl. Bd. I. S. 387) war fünfzehn Jahre vor dem Erscheinen von Fabroni's Werk mit einem Anhang werthvoller Documente neugedruckt worden. Daß man sich hüten muß, den Urtheilen dieser Parteischrift inbetreff der Personen beizupflichten, ist oben [Ab. I. S. 368] in Bezug auf den Erzbischof von Pisa bemerkt worden. [F. L. Polidori äußert dasselbe inbetreff Jacopo Bracciolini's, des gelehrten Sohnes eines gelehrten Vaters, in der Einleitung zu dessen Lebensbeschreibung des Filippo Scolari, Arch. stor. Ital. Bd. IV. S. 122. Drei Jahre nach dem Druck des Buches des pisaner Gelehrten lenkte ein dichterisches Werk, Alfieri's Congiura dei Pazzi die Aufmerksamkeit des größern Publicums auf diese Zeit und Personen, von denen man durch diese Tragödie die irrigste Vorstellung erhielt.

Mehr als ein Ausländer hatte sich schon mit Lorenzo be' Medici beschäftigt. Varillas, Baule, Tenhoven [Haag 1773—75, englische Uebersetzung London 1797], bevor William Roscoe's Life of Lorenzo de' Medici called the Magnificent Liverpool 1795 erschien. Wenige historische Werke, sehr wenige von solchen die einen fremden Stoff behandeln, haben in In- und Ausland einen Succeß gehabt wie dieses Buch. Im J. 1796 erschien in London die zweite, 1799 die dritte Auflage, in letzterem Jahre in Pisa von G. Mecherini eine italienische, in Paris eine französische Uebertragung, denen eine deutsche schon 1797 in Berlin vorausgegangen war, und bis auf den heutigen Tag fährt man fort im Heimatlande des Verfassers das Buch zu drucken. [Eine zehnte von Thomas Roscoe revidirte Ausgabe erschien London 1851; in Heidelberg war 1828 ein auch die unten zu nennenden Zusätze enthaltender Druck ans Licht getreten]. Dieser allgemeine Beifall mußte seinen guten Grund haben, und inderthat besitzt Roscoe's Arbeit nach mehrn Seiten hin ungewöhnliches Verdienst. Sie hat nicht blos außerhalb Italiens die Aufmerksamkeit Aller auf einen bedeutenden Mann und eine bedeutende Epoche gelenkt, von denen man bis dahin oberflächliche Kunde hatte; sie hat in Italien selbst die Beschäftigung mit dieser Epoche gewissermaßen belebt. Fabroni's Buch war nicht hinausgedrungen über die gelehrten Kreise: das Roscoe'sche gelangte in Aller Hände. Erst durch den Kaufmann von Liverpool — wer sollte es glauben — ist Lorenzo be' Medici seinen eigenen Landsleuten nahegetreten. Heute noch citiren florentinische Historiker unbefangen das Buch des Engländers, selbst wo dieser ganz einfach Fabroni nachschreibt oder nachdruckt. Roscoe wußte von der politischen Geschichte der Zeit nicht viel mehr als was er beim Machiavell und in Muratori's Annalen fand, und hatte von florentinischer Verfassungsgeschichte kaum einen Begriff. Aber er hatte sich mit dem Literärhistorischen eindringlich beschäftigt, er war ein Mann von Geschmack und poetischem Talent, er erzählte ungewandt, und entwickelte in seiner Darstellung eine Wärme die auf den Leser einwirkte und für den Gegenstand belebte — eine Wärme; die umsomehr anzuerkennen ist, wenn man in Anschlag bringt daß Local-Anschauung ihm fehlte. Der Lorenzo be' Medici, wie er in der Auffassung der Literaten und des großen Publikums besteht, ist in gewissem Sinne die Schöpfung Roscoe's der die Tradition fixirte und legitimirte. Es ist die Auffassung, der wir bei unserm großen deutschen Dichter in der „Flüchtigen Schilderung florentinischer Zustände" im Anhang zur Uebersetzung des Benvenuto Cellini begegnen. Daran, daß es der historische Lorenzo de' Medici wäre, fehlt allerdings viel. Die beginnende weitere Verbreitung geschichtlicher Kenntnisse mußte abweichenden Ansichten und Urtheilen Raum verschaffen. Roscoe trat denselben im J. 1822 mit einem Cnoribande von Illustrations historical and critical of the Life of Lor. de Med. entgegen, welche 1823 von W. Pecchioli zu Florenz ins Italienische übersetzt wurden. Im Ganzen von sehr geringer Bedeutung, im Bekämpfen von Sismondi's zumtheil übermäßig herber Kritik keineswegs glücklich, haben diese Nachträge auch von Urkundlichem wenig Neues gebracht, während im Hauptwerk das urkundliche Material meist von Fabroni war, ergänzt durch einige von W. Clarke in Florenz dem Verfasser verschaffte Stücke. Der Hauptreichthum Roscoe's besteht in den literarischen Documenten, um derentwillen man immer wieder zu seinen Bänden greifen wird. Denn so viel Unbedeutendes darunter ist, so findet man hinwieder eine Fülle von Stücken, die auf den Mann und die Zeit helles Licht werfen, und die man bei eingehender Beschäftigung mit beiden nicht entbehren kann. Die literärhistorischen Nachrichten findet man theilweise auch bei Tiraboschi; Roscoe giebt uns eine ansehnliche Reihe Texte, und so geneigt er zur Ueberschätzung des literarischen Werthes ist, so kann man doch weder seine Einsicht noch seinen Geschmack verkennen. Roscoe hat überdies das Verdienst, auf Lorenzo de' Medici als Dichter mit liebevoller Charakterisirung seines poetischen Talents und seiner Eigenthümlichkeit mehr als bis dahin von Irgendeinem geschehen, längere Zeit vor Ginguené den man nicht außer Acht lassen darf, aufmerksam, dessen Werke dem Publicum zugänglich gemacht zu haben.

Die neuere und neueste Zeit hat das urkundliche Material bedeutend gemehrt und fährt darin unverdrossen fort. In den vorliegenden Bänden ist an zahlreichen Stellen auf dasjenige hingedeutet worden, was Domenico und Pietro Berti, P. Bigazzi, G. Bini, G. Canestrini in eigenen Publicationen wie in den von A. Desjardins herausgegebenen Negociationen, P. Fanfani, Gino Capponi, A. Gelli, C. Guasti, I. del Lungo, D. Moreni, G. Palagi, L. Passerini, G. B. Uccelli, P. Villari u. A. aus dem florentinischen Staatsarchiv wie aus andern Sammlungen, A. Cappelli in den sehr werthvollen Mittheilungen aus dem estensischen Archiv zu Modena, Kervyn de Lettenhove in seinem reichhaltigen Buche über Commines' Briefe und Unterhandlungen, dessen Fortsetzung unter der Presse ist[1], S. Volpicella

---

[1] In den Bulletins de l'Académie R. de Belgique Serie II. Bd. 35 [1873] findet sich, von Kervyn de L. mitgetheilt ein merkwürdiger an Herzog Wolrazzo Mario mitgetheilter Bericht des holländischen Gesandten Francesco da Pietrafanta. Seanne

und Fr. Trinchera aus dem neapolitanischen Archiv u. m. a. beigebracht haben. Aber ein gewaltiger Documentenschatz ist noch zu heben. Das florentinische Staatsarchiv bewahrt viele hunderte von Lorenzo's Briefen und Depeschen, meist in politischen theilweise in persönlichen Angelegenheiten, sowie eine Anzahl an ihn gerichteter Schreiben, von denen wir bis jetzt nur eine umsichtige aber beiweitem nicht genügende Auswahl besitzen. Sichtung und Veröffentlichung dieser Correspondenz an welche von zwei Florentiner Gelehrten gedacht wird, wäre eine würdige Aufgabe für die Deputation für vaterländische Geschichte. Denn hier, so aus Lorenzo's eigenen Schreiben wie aus den zahlreichen Depeschen der Gesandten und Agenten gewinnt man clare Einsicht in das gesammte politische Wesen und Treiben der letzten Epoche einer selbständigen nationalen Politik Italiens vor den französisch-spanischen Kriegen. Die Archive von Lucca und Siena würden das Material in einigen Fällen ergänzen: auswärtige, namentlich die von Mailand und Venedig, könnten vielfache Illustrationen dazu bieten.

Für die Literärgeschichte wäre namentlich aus den in der Magliabechiana, Riccardiana u. s. w. vorhandenen Briefsammlungen noch vieles zu holen, obgleich Mehus, Bandini, Manni u. A. manches bekanntgemacht haben. Einzelner Publicationen ist in den Anmerkungen zum IV. Buche gedacht worden. Der Geschicke der Mediceischen Bücherschätze [Bd. I. S. 575 ff. Bd. II. S. 139 ff.] muß hier in der Kürze gedacht werden. Daß Lorenzo schon frühe mit dem Gedanken umging, ein besonderes Local für die von seinem Großvater stammende, von seinem Vater bereicherte Haus-Bibliothek zu bauen, ersieht man aus einem von Enea Piccolomini [Delle condizioni e delle Vicende della libreria Medicea privata dal 1494 al 1508, im Arch. stor. Ital. Serie III. Bd. XIX. S. 101—129] mitgetheilten Briefe Vespasiano's vom J. 1472.

„Lorenzo, die besondere Zuneigung die ich stets zu eurer ganzen Familie gehegt habe, giebt mir den Muth euch das in Erinnerung zu

20. Juli 1478. über K. Ludwigs XI. Aeußerungen indetreff der Verhältnisse des Sforza und Savoyens, ein Bericht welcher, abgesehen davon daß er des Königs Wesen und Haltung höchst lebendig characterisirt, auch dadurch von Interesse ist, daß er von dem Vertrauen, welches Philippe de Commines genoß, aber zugleich von dessen Habsucht und Käuflichkeit Zeugniß ablegt. „Um es kurz zu sagen, in allem was sich auf den guten Fortgang unserer Angelegenheiten bezieht, ist der Herr von Argenton Anfang, Mitte und Ende gewesen. Solus hat er an allen Verhandlungen beigewohnt. Notes verfügt er und schläft beim Könige. Er ist Alles in omnibus et per omnia. Keiner ist ein so mächtiger Herr auch von solchem Einfluß wie er. Er erwartet daß Euer Herrlichkeit in Anerkennung des von ihm geleisteten Dienstes ihm eine ehrenvolle Belohnung zukommen läßt. Wäre es aliter, so könnte dies in futurum schlimme Folgen nach sich ziehen. Versägt ihr über ihn, so versägt ihr über den König. S. H. ist weise, und ich deute auf das hin was mich das vortheilhafteste dünkt."

Ueber Commines' Florentin. Ambassade im August 1478, seinen Empfang, den Besuch im Lager, die Verhandlungen und Geschenke, von der Signorie für 4—500 Ducaten, von Lorenzo für etwa 300, berichten die mailänd. Gesandten Talenti und Sagramoro. Mail. Archiv.

bringen was euch zu Vortheil und Ehre gereichen kann. Jemehr ich über die Anlage der Bibliothek nachdenke, worüber ich früher schon mit Eurer Magnificenz gesprochen habe, umsomehr bin ich der Ansicht daß es eine eurer würdige Unternehmung ist. Ohne euren Vorfahren irgendwie zu nahezutreten, hoffe ich daß ihr hierin keinem derselben nachstehn werdet. Ja, ich wage zu sagen, seit lange wurde in Florenz nichts Verdienstlicheres geplant, und ich rede darüber mit keinem von denen die sich auf solche Dinge verstehen, ohne das größte Lob zu vernehmen. Ich selber bin so darüber erfreut, daß ich dem Herzog von Calabrien, dem Grafen von Urbino und dem Herrn Alessandro [Sforza], welche große Bücherfreunde sind, in meinen Briefen Nachricht davon gegeben habe, überzeugt daß sie dies Vorhaben sehr rühmen werden."

Daß Lorenzo, der die Sammlung unablässig gemehrt, noch in seinen letzten Tagen an die Vollendung derselben dachte, ersieht man aus seiner Aeußerung gegen Pico und Polizian, vgl. oben S. 559, während man durch Michel Angelo weiß, daß schon Baumaterial vorhanden war, schwerlich für die Localität der späteren Laurentiana berechnet.

Nach des Vaters Tode unterließ Piero, den wir schon mit vielen Dingen beschäftigt sahen, die Bereicherung der Sammlung nicht, in welche die Lascarischen Hss. kamen; kaufte und ließ copiren, förderte den venetianer Schriftgießer Alopa, der bei der Herstellung griechischer Typen Medicëische Handschriften zu Rathe zog. [Die Biblioteca nazionale besitzt die vormals Laurentianischen Dedications-Exemplare Alopa'scher Drucke auf Pergament.] Nach der Plünderung vom November 1494, wobei vieles abhanden kam — zumtheil nach Frankreich! — machte der Staat, seine Forderungen an die Medici zu decken, die Bibliothek, die sich zerstreut im Palast von Via Larga, in San Marco und San Lorenzo, in Händen Einzelner vorfand, zu seinem Eigenthum, deponirte sie provisorisch in Kisten im Kloster San Marco und ließ im Sommer 1495 ein Inventar aufnehmen, zu welchem eine Commission, bestehend aus dem Prior von San Marco, dem Propst Giorgio Antonio Vespucci, Marsilio Ficino, Johannes Lascaris u. A. bestehend, bestellt wurde. [Deliberation vom 31. August 1495, bei Villari a. a. O. Bd. II. S. CXXXIII, Piccolomini a. a. O. S. 110.] Lascaris war es der das Inventar anfertigte. Ueber die Zahl der Bände an den verschiedenen Orten vgl. Anziani, Della biblioteca Mediceo-Laurenziana S. 9, Piccolomini S. 113. Manches fand sich unter den von Freunden des Hauses zurückgelassenen Büchern, unter denen Polizians, in der Sammlung Pico's von Mirandola die im Kloster der Doccia bei Fiesole bewahrt von dort zurückgefordert wurde [Gaye Carteggio Bd. I. S. 589], bei Varino von Camerino dem Hofmeister im Medicëischen Hause u. s. w. Die Bücher wurden nach Via Larga zurückgebracht dann aber dem Kloster von San Marco für 2000 Goldgulden verpfändet, richtiger verkauft [Delib. vom 19. Oct. 1495 und 24. Jan. 1496, bei Villari a. a. O.], wozu im J. 1496 die Zahlung von andern 1000 Goldgulden an Philippe de Commines kam, der sich so für seine Forderungen an die Medici schadlos hielt. [Vgl. oben S. 411 ff., Kervyn de Lettenhove a. a. O. Bd. II. S. 247—250.] Nach der Katastrophe Fra Girolamo Savonarola's 1498 ließ die Signorie die Bücher in ihren Palast bringen, stellte sie aber zwei Jahre später dem Kloster wieder zu, von welchem sie im J. 1508 durch Vermittlung Cardinal Galeotto Francialti's dello Rovere an Cardinal Giovanni de' Medici nach Rom und nachmals, bedeutend vermehrt, durch dessen Vetter und Nachfolger im Pontifical Giulio de' Medici nach Florenz zurück gelangten, wo sie den Haupttheil der Mediceo-Laurentiana bilden, deren schöner durch P. Clemens VII. gebauter Saal mit seinem kostbaren Inhalt eine thätige und glänzende Zeit aufs lebendigste vergegenwärtigt.

In Bezug auf einzelne in der Literärgeschichte erwähnte Punkte mögen hier nur wenige Erläuterungen folgen. Enoch von Ascoli [Bd. I. S. 554] kam auf seinen literarischen Entdeckungsreisen auch nach Preußen, wohin P. Nicolaus V. ihm am 30. April 1451 ein Schreiben an den Teutschordens-Hochmeister Ludwig von Erlichshausen mitgab. (G. Voigt a. a. O. S. 261.) Ueber die Mysterienspiele [Bd. I. S. 599, Bd. II. S. 24] vgl. man noch J. L. Klein's Geschichte des Drama's [Bd. IV. Abth. I. Leipz. 1866. — Inbetreff von Marsilio Ficino's Beschäftigung mit Dante [Bd. II. S. 31] vgl. Dantis Alligherii de Monarchia l. III. ec. per Carolum Witte, Wien 1874, S. XX, LXX, LXXI. Daß Lorenzo de' Medici die Gebeine Dante's von Ravenna nach Florenz zu bringen hoffte, Bernardo Bembo ihn in dieser Hoffnung bestärkt hatte, zeigt ein Schreiben Antonio Manetti's [vgl. oben S. 51] vom 13. April 1476. Vgl. Del Lungo im Arch. stor. Ital. Serie III. Bd. XIX. S. 1 ff. — Das Testament Pico's von Mirandola [Bd. II. S. 118] vom 1. Sept. 1493 mit Codicill vom 16. Nov. 1494, dem Vorabende seines Heimgangs, befindet sich im Diplomatischen Archiv zu Florenz, gedruckt im Giornale storico degli archivj tosc. Bd. I. S. 65 ff. Die Zeugen beim Testament sind Cistercienser von der Abtei Settimo und Cestello, nebst Angelo Poliziano und dem Canonicus Francesco Albertini, Verfasser der Beschreibungen von Florenz und Rom, beim Codicill Fra Girolamo Savonarola und Fra Roberto Ubaldini der Annalist von San Marco. Mirandola's Siegel: habens in circulo ymaginem Ledae cum Cygno hoc est mulieris et avis — die Mönche und das mythologische Siegel, ein rechtes Zeichen der Zeit! — Der Charakter Francesco Filelfo's ergibt sich deutlich aus den Versuchen, die er nach der Verschwörung der Pazzi machte, um sich in Florenz wieder festzusetzen. [Rosmini Bd. II. S. 261; s. oben Bd. II. S. 126.] Manfi in den Anhängen zu den Baluze'schen Miscellanea Bd. I. S. 513 hat Filelfo's Schreiben an P. Sixtus IV. vom 3. Juni und 18. August 1478 voll heftigster maßloser Invectiven — er klagt den Papst an, die Verschwörung veranstaltet zu haben, um durch den Mord der Medici zur Herrschaft über Florenz zu gelangen, und erwahnt ihn, während er eine Menge niedriger Beschuldigungen auf ihn häuft, in sich zu gehn und Buße zu thun, wenn er nicht vom Papstthron gestoßen und wieder ein kleiner Franciscanerbruder werden wolle. — Unter den Handschriften-Copisten [Bd. II. S. 139] gab es viele Franzosen, Niederländer, Deutsche. G. Campori giebt in den Artisti italiani e stranieri negli Stati Estensi, Modena 1855 S. 277, Nachrichten von einem Johann von Goch im Cleveschen, der wenigstens von 1452 bis 1488 in Carpi, wol auch für die Pio arbeitete. Ueber deutsche geistliche Copisten und Minictoren in Perugia vgl. das Giornale di erudizione artistica Bd. II. S. 306 ff. — Während der Bedrängniß Ferrara's [Bd. II. S. 254] war es daß Aldo Manuzio die Stadt verließ, um sich erst nach Mirandola zu den Pico, dann nach Carpi zu den Pio zu begeben. — Die kritische Behandlung der Kunstgeschichte hat eigentlich erst in unserm Jahrhundert, und speciell für Florenz mit G......'s bahnbrechendem Werk begonnen, um welches sich bald zahlreiche tüchtige Forschungen namentlich von E. Guasti, V. Marchese, G. und C. Milanesi, ... gruppirt haben, die ungestört fortschreiten. Von vorliegendem Buche mußte eine umfassende Darstellung selbstverständlich ausgeschlossen bleiben, da es nur die Thätigkeit der Medici auf diesem Felde näher in Betracht ziehen konnte.

Vonvornherein hat es nicht im Plane dieses Buches gelegen, Documente im Original oder auch nur in extenso mitzutheilen, sovielen derselben auch vorliegen, ebensowol weil der Umfang des Werkes dann ein ganz anderer geworden wäre, wie wegen der schon beabsichtigten umfassenden Publication, im Vergleich mit welcher nur Stückwerk hätte geliefert werden können. Wenn in den Verweisungen auf das Florentinische Archiv (A. Mediceo avanti il principato) in Bezug auf inedirte Documente (bei gedrucktem ist immer auf das betreffende Werk hingewiesen) wiederholt die Angabe der Acten-Faseikel fehlt, so rührt dies davon her, daß gegenwärtig die neue Registrirung des älteren Mediceischen Archivs im Werke ist, deren dasselbe, auch schon wegen des aus der alten florentinischen Jahreszählung, dem Annus ab incarnatione entspringenden Uebelstandes, dringend bedarf. Die dem Texte beigefügten Anmerkungen sind auf das knappste Maß beschränkt. Wer sich in der fast beispiellos reichen Literatur über florentinische Geschichte und Ortskunde selbst nur flüchtig umgesehen hat, ermißt wie leicht es dem Verfasser gewesen wäre, das Detail zu häufen, und wie derselbe sich häufig geradezu hat Gewalt anthun müssen, um nicht die Grenzen zu überschreiten, die er in Rücksicht auf weitere Kreise sich und seiner Vorliebe für Florenz und florentinische Dinge bei der Ausarbeitung zu stecken genöthigt gewesen ist.

www.ingramcontent.com/pod-product-compliance
Lightning Source LLC
Chambersburg PA
CBHW021226300426
44111CB00007B/437